U0071102

重訪錢穆（上）

李帆、黃兆強、區志堅——主編

編者序

錢穆先生（1895-1990）為國學大師、史學家、教育家、思想家，研究範圍甚廣，涉及學術思想史、宗教史、文化史、文學、史學等等。錢先生出生於中國江蘇無錫，嘗任教北京大學。早年著《先秦諸子繫年》、《中國近三百年學術史》，抗日戰爭期間完成《國史大綱》。及至1949年後，先生南下香港及遠赴臺灣，晚年更多在今天的東吳大學旁之素書樓講學，成為推動北學南移的重要力量。先生的《國史大綱》、《中國歷代政治得失》嘗為香港、澳門、臺灣三地高等院校的教科書，及高中公開考試擬題的重要參考書，啟迪一個時代的學生，使彼等對中國歷史及中國文化產生濃厚的興趣，其中尤以《國史大綱》以下一語所承載之信念：「有一種溫情與敬意」，既引領青年學者提升其治中國史的情懷，又成為今天治史者的座右銘。另一方面，錢穆先生的學術著作雖在1949年前已在中國流行，及後更在既有學術風氣下，隨先生《國史大綱》、《中國歷代政治得失》、《中國近三百年學術史》、《朱子新學案》、《中國文化史》等多本著作，分別成為中國高等院校的重要參考書，先生治史風尚得以進一步流行海峽兩岸四地。甚至，隨先生的著作及其學生任教東南亞及美國等地，更使先生治學精神得以傳往彼邦。由是可見，錢先生治學思想及精神廣被海內外華文文化界。

2020年為錢穆先生的冥壽125週年紀念，也是錢先生逝世30週年的重要紀念年分。本書的三位編者，早於2019年9月已構思針對錢先生之思想、行誼，編輯一部論文集，希望藉百年後「重訪」先生的思想及行誼，以為今天治學的借鑑，遂邀請海內外相關學者專家不吝惠賜鴻文。編者為求符合現今學術界之相關規範，並提升論文之水準，嘗把各論文送予三位評審者評審。其相關建議，乃承蒙學者專家惠予接納並作出適度修改。編者必須在此致上十二萬分之謝意與敬意，否則本論文集恐未必可以出版！

本論文集主要研究、闡述以下課題：錢先生的治學思想及治學特色、錢先生的行誼、先生與時人論學、先生行事及治學引起一個時代的論爭、海內外地區學人傳承先生治學的精神面貌等等的課題。

論文集得以順利出版，尤應感謝林浩琛先生、梁唯實先生、劉子文先生、楊子熹先生、李嘉明小姐、吳佰乘先生、顧乾玥先生、卓家俊先生、張靜儀小姐、盧錫俊先生、顧敏妤小姐對全書各篇文章進行校對及統一註釋的工作。編者更要感謝秀威出版社編輯蔡登山先生、鄭伊庭小姐、杜國維先生、陳彥儒先生及其團隊協助排版、多次細心校對。沒有以上各位的支持及付出心力，本書必不能順利出版。

最後，更重要的是，本書三位編者衷心感謝惠賜文稿的各位專家學者。沒有您鼎力支持、惠賜大作，本論文集根本不可能問世。在新冠病毒猖獗肆虐期間，您埋首疾書，「雖千萬病毒，吾往矣」的精神，「敬佩」二字豈足以詮表吾等三人私衷之萬一哉！

2020年為紀念錢穆先生的重要年分，據悉兩岸四地已有不少學術機構擬舉辦紀念先生的學術研討會，惜疫情未寧，不少研討會被迫延期或取消。本論文集的出版，或得以稍微彌補此缺憾歟？是為序。

編者

李帆、黃兆強、區志堅　謹識

2020年8月25日

目次

第一章　重訪錢穆的《中國近三百年學術史》

中央研究院歷史語言研究所
王汎森

「中國近三百年學術史」是一個非常光輝的學術領域，梁啟超、胡適、錢穆都曾圍繞這個主題，做了各式各樣引人入勝的研究。這使我想起班雅明（Walter Benjamin）在〈歷史哲學論綱〉一文中，藉用了保羅・克利（Paul Klee）的一幅畫「新天使」（Angelus Novus）闡釋他對歷史的看法：「歷史天使的臉望向過去，身體前進到未來。」[1]歷史的研究即帶有這個特色，故每一代人「身體前進到未來」時，他們對所講的過去選材敘述並不一定相同。如清代嘉慶年間形成的《儒林傳稿》，其中所選的人物與近百年學者所關注的就有許多不同，在當時的標準中被認為最精彩、最有代表性的人物：高愈、謝文洊、應撝謙、嚴衍、潘天成、曹本榮、薛鳳祚、陳厚耀、沈彤、朱鶴齡、劉源淥、範鎬鼎、徐文靖、李光波、孔興燮。[2]但這些學者大多不再出現在後來的學術史中，或是不再被當成那麼重要的學術人物。

晚清思潮動盪甚大，外國思想資源湧入、內在社會政治環境的大變等，都使得「新天使」的臉所看到的近三百年思想有所變化。特別是經過晚清的變法、革命思潮洗禮之後，學者所關注的重點及人物，每每與先前有所不同，而這一波又一波的衝擊與「近三百年學術史」這個學域的形成是有密切關係的。以《國粹學報》、《國粹叢書》為例，當時至少有幾種現實關懷深刻地影響到「國粹運動」的參與者對近三百年思想學術的取捨。他們重視的是：一、與「君學」相反的「民學」，重視「細民」、「下」的思想。二、批判專制制度，以及與它關係密切的「利祿之學」。三、強調比較接近現代科學精神的「客觀徵實」之學。四、重視任何能與近代西方民主思想合拍的傳統思想素養，其中有些是帶有創新性、異端性、解放性的。五、帶有與西方近代功利主義意味的思想家。六、關注經世致用議題者。

在這些新標準之下，被突出的人物是李贄、顧炎武、黃宗羲、王夫之、顏元、李塨、戴震、章學誠、汪中、包世臣等人物。即使在刊刻書籍時，背後也每每有上面提

---

[1] Walter Benjamin, Hannah Arendt ed., *Illuminations*（New York : Schocken Books, 2007）, p.257. 中譯參考班雅明：〈歷史哲學論綱〉，收入漢娜・鄂蘭特編，張旭東等譯：《啟迪：本雅明文選》（北京：生活・讀書・新知三聯書店，2008），頁270。

[2] 阮元：《儒林傳稿》，收入《續修四庫全書》（上海：上海古籍出版社，1997），第537冊，頁620-621。

到的關懷。譬如鄧實在戴震《孟子字義疏證》、《原善》合刻本的跋語中說：「其解理字也，以為理出於欲，情得其平，是為循理，與西國民主之制公好惡於民，而倡人類平等之說相合」。[3]劉師培跋包世臣《說儲》云：「其說多出於崑山顧氏，行之於今，頗與泰西憲政之制相合」。[4]鄧實也認為《湖隱外史》一書實可稱為「民史」，「世每謂中國無民史，此非其一邪」。[5]又認為宋代鄧牧的《伯牙琴》：「黃梨洲著《明夷待訪錄》，其〈原君〉、〈原臣〉二篇，斥君權，排專制，為千古之創議，然其說原出於先生〈君道〉、〈吏道〉二篇」，[6]都是這方面的例子。

我們可以說，在形成「近三百年學術史」的系譜時，晚清以來的時局與思潮具有重要的作用，人們做了很多篩選，使得他們筆下清代儒者「全神堂」的人物與地位大幅改變了。

一、「中國近三百年學術史」領域的形成

對於「近三百年學術史」這個領域有過影響的人物很多，章太炎、劉師培等都是，但就錢穆的《中國近三百年學術史》而論，起比較直接影響作用的是梁啟超的《論中國學術思想變遷之大勢》以及《中國近三百年學術史》。梁啟超的《論中國學術思想變遷之大勢》曾分期刊於《新民叢報》，他認為清儒饒有科學的精神。在這個階段，胡適顯然受到梁啟超啟發，故跟著主張清儒體現科學精神。[7]但是即使在這個階段，梁啟超對清代學術的看法也有多面性。梁啟超一方面說清儒「饒有科學精神」，同時也說「本朝考據學之支離破碎，汨歿性靈，此吾儕十年來所排斥不遺餘力者也。」[8]

這與梁氏的學術傾向有關。梁啟超早年對於學術的態度比較傾向其師康有為，強調今文經學和宋明理學，尤其是王陽明這一脈。所以，他一方面肯定清儒的治學方法，但同時也痛罵清代二百年來之學問「皆牛鬼蛇神」。[9]可是在新文化運動後，因胡適提倡以科學精神「整理國故」，並得到四方景從，梁氏也隨即跟上。胡適在1921年5月的日記評論《清代學術概論》說：「此次付印，另加惠棟一章，戴氏後學一章，章炳麟一章，此原稿所無。此外，如毛西河一節，略有褒辭，袁枚一節全刪，姚

---

[3] 鄧實：〈《孟子字義疏證》《原善》合刻引〉，轉引自王波編：《鄧實集》（出版中）。

[4] 劉師培：〈《說儲》跋〉，收入《小倦游閣集：說儲》（合肥：黃山書社，1991），頁199。

[5] 鄧實：〈《湖隱外史》跋〉，轉引自葉紹袁原編，冀勤輯校：《午夢堂集》（北京：中華書局，1998），（下），頁1080。

[6] 鄧實：〈鄧牧心《伯牙琴集》跋〉，《國粹學報》1907年第11號（總第36期），頁6。

[7] 胡適在《四十自述》中反覆強調自己早年受到梁啟超很大的影響。見胡適：《四十自述》（臺北：遠東圖書公司，1959），頁50-54。

[8] 梁啟超：《中國學術思想變遷之大勢》（臺北：臺灣中華書局，1977），頁87。

[9] 梁啟超：《新民說》（臺北：中華書局，1978），頁126。

際恆與崔適的加入，皆是我的意見。」[10]1922年12月，胡適在日記中又認為梁啟超在1920年出版《清代學術概論》是受其影響，他說：「其實任公對於清代學術的見解，本沒有定見。他在〈論私德〉篇中，痛詆漢學，有云：『夫宋明之學，曷嘗無缺點之可指摘？顧吾獨不許鹵莽滅裂之漢學家容其喙也。彼漢學則何所謂學？……吾見夫本朝二百年來學者之所學，皆牛鬼蛇神類耳！』……任公編集時，不刪此文，而獨刪去《中國學術思想變遷之大勢》之第八章。近來因為我們把漢學抬出來，他就也引他那已刪之文來自誇了。」[11]也就是說胡適先受到梁啟超的啟發，後來梁啟超這一個本來視清代考證學為「牛鬼蛇神」的人，反過來受胡適的影響，寫成《清代學術概論》，並開課講授《中國近三百年學術史》。[12]

在五四運動之後，「以科學整理國故」之風大暢，「歷史的天使」身體到了五四，但他面向過去的臉，所看到的是不大一樣的場景。此時一批不同的學術人物登上舞臺，從胡適與梁啟超的書中便能看出這一點。梁啟超強調經世致用，現實的、實踐的，所以顏元、李塨出現在他的視野之內；他強調與西方民主自由比較相近的價值，所以黃宗羲等人也在內。又因為強調科學精神，故講王錫闡、梅文鼎，以及比較重視客觀精神考證文獻的胡渭、閻若璩等人，尤其是在《中國近三百年學術史》中用了四章的篇幅講〈清代學整理舊學之總成績〉。

二、梁啟超與錢穆

民國二十年，錢穆先生在北大歷史系任教，是其在大學講授歷史課程之開始，依錢先生回憶，他所開授的課，一為中國上古史，一為秦漢史，皆是由學校所指定的必修課，另一門選修課由他自定，決定開「近三百年學術史」。他說：「此一課程，梁任公曾在清華研究所已開過，其講義余曾在雜誌上讀之，任公卒後，某書肆印此書，梁家以此書乃任公未定稿，版權所屬，不准書肆發行。」後來他終於在北京的東安市場的非正式管道中買到一部，「余因與任公意見相異，故新開此課程，自編講義。」[13]錢穆對梁啟超書中反覆強調的兩個重點並不同意：第一點是清學是對宋明理學的反動，第二、清學是客觀徵實之學，近於科學。[14]錢穆說：「余本好宋明理學家

---

10 曹伯言整理：《胡適日記全集》（臺北：聯經出版公司，2004），第三冊，頁18。

11 同上註，頁433-434。

12 吳稚暉便觀察到梁啟超反過來受到胡適影響，他在〈箴洋八股化之理學〉中講梁啟超：「受了胡適之《中國哲學史大綱》的影響，忽發整理國故的興會。先做什麼《清代學術概論》，什麼《中國歷史研究法》，都還要得。」見吳敬恆：《吳敬恆選集（哲學）》（臺北：文星書店，1967），頁133。

13 錢穆：《八十憶雙親、師友雜憶合刊》（臺北：東大圖書公司，1986），頁141。按，錢先生此處回憶有所出入。梁任公於1923年9月間於清華學校講授「中國近三百年學術史」課程，其時清華尚未設立大學部與研究院；1926年7月上海民志書局出版《中國近三百年學術史》一書，尚在任公生前。參看趙燦鵬：〈梁啟超《中國近三百年學術史》成書問題辨析〉，《社會科學研究》2015年第4期，頁188-191。

14 梁啟超在《清代學術概論》（臺北：臺灣中華書局，1987）中揭「反動說」：「『清代思潮』果為何物

言，而不喜清代乾嘉諸儒之為學。及余在大學任教，專談學術，少涉人事，幾乎絕無宋明書院精神。人又疑余喜治乾嘉學，則又一無可奈何之事矣。」[15]所以，錢穆的這本書雖然承繼了梁啟超「中國近三百年學術史」的題目，但它的宗旨其實是有出入的。借用余英時先生的話說，錢穆在動手撰寫《中國近三百年學術史》時便已將「體」或「框架」確立下來。[16]在「體」確認下來之後，錢穆所選取的人物與思想潮流便與梁啟超有所不同。

梁啟超《中國近三百年學術史》一書的第一部分是對明末清初大儒的闡發：黃宗羲、顧炎武、閻若璩、王船山、朱舜水。接下來是史學：萬斯同、全祖望；程朱學派：張履祥、陸世儀、陸隴其、王懋竑；實踐主義：顏元、李塨；科學之曙光：王錫闡、梅文鼎。這些安排有兩個重點，即清學是「厭倦主觀的冥想而傾向於客觀的考察」，「排斥理論提倡實踐」。梁任公書的第個二主體是「清代學者整理舊學之總成績」（13-16章），這個部分應該是受到「整理國故運動」的影響，故以科學的客觀精神為主體，一方面說清代學術為科學的，一方面突出清代學者整理舊學的成績。從目前梁書的樣子看，錢穆云：「梁家以此書乃任公未定稿」，恐怕是事實。[17]方諸於《清代學術概論》，後者主旨明確，線索貫串、一氣呵成，則《中國近三百年學術史》顯然並未完全定稿。

與梁書相比，錢書有一些不同的安排。書中的安排、取材、所選人物雖與梁啟超有所重疊，但是重點卻有不同。他的整個主脈是清學與宋明理學的發展是不可切斷的，它對宋明理學有修正、有反動，但更有抹不掉的底色，如錢穆自已說：「余本好宋明理學家言，而不喜清代乾嘉諸儒之為學」。[18]故錢穆反對梁任公近三百年學術史一開始的標題「反動與先驅」。用余英時先生在〈清代思想史的一個新解釋〉中所說的，「反動論」好像認為「反」即可以「反」出一部清代學術史來。[19]另外，錢穆對梁氏所說的清儒「厭倦主觀的冥想而傾向於客觀的觀察」，也並不完全同意。這裡的「主觀冥想」顯然是指宋明理學，而他認為如果說「厭倦」宋明理學是啟動清學最

耶，簡單言之，則對於宋明理學之一大反動，而以『復古』為其職志者也。其動機及其內容，皆與『文藝復興』絕相類。」（頁3）又說：「一言以蔽之，曰用科學的研究法而已，試細讀王氏父子之著述，最表現此等精神。」（頁33）。

15 錢穆：《師友雜憶》，頁137。

16 余英時先生為《國史大綱》寫的導論，見〈《國史大綱》發微——從內在結構到外在影響〉，《古今論衡》2016年12月第29期，頁4-16。

17 錢穆：《師友雜憶》，頁141。楊樹達日記中也提到1930年，他接受林志鈞之託檢校此書，似可說明其為未定之稿。見楊樹達：《積微翁回憶錄》（上海：上海古籍出版社，1986），頁53-54。

18 錢穆：《師友雜憶》，頁137。錢穆在《宋明理學概述》的〈序〉中有一段話扼要講述其對宋學、清學態度之發展：「宋明之語錄、清代之考據，為姚、曾古文者率加鄙薄，余初亦鄙薄之，久乃深好之。所讀書益多，遂知治史學」，「其得力最深者莫如宋明儒」，錢穆：《宋明理學概述》（臺北：臺灣學生書局，1977），頁2。

19 余英時：〈清代思想史的一個新解釋〉，《歷史與思想》（臺北：聯經出版事業公司，1976），頁125-126。

主要的動力，顯然不合乎史實。梁啟超認為，清學與宋學不大有關係，錢穆則注意到在，即使在考證學最盛時，清代理學仍有其活力，應當正面陳述。尤其在晚清，宋代理學的流衍及復興發揮很大的現實作用。

錢穆在《中國近三百年學術史》的〈引論〉是這樣說的：「治近代學術者當何自始？曰：必始於宋。何以當始於宋？曰：近世揭櫫漢學之名以與宋學敵，不知宋學，則無以平漢宋之是非。且言漢學淵源者，必溯諸晚明諸遺老，然其時如夏峯、梨洲、二曲、船山、桴亭、亭林、蒿菴、習齋，一世魁儒耆碩，靡不寢饋於宋學。繼此而降，如恕谷、望溪、穆堂、謝山乃至慎修諸人，皆於宋學有甚深契詣。而時已及乾隆。漢學之名，始稍稍起。」[20]接著他從唐宋一路講下來，講清學開山三大儒——黃宗羲、顧炎武、王夫之等人，此後在講清代中晚期思想時，也指理學在當時像是泡在水中的咖啡，雖然看不到咖啡粉，但時時可見其色彩。此外，在處理清代的樸學時，錢穆認為他們不只是在「整理」舊學，還有思想的面向。

可能因為上述的傾向，所以錢穆撰寫《中國近三百年學術史》時，在有意無意之間也產生了一個有趣的現象，即他的書雖以「學術史」為名，但多講思想，且對若干清代考據學大家像王念孫之流竟而完全未加著墨。

三、彷彿尋寶之歷程

我個人在閱讀《師友雜憶》中與《中國近三百年學術史》的撰寫過程有關的段落時，常常有一種興奮感，即這是一個觀點不斷翻新與史料不斷擴充的過程，每每受其牽引，彷彿參與尋寶的過程。錢穆回憶說，當時的北平一如書海，在以科學整理國故的運動之後，於新學術觀點的燭照之下，若干歷史人物受到人們前所未有的重視，搜羅罕見文本的風氣很盛。《師友雜憶》中所提到的，舉凡陳確的《大學辨》、潘平格的《求仁錄》，章實齋遺書之家傳本及戴震的《孟子私淑錄》，顧祖禹《讀史方輿紀要》的嘉慶刊本、雷學淇《竹書紀年義證》、《三朝北盟會編》的半部鈔本等，[21]其得書經過莫不動人心弦，後人讀來宛如閱讀偵探小說。所以錢穆的《中國近三百年學術史》雖不特別提倡新得史料，但史料的擴充卻是此書的一個重要特質。以潘平格的《求仁錄》一書為例，梁啟超只能從唐鑑《清學案小識》的引文中轉引，而錢穆已能讀到原書，兩者之間便有莫大的差異。正因為材料獲得的難易程度不同，故梁啟超書中對《求仁錄》只是一筆帶過，而錢穆就認為《求仁錄》跟理學、心學的發展以及清初的思想界有很重要的關係。

在鋪陳內容時，錢穆似乎比較少用外部評斷的視角，而多是平心靜氣地涵泳原典，並將其中最重要的部分做一番鉤玄提要的功夫作為引文，使得讀者披覽之後，可

---

[20] 錢穆：《中國近三百年學術史》（臺北：臺灣商務印書館，1966），頁1。

[21] 錢穆：《師友雜憶》，頁142、160-165。

以把握到一家思想之要旨。同時，他也把可進一步發掘的問題放入雙行夾注中。在多次披覽之後，我感覺到書中涉及了許多曲折的學術問題，對於這些問題，錢穆都曾仔細思考過才行諸文字，故用語特別簡當，而指涉卻相當深遠。所以我覺得凡閱讀這一部書的讀者，應該採取「循環往復」的態度，也就是先通讀一遍，從事某種專題的研究之後，再回去仔細玩味《中國近三百年學術史》中相關的章節或段落。

在這裡隨舉一例：《中國近三百年學術史》第十二章「曾滌生」中有一段話說：「清儒考證之學，盛起於吳、皖，而流衍於全國，獨湖、湘之間被其風最稀。」[22]大多數人在讀《中國近三百年學術史》中這一章時，對這幾句話很可能會一閱而過，可是如果比較集中地研究清代湖湘地區的思想、學術之後，便會發現在清代考證學勢力如日中天之時，各大區域之間有一個「重心轉移」的進程。如果將當時考證學的圈子分成三級，則第一級地區以江蘇、浙江、安徽為主，第二級以山東、河南、河北、山西為主，第三級則是後來的福建、廣西等地。而湖南、湖北在考證學盛時，幾乎沒有什麼代表性人物。如果翻查《皇清經解》與參考《皇清經解提要》等書，可以發現清代經學名人中，就很少或幾乎找不到湖南、湖北的學者。[23]再看梁啟超的《中國近三百年學術史》中第六章〈清代經學之建設〉中所列的幾張表：「附亭林學友表」、「附初期經學家表」，亦無一湖北人，且幾乎沒有湖南人。經此一番探究，則知：「清儒考證之學，盛起於吳、皖，而流衍於全國，獨湖、湘之間被其風最稀」一段所指為何了。但道咸之後，學風大變，湖、湘成為新思想的發源地，湖南唐鑑等人在北京所形成的理學團體，對後來歷史的發展占有關鍵性的地位。

此外，我覺得錢穆對重要思想家言論的把握，以及它們如何影響時人、及他們與論敵之間觀點的出入，也是書中討論的核心。這是受傳統學案的影響，所以他的書也是採學案式、綱目體的寫法。因為錢穆對傳統古籍掌握深入，且非常用心體會，所以在上述幾方面都寫得非常好。但作為一個後代讀者，我比較注意的是：受他人影響的人，在被影響的同時，其實對他自己而言，也是一次擴充與創造。所以，我覺得錢穆在講影響時，比較忽略了被影響的人本身其實也在主動擴充、創造自己。

四、清代學術史的「史料革命」

前面提到，在讀《中國近三百年學術史》時，讀者處處感到一種史料「出土」的興奮與趣味，但近年以來，隨著清代文獻大出，尤其是幾部大型材料書的出現，如《四庫存目叢書》、《四庫禁燬叢書》、《四庫未收書輯刊》、《清代詩文集彙編》、《稀見清代四部輯刊》、《晚清四部叢刊》、《民國學術叢刊》等，乃至於各種電子文獻資料庫，使許多原先只能在圖書館抄錄的罕見書以及大量稿抄本，都不難

[22] 錢穆：《中國近三百年學術史》，頁575。

[23] 沈豫撰、趙燦鵬校注：《皇清經解題要》（北京：華夏出版社，2014）。

寓目，造成了另一種形式的明清「史料革命」。

以潘平格《求仁錄》為例，前面提到，當梁啟超寫《中國近三百年學術史》時，尚未能見到《求仁錄》原書，故只能從唐鑑的《清學案小識》中轉引，而錢穆寫《中國近三百年學術史》時，則因偶然機緣得以直接讀到《求仁錄》。但是在《四庫存目叢書》中，則有卷帙更富的本子。《四庫存目叢書》中的《求仁錄輯要》共有十卷，而錢書中摘述的只有第一、二卷。錢先生可能因為只見《求仁錄》第一、二卷，故書中的闡發仍然有限，在辨清學脈方面，所重視的多在「破」的一面，忽略其「立」的一面，故對於潘氏如何建立一套積極救世哲學，使得原來有關個人修養的材料，多變成治國平天下的概念，突然具有新的意義，顯然未多加注意。[24]

關於史料限制這一點，此處再以清初的汪紱與江永為例。汪、江二人是同一時代、同一地域的朱子學代表人物。《中國近三百年學術史》中提到清代徽歙間講學淵源，遠自無錫之東林有汪知默、陳二典、汪佑、吳曰慎、施璜講朱子之學於紫陽書院，又因汪學聖問學於東林之高世泰，實為徽州朱學正流，江永、汪紱皆為其餘波。「故江浙之間學者多從姚江出，而皖南則一遵舊統，以述朱為正。惟汪（紱）尚義解，其後少傳人，江（永）尚考覈，而其學遂大」。[25]錢穆在這一段的雙行夾注中說：「汪雙池年譜有與江慎修書三通，及江覆書兩首，可證兩家治學之歧趨。」[26]錢先生非常敏感地點出，汪、江論學不合。他們兩人往復爭論的這幾封書信，即收在《善餘堂文集》中。[27]我直覺以為江、汪這件公案，錢先生把握非常真切，不過錢先生似未讀過卷帙浩繁的《汪雙池遺書》，故講到汪氏的部分比較簡略。這部遺書收藏的地方不多，但史語所傅斯年圖書館即有一部二十八種本，可供進一步考索。[28]

以上兩個例子是為了說明，在這個「史料革命」之下，對於重估錢穆的《中國近三百年學術史》可以產生莫大的作用。我曾與學生一起將《清代詩文集彙編》等叢書中的稀見之書標出，其數目達到一個難以想像的比例，這一情形幾乎出現在前述的每一部大型叢刊中，值得我們注意。

五、結語

《中國近三百年學術史》是一部八十多年的書了，在這麼長的時間內，思想史的寫法已有相當大的變化。

至今為止思想史的寫作方式中有比較明顯的兩派，一是個人派，一是思潮派。前者著重個人及授受源流，認為個別思想家可以產生重大的思想或現實影響，後者則比

---

24 錢穆：《中國近三百年學術史》，頁204。

25 同上註，頁309-310。

26 同上註，頁300。

27 林勝彩點校、鍾彩鈞校訂：《善餘堂文集》（臺北：中央研究院中國文哲研究所，2013）。

28 另有浙刻《雙池遺書》八種，光緒21-22年刊，較多見收藏。

較重視整體思潮的變化。錢穆似乎比較屬於前者，而這也是從兩部《學案》，或《儒林宗派》等方面以來的傳統。後來的學術史或思想史，則偏向寫一片又一片的思想場景，一次又一次的思潮變化，個別人物在其中有地位，但不單只是孤獨地站立在舞臺上，這也使得思想史或學術史的解釋變得更為複雜。

此外，我個人認為錢穆《中國近三百年學術史》的解釋是複調的，是兩個以上色彩的學術史發展，而梁啟超受到科學整理國故運動之風潮的影響，比較從單一方向去綜理清代學術。最近一、二十年來，人們比較不那麼堅持認為晚清以來思想殿堂只有一個基調，而那個基調是科學的、客觀的、革命的，所以學術界回過頭去重看近三百年學術思想時，可以有一些新的方向與解釋。在這個時候重新閱讀錢穆《中國近三百年學術史》，相信讀者們可能產生不同的領會。

錢穆對「中國近三百年學術史」這個題目，是不斷思考發展的。抗戰期間，他受託重編《清儒學案》，其書雖已遺失，但有〈序目〉留存，或可略窺錢穆對清代理學發展之看法。此外，賀麟在《當代中國哲學》中批評錢穆的《中國近三百年學術史》未有章太炎一章，當時章太炎雖仍在世，但其學問卻已可蓋棺論定。後來《中國學術思想史論叢》第八冊便收錄多篇有關清代學術思想的論述，即包括〈章太炎學述〉。

最後，我要再度以「新天使」來說明，讀者與錢穆《中國近三百年學術史》的關係。不同時期的學者從各種不同角度閱讀錢書時，彷彿是新天使移動的腳步。譬如楊樹達日記裡說：「閱錢賓四（穆）《近三百年學術史》。『注重實踐』，『嚴夷夏之防』，所見甚正。文亦足達其所見。佳書也。」[29]錢書在抗戰前夕寫成，日本入侵之勢已在眼前。楊樹達讀此書時在1943年，此時「歷史天使」的身體前進到了對日戰爭，但他的臉望向過去、望向錢穆的《中國近三百年學術史》時，所看到的重點是「注重實踐」、「嚴夷夏之防」，與之前之後的讀者有所不同。我個人相信未來不同時代的讀者，也都將在這本書中看出不同的重點與意義來。

---

[29] 楊樹達：《積微翁回憶錄》，頁82。余英時先生引此條並評論說：「楊樹達特別指出『文亦足達其所見』這一點，是有眼光的，因為錢先生在此書中每寫一家必儘量揣摩其文體、文氣而仿效之，所以引文與行文之間往往如一氣呵成，不著剪接之跡，但讀者若不留意或對文字缺乏敏感，則往往不易看得出來。《中國近三百年學術史》特『嚴夷夏之防』，正是因為這部書在抗戰前夕寫成的。這時中國又面臨另一次『亡國』的危機。」見余英時：〈一生為故國招魂〉，《猶記風吹水上鱗》（臺北：三民書局，1991），頁26。此外，也有學者認為錢穆的《中國近三百年學術史》遠遠不如梁啟超的《中國近三百年學術史》，見汪榮祖：〈錢穆論清學史評述〉，《臺大歷史學報》2000年2月第26期，頁99-119。

第二章　錢穆在中國近代史書寫中所體現的學術精神

中國社會科學院歷史理論研究所
劉巍

江蘇無錫錢穆（字賓四）先生（1895-1990），一代鴻儒，自學成才，兼涉四部，尤以國史名家；從教曆小學、中學而大學，1949年隻身去香港創辦新亞書院，有教無類；於風雨飄搖中堅守與闡揚中國文化，尊之者以為朱子以後一人而已。

筆者讀錢先生書有年，沉醉其中，久而不知其香。今研究室同仁相約有「近世史學名家之中國近代史書寫」專欄，主事者命以錢穆一額屬我，倉皇無以應命，乃擬「錢穆在中國近代史書寫中所體現的學術精神」為題，謹就教於讀者諸君尤其是愛讀錢夫子書者。[1]

一、歷史書寫與近代史

歷史書寫，非調弄筆頭之謂也。歷史為人事之歷程、積累與流變，歷史之重寫或改寫乃根源於歷史的變動。任何一個偉大的史家均不可能不重視歷史之書寫。絕非湊巧，錢穆對此有明晢的自覺：「前一時代所積存之歷史材料，既無當於後一時期所需要之歷史智識，故歷史遂不斷隨時代之遷移而變動改寫。」「中國舊史，固不斷在改寫之中矣。」在新的時代需要下促成「繼續改寫之新史書出現」，乃史家義不容辭的責任。[2]可以說像《國史大綱》那樣的著作就是在此種自覺的書寫意識指導下之產物。通史是如此，近代史何莫而非然。他曾告誡學生說：

> 近代人抱著一種歷史新觀點，認為中國歷史都只講朝代，漢、唐、宋、明，只把帝王為重。這樣的批評，其實並不盡然。換了一個朝代，就表示歷史起了一個大變動，我們自應來寫一部歷史，把前面那一段記下。從班固《漢書》以

---

[1] 今日錢書所擁有的讀者群，大非往昔可比。猶憶20年前筆者方便使用的，只有業師錢遜先生所贈數種而已。今則其全集、散著不僅有眾多版本，紙質、電子版等式樣各異且不論，其中象《國史大綱》、《先秦諸子繫年》、《中國近三百年學術史》等主要著作，有心人自製之各類個性化電子文本亦層出不窮。錢先生生前著述本不求為當世知而有待於來者，由此觀之，真可謂求仁而得仁矣。

[2] 錢穆：〈引論〉，《國史大綱》（北京：商務印書館，1994），頁7-8。

後，一路到清末，都如此。只是今天以後的中國，則不像從前了，不再會有一個一個的王朝興亡。此下歷史該經多少時期來整理一次呢？這就成了問題。隨時寫是不行的，過了多少時才該寫，此需有一個客觀自然的標準。今天以後的歷史，只就我此一問題，就很困難。……將來究該怎樣來不斷寫通史，並不曉得。但諸位讀歷史，**第一應知，讀史都該注重近代史。第二應知，學歷史的定要能寫歷史**。至於如何樣去寫？諸位都該先在心中構成一問題，該不斷討論思索。[3]

錢穆對近代史及其歷史書寫之重視，可以說是情見乎辭。不過，錢氏畢竟是以通史而不是以近代史名家，[4]而且昔時昔人之「近代史」觀念及斷限與時下時人所認知者已大不可同日而語，則勢不能強人就我，削足適履，由我們來佈置「近代史」命題，讓前輩來回答。那種「關公戰秦瓊」的時代錯置，乃是時賢討論晚清民國此類問題中產生的不易避免的毛病。

然而，無論作者對「近代史」抱怎樣的觀念，「近代史」為「通史」所不可或缺之一段，了解一下顧頡剛先生所謂「創見最多」的通史大家之近代史書寫，當別有意義。

所以，討論錢穆的近代史書寫，首先要關注的是——通史意識貫注下之近代史。

錢穆雖以《劉向歆父子年譜》、《先秦諸子繫年》等考證性著作初建學術聲望，這些也就是他被當時以胡適、顧頡剛、傅斯年為代表的主流派所能接受的理由與限度，但其國史系統之成立必以《國史大綱》的出版為基準。知人論世，其國史系統孕育期之學術界的狀況是：「凡主張開新風氣者，於文學則偏重元明以下，史學則偏重先秦以上，文史兩途已相懸絕。……而對史學，則先秦以下，不能存而不論，但亦急切難有新成就。」其中如傅斯年「彼似主先治斷代史，不主張講通史。」傅的學生專治明史，而傅氏竟不許上窺元代、下涉清世，因而頗有怨言，錢穆自不以為然；又其時顧頡剛在燕大辦《禹貢》、陶希聖在北大辦《食貨》，學生請錢穆辦《通典》以鼎足而三，錢穆則誨訓以「余愛《通典》制度，亦愛《食貨》經濟，又愛《禹貢》地理沿革。諸生當擴開興趣，博學多通，乃能於史識漸有進。」不以專門為貴而意主通方；其通史精神之最為旺盛的流露尤其表現在，他嚴厲批評北大歷史系分人分段合湊通史教授為「實大不通」，乃至不肯與陳寅恪兩人分任前後兩部，而力主「一條線通貫而下」的獨任「全史」之主張。[5]由此可見，無論是對時代先後承接變遷之推源窮

---

[3] 錢穆：《中國史學名著》（北京：九州出版社，2011），頁112。

[4] 此點觀乎顧頡剛《當代中國史學》一書即可知。顧氏於是書下編「近百年中國史學的後期」第一章〈史籍的撰述與史料的整理〉第一節「近代史的撰述與史料的整理」，以鄭鶴聲《中國近世史》；蔣廷黻《中國近代史》等名家名作為代表；第二節「通史的撰述」，則舉「其中較近理想的」呂思勉、鄧之誠、陳恭祿、繆鳳林、張蔭麟、周谷城、錢穆諸家書，以為「錢先生的書（《國史大綱》——引者按）最後出而創見最多。」參見顧頡剛：《當代中國史學》（瀋陽：遼寧教育出版社，1998），頁75-78。

[5] 錢穆：《八十憶雙親、師友雜憶合刊》（北京：九州出版社，2011），頁160-163。「全史」一辭，語出

流、歷史事項之全面把握、歷史編纂精神之一以貫之上，錢穆均有博通的預備與深切的考慮，而其成果表現主要為《國史大綱》，所以我們當了解，其中國近代史書寫，不僅是他極為重視的努力方向，而且還是通史意識貫注下的「全史」段落。

二、錢穆的中國近代論述及其與「全史」之關係

那麼，作為貫通古今的「全史」一節，錢穆的中國近代史論述書寫，有什麼與眾不同之處呢？要了解這一點，首先要知道當時流行的中國近代史概念。對此，前引顧頡剛的書作過清晰的交代：

> 所謂近代史，現在史家對於它的含義與所包括的時代，有兩種不同的看法。第一種認為新航路發見以來，世界的交通為之大變，人類生活與國際關係，較之中古時代，顯然有不同的地方，是為中古史與近世史的分界；這時期歷史孕育出未來的局勢，每以民族的思想為其演變的原動力；故近世史的範圍，實包括近三四百年來的歷史，無論中國與西方皆系如此：此派可以鄭鶴聲先生的《中國近世史》為代表。第二種則認為在新航路發現的時候，歐洲僅產生了商業革命，明季以來，中國雖與西方接觸，但並沒有顯著的影響；其後歐洲產生了工業革命，中國與西方發生新的關係，以中國言方系近代史的開始：此派可以蔣廷黻先生的《中國近代史》為代表。[6]

要而言之，兩種看法，將近代史的範圍，一則斷自「新航路發見以來」；一則斷自「歐洲工業革命」，均反映了國人對西洋史觀的接納與因應。而較為定型的觀念，則為斷自明清。有學者指出，當時一般的或正統的近代史概念，其上限起於明清，而不是現在通行的晚清。如歷史語言研究所遷往北平後，其下設的第一組即歷史組的研究標準為：「一、以商周遺物，甲骨、金石、陶瓦等，為研究上古史的物件；二、以敦煌材料及其他中亞近年出現的材料為研究中古史的物件；三、以內閣大庫檔案（多為明清史料——引者按）為研究近代史的物件。」[7]由此大體可見以研究物件為分類標準的歷史分期時段斷限，其中的「上古史」、「中古史」、「近代史」三段論，深刻反映了近世「西學東漸」（包括了日本「東學」的轉述）以來的流行知識，如錢穆所通俗地講解的：「西洋史總分『上古』、『中古』和『近代』三時期。上古史指的

《國史大綱》，如：「故治國史不必先存一揄揚誇大之私，亦不必先抱一門戶立場之見。仍當於客觀中求實證，通覽全史而覓取其動態。」見〈引論〉，頁11-12。

6 顧頡剛：《當代中國史學》，頁75。

7 引文出於蔡元培：〈三十五年來中國之新文化〉（1931年6月15日），載高平叔編：《蔡元培全集》第6卷（北京：中華書局，1988），頁84。參見桑兵：〈陳寅恪與中國近代史研究〉，載氏著：《晚清民國的國學研究》（上海：上海古籍出版社，2001），頁162-163。

是希臘和羅馬時期，中古史指的是封建時期，近代史指的是現代國家興起以後。」不過，他沒有排斥西洋分期法，而是借之作為參考：「若我們必要比照西洋史分法，則中國的『上古史』當斷在戰國末年。秦以下，郡縣政治大一統局面開始，便該是中國的『中古史』了。」「比照」的意義，在於揭示特點而非一味趨同，所以他強調：「但這與西方的中古時期不同。大體說來，西方中古時期是一段黑暗時期，而中國漢唐時代，政治社會各方面甚多進步。不僅不比我們的上古史遜色，又且有許多處駕而上之。」權衡之下，他將秦至五代斷為「中國的中古史」。與當時一般將上限斷自明清的近代史觀頗有不同，他認為「中國的近代史」自宋代掀開：

> 宋以下的歷史，和我們時代相接近，讀來較易了解、易明白。我們也可說，中國的「近代史」，自宋代即開始了。
>
> 如此說來，可以說中國史常比西方史走先了一步。秦代已是中國的中古時期，宋代已是中國的近代時期了。[8]

錢穆的《國史大綱》諸版均作上下兩冊安排，下冊敘自宋代以降，如此看來，下冊為其一整部中國近代史代表作。這是讀者不可不注意的。錢氏有時隨俗以明清或晚清為「近代」內涵，晚年講課演說中尤多有之，我們不煩舉例說明，但不足以為典要。[9]他的史學一大特見，實以唐宋之變為中國中古史向近代史邁進的轉捩點，或者說，宋代是中國近代史的開端。

「現代史上的中國，卻比西方落後，其原因又何在呢？」這個問題，及由此而產生的一系列問題，[10]無疑是晚近以來國人盤旋於胸頭的普遍性焦慮與困惑，也可以說是近代中國人所患的一大心病。如何理解和解釋近代中國積弱積病的根源而又合理定位此種病症的性質、程度與趨向，以推動國人的自覺自責自奮而非自戕，此乃史家莊嚴之責任。所以從歷史本相上說，近代史為通史所決定，而從歷史書寫上看，亦不能不承認，像《國史大綱》那樣問題意識鮮明之通史撰著，實為近代史所孕育。

在錢穆看來這並非單純近代史之研究可以為功，而必求之於全史乃可解。所以《國史大綱》的引論就提出了「生原」與「病原」嚴加別白之說：「『生原』者，見

---

8 錢穆：《中國歷史研究法》（北京：九州出版社，2011），頁4-5。

9 最顯著者，如《民族與文化》一書所收講義，以「一、秦以前之中國」、「二、漢唐時代之中國」、「三、宋以下之中國」、「四、近代中國及其前瞻」為序，縱論「中國歷史演進大勢」。其中所謂「近代中國」，指「道、咸以下」「正值西力東漸」的中國，為順俗開講，實應視為其獨特之中國近代史架構中（包括了「宋以下之中國」並緊接其後）之「最近期的中國」。參見錢穆：《民族與文化》（北京：九州出版社，2011），頁27-35。「最近期的中國」，語出《國史大綱》，頁580：「范仲淹、王安石革新政治的抱負，相繼失敗了，他們做人為學的精神與意氣，則依然為後人所師法，直到最近期的中國。」下文錢穆提到的「現代史上的中國」，亦當視為「最近期的中國」。又，《民族與文化》所謂「近代中國」與我們今日通行的「近代」觀念很接近，可稱廣義的「近代」，則錢先生那自宋以降的「近代」為專義的「近代」，以本文的立場，自以後者為主，但也兼用前者，其間的語義區別，讀者覼乎上下文自可知之。

10 錢穆：《中國歷史研究法》，頁5。

於全部潛在之本力，而『病原』則發於一時外感之事變。故求一民族國家歷史之生原者，貴能探其本而攬其全；而論當前之病態者，則必辨於近而審其變。」[11]如此則大體可說，中國古代史重在撅發「生力」中國近代史務為檢討「病原」。

而西力東漸以來中國所呈現的種種病弱之相，早已發源於唐宋之變以及宋代以降。「要而言之，國史自隋唐以來，科舉制既興，士族門第之地位消融漸盡，而社會走上平鋪散漫之境，此中國挽近世一大變也。」由此帶來「中唐以來中國政治、社會走入一新境後所易犯之病徵」有三：（1）「社會」與「政府」之分隔與脫節，「常易招致『王室』與『政府』之嬌縱與專擅」。（2）「民間每苦於不能自振奮」，社會沒有生氣。（3）「科舉」雖有溝通政府與民間的作用，但誘導投選者「往往忘其義命而徒志於身家之富貴與溫飽」，社會益趨於沒有力量。

「宋儒講學，即針對此病態而發。然而宋之為病，尚不止於此。宋人不能自解救，而招致蒙古之入主，一切政制，為急劇之退轉，益與後世中國以莫大之創傷。」歷經明清「六百年之久」「獨夫專制之黑暗」，民族元氣倍遭戕殘，加上滿清以「狹義的部族政治」之壓迫，「宋、明七百年士人書院民間自由講學之風遂熸。」「逮滿族統治之力既衰，而中國政治、社會之百病，遂全部暴露。」錢穆沉痛地指出：

> 論者每謂自嘉、道以來，東西勢力相接觸，東方乃相形見絀；此似是而未盡之說也。縱使嘉、道以往，長得閉關自守，海道之局不開，滿洲之治權，仍必顛覆，中國仍必大亂。其病先已深中於自身之內部，而外邪乘之，其病象遂益錯出。因使庸醫操峻劑，更奏迭前，茫昧而雜投，以互期於一逞，則幾何其病之不日殆也。[12]

從以上的概述可知，著力於從「自身之內部」出發的觀察與強調由外及內的類似「衝擊與反應」的模式有很大的區別，倚重倚輕之間，對中國近代史的認知，錢穆與時流之間就這樣判分開來。

他曾從許多方面加以闡發：「若論社會經濟史，似不如以五代為劃時代之界線。五代以前，可稱為『門第社會』。所謂門第社會者，與封建貴族社會有別。宋以後則為『平民社會』，此又與門第社會有別。再論其經濟，宋以前中國經濟偏在北部黃河流域，大體為大農制度。宋以後則偏於南方長江流域，大體為小農制度。五代前後，中國史上社會經濟形態之劇變，似較秦前後為更甚。」[13]此等歷史大變的揭示，

---

[11] 錢穆：〈引論〉，《國史大綱》，頁25-28。

[12] 錢穆：〈引論〉，《國史大綱》，頁27-28。

[13] 錢穆：〈中國學術思想之分期〉，載氏著：《中國學術思想史論叢》（三）（北京：九州出版社，2011），頁299。筆者對這條材料的引用，參考了戴景賢：〈論宋代文化之基本形態及其在中國史上之位置〉一文，文中指出：「錢師賓四主張中國歷史自有進程，因此彼以兩宋為中國近代之始，不具有『世界史』之模擬意義」，見《長江學術》2015年第3期，頁17。

雖非專就近代史的界劃為說，但是參以其他論述（詳下），實為其近代史論述的重要內容。

「社會」角度尤為錢穆觀察問題的著力點。他曾總結自己研究中國史的特色，在於「將社會中『士』的一階層之地位變化，來指出中國社會演進之各形態」，據之將中國社會分為（1）遊士時期（2）郎吏時期（3）九品中正時期（4）科舉時期（5）進士時期。論及古、近之變，他說：「下及宋代，魏晉以來相傳大門第，幾乎全部消失。此下便成為近代中國的社會，即『白衣舉子』之社會。」又說：「科舉進士，唐代已有。但絕大多數由白衣上進，則自宋代始。我們雖可一併稱呼自唐以下之中國社會為『科舉社會』，但劃分宋以下特稱之為『白衣舉子之社會』，即『進士社會』，則更為貼切」。錢穆還指出：「此種移轉，本極重要，但因其只是漸變，非突變，故不易為人覺察」。[14]蓋亦為《國史大綱》所謂「今於國史，若細心籀其動態，則有一至可注意之事象，即我民族文化常於『和平』中得進展是也。」[15]之一好例。

從「文化」角度加以歷史分期，也是如此：「我們若把中國文化演進，勉強替他劃分時期，則先秦以上可說是第一期，秦漢、隋唐是第二期，以下宋、元、明、清四代，是第三期。……宋、元、明、清四代約略一千年，這可說是中國的近代史，比較上又自成一個段落。若把國力強旺的一點來論，這一期較之漢、唐時代稍見遜色。」

錢穆分析「這一千年來的近代中國」「國力」趨弱的「幾層理由」：（1）中國民族本來是一個趨向和平的民族，……一到中唐以下，中國社會完全走上他文化理想的境界了，封建貴族澈底消失，工商資本勢力亦不能抬頭，社會整個的在平鋪狀態下，和協而均衡，內部再沒有小組織特殊勢力之存在，再沒有一個個小的戰鬥集團之存在，因而整個社會之組織力與戰鬥性亦隨之降落。（2）與西方國家是向外征服的不同，中國國家是向心凝結的。其整個文化趨向亦複如是。……宋以下的中國人，大體上憧憬於這種天下太平世界大同的大理想的人生之享受與體會，常誤認中國早已是一個「天下」，早已是一個「世界」，卻不免忽略了對於國外的情勢，忽略了對於非理想的人生之奮鬥與擺脫。（3）在自然形勢上，中國近代社會不斷的向長江流域以及東南沿海一帶發展，北方高原大陸，逐漸被忽略，被遺棄，遠不如漢唐時代之健旺與活潑了；而在政治制度方面，宋、元、明、清四代，依舊遵照漢、唐舊規模。惟因最先激於唐代末年之軍閥割據，而開始厲行中央集權。又因元、清兩代均以部族政權的私意識來霸持，因此在中央集權之上還加上一種「君權日漲、相權日消」的傾向，這兩層都是近千年來的中國政治所不如漢唐的。

另一方面，錢穆也揭示了宋以降中國近代文化的三大成果：（1）「宗教思想之再澄清」（2）「民族之再融合」（3）「社會文化之再普及與再深入」。原文俱在，筆者不復詳述。[16]

---

14 錢穆：《中國歷史研究法》，頁40-44。

15 錢穆：〈引論〉，《國史大綱》，頁12。

16 錢穆：《中國文化史導論》（北京：商務印書館，1994），頁175-201。

當然，誠如讀者所看到的，我還是花了很多筆墨（也只是擇要，而且側重於至宋至清，為其他諸家一般鮮在近代史範圍論及的）來傳述錢穆先生的中國近代史論述。之所以這樣做，是希望他的有關史見不被他的通史系統所埋沒，也希望借這個特殊的機緣有助於讀者了解他的近代史書寫在他的通史系統的位置，尤其是「最近期的中國」近代史對其整個國史編撰的決定性意義。歷史學有一個最基本的性格，即它的回溯性。歷史的進程雖然是由古及今的，但史學研究與編撰的緣起實建基於近現代。從經濟、社會、文化、政制、地勢等等方面解釋與理解「最近期的中國」遭遇困境的來龍去脈，構成錢穆的中國近代史論述的一個基本向度；而相反相成的是，將「當前問題」「暫放一邊」的「通史」精神則又將近代追溯自距離今日遙遠的宋代。[17]他的史學表現出「全史」與「近代史」雙向交流而又互為支配的鮮明色彩，彰顯了史學精神的高度自覺。一個最好的例子是，「最近期的中國」近代史為中國人的大痛史、屈辱史，有關列強侵犯欺凌中國的內容，《國史大綱》只在「外患之紛乘」一節作了僅400字左右的扼要敘述，[18]這與近因、遠源長篇巨幅的剖析討論形成了鮮明之對照。不時能聽到對錢氏史學所謂過於濃於情感的批評，這些地方讓人看到的則是其充沛的理性精神。

三、錢穆的近代史書寫所見之學術精神

下面再依粗淺的閱讀感受簡要談三點印象，從中或有助於增進對錢先生學術精神的理解。

何謂「學術精神」？筆者讀錢先生書，不免會費心研究他一再強調的寫通史要「一條線通貫而下」的「一條線」指的是什麼？《國史大綱》借鑒了「近代革新派」的看法，以「社會經濟」、「政治制度」、「學術思想」為三項基本「歷史事態」，[19]他又常常有「學術指導政治，政治轉移社會。」[20]一類的歷史表述與講演提示。[21]我覺得，「學術指導政治，政治轉移社會。」這句話，頗能揭示他所理解的三

[17] 我認為下述講辭頗能傳達其精神：「因此即使我們要根據當前問題來推究，也得首先將此問題暫放一邊，平心靜氣，仍從歷史本身的通體來作研究，如此才能對你原有問題得出一正當的結論。我們當知，從研究歷史用心，可以解決問題。若僅從解決某些問題上用心，卻不一定能了解歷史。這等於說，『明體』可以『達用』，而求用心切，卻不一定能明體。」錢穆：《中國歷史研究法》，頁9。這是從心術入手指示治史途徑的極為精審的見地。論者或以為錢穆晚年治學頗涉虛玄，我的看法稍稍有所不同，錢先生晚年頗多發揮的是我稱之為——「語錄體史學」或「講演體史學」，如在此所表現的，不啻為理學的史學化，善學者若能真正得其隻言片語，即足受用，固非專執於現代專家之學或「漢學」立場所得而衡論也。

[18] 錢穆：《國史大綱》，頁889-890。

[19] 錢穆：〈引論〉，《國史大綱》，頁9。

[20] 語出錢穆：《國史大綱》，頁146。此類表述彌漫全書，他書亦多有之。

[21] 如他說：「就中國傳統思想言，士應該能負擔道，代表道，即是負擔待表此傳統文化理想與傳統文化精神者。因此由士來主持教育與政治，即是政教一致。由教育階層來領導著政治，再由政治階層來領導著社會，如此則社會全體將永遠向此文化理想與文化精神之大目標大路程而前進，此乃中國成立『四民社會』

項基本「歷史事態」之間的相互關聯，尤能概括他對歷史動力與主體的看法，頗可指示他那「一條線」的內在邏輯，極反映他的史觀。因此，我所謂「學術精神」，就旨在彰顯如影隨形地「指導」他作出歷史判斷、進行歷史書寫的學術理念、價值觀與人文意識。

（一）以文化為基準的民族意識

首先，最值得指出的一點，是他在中國近代史論述中表現出來的民族意識，而這種民族意識又是以文化為基準的，可以叫做「以文化為基準的民族意識」。

我們不妨從其歷史書寫或歷史表述的關鍵字入手。如果要精選錢氏史學的核心觀念或關鍵字，而且只限於一兩個之數的話，我會毫不猶豫地舉出他的一本書的書名──《民族與文化》。

《國史大綱》有云：

> 治國史之第一任務，在能於國家民族之內部自身，求得其獨特精神之所在。
>
> 全史之不斷變動，其中宛然有一進程。自其推動向前而言，是謂其民族之「精神」，為其民族生命之泉源。自其到達前程而言，是謂其民族之「文化」，為其民族文化發展所積累之成績。
>
> 「變」之所在，即歷史精神之所在，亦即民族文化評價之所繫。[22]

《民族與文化》有云：

> 文化只是人類群體生活之總稱，文化必有一主體，此主體即民族。[23]

不煩再有所徵引，也無須乎更多的解釋。這幾句話，足以說明「民族」「文化」這兩個概念及其組合名詞「民族文化」之內涵、相互關係及其在錢氏史學中的位置與意義。與一般對歷史表述漠不敏感的人完全不同，他很清楚：「『民族』一語，乃是近代譯自西方。」、「今人用『文化』二字，亦由西方語轉譯而來。」[24]同樣鮮明的是，錢氏講「民族文化」充滿了中國的人文精神。

這可以從錢穆對中國近代史上的非漢族政權之史見來看。讀者不難發現，《國史大綱》對每一章節的標題命辭最為盡心，這的確反映了其歷史書寫意識之自覺。在錢的中國近代史框架內，有兩個全面主宰中原的異族政權。「蒙古之入主」，是「中

意義之所在。」見錢穆：《民族與文化》，頁13。

[22] 錢穆：〈引論〉，《國史大綱》，頁11-12。

[23] 錢穆：《民族與文化》，頁1。

[24] 同上註，頁2、5。

國史開始第一次整個落於非傳統的異族政權的統治」，他用「暴風雨之來臨」這一作為整個元代之部的總章題概括了它對中國史的意義。[25]「滿洲入主，為中國近代史上狹義的部族政權之再建。」[26]所謂「再建」，顯然是繼蒙元之後的第二次。「狹義的部族政權」作為整個清代之部貫穿四章的關鍵字，[27]彰顯了他對該政權性質的總判斷和史家究責的主要意義所在。不經意間閱讀錢敘元清史，會直接感受到強烈的批評精神，甚至會疑惑其族類意識是否太強烈了。稍有歷史感的讀者，或會歸咎於錢氏拘泥於晚清種族革命的成見過甚。經過「五族共和」意識的洗禮、又受到民族政策教育後的讀者，難免不作此想。更為細心的讀者，會往時代背景方面去推論，處於烽火連天的抗戰時代，古典即是今事，日本人當年不是魂牽夢繞於蒙元滿清的所作所為而亟亟期以自代嗎？我們讀他詳敘明末漢奸引清人入關的史實，好像就是針對著當時在中華大地的日本人走狗而發的。我認為上述方面或多或少存在於《國史大綱》中，但僅此絕不足以充分了解錢先生的史識，這就需要深入體會其批評的著眼點所在了。在此不作詳細討論，只能略舉數事以為說明。錢穆強烈批評蒙元「政治上之顯分階級，一切地位不平等。」（依種類分四等：蒙古、色目、漢人、南人。）和社會等級森嚴：「大概當時的社會階級，除卻貴族軍人外，做僧侶信教最高，其次是商人，再其次是工匠，又次是獵戶與農民。而中國社會上自先秦以來甚占重要位置的士人，卻驟然失卻了他們的地位。」[28]不過，與其說他在嚴厲控訴種族壓迫的殘酷，不如說是重在揭示中國史在社會政治文化演進過程中的倒退。徒「恃其武力之優越」「而並不重視其文治」，使漢唐時代之政治文明在暴力衝擊下只成為此下中國人的魂夢，而社會階級等級之嚴判，也只成為唐宋以降社會日趨平民化平等化大趨勢下的逆流。只要再將之上比錢氏對北魏孝文帝虛心接納中國文化銳意改革的禮讚，就更可知作如此評判的苦心了。錢穆在各種書文中反覆徵引「《史記》以匈奴為夏後，氐、羌為姜姓」一節，強調中國歷來以「文化方式」判分為嚴「而最先民族血統之為同為異，轉非所重也」。[29]這當然反映了他個人民族文化觀的淵源。他又批評蒙元「創為行中書省，以便其分區宰割之私意」，說：「此由中央政府常派重臣鎮壓地方之上，實為一種變相之封建。而漢、唐州郡地方政府之地位，渺不再得。（此制大體上為明、清所承襲，於地方政事之推進，有莫大損害。自此遂只有中央臨制地方，而中央、地方共同推行

[25] 錢穆：《國史大綱》，頁631。

[26] 同上註，頁813。這是全書僅有的兩次使用「中國近代史」詞彙表述之第一次，既然將蒙元、滿清兩部均包括在「中國近代史」中，則參驗可證《國史大綱》已經明確地將宋已降納入「中國近代史」框架中了。第二次見錢穆：《國史大綱》，頁874。

[27] 見第四十二章〈狹義的部族政權之再建（上）【清代入主】〉；第四十三章〈狹義的部族政權之再建（下）〉；第四十四章〈狹義的部族政權下之士氣【清代乾嘉以前之學術】〉；第四十五章〈狹義的部族政治下之民變【清中葉以下之變亂】〉。

[28] 錢穆：《國史大綱》，頁638-640、657-658。

[29] 同上註，頁200。他書之中，亦多稱引之。

國政之意義遂失）」，[30]所謂「中央、地方共同推行國政之意義」乃是他對日後稱為「民主精神的文治政府」[31]之「民主精神」的一種表述。這是他力反時流以「中國自秦以來二千年，皆專制黑暗政體之歷史也」[32]之見的一個重要環節。蒙元所為，不啻為中國政制演進史上的大倒退。尤有進者，他認為不僅「明代流寇之不能速平，亦有繫於地方分省制度之不當者。」[33]清末督撫的離心傾向也與之有不解之緣，甚至「辛亥以後的各省軍權割據」之遠因，也還要「導源於元、明以來行省制度之流弊」、「元人所謂『行中書省』，即是活動的中書省，即中樞政權之流動分佈。其意惟恐一個中央政權不足控馭此廣土眾民，乃專為蒙古狹義的部族政權而設此制度。明人不能澈底蕩滌，（明太祖廢行中書省，而以布政使為各地行政長官，較元制遠為合理。惟惜行政區域之劃分仍依元舊，而其後複有巡撫、總督凌駕於布政使之上。）清代則有意利用。（故明代督、撫尚非常設之官，而清則各行省必設督、撫，而大體又必使滿族任之。）故行省長官乃地方官之臨制者，而非地方官之領袖與代表。（明、清總督、巡撫皆帶『都御史』銜，以此。名義上雖以布政使為行省長官，而實際則權在督、撫。）同時此等長官，皆偏重於軍事統治之性質。（故其名官曰「總督」、「巡撫」。）此種制度在平時足以障礙地方政事之推進，而增加地方與中央之隔閡。而待一旦中央政權削弱，各行省轉易成為反抗中央，分區割據之憑藉。」[34]此等處頗可見錢穆以「狹義的部族政權」設辭之確切意味、他以「私意」來批評蒙元滿清政權中所包蘊的巨大歷史感。千里伏線，一旦昭明。此類對晚近中國積弱積亂「不振」之追源窮流，恐怕確不是截近短視的近代史觀所能為力的。可資比較的是，錢穆對明太祖削割廢棄相權以「一人的私意」專行「絕對君主獨裁」之更為嚴厲的撻伐，[35]固然也發揮了明末大儒黃宗羲以降的政見，而對秦始皇、李斯，他則力反歷來諸如「孤秦陋宋」之類的俗見，而積極肯定他們在建設「文治政府」方面的歷史功績。[36]又可見論史有大公，大公不避嫌，而狹隘的族類偏見，皆在摒棄之列也。

（二）批評激進革命而又力反全盤西化的文化保守史觀

錢穆中國近代史論述的第二個鮮明特色，是他堅持批評激進革命而又力反全盤西化的文化保守史觀。

在「最近期的中國」近代，「革命」與「西化」是時代的主旋律，錢氏根據其對中國歷史文化帶有明確「溫情」與「敬意」態度的內在理解，面對這一股強大的時代

[30] 錢穆：《國史大綱》，頁640-641。
[31] 見錢穆：《中國文化史導論》，頁203、223、229等。
[32] 錢穆：〈引論〉，《國史大綱》，頁5。
[33] 錢穆：《國史大綱》，頁824-825。
[34] 同上註，頁907-908。
[35] 同上註，頁665-669。
[36] 參見錢穆：《中國文化史導論》，頁98-99。

風潮，盡了一個獨立的批評者的責任。當然，他的史觀也不能說就是反革命的（尤其在政治革命方面是如此），寰宇而觀：「即以王室而論，如英、如日，至今猶有王室。如德、如俄，當時王室亦存在。」如果清庭順勢而為，中國亦可另有出路，無奈「中國以滿族堅持其狹義的部族政權之故而不得不推翻王室」，所以革命（準確地說——民族革命）是不可避免的。[37]從這個角度，他敏銳觀察到戊戌變法的「革命」意味，及由此而至辛亥革命的歷史延續性：「事勢推蕩，遂使康有為以一局外之人，而來發動整個政局之改革，其事固必失敗。然就晚清全部歷史進程而論，康氏此舉，不啻即為一種在野對於在朝之革命，戊戌政變乃成為辛亥革命之前驅。前後相隔，亦不過十三年之時間而已。……在上者圖變愈遲，在下者求變愈速。要求立憲之後一幕，自應為革命爆發也。」[38]

但民國以來的亂象（軍閥割據、帝制復辟、政黨紛爭等等），只激起「文化革命」、「社會革命」等等之「呼號與活動」，均為海通以來中國「偏激思想」之「逐步成長」——「愈易傳播流行，愈易趨向極端」之必然結局。（康有為主張「速變、全變」的口號，可算標語。）[39]甚至「辛亥革命」，在錢穆看來也只不過是一場「假革命」而已。他的理由是：「一民族政治制度之真革新，在能就其自有問題得新處決，辟新路徑。不管自身問題，強效他人創制，冒昧推行，此乃一種『假革命』，以與自己歷史文化生命無關，終不可久。中國辛亥革命，頗有一切推翻故常而陷於『假革命』之嫌。」所謂「一切推翻故常」，指「而為推翻王室之故，不免將舊傳政制一切推翻。當時似誤認以為中國自秦以來，即自有王室以來，一切政制習慣多是要不得。於是乃全棄我故常之傳統，以追效他邦政制之為我所素不習者，此則當時一大錯也。即如考試與銓選，乃中國政制上傳襲甚久之一種客觀用人標準，民國以來亦棄去不惜。如是則民治未達，官方已壞，政局烏得不亂？」[40]五四新文化運動以西人所獨擅中國所欠缺的「民主」與「科學」為目標，但在錢穆看來，漢唐文治已臻「民主」之境，由此所孕育發展出的「考試與銓選」，尤為舉世公認之善制，惜乎國人不自護惜，自戕國本，以滋紛亂，所謂「惟求一變故常以為快者」[41]，此自晚清已然矣。從「政治理論」說：「中國政制，本求政府領導民眾，不能遽覬民眾操縱政府。清政府以不能盡領導民眾之使命而推翻，而民國以來之政治理論，忽變為民眾指導政府，於是政府躲卸其責任，民意亦無法表現，而變成兩頭落空」，[42]根據「政府領導民眾」的傳統觀念，他不認可「對象更擴大及於全體社會下層工、農大眾無產階級」的「社會革命」。[43]他對太平天國運動的批評，其一部分意義也可從此等邏輯中去理解。不

[37] 錢穆：《國史大綱》，頁912。

[38] 同上註，頁903-904。

[39] 余英時：〈中國近代思想史上的激進與保守〉一文之主旨，或當淵源於此。

[40] 錢穆：《國史大綱》，頁911-913。

[41] 語出錢穆：《國學概論》（北京：商務印書館，1997），頁354。

[42] 錢穆：《國史大綱》，頁910。

[43] 同上註，頁912。

僅如此，他在回覆重慶審查方面批示《國史大綱》需改「洪楊之亂」為「太平天國」的質疑時說：「至於洪楊起事，尊耶穌為天兄，洪秀全自居為天弟，創建政府稱為太平天國；又所至焚燬孔子廟；此斷與民族革命不同」，[44]所謂「焚燬孔子廟」，早已是「打孔家店」的先聲了！這是一個關於中國近代史書寫的典型事件，我不知道審查方面為什麼只抓住「洪楊之亂」一詞不放而輕輕放過了書中關於辛亥革命為「假革命」的論述，在政治不正確的程度上，後者似不讓於前者，我想說的是，以保守中國文化為基準，乃錢穆先生最深沉最敏感的關切，是其史論之最核心精神。在「科學」方面，他也不承認人文學方面的全面落後，而認為「中國社會之所以趕不上近世文化之階段者，其惟一機括，只在科學機械方面之落後。」[45]並強調穩定的社會政治條件對科學輸入之重要意義。行文至此，我想提醒讀者注意到，他在中國近代史書寫中體現的開放而自主的中外觀。眾所周知，對於我們認知中的中國近代史來說，除了古今之變、滿漢關係，最重要的就是中外之辨（兼及：新舊之爭）了。一般來說，錢穆先生會予人以「保守」的印象，其實從保守中國文化中國歷史精神來說，他確是保守的，如上文所述。但絕不可理解為深閉固拒、排斥外來文化之類。事實上，他不僅擁有開放的文化心態，而且此種胸襟正本於中國自身的歷史。以「晚清興學」為例，他認為「在政治上，其效力不能與北宋時代之書院講學相比。在接收外來文化上，其成果亦不能與魏晉南北朝時代之佛學寺院相比。」[46]如此高標格的批評，明顯是建立在宏闊的歷史比較基礎之上的，未嘗不是國史之偉大開放精神透過史家筆墨的自然流露。錢穆強烈反對自以為「是站在已往歷史最高之頂點」之「淺薄狂妄的進化觀」、也強烈反對「一切諉卸於古人」之「似是而非之文化自譴」論，[47]均可以從這種地方來看，他是要人放開心胸而不是「只橫切一點論之」，不過他更強調不可放棄別擇的能力與自主的意識罷了。

（三）以儒學為宗的文化意識

在錢穆看來，來作這別擇工夫來擔當自主責任的，中國古代賦予士，近代當屬之知識分子。所以，第三，我們尤當注意於錢穆在近代史書寫中體現出來的以儒學為宗之文化意識。

讓我就從他對全盤西化的質疑說起。錢穆曾非常精到地批評新文化運動所代表之淺薄的西化：「民主是政治上的事，可是人生還有比政治更重要更高的，不能全由民主方式來解決。單有科學和民主，拼不成一個社會，生不出一套文化來。社會是該由『人』作中心的，單就科學與民主也拼不成一個人。……不能專有科學與民主，而把

---

44 錢穆：〈出版說明〉，《國史大綱》（北京：九州出版社，2011），頁2-3。

45 錢穆：《國史大綱》，頁896。

46 錢穆：《國史大綱》，頁898。

47 見《國史大綱》扉頁——〈凡讀本書請先具下列諸信念〉。

人丟開了。西方宗教正是教人怎樣做人的，我們要學西方，更不能把他們的宗教劃掉。西方到今天也仍不能把他們的宗教劃掉，而當時我們高呼西化的前輩先生們卻要反宗教。既要反宗教，而僅僅接受他們的科學和民主，那樣的西化，未免太淺薄了。」[48]這是用人本主義整全的社會人生觀來反對片面功利的西化論，錢先生的論證邏輯是有力的，全盤西化行不通，人類社會卻有共通性，同樣也有鮮明的民族個性。在中國文化系統中，與西方宗教有類似的社會功能而又別具特色甚至優長的東西是什麼呢？錢穆毫不含糊地回答說，首要者為儒學。[49]他對儒學之社會作用有扼要的概括：「儒家思想之表現，往上是政治，往下就是教育。」[50]他對「儒家精神」之歷史功效也有中肯的評價：「中國讀書人在鄉村做土豪劣紳，跑到政府做貪官汙吏，在歷史上亦不可勝數。可是一部中國歷史是由儒家精神、士的精神維持下來，這是無可否認的。」[51]就整部中國近代史來說，他最服膺和著力闡揚的是宋明理學——「新儒學」的精神。《中國近三百年學術史》在清學史之漢宋之辨上所持高揚「宋學」深抑「漢學」的書寫立場且不論，《國史大綱》進一步暴露滿清「狹義的部族政權」在文化政策上之「私意」性。一個明顯的例子是，北宋士大夫如范仲淹、王安石等有「以天下之治亂為己任」的作為，理學大儒小程子又有「天下治亂系宰相」的宏論，在錢穆看來均表示著宋代士氣的暢旺，前者既為乾隆所不允許，後者乾隆亦嚴詞批駁之，而「四庫館臣作《四庫全書提要》，對程朱宋學，均濫肆慢罵。此非敢顯背朝廷功令，實是逆探朝廷意志，而為奉迎。」所以，錢穆揭露道：「他們只利用了元明以來做八股應舉的程朱招牌，他們絕不願學者認真效法程朱，來與聞他們的政權。」[52]在這一基本判斷之下，「完全與現實脫離」的所謂「乾嘉學術」，不啻代表了士的精神趨向之逆流或頓挫。錢穆絕不追隨清儒中自戴震以降而風行的關於宋明學術之「內佛外儒」、「內道外儒」類的指控，亦與時流動輒牽引西洋哲學流派比附宋明儒家迥乎不牟，而是將之溯源於范仲淹、胡瑗等「轉而關心世運，治儒術古經典（與唐代士人山林寺廟讀書之風大不同）」的學風，[53]而大大發揮其「秀才教」的精神、「嚴正的淑世主義」等等，尤其著眼於「上面來監督政府，下面來援助民眾」的社會主持功能。所以對他們的「社會自由講學」運動、對他們所「主持」種種「社會事業」（諸如義莊、社倉、保甲、書院、鄉約等等）反覆三致意焉。[54]用《文化史導論》中的話來概括就是：「中國新儒家，以書院自由講學為根據，一面代替宗教深入社會，一面主張清議上干政治，……而那時的新儒家更有一番重要的新貢獻，則為對於『地方自

[48] 錢穆：《民族與文化》，頁113-114。

[49] 他也認為「唐、宋以下文學藝術的發展，他們都有代替宗教之功能」。見錢穆：《中國文化史導論》，頁181，惟重要性不如儒學。

[50] 錢穆：《民族與文化》，頁130。

[51] 同上註，頁137-138。

[52] 錢穆：《國史大綱》，頁860-862。

[53] 同上註，頁790。

[54] 同上註，頁794-812。

治』之努力。」[55]如果再上比《國史大綱》對魏晉南北朝「《莊》、《老》清談」不負責任的「務於自娛」[56]之指責，下比《國史大綱》以清中葉以下佛學潮流為「思想界之空虛徬徨與不安寧」的批評，[57]則錢穆的學術宗主可以說不言而喻了。他用「士大夫的自覺」[58]這樣莊嚴的辭句來書寫宋學之勃興，絕不是偶然的。在此，我想再引一下《國史大綱》初行若干版所無而為後來增補的話：

> 宋、明理學精神乃是由士人集團，上面影響政治，下面注意農村社會，而成為自宋以下一千年來中國歷史一種安定與指導之力量。晚清以來，西化東漸，自然科學之發展，新的工商業與新的都市突飛猛進，亟待有再度興起的新的士階層之領導與主持，此則為開出此下中國新歷史的主要契機所在。[59]

對於「宋、明理學精神」，錢先生本人無疑有深切的理解與熱烈的呼應，他是非常自覺地承當這一「精神」的，所以在「最近期中國」近代史書寫中常常流露出刻骨的「士」的自責，而其國史之通體書寫則明徹地展現著「士」的自覺。我認為，在錢穆的國史系統中，牽引著那「一條線通貫而下」的線之線頭的主角，正是——「士」。然而，這絕不僅僅只是書寫的問題了，《國史大綱》論及「晚清興學」成績不理想的原因說：

> 學校生命，並非從一種對於學術真理向上探尋之根本精神中產生；其發動不在學術界自身，（嚴格言之，當時已無所謂學術界。）而在幾個官僚與政客，則宜乎其浮淺搖動，不能收宏深之效。[60]

我不知道錢先生於離亂之際赴香港辦學時，胸中是否裝著這幾句話，但是我相信：新亞書院的創辦，實在是這一「根本精神」久久累積鼓蕩於胸中不吐不快地應時噴發出來的。錢先生的學術與教育事業本身是中國近代史的一部分，他用他的生命書寫的歷史，是值得我們反覆詠味的。

---

55 錢穆：《中國文化史導論》，頁190。

56 語出錢穆：《國史大綱》，頁300。

57 同上註，頁905。

58 余英時則以「士之新自覺」一辭屬之「魏晉之際」的名士風流，至少從歷史書寫的角度，就頗有可資比較之處。

59 錢穆：《國史大綱》，頁812。筆者初度引述此段文字，參見拙著：《中國學術之近代命運》（北京：北京師範大學出版社，2013），頁328。

60 錢穆：《國史大綱》，頁898。

第三章　錢穆與康有為經學「剽竊」案

湖南大學嶽麓書院
吳仰湘

中國近代史上有一件盡人皆知的「學術公案」，即康有為轟動天下的《新學偽經考》和《孔子改制考》，是否分別源自廖平的《闢劉篇》和《知聖篇》？關於廖、康「交涉之事」[1]，晚清以來有多種傳聞，廖平與其門生、子嗣相繼又有各種記述與演繹，學界更是紛紛研討，迄今爭議不斷，褒貶不一。朱維錚在1992年就指出：「康有為《新學偽經考》、《孔子改制考》，究竟是否剽竊廖平的《闢劉》、《知聖》二篇，無疑是晚清學術史上最大的版權官司。孰是孰非，史學家們聚訟紛呶，或許將繼續到下一世紀。」[2]筆者反思已有研究成果，細讀廖、康「交涉」的原始文獻，將圍繞兩人經學淵源關係引發的「學術糾葛」，釐析為三個具體問題，即《新學偽經考》「剽竊」《闢劉篇》、《改制考》「祖述」《知聖篇》和廖學「影響」康學，對這場百年懸案作了裁斷，指出三點：第一，羊城之會廖平並無《闢劉篇》書稿出示康有為，而《新學偽經考》已基本成稿，廖平也見到該書稿，康有為絕不可能「剽竊」《闢劉篇》；第二，廖平對康有為始終堅持「足下之學自有之可也」[3]，從未指控《新學偽經考》「剽竊」，至於戊戌政變後廖平懼禍自危，與門生炮製「祖述」說，意在斥責康有為「多失其宗旨」[4]，亟與康學劃界以自保，內心並不認康作傳人；第三，康有為迅速轉向今文經學，確實受到廖平《今古學考》和《知聖篇》的影響，但不能在廖、康經學之間確立唯一對應的淵源關係。[5]因錢穆在廖、康「學術公案」形成史上深具影響，特續作此文，期能進一步澄清相關史實。

[1] 廖平《四益館文集》所收〈致某人書〉，為現存廖平致康有為第一信，其中說「吾兩人交涉之事，天下所共聞知」（舒大綱、楊世文主編：《廖平全集》第8冊（上海：上海古籍出版社，2015），頁437。把兩人學術往來稱為「交涉」，致使後人誤解，衍變成所謂的「學術糾葛」或「學術公案」。

[2] 朱維錚：〈重評《新學偽經考》〉，《復旦學報》1992年第2期。

[3] 廖平：〈致某人書〉，《廖平全集》第8冊，頁437。

[4] 廖平述、及門記：《四益館經學四變記》，《廖平全集》第2冊，頁545。

[5] 吳仰湘：〈重論廖平、康有為「學術公案」〉，《中國社會科學》2020年第4期，頁181-203。

一、「康有為剽竊」說的流傳

廖、康「學術公案」的形成，大體上經歷兩個階段：先從社會上流傳「康學出於廖」，逐漸演繹出「《改制考》即祖述《知聖篇》，《偽經考》即祖述《闢劉篇》」，進而衍化成羊城之會促使康有為經學轉向的「廖平影響」說，和《新學偽經考》、《孔子改制考》分別源自《闢劉篇》、《知聖篇》的「康有為剽竊」說。6以下專就「康有為剽竊」說的形成，略作追溯。

廖、康自庚寅（1890年）春間羊城之會後，社會上逐漸流傳「人有向秀之謗」[7]，隱指廖平著作被抄襲，但未指明抄襲者。戊戌政變後，廖平與其門人、子侄多次指責康有為「祖述」、「攘竊」廖平書稿，但都指《孔子改制考》抄襲《知聖篇》，僅有一次提到「康作《偽經考》……實以為非駭俗驚世不足以立名，又依託四益以為藏身之固，竊人之說以要世名，亦熱中躁進之一端」[8]，籠統稱《新學偽經考》「竊人之說」，未明言其與廖平《闢劉篇》的關係。1906年，由廖平口述、鄭可經記錄，編成《四益館經學四變記》，其中《二變記》一條夾注補充說：「外間所祖述之《改制考》即祖述《知聖篇》，《偽經考》即祖述《辟劉篇》，而多失其宗旨。」[9]第一次宣稱《新學偽經考》、《孔子改制考》與《闢劉篇》、《知聖篇》一一對應的源流關係，坐實了「康學出於廖」的傳聞，後來更成「康有為剽竊」說的鐵證。

1932年廖平辭世後，其孫廖宗澤作〈先王考府君行述〉，其中敘述羊城之會說：「初，康長素得先祖《今古學考》，引為知己。先祖己醜會試後，謁文襄於廣東，長素同黃季度過廣雅書局相訪。先祖以《知聖編》、《辟劉編》示之，別後致書數千言，斥為好名鶩外，輕變前說，急當焚毀。先祖以為此事要當面曉耳，後訪之安徽會館，談論移晷，頓釋前疑。未幾而康氏《新學偽經考》、《孔子改制考》告成，蓋即就《知聖篇》、《辟劉篇》而引申之者也。梁氏謂其師『見廖氏所著書，乃盡棄其舊學』者指此。」[10]顯然，這是基於《二變記》「祖述」說，添加羊城之會的細節，聲稱廖平以兩篇書稿出示給康有為，康有為遂在羊城之會後加以「引申」，迅速撰成《新學偽經考》、《孔子改制考》，並援引梁啟超《清代學術概論》的說法作為佐證。[11]當時追挽廖平的詩文大多津津樂道羊城之會，顯然是接受了〈先王考府君

---

6 詳見吳仰湘：〈重論廖平、康有為「學術公案」〉，《中國社會科學》2020年第4期，頁183-187。

7 廖平：〈致某人書〉，《廖平全集》第8冊，頁437。

8 廖師慎：《家學樹坊》，《廖平全集》第2冊，頁789。

9 廖平述、及門記：《四益館經學四變記》，《廖平全集》第2冊，頁545。

10 廖宗澤：〈先王考府君行述〉，《中國學報》1943年第1卷第1期，收入《廖平全集》第11冊，本段引文見頁538-539。

11 按，廖宗澤多年後編成7卷本《六譯先生年譜》，其中對羊城之會和廖平、康有為經學淵源關係的記載，仍圍繞康有為「剽竊」說作文章，較〈先王考府君行述〉略有添加。廖幼平曾將此譜加以刪改，編成《廖

行述〉的說法，因而大談廖平對康有為經學的影響，特別是不約而同地責備康有為「剽竊」。如廖平晚年弟子胡翼在挽詩中寫道：「《改制》篇成拾唾餘，斷言秦政未燒書。羊城會館源頭水，只見遺筌不見魚。」又作注補充：「康有為著《新學偽經考》、《孔子改制考》，不言其所自來。其實康初見《今古學考》，傾倒先生甚至。及康與先生會於羊城會館，先生歷舉始皇未焚六經確證，康大悟。未幾，二《考》成書，名滿天下，惟竺舊者嫉之。張之洞函責先生，指康為嫡傳弟子，梁啟超為再傳弟子。」[12]胡翼公然指責康有為諱言《新學偽經考》、《孔子改制考》源自廖平，尤其是顛倒事實，將秦始皇焚書六經未亡之說指為廖平創發。[13]另如廖平同邑後學胡靜溪輓聯說「素王之學倡於井研（語見《湘學報》），上下數千年，先生而後誰知聖；南海偽經本宗廖氏（語出新會梁氏），縱橫九萬里，廣雅之中有解人」，晚學李承烈挽詩說「專席一宵話，疑獄議未平。誰何善剽竊，黨徒粵蜀分」[14]，認為康有為尊今斥古的經學思想淵源於廖平，明言或暗斥康有為「剽竊」。可見，正是廖平之逝，使「康有為剽竊」說廣泛流傳。

1935年，應廖宗澤之請，章太炎撰成《清故龍安府學教授廖君墓誌銘》，同樣將康有為斥作「剽竊者」。不過，章太炎認定「康氏所受於君者，特其第二變」，而廖平經學「二變」中，既有發明孔子受命改制的學說，又有抑黜劉歆竄益《周禮》的理論，究竟《孔子改制考》抑或《新學偽經考》出於「剽竊」，他並未言明，暗藏玄機。其實，章太炎在墓誌開篇即說：「余始聞南海康有為作《新學偽經考》、《孔子改制考》議論多宗君，意君必牢持董、何義者。後稍得其書，頗不應。民國初，君以事入京師，與余對語者再，言甚平實，未嘗及怪迂也。後其徒稍稍傳君說，又絕與常論異。」[15]雖然章太炎所聞各種傳言有《新學偽經考》在內，但他下文僅指向「牢持董、何義」，即「素王改制」「三科九旨」之類，顯然與「新學偽經」說渺不相涉。換言之，章太炎雖斥責康有為「剽竊」，但所指實者乃在《知聖篇》，也即戊戌政變後廖平及其門人一再指控的事實。章太炎如此作銘，既顧及人情，又不悖史實，堪稱妙筆。[16]

繼章太炎之後，錢穆又以學者身分，大論康有為「剽竊」。

季平年譜》，1985年由巴蜀書社，廣為學界引用。

[12] 《六譯先生追悼錄》，《廖平全集》第11冊，頁459。

[13] 按，關於秦始皇焚書六經不亡，廖平《古學考》明引康有為之說，詳見《廖平全集》第1冊，頁74。

[14] 《六譯先生追悼錄》，《廖平全集》第11冊，頁524、457。

[15] 章太炎：〈清故龍安府學教授廖君墓志銘〉，《制言》1935年第1期。

[16] 按，章太炎1899年作〈《翼教叢編》書後〉，就提到：「中國學者之疑經，亦不始於康氏也；非直不始於康氏，亦不始東壁、申受、默深、于庭也。」載《章太炎全集》第10冊（上海：上海人民出版社，2018），頁195。上文未將廖平列入康有為之前疑經辨偽的學者隊伍中，可佐證他不太可能主張《新學偽經考》「剽竊」《辟劉篇》。

二、錢穆對康有為經學「剽竊」案的評判及其影響

1936年，錢穆在《清華學報》發表長文〈康有為學術述評〉，包括：（一）康有為傳略；（二）康氏之長興講學，附朱次琦；（三）康氏之新考據，附廖平；（四）康氏之《大同書》，附譚嗣同及其《仁學》；（五）康氏思想之兩極端；（六）康氏關於尊孔讀經之見解。該文對康有為學術作了全面評析，後來成為《中國近三百年學術史》的卒章，意在借批評廖、康穿鑿附會的考據和矛盾百出的經學，對清代盛極一時的考證學作總結。錢穆對廖、康「學術公案」的評判，集中在該文第三部分。根據其內容，可以概括為如下幾點：

其一，認定康有為《新學偽經考》、《孔子改制考》「剽竊」廖平。

錢穆略述《新學偽經考》內容要旨、斥為「無根不經之譚」，即說：「蓋長素《偽經考》一書，亦非自創，而特剽竊之於川人廖平。猶《長興學記》之言義理，皆有所聞而張皇以為之說，非由寢饋之深而自得之也。」[17]他以《長興學記》來源於朱次琦，以類推法推斷《新學偽經考》竊自廖平，並非康有為長期研究的成果。在譏斥廖平喜好「以戲論自炫為實見」時，錢穆順帶批評說：「而長素以接席之頃，驚其新奇，穿鑿張皇，急成鉅著，前後一年外，得書十四卷，竟以風行海內，驟獲盛譽。」[18]在論述完廖、康圍繞《新學偽經考》的相關交涉後，錢穆又指出《孔子改制考》也源自廖平：「長素書繼《新學偽經考》而成者，有《孔子改制考》，亦季平之緒論，季平所謂《偽經考》本之《闢劉》，《改制考》本之《知聖》也。」[19]後來錢穆敘述朱一新對康有為的批評，又強調「長素剽竊廖說，倡為偽經、改制之論」[20]。在考證康有為《禮運注》撰作時間時，他再次譏責：「殆長素欲自掩其《偽經考》剽竊之跡，故為此序倒填年月以欺人耳。長素嘗謂劉歆偽造經典，本屬無據，不謂長素乃躬自蹈之。」[21]錢穆以學術論文的形式，宣稱康有為兩部經學名著「剽竊」了廖平書稿，可謂空前。

其二，論述廖平一再揭露康有為「剽竊」、康有為卻一直諱避其事。

在「廖、康交涉」題下，錢穆徑稱：「長素辨新學偽經，實啟始自季平。此為長素所深諱，而季平則力揭之。」所謂「深諱」，應是對胡翼「不言其所自來」的發展。為表明廖平如何「力揭之」，錢穆引述廖平《經話甲編》卷一、卷二敘述廖、康交涉的數則經話以及《二變記》的「祖述」說，認為「季平既屢屢自道其事，又親致書長素爭之」，再引據〈致某人書〉所述與康有為交往各情，分析廖平的心態與康有

[17] 錢穆：《中國近三百年學術史》（香港：商務印書館，1997），頁712-713。

[18] 同上註，頁722。

[19] 同上註，頁723。

[20] 同上註，頁725。

[21] 同上註，頁774。

為的反應，指出：「《偽經考》一案，凡季平之齗齗於其事者，具如上述。而長素則藏喙若噤，始終不一辨。及民國六年丁巳為《偽經考後序》，始稍稍道及之。」因康有為將「新學偽經」說歸於自己對讀《史記》、《漢書》的發現，否認受過廖平啟發，錢穆就此揭露康有為強詞飾說、自相矛盾，「此無怪乎季平之喋喋而道也」。他還根據廖平1913年致康有為、江瀚兩信，指責廖平為學多變，不再追究康有為「剽竊」之事，可謂言行反覆：「蓋時過境遷，季平已不守舊解，而猶未忘夙恨」，「不惟不願貪天功，抑若不欲分人謗，出朱入素，前後判若兩人矣」。[22]綜合錢穆以上論析，他對廖、康「交涉之事」作出如下建構：廖平自羊城之會後不斷指控康有為「剽竊」，直到1913年改變態度，不再追究其責，但舊恨難消；康有為則長期諱避，直到1917年以矢口否認的方式作出回應。當然，錢穆大做文章的這場「剽竊」案，事實上是不了了之。

其三，借重梁啟超來揭發康有為的「剽竊」事實。

為進一步揭露康有為對「剽竊」事實的掩飾，錢穆繼廖宗澤之後，使用梁啟超這一妙棋：「長素書出於季平，長素自諱之，長素弟子不為其師諱也。」[23]他引《清代學術概論》對廖、康經學淵源關係的一段議論，即「有為早年，酷好《周禮》，嘗貫穴之著《政學通議》。後見廖平所著書，乃盡棄其舊說。……（廖平）其人固不足道，然有為之思想，受其影響，不可誣也」，然後順勢指出：「謂有為受廖平影響為不可誣，不啻針對其師之自辨發也。」[24]錢穆強調梁啟超「不為其師諱」，將其言論視作最有力的證詞，對康有為故意隱飾「剽竊」加以揭發。

錢穆早在1929年就發表《劉向歆父子年譜》，對《新學偽經考》的主要內容和重要觀點力作批駁，使《新學偽經考》遭受到問世以來最嚴重的打擊。因此，當錢穆緊接著對廖、康「學術公案」作出判定，學界自然相當信服。事實上，「康有為剽竊」說此前主要是廖平子嗣與後學的主觀性宣傳、流傳川省的地方性認知，此後卻成為國人皆知的學術宏論，甚至被視作清學史研究的經典論斷，影響極為深遠。例如，現有對廖、康「學術公案」的描述，都基於這樣一個模式：康有為讀過《今古學考》後，引廖平為知己，不久兩人在羊城相會，廖平以《知聖篇》、《闢劉篇》書稿相示，康有為大受啟發，迅速撰成《新學偽經考》、《孔子改制考》，卻長期諱言其淵源，1917年重刻《偽經考》還公然否認受廖平影響。這一被學界普遍接受的「歷史事實」[25]，正是源自錢穆的建構。有學者在評析廖、康「學術公案」研究進展時，特意

---

[22] 同上註，頁715-721。

[23] 同上註，頁722。

[24] 同上註，頁722-723。

[25] 「歷史事實」之說，首見於陳德述、黃開國、蔡方鹿合著：《廖平學術思想研究》（四川：四川省社會科學院出版社，1987），頁185、202、213，後來的研究者紛紛採信。劉巍新近發表〈重訪廖平、康有為學術交涉公案〉，《齊魯學刊》2019年第4期，即聲明「我們的重訪還是要從廖平的控訴出發」，對錢穆所謂廖平「屢屢自道其事」加以發展，認為廖平1913年仍「屢屢重提此案」，「一直耿耿於懷，執之老而彌堅」，「不厭其煩地一再揭發」，「康有為對於自己透過羊城之會等受廖平之說之事，先是絕口不提故作

指出：「錢穆對此公案作了完整的梳理，立下了論述的規模與層次，使後人得以再作拓展，其功最大。」[26]的確，已有關於廖、康個案研究以及近代經學史、文化史、思想史研究的成果，多以錢穆的論斷作為後續研究的出發點。[27]即使少數反對「康有為剽竊」說的學者，如房德鄰、龔鵬程、劉芝慶、蘇全有等，[28]主觀上極力擺脫錢穆的影響，但某些具體論述仍然落入其窠臼。其中徐光仁、黃明同評析《二變記》「祖述」說時指出：「此所謂『多失其宗旨』，可見其同異關係，並非『所本』或『引申』成書，而指出別有其宗旨，此則可為確論。……以『引申』『沿用』『所本』乃至『剿襲』『剽竊』論廖、康學術思想關係是欠恰當的。」這一認識高出時流，但論及廖、康兩書關係時仍說：「康有為接受廖平經分今古，『尊今抑古』的『兩篇』中的主旨是『不可誣』的事實，受到啟發和影響，因而在高足弟子陳千秋、梁啟超的助力下，寫成了『兩考』。」[29]這種持論自相矛盾的現象十分普遍，反映有些重視基本文獻的學者雖已發現某一事實真相，卻無法徹底擺脫錢穆等舊說潛在的強大影響。此外，後人探討廖、康「學術公案」的重要史料，也很少超出錢穆引錄的範圍，甚至有人不覆檢廖、康「交涉」的原始文獻，轉用錢穆所引材料而出現訛誤。例如，錢穆引廖平《經話甲編》、〈致某人書〉多有刪節，論者轉加引用，不檢讀原文，必然遺失原文中的豐富資訊。又如，錢穆引《二變記》「祖述」說，但漏未注明出自《四益館經學四變記》，下文另引兩條史料後才注明見《經話甲編》卷二，[30]後來李耀仙、黃開國等人竟誤以為這條極其重要的史料出自《經話甲編》。[31]

沉默，再則矢口否認。其徒梁啟超則表現了不同的風度，不為師諱，屢道乃師所受廖平影響之跡」，「以康有為那種死不認帳的態度，加上廖平之學術見解屢變而不知所終的性格，非有梁啟超這樣的人站出來說句公道話，不知情者，尤其是後學很難得其真相的。所以廖宗澤等廖門人士不得不據此為說，像錢穆那樣與兩造均無瓜葛之學者也不能不據此為說」，引見頁36、43、50、51。

[26] 劉芝慶：〈論康有為與廖平二人學術思想的關係——從《廣藝舟雙楫》談起〉，《中國歷史學會史學集刊》2009年第41期，頁290。

[27] 代表性論著有：湯志鈞：《康有為與戊戌變法》（北京：中華書局，1984）；李耀仙：〈廖季平的《古學考》和康有為的《新學偽經考》〉，《社會科學研究》1985年第3期；徐光仁、黃明同：〈論廖平與康有為的治經〉，《廣東社會科學》1988年第3期；馬洪林：《康有為大傳》（瀋陽：遼寧人民出版社，1988），頁152-153；黃開國：《廖平評傳》（上海：百花洲文藝出版社，1993），頁237；楊向奎：《清儒學案新編》第4卷（濟南：齊魯書社，1994）；陳文豪：《廖平經學思想研究》（臺北：文津出版社，1995）；崔泰勳：〈論康有為思想發展與廖平的關係〉（臺灣大學中文研究所碩士學位論文，2001）；劉巍：〈《教學通義》與康有為的早期經學路向及其轉向——兼及康氏與廖平的學術糾葛〉，《歷史研究》2005年第4期。

[28] 房德鄰：〈康有為和廖平的一樁學術公案〉，《近代史研究》1990年第4期；龔鵬程：〈康有為的書論〉，《書藝叢談》（濟南：畫報出版社，2007），頁157；劉芝慶：〈論康有為與廖平二人學術思想的關係〉，頁323-324、334；蘇全有、王申：〈康有為剽竊廖平說質疑〉，《信陽師範學院學報》2009年第3期；房德鄰：〈論康有為從經古文學向經今文學的轉變〉，《近代史研究》2012年第2期。

[29] 徐光仁、黃明同：〈論廖平與康有為的治經〉，《廣東社會科學》1988年第3期。

[30] 錢穆：《中國近三百年學術史》，頁716。

[31] 李耀仙：〈廖季平的《古學考》和康有為的《新學偽經考》〉，《社會科學研究》1983年第5期，頁14；黃開國：〈廖康羊城之會與康有為經學思想的轉變〉，《社會科學研究》1986年第4期，頁75-76；黃開國：《公羊學發展史》（北京：人民出版社，2013），頁674。

概言之，錢穆全盤接受「康有為剽竊」說，再以學術研究的方式加以裁斷，使之由社會傳聞變成學界新論，從此廣為傳播。因此，縱觀廖、康「學術公案」形成史，錢穆無疑是其中一位關鍵人物。

三、錢穆評判康有為經學「剽竊」案的失誤

對於長期流傳、言議紛紛的廖、康「學術公案」，錢穆既沒有詳細探討《新學偽經考》、《孔子改制考》的成書情況，更沒有具體論證它們與《闢劉篇》、《知聖篇》在內容、觀點、材料、方法等有何異同，卻判定康有為「剽竊」，失誤在所難免。

首先，《孔子改制考》與《知聖篇》的關係，如廖平戊戌政變後一再所揭露，康有為確有「攘竊」，錢穆也指出康有為家藏《知聖篇》原稿，「頗多孔子改制說，顧頡剛親見之」[32]，補充了有力證據。然而，《新學偽經考》並未「剽竊」《闢劉篇》，廖平數次坦承康有為自有其學，錢穆卻失察，將《孔子改制考》與《知聖篇》的關係，擴大到《新學偽經考》與《闢劉篇》之上，兩種完全不同的情形被混為一談，因此輕易接受廖宗澤、胡翼等人的意見，將《二變記》真偽並存的「祖述」說，直接轉成「剽竊」說，對廖、康「學術公案」作出錯誤裁斷。

其次，錢穆以康有為「剽竊」為前提，對有關廖、康「交涉之事」的基本文獻作選擇性引用與解讀，不僅過濾掉廖平〈致某人書〉、《經話甲編》、《與康長素書》中若干重要資訊，背離文本語境，導致牽強附會，還遺漏康有為1913年《答廖季平書》和廖平《再與康長素書》，未能追溯廖、康交涉的完整過程，難以知悉兩人交往的個中真相，以致錯誤地認為廖平一直在指控康有為「剽竊」、康有為卻長期諱避其事。其實，平心靜氣去細讀廖平留下的各種文獻，求其原意，發現廖平除戊戌政變後數年內力闢康學、指斥《孔子改制考》「攘竊」外，始終堅持「余不願貪天功以為己力，足下之下學自有之可也」[33]，對康有為抱持讚賞、欽佩的態度，視之為學術知己、尊孔同道，從未指控《新學偽經考》「剽竊」[34]。

再次，錢穆分析廖平對待康有為「剽竊」的心態，看似精細入微，其實前後矛盾，暴露出史料解讀的主觀性。一方面，他認為廖平在《經話甲編》卷一、卷二和《四益館經學四變記》等處「屢屢自道其事」，尤其專作〈致某人書〉與康有為直面相爭，一再揭露「剽竊」之事；另一方面，他又從〈致某人書〉中分析廖平對康有為存在艷羨、利賴之心：「《偽經考》既享大名，季平欲藉其稱引，自顯姓字，故為《古學考》先兩引長素《偽經考》云云，我以此施，亦期彼以此報。蓋長素驟得盛

---

[32] 錢穆：《中國近三百年學術史》，頁723。

[33] 廖平：〈致某人書〉，《廖平全集》第8冊，頁437。

[34] 詳參吳仰湘：〈重論廖平、康有為「學術公案」〉，《中國社會科學》2020年第4期，頁192-196。

名，全由《偽經考》一書，宜季平健羨不能置。而長素則深諱不願自白，然季平亦震於盛名，方期相為桴鼓，故書辭亦遜，而《古學考》亦未及長素攘己書事。」[35]而廖平1913年《與康長素書》言辭謙和，根本不提「剽竊」事，《答江叔海論《今古學考》書》還將尊今抑古的經學「二變」歸於「康長素所發明者」，錢穆因此又說：「蓋時過境遷，季平已不守舊解，而猶未忘夙恨，故如此云云也。」「不惟不願貪天功，抑若不欲分人謗，出朱入素，前後判若兩人矣。」[36]從這種前後游移、彼此歧互的分析中，正可見出錢穆隨意處理史料的缺失。

錢穆評判康有為「剽竊」案時，還對某些細節性問題作過考證、評析，其結論雖有失誤，卻被後來者簡單襲用，因此有必要加以辨析：

其一，在現存有關廖、康「交涉之事」的原始文獻中，廖平〈致某人書〉不僅時間最早，蘊含資訊也最多。錢穆即大段引用這一文獻，作為論述廖平處理廖、康關係的核心史料。不過，對於此信寫作時間，錢穆判斷有誤。根據信中內容，他指出：「龍濟之至蜀在甲午（據前引《經話甲編》），《古學考》刊於甲午四月，已引及《偽經考》，則龍之至蜀，應在甲午初春也。長素《偽經考後序》，謂『《偽經考》初出時，海內風行，上海及各直省，翻印五版。徐仁鑄督學湖南，以之試士，而攻之者亦群起，朝野譁然』。故季平謂『今足下大名，震動天下，百倍鄙人』也。是年二月，長素入京會試未第，六月歸粵，七月清廷即下諭燬禁其書。季平與長素書當在其時，故有『久宜收斂』又『患難與共』之語，而猶未知燬禁之令，故書中亦未及。」[37]即首先根據龍濟之（名積厚）至蜀時間，確定該信作於甲午年，再根據信中談論《新學偽經考》遭禁燬的時間，推斷為六、七月間。然而，廖宗澤編《六譯先生年譜》「光緒二十年甲午」條下記「三月，服闋，赴成都就尊經襄校職」[38]，則廖平與龍積厚見面必不在初春，應在三月或稍後。再根據廖平所擬尊經書院堂課題，其中三月題有「康長素以《爾雅》、《說文》為偽古文辨」，「六藝未嘗焚佚考（補康書所未備）」，「鄭學盛於六朝、古學淵源皆後儒偽撰實證」，「致康長素論《新學偽經考》書」，四月題有「古文學案（可否仿『烏臺詩案』為之，康書未備者補之，『五經不全』『五經皆孔子作』二條，尤宜闡發）」[39]，這些題目顯然針對《新學偽經考》缺失而擬，希望院生對康說作糾補、辯駁，由此可確定廖平與龍積厚見面、得到《新學偽經考》刊本，必在甲午三月。至於錢穆判斷廖平寫信時「猶未知燬禁之令，故書中亦未及」，同樣失察。廖平在信中諄諄告誡康有為「久宜收斂，固不可私立名字，動引聖人自況，伯尼、超回，當不至是。如傳聞非虛，望去尊號、守臣節，

---

35 錢穆：《中國近三百年學術史》，頁718。

36 同上註，頁720-721。

37 同上註，頁717-718。

38 廖宗澤：《六譯先生年譜》卷3；《廖平全集》第11冊，頁305。

39 廖平：〈尊經書院日課題目〉，《廖平全集》第2冊，頁512-513、516。

庶不為世所詬病也」[40]，所謂「動引聖人自況，伯尼、超回」等傳聞，正指某御史彈章所說「康祖詒自號長素，以為長於素王，而其徒亦遂各以超回、軼賜為號」[41]，因此廖平此信必作於甲午七月《新學偽經考》遭燬禁之後。事實上，廖平在信中特別說到：「惟庚寅羊城安徽會館之會，鄙人《左傳》經說雖未成書，然大端已定，足下以《左》學列入新莽，則殊與鄙意相左。……在吾子雖聞新有《左氏》之說，先入為主，以為萬不相合，故從舊說而不用新義，此不足為吾子怪也。獨是經學有經之根柢、門徑，史學亦然。今觀《偽經考》，外貌雖極炳烺，足以聳一時之耳目，而內無底蘊，不出史學、目錄二派之窠臼，尚未足以洽鄙懷也。當時以為速於成書，未能深考，出書以後，學問日進，必有改異，乃俟之五、六年，而仍持故說，則殊乖雅望。」[42]這顯然是廖平閱過《新學偽經考》刊本後，與庚寅（1890年）春季羊城之會所見初稿本作比較，遺憾康有為學無長進，批評《新學偽經考》「速於成書」後未經大修改，「乃俟之五、六年，而仍持故說」。從1890年往後推「五、六年」，最早應在1895年[43]。因此，廖宗澤《六譯先生年譜》將此信繫於1895年，較可信從，可惜學界至今仍多採信錢穆之說[44]。

其二，廖平《經話甲篇》卷二載：「丁亥，作《今古學考》。戊子，分為二篇：述今學為《知聖》，論古學為《闢劉》。」[45]錢穆引用時生疑，在第一句後作按語：「廖氏《古學考序》自稱《今古學考》刊於丙戌，此又云作於丁亥，必有一誤。」又在第二句後加按：「據此則《知聖》、《闢劉》兩書均已成，何以又云『己醜在蘇見俞蔭甫，曰俟書成再議』？抑猶未為定稿乎？大抵廖既屢變其說，又故自矜誇，所言容有不盡信者。」[46]按，根據廖宗澤引劉子雄日記[47]，第一句當是「丁亥，作《續今古學考》」，原文脫漏一字。廖平戊子年改變撰著計畫，將《續今古學考》分成《知聖篇》、《闢劉篇》，但當年兩書並未完稿，因此《經話甲篇》卷一記己醜年蘇州之會俞樾說「俟書成再議」，前後並不抵觸。錢穆乃因廖平「既屢變其說，又故自矜誇」，質疑其言論與人品，未免懷疑過頭。但後來屢有學者引證錢穆此說，對廖平留下的文獻概不取信。其中房德鄰最為典型，甚至否認《經話甲篇》卷一「余以《知聖

---

[40] 廖平：〈致某人書〉，《四益館文集》，《廖平全集》第8冊，頁437。

[41] 茅海建：《從甲午到戊戌：康有為《我史》鑒注》（北京：生活．讀書．新知三聯書店，2009），頁39。

[42] 廖平：〈致某人書〉，《四益館文集》，《廖平全集》第8冊，頁436。

[43] 按，劉巍最近注意到根據「乃俟之五、六年」來推定此信寫作年代，認為「必在《新學偽經考》1891年出版後之五、六年」，判斷此信當作於1897年左右，見〈重訪廖平、康有為學術交涉公案〉，《齊魯學刊》2019年第4期，頁45，其誤在不知廖平設定的計算起點是羊城之會見到《新學偽經考》稿本。

[44] 例如，李伏伽：《六譯先生年譜補遺》即不依廖宗澤：《六譯先生年譜》，另從錢穆之說，繫此信於光緒二十年下。另如房德鄰：〈論康有為從經古文學向經今文學的轉變〉、陳文豪：《廖平經學思想研究》；崔泰勳：〈論康有為思想發展與廖平的關係〉、劉芝慶：〈論康有為與廖平二人學術思想的關係〉等，均依錢穆之說。

[45] 廖平：《經話甲篇》卷2；《廖平全集》第1冊，頁169。

[46] 錢穆：《中國近三百年學術史》，頁716。

[47] 廖宗澤：《六譯先生年譜》卷3；《廖平全集》第11冊，頁289。

篇》示之」的確鑿記載[48]，崔泰勳即指出「房德鄰引錢穆之言以為不信廖平自述之根據，這種結論是不太適宜的」[49]。

其三，康有為在《重刻〈偽經考〉後序》中，回憶當初撰作情形：「吾嚮亦受古文經說，然自劉申受、魏默深、龔定庵以來，疑攻劉歆之作偽多矣，吾蓄疑心久矣。吾居西樵山之北，銀塘之鄉，讀書澹如之樓，卧七檜之下」，對讀《史記》、《漢書》，發現劉歆作偽的驚天祕密，於是「先撰《偽經考》，粗發其大端」[50]。錢穆卻提出：「撰《偽經考》在羊城，不在銀塘，上文皆飾說也。」他認為康有為此說是想掩飾《新學偽經考》「剽竊」事實，「謂自劉、魏、龔以來疑攻劉歆者多矣，此等微見彼之所為不必出自季平，抑不悟其與《偽經考》初成書時所言異也」，即康有為曾一再宣稱二千年來「無一人焉發奸露覆」，甚以「孤鳴而正易之」自誇，「則長素在當時，應不知有廖季平其人，不知有《知聖》、《闢劉》其書，且不知有劉、魏、龔諸氏而可。不然，《知聖》、《闢劉》之篇，固足以助我之孤鳴矣。此無怪乎季平之喋喋而道也」[51]。因此，他尋出《新學偽經考》撰寫地點有誤，試圖憑借這一細節加以反駁，揭露康有為瞞天過海的伎倆[52]。然而，錢穆揪出的這個細節並無錯誤。據康有為自述，戊子在京撰《廣藝舟雙楫》，已醜之臘南歸返鄉，「乃理舊稿於西樵山北銀塘鄉之淡如樓，長松敗柳，侍我草《玄》焉」[53]，《去國吟》一詩也說「澹如樓中七檜下，攤碑瀹茗且聽潮」[54]。而《廣藝舟雙楫》定稿時，《新學偽經考》也大體成稿[55]。因此，康有為在《重刻〈偽經考〉後序》中回憶「吾居西樵山之北，銀塘之鄉，讀書澹如之樓，卧七檜下……先撰《偽經考》」，補充《新學偽經考》撰寫的一些細節，基本符合事實，不宜以他故作偽飾而簡單否定。康有為1913年《答廖季平書》也特別提到：「僕昔以端居暇日，偶讀《史記》至河間獻王傳，乃不稱古文諸經，竊疑而怪之。乙太史公之博聞，自謂『網羅金匱石室之藏，闕協六經異傳，整齊百家雜語』，若有古文之大典，豈有史公而不知？乃遍考《史記》全書，竟無古文諸經，間著『古文』二字，行文不類，則誤由劉歆之竄入。既信史公而知古文之為偽，即信今文之為真。於是推得《春秋》由董、何而大明三世之旨，於是孔子之道四通六辟焉。」[56]與1917年的回憶相符，可為佐證。錢穆致誤之源，在執定《新學偽經考》

---

[48] 參見房德鄰：〈康有為和廖平的一樁學術公案〉，《近代史研究》1990年第4期；〈論康有為從經古文學向經今文學的轉變〉，《近代史研究》2012年第2期。

[49] 崔泰勳：〈論康有為思想發展與廖平的關係〉，頁50。

[50] 康有為：《新學偽經考》（北京：中華書局，1988），頁379-380。

[51] 錢穆：《中國近三百年學術史》，頁719-720。

[52] 按，黃開國在揭露康有為的欲蓋彌彰時，採信錢穆此說，見《廖平評傳》，頁243。

[53] 康有為：〈廣藝舟雙楫自敘〉，姜義華、張榮華編校：《康有為全集》第1集（北京：中國人民大學出版社，2007），頁252。

[54] 康有為：〈去國吟〉，《康有為全集》第12集，頁166。

[55] 按，筆者對《新學偽經考》的始撰與成稿問題有詳細考證，見〈重論廖平、康有為「學術公案」〉，《中國社會科學》2020年第4期，頁188-191。

[56] 康有為：〈答廖季平書〉，《康有為全集》第10集，頁19。

始撰於1890年羊城之會以後，其時康有為已離家遷居羊城。

其四，錢穆提出：「方長素講學長興，而已有《新學偽經考》之作。《學記》成於光緒十七年二月，《偽經考序》在四月，相差僅兩月。（《偽經考》刊成在七月。）『新學偽經』者，謂東漢以來經學，皆出劉歆偽造，乃新莽一朝之學，與孔子無涉。其書亦似從乾嘉考據來，而已入考據絕途，與長興宗旨並不合，而長素不自知。且《偽經考》大意，亦已粗見於《學記》。」[57]後來他引述〈致某人書〉，在「奉讀大著《偽經考》、《長興學記》」句下，又作按語：「《學記》成書在康、廖會談之後，所以中亦采及廖說也。」[58]錢穆根據《長興學記》成書在羊城之會後、刊行在《新學偽經考》前，卻已有「新學偽經」的重要主張，認為《長興學記》吸取了廖平「闢劉」之說。然而，根據筆者考證，《新學偽經考》並未「剽竊」《闢劉篇》，其成書又在《長興學記》之前，康有為1890年冬曾將這兩部書稿送朱一新閱讀[59]，因此「《偽經考》大意」出現在《長興學記》中並不奇怪，更不能由此推斷《長興學記》采及《闢劉篇》，無端擴大康有為「剽竊」的範圍。

四、結語

錢穆《中國近三百年學術史》自問世以來，一直得到學界推重。他對康有為及晚清今文經學的諸多評述，也已成為經典性論斷，研究者屢加徵引，卻對其中一些訛謬缺乏警惕，導致以訛傳訛。錢穆關於康有為經學「剽竊」案的評判，即是顯著的案例。本文之作，既不是質疑錢穆清學史研究的整體成就，也沒有否定他研究康有為經學的所有結論，僅就《新學偽經考》「剽竊」案進行反思、辨正，希望後人對於先前的權威研究保持警醒，不迷信，不盲從，務必破除先入之見，一切從原始文獻出發，遵守文本語境，還原史事真相。

57 錢穆：《中國近三百年學術史》，頁712。

58 同上註，頁716。

59 吳仰湘：〈重論廖平、康有為「學術公案」〉，《中國社會科學》2020年第4期，頁189。

第四章　「為知識而知識」或「為人生而學問」——錢穆對清代考據學之評價

臺灣師範大學
許惠琪*

一、前言

現有研究論及錢穆（1895-1990）詮釋、評價清代考據學之判準時，往往指向其「崇宋尊朱」的學術立場，以為錢穆出於對宋學的景仰，以及「漢宋門戶之見」而對清代考據學並無好評。[1]這說法固有其立論依據，但本文更好奇的是，錢穆對考據學的看法，是否僅是狹隘的門戶成見？有無融合當身時代的感受，介入學術史建構的視域？

余英時說：「中國有一個強固的道德傳統。但是和西方文化對照，為知識而知識、為真理而真理的精神卻終嫌不足。中國人對知識的看法過於偏重在實用方面，因此知識本身在中國文化系統中並未構成一獨立自足的領域。」[2]中國傳統學術以「內聖外王」、「修己治人」為目的，固然不廢知識的追求，但「道問學」並非本身的目的，僅是「尊德性」的輔助手段。不過清代考據學卻有極不同的風貌，「清代的儒學可以說比以往任何一個階段都更能正視知識的問題。……但是我並不認為清儒已具有一種追求純粹客觀知識的精神。」[3]清代考據學的起源，有內外兩因：就外因而言，如同劉師培（1884-1919）〈清儒得失論〉所言：「才智之士，憚於文網，迫於飢寒，全身畏害之不暇，而用世之念汩於無形。……然亦幸其不求用世，而求是之學漸興。」[4]清代考據學的特色是「求是」而非「用世」，此乃肇因於文字獄的嚴酷，

---

* 臺灣大學中文系博士、臺灣師範大學助理教授

1 汪榮祖：〈錢穆論清學史述評〉，《臺大歷史學報》2000年第26期，頁99-119。路新生：〈錢穆《中國近三百年學術史》中幾個值得商榷的問題〉，《歷史教學問題》2001年第3期，頁13-16。羅志田：〈道咸「新學」與清代學術史研究——《論中國近三百年學術史》導讀〉，《四川大學學報（哲學社會科學版）》2006年第5期，頁5-15。

2 余英時：《文化評論與中國情懷》（臺北：允晨文化實業公司，1990），頁120。

3 余英時：〈自序〉，《論戴震與章學誠——清代中期學術思想史研究》（北京：生活·讀書·新知三聯書店，2005），頁5。

4 劉師培：〈左盦外集　清儒得失論〉，《劉申叔遺書》，下冊（南京：江蘇古籍出版社，1997），總頁1535。

逼迫學者遠離政教實務。就內在原因而論，宋明至清代，學術的發展是循著「反智識主義」向「智識主義」轉換，宋明儒者拋卻陳編，但憑己意解經，流弊之極，誤私欲為良知天理。晚明以來乃有「徵諸古訓」、「質諸聖賢」以印證吾心天理的修正路線。[5]導致考據學興起的外在條件與內部原因，都使其飽具知性的、文獻的色彩，相較歷代學術，更重視客觀知識的價值。

徐復觀（1904-1982）說：「中國義理之學，是以道德的實踐為其主要內容。離開了道德，即無所謂義理之學。離開了實踐，即無所謂道德。這一點，是和希臘以成就知識為主要目的的學統，形成一個大的分水嶺。」[6]晚清民初，隨著西學的澎湃來襲，西方「為知識而知識」、「為學術而學術」的論學宗旨，也為中國學者提倡。清代考據學較歷代學術有更濃厚的知識興味，因而受傅斯年（1896-1950）、胡適（1891-1962）等人的推崇。而錢穆對清代考據學的批評，也是出於對「為學術而學術」、「為知識而知識」之學風的反省。因此，本文由此出發，探究錢穆之當身所感與學術史建構如何進行「視域融合」[7]。

二、錢穆論清代考據學

程顥（1032-1085）說：「吾學雖有所授受，天理二字，卻是自家體貼出來。」[8]黃宗羲（1610-1695）《明儒學案》〈凡例〉說：「學問之道，以各人自用得著者為真。」[9]宋明儒者治學重視「自得」，學問必求諸「自家體貼」、「自用得著」，但自信其心的結果，推闡至極，卻容易誤私欲為天理良知。於是主觀的、訴諸個人體驗的宋明儒學轉向徵諸古訓、考諸典制的清代考據學，晚明儒學就已出現這樣的動向。

錢穆在〈晚明學術〉一文中說：

> 我們若稱宋、明儒為「心性學」，則晚明儒實已自心性學轉向到「文獻學」。心性學可謂是人文大群中各自的「個別經驗」，文獻學則是人文大群中之「共同經驗」。晚明諸儒要向人文大群歷史演變的長距離的共同經驗中去尋討智

5　余英時：〈清代思想史的一個新解釋〉，《論戴震與章學誠——清代中期學術思想史研究》，頁322-356。

6　徐復觀：〈答毛子水先生的「再論考據與義理」〉，《學術與政治之間》（臺北：臺灣學生書局，1980），頁509。

7　「視域融合」乃加達默爾所提出的理論。意指：當下的時空會對詮釋者形成「先見」，詮釋者由此提出「問題」，進入經典詮釋的脈絡，並從文本當中得到答案。詮釋者與詮釋課題之間，並非絕對的主客關係，而是呈現「視域融合」。【德】漢斯．格奧爾格．加達默爾Hans- Georg Gadamer, *Truth And Method*,Translation revised by Joel Weinsheimer and Donald G.Marshall(NewYork:The Crossroad Publishing Corporation,1989),pp428-438.

8　清．黃宗羲撰、全祖望續修：〈明道學案〉下，《宋元學案》（臺北：河洛圖書出版社，1975），頁31。

9　清．黃宗羲撰：〈凡例〉，《明儒學案》（臺北：河洛圖書出版社，1974），頁2。

識，安放理論，……若照近代習慣用語說之，則可謂宋、明是主觀者，而晚明以下則轉向客觀。……宋明儒往往惟我獨尊，要作聖人，當教主。……晚明儒多務博通，貴共信，只求為一學者與君子。[10]

這段話從學術屬性以及儒者自我認同兩方面說明晚明儒學之轉向。第一，就「學術屬性」而言，宋明儒學偏「主觀的」、訴諸「個別經驗」的「心性學」；晚明儒學偏「客觀的」、徵諸「大群中之『共同經驗』」的「文獻學」。程顥十六七歲時見周敦頤（1017-1073），周氏從日常人生的親切處加以指點，程顥頓覺天寬地闊，吟風弄月。他的學問「時時處處從他自己的親身活經驗裡來親證與實悟。」[11]陸九淵（1139-1192）「在人情事勢物理上做些工夫。」[12]「有人問：『先生之學，亦有所受乎？』曰：『因讀《孟子》而自得之於心也。』他說讀《孟子》而自得之於心，亦比程顥說『天理二字是自家體貼出來』更切實，更明白。」[13]王陽明（1472-1529）講學貴得之於心，以為《六經》不過吾心之記籍，原意是避免人務外遺內，但發展至極端，則人欲與良知混同。明代也漸有學者提出批判，如：羅欽舜（1465-1547）、王廷相（1474-1544），即便王學內部，也開始正視讀書窮理的重要性，如：王艮（1483-1541）提倡「道問學」以印證良知，必須學《詩》、學《禮》、學《易》，方能使吾心至於明澈。泰州學派的焦竑（1541-1620）把儒家經典當作法家之條例，與醫家之《難經》來尊奉，又認為只有超越魏晉，上契漢人注疏，方可直接探求經書原意。[14]於是晚明儒學在求理、求道的過程中，對客觀典籍知識的倚賴逐漸加重，開啟清代考據學之先聲。第二，就儒者自我認同而言，宋明儒者「要作聖人」，晚明儒者「求為一學者」。錢穆指出：「再說周、程、朱、張……彼輩之學，主要在教人如何做人，此是他們的學問中心，……若不知孔、孟、程、朱其人，焉能懂得孔、孟、程、朱之學！若我們改從西方哲學觀點來尋求，對此諸家之學，總嫌有不恰當處。不僅如此，而且必然把此諸家為學之最吃緊、最重要、最真實處忽略了。」[15]周敦頤、程顥、程頤（1033-1107）、張載（1020-1077）固然建立博大的理學系統，但哲學體系的建立，最後都指向個人的優入聖域、變化氣質，「諸家為學之最吃緊、最重要、最真實處」即是「如何做人」，是一種「成聖」之學。而晚明儒者漸究心於文獻典籍，以聖賢古訓印證心中良知，知識的興味更加濃厚，因此錢穆說他們在自我認同上是「學者」。

---

[10] 錢穆：〈晚明學術〉，《中國學術思想史論叢（七）》，《錢賓四先生全集》（臺北：聯經出版事業公司，1995），第21冊，頁390。本文所引用之錢穆著作，均出《錢賓四先生全集》，以下簡稱《全集》，並於該著作首次出現時，標明所屬之冊數、頁數。

[11] 錢穆：《宋明理學概述》，《全集》第9冊，頁66。

[12] 同前註，頁162。

[13] 同前註，頁181。

[14] 關於晚明學風的轉變，可參見王汎森：〈「心即理」說的動搖與明末清初學風之轉變〉，《中央研究院歷史語言研究所集刊》1994年第65本第2分期，頁333-373。

[15] 錢穆：〈有關學問之系統〉，《中國學術通義》，《全集》第25冊，頁286。

晚明諸儒以「學者」心態從事客觀的文獻研究，最後終於發展出清儒「訓詁明而後義理明」的主張，以「徵諸古訓」大幅取代「自得於心」。但錢穆對此卻有所批判，他說：「謂『治經必通訓詁』，此固然矣。謂『有訓詁而後有義理』、『非別有義理在訓詁之外』，此則大不然之甚者，若謂治學必以訓詁為主，……如此則學必昧其本源，……學問只在故紙堆中，而所見之已小。」[16]錢穆又說：「乾嘉言『訓詁明而後義理明』，實則尊德性、道問學皆不在訓詁，而義理則不可外此以明」。[17]錢穆認為自信其心固然流弊不小，但客觀的訓詁工夫所得義理仍不可盡天理之全部，僅能作為發明吾心之理的憑藉，學問仍有待於主觀的身心交養，非客觀的訓詁、考據所能獲致。

所以他又說：

> 宋明諸儒，專重為人之道，而乾嘉諸儒，則只講讀書之法。[18]
> 清儒都重經典。[19]
> 宋元明儒則重聖賢更勝於重經典。[20]

宋明理學之要旨，在培育「聖賢氣象」。「宋代理學家提出『氣象』二字，……如天有陰晴晦明，氣象不同，而同為一天。……人之具體行事各不同，果為聖賢，則其行事雖不同，而氣象則亦大體相同。學聖賢，非可依其時、依其位，學其行事，如知學其『氣象』，則庶可有入德之門，亦可期成德之方矣。」[21]但錢穆認為清代考據學「重經典」、「只講讀書之法」，以知識的檢證方法，取代人格的陶育之道。

更甚者，錢穆認為清代考據學捨棄「學以成德」的傳統，以知識的追求作為自身的目的，他說：

> ……清儒……遠離人生，逃避政治社會之現實中心。近人推崇清儒治學方法，認為接近西方科學精神，但他們已遠離中國傳統智識分子之舊路向。看輕了政治、社會、歷史、宗教等實際人生，而偏向於純文字的書本之學。換言之，則是脫離了人文中心，僅限在故紙堆中書本上，為學術而學術了。[22]

錢穆認為，清代考據學背離「中國傳統智識分子之舊路向」，「僅限在故紙堆中書本上，為學術而學術了。」傳統所謂「學術」固然不廢知識的汲取，但最高目的，仍在

---

16 錢穆：〈錢竹汀學述〉，《中國學術思想史論叢（八）》，《全集》第22冊，頁404。
17 錢穆：〈讀古微堂集〉，《中國學術思想史論叢（八）》，《全集》第22冊，頁453。
18 錢穆：〈述清初諸儒之學〉，《中國學術思想史論叢（八）》，《全集》第22冊，頁1。
19 錢穆：〈宋元明時代〉，《中國思想史》，《全集》第24冊，頁163。
20 同前註。
21 錢穆：〈近思錄隨箚〉，《宋代理學三書隨箚》，《全集》第10冊，頁239。
22 錢穆：〈中國智識分子〉，《國史新論》，《全集》第30冊，頁187。

潤身及物，修己安人。朱維錚說：「學與術二字合為一詞，據我寡聞所及，通行在十一世紀王安石變法以後。」[23]宋代理學家有鑑於王安石（1021-1086）變法有「治」無「教」，期盼透過「學術養心」的功夫，淨化人心，進而澈底改革政治。[24]《朱子語類》中「正學術」之語，迭見層出，如：「王介甫為相，亦是不世出之資，只緣學術不正當，遂誤天下。」[25]「論王荊公遇神宗，可謂千載一時，惜乎渠學術不是，後來直壞到恁地。」[26]何謂「學術不正」、「學術不是」？余英時說：「理學家都深信王安石的失敗主要由於『學術不正』，在這一理解下，他們努力發展『內聖』之學，以為重返『外王』奠定堅固的精神基礎。」[27]所謂「正學術」便是講明義理之學，由本體心性的修養，開展外王事功，是與政治、社會、人生密切聯繫的，而非僅是純粹知識的追求。但錢穆看來，清代考據學「看輕了政治、社會、歷史、宗教等實際人生」，逃避實際人生，頓入無窮學海之中「為學術而學術」，縱使「接近西方科學精神」，而能辨別古書真偽、考訂音韻流變、甄別版本正訛，但一種離開「實際人生」的純知識體系，對於生命的困惑、身心的安頓，卻是無能為力的。換言之，錢穆認為清代考據學乃「為知識而知識」，而非「為人生而學問」。

因此，錢穆又說：

> 但清儒經學……只是文字的訓詁注釋，尤其是在與人生道義與教訓無關的方面，換言之，是那些隔離人生較遠的方面。他們治《尚書》，並不是為的政治楷模；治《詩經》並不是為的文學陶冶；治《春秋》並不是為的人事褒貶；治《易經》並不是為的天道幽玄。他們只如史家般為幾部古書作校勘與注釋的整理工作。再換言之，他們只是「經學」，而非「儒學」。……清儒經學則只有學究氣，更無儒生氣，總之是不沾著人生。他們看重《論語》但似並不看重孔子。他們只看重書本，但似不著重書本裡所討論的人生。這如何算得是經學呢？[28]

這又再次凸顯，錢穆眼中的清代考據學並非「為人生而學問」，乃是「為知識而知識」。清代以經學考據著稱，但「他們只是『經學』，而非『儒學』」，無法發揮儒學經世濟民的理想。儒家經典必以政教實用為重，而非僅歷史知識之積累考證。《尚書》提出天命即是民心的說法，周公將宗教信仰從超世的玄冥境界，導入實際政治，因而產生「修德配天」、「敬天保民」的思想。「《詩三百》，本都是一種甚深美之

---

[23] 朱維錚：〈題記〉，《求索真文明——晚清學術史論》（上海：上海古籍出版社，1997），頁3。

[24] 錢穆：〈孔子與春秋〉，《兩漢經學今古文平議》，《全集》第8冊，頁296-297。

[25] 宋・朱熹著、宋・黎靖德編：《朱子語類》（臺北：正中書局，1962），頁3097。

[26] 同前註，頁3095。

[27] 余英時：《朱熹的歷史世界——宋代士大夫政治文化的研究》（北京：生活・讀書・新知三聯書店，2004），頁423。

[28] 錢穆：〈略說乾嘉清儒思想〉，《中國學術思想史論叢（八）》，《全集》第22冊，頁6-7。

文學作品也。惟周公運使此種深美之文學作品於政治，孔子又轉用之於教育，遂使後人不敢僅以文學目《詩經》。抑且循此以下，縱使其被認為乃一項極精美之文學作品，亦必仍求其能與政教有關，亦必仍求其能對政教有用。」[29]《詩經》是透過迴環複沓的旋律，達成政教功能。《春秋》以歷史事件的褒貶昭示後人修身的典範。而《易經》更是究明天人之際的宇宙、人生大道。《論語》則以孔顏樂處，勉勵君子終身求道，自強不息。而清儒治《易》重考證〈太極圖說〉的來源；治《詩經》重在古韻部的歸納；治《尚書》重辨證《古文尚書》之真偽。治《春秋》重地理沿革、年代考訂。錢穆看來：清儒近乎把經學從「人」的智慧，變質為「學」的意味，把人性善惡的問題，變質為知識真偽的問題。

余英時說：「清代中葉的學術已開始走上了分途發展的專業化途徑。毋怪乎對學術流變最為敏感的章實齋要屢言『業須專精』，又特重『專家』之學了。」[30]錢穆認為清代考據學以知識自身的追求，取代「學以成德」的主張，因此形成專業化的、分科式的學術格局。如果學術的目的，在陶育完整的人格，那麼應「先立乎其大者」，以《詩》、《書》寬大之氣，培養廣博的胸襟及寬宏的器識，而非一經一傳之專業研究。「乾嘉時期，考據學的發達還表現在其分支學科的走向成熟。」[31]文字、訓詁音韻、校勘、版本、辨偽、輯佚、地理、方志、譜牒、曆算本都是治經的工具，本身並非分別獨立的學科，「考文知音」是為「通經明道」而存在，欠缺本身的目的。但在清代，這些治經之鑰似乎有獨立為各門專業學科的態勢。清儒以人治一經，人精一業的方式，在研究範疇上，進行「窄而深」的攻研，以達各門知識之專精。錢穆說：

> 厥後清儒治經，自號曰「漢學」，而實無漢儒通經致用之心。乾、嘉一時期之學術，乃若有類於近人所謂之專家。……專於此而窒於彼，如蠻如觸，只鑽牛角尖，學非通學，斯人非通人。此在中國傳統中，固所不貴。[32]

乾嘉時期的學術，一改「通人」之學為「專家」之學，而缺乏以人倫大道「一以貫之」的「通人」。[33]漢儒治經貴「致用」，清儒則彰顯學問外於政教效用之外的價值，幾近「為知識而知識」。傳統學術雖有四部、六藝、七略之分，但所謂「理一分殊」，各門學問呈現一部分的聖道，儒者會通諸學，以成就自身德行，不在某一

---

[29] 錢穆：〈讀詩經〉，《中國學術思想史論叢（一）》，《全集》第18冊，頁206。

[30] 余英時：〈自序〉，《論戴震與章學誠——清代中期學術思想史研究》，頁5。

[31] 漆永祥：《乾嘉考據學研究》（北京：中國社會科學出版社，1998），頁263。

[32] 錢穆：〈中國學術特性〉，《中國學術通義》，《全集》第25冊，頁218。

[33] 錢穆說：「德性實踐有餘力，乃始及於一切典籍文字……要之學問從實踐起，而仍歸宿到實踐。此事人人相通，乃一日常人生之共同通道，故名之曰『通學』。而專業則由各人分別練習，能於此，不必其能於彼。『通』之與『專』，其別在此。」見〈中國學術特性〉，《中國學術通義》，《全集》第25冊，頁210。「通人」是以人倫大道為主體，以一統多，使所有「各具專業知識的人」均有一共同的道德追求。「專家」則是局限在某一特定知識領域的研究。

特定領域作專業的研究。但若求學的目的在追求知識本身的專精，那麼必須採專業化的、分科式的研究，才有助知識的深化。所以說「乾、嘉一時期之學術，乃若有類於近人所謂之專家。」清代考據學於各門領域都有專精的表現：於文字學，有金壇段玉裁（1735-1815）的《說文解字注》；於訓詁有高郵王念孫（1744-1832）、王引之（1766-1834）父子的《廣雅疏證》、《讀書雜誌》、《經傳釋詞》、《經義述聞》以及俞樾（1821-1907）的《古書疑義舉例》；於音韻有江永（1681-1762）之《古韻標準》、江有誥（1773-1851）《音學三書》；顧廣圻（1770-1839）、盧文弨（1717-1796）以校勘名家；輯佚方面，《四庫全書》由《永樂大典》中輯出宋元以後之佚書，孫星衍（1753-1818）輯《尚書馬鄭注》、嚴可均（1762-1843）輯《韓詩》二十卷。另外王錫闡（1628-1682）、梅文鼎（1633-1721）、李善蘭（1810-1882）於天文學深有所得。而治經或治史有待於算學，戴震（1724-1777）、阮元（1764-1849）、焦循（1763-1820）藉曆算以解經史。綜言之，清代考據學的發展，其先是治經的工具，後「附庸蔚為大國」，分別獨立為各門學科，有各自的方法理論。學者們的治學方向，從經書整體大義的領悟，改為分科專業的研究，研究的範疇日趨狹隘，以求專精。[34]但錢穆從「學以成德」的角度觀之，這種專精化、窄而深的研究，「專於此而窒於彼，如蠻如觸，只鑽牛角尖」，無從培養「通人」宏博的人格氣象。

三、錢穆論考據學者顧炎武、戴震

錢穆認為顧炎武（1613-1682）「經學即理學」之說，及「博學於文，行己有恥」的論學宗旨，將清代學術帶入純知識的領域，致使知識與道德分離，「道問學」即其本身目的，不再是「尊德性」的輔助。

胡適於1928年所作的〈幾個反理學的思想家〉中說：

> 他（筆者案：指顧炎武）又說：「古之所謂理學，經學也，非數十年不能通也。……」他講經學，也開一個新的局面。也反對那些主觀的解說，所以他提倡一種科學的研究法，教人從文字聲音下手。……「考文」便是校勘之學，「知音」便是音韻訓詁之學。清朝一代近三百年中的整治古書，全靠這幾種工具的發達。在這些根本工具的發達史上，顧炎武是一個開山的大師。[35]

---

[34] 這部分還可參考張壽安：〈龔自珍論乾嘉學術：「說經」、「專門」與「通儒之學」——鉤沈一條傳統學術分化的線索〉，收入《中國學術思想論叢》（臺北：大安出版社，2009），頁275-308。

[35] 胡適：〈幾個反理學的思想家〉，歐陽哲生編：《胡適文集》（北京：北京大學出版社，1998），第4冊，頁67。

在胡適看來「經學即理學」形同「以科學方法整理國故」，動機在反對「主觀的解說」，用「科學式」的「考文」、「知音」等治學方法「整治古書」，而後獲致科學式的、客觀的知識，以取代理學家「主觀的解說」。

錢穆學術立場與胡適南轅北轍，但對顧炎武「經學即理學」的看法，卻與之十分接近。在1928年所作的《國學概論．清代考證學》中，對「經學即理學」一語有所闡發，他說：

> 時惟亭林，倡「經學即理學」之語，……亭林不喜言心性，遂為此語。不知宋明理學自有立場，不待經學。經乃古代官書，亦惟訓詁名物考禮考史而止，亦豈得謂「經學即理學」。亭林此言，實為兩無所據，遠不如浙東「言性命者必究於史」一語之精卓矣。實齋為梨洲、亭林二人辨析學術異同，可謂特具隻眼，顧謂亭林原於朱子，則似矣而尚有辨也。朱子言格物窮理，仍不忘吾心之全體大用，不脫理學家面貌。亭林……自與朱子分途。顏、李……仍不脫習行上事，習行又自心性上來；故顏、李與浙東為近，而與崑山（案：即顧炎武）則遠。[36]

錢穆認為：顧炎武所謂「經學即理學」即是將天理大道化為「惟訓詁名物考禮考史而止」的客觀知識，認為理學可完全憑藉「考文」、「知音」的工作。這和「亭林不喜言心性」的立場有關，因此他將「理學」外於個人主觀之心性，使研經讀史的活動全然是客觀的、外向的。錢穆因而認為顧炎武「經學即理學」之說，不如浙東章學誠（1738-1801）、黃宗羲（1610-1695）「言性命者必究於史」，將史籍知識與個人身心交養融貫，也不如顏元（1635-1704）、李塨（1659-1733）將學問導向實際人生之「習行」，因此錢穆指出顧炎武雖推尊朱熹（1130-1200），但「朱子言格物窮理，仍不忘吾心之全體大用，不脫理學家面貌」，朱熹即便以讀書講學的工夫「窮外物之理」，最後仍歸諸於一己心性的豁然貫通，但「亭林……自與朱子分途」，顧炎武「經學即理學」之說，將讀書與心性劃分開來，僅是純粹歷史知識的追求。

1937年所作的《中國近三百年學術史》，錢穆有較持平的見解，他指出顧炎武「經學即理學」，不同於乾嘉「為知識而知識」的論學宗旨，顧氏僅凸顯客觀知識的重要，但知識的追求，仍回歸明道救世的目的。錢穆說：

> 亭林嘗謂：「讀九經自考文始，考文自知音始。以至於諸子百家之書，亦莫不然。」又以為：「理學之名，自宋人始有之。古之所謂理學者經學也。」故治音韻為通經之鑰，而通經為明道之資。明道即所以救世。亭林之意如是。[37]

---

[36] 錢穆：〈清代考證學〉，《國學概論》，《全集》第1冊，頁302。

[37] 錢穆：《中國近三百年學術史》，《全集》第16冊，頁164。

窮究天理的方式，在徵諸古經，欲通古經，則須藉助「考文」、「知音」的工夫，而之所以通經求理，目的不外「明道救世」。晚明王學末流，空談心性，忽略《六經》中制度典章、兵農錢穀等經世之方。顧炎武以「考文」、「知音」的方法，考察地理沿革、歷代官制財賦、典禮源流，目的在探究《六經》中經世濟民的大道，而非「為經學而經學」、「為學術而學術」，「知音」—「考文」—「通經」—「明道」，在顧氏心中，是相當清晰的學術進路，並未以「通經」為本身的目的，「明道救世」才是其治經動機。

但錢穆也指出顧炎武「經學即理學」之說，大量倚重考據所得的客觀知識，以致後人誤解其意，頓入茫茫學海之中，追逐客觀歷史知識，遺忘學術經世的使命。他引用方東樹（1772-1851）〈漢學商兌序〉說明「經學即理學」之說，誤導後人，致使知識的追求與道德的提升、政教的實用脫鉤。[38]錢穆並且說：

> 亭林「經學即理學」之論，雖意切救時，而析義未精，言之失當，誠有如方氏之所識者。[39]

顧炎武鑑於晚明王學末流空談心性之流弊，欲藉典籍知識重新發見天理，以為明道救世之方，但他對心性之學的抨擊，卻使乾嘉學者遺忘主觀心性，徒務客觀考訂。

余英時在〈儒家智識主義的興起〉一文中說：「亭林引《論語》『博學於文，行己有恥』之言為教，顯已歧知識與道德為二。」[40]此一說法與其師錢穆如出一轍。錢穆在1928年所作的《國學概論》中說：

> 亭林則只以知恥立行，則別標博學於文，將學、行分兩橛說，博學遂與心性不涉。[41]

錢穆認為顧氏「博學於文」屬於「學」的層面，「行己有恥」屬於「行」的層面，兩者分立，則「博文」僅是客觀知識的追求，與立身行道無關。

《中國近三百年學術史》中，錢穆並藉張爾岐（1612-1677）之口，指摘顧炎武分立「學」與「行」之弊，他說：

> 亭林嘗以〈論學書〉示張蒿菴，蒿菴頗持異見，謂：「〈論學書〉特拈『博學』、『行己』二事，真足砭好高無實之病，愚見又有欲質者：性命之理，騰

---

[38] 同前註，頁168。

[39] 同前註。

[40] 余英時：《論戴震與章學誠——清代中期學術思想史研究》，頁21。

[41] 錢穆：〈清代考證學〉，《國學概論》，《全集》第1冊，頁302。

說不可也，侈言於人不可也，未始不可驗之己。強探力索於一日不可也，未始不可優裕漸漬以俟自悟。如謂於學人分上了無交涉，是將格盡天下之理，而反遺身以內之理也。」[42]

錢穆於張氏之語後說：

其言極足相箴砭。[43]

錢穆藉張氏之口批評顧炎武將「行己」與「博文」分立，如此，則「博文」縱能「格盡天下之理」，窮究外向知識，「反遺身以內之理」，致使知識的追求無益人格的提升，僅是一種純粹的認知活動，與道德實踐無關。

清代考據學以顧炎武為開山祖，至清中葉，則以戴震（1724-1777）為巨擘。余英時評價戴震時說：「自《原善》定本至《孟子字義疏證》成書，……他的思想每進一步，對『道問學』的肯定也隨之加深一層。」[44]戴震求道窮理的過程，大幅倚重訓詁所得之客觀知識。在錢穆看來，戴震「訓詁明而後義理明」的治學進路，無異以訓詁所得之客觀知識取代身心體驗之天理，政教實踐之大道。

戴震起於徽歙之間，原本秉持朱學傳統，持「漢儒得其制數；宋儒得其義理」之說，承認義理有獨立於故訓之外的價值。但於盧見曾（1690-1768）幕府遇惠棟（1697-1758）後始轉變。惠棟治經主張由識字審音，匯聚歸納古訓以發明義理。

其《易微言》透過周秦兩漢古訓的參研歸納，而得義理之真。[45]在惠棟影響下，戴震論學轉而趨向「故訓明則古經明」，將求理的途徑，歸導於訓詁。戴氏義理學三書：《原善》、《緒言》、《孟子字義疏證》均「義理存乎故訓」的代表作。[46]

錢穆說：

東原治學一轉而近於吳學惠派。……東原為松崖弟子余蕭客序〈古經解鉤沉〉，謂：後之論漢儒者，輒曰故訓之學云爾，未與於理精而義明，則試詰以求理義於古經之外乎？若猶存古經中也，則鑿空者得乎？……經之至者，道也；所以明道者，其詞也；所以成詞者，未有能外小學文字者也。由文字以通乎語言，由語言以通乎古聖賢之心志，譬之適堂壇之必循其階，而不可以躐等。[47]

[42] 錢穆：《中國近三百年學術史》，《全集》第16冊，頁160-161。
[43] 同前註，頁161。
[44] 余英時：《論戴震與章學誠——清代中期學術思想史研究》，頁24。
[45] 錢穆：《中國近三百年學術史》，《全集》第16冊，頁402，409-411。
[46] 同前註，頁410，413。
[47] 同前註，頁407。

錢穆接著說：

> 據是觀之，東原此數年論學，其深契乎惠氏故訓之說無疑矣。[48]

「經之至者，道也」，經籍乃載道之器，因此，求道之途，不是如宋明儒般以吾心之理逕自上通天道，而是必須依循「小學文字」、「語言文詞」的進程，最後理解古聖賢寓託於經典中的大道。也就是說：戴震認為「理義」存於「古經」之中，而通經必須倚重訓詁文字的工夫，這與惠棟的治學宗旨是一脈相承的。

戴震倚重訓詁、文字的工夫以探求經典義理，但錢穆進一步指摘其治古經時，將匯聚古訓、考證文字音韻所得的客觀歷史知識，等同天理大道，疏略主觀的身心涵養，政教實踐。在《中國近三百年學術史》中錢穆說：

> 段懋堂《戴先生年譜》，記東原初謂：「天下有義理之源，有考覈之源，有文章之源。」……又曰：「義理即考覈、文章二者之源也，義理又何源哉？」而其後懋堂重刻《戴東原集》作序，乃曰：玉裁竊以謂義理、文章，未有不由考覈而得者。自古聖人製作之大，皆精審乎天地民物之理，得其情實，綜其終始。舉其綱以俟其目，與以利而防其弊，故能奠安萬世。先生之治經，凡故訓、音聲、算數、天文、地理、制度、名物、人事之善惡是非，以及陰陽氣化、道德性命，莫不究乎其實。蓋由考覈以通乎性與天道，既通乎性與天道而考覈益精，文章益盛。[49]

段玉裁（1735-1815）乃戴震弟子，在為《戴東原集》作序時，一改戴震自己所稱的「義理為考覈之源」，轉而以「義理、文章，未有不由考覈而得者」概括戴氏學術。也就是說：段玉裁認為「考覈為義理之源」才是戴震學術之真切宗旨。義理是古今共通之大道，超越時空之恆常天理，具體落實為聖人製作、民物彝倫乃至人心之性命道德。而《六經》乃聖人將其所體悟之天理，凝聚於文字當中，聖凡同此一心，因此後人可藉聖賢典籍啟發心性中本有之天理。所以察考義理之道，固然必須基本上憑藉《六經》文字，但更重要的是周身事務、當代典制、個人心性的探索體悟，所以說「義理為考覈之源」。但戴震治經，「由考覈以通乎性與天道」由故訓、音聲、算數、天文、地理等小學進路求義理，而非訴諸聖凡同然之「吾心」以體驗之。錢穆看來，如此無異把義理從經緯天地的大道，化為文獻典籍中，可用文字、音韻分析的客觀知識。如果義理可由科學化的考證方式獲致，則義理將從主觀的身心體踐，化為客

---

[48] 同前註，頁408。
[49] 同前註，頁463-464。

觀的外向知識。

錢穆在引述段玉裁之語後，接著說：

> 東原以義理為考覈之源，而懋堂以考覈為義理之源，此非明背師說，乃正所以善會師說也。聖人製作，此義理為考覈之源也；後人鑽研經籍，因明義理，此考覈為義理之源也。[50]
>
> 東原……義理統於故訓典制，不啻曰即故訓即典制而義理矣。[51]
>
> 東原生平議論，亦始終未脫由古訓而明義理之一境，其言義理，仍是考訂素習。[52]

錢穆認為戴震治學進路是「義理統於故訓典制」、「其言義理，仍是考訂素習」，因此段玉裁以「考覈為義理之源」概括戴氏學術，可謂善會其師之說。義理固然存在經籍當中，但《六經》不是外向的知識，而是聖凡皆同之大道，聖人聰明睿智，先得於心，用「遺文垂絕」的方式，將其所體悟的天道義理，載諸於經典。換言之，吾人內心與聖賢同然之天理，才是義理之根源，外向文獻，僅是輔助手段。但錢穆認為，戴震探求義理的方式，離開個人心性之理，以「義理統於故訓典制」的方式，完全憑藉古訓的匯集歸納發明義理，「其言義理，仍是考訂素習」，如此無異買櫝還珠，把文獻考據所獲得的外向的、客觀的知識當作義理，則義理與身心體悟、政教實踐無涉，僅是純知識的考辨。

四、錢穆詮釋清代考據學之視角

清代考據學固然饒富知識興味，專業分科的型態也頗具規模。但「道問學」的目的，仍不離「尊德性」，與西方「為知識而知識」的宗旨仍有所區別。[53]錢穆對清代考據學之評價，有誇大之處。這其實是將民國以來「為知識而知識」的西化風潮，滲入清代學術的建構當中。

荀子說：「學惡乎始？惡乎終？曰：其術則始乎誦經，終乎讀禮；其義則始乎為士，終乎為聖人。」[54]傳統學術的旨歸，在人格的提升，知識的專精僅是第二義。西方學術本就較尊重知識自身的獨立性，治學的目的，可以僅為了饜足對知識的渴

---

[50] 同前註，頁464。

[51] 同前註，頁407。

[52] 同前註，頁463。

[53] 此部分可參見羅思鼎：〈評乾嘉考據學派及其影響〉，《中國經學史論文選集》（下）（臺北：文史哲出版社，1993），頁444-467。

[54] 清．王先謙：〈勸學篇〉，《荀子集解》（臺北：華正書局，1982），頁7。

望，[55]可以「為知識而知識」，不須「為人生而學問」。顧頡剛（1893-1980）本信仰康有為（1858-1927）通經致用的觀念，但1913年在北大聽受章太炎（1869-1936）國故學時，逐漸尊重知識自身的獨立性。在《古史辨・自序》中，他說「當初我下『學』的界說的時候，以為它是指導人生的。『學了沒有用，那麼費了氣力去學為的是什麼！』……但經過了長期的考慮，始感到學的範圍原比人生的範圍大得多，……但在學問上則只當問真不真，不當問用不用。學問固然可以應用，但應用只是學問的自然的結果，而不是著手做學問時的目的。」[56]學問不排斥應用，但實用於人生政教僅是「學問的自然的結果」，「而不是著手做學問時的目的」，「學問上則只當問真不真」，治學之首要目的在於知識本身的辯證真偽。

在這種「為知識而知識」的西化風潮下，洋溢著知性色彩的清代考據學被重新肯定。錢穆說：

> 乾嘉與歐美，比較皆在升平盛世，而我儕則局身動亂之中。吾儕最先本求擺脫乾嘉，其次乃轉而步趨歐美。及其步趨歐美，乃覺歐美與乾嘉，精神蹊徑，有其相似，乃重複落入乾嘉牢籠。吾儕乃以亂世之人而慕治世之業。高搭學者架子，揭櫫為學問而學問之旗號，主張學問自有其客觀獨立之尊嚴。……內部未能激發個人之真血性，外部未能針對時代之真問題。本此癥結，顯為二大病：一則學問與人生分成兩橛。……二則學問與時代亦失聯繫。[57]

晚清公羊學發皇「通經致用」的精神，並批判乾嘉學術無力挽救世局，以此「擺脫乾嘉」。但當中國學者大幅接引西學「步趨歐美」之後，發現其背後「為學問而學問」的精神，與乾嘉學術近似。當時學者「乃覺歐美與乾嘉，精神蹊徑，有其相似」，兩者都有「為學問而學問」之興味，以學問為自身的價值所在，就個人內在而言，不須「激發個人之真血性」，且「外部未能針對時代之真問題」提供救世之方。但在錢穆看來，走向「為學問而學問」，使「學問與人生分成兩橛」、「學問與時代亦失聯繫」，學術無益於人生境界的提升，無力為人群探尋發展的方向，那麼學術的意義何在？

錢穆對清代考據學的評價，一直是出於對當時「為學術而學術」西化風潮的反省，並與推崇乾嘉考據學科學精神的傅斯年（1896-1950）針鋒相對。傅氏於〈歷史語言研究所工作之旨趣〉中說：

> 我們高呼：一、把些傳統的或自造的「仁義禮智」和其他主觀，同歷史學和語言學混在一氣的人，絕對不是我們的同志。二、要把歷史學語言學建設得和生

55 參見：左玉河：《從四部之學到七科之學——學術分科與近代中國知識系統之創建》（上海：上海書店出版社，2004）。

56 顧頡剛：〈自序〉，《古史辨》（石家莊：河北教育出版社，2003），頁34。

57 錢穆：〈新時代與新學術〉，《文化與教育》，《全集》第41冊，頁100。

> 物學、地質學等同樣，乃是我們的同志。三、我們要科學的東方學之正統在中國。[58]

傅斯年主張理想的學術要去除傳統「主觀」的「仁義禮智」，也就是說學術不須擔負道德修身的使命。因此，研經讀史的活動，不在「蓄德致用」，而是如同生物學、地質學等自然科學一般，僅追求「科學式」的、客觀的因果定律。

民初傅斯年、李濟（1896-1979）等人，熱衷於考古以校定殷周歷史，傅氏之〈夷夏東西說〉、〈周東封與殷遺民〉以「窄而深」的考據所得，確立周人在西、殷人在東的觀點，這樣精細、窄小的發現，就知識自身的專精而言，固然有重大貢獻，但對時風世局似無助益。錢穆則強調通瞻國史之全貌，以為資治當世之用。例如：九一八事變後，國民政府令各大學開設「中國通史」必修課，北大主事者傅斯年等人，從學術本身的深化專精考量，擬由各斷代史專家分別授課，錢穆由通史致用的企圖出發，自1933年起，一人獨任全部課程，後編撰為《國史大綱》一書，「引論」見報，陳寅恪許為大文章。[59]錢穆在《國史大綱》「引論」說：

> 略論中國近世史學，可分三派述之。一曰傳統派，二曰革新派，三曰科學派（亦可謂「考訂派」）……最後曰「科學派」，乃承「以科學方法整理國故」之潮流而起。此派與傳統派，同偏於歷史材料方面，……兩派之治史，同於缺乏系統，無意義，乃純為一種書本文字之學，與當身現實無預。……至「考訂派」則震於「科學方法」之美名，往往割裂史實，為局部窄狹之追究。以活的人事，換為死的材料。治史譬如治岩礦、治電力，既無以見前人整段之活動，……彼惟尚實證，誇創獲，號客觀，既無意於成全體之全史，亦不論自己民族國家之文化成績也。[60]

錢穆認為史學的研究必須有助於當代之政教。必須著眼於「全體之全史」，以總結「自己民族國家之文化成績」，示人以中國政治、文化變遷所需之「歷史智識」，以供「有志革新現實者所必備之參考。」[61]「『考訂派』則震於『科學方法』之美名」，標榜科學式、客觀化的研究，為求知識本身的專精，必須放棄「全體之全史」，轉而取「局部窄狹」之範圍作考訂，不啻把歷史的意義放在材料的考辨，「以活的人事，換為死的材料」。錢穆則堅持學術必須扣緊具體、當身人事。因此他抨擊清代考據學僅是古書堆中的學問，無涉現實人事。

---

[58] 傅斯年：〈歷史語言研究所工作之旨趣〉，《傅斯年全集》（臺北：聯經出版事業，1980）第4冊，頁266。

[59] 錢穆：《八十憶雙親、師友雜憶合刊》，《全集》第51冊，頁175-176，236。

[60] 錢穆：〈引論〉，《國史大綱（上）》，《全集》第27冊，頁24。

[61] 同前註，頁28-29。

錢穆對清代考據學欠缺宋明儒者「學為聖人」的氣象，頗有針砭。這個批評，也是出於當身時代氛圍的感受。傅斯年在〈中國學術界之基本誤謬〉中，尖銳地批評傳統學術的缺失，他說：

> 中國學術，以學為單位者至少，以人為單位者轉多，前者謂之科學，後者謂之家學；家學者，所以學人，非所以學學也。歷來號稱學派者，無慮數百，其名其實，皆以人為基本，絕少以學科之分別，……誠以人為單位之學術，……萬不能孳衍發展，求其進步。學術所以能致其深微者，端在分疆之清；分疆嚴明，然後造詣有獨至。西洋近代學術，全以科學為單位，苟中國人本其「學人」之成心以習之，必若枘鑿之不相容也。[62]

傳統學術是「學人」，為學志在成聖賢。西方學術乃「學學」，以知識本身為學習的對象。前者「以人為單位」，後者「以學為單位」。如從學術自身之「孳衍發展」、「致其深微」而言，必須採「學學」的模式，透過「分疆嚴明」，以分科方式，進行小範圍的研究，才能造詣獨至。傅斯年為此文的目的，在告誡國人「以人為單位之學術」，不利知識的擴充深化，在汲引西方學術之後，若仍「本其『學人』之成心以習之，必若枘鑿之不相容也。」

但錢穆立基「以人為單位」的立場，指出道德上的變化氣質，遠要於知識上的精微深化。他在《中國學術通義》中說：

> 中國傳統，重視其人所為之學，而更重視為此學之人。中國傳統，每認為學屬於人，而非人屬於學。故人之為學，必能以人為主而學為從。當以人為學之中心，而不以學為人之中心。……故學問所尚，在能完成人人之德行，而不尚為學術分門類，使人人獲有其部分之智識。苟其僅見學，不見人，人隱於學，而不能以學顯人，斯即非中國傳統所貴。[63]

傳統學術是「以人為主而學為從」，「當以人為學之中心，而不以學為人之中心」，學術的目的在成就人格，至於知識典籍的意義，在於傳達聖賢心智，輔助後人修德立身。《論語．學而》篇說：「君子食無求飽，居無求安，敏於事而慎於言，就有道而正焉，可謂好學也已。」[64]「好學」並非擴充客觀知識的觸角，而是在日常人生當中「敏於事」、「慎於言」，將學術的意義迴向生活實踐、道德提升。所以說：「故學問所尚，在能完成人人之德行，而不尚為學術分門類」，學術的意義，在培養「就有

---

[62] 傅斯年：〈中國學術界之基本誤謬〉，《傅斯年全集》第4冊，頁166。
[63] 錢穆：〈序〉，《中國學術通義》，《全集》第25冊，頁6。
[64] 魏．何晏注、宋．邢昺疏：《論語集解》，載周何主編：《十三經注疏》（臺北：新文豐出版公司，2001），第19冊，頁32。

道而正焉」的君子人格，因此必須涵泳經史、諷誦詞賦，以通觀大旨，得其大要。而非以分科的方式，侷限在某一特定範疇，做極細部的研究，否則「僅見學，不見人，人隱於學，而不能以學顯人」，背離「人能巨集道非道巨集人」的大傳統。

「為學術而學術」的論學宗旨，雖不廢人格的化性起偽，但更重知識自身的專精深化，因此劃定窄而深的範圍，進行「分科」的研究，乃相對的模式。如前述，清代考據學已有專業分科的現象，不論文字、音韻、版本、訓詁均有專家專學。民國以來，西方學術傳入，專家之學取代通儒之學，錢穆對清學的評論，也是融合當身所感，在〈理想的大學教育〉中，錢穆說：

> 最近中國大學教育之偏重學術專門化，也是追隨西方的。……若論中國學術界，在道咸以來，即就中國學問的本身流變說，乾嘉經學的舊規模，早已墜地而盡。支離破碎的學風，早已使人見樹不見林。[65]

中國近代學術偏重專門化，以知識本身的專精為治學首務，這也限定了研究範疇的窄小，畢竟「窄」才可「深」。以一職一技之養成為要，失卻大綱大領，流於瑣碎細節，這不盡是西化風潮的席捲，可追溯到乾嘉時期。乾嘉考據學發展到極致，將「致用」的目的拋卻，專務「通經」，力求經典知識本身的專精，「窄」且「深」的分科研究，流於瑣碎。道咸以來學風支離破碎，即便沒有西學的影響，「早已使人見樹不見林」。

錢穆持「學以成德」的標準，衡量分科設學的近代大學，而後說：

> 今日一大學國文系畢業之學生，……彼之所治，乃專門絕業，如：甲骨、鐘鼎、音韻、小學、傳奇、戲曲、文藝創作之類，……今日大學課程之趨勢，越分越細，如俗所云鑽進牛角尖，雖欲循環，而不可得。[66]

近代大學模仿西方，以「求知」為目的建立起學術分科體系，如哲學、歷史學、倫理學、經濟學等門類紛繁，一方面固然滿足專業精微的要求，但這種分科方式，如同「鑽牛角尖」，只見細部的分化，未見整體的格局。人人都成「多學而識」之「專家」，而缺乏以人倫大道「一以貫之」的「通人」。分科瑣碎，僅能在窄小的特定範圍打轉，遠離人生日用的通達大道。

民初詞人夏承燾（1900-1986）說：

> 謂有識近人治學為鑽牛角尖者。予謂科學方法分科愈細，愈有獨得，以學問

[65] 錢穆：〈理想的大學教育〉，《文化與教育》，《全集》第41冊，頁232-233。

[66] 錢穆：〈改革大學制度議〉，《文化與教育》，《全集》第41冊，頁197。

言，牛角尖非貶詞，治學與應世，應世與謀生，謀生與餬口，皆分兩途。[67]

傅斯年說：「中國學問向以造成人品為目的，不分科的……學術既不專門，自不能發達。」[68]傳統學術以成就人格為目的，整全的人格須要博通諸學，驗之於身，用之於世。從「應世」的觀點來看，學術應當裨益於當代政教。但假使把「治學與應世」分為兩途，純粹「以學問言」，則治學必須「鑽牛角尖」，以分科分系的方式，專精一業，以求深入。

錢穆還說：「故言學術，中國必先言一共通之大道，而西方人則必先分為各項專門之學，如：宗教、科學、哲學，各可分別獨立存在。以中國人觀念言，則苟無一人群共通之大道，此宗教、科學、哲學之各項，又何由成立而發展。故凡中國之學，必當先求學為一人，即一共通之人。」[69]中國學術雖有四部、六藝、七略的初步分類，但彼此聯繫，共同完成希賢希聖的目標，學人間的高下，取決於「聞道先後」，而非「術業專攻」。西方學術以知識自身的專業研究為目的，因此別為宗教、科學、哲學諸科。在〈如何研究學術史〉中，錢穆也強調研究孔子，應從其整體人格上，追慕「聖人」的風範，而非就其史學、哲學、教育學等專業分別剖析。[70]在他看來，人群共通之美德、人生共由的大道，才是學術之本旨，否則學術越是專精，距離人生社越遠。而清代考據學走向近乎純知識的旨趣，在文字、音韻、版本、訓詁均有系統化的治學理論、有指標性的代表著作，頗具分科精神，就知識層面而言，這是後出轉精，但錢穆卻指摘其無益完整人格之培育，無助共通大道的追求。

錢穆對清代考據學的評價，出於對當時「為知識而知識」風潮的反省，他從「為人生而學問」的立場，既批判當時學風，也針砭考據學的缺失。

五、結語

陳寅恪在〈馮友蘭《中國哲學史》審查報告〉中說：「著者有意無意之間，往往依其自身所遭際之時代，所居處之環境，所薰染之學說，以推測解釋古人之意志。」[71]歷史的詮釋往往在當代的現實參照中產生。錢穆對清代考據學的詮釋、評價，與晚清民初以來，傳入的西方學術息息相關。

本文首先從宋明理學向清代考據學的轉折，論述儒者的自我認同從「聖人」轉向「學者」；學術屬性從「主觀體驗」轉向「客觀文獻」；研究方式從「自得於心」轉

[67] 夏承燾：〈1940年1月19日條〉，《天風閣學詞日記（二）》（杭州：浙江古籍出版社，1992），頁169。
[68] 傅斯年：〈改革高等教育中幾個問題〉，《傅斯年全集》第6冊，頁22。
[69] 錢穆：〈略論中國哲學〉，《現代中國學術論衡》，《全集》第25冊，頁46。
[70] 錢穆：〈如何研究學術史〉，《中國歷史研究法》，《全集》第31冊，頁84-85。
[71] 陳寅恪：〈馮友蘭《中國哲學史》審查報告〉，收入馮友蘭：《中國哲學史》（臺北：臺灣商務印書館，1999），頁1194。

向「徵諸古訓」，以凸顯清代考據學與歷代學術之差異，從而指出：錢穆看來，清代考據學乃遠離人生的純粹知識系統，清儒將治學的目的，從「成聖」化為「求知」。之後錢穆指出乾嘉學術的治學宗旨乃「為學術而學術」、「為知識而知識」，「與人生道義與教訓無關」，「是那些隔離人生較遠的」，「他們只是『經學』，而非『儒學』」，因為他們看重的是「書本」而非書本中體現的聖賢人格，換言之，他們重「學」甚於重「人」，把治學的目的，從培養聖賢氣象、君子人格，轉換到知識領域的拓寬與專精。與之相映的是專業分科的研究型態，清儒在文字學、訓詁學、聲韻學、校勘學均有體系化的理論建構，以及典範著作。而本文也論及錢穆對清代考據大家顧炎武「經學即理學」、「博學於文，行己有恥」的批判，以及對戴震「訓詁明而後義理明」的指摘，進一步凸顯錢穆對考據學「遠離人生」的看法。最後，從民初以來，西方傳入的「為學術而學術」、「為知識而知識」風潮，察考錢穆評價清代考據學的視角。錢穆認為：學術對內要能浸潤個人身心，對外要能解決時代問題，純粹知識領域的思辨，並非學術之首務。相較於傅斯年亟欲打破「以人為單位」的傳統學術，仿效西方建立起「以學為單位」的科學，錢穆則堅持「當以人為學之中心，而不以學為人之中心」，為學目的在「希聖希賢」而不僅是「求真求是」。因此，在研究型態的設定上，錢穆指摘分科式的、窄而深的研究，形同「鑽牛角尖」「專於此而窒於彼」，固然在知識領域取得精微的成果，但無益於「通人」完整人格的陶育。錢穆對清代考據學的批評與其對民初學風的反省，兩者交融共感，也就是說，錢穆當身所感與學術史的建構，彼此產生了「視域融合」。他從「為人生而學問」的立場出發，既針砭當時學風，也指摘清代考據學之缺失。至於錢穆強調學術之首務在浸潤身心、體踐人倫，知識本身的追求乃第二義，這樣的觀念有何優缺點，則是另一層次問題，本文心力有限，留待來日再做探究。[72]

[72] 中國傳統學術乃生命的學問，訴諸吾心之安頓，近似宗教精神。但較缺乏邏輯論證，有時僅是情緒的安慰，尚須清明的理智，才能看透當下的愚闇。因此牟宗三論中國學術的未來時說：一方面「吸收西方的科學、哲學與民主政治，展開智性的領域。」另一方面，「科學與民主在任何時任何地都不可能代替宗教。中國傳統的三教始終可以再得顯揚。」見牟宗三：《中國哲學的特質》（臺北：臺灣學生書局，1982），頁88。

第五章　錢穆先生的陽明「良知學」芻議

國立中正大學中國文學系
賴柯助

一、前言

2020年適逢錢穆（1985-1990）先生125週年華誕暨逝世30週年，筆者有幸受邀參與「錢穆先生紀念論文集」之撰寫計畫，不勝感荷！正思忖是否以先生的「朱子學」研究作為撰文主題時，因自覺學力與時間的限制，一時無法消化先生《朱子新學案》之巨著，加上近兩年向科技部申請的研究計畫[1]是以陽明「良知學」為研究對象，故最終選擇了先生詮釋下的陽明「良知學」為研究主題。

關於陽明的良知學，據《陽明年譜》所載：他於三十五歲（武宗正德元年）被謫龍場驛驛丞，於正德三年至貴陽，是年春天抵龍場，始悟格物致知，是為「龍場悟道」；悟道的次年自揭良知宗旨之「知行合一說」；後於五十歲始揭致良知教，自信致良知三字為真聖門之正法眼藏，過此以往，致良知遂為陽明的講學心訣。[2]因此，要把握陽明「良知學」思想，至少須透過對其學說中的「良知」、「知行合一」與「致良知」之意義的疏理。錢先生是當代研究中國思想史的重要學者之一，撰有多部關於陽明學研究的著作[3]，故其理解與詮釋下的陽明學是後學探究陽明思想的重要參照。

余英時先生指出，「學者不可無宗主，而必不可有門戶」，是錢先生一生遵守的治學精神，[4]雖然錢先生學問宗主與信仰皆是儒家，且無門戶之見，但基於他是史學

1　筆者感謝科技部「王陽明良知內在論之建構與定位：理由論脈絡下的研究」（107-2410-H-194 -101 -MY2）專題研究計畫的支持，讓筆者有機會撰寫（包含此文在內）一系列的相關論文。

2　王陽明：《王陽明全集（下）》（上海：上海古籍出版社，1992），頁1227-1229、1278。

3　先生的著作有：《王守仁》，該書於1954-1955增潤、改名為《陽明學述要》（臺北：蘭臺出版社，2001）；〈說良知四句教與三教合一〉，〈陽明良知學述評〉，〈讀陽明傳習錄〉，這三篇文章後來收錄於《中國學術思想史論叢（七）》（臺北：蘭臺出版社，2000）；《中國思想史》，收錄於《錢賓四先生全》，第24冊（臺北：聯經出版事業股份有限公司，1994）；《宋明理學概述》（臺北：臺灣學生書局，1977）。

4　余英時：〈錢穆與新儒家〉，《猶記風吹水上鱗：錢穆與現代中國學術》（臺北：三民出版股份有限公司，1991），頁31。此精神出自章學誠論「浙東學術」曾說過的一句名言。余先生所言也可見錢先生於《陽明學要述》的〈序〉開頭所道：「講理學最忌的是搬弄幾個性理上的字面，作訓詁條理的工夫，卻全不得其人精神之所在。次之則爭道統，立門戶。尤其講王學，上述的伎倆，更是使不得。」錢穆：《陽明學要述》，頁3。

家而非哲學家、不論和熊十力或其弟子如（本文會論及的宋明理學重要研究學者）牟宗三和唐君毅之間是「所同不勝其異」，以及他和唐、牟二先生亦無共同的哲學語言，[5]因此若直接從哲學的進路進行比較未必適切。但由於本文主要目的在理解與重述錢先生詮釋下的陽明「良知學」，也由於詮釋必然涉及概念意義的確定、概念與概念之間的關係，以及詮釋結果是否與被詮釋者的義理內部具邏輯的一致性。當然，也難以避免討論針對同一對象的不同詮釋者的詮釋版本。故在研究方法上，筆者會先重述錢先生的詮釋版本，次而提供唐、牟二先生對於相同概念或文獻的詮釋，以作為不同詮釋版本間的參照。

因篇幅有限，本文的將聚焦理解與重述錢先生詮釋下的「良知」與「天理」的意義及其關係，以及進一步闡發其詮釋下的「知行合一」所可能含藏的意涵（具體的問題意識見下節）。筆者希望藉由此初探錢學，對先生的陽明學研究能多有理解，並有機會謹呈拙見，以就教學界先進，作為日後再探先生學思堂奧的豫備。

二、錢先生詮釋下的「良知」、「知行合一」與「致良知」

根據筆者的研究，錢先生詮釋下的「良知」，有兩處可再商榷，其一為「良知」概念中「是非、好惡、善惡」這三組概念之間的決定關係；其二為「良知」與「天理」之間是化約、等價，或同一的關係。由於這涉及我們如何把握陽明對於道德的理解，及其學說對於道德根源的說明，故有釐清的必要。而關於錢先生詮釋下的「知行合一」與「致良知」，筆者則發現有值得進一步闡釋的意義（見下文）。以下即分成兩小節論析之。

（一）「良知」概念詮釋的再商榷

有學者指出「錢穆先生思想中的陽明圖像」有前後期的不同，其界線是以錢先生熟覽朱子之書與著述《朱子新學案》為分水嶺；而早期的詮釋版本主要見於《陽明學述要》（前身為1930年撰寫的《王守仁》，於1954增潤、改名），而後期則主要見於《中國學術思想史論叢（七）》中的〈陽明良知學述評〉（1947）、〈讀陽明傳習錄〉（1947）、〈說良知四句教與三教合一〉（1944）與《中國思想史．王陽明》（1951）。[6]根據筆者的研究，不論是哪一時期的研究，錢先生詮釋下的「良知」，

[5] 余英時：「四、與新儒家的關係」，〈錢穆與新儒家〉，《猶記風吹水上鱗：錢穆與現代中國學術》（臺北：三民出版股份有限公司，1991），頁56-70。

[6] 朱湘鈺：〈錢穆先生思想中的陽明圖像〉，《國文學報》2006年第39期，頁112-113。根據筆者在此線索下按圖索驥的研究，在錢先生早期的陽明學研究中，他認為：若要評論王學的價值和地位，要看陽明如何解答宋學所留下的問題，而我們若明白了宋學裡面所留下的幾個重要而未決的問題，有助於我們知道陽明學的貢獻和意義。錢穆：《陽明學述要》，頁1、17。在錢先生後期的研究中，雖不致於全盤推翻他之前

大體是一致的，然而，雖然大體一致，但其詮釋下的「良知」概念，卻有再商榷的必要。其中一個理由在於：若我們皆肯定陽明學之「良知」自身就是道德判準，能制訂普遍有效的道德判斷，則錢先生詮釋版本未必完全允當，因為他理解的「良知」所作出的道德判斷，恐是相對有效的（見下文）。而一旦如此，則這版本的良知就不是「心之所同然」[7]意義下的良知。

錢先生主要是根據以下《傳習錄》的文段論析「良知」概念，其為：

〔169〕良知是天理之昭明靈覺處，故良知即是天理。

〔189〕蓋良知只是一個天理，自然明覺發見處，只是一個真誠惻怛，便是他本體。

〔288〕良知只是個是非之心，是非只是個好惡，只好惡就盡了是非，只是非就盡了萬事萬變。

〔315〕知善知惡是良知。

衡諸錢先生的詮釋，這四文段所涉及的概念意義及其之間關係的釐清，可以分成兩點討論：（1）是非、好惡、善惡之間的決定關係為何？（2）良知與天理的之間是「化約關係」、「等價關係」，抑或是「同一關係」？此二者涉及了如何把握（錢先生詮釋下的）陽明如何理解「道德」，以及他如何回應道德根源的問題。

（1）是非、好惡、善之間的決定關係為何？

為了便於討論問題（1），筆者先徵引錢先生不同時期的幾個說法：

①是非之心，便是一個分善別惡之心。一切善惡最後的標準，便是人心之好惡。人們因為好生惡死，所以助長生者是善，人們稱之為是；摧抑生者是惡，人們斥之為非。人們因為好愛惡仇，所以助長愛者是善，人們稱之為是；摧抑愛者是惡，人們斥之為非。[8]

②陽明明從此心好惡上指點出良知，從好惡纔分了是非，從是非再定了善惡。

的陽明學定位，但從他認為「陽明有時候說良知，卻有墮入渺茫的本體論之嫌」、「幾乎變成一種極端個人主義的惟心論」，以及不只一處是及良知學有歧點，可見出錢先生這時期期的論文對陽明學多有批評。錢穆：〈陽明良知學評述〉，頁74-91；〈說良知四句教與三教合一〉，頁136-167。

7 語見《孟子．告子上》第八章：「心之所同然者，何也？謂理也，義也。」在《傳習錄》文段〔142〕的「拔本塞源論」，陽明指出：若行動者能克除私欲私意之障蔽，則能「復其心體之同然」，而再參考文段〔152〕「良知者心之本體。即前所謂恆照者也。雖妄念之發，而良知未嘗不在。」則同然之心體就是知是知非的「良知」。本文所徵引之《傳習錄》的原文皆是出自陳榮捷：《王陽明傳習錄詳註集評》（臺北：臺灣學生書局，2006）附有編號的版本。為節省篇幅，將視論述而標示編號於原文前或後，不再另作註腳。

8 錢穆：《陽明學述要》，頁48。

而良知的好惡是先天的，人間的善惡是後起的。[9]

③天理逃不出「是非」二字，而所謂是非，實只是人心之「好惡」，人心所好即是，人心所惡即非。若人心無好惡，試問更於何處覓是非？無是非，又於何處覓天理？天理與人欲相對，人欲逃不了好惡，天理也逃不了好惡。好惡而是則是理，好惡而非則是欲。人世間萬事萬變，總逃不出此好惡是非四字。而吾心良知，則對此已明白淨盡，似乎陽明言良知，主要義即在此。[10]

④陽明說這一種是非的最後標準，根本在人心之好惡。人心所好即是，人心所惡即非。所好所惡者，雖是外面的事物，但好之惡之者，是人的心。人心所好便是，人心所惡便非。若無我心好惡，外面事物根本無是非可言。（此是非仍屬人生界）是是非非，我們稱之為天理，那天理豈不就是人心了嗎？縱可說人心有時不知是非、善惡，但那有不好惡的呢？知得好惡，即就知得善惡，因此說「知善知惡是良知」。[11]

根據文段①②④，雖說錢先生是以心之好惡決定是非，以好惡所定之是非決定善惡，但若就他以人心之好惡作為決定一切事物之是非、善惡的最後的標準而言，則實可說行動者所做為善行或惡行，取決於人心在面對其處境時對於對象所發之好惡，這也意味著行動者應當去做（善）或不應當去做（惡）的證成在於心之好惡。而這所衍生的問題則是讓「是非」失去了獨立意義（獨立性），如此，文段③「天理逃不出『是非』二字」，以及陽明學中所論的「是非之心」，不免多餘。

然而，若再參看文段③「好惡而是則是理，好惡而非則是欲」——錢先生辨天理與人欲雖同出「好惡」卻有不同的說法：是（應當）的好惡為理；非（不應當）的好惡為欲，則他似乎又是以「是非（應當與否）」作為判斷好惡的標準。如此一來，便是以「是非」決定「好惡」而確立「善惡」，這樣的條件關係卻又和上述所示的不同。

因此，根據這四文段，可見出其中蘊含了兩種條件關係：（I）善惡決取於是非，是非取決於好惡；（II）善惡、好惡取決於是非。

關於何種條件關係是錢先生究竟的意思，應該可以從以下應屬晚期作品中的文段找到解答：

⑤本來「天理」即由「人欲」而生，（此指原始的基本的單純的好惡而言，故陽明說「只好惡便盡了是非」。好惡即「人欲」，是非即「天理」。）但後來則「人欲」阻礙了「天理」。（人文演進，利害紛歧，人心所欲壓積不暢

---

[9] 錢穆：《陽明學述要》，頁88。

[10] 錢穆：〈陽明良知學述評〉，頁76。

[11] 錢穆：《中國思想史》，收錄於《錢賓四先生全集》，第24冊（臺北：聯經出版事業股份有限公司，1994），頁215。

遂，潛意識與顯意識衝突而分裂。）[12]

基於錢先生仍是以「天理」（是非）由「人欲」（好惡）而生，可知好惡方是「是非善惡」的最終標準。但由於行動者的人欲之好惡在他進到人文社會後，因著利害的計算、所欲求之事能否得以滿足等情況而有改變的可能，而這意味著，作為判斷是非善惡的標準是變動的，而一旦人欲之好惡是任意變動的[13]，則如何以它（好惡）作為是非、善惡最終的標準。此外，若決定是非善惡的標準是變動的，則意味著這標準亦是相對而非普遍的，而變動相對的標準便不是**真正的**標準。如此，以相對、變動之好惡來理解「良知」之知是知非，則這相對意義下的良知就不是「心之所同然」意義下人所普遍內在本有的良知。[14]

錢先生「天理由人欲而生」的理解，是以人欲解天理，這意思同於他在〈陽明良知學評述〉：「人情即天理，但人情中不能無欲」[15]的說法，雖然他之後接著說「天理、人欲同樣是人情，其別只在公、私之間。……公的即不名欲而名理，理是欲之公，理、欲亦只是一公、私之別」[16]，即以公、私辨天理與人欲的不同，換言之，最後標準就不是欲（好惡）本身，而是所欲之事——即所想達到的目的及藉以達到的行動（手段）——能否符合放諸四海皆準之「公」（或言「普遍」、無偏私）的標準，但這一辨，似乎又讓錢先生回到了「以是非決定好惡」的立場。

綜上所論，錢先生對「良知」所涉的好惡、是非、善惡三組概念之間的詮釋有（I）（II）兩種關係結果，這或許意味著他也察覺：若是以他所理解的好惡作為決定是非、善惡最後的標準，恐未穩當。由於這兩種條件關係關乎陽明學中如何理解道德，因此，有進一步釐清的必要。在此之前，我們不妨看一下當代新儒家代表人物中唐君毅與牟宗三二先生如何詮釋陽明學的「良知」概念。

關於文段〔288〕所論良知之義，唐君毅先生指出：

按一般所謂好惡，皆以一特定之事物，為好惡之所對。然吾人之所以好惡某特定之事物，初亦唯由其感此事物之某一種價值意義。此價值意義，可為事物對

---

12 錢穆：《中國思想史》，頁225。

13 必須說明的是，此處的變動不同於《孟子・離婁上》「嫂溺援之以手章」所蘊含的「權不離經」之變動義。此處雖說援之以手是權，但此權之合理性是建立在人之良知判斷當下「仁」（免除了生遭受到傷害）優先於「禮」（男女授受不親）的判斷。孟子此章「援之以手之權」是立基於「經」之合理性而有的行動。

14 若以上所論是錢先生所理解的好惡，則文段①「人們因為好生惡死，所以助長生者是善，人們稱之為是」之說未必為是，例如在這情況下——消滅窮人而非貧窮，以助長包含自己在內的多數人或富人之生；對抗病人而非致病的病毒，以保存健康之人之生——便是不合理而為錯的、為惡的。而此處之不合理在於作為達到「助長生者」的行動（手段）是錯的，就此而言，縱使行動所欲達成的目的是好的、善的，但若藉以達成該目的的行動（手段）是錯的，仍不可稱之為善、為是。而這便是行動與否是取決於個人主觀之好壞，所可能衍生的看起來是善而實際上可能是惡的實踐問題。

15 錢穆：〈陽明良知學述評〉，頁77-78。

16 同上註，頁78。

我之個人之生命之利或害之工具的意義，亦可為一事物之本身之道德上之善不善之意義。而當吾人之意念為吾人之所面對，而加以感知之時，則此意念之道德上的善不善之意義，亦即為我所感知，而我之好其具善的意義而惡其不善之意義之情，即緣之而起。此所謂善即合理之謂，不善即不合理之謂。人有此好合理而惡不合理之情，即見吾人之心之性理，原為一能去不合理而成合理之理，亦即一善善惡惡而止於至善之性理。……。若依陽明之言，則此心體良知之性理，自始即為一透過此好善惡惡之情而見，亦即透過好合理而惡不合理之情而見之性理。而此性理亦即自始為一「好合理而惡不合理」之理，……。[17]

唐先生區分了兩種意義的善惡，一種是工具價值的，另一則是道德價值。前者是只關乎怎麼樣的手段可以促進我的利益或讓我避免受害，能有效趨吉避凶的手段便是善，反之則為惡，而這意義下之或善或惡的判斷未必會考量所使用的手段是否具合法性、道德性，此可以參考註14的例子——消滅窮人而非貧窮（手段）以促進包含我在內的人或富人的利益（目的）。後者則是同時考量行動與目的是否皆具合法性、道德性，例如，我如實說出所知的事情真相，以證明某人的清白而不讓他為我背黑鍋。上述兩種價值實是來自於理性的兩層運用：工具理性之手段／目的（M-E）的運用；道德理性之應然判斷的運用。行動者在使用前者所所構想用以達到目的的手段縱使是理性的（rational）但未必是合理的（reasonable），例如在付帳時店家未察覺而多找了我錢，我知道只要不動聲色的收下並且從容的離開就能多這筆錢，事後店家也無從追究起；而我想要這筆錢，所以我不動聲色的收下並從容的離開。就此例子而言，不動聲色的收下店家找我的那筆錢的行動／手段是理性的，但卻因為是不道德的故而不合理。若事後上述行動者自我反省他適才的行動，而判斷其欺瞞之舉是不合理的，則這判斷正是他道德理性起作用的結果。而就所引文段最後五行唐先生所論，則他對於「良知」之是非、好惡、善惡這三組概念關係的理解，是以合理（即是非）決定好惡、善惡，即合理與否（是或非）是好惡、善惡的標準。

而同樣關於文段〔288〕所論良知之義，牟宗三先生理解如下：

陽明言「良知」本於孟子「人之所不學而能者，其良能也。所不慮而知者，其良知也。……」（〈盡心〉）。孟子這樣言良知是就人之幼時與長時而指點，其真實的意指卻實是在言人之知仁知義之本心。本心能自發地知仁知義，此就是人之良知。推而廣之，不但是知仁知義是良知，知禮知是非（道德上的是非）亦是人之良知。陽明即依此義而把良知提升上來以之代表本心，以之綜括

[17] 唐君毅：〈原性篇〉，《中國哲學原論》（臺北：臺灣學生書局，1989），頁462-463。

孟子所言的四端之心。[18]

又言：

這是把孟子所說的「是非之心知也，羞惡之心義也」兩者合一而收於良知上講，一起皆是良知之表現。良知底是非之智就是羞惡之義。陽明說「好惡」就是孟子所說的「羞惡」。是非是道德上的是非，不是我們現在所熟知的認知上的是非，因此，它就是羞惡上或好惡上義不義的是非。故是非與好惡其義一也。[19]

根據牟先生的理解，陽明學之「良知」是本於孟子學[20]中，惻隱（仁）、羞惡（義）、辭讓／恭敬（禮）、是非（智）乃良心自發的四種道德決斷的內聖學要義，並進一步將這四種道德決斷的能力一齊收攝於良知，而將良知上提至本心地位的結果。在這個意義下，陽明言「良知」即指「心即理」之「本心」，故在良知作出是非決斷的當下，即同時湧現一股好善惡惡[21]的力量驅動行動者為善去惡。

在牟先生的詮釋下，陽明學「良知」之「是非」（知是知非）[22]與「好惡」（好善惡惡）可以是（或理解為）「同一個意思的不同表述」、「一體呈現」（即是非即好惡／即呈現即驅動）。

透過以上簡論唐、牟二先生詮釋「良知」的相關論述，就面對道德處境而須作出道德判斷這一面而言，唐牟二先生有共同的理解，即他們是以道德上之合理與否（是非）來決定善惡，就此而言，即同於前所論錢先生詮釋中之關係（II）。

以上大體分疏了錢先生、唐先生和牟先生對於問題（1）的理解。

（2）良知與天理之間是化約、等價，或同一關係？

關於問題（2）良知與天理的之間是「化約關係」、「等價關係」，抑或是「同一關係」？錢先生的立場是：

⑥在陽明只說「良知即天理」，並不是說「天理即良知」。說良知即天理，是

[18] 牟宗三：《從陸象山到劉蕺山》，《牟宗三先生全集》，第8冊（臺北：聯經出版事業股份有限公司，2003），頁178-179。

[19] 同上註，頁179。

[20] 依孟子學，「良知」和「良能」是「良心」（本心／四端之心）本有之不同能力，就作為良心在道德情境作出相對的道德判斷一面而言，乃良心之良知的呈現；就作為驅動行動者去實踐其良心所作出之道德判斷一面而言，乃良心之良能的呈現。

[21] 「惡惡」之意應同於朱子對羞惡之註解，其云：「羞：恥己之不善也；惡：憎他人之不善也。」朱熹：《四書章句集註》（臺北：鵝湖出版社，1984），頁237。

[22] 此「知是知非」之「知」意指本心在道德情境所作所出的道德決斷。

要人反從心上求；說天理即良知，便不免走入歧途，捨卻自己良知而別尋所謂天理了。講天理要論善惡，講良知只辨好惡；因此說他至善無惡固好，說他無善無惡也無不可。[23]

從首句至「說天理即良知，便不免走入歧途」一語可知，錢先生並不認為陽明學中良知與天理是可以相互詮釋的，而僅肯定從良知來把握天理的意涵，即單向的詮釋。[24]在錢先生的理解下，只主張「良知即天理」的陽明，其用心應該是要告示後學：（I）吾性自足，只須反求於心即能見把握到人事之當然之理；（Π）若是捨卻良知而別求天理，是析心與理為二，此則免不了同朱子步入（孟子所深闢之）告子「義外」[25]之歧途。

文段⑥表示出錢先生詮釋版本中的陽明是僅採取從良知來把握天理之意，然而，根據前述所論，錢先生所理解的良知是以「好惡」作為一切道德判斷的最後標準，如此，便可能將天理化約為好惡。在這意義下，「良知即天理」亦可轉換成「好惡即理天理」。天理全由好惡來規定。雖然這和引文③「天理即由人欲（好惡）所生」的理解是一致的，但這未必是對作為具普遍性之天理的確解。

對於良知（心）與天理（理）的關係，從《傳習錄》幾處陽明反告子的「義外」之說，可知他是承繼孟子的「仁義內在」，而牟先生正是依此線索指出：

仁義皆內在，而仁義即吾心之理，則理亦必內在，而不能外心以求之矣。然則此理也何理耶？豈非道德的理乎？亦即天心天理也。此純由內出，不由外爍。本不能外也。是故有忠孝之心即有忠孝之理，無忠孝之心即無忠孝之理。[26]

實際地言之，忠孝之理即含在忠孝之心中，而由忠孝之心以自發。此猶吾心之仁理即由惻隱之心而見也。亦猶言有道德的自覺即有道德的律則，無亦無之。故純由內心而獨發，不外在而外與，故云「心即理也」。[27]

此心自為形上的道體的心即天心。故天理即在其中。若自兩概念言，則心自心，理自理，兩自不同。此邏輯的嚴格言之也。然心即理之「即」非同一律之同也。故形式地言之，只能說個等價係因而統於一。而實際地言之，則此理即在心中也。[28]

---

[23] 錢穆：《陽明學述要》（臺北：蘭臺出版社，2001），頁89-90。

[24] 朱湘鈺：〈錢穆先生思想中的陽明圖像〉，頁131。

[25] 此可見《傳習錄》〔133〕「夫外心以求物理，是以有暗而不達之處；此告子「義外」之說，孟子所以謂之不知義也。」〔175〕「學之不明，皆由世之儒者認理為外，認物為外，而不知義外之說，孟子蓋嘗闢之。」

[26] 牟宗三：《王陽明致良知教》，《牟宗三先生全集》，第8冊（臺北：聯經出版事業股份有限公司，2003），頁33。

[27] 同上註，頁33。

[28] 同上註，頁33-34。

雖然理是由心在道德的情境所自發、所作出相應該道德情境的應當（或不應當）行動的道德判斷（理是即標準即判斷），但畢竟就概念意義而言，心是下道德判斷的「道德主體」，理是心所制訂的「道德法則」。因此，從「心即理」之「即」字所意指的心與理的關係，以嚴格的邏輯言之，不是同一律（A=A）意義下的同一（identical）關係，而是就二者有共同的實質內涵意義下的等價關係，故就此而言的「心即理」意指的是心與理為「本體的自一」[29]。若從上述邏輯的言二者是等價值的關係而進到實踐的言，我們是可以說心與理在實踐上是同一的關係，理由在於：心（在陽明言「良知」）作為道德主體能在道德情境作出相應該情境的判斷，而心（良知）當下所作成的道德判斷（例如應當誠實），正是理（應當誠實）的呈現與良知的呈現。所以，我們可說當下心[30]與其所頒訂的理[31]皆是行動的標準，從理而行等同於從心而行，反之亦然。就實踐中之良知之心體與理俱現而為行動者實踐的標準而言，良知之心體與理是同一的。[32]

根據牟先生的詮釋版本，陽明學之「心即理」所蘊含之心與理的等價、自一、同一關係，以及再參照文段〔169〕「良知是天理之昭明靈覺處，故良知即是天理。思是良知之發用。**若是良知發用之思，則所思莫非天理矣〔粗黑體為筆者所加〕**」，可知陽明亦以天理作為良知的內容。就此而言，良知與天理在陽明的使用中其意義是等價的。而換個方式表述：良知作為道德決斷者（或言道德主體）是人之主觀面的表現；天理（在人事上可理解為）是良知所立之可普遍的道德法則（例如仁義禮智）乃人之客觀面的表現。就此而言，良知雖主觀而亦客觀，天理雖客觀亦主觀，因此則陽明學不僅可主張「良知即天理」，亦可主張「天理即良知」。

綜上所論，不論錢先生或牟先生對於問題（2）的詮釋版本，都會主張陽明學是以良知為道德的根源，惟二人對陽明學之「良知」的理解有所不同。

（二）「知行合一說」與「致良知」詮釋的再闡發

根據筆者至目前的研究，陽明「知行合一說」可以有兩重意義：第一重意義是就陽明「立言宗旨」意義下而言的「良知之是非之斷（知）蘊含實踐動機（行）」；第二重是就良知必然要求應然的一致性而言的「良知之是非之斷（知）與付諸相應該決

29 牟宗三：〈心體與性體一〉，《牟宗三先生全集》，第5冊（臺北：聯經出版事業股份有限公司，2003），頁91。

30 良知呈現時是「即判斷即標準」。

31 良知頒訂的理是「即標準即判斷」。

32 這意思亦見唐君毅先生以下這理解：「心之本體，即天理也，天理之昭明靈覺，即良知也。」故此天理之呈現，自始即呈現於一昭明靈覺之心中。此中對照之標準，即當說是此『即心即理之心體或良知之呈現』。」唐君毅：〈原性篇〉，《中國哲學原論》，頁451-452。

斷的具體行動（行）的一致性」。而這兩重意義可以歸結為以下3點[33]：（1）「知行合一」之「行」字有「實踐動力／動機」和「具體行動」二義，此須視前後文而定。（2）「第一重知行合一」之「合一」是指良知決斷「蘊含」實踐驅動力之合一（或言良知決斷與實踐動力是「內在必然的連結」）。（3）「第二重知行合一」之「合一」是指良知必然要求知行須一致的「一致性」。（1）和（2）是就本體意義而言的知行合一；（3）則是兼本體與工夫而言的知行合一。（3）之所以是兼本體與工夫而言，是因為「知是知非進而要求人以相對的行動為善去惡」是良知的「本性」，也正是在良知（知行須一致）之本性的要求下，必然引生出——對治人因受到私欲私意的支配而隔斷知行，導致最終知行不一致（知而不行或明知故犯）——的「致良知」、「誠意」、「格物」等異名同義[34]的修養工夫。

在筆者閱讀錢先生如何詮釋陽明「知行合一說」的過程中，雖然錢先生說「陽明所謂的『知行合一』，不指工夫，乃指本體言，是說知行本屬一體」[35]，但筆者仍發現其實錢先生所論亦包含了以上三點。以下簡要分論之。

就良知的是非決斷蘊含實踐動力的說法，可見以下錢先生所言：

> ⑦若心只是覺，則知了未必能行，因此心與理是二。若心知覺中兼有好，則知了自能行，因此心與理是一。[36]

心之知覺指心的判斷，若「知了未必能行」，是因為缺少了實踐「所知」（判斷當下應當或不應當做）的動力，若「知了自能行」只因「知中兼有好」，則意味著這「好」正是驅動行動者踐履良知判斷（知）的實踐動力。這是「心理為一」與「心理為二」在實踐上「判斷是否蘊含實踐驅動力」的區別。前者因為所當為之理是自發於本心自主的要求，必然為本心所認可而蘊含實踐動力；後者則因所當為之理是心所認知的外在規範，未必為心所認可而不必然蘊含實踐動力。雖說錢先生和唐先生在「良知」的理解有所不同，但他們在「判斷與動力同時俱現」這部分的詮釋有重疊之處，此見唐先生所言「陽明之所以發明此義，則又由其良知之知善知惡，同時能好善惡

---

[33] 相關論證可參閱筆者的拙稿：「良知、立志與知行合一：再論陽明如何回應道德之惡」，該文宣讀於109年1月17日由香港中文大學中國哲學與文化研究中心主辦之「王陽明哲學」工作坊。

[34] 此誠如林月惠教授所指出的「誠意、致知、格物不是三種不同工夫，而是同一種工夫的三個說法。」林月惠：〈聶雙江與羅念菴思想之研究〉，《良知學的轉折》（臺北：臺大出版中心，2005），頁555。

[35] 錢穆：《中國思想史》，頁215。牟宗三先生則認為「知行合一非只從效驗上說，知行之體本是如此。」牟宗三：《王陽明致良知教》，頁33。牟先生相關的論述與論證參見該書第二章。

[36] 錢穆：《中國思想史》，頁217。錢先生這段話是根據《傳習錄》〔5〕「知是行的主意，行是知的功夫。知是行之始，行是知之成。若會得時，只說一個知，已自有行在。只說一個行，已自有知在」這段話來了別朱學與王學的本質區分，他說：「陽明說的『知』是活的，有主意的，朱子說的『理』是靜的，無造作的。因此朱子說知只是覺，而陽明說知卻有好。朱子只說心能覺見理，卻沒有說心之所好即是理。朱子是性與心分，陽明是性與心與。故朱子不得不把心與理分，而陽明則自然心與理一。」同本註，頁217。

惡，即自然見得此良知之有此善善惡惡、反反正正，而唯定向在善之至善之性。」[37]

良知於道德情境作出相對的是非決斷是良知應機而呈現，就作為知行本體之良知的實踐作用而言，良知是「即呈現即驅動」。若就其實踐本性而言，則必然要求判斷與相應行動的一致性。而這意思亦見於錢先生以下所論：

> ⑧所謂「致良知」，只要叫我們去事上磨練。所謂事上磨練，只叫我們立誠。所謂立誠，只要叫我們認識此知行合一之原來本體。一切所知的是所行的。所行的便是所知的。平常往往把知、行劃成兩截，就內心言，往往潛意識與顯意識暗藏衝突。就人事言，往往心裡想的與外面做的並不一致。種種利害的打算，把真性情隱晦了。這些都不是良知，都不是天理。人不須於良知外別求天理，真誠惻怛的性情，便是天理本原。須求自心的潛意識與顯意識能融成一片，須求外面所行與內心所想的也融成一片。全無障隔，全無渣滓，那便是真誠惻怛，那便是良知，那便是天理，那便是聖人。其實這還是人類心理一種原始的自然狀態。**照理，每一個人的心態，應該是完整的，在時間上應該是先後一致，在空間上應該內外一致〔粗黑體為筆者所加〕**。[38]

筆者對文段⑧感興趣的是最後以粗黑表示的文字，因為這段文字可說是錢先生總結陽明致良知對於知行合一說的實現關係，且闡釋了陽明第二重知行合一的要旨：道德判斷與相應外顯行動的一致性，這是就應然層面而言良知的自我責求。而「致良知」正是實現良知自我責求所帶出之「道德人格完整性」[39]的意義的必要工夫。

「道德人格完整性」建立在「良知之真我」[40]與「相應良知判斷之實際行動」是「一致的」[41]的基礎上，這意味著，相應良知判斷之道德行動的完成，才算是實現行動者的道德人格完整性。這是因為付諸實際的道德行動，意味著行動者實現了他出於良知要求而自我定位的道德價值。反之，縱使行動者的良知當下作出道德判斷，但他卻因為受到私欲私意的支配，最終不以相對的行動履行該判斷，或甚至做出違背該判斷的行動，則行動者會陷入了「良知我」與「行動我」不一致的悖反。此自我矛盾（「良知我」與「行動我」不一致）是他同時身為理性行動者無法接受的，因為這戕害了他道德自我的完整性（integrity），而致使產生行動者認為他不再是他原初所看待與評價的那個道德自我的恥己之感。這也說明瞭為什麼當行動者事後理性地反省他之前的知行不一致時，會引生自我的道德咎責。

---

37 唐君毅：〈原性篇〉，《中國哲學原論》，頁461。

38 錢穆：《中國思想史》，頁224。

39 於此相關的詳細論述，亦可參見拙稿「良知、立志與知行合一：再論陽明如何回應道德之惡」。

40 這是就「道德價值／意義」一面而言的「道德我」，有別於從自然生命之「中性價值／意義」而言的「動物我」。

41 「一致性」是理性必然的要求：就思辨理性而言，是邏輯的一致性（不可矛盾）；就道德理性（在陽明學相當於良知／本心）而言，是道德判斷與相應行動的一致性。

陽明應該就是意識到自我否定及其所帶來的完整性失喪的問題，因此，其「知行合一說」的宗旨並不是僅停留在本體意義的「一念發動處，便即是行了」（《傳習錄》〔226〕），還必須進到實踐意義的「發動處有不善，就將這不善的念克倒了。須要徹根澈底，不使那一念不善潛伏在胸中。」（《傳習錄》〔226〕）因為若未將不善的念頭克倒，則不善和善的念頭同時存在，在這兩股力量相互作用與拉扯的情況下，行動者便時時處在善與不善相衝突與掙扎的狀態，在如此受干擾的情況下，行動者未必能時時維持「良知責求知行一致」的穩定性，故而他未必能呈現完整與自由而不受私欲私意支配的道德自我。因此，在陽明學，要實現良知自我責求所帶出之「道德人格完整性」價值，「致良知」是必要且決定性的實踐工夫。

依筆者之拙見，就文段⑧錢先生所言，應蘊含了第二重知行合一其中所蘊含的道德人格完整性這層意思。

三、結語

綜合以上所論，筆者由以下五點作為本文立場：

（一）

根據①②③④這四文段，可見出錢先生對「良知」所涉及的好惡、是非、善惡三組概念之間的詮釋有兩種條件關係：（I）善惡決取於是非，是非取決於好惡；（II）善惡、好惡取決於是非。條件關係（I）意味著行動者應當去做（善）或不應當去做（惡）的證成在於心之好惡，這會衍生出讓「是非」失去了獨立意義（獨立性）的問題。而一旦如此，則文段③他所言「天理逃不出『是非』二字」，以及陽明學中所論的「是非之心」，或為多餘。而從錢先生的理解中出現這兩種條件關係來看，或許意味著他也察覺到，若是以他所理解的好惡（「好惡／人欲」會阻礙「是非／天理」）作為決定是非、善惡最後的標準，並以此來理解道德的話，恐未穩當。

（二）

承上，對於這三組概念之間的條件關係，唐、牟二先生的詮釋是結果則是關係（II）：唐先生的理解是以行動與目的合理性與否來理解道德（不道德），以及決定或好或惡；牟先生則指出良知中的「是非」（知是知非）與「好惡」（好善惡惡）是異名而同義，且一體呈現（即是非即好惡／即呈現即驅動）。若就良知是「即呈現即驅動」這點而言，錢先生詮釋下的「良知」亦如此。

（三）

錢先生認為陽明只講「良知即天理」，是肯定「吾性自足」，故而反求於心就能把握到天理的意義；不講「天理即良知」是避免人捨卻良知，而誤入求理於心之外的歧途。就此而言，從良知來理解天理則可，從天理來理解良知則不可，故良知與天理之間不能相互詮釋，僅能是從前者為標準來詮釋後者的單向詮釋。然而，由於錢先生所理解的良知是以「好惡」作為一切道德判斷的最後標準，如此，便可能將天理化約為好惡。換言之，「良知即天理」亦可轉換成「好惡即理天理」。天理全由好惡來規定。雖然這和他所理解的「天理即由人欲（好惡）所生」是一致的，但這是否為陽明之意，或就其學說內部而言能否和（天理是具普遍性之道德之理）融貫，還是可以進一步討論。

（四）

承上，根據牟先生的詮釋，雖然理是由心在道德的情境所自發、所作出是否應當行動的道德判斷（理是即標準即判斷），但就概念的意義而言，心是立道德判斷者，理是心當下所頒訂的「道德法則」。因此，以嚴格的邏輯言之，「心即理」之「即」字所意指的心與理的關係，不是同一律意義下的同一關係。而是就二者有共同的實質內涵意義下的等價關係，故「心即理」乃意指心與理為「本體的自一」。而根據筆者的理解，若從具體實踐而言，心與理可以是同一的關係，因為心（良知）當下所作成的道德判斷（例如應當誠實），正是理（應當誠實）的呈現與良知的呈現。因此，心在當下與其所頒訂的理皆是行動的標準，從理而行等同於從心而行，反之亦然。在良知之心體與理俱現而為行動者實踐的標準這意義下，可以說良知之心體與理是同一的。回到陽明學如何回應道德根源的問題，不論錢先生或牟先生，都會主張陽明學是以良知為道德的根源，他們的差異在於對陽明學「良知」的理解有所不同。

（五）

陽明的「知行合一說」有兩重意義：第一重意義「良知之是非之斷（知）蘊含實踐動機（行）」，此為陽明學的「立言宗旨」；第二重意義是「良知之是非決斷（知）與相應該決斷之具體行動（行）的一致性」，這一致性是應然意義下良知必然會有的自我責求。而此良知自我責求所帶出的主要意義，是「道德人格完整性」。「道德人格完整性」建立在「良知之真我」與「相應良知判斷之實際行動」是「一致的」的基礎上，換言之，相應良知判斷之道德行動的完成，才算是實現行動者的道德人格完整性。理由在於，付諸實際的道德行動，意味著行動者實現了他出於良知要求而自我定位的道德價值。但由於人有感性的生命是不爭的事實，故有時會被私欲隔斷而做出違背良知要求的行動，故而他未必能時時呈現完整與自由而不受私欲私意支配的道德自我。因此，在陽明學，要實現良知自我責求（知行一致）所帶出之「道德人格完整性」價值，必要且決定性的實踐工夫在「致良知」。而知行合一所蘊含的這些思想，應該隱含在文段⑧錢先生有關致良知與知行合一的論述之中。

第六章　「程門教法」芻議
——從錢穆先生《宋明理學概述》談起

香港中文大學歷史系
張曉宇

一、前言

錢穆先生史學地位，早有定論。其以曠代史才，貫通中國數千年之史學研究，實非一般現代史學研究者所能望其項背。惟在錢先生廣泛而精深的治學面向中，仍有重心所在。嚴耕望先生作為錢先生「心神皆契」之弟子，在〈錢穆賓四先生行誼述略〉中於此有一極重要之觀察，其云：

> 綜觀先生一生治學，少年時代，廣泛習讀中國古籍，尤愛唐宋韓、歐至桐城派古文，後始漸趨向學術研究。壯年以後乃集中向史學方面發展，故史學根基特為廣闊，亦極深厚。再就先生治學途徑發展程式言，先由子學入門，壯年時代，最顯著成績偏在考證工夫，中年以後，以通識性論著為重。但不論考證或通識論著，涉及範圍皆甚廣泛，如政治、如地理，亦涉及社會與經濟，惟重心觀點仍在學術思想，此仍植基於青年時代之子學愛好，是以常強調「學術領導政治，學統超越政統」。[1]

嚴耕望先生此說一言中的，直指錢穆先生學問精核之所在。錢先生早年著作《先秦諸子繫年》、《劉向歆父子年譜》等，均以學術思想史為旨歸。1930年代，錢先生北大任教期間在講義基礎上撰成的《中國近三百年學術史》，更為學術思想史典範之作。在這部著作中，錢先生切入清儒「漢學」、「宋學」之爭，頗為推崇後者。[2]抗戰時期，錢先生隨齊魯大學南遷，至四川後胃病復發，在病榻上細讀《朱子語類》、

1　嚴耕望：〈錢穆賓四先生行誼述略〉，收氏著：《錢穆賓四先生與我》（臺北：臺灣商務印書館，1992），頁35-36。據嚴先生自述，此文撰成後經錢夫人審閱，並及增訂，可謂瞭解錢先生學術旨趣其中一種最重要的材料。

2　羅志田先生曾將錢先生與章太炎、梁啟超、劉師培相比，以觀諸家漢、宋學術取向之別，極富洞見。參羅志田：〈導讀：道咸新學與清代學術史研究〉，收章太炎、劉師培撰，徐亮工編校：《中國近三百年學術史論》（上海：上海古籍出版社，2006），頁12-26。

《指月錄》，於是對唐代禪宗至宋明理學之轉向開始產生興趣。[3]這一興趣轉向貫徹錢先生的後半生，導致了先生一系列或通識或考證的宋明理學作品出現。其中最著者，自然是錢先生晚年撰成的百萬字鉅著《朱子新學案》。此書凝聚錢先生晚年心血，其體大思精之處，學界多有闡釋。

另一部錢先生寫就於香港新亞書院時期（1953）的《宋明理學概述》，則屬於嚴先生所謂「通識」論著。作者書首〈例言〉中自認此書「視《近三百年學術史》，則猶見簡陋」。[4]相較《中國近三百年學術史》和《朱子新學案》，《宋明理學概述》相對少為學界所注意。受限於流寓生活，錢先生在手頭無書情況下，其撰寫《宋明理學概述》的主要材料多依據《宋元學案》、《明儒學案》二書。但是，材料的限制並未掩蓋此書某些精闢之講法。從歷史後設的角度回看北宋理學，其巔峰無疑是北宋五子之學。其中程顥、程頤所代表的二程之學尤其奠定了南宋理學之基。針對二程之學及其初代傳人，錢先生在《宋明理學概述》中有孤明先發之觀察。本文即以錢先生對「程門教法」的理解為例，佐以本人近來相關研究，以證錢先生對北宋思想史之貢獻。

二、「程門教法」之內蘊

錢穆先生身為一代大教育家，對宋儒教學方法的理解，常有精到之評價。《宋明理學概述》一開始即強調「宋學最先姿態，是偏重在教育的一種師道運動」。[5]因應這一觀察，錢先生遂特別留意北宋慶曆時期由胡瑗、孫復等儒家士人所開出的公眾教育傳統。這一著眼點，和《宋元學案》起首即論「宋初三先生」的體例絲絲入扣。[6]以熙寧時期為界，錢先生在《宋明理學概述》中區分出北宋初期和中期宋學兩大區塊，而公眾教育正為其關鍵分水嶺。從初期宋學重視公眾教育（以書院為代表）走向中期宋學傾向師友談論（以講學為代表），在教育規模方面，先生以為實有明顯遞減。

---

3 錢穆：《八十憶雙親、師友雜憶合刊》（臺北：東大圖書公司，1992），頁222。

4 錢穆：《宋明理學概述》（臺北：中華文化出版事業委員會，1953）〈例言〉，頁2。《宋明理學概述》一書甚為風行，流通本甚多，以1953年初印本及學生書局1977年再版本最為重要。錢先生在再版本中改動了明代王學部分的一些案語，宋元思想部分不變。學生書局本1984再版，改正了1977年本中的一些錯字。後來聯經出版有限公司、素書樓文教基金會在學生書局1984再版本基礎上出版了重印本。近年來九州出版社於2010、2011連續出版了兩個本子，都建基在學生書局1984年再版本之上。其中2011年本為新校本，最為精審，收入該社《錢穆先生全集》。本文引用均以1953年初版本為準。直接引用部分亦已對校九州出版社新校本，以確保無誤植之字。

5 同上註。

6 需要注意的是，《宋元學案》以胡瑗、孫復、石為「宋初三先生」的體例，摒除了北宋慶曆以前八十年的思想世界。從思想史角度針對這種體例的進一步分析，參葛兆光：〈置思想於政治史背景之中——再讀余英時先生的《朱熹的歷史世界》〉，收入田浩（Hoyt Tillman）編：《文化與歷史的追索——余英時教授八秩壽慶論文集》（臺北：聯經出版公司，2009），頁394-396；張曉宇：〈學統四起下的北宋古禮運動：陳烈事蹟的一個思想史考察〉，《新史學》2019年6月第2期第30卷，頁112-113。

但是，在具體討論中期宋學尤其是程顥、程頤二先生時，錢先生卻頗費了一番筆墨討論二程導人入學之法。所謂入學之「學」，專指德性之學；而入學之法，則自二程「自家體貼」相關諸說開闢出來。無論是程顥的「鞭辟近裡」，還是程頤的「進學在致知」，都強調學者內心的自我覺悟。這些說法的匯集，經過程門初代弟子各自不同的領悟與闡釋，最終形成了南宋理學家共所追尊的「程門教法」。[7]從教學廣度來說，程門講學規模自不及宋初諸儒。然而從深度層面來講，「程門教法」在中國思想史上卻有著不可磨滅的重要意義。而「程門教法」所涉及與回應的對象，包括博雅見聞之學、禪學、史學、王安石新學、蘇軾所代表的辭章之學等，都是北宋學術演變中的關鍵因素。程頤高足劉安節手編其師《語錄》中有兩條非常著名的判語，足以反映這種傾向，其曰：

古之學者一，今之學者三，異端不與焉。一曰文章之學，二曰訓詁之學，三曰儒者之學。欲趨道，舍儒者之學不可。

今之學者有三弊：一溺於文章，二牽於訓詁，三惑於異端。苟無此三者，則將何歸？必趨於道矣。[8]

這兩段語錄為程頤晚年弟子劉安節所記，當可代表程氏學術成熟後的觀點。[9]略加參照兩段語錄，程頤明確以儒者之學為唯一求道之學。然則何謂「儒者」？如何才可以成為真正「儒者」？解答此類問題的關鍵，在於「程門教法」。下文即將「程門教法」析為「鞭辟近裡」、「得某之心」兩部分分別討論，略窺此一「教法」建立之過程。

（一）程顥「鞭辟近裡」說

「鞭辟近裡」說源出二程早年弟子劉絢所錄程顥之說。其文如下：「學只要鞭辟近裡，著己而已。故切問而近思，則仁在其中矣。言忠信，行篤敬，雖蠻貊之邦，行矣；言不忠信，行不篤敬，雖州裡，行乎哉」。[10]劉絢所記二程語錄在後世理學家心

7 錢先生在論及程門弟子時，提出朱熹時始能將「程門教法」與禪學分劃清楚。錢穆：《宋明理學概述》，頁79。這也是重要之觀察。本文篇幅所限，未及梳理。

8 程頤：《河南程氏遺書》卷18，載程顥、程頤著，王孝魚點校：《二程集》（北京：中華書局，1981），頁638。第一條判語亦見二程弟子游酢所記語錄，將「今之學者」析為能文者、講經者、知道者，意思亦相近。《河南程氏遺書》卷6，《二程集》，頁95。

9 程頤對文章、訓詁之學的反感，乃為熙寧以後王安石新學以及蘇軾文章之學的流行而發。他在熙寧時期為父親程珦所撰策問中批評的「後儒」，明顯針對蘇、王二學。參程頤：〈為家君作試漢州學策問三首〉，《二程集》，頁580。

10 程顥：《河南程氏遺書》卷11，《二程集》，頁132。

目中頗得「簡約明切」之譽。[11]這一段語錄可信度甚高。南宋朱熹在與學生對談時指出「此是洛中語」。[12]朱說如可信，則這條語錄當為熙寧六年（1073）、程顥歸居洛陽以後所錄。其時程顥年過四十，經歷過參與王安石新法的政治磨練，思想已趨大成之境。「鞭辟近裡」說凝聚了程顥導人入學的精髓，值得仔細梳理。

從程顥語錄原文來看，程氏以《論語》〈衛靈公〉中孔子與子張對話為引，提出一套針對「學質美者」的教學方法論。據劉絢所記，程顥認為「鞭辟近裡」達至盡處可以使學者「查〔渣〕滓便渾化，卻與天地同體。其次惟莊敬持養，及其至則一也」[13]。關於其具體特質，據朱熹所理解，大概可以分為兩層意思。一是立志向內求學，用朱熹的話來說：「鞭督向裡去。今人皆不是鞭督向裡，心都向外……學要博，志須要篤。志篤，問便切，思便近，只就身上理會」[14]。第二，「鞭辟」之意「恰如驅辟一般」，是一種排除法，用意在於減除學者身上的負擔。〈時氏本拾遺〉記載程顥有云「學者今日無可添，唯有可減，減盡便無事」[15]。這一減法針對的對象，實為程頤後來所歸納的文章、訓詁、異端之學。這些在二程看來無益而有害的學問，正如錢穆先生所言，是初期宋學追求博大的自然發展結果。[16]由於學者身上累積的「負擔」太重，一時不易放下，只有勇猛精進，一氣呵成，才能達至「鞭辟」之效。朱熹就此有一貼切比喻：「恰似一隻船覆在水中，須是去翻將轉來便好，便得使。吾輩須勇猛著力覆將轉」[17]。

朱熹對「鞭辟近裡」這兩層意思的理解，在程門教學中不乏其證。《上蔡語錄》記有數條二程得意門生謝良佐追憶程門教法的材料。一條提到程顥教謝良佐學問，先要辟去「作文」風氣。所謂「學者先學文，鮮有能至道。至如博觀泛覽，亦自為害」。所以程顥教謝氏讀書，即有「慎不要尋行數墨」之語，勉勵其不要沉溺於博觀泛覽的文章之學。[18]謝良佐本人讀書天分極高，長於記誦。程顥有一次面見，說了一

---

[11] 參黃士毅編、徐時儀、楊艷彙校：《朱子語類彙校》（上海：上海古籍出版社，2014），卷97〈程子之書三〉，頁2468。本文所引用《朱子語類》多出此《彙校》本。此本底本為朝鮮古寫徽州本，源出嘉定十二年（1219）黃士毅《蜀類》本，所載語錄及編排結構更近《朱子語類》原貌。關於《朱子語類》朝鮮古寫徽州本的版本流傳與價值，參徐時儀、楊艷彙校本〈前言〉，頁23-51。

[12] 《朱子語類彙校》，卷95〈程子之書一〉，頁2439。

[13] 程顥：《河南程氏遺書》卷11，《二程集》，頁132。

[14] 《朱子語類彙校》，卷95〈程子之書一〉，頁2439。

[15] 程顥：《河南程氏外書》卷11，《二程集》，頁410。

[16] 錢穆：《宋明理學概述》，頁59。

[17] 《朱子語類彙校》，卷95〈程子之書一〉，頁2439。朱熹自己對這一比喻十分重視。他在和學生講畢「吾輩須勇猛著力覆將轉」以後，還特別轉身再重複一次：「須是翻將轉來使得」。

[18] 謝良佐：《上蔡語錄》（北京：中華書局，1985），卷中，頁25。傳世三卷本《上蔡語錄》經曾恬、胡安國、朱熹先後編訂。朱熹尤其親自編刪五十餘條，今本《上蔡語錄》恐非原貌，不足以完全反映謝良佐個人學說。但其中經謝氏轉述的二程之學，屬於二程第一代弟子親述材料，仍為珍貴。關於謝氏學說基本框架，參Thomas W. Selover, *Hsieh Liang-Tso and the Analects of Confucius*（New York: Oxford University Press, 2005）一書。又，此條語錄之下，朱熹另有判語，提到「曾本」《語錄》（即曾恬本）並載有「楚州徐仲車」的一段議論，「煞得中體，卻謂人不可不作文。猶且演義理，作詩賦，多是尋人意不到處」見《上蔡語錄》，卷中，頁25。「徐仲車」即胡瑗弟子徐積。朱熹此處判語引用徐積說，有違

句「賢卻記得許多」，遂令謝氏有「身汗面赤」之反應。可見程門教法，並不看重訴諸外界知識的記問之學。謝氏抄錄五《經》語以佐學習之舉動，更被程顥斥為「玩物喪志」[19]。只有不斷「鞭辟」內在，在心性層面削去多餘無用的「渣滓」之學，方能得見真儒之學。這一做減法的排除過程，在程頤與謝良佐的一次對話中，有更為明確的說法。當程頤詢問謝良佐分別一年後做了什麼工夫，謝氏答曰：「也只是去箇矜字……子〔仔〕細檢點得來，病痛盡在這裡。若按伏得這箇罪過，方有向進處」[20]。此語得到程頤激賞，即刻告訴在坐的謝良佐同學「此人為學切問近思者也」[21]。程頤「切問近思」之評價，與其兄程顥論「鞭辟近裡」時舉《論語》〈子張〉「切問而近思，則仁在其中矣」一語吻合，說明瞭「鞭辟近裡」在程門教法中的核心地位。大儒朱熹在《近思錄》、《論語集注》等後世推尊的理學權威文獻中一再抄錄程顥「鞭辟近裡」說，足見其重要性。[22]

值得注意的是，「鞭辟近裡」是程門教法教以高明之法，並非普遍性的教育原則。即以高明之「學質美者」為例，程顥原語也還區分了「明得盡」與「莊敬持養」兩種領悟程度。[23]關於「這一點朱熹亦已洞察。在與弟子楊道夫談論中，朱氏提及程顥隨諸學生才質施教，面對深受張載關中禮樂之學影響的呂大臨，即教以「鞭辟近裡」，因為呂氏過於受外界知識影響，忽略內在探求。面對喜歡窮究心性的楊時，程氏反而不談「近裡」之說，惟恐其深陷其中，流於「不著地頭」的蹈空之說。[24]從思想史角度來看，呂大臨與楊時後來的思想發展印證了程顥眼光之精準。張載對呂大臨的禮樂影響與其終始，從呂大臨的《禮記解》殘本可見一斑。楊時晚年亦呈流入禪學之象。[25]在這兩個例子中，「鞭辟近裡」之效用雖不彰，然程顥創立此一教法因材施

《上蔡語錄》原文程、謝針對文章之學的批判。考朱熹編訂《上蔡語錄》在紹興二十九年。見束景南：《朱熹年譜長編》（上海：華東師範大學出版社，2014），頁241-242。正當三十盛年，此處引用徐積「作文有用論」，體現的恐怕是朱氏自己當時的文獻主義傾向，而非程顥、謝良佐對談原意。今本《上蔡語錄》中這樣的判語還有許多。在研讀過程中需要特別留意謝良佐語錄本身和朱熹的「後設解讀」。

19 以上兩條在今本《上蔡語錄》中併為一條，見《上蔡語錄》卷中，頁28。乾道八年朱熹編訂的《河南程氏外書》中析為兩條，納入「傳聞雜記」門下。見程顥、程頤：《河南程氏外書》卷11，《二程集》，頁427。兩書同為朱熹編訂，《河南程氏外書》編成既在《上蔡語錄》之後，恐朱氏編輯前者時另有所見，應以《外書》為是。關於《河南程氏外書》編纂體例，參朱熹：〈程氏外書後序〉，《晦菴先生朱文公集》，收《四部叢刊初編縮本》第59冊（臺北：臺灣商務印書館，1969），卷75，頁1393。

20 謝良佐：《上蔡語錄》，卷上，頁11。

21 同上註。

22 參朱熹撰、江永集注：《近思錄集注》，《四部備要》本（上海：中華書局，1936），卷2，頁22；朱熹：《論語集注》，收《四書章句集注》（上海：上海古籍出版社，安徽教育出版社，2001），卷8，頁193。

23 程顥：《河南程氏遺書》卷11，《二程集》，頁132。

24 黃士毅本似未錄入此條。此條引自黎靖德編：《朱子語類》（北京：中華書局，1986），卷95〈程子之書一〉，頁2447；黎本此卷卷首有「凡入近思錄者，皆依次第，類為此卷」之說。清儒江永《近思錄集注》繫此條於「明道先生曰，且省外事，但明乎善」一條集注下。朱熹撰，江永集注：《近思錄集注》，卷2，頁20。

25 徽宗大觀年間以後，程頤身故，楊時流入禪學之跡象漸漸明顯。今本楊時文集所收楊時大觀以後語錄多有受禪學影響之說，如以《圓覺經》作、止、任、滅解「助長」、「無事」，以阿賴耶識善種子解孟子性善

教之精神卻十分明確。

按照程顥原來的設想，真正適用「鞭辟近裡」教法的佳弟子，可以「渾化渣滓」，達到與天地同體的境界。因程顥以天理說著名，後來學者多以「渣滓」為私意人欲，朱熹即持此說。認為「渣滓是私意人欲之未消者，只緣渣滓未去所以有間隔，若無渣滓便與天地同體」。按照他的說法，顏回「克己復禮」之「己」是顏氏之渣滓；曾參「三省其身」之「省」是曾氏之渣滓；漆雕開「吾斯之未能信」之「未能信」是漆雕氏之渣滓。[26]朱熹對「渣滓」的理解建基於「天理—人欲」對立觀之上，這是南宋中葉理學圈中流行的觀念。然而在程顥的時代，儘管程顥本人時時談及「天理」，但他沒有將「人欲」與之對立設論。從現存材料來看，程顥本人對「人欲」概念並無太大興趣。今本《二程語錄》最明顯體現天理與人欲對立的一條出自其弟程頤之口，亦即著名的「禮即是理」觀。[27]換言之，在程顥的歷史語境中，以追求「天地同體」為目的「鞭辟近裡」教法，其欲渾化的「渣滓」，並非人欲，仍為文章、訓詁、異端等各種外在雜學。

表面看來，程顥這套「鞭辟近裡」的教法與禪學相近。他針對當時學者「減盡便無事」的講法，頗易讓人聯想起禪學心中無事之說。然而正如錢穆先生所言，禪宗是教人心上無事，程顥則教人從無事之心中體貼出天理來。[28]如若作進一步的引申，我們可以說程顥預設了人心中有一「渾然與物同體」的仁之本體，[29]「鞭辟近裡」所謂「減盡」雜學者，並非指最後不留一物，而是復見此一仁之本體。程顥本人有云：「凡學之雜者，終只是未有所止，內不自足也。譬之一物，懸在空中，苟無所倚著，則不之東，則之西，故須著摸佗別道理，只為自家不內足也。譬之家藏良金，不索外求，貧者見人說金，須借他底看」[30]。「鞭辟近裡」最終目的即在於重新發現此一「良金」。但是，這套教法過於高妙，「明得盡」的弟子鳳毛麟角。楊時號稱二程首徒，程頤曾有「吾道南矣」之嘆。然而晚年楊時在為弟子解授《論語》〈先進〉篇「回也其庶乎，屢空」句意時，即以「學至於聖人，則一物不留於胸次」為由，提出顏子「屢空」之意暗指其有時乎不空，所以未達至境。[31]楊時推崇「一物不留於胸次」之境界，無疑與程顥「鞭辟近裡」說不盡相符。針對才非殊絕的一般弟子，程門

等。參楊時：《楊時集》（北京：中華書局，2018），卷13，頁384、392-93。

[26] 《朱子語類彙校》，卷95〈程子之書一〉，頁2439-40。

[27] 全文云「視聽言動，非理不為，即是禮，禮即是理也。不是天理，便是私欲。人雖有意於為善，亦是非禮。無人欲即皆天理」。程頤：《河南程氏遺書》卷15，《二程集》，頁144。此卷目錄題注為「入關語錄」，大體為伊川先生語。有小字題注稱「或云：明道先生語」，應有部分程顥語錄竄入。《河南程氏遺書》諸小字題注多出朱熹之手，或經朱氏最後訂正。田智忠先生對比《諸儒鳴道集》所收《二程語錄》和《河南程氏遺書》之後，證明二書目錄題注均由朱熹編訂。參田著：《諸儒鳴道集研究——兼對前朱子時代道學發展的考察》（北京：中國社會科學出版社，2012），頁191-199。

[28] 錢穆：《宋明理學概述》，頁60。

[29] 程顥：《河南程氏遺書》卷2上，《二程集》，頁16-17。

[30] 同上註，頁23。

[31] 楊時：《楊時集》，卷11，頁294。

教法需要更具有實踐意義的一套方法。這就是由程頤發展出來的「得某之心」說。

（二）程頤「得某之心」說

程顥「鞭辟近裡」教法之重，在於內省，由學生從自己的生活體驗中去領悟。[32]青年程顥在與張載書信討論「定性」說時曾有「心之精微，口不能宣」之嘆。[33]對程顥而言，內省需要學者直契本心。透過回到本心而上溯天地及古聖賢之心。程顥本人曾以「昔人有心，予忖予度」來形容自己與顏子之感通。[34]然而這種以心相印的教法訴諸身教尚且困難，勿論口傳言說。元豐八年（1085）程顥過世以後，程頤承傳其兄「道學」，繼續發揚兄弟二人所開闢之新學術。[35]在基本理念上，程頤與其兄一樣，也強調「契心」。但在具體教法方面，程頤比其兄更加詳細。由於年壽和學生人數關係，留下來的相關材料也更多。針對程頤某些教法，比如「進學致知」、「格物」、靜坐等，學界已積累了非常多的研究。相對少為人所留意者，卻是程頤承續自其兄的「契心」之教。這一教法最具體的表述，出自程頤晚年弟子尹焞。為便分析，茲詳引如下：

> 時敏問：「伊川《語錄》載人問：『鳶飛戾天，魚躍於淵』。答曰：『會得時活潑潑地，會不得時只是弄精魂』。不知當時曾有此語否」？先生曰：「便是學者不善紀錄。伊川教人，其不甚曉者多，以常言俗語引之，人便記了此兩句。某嘗問：『莫只是順理』？伊川曰：『到此』。吾人只得點頭。今不成書『先生教我點頭』？因曰：「在蜀中，有《師說》出，某嘗作一小序云：『焞年二十，始登師門，被教誘，諄諄垂二十年。昔得朱公掞所編《雜說》，呈先生，「此書可觀否」？先生留半月一日。請曰：「前所留《雜說》如何」？先生曰：「某在，何必觀此？若不得某心，只是記得他意，豈不有差」？避冦來蜀，得數本切觀之，其間或詳或略，因所問而答之。蓋學者所見有淺深。故

[32] 錢穆：《宋明理學概述》，頁59。

[33] 程顥：〈答橫渠張子厚先生書〉，《二程集》，頁460。此書繫年，姚名達《程伊川年譜》定在嘉祐二十四年程顥28歲時所作。張亨：〈定性書在中國思想史上的意義〉，《臺大中文學報》1995年4月第7期，頁1-2。

[34] 程顥：〈顏樂亭銘〉，《二程集》，頁460。

[35] 是程頤元豐八年十月二十四日在〈答楊時慰書〉中申明程顥「道學行義，足以澤世垂後」，見《二程集》，頁603-04。這句話屢為思想史研究所引用，以為程頤高倡「道學」之始。其實與程頤同時代的士人都在不同層面使用過「道學」一詞，並賦予其新意義。關於這方面的研究，參Hiu Yu Cheung, "The Way Turning Inward: An Examination of the 'New Learning' Usage of daoxue in Northern Song China," *Philosophy East and West*, Vol.69, no.1, 2019, pp. 85-106. 關於「道學」一詞的思想史意蘊，田浩先生（Hoyt Tillman）曾有數文詳細梳理。其中最為經典的一文，參Hoyt Tillman, "A New Direction in Confucian Scholarship: Approaches to Examining the Difference between Neo-Confucianism and Tao-hsueh," *Philosophy East and West*, Vol.42, no.3, 1992, pp. 455-474。

所記有工拙。未能無失，不敢改易。然雖未盡識其意，以所見無疑者輒成此書，自為《師說》，覽者各自得焉。不能詳告也。紹興六年四月一日門人尹焞記』」。[36]

這段語錄所記為尹焞與自己學生王時敏的一段對話。尹焞語錄提到的程頤《師說》，乃是當時程頤弟子就自身見聞編成的老師言論集。據尹焞所述，程頤生前，其弟子朱光庭曾就老師言論編成《雜說》一部。然而程頤不以為然，指示尹焞不需看《雜說》，並指出文獻記錄若「只是記得他意」，不得其心，最後仍為無用功。另一條語錄亦記王時敏「欲請伊川成編之語」，尹焞回應：「某無之。今日所與賢說底話，皆平日先生所以教某者」。[37]據王時敏所記，尹焞「又出一紙」，上書其讀朱公掞《雜說》而為程頤所勸戒之事。這紙文字即〈題伊川先生語錄〉，和尹焞紹興六年四月一日撰成的〈師說序〉內容大同小異，撰成時間卻相差一年。[38]筆者推測，王時敏先是詢問尹焞關於坊間流傳程頤《語錄》的內容，亦即程頤對《中庸》引《詩經》「鳶飛戾天，魚躍於淵」二句的解釋。尹焞以〈師說序〉示之，告以語錄之限制。紹興十二年五月，王時敏再請尹焞本人所記程頤語錄，尹焞遂示以紹興七年撰成的〈題伊川先生語錄〉，重申程頤本人強調「得某之心」，而非一味執著於語錄文字。對讀〈師說序〉與〈題伊川先生語錄〉，後者所記更為詳盡，尹焞文末提及當年侍坐時程頤誨之曰：「夫子沒而微言絕，七十子死而大義乖，信然。今日道學絕講，親炙者無幾，則迷妄失真固亦多矣。可不哀哉」！[39]

從「得某之心」與「迷妄失真」之間的強烈對比來看，程頤教法強調「親炙」之功而反對拘泥文獻。這一點在程頤的經學傳授中尤為明顯。現今研究程頤經學者，多由《周易程氏傳》、《易說》、《書解》、《詩解》、《春秋傳》、《論語解》等文獻入手。[40]至於程頤經學研究之方法論，尤其是其傳授經學之法，多見於他和弟子之間對話。在《河南程氏遺書》所收門人語錄中，這類對話以劉安節手編程頤語錄收入最多，內容遍及《論》、《孟》、六經。略為摘錄如下：

---

36 本文利用的尹焞文集為明嘉靖九年（1530）《和靖尹先生文集》洪珠刻本。此本為尹焞文集較古之本，明天啟四年本、清四庫全書本皆由此本而來。見祝尚書：《宋人別集敘錄》（北京：中華書局，1999），頁681-84。引文見《和靖尹先生文集》，收《宋集珍本叢刊》第32冊（北京：綫裝書局，2004），卷8〈師說下〉，頁3b-4a。

37 《和靖尹先生文集》，卷7〈師說中〉，頁4b。

38 〈題伊川先生語錄〉撰於紹興七年四月二十八日，見《和靖尹先生文集》，卷4，頁5b-6a。又按：〈師說序〉據王時敏所錄尹焞口述，撰成於紹興六年四月一日。然而明嘉靖九年本尹焞文集所收〈師說序〉一文文末題曰「紹興六年四月二十一日門人尹焞記」，見《和靖尹先生文集》，卷4，頁4b。這一文集內部文字矛盾正好為程頤、尹焞對文字記錄的懷疑提供了一個上佳注腳。

39 《和靖尹先生文集》，卷4〈題伊川先生語錄〉，頁5b-6a。

40 除《周易程氏傳》以外，其他程頤經學現存文獻多非完帙。實際上，《周易程氏傳》在程頤過世時也只有初步稿本。詳見下文。

一、凡解文字，但易其心，自見理。理只是人理，甚分明，如一條平坦底道路。[41]

二、學者不泥文義者，又全背卻遠去；理會文義者，又滯泥不通。[42]

三、「不得於言，勿求於心，不可」，此觀人之法。心之精微，言有不得者，不可便謂不知，此告子淺近處。[43]

四、季明問：「君子『時中』，莫是隨時否」？曰：「是也。中字最難識，須是默識心通」。[44]

五、《易》須是默識心通，只如此窮文義，徒費力。[45]

六、問「窮神知化，由通於禮樂，何也」？曰：「此句須自家體認」。[46]

以上六條語錄，一、二兩條通論文字與義理之關係。三、四、五、六條借向弟子劉安節解釋《孟子》、《中庸》、《易經》及〈易繫辭〉其中一些語句及概念，強調「默識」、「體認」之功。[47]總而觀之，程頤對文字的不信任態度可謂躍然紙上。在另一次與劉安節的對話中，程頤更進一步，提出六經並非聖人有意為之，而只是他們「據發胸中所蘊，自成文耳」。[48]聯想起前文所述程頤對尹焞「某在，何必觀此」之耳提面命，不難明瞭程頤教法所蘊含的反文獻傾向。南宋末年資萬頃在題跋程頤門下王蘋遺著時點出「程門諸賢，多不甚著書。大抵要於涵養持守處用工。蓋二程夫子教人之法如是也」。[49]可謂精到之評。

三、「程門教法」之體現——以程頤經學文獻為例

從「鞭辟近裡」走向「得某之心」，程顥、程頤二先生所創立的「程門教法」本質相同。但是，如果「程門教法」不重文獻，我們又該如何解釋程頤遺留下來的大量傳世文字？下文即以程頤經學文獻為例，嘗試回答這一表面矛盾。

在寄於程頤名下的傳世經學文獻中，《周易程氏傳》無疑是最重要的傳世文字。此書原名《易傳》。尹焞曾說過「伊川之成書，《易傳》而已矣。讀《易傳》足以知

---

41 程頤：《河南程氏遺書》卷18，《二程集》，頁205。

42 同上註。

43 程頤：《河南程氏遺書》卷18，《二程集》，頁206。

44 同上註，頁214。

45 同上註，頁224。

46 同上註，頁225。「體認」朱熹小字注云「一作玩索」。

47 在其他弟子所編語錄中，也有程頤教學強調默識心通之記錄。

48 程頤：《河南程氏遺書》卷18，《二程集》，頁239。此處程頤對劉安節稱許呂大臨「獨立孔門無一事，只輸顏氏得心齋」一詩亦為此意，可並參照。

49 《宋著作王先生文集》，《宋集珍本叢刊》第36冊（北京：線裝書局，2004，據清鈔明王惟顒翻刻弘治本影印），卷3〈資中袁先生跋〉，頁5a。

伊川之學」。[50]《周易程氏傳》的版本流傳十分複雜，前賢已有專文分析。[51]少為人所注意者，是以下呂本中與尹焞關於流通本《易傳》的一段對話：

> 呂紫微書問先生：「某祖父侍講嘗說伊川矣。諸儒解經不合全解，謂聖人語言自有人不到去處。更經秦火，言義豈無所續？某於《易傳》或有所見，則隨記之。今《易傳》乃成全書，與祖父所聞不同。何也」？
>
> 某在先生席下數年，後方學《易》序，有七十二家《易傳》。先生初教某，或只得看一象一爻，須說盡諸儒解有未盡處，然後始於巾箱中出他所說。臨啟手足，連封以付張思叔。思叔，能文者也，庶有所潤色。明年思叔死，其子以歸四明高抑崇。今慈谿本是矣。今見在。據當時所見考校，全書與不全書亦未可知。[52]

尹焞元祐二年跟隨程頤讀書，時年十七。元祐六年尹焞學《易》於伊川。這大概是「某在先生席下數年，後方學《易》序」的背景。[53]呂本中質疑流通本《易傳》，是因為從祖父呂希哲處聽聞程頤注《易》是採隨手劄記的形式，並非逐處注解。然而流通本《易傳》卻是全帙。尹焞的回答說明瞭流通本《易傳》實為張繹加工修訂後的文本。根據呂本中與尹焞對話推斷，最開始的《易傳》只是程頤針對經文象、爻的課堂講義。這些講解文字以一象一爻為單位，本是分開的一封封書啟，亦即所謂「巾箱本」。這些書啟後來由晚年弟子張繹收集、整理、潤色成為一部草稿。這部草稿成為了後來《周易程氏傳》一個早期版本，亦即尹氏所謂「慈谿本」。朱熹在〈伊川先生年譜〉中提到程頤臨死以前「時《易傳》成書已久，學者莫得傳授……其後寢疾，始以授尹焞、張繹」。[54]然而據尹焞親述，他自己也不能肯定張繹所傳下的慈谿本是否全帙。上文所引〈師說〉中所稱「據當時所見考校」者，據文意推測，乃指程頤在巾箱中取之以授學生的書啟文字，並非全帙《易傳》。此外，程頤晚年致弟子張繹亦有云：「《易傳》未傳，自量精力未衰，尚覬有少進爾。然亦不必直待身後，覺耄則傳矣。書雖未出，學未嘗不傳也」。[55]可見《易傳》於程頤在世時並未出版。南宋初年流行的《周易程氏傳》，無論是張繹、高閌傳下的「慈谿本」也好，還是楊時、遊酢共同整理的「楊—遊」本也好，都經過編纂者「編訂」、「刪潤」等加工處理，與呂

---

[50] 《和靖尹先生文集》，卷10〈呂德元撰墓誌銘〉，頁6a。

[51] 姜海軍先生撰有：〈程氏易傳的成書及流傳考〉一文，梳理了《周易程氏傳》版本流傳，參〈程氏易傳的成書及流傳考〉，《周易研究》2007年第5期，頁64-68。

[52] 《和靖尹先生文集》，卷7〈師說中〉，頁5b-6a。

[53] 黃士毅：《和靖先生年譜》，《宋人年譜叢刊》第六卷（成都：四川大學出版社，2003），頁3581-3582。

[54] 朱熹：〈伊川先生年譜〉，《二程集》，頁345。

[55] 程頤：〈答張閎中書〉，《二程集》，頁615。

希哲或尹焞當年所聞不同。[56]

在程頤中年時的一次談話中，他提到「某於《易傳》，今卻已自成書。但逐旋修改，期以七十，其書可出」。[57]細味「今卻已自成書」六字，再對照上文所引程頤「臨啟手足，連封以付張思叔」之語，此處所謂「成書」，恐怕是指《易傳》在結構上已經具有一部完整著作的特質。從《易傳》撰述過程來看，程頤初時以《易傳》為教學講義，所以才有連封巾箱本之形式。此書之作，正如聖人作六《經》，本是程氏「攄發胸中所蘊，自成文耳」。[58]按照「程門教法」體例，如果學生在程頤講授課上盡得其師之學，此書原本不必作。這也是程氏致張繹書中提到「書雖未出，學未嘗不傳也」的另一層意思。但是，另一方面程頤也考慮到自己身故以後，學生缺乏引導。[59]程門入學之方如涵養持守、靜坐、格物致知等，又過於依賴老師本人身教和言教。從經學闡釋入手，確立一部具示範作用的「程學」文獻仍有必要。這恐怕就是程頤希望把《易傳》講義整理成書的用心。

由於程頤對《易傳》時加修改，此書在其身故前未能出版。另外一部傳世程氏經學文獻是程頤《春秋傳》。尹焞所見北宋末至南宋初流傳的程氏《春秋傳》只至魯閔公部分。[60]估計程頤《春秋傳》在其生前也未出版。此書本為程頤解經之語，亦屬講義性質，南宋中期被編入《河南程氏經說》作為其中一種。[61]這一部書本來亦不在程頤計畫之中。程頤中年開始著力修訂《易傳》，本意是以愛徒劉絢為《春秋》作成一傳，以俾後學。[62]然而劉絢《春秋傳》撰成以後，程頤不甚滿意，對其他門人有「卻須著某親作」之說。劉傳於是不行於世。[63]如此看來，程頤對《春秋》之重視本不如《易傳》，只是因為劉絢所著令其失望，才起親撰之意。程氏在崇寧二年（1103）撰成的〈春秋傳序〉中明言此《傳》之作只為「俾後之人通其文而求其義，得其意而法其用」，是輔助學者理解《春秋》的入門書，而非《春秋》學專著。[64]

---

[56] 換言之，今本《周易程氏傳》不只反映了程頤本人《易》學，也蘊含了編纂者思想在內。這一方面的研究現已開始，可參Cheung Hiu Yu, "Consolidating a New Tradition: The Endeavor of Cheng Yi' s Disciples in the Early Twelfth Century." International Conference: Culture and Power in China' s History,(March, 2019, Arizona State University, USA).

[57] 程頤：《河南程氏遺書》卷17，《二程集》，頁174。《河南程氏遺書》這一部分語錄無編者資料。朱熹目錄題注提出幾個可能性，包括周行己、劉安節、某關中學者等，都不能確定。見中華書局本《二程集》〈目錄〉，頁4。本文引用這一條語錄後來提到了劉絢（質夫）。按劉絢死於元祐三年（1087），則本條語錄定在元祐三年前當無疑義。

[58] 程頤：《河南程氏遺書》卷18，《二程集》，頁239。

[59] 這一憂慮最明顯的表述，參考程頤對弟子謝良佐和尹焞一次對談的評價，亦即所謂「烏頭力去」之嘆。謝良佐：《上蔡語錄》，卷中，頁28。

[60] 程頤：《河南程氏外書》卷12，《二程集》，頁432-33。今本《河南程氏經說》所收《春秋傳》包括魯僖公至魯哀公部分。應為南宋時人補入。參《二程集》，頁1111-1124。

[61] 陳振孫：《直齋書錄解題》記有《河南經說》7卷，包含除《易傳》外其餘程頤經解。參《直齋書錄解題》，收入《宋元明清書目題跋叢刊》第1冊（北京：中華書局，2006），卷3，頁33下。

[62] 程頤：《河南程氏遺書》卷17，《二程集》，頁174。

[63] 程頤：《河南程氏外書》卷12，《二程集》，頁432。

[64] 程頤：〈春秋傳序〉，收入《河南程氏經說》卷4，《二程集》，頁1125。

現存《河南程氏經說》其餘繫名程頤之經解，考其源流，實皆出於程頤講義。據劉安節語錄，程頤自述「諸經則關中諸公分去，以某說撰成之」。[65]此處所謂「說」者，皆指程氏講義文字。三《禮》之學涉及禮儀細節甚多，故而交給出身藍田呂氏的禮學名家呂大臨。今呂大臨有殘本《禮記解》32卷，部分乃依照程頤講義發揮而成。呂氏對《禮記》〈儒行〉一篇內容的質疑，即本程頤意見而來。程頤在與楊時對談批評「《禮記》〈儒行〉、〈經解〉，全不是」時，直接引用呂大臨《禮記解》中之意見。[66]至於程頤《詩解》，朱熹曾指出當世流傳胡安國版本「辭多不同」，懷疑曾經後人刪潤。但是，現存《河南程氏經說》所收《詩解》依然保留了許多講義才有的語氣特徵。〈小雅・白華〉一詩程頤解云：「此詩八章，有次序，更不煩解。第四章中，卬字訓我也，謂幽王。我卻烘於煁，今俗語如此」[67]。〈大雅・旱麓〉一詩程氏解云：「此詩所稱愷悌君子，或曰先祖，或謂子孫，觀文意可辨」[68]。正式經注斷無「更不煩解」、「觀文意可辨」此類口語言辭。這兩條文字當為程頤授課講義原文。又者，程頤解〈大雅・皇矣〉「其德克明」一語曰「今人能知而弗克踐之者，明及之而行弗類也」[69]，〈小雅・伐木〉解「釃酒有藇」一語時疑問「先儒以藇為美，未論是否」[70]，〈小雅・常棣〉總論此詩「句少而章多，章多所以極其鄭重，句少則各陳一義故也」[71]，觀其語氣，都應該是程氏與弟子面談經義時的對話記錄。最重要的一條證據出自〈豳風・狼跋〉程氏解。其云「古之詩人，比興以類也，是以香草譬君子，惡鳥譬小人，豈有以豺狼興聖人乎？且上二句言跋言疐，實有幾幾不瑕之義，但此詩體與他詩不類，故不通耳。此詩在六義比」[72]。這一條明顯是程頤上課記錄，在為學生解釋〈狼跋〉於《詩經》「六義」當屬「比」義。

總而言之，從現存程頤經學文獻來看，多數均為講義性質。[73]除《易傳》外，無法看出程頤有意將這些講義修訂為專著。即使是《易傳》，初時亦為講義。只是到了後來隨著程頤年歲漸長，遂有編定《易傳》以傳學生之意。然而程頤臨終之傳《易傳》，不管是據尹焞追憶，還是依從朱熹〈伊川先生年譜〉之說，都是傳予一二親從

---

[65] 程頤：《河南程氏遺書》卷18，《二程集》，頁240。

[66] 程頤：《河南程氏遺書》卷19，《二程集》，頁254。此卷所收語錄皆為楊時之子楊迪所錄，底本應為楊時家藏本。語錄對談之「問者」當為楊時。

[67] 程頤：《詩解》，《二程集》，頁1080。

[68] 同上註，頁1082。中華書局《二程集》本「或曰先祖」「曰」字為「目」，恐為誤植。中華本《河南程氏遺書》以清康熙呂留良刻本為底本，不知是否呂刻即如此。待考。

[69] 同上註，頁1083。

[70] 同上註，頁1072-73。

[71] 同上註，頁1072。

[72] 程頤：《詩解》，《二程集》，頁1070。

[73] 《河南程氏經說》另外收有一部《中庸解》，傳為程頤所作。見今中華本《二程集》，頁1152-1164。考程頤確曾自言撰成《中庸》解一部。然據尹焞所述，程頤後來不滿意此書，已焚之。程頤：《河南程氏遺書》卷17，《二程集》，頁175。朱熹：〈尹和靖手筆辨〉中考證《中庸解》出自呂大臨，見《晦菴先生朱文公集》，卷72，1317。

弟子。程頤生前並無強烈意願印行自己文字。從程顥到程頤，「程門教法」反躬內省、不重文獻的大方向基本不變。元祐以後，程顥已逝，程頤獨力支持程門道學，經歷元祐經筵講學之失意，晚年又遭遇宋徽宗崇寧以後對程學之公開打擊。[74]崇寧二年（1103）言路官奏請徽宗禁絕程頤聚徒傳授學術，這一事件對程頤乃至程學打擊之大可想而見。[75]至此，承載「程門教法」的言傳身教手段在實踐上再無可能。程頤身故後，程門第一代弟子以楊時為代表，開始集中精力收集、編纂二程文字。原來「程門教法」那種反文獻的精神也逐漸消失。兩宋之交各種不同版本二程語錄、遺書、文集、經解的出現，證實「程門教法」終於走上文獻化的道路。

四、結語

從錢穆先生《宋明理學概述》對程顥、程頤的理解談起，本文梳理了「程門教法」內蘊以及程氏經學文獻的早期編訂。在錢先生眾多名作中，《宋明理學概述》語言相對通俗淺近，錢先生自謙此書「聊示學者以途轍，無當著作之規模」[76]。錢先生所用材料集中於《宋元學案》。此書經黃宗羲、黃百家、全祖望前後編纂，雖收有不少兩宋文字，但畢竟不是真正的宋代思想史原材料。但是，錢先生在《宋明理學概述》中所展現的思想境界，已超出《宋元學案》原本設計，而達到了新的高度。這和錢先生卓越的史識是分不開的。筆者讀《宋明理學概述》最大的感觸是，錢穆先生以其慧眼，洞燭《宋元學案》編者（尤其是全祖望）選擇材料背後的問題意識，並將之提煉為像「程門教法」一樣適合現代思想史研究的概念。從二程「鞭辟近裡」、「得某之心」之說，到黃宗羲父子、全祖望《宋元學案》精擇二程語錄，再到錢先生拈出「程門教法」，「程學」的一大特質逐漸浮出水面。今人寫作學術論文特喜強調所謂「主要論述」（Main Argument）。錢先生此書「聊示學者以途轍」，正為現代治思想史者提供了許多形塑「主要論述」的可能性。[77]譬之以「程門教法」，錢穆先生《宋明理學概述》撰作之緣由、體例，恰如程頤諸種講義文字。後之學者如何研習、發揮乃至修訂這些「講義」，端視乎個人學力和識見。但是，在現代學者「文獻化」——更恰當來說，「論文化」——《宋明理學概述》類「講義」的過程中，我們是否犧牲了這類「講義」本身具有的歷史「在場感」？在現代學術論文嚴格的模版要求下，我們是否忽略了模版以外各種鮮活的文字表現

---

74 關於徽宗朝對程學之打擊，參南宋李心傳所輯《道命錄》卷2收入當時彈劾程頤之數份奏章，《續修四庫全書》第517冊（上海：上海古籍出版社，1995）卷2，頁2a-4a。

75 〈言者論伊川先生聚徒傳授乞禁絕〉，《道命錄》卷2，頁3a-4a。

76 錢穆：《宋明理學概述》，〈例言〉，頁2。

77 筆者管見，與錢穆先生此書體例、寫作年代乃至材料相近者，為日本麓保孝先生所著《北宋に於ける儒學の展開》（東京：書籍文物流通會，1967）一書。麓保孝先生此書亦以《宋元學案》為基本材料，蘊含了許多可以進一步開展的「主要論述」。據筆者有限觀察，此書宋代思想史研究者並不十分重視，這一點也與錢先生《宋明理學概述》相近。

形式？帶著這些問題去讀《宋明理學概述》，錢先生這部撰於六十多年前的著作，相信會煥發出新的光彩。

第七章　史家的哲學工夫
——錢穆對朱子哲學研究之啟迪

香港中文大學哲學系
吳啟超

一、前言

筆者念大學時曾聽一學長說：「做哲學（按當時語境，此特指研究中國哲學）的人也需要讀錢穆。」時隔二十載，如今於宋儒朱熹（1130-1200，下稱朱子）哲學之研究上略有小成，[1]筆者對學長當年語重心長的訓勉愈加深信不疑。

學長話中有一點暗示和一點明示。所暗示者，在一般情況下，從事哲學研究的人不會（從實然上說）亦不必（從應然上說）求助於史家。至於明示，亦即筆者至今服膺的一點，即指錢穆先生乃有別於一般史家，其對傳統中國思想的見解實為我輩專研中國哲學者所不得不注意和參考。究其原因，錢先生的思想史研究中，實有可觀的「哲學工夫」。在本文中，筆者即擬以自身研究朱子哲學的經驗為例，說明錢先生這位史家在相關著述裡所具備和展示的哲學工夫，以及其見解何以值得被哲學研究者正視。

以下，我們先剖析「哲學工夫」，說明它的幾個層次，然後分四點闡述錢先生對朱子哲學研究之啟迪，包括：（1）朱子「涵養」概念之釐清、（2）朱子思想有別於或有進於程頤（號伊川，1033-1107）之處、（3）朱子對禮的看法、（4）朱子之「理」及「理」與「氣」的關係。值得一提，筆者在構思本文時，曾初擬題目為「史家的哲學工夫與有哲學工夫的史家」（並擬副標題為：「錢穆對朱子哲學研究之啟迪及其思想史家身分之定位」），今被擱置的後半部分——「有哲學工夫的史家」——想要探討的是錢穆先生作為一位有哲學工夫的思想史家，其在典型的思想史家和哲學史家兩端之間的定位問題。但由於此議題所涉甚廣，既包含「思想史」和「哲學史」兩門學問的分合異同，也要求作者左右逢源地對所謂「典型的思想史家」和「典型

[1] 除若干篇論文外，筆者著有《朱子的窮理工夫論》一書（臺北：國立臺灣大學出版中心，2017），及與黃勇教授合編英文論文集：*Dao Companion to Zhu Xi's Philosophy* (Cham: Springer, 2020)，書中除導論一章外，筆者亦負責撰寫第八章："Zhu Xi and the Five Masters of Northern Song."和第十五章："Theory of Knowledge 2: 'Genuine Knowledge' and the Problem of Knowledge and Action in Zhu Xi".

的哲學史家」以至彼此的主要學術作品有充分的認識（更遑論錢穆先生本人對「哲學」、「思想」、「思想史」等概念的理解）；受限於目前學力，筆者只好待來日再將此議題獨立出來作專門之研究（雖然下一節仍會略為透露筆者的初步看法）。[2]惟無論本文探究幅度之廣狹如何，均希望傳達這樣一個訊息：現今學人，尤其我輩治哲學者，在享受現代學術高度分科的正面成果之餘，亦不必以一己專業自限，大可隨分所宜，多方取經。畢竟從自身經驗來看，筆者在朱子**哲學研究**的路途上，迄今為止最慶幸的，就是一再從**史家**錢穆那裡獲得啟發。

二、哲學工夫：從思想史與哲學史二分的角度看

關於「哲學工夫」一詞，應先交代兩點。首先，筆者曾考慮「哲學態度」、「哲學意識」等詞，來表述錢穆先生朱子思想研究之一種特徵。惟「態度」、「意識」均偏重於內在，在表達筆者之真正想法方面，似不如「工夫」一詞為妥。一說工夫，即必涉外部表現、外在實踐（像平常說「畫這幅畫花了很多工夫」），而內在的意識和態度自在其中。更重要的是，筆者尤其看重「工夫」一詞所內含之「功力」、「道行」一義（如同說「這位廚師烹飪工夫了得」）。[3]這樣，本文所談論的，即錢穆先生在其朱子研究之外在實踐上所顯出的、為哲學研究者所珍視的態度和功力。

其次，以下關於「哲學工夫」之談論，將置放在「思想史與哲學史二分」此一特定角度之下。之所以要作這樣的安排，因若僅作一般化的談論而不加以限定，將無由見出錢穆先生在思想史研究上之特點。假如我們接受勞思光先生（1927-2012）對「哲學思考」作為一種思考活動的界定，將之理解為「反省思考」，[4]則我們將很難說，一般思想史家在其研究實踐中沒有運用過一定程度之反省思考，諸如反省「思想史之為何物」、「這部作品的研究對象何以值得研究」、「相較於同類研究作品，這部作品可以貢獻出怎樣的新成果」等，而含有一定份量的哲學工夫。[5]是故，為了有

---

[2] 關於哲學史的性質和任務，筆者雖曾發表〈從勞思光的基源問題研究法析論哲學史的歷史成分〉，《東方文化》2016年3月48卷2期，頁55-74。但現在看來，該文只能算作有關問題之預備討論。

[3] 關於「工夫」（或「功夫」）概念的詳細剖析，首推倪培民：〈將「功夫」引入哲學〉一文，《中國哲學與文化》第10輯（桂林：灕江出版社，2012），頁49-70。此外，楊儒賓：〈未躡天根豈識人：理學工夫論〉收入景海峰主編：《儒家思想與當代中國文化建設》（北京：人民出版社，2013）；王雪卿：《靜坐、讀書與身體：理學工夫論之研究》（臺北：萬卷樓圖書股份有限公司，2015）之導論一章，以及拙著《朱子的窮理工夫論》之第一章均可參考。

[4] 詳見勞思光：〈對於如何理解中國哲學之探討及建議〉，《思辯錄——思光近作集》（臺北：東大圖書股份有限公司，1996），頁1-37。

[5] 筆者並非要拒絕勞思光先生對哲學思考的界定，只因目前語境不同，故有不同考量而已。勞先生在〈對於如何理解中國哲學之探討及建議〉一文中的任務，是要建立一個「開放的哲學概念」，使得不同門類的哲學（如形上學、知識論、政治哲學等），以至不同地域的哲學（如西方哲學、中國哲學等），均能不相妨礙地收進「哲學」這個家庭裡。是故，他對哲學思考的界定，自然要往一般化的方向走。與此不同，我們現在要做的，是揭示和突出錢穆先生相較於一般思想史家所特有的哲學工夫，因此我們所談的哲學工夫，

意義地談論錢穆先生的哲學工夫，我們對所謂哲學工夫的理解，自不能泛泛而談，而是力圖揭示錢先生之研究如何有多於思想史的成分，而具備一點哲學史的要素。

在思想史與哲學史二分的背景下，錢穆先生可說具備了這樣一種特點：以思想史家的身分發言，而這些發言基本上卻滿足了哲學史研究的要求，或展現出相應於治哲學史之原則的傾向。如此定調，自然觸及兩個問題。第一，何故說錢先生的身分（特指其研究傳統中國思想時的身分）是思想史家而非哲學史家？這將在本節稍後回答。第二，思想史與哲學史到底如何劃分？現在先談這第二個問題。

如上一節所表示，思想史與哲學史之間分合異同的仔細釐清，非本文所能處理。事實上，對「思想史」與「哲學史」二詞未予嚴分或混用的情況在學術界並不罕見。年代稍早的如徐復觀先生（1904-1982）的幾部經典作品──《兩漢思想史》（三卷）、《中國思想史論集》和《中國思想史論集續篇》等，雖冠以「思想史」之名，而裡面亦確然做了大量（從筆者看來）屬於思想史的工作（當然，徐先生在書中亦表達了他對思想史之性質、功能與任務的自覺理解），但在筆者的認知下，這些作品即使被歸類為哲學史亦不不過。晚近者如韓東暉先生一篇龐徵博引的可觀文章〈哲學史研究中的分析史觀與語景史觀〉，[6]詳述了哲學史研究方法在近年英語學界裡的激烈爭論；文中「思想史」一詞僅一兩見，看來像是「哲學史」一詞的替代表述，本身並無獨立性。由此觀之，思想史與哲學史各自是什麼，甚至兩者之間是否真有分別，並非可以簡單地回答的問題。但為方便討論，筆者且先假定思想史與哲學史乃兩門相對獨立的學術，並給出一暫時的、可能不夠嚴謹的，卻至少有說明作用的判準來區別兩者。

如以一句話來表示哲學史之所以有別於思想史，就是哲學史之必不可少的要務乃對其研究對象進行「理論檢驗」。哲學史家勞思光先生曾批評兩種研究中國哲學的態度，恰可藉以解釋所謂「理論檢驗」的意旨：

> 所謂文化人類學的態度，是指所研究的對像是這些人「做了什麼」，而不是「為什麼要這樣做」，例如研討這群人如何說話，如何思考，卻不管這些人所想的、所做的對不對，或有無價值。[7]
>
> 而這種研究工作，可說是近於民族學或民俗學的研究。說清楚些，這樣研究中國哲學思想，只不過要了解這個民族「事實上」有些什麼流行的想法，而不考慮「理論上」是否能成立。[8]

自不應過於一般化。

6 見氏：〈哲學史研究中的分析史觀與語景史觀〉，《中國社會科學》2011年第1期，頁37-46。

7 勞思光著，劉國英編：〈中國哲學的回顧與展望〉，《虛境與希望──論當代哲學與文化》（香港：中文大學出版社，2003），頁163。

8 勞思光著，劉國英編：〈中國哲學研究之檢討及建議〉，《虛境與希望──論當代哲學與文化》，頁11。

單看第一段引文，意思還不夠清楚。因為第一，「為什麼要這樣做」本身所指的或可能是「原因」而非「理由」；第二，「對不對」、「有無價值」本身所指的也可能是道德上的對錯，而不必指理論上之是否成立、說得通或站得住腳。但結合第二段引文裡「事實上」與「理論上」之對揚，即知所謂「為什麼要這樣做」非指古代哲人之所以提出某種說法的「事實上的原因」，而是指其「理論上的理由」。至於其說法或主張之「對不對」、「有無價值」，亦指其「理論上之能否成立」而言。用較為學術性的字眼來表達，「事實上」與「理論上」之二分大抵即對應於「發生歷程」與「內含意義」：

> 譬如，某理論本身是那個人提出的？是在什麼環境中提出的？是在什麼動機下提出的？……等等問題，都是涉及發生歷程的。至於理論本身的內含意義，卻與這種發生歷程沒有一定關係。……提此說的人的動機是關涉此說的發生歷程的。但這種理論是否「真」，則是內含意義的問題，並不受這個發生歷程的決定。……不論是什麼人，在什麼環境及心理條件下，提出一個理論「T」來；這個「T」是真是偽，都另是一回事。
>
> 哲學理論自然也不例外。在我們不了解哲學理論的嚴格意義時，每每不知不覺地忘記「哲學」問題的客觀性；因此常將「發生歷程」與「內含意義」相混；由之就有種種謬誤的看法出現。……其實，一個理論本身是真是偽，自有客觀檢證可憑，與它由誰提出，為何提出，並無一定關係。[9]

我們試以一個簡單例子來說明。比如說歷史上有人提出「性善」的理論，這個人固然有其姓甚名誰、家世出身、時代環境，以及提出如此理論的心路歷程、現實機緣等歷史事實。可是大體來說，這些都只屬於其理論的「發生歷程」一面，無關乎其「內含意義」──理論上能否成立、有無推理上的破綻等。真著眼於其「內含意義」而作「理論檢驗」者，大可無視其為姓孟姓荀、生於西元前還是西元後，只問其提出如此主張的理由或論證如何，而對其理論上成立與否提出論斷。[10]這樣理解哲學史的任務自然會引起一種疑問：那麼哲學史為何可稱為「史」？其「歷史成分」到底何在？惟此問題已超出本文範圍，這裡且先擱下。[11]總之，倘若我們接受勞思光先生對哲學史工作的理解，則「理論檢驗」自必是一部哲學史所不可或缺的基本要務。此所以「理論效力」（大體指一理論之能言之成理的程度）、「理論困難」（大體指一理論的缺

9 勞思光：《新編中國哲學史（一）》（臺北：三民書局，1995），〈後序〉，頁407。

10 但這樣說還是比較簡單的。實情上，「性善」中「性」字是何義、「善」字是何義，均有其歷史制約。這裡所說，只為突出「內含意義」之所指，而暫且撇開歷史的牽連。

11 此在拙作〈從勞思光的基源問題研究法析論哲學史的歷史成份〉裡有所討論。另前面提到的韓東暉〈哲學史研究中的分析史觀與語景史觀〉一文，當中持「語景史觀」者正是不滿於重理論分析的哲學史家之「去歷史化」表現。

陷及其所需面對的質疑）等字眼會遍佈於勞先生那三卷四冊（卷三分為上下兩冊）的《新編中國哲學史》之中。[12]

就筆者目前的閱讀經驗來說，錢穆先生在傳統思想研究上並未明顯展開理論檢驗的工作。因此，在思想史家與哲學史家二分的架構下，錢先生似應歸入思想史家一方，或者說，在「思想史家與哲學史家所構成的光譜」上，錢先生乃遠於哲學史家，而近於思想史家者。不消說，這個判斷自然是有欠嚴謹的，因為其背後的推理僅僅是：研究傳統思想而不以理論檢驗為主務者，便為思想史家。且撇開筆者對錢先生著作閱讀量之有限因而有可能誤判，以及哲學史的基本要務是否真在於理論檢驗兩點不論，上述判斷之為不夠嚴格，主要還在於我們僅僅以一種負面的方式描述思想史家之「不作什麼」，而並未正面陳述他們「作什麼」（比如說：知人論世），或並未說明「要能作什麼方算得上思想史家」。此所以筆者於引言裡強調，錢穆先生在典型的思想史家和哲學史家兩端之間的定位問題，需作獨立的專門研究。而現在的判斷，只能是初步的、暫時的、有待進一步檢驗的。

但若果我們接受上面的初步論斷，則緊接的問題自然是：何故說錢穆先生作為思想史家，其發言「基本上卻滿足了哲學史研究的要求，或展現出相應於治哲學史之原則的傾向」，而具備了哲學工夫？

讓我們先回看前述「事實上」與「理論上」的二分，或「發生歷程」與「內含意義」的二分。不難發現，這類二分涉及到哲學史家的一種兩層視野：用筆者的話說，既要看到「事世界」（發生歷程），也要看到「理世界」（內含意義）。當然，哲學史家必須將「理世界」從「事世界」中提起來，將其專注力投置其上。但歸根究柢，哲學史家的哲學工夫，必源自此兩重世界的意識，否則亦將無從做起其理論檢驗的工作。

衡諸近世傳統中國思想的研究情況，具備這種兩重世界意識者大不乏人，剛才一直談論的勞思光先生自在其中。比如他曾說：

> 清乾嘉以來，談儒學者有一根本錯誤，即將哲學問題當作訓詁問題。此種謬誤，顯而易見。蓋哲學家所提觀念之確義，不是可透過字源研究而完全了解者。哲學家不能自創文字，所用詞語，必是已有之文字（至多稍加改變），但此並非表示哲學家所用之詞語，只有一般用法中之意義。反之，每一哲學家，必選定某些詞語表示特殊意義，由此以顯示其理論。因此，某一字原先是何意義，是一問題；此字在某一思想系統中，或某一哲學家之理論中，是何意義，則是另一問題。依哲學史之通例說，哲學家所用詞語之確義，皆基本上具有「系統內的約定性」。……如「道」、「性」等詞，先秦諸子所用之意義，彼

[12] 與勞先生觀點正好針鋒相對的有當代「劍橋學派」代表性思想史家Quentin Skinner。關於兩種觀點之對立，可參閱拙作：〈從勞思光的基源問題研究法析論哲學史的歷史成份〉。

此不同，與原有字義亦不同；而宋明諸儒所用，又與先秦諸家所用之意義或遠或近，或全相反。凡此皆須依「系統內的約定性」解之。清儒不解此義，反譏宋儒不識字，其實字源之研究只能有補助作用；斷不能憑之以解一家之說。此點在稍有邏輯訓練者，皆能了解。清儒固不足深責，然現代人倘若仍誤以字源研究為解釋哲學思想之根據，則未免荒謬可笑。[13]

觀乎引文，「某一字原先是何意義，是一問題；此字在某一思想系統中，或某一哲學家之理論中，是何意義，則是另一問題」，即字源研究（屬於「事實上」的「發生歷程」）不足作為解釋哲學思想之根據而只能有補助作用，已足見勞先生的兩重世界意識。

類似的見解亦可在徐復觀先生的文字裡找到：

清代漢學家，以守訓詁章句作為漢代學術的特徵。這是完全無見於漢代學術大趨向的說法。典籍上的學問，當然要透過訓詁乃至章句去了解。但最多數的人，只把訓詁當作一個過渡工具，決非如清代漢學家們所說的「訓詁明而義理明」，把做學問的工夫，停頓在訓詁章句上。……西漢著述，將經的文字訓詁與大義分為兩途，至為明顯。一般儒生，多不停留在訓詁及章句之上，而係由訓詁以通大義。通大義，才能形成思想。[14]

清代漢學家，責宋儒不通文字訓詁，所以宋儒對經的解釋是不可靠，因而宋儒所說的理也不可靠。宋儒不在文字訓詁本身上立腳，而是要在古典的義理上立腳；宋儒認為由文字訓詁以通向義理，中間還有一段須要用力的歷程；而不認為訓詁明，同時即義理明；這是與漢代卓越的儒家相接近，而與清代漢學家是相遠的。但讀古典必先通文字訓詁，這是所有讀古典者的共同要求，宋儒豈有例外之理。[15]

借用傳統上「訓詁」與「義理」一對概念為說，並承認訓詁明（以「發生歷程」為著眼點的字源研究）不必即同時義理明（能作「內含意義」上的理論檢驗），「中間還有一段須要用力的歷程」，徐先生毫無疑問也具備了兩重世界意識。

不得不提的還有以思辯見長的牟宗三先生（1909-1995），他也說過：

孟子曰：「形色，天性也；惟聖人，然後可以踐形。」（《孟子．盡心

[13] 勞思光：《新編中國哲學史》，卷一，〈第三章：孔孟與儒學（上）〉，頁118-119。

[14] 徐復觀：《兩漢思想史》（臺北：臺灣學生書局，1979），卷三，〈附錄二：「清代漢學」衡論〉，頁598。

[15] 同上註，頁614。

上》）……「性」字作「生」字解，這是訓詁問題，而這句「惟聖人然後可以踐形」，則是理解的問題，不是訓詁的問題。人人都有其形體（「形色」即形體，故下句可省略「色」字），人人都有四肢百體、耳目口鼻，但為什麼說得那麼重，說只有聖人才能踐形呢？所以這句是個理解問題，而不是訓詁的問題。[16]

將「訓詁的問題」和「理解的問題」嚴加區別，這自然也是一種「事世界」與「理世界」的兩層視野。

經過一輪鋪排，現在終要指出：錢穆先生身上，同樣有著這種作為哲學工夫之源的兩重世界意識：

論語有「四子言志」章。子路、冉有、公西華都有出人的抱負，只有曾晳說：「暮春者，春服既成，冠者五六人，童子六七人。浴乎沂，風乎舞雩，詠而歸。」而孔子獨贊成曾晳，「喟然而嘆：吾與點也。」……這處應問孔子何以獨與曾點，何以喟然而嘆？這中間的道理，卻又用不上考據工夫。專來考據，考不出中間深義。像「浴乎沂」，曲阜三月天氣能否「浴」於田野之水中；此處考據無關大旨。[17]

「這中間的道理，卻又用不上考據工夫。專來考據，考不出中間深義」，在此同樣看得見「考據」與「義理」（深義、道理）的二分。這跟徐復觀先生之劃開「訓詁」與「義理」、牟宗三先生之「訓詁的問題」和「理解的問題」、勞思光先生之「字源研究」與「解釋哲學思想」相比，其眼界、意識之為兩層（既見「事世界」，亦見「理世界」），並無二致。

既有此兩重世界之意識，無怪乎錢先生著述裡會出現這一類論斷：

又如《論語》「夫子喟然歎曰吾與點也」一語十字，此在文字上似無難解處，而《集注》花了一百三十七字來解此十字。此非自發己見而何？然朱子為此一百三十七字，幾經曲折迂迴，大段改動可考者有四次，此外尚有改動一二字一二句者不計。至其費了幾許文字言說，散見於《文集》、《語類》，來對此十字所涵蘊之義理作發揮，作辨難，更是不計其數。……故其《集注》與《章句》，實乃朱子自出手眼，確然成為一家之言，縱謂皆是朱子之自出己意，亦無不可。惟朱子自認其一家言，於孔孟大傳統有創新，無走失，如是而已。若使後人能繼續獲有創新，則朱子《四書集注》與《章句》，自亦可謂其中尚有

16 牟宗三：〈研究中國哲學之文獻途徑〉，《牟宗三先生晚期文集》，《牟宗三先生全集》第27冊（臺北：聯經出版事業公司，2003），頁338-339。

17 錢穆：〈談朱子的論語集注〉，《孔子與論語》（臺北：聯經出版事業公司，1974），頁33。

未一一盡臻於定論。即如上述「吾與點也」一百三十七字長注，其實是朱子受了明道影響擺脫未盡，後來黃震東發另作一說，始為獲得了孔子當時之真意。若使朱子復起，亦將承認。[18]

筆者想談的是最後一句：「若使朱子復起，亦將承認。」其值得注意之處在於，這論斷並不屬於「事世界」一層——它並非說：因為朱子本人有如此這般的出身、性格、修為，加上宋代人的治學論學作風，故如朱子復起，亦將認同黃震之說——而是屬於「理世界」一層：由於黃震之說更有道理、更切合孔子「與點」之深義，故若朱子復起，亦應贊同其說，否則是不講理的。錢先生這種由兩層視野所生起的論述表現，及其中所含有的「依理不依事」的識見和功力，在本文即稱為哲學工夫。

哲學工夫之展現有多重層次，其在傳統思想研究上的最高表現乃前面所講的「理論檢驗」——檢查一理論之「對不對」、測定其「理論效力」、指出其可能有的「理論困難」等（當然，說此為「哲學工夫在傳統思想研究上的最高表現」乃筆者目前之見，而為可爭議者）。錢穆先生的哲學工夫大體而言並未在這個層面上運作（當然，這個看法也是可爭議的），但這並不表示其在別的層次上即無所展現。這些層次包括：依理判斷哲人之歷史定位（例如他與前人思想之異同）、依理為哲人回應其在歷史上所遭遇到的質疑或批評、依理釐清哲人之概念或思想面貌——這些都是哲學工夫的展現，關鍵在於「依理」。以下，我們即以錢先生的朱子思想研究為例，說明其哲學工夫如何在這幾個層面上運作，而為我輩治朱子哲學者帶來受用匪淺之啟迪。

三、三個層面上的四種啟迪

現在我們將剖析錢穆先生就朱子思想的四點重要見解。它們分屬上面所說的三個層面：第一和第四點屬於「釐清概念或思想面貌」，第二點屬於「判斷歷史位置」，第三點屬於「回應質疑或批評」。

（一）朱子「涵養」概念之釐清

朱子哲學體大思精，好些概念實在不易把握，其工夫論（即相當於修養理論）裡的「涵養」概念即其一例。眾所周知，朱子思想的成立過程頗多曲折；[19]在其大定之

---

[18] 錢穆：《朱子新學案》（北京：九州出版社，2011），第一冊，〈朱子學提綱〉，頁212-213。引文中提及黃震（東發）之說，錢先生亦曾分析過，並將之比照朱注，參閱錢穆：〈從朱子論語注論程朱孔孟思想歧點〉，《孔子與論語》，頁129-164。

[19] 詳細可參閱陳來：《朱子哲學研究》（上海：華東師範大學出版社，2000）；牟宗三：《心體與性體（三）》（臺北：正中書局，1969）；劉述先：《朱子哲學思想的發展與完成》（臺北：臺灣學生書局，1995）。

前，朱子曾向作為二程——程顥（號明道，1032-1085）、程頤——後學之湖湘學派請益。及至思想大定，朱子即有〈與湖南諸公論中和第一書〉，向湖湘學派表達異議，當中有言：

> 向來講論思索，直以心為已發，而日用工夫，亦止以察識端倪為最初下手處。以故闕卻平日涵養一段工夫，使人胸中擾擾，無深潛純一之味。而其發之言語事為之間，亦常急迫浮露，無復雍容深厚之風。[20]

「向來」即指朱子思想向湖湘學派靠攏的時期，當時他「以察識端倪為最初下手處」，簡言之即是以「先察識」為修養工夫的綱領。朱子在信中反思說：「先察識」將導致「闕卻平日涵養一段工夫」；這樣就帶出了「察識」與「涵養」兩種修養實踐孰先孰後的問題。其實在上引「向來講論思索」一句之前，朱子即已陳述了他在這個問題上的新見——「涵養」應該先於「察識」：

> 然未發之前不可尋覓，已發之後不容安排。但平日莊敬涵養之功至，而無人欲之私以亂之，則其未發也，鏡明水止，而其發也，無不中節矣。此是日用本領工夫。至於隨事省察，即物推明，亦必以是為本……。故程子之答蘇季明，反覆論辨，極於詳密，而卒之不過以敬為言。……又曰：「涵養須是敬，進學則在致知。」蓋為此也。[21]

這段話的背景顯然是《中庸》的「喜怒哀樂之未發，謂之中；發而皆中節，謂之和。」姑勿論《中庸》之原意如何，朱子這裡表達了其新定之工夫論立場：由於喜怒哀樂發出了便是發出了，再也沒有「安排」的餘地（例如怒意發出了便是一個既定的事實，這時人只能盡力控制住自己不被怒意駕馭而做錯事，卻不能回到此怒意尚未發出之時，故說「已發之後不容安排」），故上乘的修養實踐應該是搶先在喜怒哀樂未發前做「涵養」的工夫（「平日莊敬涵養」），使得心靈常常保持在明鏡止水的狀態，令其喜怒哀樂之發出皆有條不紊，而一一「中節」（合乎法度），例如在應該怒的場合怒，並且其怒之程度亦合宜。至於「省察」或「察識」——隨事而檢查心之表現（例如喜怒哀樂之發）之合理與否[22]——亦應建基在平日涵養之上，否則便會出現前一段引文所說的「闕卻平日涵養一段工夫」所產生的種種毛病。朱子更引程頤之言

---

[20] 朱熹：《晦庵先生朱文公文集》，卷64，朱熹著、朱傑人、嚴佐之、劉永翔編：《朱子全書》（上海：上海古籍出版社；合肥：安徽教育出版社，2010），頁3131。

[21] 朱熹：《晦庵先生朱文公文集》，卷64，頁3131。

[22] 必須指出，這是朱子本人對「察識」的理解，不必即符合湖湘學派的想法。牟宗三先生即曾深入剖析朱子對其論敵之誤解，詳見《心體與性體（三）》。

以為支持，像程氏說的「涵養須是敬，進學則在致知」[23]，即被他理解為表達「平日莊敬涵養為先為本」的觀點。

然而問題正好在於，被朱子奉為工夫論總綱的程頤語——「涵養須用敬，進學則在致知」，當中不見「省察」或「察識」之概念。當朱子大談「涵養」、「省察」孰先孰後時，也許講得頭頭是道，但當其觀點要嵌入程頤之語時，首先「省察」的位置如何？其次「涵養」和「致知」之間又有否先後之可言？

筆者在研習朱子哲學的路上，初依牟宗三先生的詮釋入手。惜乎牟先生對「涵養」概念的分析主要還停留在「涵養一察識」對揚的脈絡下，當碰上「涵養一致知」對列的情況，甚至複雜到如「涵養」、「致知」、「力行」三者並舉時，[24]「涵養」概念的含意及其在朱子哲學整體中的定位問題，確實困擾了筆者好一段時間。

直至筆者細讀錢穆先生《朱子新學案》之〈朱子論涵養與省察〉一章時，始發現解開糾結之頭緒：

> 朱子自討究《中庸》已發未發，始拈出二程一敬字。後乃奉伊川「涵養須用敬，進學則在致知」兩語以為乃學者入德之門，立身進步之要。而二者之功亦未嘗不交相發。又稍後，乃於涵養致知二者間之先後，又迭有討論。蓋涵養與省察既已渾化歸一，則言涵養已包省察在內，故不須再辨涵養與省察之先後也。[25]

「涵養省察渾化歸一，言涵養已包省察在內」一點，筆者當年讀著時真有茅塞頓開之感。讀者如細心看五大冊《朱子新學案》，當可不時發現這類大膽論斷。「大膽」一詞需作兩方面澄清。第一，像「涵養省察渾化歸一」這類論斷，看似一種輕而易舉的概念操作（就只是把複雜的「涵養一省察一致知」關係問題，透過綜合前兩者，而簡化為「涵養一致知」關係問題），但其實是大膽的，因為朱子本人從未明確表示涵養與省察歸一。錢先生這裡所發出的，實際上乃是一種朱子本人所未發，亦其他現代研究者所未發的創見。第二，大膽並不等於胡亂。錢先生的論斷，乃出於對朱子原文的廣泛搜羅、精心排比、仔細爬梳，絕非憑空妄議；我們縱可挑戰之，卻不得輕視之。雖說錢先生並未以「理論檢驗」為其朱子思想研究的主務，但他對於朱子思想體系裡不同概念的分際、定位，以至彼此間之關係的圓通把握，實在也是一種哲學工夫的表現。

惟應該承認，當代朱子哲學研究巨擘陳來先生對「涵養」概念的複雜性、歧義

[23] 此語在《河南程氏遺書》裡作「涵養須用敬，進學則在致知。」見程顥、程頤：《河南程氏遺書》，卷18，〈伊川先生語四〉，收入《二程集》（北京：中華書局，2004），頁188。

[24] 如朱子曾說：「既涵養，又須致知；既致知，又須力行。」見朱熹著、黎靖德編：《朱子語類》（北京：中華書局，1994），卷115，頁2777。

[25] 錢穆：《朱子新學案》，第二冊，頁287。

性，確做出了更為抽絲剝繭的剖析。[26]不過，錢穆先生那「涵養省察渾化歸一」的論斷，以及此後有關涵養致知先後問題的探討，仍是值得並且有待後來者去深耕和發揮。

（二）朱子之進於程頤處

上一小節透露了一點：朱子思想大定之後，基本服膺程頤的思路（這大體是現時學界的共識）。但錢穆先生富有先見之明地開啟了一個議題（而此議題至今在學術界似乎尚欠詳細研究）：朱子思想是否或怎樣有進於程頤？

錢先生在不少地方均討論過這個議題，巨著如《朱子新學案》中〈朱子對濂溪橫渠明道伊川四人之稱述〉及〈朱子與二程解經相異〉兩章，小書如《孔子與論語》中〈從朱子論語注論程朱孔孟思想歧點〉一文等，皆見其相關看法。但這裡用作例子的，則是另一本雖小而富啟發性的作品：《宋明理學概述》[27]。書中〈程頤〉一章裡埋著一道伏筆：

> 有人請頤啜茶觀畫，他拒絕了。他說：「吾生平不啜茶，亦不識畫。」[28]

這道伏筆終在〈朱熹〉一章引發出一種可觀的論斷。錢先生先引陳亮（字同甫，1143-1194）對朱子的譏笑：「新安朱元晦論古聖賢之用心，平易簡直，欲盡擺後世講師相授，流俗相傳，入於人心而未易解之說，以徑趨聖賢心地而發揮其妙。……抱大不滿於秦漢以來諸君子。然而於陰陽卜筮，書畫技術，皆存而信之。豈悅物而不留於物者，固若此乎？」（〈跋晦菴送寫照郭秀才序後〉）然後說道：

> 其實這一批評，並不中肯。亮所譏諷於熹的，正是熹之更偉大所在。陳亮的意思好像是說，你要做道學先生理學家，便不要再注意這些小玩藝。你要注意這些小玩藝，便不要擺道學先生的面孔。這是程頤「不喫茶不看畫」的一套，也正是熹之更勝過程頤處。[29]

斷言朱子勝過程頤以及其在哪裡勝過程頤，或許不算大膽，卻肯定出自細心觀察和比照。以下試加以闡明。

在程頤方面，錢先生先引程頤「『致知在格物』，非由外鑠我也，我固有之也。

---

[26] 例如他指出：「朱熹所謂涵養也有不同意義，一指未發時涵養，一兼指已發的涵養。」見陳來：《朱子哲學研究》，頁328。

[27] 錢穆：《宋明理學概述》（臺北：蘭臺出版社，2001年）。

[28] 同上註，頁63。

[29] 同上註，頁115。

因物有遷，迷而不知，則天理滅矣，故聖人欲格之」[30]一語而評論說：

可見他講「格」字有「限制」義。不要因物而遷，愈引愈遠，要限制在物與我之相交點，而自明我德性所固有之理，則便非捨了德性而專求明物理。[31]

復引邵雍（字堯夫，1012-1077）問程頤雷起於何處、程氏答以「起於起處」[32]，而論道：

可見頤對物理研窮，認為是身外事，殊不感興趣。他之所謂格物窮理，所謂「今日格一件，明日格一件，積習既多，然後脫然有貫通處」，並非貫通在物理世界上，並非貫通在如周、邵、張三家之宇宙論上，而仍是貫通在吾之心，貫通在性理上。[33]

到了朱子，錢先生即表示「格物窮理」在其手上「有了新天地」：

熹極推尊二程，但程頤所謂「格物窮理」，其實只是「致知集義」，而「致知」則只在「思」上用功。熹始會通於周、邵、張三家，於是格物窮理有了新天地。[34]

綜合前文以觀，所謂「有了新天地」，當指朱子格物工夫的內涵比程頤的更為豐富、領域更為開闊。程頤的格物「要限制在物與我之相交點」，其天地難免侷促。反觀朱子對「物」則採取較為友善和歡迎的態度，戒心較輕，故錢先生特引其言：「《易》曰：『盛德大業，至矣哉！』『富有之謂大業。』須是如此，方得。天下事無所不當理會者，纔工夫不到，業無由得大；少間措諸事業，便有欠缺，此便是病」[35]，並評論說：

二程似乎太偏在本心涵養上。……他【筆者按：指朱子】在上引一段話中，特提「大業」二字來補救專重「盛德」之偏。[36]

經錢先生一點，朱子與程頤看待「物」的態度以及他們在思想格局上的差異，實在不

[30] 程顥、程頤：《河南程氏遺書》，卷25，〈伊川先生語十一〉，收入《二程集》，頁316。
[31] 錢穆：《宋明理學概述》，頁69。
[32] 見程顥、程頤：《河南程氏遺書》，卷21上，〈伊川先生語七上〉，收入《二程集》，頁269-270。
[33] 錢穆：《宋明理學概述》，頁72。
[34] 同上註，頁114。
[35] 朱熹著、黎靖德編：《朱子語類》，卷95，頁2458。
[36] 錢穆：《宋明理學概述》，頁109。

得不注意。

筆者正著手進行的新一階段朱子哲學研究，實有得於錢穆先生之上述觀點。回顧筆者第一部朱子哲學專書《朱子的窮理工夫論》，焦點完全放在「窮理」而非「格物」上，現在看來，當時或不自覺地預認了「理」比「物」重要，而有輕物、賤物的傾向。傳統中國哲學似乎在某一階段開始，即存在著一種對「物」的防範心理。儒家如孟子便說過：「耳目之官不思，而蔽於物，物交物，則引之而已矣。」（《孟子．告子上》）又說：「萬物皆備於我矣。」（《孟子．盡心上》）似乎「我」理應作為「物」的主人。道家如莊子亦有言：「一受其成形，不亡以待盡。與物相刃相靡，其行盡如馳，而莫之能止，不亦悲乎！」（《莊子．齊物論》）——人的存在總是陷入與物纏鬥的漩渦之中。是故，真正超乎流俗的「至人」將是一個「勝物者」、「至人之用心若鏡，不將不迎，應而不藏，故能勝物而不傷。」（《莊子．應帝王》）看來孟子與莊子均視「物」為吾人生命之威脅。可是，倘若我們把時間往前推到孔子，他的看法又是否一樣呢？「子在齊聞韶，三月不知肉味。曰：『不圖為樂之至於斯也！』」（《論語．述而》）對孔子來說，美好人生是否只需要最狹義的仁義？美好人生能否缺了音樂（象徵藝術以及美與品味）？若否，則音樂之為物、樂器之為物，以至樂師們的知識、技藝，是否只配視為吾人生命之威脅？抑或它們也可以是助成美好人生的夥伴？「文質彬彬，然後君子。」（《論語．雍也》）如果「文」不可能離開「物」，則一位「博文」的君子是否理應對物有一種較為親善的態度？「程頤訓『格』為『至』，即到達也。朱子從之。」[37]程朱哲學講求「到達物那裡去」，似乎較諸宋明理學傳統中其他大家，對「物」更為友善。而經錢穆先生一點，朱子待物，又較程頤更親和。然則朱子的格物哲學，在「物」、「技藝」、「美好人生」等議題上，能否在宋明理學傳統中提出別樹一幟的想像？又能否在孟子一路以外，提供另一種上接孔子的人生之思的途徑？無疑，這些都是大課題，需要經年累月的研究。惟若他日有成，讀者自當見出其中有錢穆先生之影響在。

（三）為朱子回應「重理輕禮」之批評

筆者在《朱子的窮理工夫論》第四章裡曾借題發揮地談過一點朱子對禮的看法，惜至今仍未有暇獨立成題。但無論如何，筆者對朱子禮論的關注，很大程度也是受到錢穆先生啟發。

《朱子新學案》〈朱子論敬〉一章曾引朱子〈答林擇之〉一書，其中有云：

> 程子言敬，必以整齊嚴肅，正衣冠、尊瞻視為先，又言未有箕踞而心不慢者，如此乃是至論。而先聖說克己復禮，尋常講說，於「禮」字每不快意，必訓作

[37] 陳榮捷：《朱熹》（臺北：東大圖書公司，1990），頁82。

「理」字然後已，今乃知其精微縝密，非常情所及耳。[38]

錢先生隨即下一按語說：

> 朱子教人做心地工夫，必身心並重，內外交修，俾勿陷入空寂。朱子又極重言禮，清儒如焦循輩，每譏宋儒好言理，輕言禮，橫渠【筆者按：指張載（號橫渠，1020-1077）】設教固無此弊，朱子尤常以理字禮字並提，力矯時人重理輕禮之非。清儒每蔽於門戶，不肯平心細求，亦其病也。[39]

哲學研究總是力求詳細地鋪陳論證。觀乎《朱子新學案》，錢先生的按語、轉語則常只輕輕幾筆（當然這也跟「學案」這種體裁有關），論證力度可能打了折扣，但若果對朱子文獻有相當認識，便知錢先生之好些論斷，雖云簡短，卻也扼要，可謂要言不煩。以下試來說明。

讓我們從程顥說起。關於禮，他提過一種有趣的觀點：「克己則私心去，自然能復禮，雖不學文，而禮意已得。」[40]這句話顯然是在詮釋孔子的「克己復禮」（《論語．顏淵》）。程顥巧妙地區分了「（禮）文」和「禮意」，此中可注意者有三。第一，當「文」指的是規範身體表現的種種儀文節度（例如上引朱子所說的「正衣冠、尊瞻視」等），那麼僅僅「克己則私心去」當然不保證接下來的視聽言動等身體表現能自然符合「文」——這還需要學習和鍛鍊。但是第二，「禮意」概念之提出便能彌縫「克己」與「復禮」之間的罅隙，因為「意」所直接涉及者乃內心態度，它可先在於或無涉於身體表現；這樣，一來「克己則私心去」——一種內心態度上的轉變——便可馬上「得禮意」（去掉私心即等於得禮意），二來這種詮釋雖把重點放在「克己」上，但也能在字面上維持住孔子「克己復禮」之教：「克己」即「復禮」，所「復」者是「禮意」。第三，雖說程顥本人並未「訓禮為理」或「以理易禮」，但「禮意」之提出，無疑已為後來者之以「理」易「禮」打開了方便之門：在「天理人欲對立」的框架下，「克己」既已去了「私心」（人欲），這自然是「天理」之恢復了；「禮文」之所以重要，也不過因為它是「天理」之載具。換言之，主角是「理」。這樣，「文」在「克己復禮」之教中的淡出、「復禮」之被理解為「復理」，其理論障礙已被程顥之禮意說打破了。

果不其然，程門高弟謝良佐（號上蔡，1050-1103）正是「以理易禮」的支持者。朱子曾評論這位前輩說：

---

[38] 朱熹：《晦庵先生朱文公文集》，卷43，頁1969。

[39] 錢穆：《朱子新學案》，第二冊，頁430。

[40] 程顥、程頤：《河南程氏遺書》，卷12，〈二先生語上〉，《二程集》，頁18。此條下注「明」字，示為程顥（明道）語。

謝氏以禮為攝心之規矩，善矣。然必以理易禮，而又有循理而天、自然合禮之說焉，亦未免失之過高，而無可持循之實。蓋聖人所謂禮者，正以禮文而言，其所以為操存持守之地者密矣。若曰「循理而天，自然合理【筆者按：「理」字疑應為「禮」字】」，則又何規矩之可言哉？[41]

朱子的意見很清楚，「聖人所謂禮者，正以禮文而言」；他對程顥之不滿，不言可喻。[42]此所以他注《論語．顏淵》「克己復禮」時，把「禮」釋為「天理之節文」，雖引入了原文所無的「天理」概念，但也同時強調、甚至把重點更放在「節文」上，全然未採程顥的禮意說。

經過上面的簡單舉證和分析，已可知對朱子作「重理輕禮」的指控是很難成立的。錢穆先生的扼要之言，實在經得起驗證。而同時，它也啟發了我們對宋儒清儒之間的分合異同作更仔細的推敲。例如說，在禮的議題上，宋儒不應被簡單視為持有統一立場的一個整體，正如前面的分析所示，裡面至少有程顥和朱子兩支。

（四）朱子之「理」及理氣關係

執筆之時，筆者即將為一篇尚未投稿的文章定稿，文章主題是重檢朱子哲學中存有論部分裡的「理」的基本涵義。具體來說是要對兩種詮釋做比較：到底「理」的根本身分是「萬物憑之而有其存在（而非不存在）」的「存在之理」（存在的根據或「所以然」）？還是「萬物依循之而運作、運行」、最近有英語著作譯為「Pattern」（P為大寫）的「總文路」？

事緣筆者過去一直採用牟宗三先生的「存在之理」去理解朱子的「理」（準確來說，是朱子之「理」的根本身分，而非其次級身分或涵義）。在這種詮釋下，朱子的世界觀很容易會被視為兩層：經驗世界裡的「物」（或「器」）以及形成這些物的「氣」為一層，而居於其上、使得萬物有其存在而非不存在（或說賦予萬物以「存在性」），作為「存在之所以然者」的「理」又為一層。

相對地，在英語學界裡，朱子之「理」的翻譯雖云莫衷一是，但其中一種勢力不弱的譯法就是「pattern」（可作眾數，而p為小寫）。筆者素來對這種譯法（當然也包括其背後對「理」的詮釋）最感不妥。原因在於，「pattern」作為「條理」、「文路」、「模式」或「規律」，本身乃隸屬於「氣」或「物」者；或者說，其存有地位（ontological status）乃在氣、物一層，而非居於氣、物之上。這樣無疑便丟失了朱子所屢屢明言的「理乃『形而上者』」一義，而成一種「化約式」的詮釋──把「理」化約為氣（或物）的內在規律。

---

[41] 朱熹：〈論語或問〉，《四書或問》（上海：上海古籍出版社，2001），頁297。

[42] 較詳細的分析可參閱拙著：《朱子的窮理工夫論》，頁275-280。

直至筆者讀到2017年出版，由Stephen C. Angle（安靖如）和Justin Tiwald合著的*Neo-Confucianism: A Philosophical Introduction*一書[43]，發現他們把朱子的「理」譯作「Pattern」（只能作單數用，而P為大寫），但同時又保留了「pattern（s）」作為其次級義、從屬義，頓覺耳目一新。此「Pattern」，筆者據朱子本就使用的「文路子」概念（相當於小寫的「pattern」）[44]加以蛻變而稱為「總文路」，表示其為經驗界各各物之各各不同的「文路子」所共用共依的、單一的、宇宙整體運作運行之大軌道。比喻地說，假設宇宙好比一間大學，大學之內有各式人員，如教師、行政人員、圖書管理員、工友、學生等，他們各自有各自應遵循的「文路子」，如教師的職責自不同於工友的職責。可是，一間大學之所以需要有教師和工友，而他們各自又之所以被指派著特定的職責，乃因大學要履行一所大學的任務：大學內之各式人員，其職責均按照大學之「總任務」（相當於「總文路」）來設定。所以從一方面看，各式人員各有職能，互不隸屬，但從另一面看，彼此又是依循著大學的「總任務」來存在和活動。這樣理解朱子的「理」，自能避免小寫「pattern」之詮釋（文路子的詮釋）所帶來的化約論危險，為朱子的世界觀保留了一種特別的兩層性。

是故，「總文路的詮釋」的吸引之處便在於它開啟了「存在之理的詮釋」和「文路子的詮釋」之外的第三種可能。緊接的問題自然是：到底「總文路的詮釋」和筆者一直採用的「存在之理的詮釋」之間，孰為優勝？這正是前述文章的任務，在此先不詳談。

現在要指出的是，在細讀過《朱子新學案》裡〈朱子論理氣〉、〈朱子論無極太極〉、〈朱子論陰陽〉、〈朱子論仁（上）〉、〈朱子論道器〉、〈朱子論體用〉各章後，筆者頗感意外地發現，錢穆先生對朱子存有論的「理」的理解，其實正可歸入「總文路的詮釋」。例如他在〈朱子論理氣〉一章裡劈頭便表明：

> 朱子論宇宙萬物本體，必兼言「理」、「氣」。然朱子言理氣，乃謂其一體渾成而可兩分言之，非謂是兩體對立而合一言之也。此層最當明辨，而後可以無失朱子立言之宗旨。[45]

理與氣是一個「體」而非兩個「體」，乃「總文路的詮釋」之一個重要主張：「理」並非一「（形而上的）實存物」（entity），而只是萬物依之以運作運行的文路，儘管它可細分為單一的、萬物共由的「總文路」（「理」之根本身分或最高涵義）和眾多的、萬物各別的「文路子」這兩個層面。如同錢先生於同一章稍後所說：

---

[43] Angle, Stephen C. and Justin Tiwald, *Neo-Confucianism: A Philosophical Introduction*, (Chicester: John Wiley and Sons, 2017).

[44] 「理是有條理，有文路子。文路子當從那裡去，自家也從那裡去；文路子不從那裡去，自家也不從那裡去。須尋文路子在何處，只挨著理了行。」見朱熹著、黎靖德編：《朱子語類》，卷六，頁100。

[45] 錢穆：《朱子新學案》，頁255。

> 理只是宇宙大氣中之條理、界辦、文路子相似，這是從氣言理。若擴大向大氣整體看，則理又是此大氣整體一箇大匡郭、大架構。[46]

「從氣言理」即見出各各「文路子」，從「大氣整體看」則見一箇「大匡郭、大架構」，亦即「總文路」了。

如果筆者對錢穆先生理解不差，則他對朱子之「理」以及理氣關係的詮釋，在當世朱子學者中真可謂超前——在2017年以前，似乎尚未有學者持有他這種見解。當然，「總文路的詮釋」是否妥善，仍待認真詳檢。但無論如何，錢先生的朱子學在當前朱子哲學研究上之為不容忽視，亦可見一斑了。

四、結語

本文視錢穆先生為一位有哲學工夫的思想史家。在思想史與哲學史之大體的、或曰不嚴格的劃分下，錢先生可說是以思想史家的身分在傳統思想的研究上發言，但其發言卻基本上滿足了哲學史研究的要求，或展現出相應於治哲學史之原則的傾向。究其原因，乃在於錢先生所具備的哲學工夫。

所謂哲學工夫，本文理解為一種由「事世界」和「理世界」兩層視野所生起的「依理不依事」的識見和功力。雖說哲學工夫在傳統思想研究中之最高表現乃在「理論檢驗」（在本文的理解下，這是典型的哲學史研究的基本要務），而「理論檢驗」並非錢先生在研究傳統思想時的主務，但要之，哲學工夫之展現乃有多重層次。除去「理論檢驗」這最高一層外，其下還包括：依理判斷哲人之歷史定位（例如他與前人思想之異同）、依理為哲人回應其在歷史上所遭遇到的質疑或批評、依理釐清哲人之概念或思想面貌。錢先生的朱子思想研究，即在這三層上展現出哲學工夫，而為朱子哲學研究帶來不容低估之啟迪。

從筆者自身的研究經驗來看，這些啟迪包括四種（分屬上述三個層面）：釐清朱子的「涵養」概念、指出朱子思想如何有進於程頤、為朱子回應「重理輕禮」之批評、詮釋朱子之「理」及理氣關係。

最後讓筆者重申：現今學人，尤其我輩治哲學者，在享受現代學術高度分科的正面成果之餘，亦不必以一己專業自限，大可隨分所宜，多方取經。今年是錢穆先生逝世三十週年，筆者藉此機會，向這位一再啟發其朱子哲學研究的史家致敬。

---

[46] 同上註，頁272。

第八章　錢穆先生對朱子倫理想的重構

香港中文大學哲學系
盧傑雄

本文的目的是以現代哲學的語言及概念分析的方法，重新整理及發掘錢穆先生對朱子倫理思想的洞見。錢穆先生推崇朱子「不僅能集北宋以來理學之大成，並亦可謂其乃集孔子以下學術思想之大成」[1]，筆者也深信朱子是一個偉大的哲學家、思想家，朱子的學術思想是值得加以整理和重構的。筆者並不意圖，亦不可能，透過本文來闡釋錢穆先生對朱子思想之全面了解，在這裡筆者只聚焦在朱子的道德思想之上。筆者主要倚靠錢穆先生從朱子卷帙浩繁的論著中挑選出來的相關資料，並依照錢先生的解釋方向來重構朱子倫理學的基本規模，兼且回應一些對朱子道德思想的批評，從而希望朱子的道德思想得到一個較客觀的了解和公正的評價。

一、朱子倫理思想的基本型態

如何確定朱子倫理思想的基本型態，是一個複雜的問題。如果採取的分類標準不同，比如自律與他律、義務論與目的論、理智主義與經驗主義或德性倫理與律則倫理等，就會有不同的結論。但無論如何，以單一個分類標準來判斷的話，最多只能反映朱子倫理思想的某一個方面。因此，確定朱子倫理思想的基本型態的最好方法，還是看看朱子如何回答一些倫理學的基本問題，從而掌握其倫理思想的實況。

一個完整的倫理學至少要回答以下幾基本問題：

（i）道德的目的、功能或本質是什麼？

（ii）道德標準是什麼？

（iii）如何實踐那道德標準的要求？

（iv）如何證成所提出的道德標準？

以下我們以這四個問題為線索，重構朱子的倫理思想。

[1] 錢穆：《朱子新學案》，第一冊，〈朱子學提綱．代序〉，收入《錢賓四先生全集》，第十一冊（臺北：聯經出版事業公司，1998），頁2。

二、道德的目的

周濂溪說：「士希賢，賢希聖，聖希天」[2]，錢穆先生說：「此為理學家之最大宗旨與最大目標，亦可謂理學即是一種希聖希天之學」[3]，這意味儒家是一種追尋及實現理想人生境界的學問。朱子一生追尋的亦是如何成德的問題。道德實踐在儒者心目中是成為聖賢的本質過程，不作道德實踐就不能成聖成賢。

在這觀點下，道德的目的或功能便與契約論者的想法有本質上的差異。契約論者認為每個人皆是追求自我利益極大化的個體，當大家一起過社會生活時，由於資源匱乏，相互之間必然發生衝突，故此道德便產生出來，用以作為調節及仲裁彼此的糾紛。道德於此便是一種工具，人之所以作道德實踐也只是逼不得已。若我們稱此為「外在道德觀」，則朱子採取的是「內在道德觀」。朱子認為人本來的性，就是「本然之性」（「本原之性」、「天地之性」、「天命之性」、「義理的性」），其內容就是道德的。錢穆先生這樣解釋：「宇宙是一箇有生氣或說有生意的宇宙。人生在宇宙中，人之最要者是心，此心亦有生氣生意。因此人心能醒覺，能動，此醒底動底，便是人心之惻然有隱處。隱是隱痛，此惻然之側字義更深些。所謂羞惡、辭遜、是非之心，實亦只是那動底醒底惻然有隱之心之隨所遇而發之變。」[4]

但由於此本然之性受到人身，即氣質的影響，形成了現實的人性，即「氣質之性」。而有了氣質的遮蔽，現實的人性便不一定能將其純然至善的「本然之性」表現出來，由此產生作惡的可能性。因此，道德實踐就是針對氣質的遮蔽，目的是要「變化氣質」，使遮蔽本然之性的下等氣質得以去除，就可以回復本然之性，由是達致理想的人生境界。正如朱子說：

> 「大抵人有此形氣，則是理此始具於形氣之中而謂之性，才是說性，便已涉乎有生，而兼乎氣質，不得為性之本體。然性之本體亦未嘗雜。要人就此上面見得其本體元未嘗離，亦未嘗雜耳。」[5]
>
> 「人之為學，卻是要變化氣稟，然極難變化。……看來吾性既善，何故不能為聖賢，卻是被這氣稟害。……人一向推託道氣稟不好，不向前又不得。一向不察氣稟之害，只昏昏地去又不得。須知氣稟之害，要力去用功克治，裁其勝而歸於中乃可。……氣質之用狹，道學之功大。」《朱子語類‧卷4》

---

[2] 錢穆：《朱子新學案》，第一冊，〈朱子學提綱〉，收入《錢賓四先生全集》，第十一冊，頁75。
[3] 同上註，頁75。
[4] 同上註，頁82。
[5] 同上註，頁49。

道德實踐本質上不是人與人協調的方法（這不必否定道德有協調人與人的衝突之效果），而是自我轉化、自我實現的途徑，作道德實踐便是將自己本質實現出來，因此，道德是內在的而非外在的。

三、道德的標準（moral standard）

倫理學最重要的工作，莫過於提出善、惡、是、非、對、錯的標準，若道德判斷之對像是個別的行為，其對錯之標準可稱之為「道德的判準」（moral criterion），例如「效益原則」（principle of utility）；若道德判斷之對像是人格、品性，則其善惡之標準可稱之為「道德理想」（moral Ideal），例如柏拉圖、基督教等所說是理想人生。

朱子的倫理思想並沒有清楚區分上述的兩個標準，他有提出其「道德的判準」，亦強調其「道德理想」，大抵在朱子的系統中，並不須要作此區分。因為他的「道德理想」便是聖人，而聖人就是完全實現天理的人，天理亦是「道德的判準」，故此「道德理想」與「道德的判準」合一的。不過，說聖人是實現了天理的人或回復了本然之性的人，都只是一般的說，並沒有很多的具體內容。故此，朱子給出對聖人更多的規定：

> 「自古無不曉事底聖賢，亦無不通變底聖賢，亦無關門獨坐底聖賢。只理會得門內事，門外事便了不得。所以聖人教人要博學。如今只道是持敬，收拾身心，日用要合道理，無差失，此固是好。然而出應天下事，應這事得時，應那事又不得。」[6]
>
> 「古者論聖人，都說聰明。」[7]
>
> 「聖主於德，固不在多能，然聖人未有不多能。」[8]
>
> 「聖人賢於堯舜處，卻在於收拾累代聖人之典章禮樂、制度義理，以垂於世。」[9]

錢穆先生指出：「朱子乃以德行、聰明、才能、事業四者並重而稱之為聖人。乃以傳道治國與裁成輔相天地之道，繼天地之志，述天地之事，而稱之為聖人。」[10]因此朱子不會反對陸象山說不讀書也可堂堂正正做人，但若不讀書也可做聖人則不可。需知道「出應天下事」、「收拾累代聖人之典章禮樂制度義理以垂於世」，單憑道德動機

[6] 同上註，頁78。
[7] 同上註，頁79。
[8] 同上註，頁79。
[9] 同上註，頁80。
[10] 同上註，頁80。

是不足夠的。明白到朱子對聖人之德行、聰明、才能、事業四種要求，便可知道「格物致知」實在是道德實踐之不可或缺的部分。

那麼朱子的「道德的判準」是什麼呢？答案是「理」或「性」。朱子是從理氣來解釋人的存在，他認為所有事物中皆宿有該事物之理，則人亦無例外，故此所有人中都宿有人之理，即是人的性，此即「性即理」的主張。「性者，人所受之天理」《朱子語類．卷5、28》

「性只是理，萬理之總名。此理亦只是天地間公共之理，稟得來便為我所有。」[11]錢穆先生評論說：「此是說天理稟賦在人物者為性，如此則宇宙界人生界一貫直下，形上形下，交融無間。」[12]那麼性如何作為「道德的判準」呢？這要看性的內容：

> 「其流行者即天道，人得之者為性；乾之元亨利貞，天道也，人得之則仁義禮智之性。」《朱子語類．卷28》
>
> 「須知天理只是仁、義、禮、智之總名，仁、義、禮、智便是天理之件數。」《宋元學案．晦翁學案．語要》
>
> 「若以善惡之象而言，則人之本性獨有善而無惡。其為學，亦欲去惡而全善。」《文集．卷49．答王子合》

人之本性內容既然是仁義禮智，故此是獨有善而無惡的。符合人之本性的便是善，而惡則是違反人之本性的行為。因此，朱子說：

> 「善惡皆是理，惡是指其過處。如惻隱之心本是善，才過便至於姑息。羞惡之心本是善，才過便至於殘忍」[13]

既然，人之本性為善，則人如何會做違反本性的行為呢？這是因為：

> 「人所稟之氣是皆天地之正氣，但滾來滾去，便有昏明厚薄之異。蓋氣是有形之物，才是有形之物，便自有美有惡也。」《朱子語類．卷4》
>
> 「氣雖是理之所生，然既生出，則理管他不得。如這理寓於氣了，日用間運用都由這箇氣。只是氣強理弱。」《朱子語類．卷4》
>
> 「心有善惡，性無不善。」《朱子語類．卷5》
>
> 「為不善，非才之罪，是人自要為不善耳，非才之不善也。」《朱子語類．卷59》

---

[11] 同上註，頁48。

[12] 同上註。頁48。

[13] 同上註，頁100。

這肯定了人的心有自由選擇錯誤的能力（人自要為不善），但「心因何而有善惡呢？」，錢穆先生的答覆是：「人類有心，即能具此神明。但須到聖人，始能全此體而盡其用。」[14]朱子也曰：「心未能若聖人之心」。然則，一般人的心為甚不能像聖人之心呢？朱子答道：「是以燭理未明，無所準則」，於是「隨其所好，高者過，卑者不及，而不自知其為過且不及也」《文集·卷42·答石子重》因此，「人所以產生偏差不合理的行為，是因未能明理，遂使行為喪失當守的準則，那末人要糾正偏差使行為合理，首先就要明理，也就是要下窮理致知的工夫」[15]。若能明理，心便能主宰，不會再選擇錯誤的，作違背義理之事。

朱子說：「心統性情，該動靜，而為之主宰」[16]，「虛明應物，知得這事合恁地，那事合恁地，這便是心，當這事感，則這理應，那事感，則那理應，這便是性。」[17]錢穆先生這樣解釋：「心是能覺，性是所覺，情是性之出頭露面處。由宇宙自然界言，此三者似統一在性。由人生文化界言，此三者領統一在心。若只認得性情是自然，卻不認得主宰在心，此是錯了。但若只認得主宰在心，卻不認得性情乃本之自然，亦同樣是錯。」[18]

錢穆先生把理、性、氣、心之關係解釋得非常清楚：「理是天地公共底，性則是人物各別底。理屬先天，性屬後天。由理降落為性，已是移了一層次。朱子說理氣合一，故說性氣不離。朱子又主理氣分言，故說性氣不雜。……人性則可不為形氣所拘，由己性直通於天理。此處要有一番工夫，此一番工夫則全在心上用。……宇宙界之與人生界，自朱子理想言，仍當是一體兩分，非兩體對立。其貫通處則正在性。性是體，其發而為工夫則在心，心屬用。」[19]由是，為我們正確了解朱子的功夫論奠定了方向。

四、道德的實踐方法（功夫論）

綜括上述言，朱子的思路，理想的人生境界便是回復人的本然之性的狀態，但人生下來會受氣稟所蔽，使得我們產生各種私欲遠離本然之性的狀態，心不能主宰性情，故「燭理未明，無所準則」，由是做出種種偏差的惡行。因此，朱子提出「居敬窮理，格物致知」的實踐方法，就是針對氣質的遮蔽而提出來的。目的是要「變化氣質」，使遮蔽本然之性的下等氣質得以去除，就可以使心明理，心明理便能主宰，由

---

14 同上註，頁53。

15 楊慧傑，《朱熹倫理學》（臺北：牧童出版社，1978），頁43。

16 錢穆：《朱子新學案》，第一冊，〈朱子學提綱〉，收入《錢賓四先生全集》，第十一冊，頁57。

17 同上註，頁58。

18 同上註，頁58。

19 同上註，頁49。

是回復人之本性。

「是以聖門之學，下學之序，始於格物以致其知，不離乎日用事物之間，別其是非，審其可否，由是精義入神以致其用。」《文集．卷38．答江元適》

「人之生也，固不能無是物矣，而不明其物之理，則無以順性命之正而處事物之當。」《文集．卷44．答江德功》

「格物須是到處求，博學之，審問之，謹思之，明辨之，皆格物之謂也。」《語類，卷18》

「格物致知以極乎事物之變，使事物之過乎前者，義理所存，纖維畢照，瞭然乎心目之間，不容毫髮之隱，則自然意誠正心。」《壬午封事．文集．卷11》

朱子道德的實踐方法看起來是一個向外求理的過程，當人心把握了這外在的理，便能知至。因此劉述先教授批評：「朱子所重則是在知人與事之理。……人只要多由外面了解事理，就能夠把握仁的本質與氣象。……朱子是要自己的心向外去捕捉一些實理」[20]。但這批評未必公允，正如錢穆先生指出，朱子論「工夫則全在心上用，故說心字尤更重要」[21]，「在人生界中之心，正可與在宇宙界中之理相匹配。而就人生界論人生，則心之重要更過於理。因理是已存底，而心則是待發底。亦可謂理屬體，心則主要在用，在工夫論上，故尤為理學家所重視。」[22]，「理學家中善言心者莫過於朱子」[23]，朱子也非常強調理是內在於心：

「須是近著身推究，未干天地萬物事。仁者，心之德，愛之理。只以此意推之，不須外邊添入道理。」[24]

「天理在人，亙萬古而不泯，無時不自私意中發出。只於這箇道理發見處當下認取，簇合零星，漸成片段。」[25]

「問：博文是求之於外，約禮是求之於內否？曰：何者為外？博文是從內裡做出來，我本來有此道理，只是要去求。知須是致，物須是格，雖是說博，然求來求去終歸於一理，乃所以約禮也。」《朱子語類．卷36》

錢穆先生認為朱子道德的實踐方法之宗旨，乃「自內心言，則曰『於發見處當下認

[20] 劉述先，《朱子哲學思想的發展與完成》（臺北：學生書局，1984），頁178。
[21] 錢穆：《朱子新學案》，第一冊，〈朱子學提綱〉，收入《錢賓四先生全集》，第十一冊，頁50。
[22] 同上註，頁59。
[23] 同上註。
[24] 同上註，頁83。
[25] 同上註，頁102。

取』。自外行言，則曰『先置身於法度規矩中』。內外交相養，則天理自易長，人欲亦易消」[26]。

不過，朱子的「先置身於法度規矩中」亦會容易引致誤解，以為朱子只是叫人去跟社會規範合模，不重視道德本心之建立。但朱子的原意並非如此：

「學者須先置身於法度規矩中，使持於此者足以勝乎彼，則自然有進步處。若自無措足之地，而欲搜羅抉剔於思慮隱微之中，以求所謂人欲之難克者而克之，則亦代翕代張，沒世窮年，而不能有以立。」[27]

顯然，朱子的「先置身於法度規矩中」要針對那些「欲搜羅抉剔於思慮隱微之中」的實踐方法之弊。因此，朱子是絕非只要人去合模，於建立本心上不顧。例如，他說：

> 「孟子云：學問之道無他，求放心而已矣。豈是此事之外更無他事？只是此本不立，即無可下手手處。」《文集．卷56．答鄭子上》
>
> 「孟子說學問之道無他，求其放心而已矣，可煞是說得切。仔細看來，卻反是說得寬。」《朱子語類．卷59》
>
> 「欲自修者，知為善以去其惡，則當實用其力，而禁止其自欺。檢其惡惡則如惡惡莫，好善則如好好色，皆務決去而求必得之，以自快足於己，不可徒苟且以徇外而為人也。」[28]
>
> 「『不誠』，是不曾實有此心。如事親以孝，須是實有這孝之心。若外面假為孝之事，裡面無孝之心，便是不誠。」[29]

正如錢穆先生所言：「就人生界言，性則包含該載在心。理無情意，無計度，無造作，無作用；性亦然。心則有情意，有計度，有造作，有作用。故理之敷施發用在氣，而性之敷施發用則在心。氣之敷施發用只是一自然，而心之敷施發用則在人為。應從自然中發出人為，又應從人為中回歸自然。並應從人為中發展出自然中之一切可能與其最高可能。此始謂之道義，始是人生界最高理想與最大責任所在，亦始是人心之最大功用所在。」[30]又說：「就宇宙界論，則理在氣。就人生界論，則理在心。心是氣之靈，惟人類獨得此氣之靈，故能有此心，能覺此理。然既曰氣非即是理，則亦必曰心非即是理。心只是覺。但調待此心所覺全是理，滿皆理，始是到了『心即理』境界。此心所覺之理，不僅是宇宙自然方面者，亦復涉及人生文化方面。人生文化方面之理，亦即在宇宙自然之理之中，……。人心能與覺到此理，一面可自盡己

[26] 同上註，頁103。
[27] 同上註，頁102。
[28] 同上註，頁95。
[29] 同上註，頁92。
[30] 同上註，頁51。

性，一面可上達天理，則既可宏揚文化，亦可宣贊自然。……理學家之終極目標亦在此。」[31]

五、道德的證成（基礎）

道德的證成關心的問題就是，如何證明某「道德標準」是有充分理據的、真的、普遍的或客觀的，這問題又可稱之為「道德的基礎」。朱子提出道德標準是理、性，那麼他如何證明這道德標準是真的？在解決這問題前，先作一區分，就是「發現方法」與「證成方法」是兩個不同的問題。假設某科學家從發夢中發現了一條定律，我們不能因他是「從夢中發現」便以之為假，要撿定它需要另一「證成方法」。

依據以上的區分，可釐清朱子的立場。雖然，朱子的「格物窮理方法，正是注重自從具體的分殊的事物入手，認為經過對分殊的積累，自然會上升到對理一的把握，……正是朱熹對程頤「今日格一件、明日格一件，積習既多，脫然自有貫通處」的發展」[32]。但這明顯是「發現方法」，而非「證成方法」，故此，朱子雖透過經驗來發現天理，但這不能說他犯了從「實然」推出「應然」的謬誤，因為從「實然」推出「應然」是證成關係，非發現關係。

若批評朱子不能從「實然」發現「應然」則是有理由的。但這批評，是先假定了現代人的，無目性、無價值意蘊的機械式宇宙觀才成立。試想一個活在西方中世紀教士，不是從宇宙看到世界的價值秩序嗎？這不是從「實然」發現「應然」嗎？顯然，朱子主張的是「一生生不已之天道觀，易傳所謂一陰一陽之謂道，繼之者善也，成之者性也」。[33]那麼，批評朱子不能從「實然」發現「應然」之謬，似乎犯了「時代錯置之謬」。

朱子既然不是上述的證成方法，那他以什麼作「道德的基礎」呢？答案是天理：

> 「禮樂皆天理之自然」《朱子語類．卷87》
>
> 「如事親當孝，事兄當悌之類，便是當然之則，然事親如何卻須要孝，從兄如何卻須要悌，此即所以然之故。」《朱子語類．卷18》

朱子將理分成「當然之則」與「所以然之故」，前者主要指「道德的標準」，後者指「當然之則」之理由，理據：

---

[31] 同上註，頁52-53。

[32] 陳來：《朱熹哲學研究》（北京：中國社會科學出版社，1993），頁194。

[33] 劉述先：《朱子哲學思想的發展與完成》（臺北：學生書局，1984），頁471。

「天下之物則必各有所以然之故，與其所當然之則，所謂理也。」《大學或問・卷1》

「其所以然，則莫不源於天命之性。」《論語或問・卷8》

「此事此物當然之理，必有所從來，知天命是知其所以來也。」《朱子語類・卷23》

「天下萬物當然之則便是理，所以然底便是源頭處。」《朱子語類・卷117》

由是，「所以然之故」的理是證成「當然之則」的理，而「所以然之故」又是來自「天命之性」，因此，「道德的基礎」在「天命之性」上。故「窮理者，欲知事物之所以然與其所當然者而已。知其所以然故**志不惑**，知其所當然故**行不謬**。」《文集・卷64》

然而，如何了解這「天命之性」呢？牟宗三先生認為：「朱子所說的『所以然之理』是形上的、超越的，表示一『存在之理』，相當於萊布尼茲所說的『充足理由原則』，說明一現實存在何以單單如此而不如彼者。萊布尼茲之『充足理由』最後是指上帝說，而在朱子則即是太極」。[34]這種對朱子的了解，提示出可以西方的「內在目的論」來會通朱子，故牟宗三先生晚年主張「『目的因』這一詞語中國沒有，但不能說這個意思中國也沒有。其實只有儒家始屬於目的論的系統」。[35]其實錢穆先生也早指出此方向，「天地只是一自然，此是無心的。但若只說理與氣，一則冷酷無情，一則紛擾錯綜，不能說人生界一切道理便只從這無情與紛擾中來，儒家因此從宇宙大自然中提出一生命觀，理則名之曰生理，氣則稱之生氣」[36]。他認為朱子相信「此宇宙大整體，乃是一至仁之體」[37]，因為「朱子從此理論上特地提出一『仁』字。朱子說：『仁是天地之生氣。』……『天心地生造物時，便有箇仁。』『仁便有箇動而善之意。』」[38]所以，「天命之謂性，命便是告劄之類。性是合當做底職事，如主薄銷注，縣尉巡捕。心便是官人，氣質便是官人所習尚，或寬或猛。情便是當聽處斷事。如縣尉捉捕得賊，情便是發用處。」[39]據此錢穆先生說：「人生一切職事，還是由天所派。但人在此等職上，還得自作主宰。天派了你職事，不能代你主宰」[40]；可惜，錢、牟兩先生沒有再進一步仔細地以目的論來詳釋朱子倫理思想的，這是我們往後努力的方向。

---

34 牟宗三：《心體與性體》，第一冊（臺北：學生書局，1968），頁89。

35 牟宗三：《四因說演講錄》，臺北：鵝湖出版社，1997年，第21，頁216-217。

36 錢穆：《朱子新學案》，第一冊，〈朱子學提綱〉，收入《錢賓四先生全集》，第十一冊，頁60。

37 同上註，頁65。

38 同上註，頁63。

39 同上註，頁57。

40 同上註，頁57-58。

第九章　程伊川義理概念之實踐性展開——兼論錢穆詮釋伊川思想之貢獻[1]

中央大學哲學研究所
黃崇修

一、前言

程子曾言：「醫家以不認痛癢謂之不仁，人以不知覺，不認義理為不仁」[2]。朱子對此論點深表贊同而說道：「伊川有一段說不認義理，最好。只以覺為仁，若不認義理，只守得一箇空心，覺何事！」。[3]根據朱子說法，「不認義理為不仁」一段應該是程伊川所言，而且就伊川或朱子而言「認義理與否」可作為判定學者能否體仁之重要判斷標準。

不過，人為什麼不認義理就是不仁？此處所言義理是在什麼立場下與仁有關？如果與仁有關；義與理又是怎樣的邏輯關係而形成其道德實踐上的價值？針對以上諸問，筆者認為有必要從伊川理學背景，也就是周敦頤、張載、明道等師友言說中進行探究，繼而在這些宋代儒學建構過程線索中，找到伊川繼承先秦仁義思想特色與轉進軌跡。尤其筆者拙著探討明道仁學概念之結論中提出，韋政通先生質疑明道仁學消融主客關係從而學理上缺乏犧牲承擔、捨生取義之實踐指涉可能；如此一來，孔孟時期強調與困境搏鬥的生命感動在此種仁學系統下就有可能被抹煞忽略而失去行動力。[4]

1　本文乃筆者執行科技部「定靜工夫視野下之仁義概念研究——以程明道與程伊川之言說為開端」（MOST 107-2410-H-008 -055 -MY2）專題計畫之第二年計畫。筆者主要根據拙文〈周敦頤《太極圖說》定靜工夫新詮釋——以朱丹溪情志三鬱說思維結構為視點　第一部分：定之工夫〉初步所得結論，繼去年探討「仁以防治憂鬱」之後，進一步針對「義以防治怒鬱」論述理據，試圖作一更清晰之哲學性展開。

2　宋・程顥、程頤：〈二先生語二上〉，《河南程氏遺書》，卷第二，收錄於《二程集》上（北京：中華書局，2012），頁33。

3　宋・朱熹著，宋・黎靖德編：《朱子語類》，卷101（臺北：文津出版社，1986），頁2562。

4　韋政通認為：「明道也知道『博施濟眾，乃聖人之功用』，也提到己立立人，己達達人，但他的了解是：『欲令如是觀仁，可以體（一說得）仁之體。』體仁之體者，言由此可體會得『仁者混然與物同體』也，這個了解，是混同了人我的分際，顯現仁愛的境界，使道德的客觀承擔與悲憫情懷反而不彰。孔、孟的仁者精神，豈是能「以誠敬存之而已」的？豈僅是『以此意存之，更有何事』的？仁愛精神如只限於個體的『存』與『守』，最後很難不流於道德熱情的冷卻，而忽略了終極關懷的不息奮鬥。境界不是飄飄蕩蕩的光景，他是由為道德理想犧牲的大小，方足以決定其高下的。」對此觀點，明末清初傳教士利馬竇也是持有相類似的觀點。不過對此類似說法，林月惠認為事實並非韋政通等人所論，明道所言之仁恰好是道德力

假設韋先生的說法有其意義，那麼伊川所強調的義理概念是否能夠成為完整詮釋明道仁學道德實踐力之關鍵因素。這是筆者近年探討「中正仁義」定止工夫之際，最後必須處理的議題所在。

因此對於韋政通之質疑，本文且不論其問題是否合理，但就當代心靈尋求普遍客觀說明之要求下，韋政通的提問應該有其時代之真切性，而其問題之消解似乎也必須進一步透過仁、義關係的再認識才有可能回答。也就是說，要回應韋政通的質疑，首先必須說明義是否可以與犧牲承擔、捨生取義之「勇」德形成連結，繼而據此深入掌握仁在義的指涉義涵中扮演的角色，唯有如此才能務實回應韋政通所提之哲學提問。

針對以上問題脈絡所開展的思考路線，本文研究方法將顧及兩個向度：一為橫向的學術社群互動，再者為縱向的歷史傳承解讀。首先關於縱向歷史傳承部分，筆者必須針對伊川對孔孟義理概念進行思想史解讀，以期從中獲得伊川義理概念之基本論述輪廓。尤其伊川如何以其個人之時代認知而對孔子〈為政〉「見義不為非勇也」、孟子〈公孫丑上〉「集義養氣」等言說轉折論述，從而在「義命之辨」思維基礎下，開出儒學「敬以直內，義以方外」之外王論述空間。這是本文首先必須顯明之處。

至於橫向研究部分，筆者將延續先前探討周敦頤、張載中正觀以及程明道仁學之研究成果[5]，以周、張「中正」概念具有類似《管子》「中靜形正」實踐邏輯立場，探討「中靜形正→天仁地義」論述形式是否也可以作為理解二程仁義概念轉進的另一參考路徑。進一步地說，就先前研究整體結構來看，仁概念既然可在中正而誠以顯仁的實踐路徑中把握[6]；那麼同理而論，在伊川或二程所共許「不知義理為不仁」論述邏輯下，「天仁地義」論述邏輯或許也可以成為豐富伊川「義理」實踐性義涵的另一重要線索。

透過上述研究路徑的基本展示。以下先縱向地針對孔孟義理概念發展作一爬梳。

二、孔孟如何言「義」？

首先，當我們追問伊川「義理」概念歷史傳承之際，筆者認為必須先就孔子以來「義」概念使用作一探討，因為自孔子開始，「義」本身就已經是重要的德目而被多元使用發揮。比如《論語》關於義之論述多處可見：

量之根源。韋政通：《中國思想史》（臺北：水牛圖書出版社，2005），頁1131-1132。

5 請參照黃崇修：〈論程明道識仁言說之實踐性義涵：「中正而誠」視野下之還原與展開〉，《國立政治大學哲學學報》2020年第44期，頁69-116；張載〈〈中正篇〉中正概念之研究——定靜工夫視點下之嘗試性解讀〉，《國立臺灣大學哲學論評》2019年第57期，頁1-48；〈《太極圖說》中正概念之工夫實踐還原——以《管子》「中靜形正」言說為核心〉，《國立臺灣大學哲學論評》2018年第56期，頁37-86。

6 參見拙著：〈論程明道識仁言說之實踐性義涵：「中正而誠」視野下之還原與展開〉，《國立政治大學哲學學報》2020年7月第44期，頁67-118。

君子喻於義，小人喻於利。〈里仁〉

德之不脩，學之不講，聞義不能徙，不善不能改，是吾憂也。〈述而〉

飯疏食飲水，曲肱而枕之，樂亦在其中矣。不義而富且貴，於我如浮云。〈述而〉

透過上述三引文內容我們可以明顯看到，孔子將「義」鎖定在實踐者之行事範疇上而論，而此義是作為判斷道德行為是否成立之重要準則，所以孔子說：

非其鬼而祭之，諂也。見義不為，無勇也。〈為政〉

遇到該做的事卻不敢做，這就是沒有勇氣，如果沒有勇氣也就談不上什麼道德。此在孔子所處時代便是如此。在當時社會中所謂「智仁勇」是作為評斷君子之三種德性，其中「勇」也是一個重要德性，所以「見義不為而無勇之人」是談不上什麼道德的。至於孔子為何以義來界定勇，此時義的具體指涉內容為何？他是否有一個更內在或超越的判斷基準作支撐？因為根據〈憲問〉所述，孔子也明確提出：「有德者，必有言。有言者，不必有德。仁者，必有勇。勇者，不必有仁。」由此看來，勇是相對於仁義而屬於第二義之概念存在。不過「仁」與「義」既然同樣具有界定「勇」之義涵，因此兩者都具含攝勇概念之邏輯關係，如此一來，就哲學語言分析來看，我們似乎面臨到兩種概念對單一對象的相同指涉問題。於是在此看似矛盾的論說中，我們就只能從兩種方向來理解孔子的說法。也就是說，首先我們大可從德性教育角度以較寬鬆的態度，理解孔子因材施教隨事指點的彈性說法；另一種就是我們透過孔子以「仁」「義」對勇的界定，進而發現「仁」與「義」在孔子思維中可能存在著密切的內在邏輯關係。

對於上述第一種推論，我們若從孔子的言說內容來看，的確可以發現到孔子的教化具有隨事指點特色，尤其對於仁之詮釋方式常有對象差異之相應性說明，故而孔子以仁釋勇或以義釋勇的道德論述在此背景下是可以理解的。不過即便如此，就哲學客觀學術要求來看，孔子此種重疊性定義模式多少導致理解上的混淆。因此我們對於孔子道德教育中所留存的學術課題，筆者認為有必要對其進行更務實而親切地討論，唯有如此才能還原孔子原始思維結構，並使其成為普遍對話之可能。順著筆者所提出之問題脈絡，我們採用第二項推測立場，進一步針對仁、義與勇概念之間的連結進行分析進而尋求其內在理據所在。首先，我們引用當代學者錢穆先生對上述〈憲問〉說法以為討論開端：

仁者出乎真情，遇事勇為。勇者或逞血氣，未必出其內心之真誠也。此孔子言勇與仁之辨也。故孔子言仁，蓋已包含有知、勇二德，為心理活動最高美而最圓滿之一境。[7]

就錢穆的角度來看，世稱之勇者有可能是一種血氣之勇而非出自內心真誠所發出之力量；而真正的仁者任事必出乎真情，因而面對事物時也具備勇敢果決的道德實踐力。依此而論，孔子思維中凡稱得上仁人君子者，也一定具備成為勇者之道德實踐力。反過來說，當孔子強調「見義不為→無勇也」，我們若就此邏輯推論，當學者沒有勇氣實踐義務之際，就可明瞭他還沒進入到仁的心境，而學者若不能體現仁心，此時之心只是概念認取，其所得之「義」就只是一種假知或空懸之虛理，因而此種實踐格局不能提供學者確切實踐道德義務之保證。所以說，如果義確實為孟子所言為一種內在於心的道德標準，那麼此準則就必須掛在仁心之內而立說，唯有如此，義才能含攝道德實踐力而成就勇氣，否則義只是仁心之外而不保證百分之百的道德實踐。

錢穆於引文中說道：「孔子言仁，蓋已包含有知、勇二德」，我們若將此處義理解為一種內在於仁心之道德準則或義理，那麼此處之義概念就有可能成為道德認識對象而與「知」對應，並且因著義作為一種道德準則之理而沒有原動性，所以仁作為義之道德實踐力主體，三達德「知」之屬性便與「勇」共同隸屬於「仁」而為第二義之存在。如此一來，仁與知、勇在孔子思維中應該不是平行關係，而是一種仁義涵攝知、勇的體用關係。

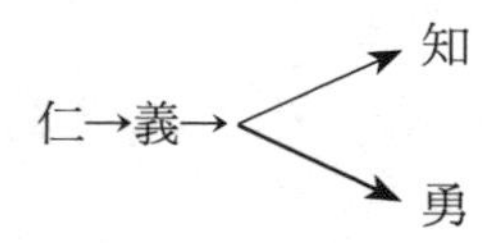

當然以上邏輯論述只是根據錢穆等後世學者詮釋思維之初步推論，單就《論語》文本來看，孔子本人對此並未明確提出，所以我們需要更多文獻支援而不能妄下判斷。於是當我們將焦點轉向孔門重要繼承者孟子而進一步考察，我們發現到孟子〈公孫丑上〉知言養氣章所論養勇、養氣、知言等議題，在哲學義理角度上來看，雖然沒有直接論及仁與義關係，但就文本所觸及的義理而言，的確可以作為孔子論勇、知、義之際較貼切的回應，尤其其中養勇討論所聚焦之集義問題更可扣緊本文探討義理之核心概念所在[8]。比如孟子回應門人：「不動心有道乎？」之際，他斬釘截鐵地如下回答：

---

[7] 錢穆：《四書釋義》，收錄於《錢賓四先生全集》（臺北：聯經出版社，1994），第二冊，頁86。

[8] 關於孟子養勇、集義之後的知言討論，因限於篇幅茲不在本文討論。筆者僅列出原文如下以供參考：「何謂知言？曰：『詖辭知其所蔽，淫辭知其所陷，邪辭知其所離，遁辭知其所窮。生於其心，害於其政；發於其政，害於其事。聖人復起，必從吾言矣。』」，不過此處知言之議題與孔子「有德必有言，有言不必有德」之說，兩者內容的相關性值得注意。

曰：「有。北宮黝之養勇也，不膚撓，不目逃，思以一豪挫於人，若撻之於市朝。不受於褐寬博，亦不受於萬乘之君。視刺萬乘之君，若刺褐夫。無嚴諸侯。惡聲至，必反之。孟施捨之所養勇也，曰：『視不勝猶勝也。量敵而後進，慮勝而後會，是畏三軍者也。舍豈能為必勝哉？能無懼而已矣。』孟施捨似曾子，北宮黝似子夏。夫二子之勇，未知其孰賢，然而孟施捨守約也。昔者曾子謂子襄曰：『子好勇乎？吾嘗聞大勇於夫子矣：自反而不縮，雖褐寬博，吾不惴焉；自反而縮，雖千萬人，吾往矣。』孟施捨之守氣，又不如曾子之守約也。」

戰國時期是一個充滿動亂而不穩定的年代，可以想像當時之個人或國家無不希望找到一種安身立命的定止之道，其中關於「不動心」的討論便是在此社會氛圍下的必然產物，因此當孟子面對此時代議題之際，他直接將此命題導向「養勇」平臺上進行討論。也就是說，在此發展脈絡下「養勇」的相關討論可視為孟子回應先秦「定止」工夫議題的具體說明。根據引文內容，孟子舉出了北宮黝、孟施捨兩種養勇型態，透過兩種養勇型態比對，我們大致可以掌握到北宮黝之勇屬於血氣之勇，且此種勇不如孟施捨守氣之勇；另外，筆者進一步透過「孟施捨之守氣，又不如曾子之守約也。」言說內容可知，孟子文本前段所強調孟施捨之守氣，歸根就底還是不如曾子守約（守心循義）之勇。於是經過筆者逐步分析，我們發現到孟子思維中養勇類型，依序分別有：血氣之勇→守氣之勇→守心之勇三種層次。[9]

至於引文中提及孔子「大勇」之說法，當代學者陳立勝有專篇討論：「曾子十篇之〈制言〉有語云近日羅焌指出：『曾子不宛言，不屈行，不避危難，惟以仁義為歸。其大勇實聞諸孔子，而孟軻氏得其傳焉』[10]顯然，曾子所謂大勇實是與『義』聯繫在一起。考慮到後文孟子與告子『不動心』之辯，則可推知『大勇』乃由『集義』而臻『不動心』之境界。」[11]根據陳氏說法，勇概念發展乃是依著孔子→曾子→子思→孟子之傳承關係而來，故而孟子論不動心之勇乃由集義工夫呈現，且與孔子之大勇精神一脈相承。於是在此背景理解下，我們重新解讀孟子集義養氣的論述內容：

敢問何謂浩然之氣？曰：「難言也。其為氣也，至大至剛，以直養而無害，則塞於天地之閒。其為氣也，配義與道；無是，餒也。是集義所生者，非義襲而取之也。行有不慊於心，則餒矣。我故曰，告子未嘗知義，以其外之也。必有事焉而勿正，心勿忘，勿助長也。

[9] 朱熹：《孟子集注》：「小勇，血氣所為；大勇，義理所發」。《四書章句集注》（臺北：大安出版社，1996）。

[10] 羅焌：《諸子學述》（上海：華東師範大學出版社，2008），頁122。

[11] 陳立勝：〈論語中的勇：歷史建構與現代啟示〉，收錄於《「身體」與「詮釋」：宋明儒學論集》，頁159-160。

孟子認為告子義理外求之說是一種錯誤的理解。孟子認為義是內在於心，我們只要在行為上檢視自己是否事事無愧於心就可以知道自己是否行事得宜而得義。若能集義，至大至剛之浩然正氣自然充沛於天地之間而不會有氣餒之情事，所以孟子才會說浩然正氣是直養而無須依靠外在條件促成的。透過本文初步解讀，我們知道集義就是達到大勇不動心的最具體工夫，而義在儒學工夫實踐系統中占有相當重要之位置。[12]

三、伊川對孟子「義理」之理解及轉折

透過上章初步討論，我們大致掌握到孟子所強調之義是內在於心，且義是作為養浩然之氣之關鍵所在。但是當我們進一步追問此內在於心之義該如何掌握？它的具體內容又是如何？此在孟子中除了有類似《孟子‧萬章下》：「夫義，路也；禮，門也。」之舉例式說明之外，對於義之深層義函似乎沒有進一步之說明。鑑此，筆者認為有必要將此集義或不動心之相關議題，進一步銜接到北宋定靜工夫議題上討論以求掌握其中深義。

根據朱子《近思錄》所編選文獻，我們可以確定周敦頤、張載、程顥、程頤四位理學家的論點可為北宋時期儒學代表。而其中周敦頤除了是二程兄弟的啟蒙老師之外，張載也是二程的叔叔，由此可知，北宋四大儒者之間的學術發展應該是在互動交流的情況下交叉形成的，而程伊川於年紀上作為四者之末，其學術思想形成，顯然無法迴避掉前三者直接或間接之影響。此為我們討論伊川對義解釋之際不可忽略之一環。比如周敦頤《通書‧誠幾德第三》：「愛曰仁，宜曰義，理曰禮，通曰智」，周敦頤以處物合宜之「宜」作為指涉義之內涵所在，或許伊川受到《禮記》以來「義者，宜也」乃至周敦頤「宜曰義」之解釋路線，認為義是人心面對事物而發出之合理判斷，不過對此說法，伊川卻有更精微之界定。其中師徒間的差異我們可以透過朱子的評判得到一些線索：

> 正淳問：仁者，心之德，愛之理。義者，心之制，事之宜。德與理俱以體言，制與宜俱以用言否？曰：心之德是渾淪說，愛之理方說到親切處。心之制卻是

---

[12] 筆者曾經在拙文〈周敦頤《太極圖說》定靜工夫新詮釋——以朱丹溪三重鬱說思維結構為視點　第一部分：定之工夫〉中作了初步爬梳。研究結果指出基本上除了《禮記‧中庸》將義詮釋為：「宜也」之外，於《禮記‧禮運》中亦有「義者藝之分，仁之節也。」而《荀子‧彊國》中有「夫義者，所以限禁人之為惡與姦者也」之言，以及「義者，內節於人而外節於萬物者也。」之說。至於朱熹則兼述二義而有「義者，心之制，事之宜也。」也就是說「義」之含意，其表現在內心有節制之意，表現在外顯上則為合乎事理之行為。尤其面對人欲之際，則更顯現出其中一來一往之張力。而這種理欲交戰的論述甚至可在兵家書籍中找到印證。以至於內攝於仁之義，則被擺置於二先生語之言說中而無法確知。不過伊川較明道長壽，所以有機會整理自己的思維系統而漸漸地形成自己的哲學特色。這個特色就是在明道仁學之基礎下所開創出之「義理」系統。

說義之體，程子所謂「處物為義」是也。揚雄言「義以宜之」，韓愈言「行而宜之之謂義」。若只以義為宜，則義有在外意。須如程子言「處物為義」，則是處物者在心，而非外也。[13]

由此可知，周敦頤「宜曰義」之說雖然已較揚雄、韓愈有彈性之解釋空間，但是就伊川「在物為理，處物為義。」[14]的界說而言，朱子認為伊川試圖將義概念拉回孟子義內說的立場還是比周敦頤相對明顯。比如伊川詮釋孟子集義養氣之際，他對「義」之理解已經有較深刻之哲學向度：

浩然之氣，天地之正氣，大則無所不在，剛則無所屈，以直道順理而養，則充塞於天地之間。「配義與道」，氣皆主於義而無不在道，一置私意則餒矣。「是集義所生」，事事有理而在義也，非自外襲而取之也。告子外之者，蓋不知義也。[15]

伊川在此段話中，認為集義不可有私意存在，若有私意存在則必然氣餒。因此學者養正氣之關鍵不是停留在事物之理上探究而已，最重要地是要讓心氣遵循內心面對事物所體現之義而形成一種至大至剛之道德力量。由此可知，伊川對於集義之理解雖然是以事物為基礎而論說，但是此事物之理卻是透過內在之義所裁決顯現而得。伊川強調：「在物為理，處物為義。」便是說明人心面對事物由內而發之合宜準則便是義之所在。職是之故，氣因著「配義與道」以至於能夠至大至剛，孟子為了突顯集義之氣與血氣不同，因而特別稱之為浩然正氣。伊川接著說：

浩然之氣，既言氣，則已是大段有形體之物。如言志，有甚跡，然亦盡有形象。浩然之氣是集義所生者，既生得此氣，語其體則與道合，語其用則莫不是義。譬之以金為器，及其器成，方命得此是金器。[16]

我們發現，伊川在區分道、義概念之際，他以道體、義用之體用關係來說明兩者

---

[13] 另外，伊川曰：「敬即便是禮，無己可克。大而化，則己與理一，一則無己」。宋・程顥、程頤：《河南程氏遺書》，卷第十五，〈二先生語二上〉，《二程集》上，頁143。

[14] 宋・程顥、程頤：《周易程氏傳》，卷第四，《二程集》下，頁968。

[15] 宋・程顥、程頤：〈二先生語一〉，《河南程氏遺書》，卷第一，《二程集》上，頁11。

[16] 《河南程氏遺書》，卷第十五，《二程集》上，頁148。另外《河南程氏遺書》卷十八亦有言：「配義與道，謂以義理養成此氣，合義與道。方其未養，則氣自是氣、義自是義。及其養成浩然之氣，則氣與義合矣。本不可言合，為未養時言也。如言道，則是一個道都了。若以人而言，則人自是人，道自是道，須是以人行道始得。言義又言道，道、體也，義、用也就事上便義言。北宮黝之勇必行，孟施舍無懼。子夏之勇本不可知，卻因北宮黝而可見。子夏是篤信聖人而力行，曾子是明理。」另外，針對伊川的說法，朱子也運用其論而說道：「其為氣也，配義與道；無是，餒也。」配，合也。義者，人心之節制之用；道者，人事當然之理。」朱熹：《朱子語類》，卷五十二，頁1257。

概念之區分。也就是說，道是普遍原則而義是道之個體化原則，所以義必須是在事物作用上體現出來，如同理一分殊月印萬川一樣，川上之月乃天上之月所照映出來的。不過我們必須注意的是，伊川此處所言義之用並非後天物質之實用概念，而是如同製作金器一樣，其中使得金（氣）成為金器（浩然之氣）時，匠工心中所具的想法或構想（義），所以義之用不是物質性之器用而是使氣能夠作用之形式條件。不過如此一來，義如果是使氣能夠作用的形式條件，那麼義是否就是根據外在理據而形成其內在的形式條件，對此質疑，伊川如下說道：

> 又問：義莫是中理否？曰：中理在事，義在心內，苟不主義，浩然之氣從何而生？理只是發而見於外。[17]

根據引文內容，我們可再次確定伊川遵循孟子義內說思維，認為我們不能以中理來界定義，因為義是內在於心而非外鑠的，如果將義界說為中理，如此一來，義便是以外在事物之理為依據而失去其心中本具的主體內容，這是伊川所反對的。所以伊川強調中理就只能在事上而言，而義必要就心而論，且外在之事理只是心之義理發用而見於外，唯有如此學者才能依循自己心中本具之理而集義養氣。[18]

由此看來，伊川文獻中慣常使用「義理」一詞，其義應當是就人心處物之際由內心而發之理來保握，這一點必須清楚點明以免有所混淆。所以伊川在討論義理與事理之際還是堅持義理內在說的立場：

> 義，還因事而見否？曰：非也。性中自有。或曰：無狀可見。曰：說有便是見，但人自不見，昭昭然在天地之中也。且如性，何須待有物方指為性？性自在也。賢所言見者事，某所言見者理（如日不見而彰是也）。[19]

不過筆者順此脈絡進一步推敲，既然義理內在於心無須外求，那麼伊川該當如何回應：「人敬以直內，氣便能充塞天地否？」之提問。因為人若真能直內那麼便能通達義理，所以持敬工夫似乎已具備養氣之可能。對此提問，伊川毫不含糊地如下明確表達：

> 氣須是養，集義所生，積集久，方能生浩然之氣。人但看所養如何，養得一

---

17 《河南程氏遺書》，卷第十八，〈伊川先生語四〉，頁206。

18 錢穆先生引朱子說法：「朱子曰：程子謂『處物為義』。揚雄言『義以宜之』。韓愈言『行而宜之之謂義』。若只以義為宜，則義有在外意思。須如程子言，則處物者在心，而非外也。」認為「古人言仁、義、禮、智諸德，宋儒必引而內之，一歸其本於心。此理學家之貢獻。」《宋代理學三書隨箚》，收錄於《錢賓四先生全集》，第10冊，頁126-127。

19 《河南程氏遺書》，卷第十八，〈伊川先生語四〉，頁185。

分，便有一分；養得二分，便有二分。只將敬，安能便到充塞天地處？且氣自是氣，體所充，自是一件事，敬自是敬，怎生便合得？如曰『其為氣，配義與道』，若說氣與義時自別，怎生便能使氣與道合？[20]

伊川認為氣須要養，集義之「集」是「積集」之意，所以此處所論之集義，就伊川：「人要明理，若止一物上明之，亦未濟事。須是集眾理，然後脫然自有悟處。」[21]說法來看，集義就是統合眾理而一貫體行之義。由此可見，伊川詮釋集義概念已經與張載以「行眾善」解集義之路徑有所不同。所以正氣養得一分，便有一分；養得二分，便有二分，這是一種積養眾理以擴充正氣的概念。如同前引伊川所舉金器例子一樣，作為器具材料普遍存在的金（氣），只要經過匠工完整合宜之理念構想（處物為義），就可以做出功能或美感俱足的好金器（浩然之氣）出來。由此看來，伊川回應「持敬」是否就足以養氣的問題，伊川認為若說「以敬養氣」，那麼氣自是氣，敬自是敬，兩者有別，何以養氣[22]。反之，因為氣是配義而行，所以集義便能充塞天地而合其道。圍繞此議題，伊川於另外一段對話中亦針對敬義之區別有具體回應：

敬只是持己之道，義便知有是有非。順理而行，是為義也。若只守一箇敬，不知集義，卻是都無事也。[23]

事實上「敬以直內，義以方外」是《易傳》首出的觀點。伊川循著此傳統思維脈絡，認為敬只是一種直內的持己之道，所以持敬是一種心不應物而無事狀態下所進行的涵養心性工夫；相對於此，伊川認為「義以方外」概念可以與孟子集義養氣概念相通，所以他在另一段話中提出：「問，當用敬否？曰：敬是涵養一事。『必有事焉』，須用集義。只知用敬，不知集義，卻都無事也。」[24]觀點，說明若要從主體心境走向他者，不能只是持敬，其中還要願意進一步就現實事物尋得其理而謹慎實踐之，唯有如此才能達到理事圓融美而有光輝的大人境界。具體地說，唯有人心願意遵循內在之理而「順理而行」，義便自然體現，而且現實世界的建構溝通便成為可能。[25]

---

[20] 同上註，頁207。

[21] 《河南程氏遺書》，卷第十八，〈伊川先生語三〉，頁175。

[22] 《河南程氏遺書》，卷十五，伊川先生語一「入關語錄」。牟宗三認為此篇須與明道「一本篇」25條明道語合看。主一無適，「敬以直內」，便有浩然之氣。浩然，須要實識得他剛大直，不習無不利。敬即便是禮，無己可克。大而化，則己與理一，一則無己。

[23] 《河南程氏遺書》，卷第十八，〈伊川先生語四〉，頁206。

[24] 《河南程氏遺書》，卷一，〈二先生語一〉，收入《二程集》上，頁11。

[25] 不過，伊川另外對直內工夫也有一番肯定：「問人有專務敬以直內，不務方外，何如。曰：『有諸中者，必形諸外，惟恐不直內，內直則外必方。』」伊川認為吾人若真能真切落實直內的工夫，其最終亦必能完遂外方之工夫，也就是內聖開外王的可能。見《河南程氏遺書》，卷第十八，〈伊川先生語四〉，頁185。

我們順著伊川對義理的界定，我們大致可以從中了解到義理對於主體與他者世界連結之重要地位。而伊川這樣的觀點確實影響到了朱子以及他對門人的教化方針。比如針對前言所引內容：「醫家以不認痛癢謂之不仁，人以不知覺不認義理為不仁。譬最近」。（《二程遺書》卷二上），朱子與弟子間有如下之討論：

> 問：「上蔡說仁，本起於程先生引醫家之說而誤。」曰：「伊川有一段說不認義理，最好。只以覺為仁，若不認義理，只守得一箇空心，覺何事！」

另一段對話又有：

> 或問：「謝上蔡以覺言仁，是如何？」曰：「覺者，是要覺得箇道理。須是分毫不差，方能全得此心之德，這便是仁。若但知得箇痛癢，則凡人皆覺得，豈盡是仁者耶？醫者以頑痺為不仁，以其不覺，故謂之『不仁』。不覺固是不仁，然便謂覺是仁，則不可。」時舉[26]

根據上段師生對話內容，我們可以發現朱子認定此篇內容為伊川所述，且關於仁之詮釋立場上，我們據此內容也可多少區分出明道與伊川學問之差異所在。由於朱子不喜歡明道至謝上蔡一系僅以覺訓仁的詮釋方式，所以藉由此段與弟子間「若不認義理，只守得一箇空心，覺何事」的對話，表明了朱子自身強調仁德成就之標準必須是在事上呈現而非停留在主體內在心理感受而已。朱子這樣的工夫實踐路徑，似乎區分了明道與伊川學問入手之細微差異所在。也就是說，我們若循著朱子的說法，伊川所強調「認義理」之修養工夫正是伊川居敬窮理最核心重要之結穴所在。

四、當代學者對伊川義理概念之詮釋

承上所述，如果「認義理」在伊川的論述脈絡中是個關鍵，那麼此話之言說語境當該如何掌握？筆者認為在伊川論義的言說中雖然有不少的詮釋觀點，但是就論述張力而言，伊川對孟子即命言義的詮釋內容或許可以作為我們理解伊川義理概念之重要觀察點。伊川說道：

> 賢者惟知義而已，命在其中。中人以下，乃以命處義。如言求之有道，得之有命，是求無益於得。知命之不可求，故自處以不求。若賢者則求之以道，得之

[26] 《朱子語類》程子門人。另外《河南程氏遺書》中有關二先生語之記載，有時我們無法確辨出其中語辭內容是出自何人。不過有時我們還是可以透過思維系統之比照或後世儒學大家的解釋以為參考。

以義，不必言命。[27]

在命限的現實處境中，君子無須憂心於命運際遇之好壞，重要的是在此環境下，君子應該要謹守認取的是義理之所在，唯有如此所謂正道自然可以掌握而得。順著伊川此思維脈絡，我們將視野轉至當代學者的詮釋觀點之上以為進一步分析。而就當代學者之研究成果來看，學術界一般認為唐君毅先生「即命見義」的觀點最能解釋孟子「義」概念之「求則得之，舍則失之」旨趣。唐先生認為：

> 如在環境之限制下求而不得，人亦不當枉道求得以違義。故此環境之限制，亦即命吾人之當有所不為者。由是而安於此限制，即是順受一天之正命而行義。夫然，故存心養性而行義達道之事，與受命立命之事，固為二義，一如純自內出，一如自外定；然此自外定者，亦正是吾人之義所當然。

另外唐先生又說：

> 自孟子之人性論系統言，則人之心官大體之「義」，在擴充存養之事上；人耳目之官之小體之欲，欲富欲貴之欲之「義」，則在寡欲有節上。故人於耳目小體富貴之欲，求而不得時，其不得，是即命見義。即命見義，而人乃能不為其所不當為，而即在「命之限制」上，見吾人之「義」之所存，與本心之性或吾人真正之所之性之所在，兼知吾人之緣耳目小體而求聲色富貴之欲之性，實非人之本心之性或真正之性之所在。[28]

唐先生認為義可以透過人在困境中堅持「為所當為」之道德情操而掌握。因為人在命限環境中內在之道德力量最能被逼顯出來，因此即命見義可以說是一種真切體現人心內在義理底蘊的最佳取徑。

當然除了唐先生之外，錢穆對於孟子義命之辨命題亦有所注意，我們可由他對伊川上述說法之補充，了解到他本人的詮釋立場：

> 此條（案：指前引註伊川）伊川辨義、命有極深意。中國人多信命，遂不求，然此乃中人以下事。少數賢者則主求之以道，惟不義則不取。今人則不信命，不尚義，遂多求，而離於道，此更要不得。今人有好言自由。遇不義寧退不進，寧捨不取，此亦我之自由。（中略）孔子亦言命，如曰：『五十而知天命』（中略）與伊川此條中人以下之言命不同。伊川謂不必言命，此非違孔子

27 《河南程氏遺書》，卷第二上，〈二先生語二上〉，頁19。

28 唐君毅：《中國哲學原論》，收錄於《唐君毅全集》卷12，頁546。

所言，則又當知。[29]

錢穆對於伊川詮釋孟子義命之辨的內容給予極大之肯定。錢穆認為命之概念有兩種：一種是受氣運變化影響而有順逆好壞之命，另一種則是聖人知天命之天命。前者受陰陽氣化影響所以有命限；後者屬天道生生之所與所以恆常而寶貴。顯然，錢穆認為伊川此處所論之命是就人間際遇而言，所以君子無須理會其中得失，因為在此命限之另一面還有高貴的義，義是內存於人心而普遍的道德價值，所以人人可以操之求之而自然合道。所以就錢穆而言，所謂「不義則不取」的行為就是孟子義利之辨之具體發揮，同時也是當今社會強調「自由」之真實義涵所在。

不過此種透過道德主體當下萃取精煉逼顯出的「義」，畢竟是在現實命限下所展現之內在超越性個人體驗，其指涉義涵雖與筆者前節討論「集義養氣」，強調浩然正氣養成來自於內心義理敬持之論述脈絡得以貫通呼應，但是可惜的是這些都必須透過個人切實道德實踐才能自明性地掌握。於是當我們試圖透過理性而追求普遍客觀對話可能之際，上述操作性說明並無法滿足所有的人，比如當我們問及伊川：「在天為命，在義為理，在人為性，主於身為心，其實一也」《遺書・卷十八》」，其中「在義為理」此種概念性論述該如何理解？這並不是僅僅透過個人道德實踐之操作性說明便得以清楚說明。鑑此，筆者認為我們必須再從道德實踐之另一側面，透過文本論述而將討論方向聚焦於天道性命議題之上，藉以顯明伊川義理概念所指涉之現實語境所在。錢穆認為：

> 顥主敬，頤格物，在學脈上仍是一事，並無二致。只頤把顥說的再補充了其向外的一面，所以說：「敬以直內，義以方外，合內外之道也」我們也可以說，性之理即義理。若用近人術語說，頤所欲窮者，仍是人文世界之理，即性理，或義理；而非自然世界之理，即專限於物理。[30]

錢穆首先強調二程兄弟學脈是一貫的，兩者論點之差異，大致在於伊川相較於明道於教學上進行了更多的擴充性說明。另外，錢穆也明確界定伊川所謂義理事實上就是性理的概念，而此線索著實幫助我們從原初的操作性說明討論導向普遍對話可能。

何以言之？首先我們分析上述「在義為理」一句，其位置被伊川擺在「在天為命」及「在人為性」之間，而針對此文脈關係之分析，我們得以確認伊川視「義」為介於「天」、「人」之間的一種存在，而此存在既然在天道之下、人性之上，可知義概念所指涉之範疇應該就是我們地球上所見之萬事萬物（天→地→人之結構）。進而由於義所對應之理又與命、性、心相貫通而有內在連結，所以此處義理並非片指單一

[29] 錢穆：《宋代理學三書隨箚》第10冊，頁260。
[30] 錢穆：《宋明理學概述》第9冊，頁90。

事物之理而是一具有普遍意義的先驗之理。由於伊川強調理一分殊，推測錢穆先生得以據此合理地認為，伊川所要窮盡的義理因非專指單一存在之物理，所以它是一種人文世界意義下之理，必須透過人自身內在性理觀照所得出普遍存在之理。

不過，如果伊川所論義理即是性理的話，那麼此義理或性理是否也是心之理？此為伊川必須進一步回應的問題。因為單就伊川「在人為性」之後並未提出「在性為心」說法，顯然伊川對於心、性概念有所區別。牟宗三先生認為伊川雖肯認性即理，所以性理可通於義理，但是伊川認為心不等於性，所以心不等於理，於是牟宗三強調此種心性論立場即是二程學問差異所在。如果牟宗三所論中肯，那麼對照前節伊川強調義理內在於心之說，對於其中語意模糊或矛盾之處我們當該如何釐清分判？有待進一步討論整理。首先牟宗三針對伊川：「敬以直內，義以方外，合內外之道也」一段提出以下說明：

> 若由經驗地直內之經驗的敬心說入，則落於集義上所說之義內，乃至「內外一理」，雖是道德意義的，卻亦仍是心理學地道德的。不但義心如此，即仁心、禮心、智心亦皆如此。蓋經驗的敬心亦可內發羞惡、惻隱、恭敬、是非，而著見於事，此亦是「合內外之道」，但卻是經驗地敬心之「合內外」，所謂「涵養久，則天理自然明」也。即依此義而說為「心理學地道德的」。此是從後天的敬心說，不是從先天的本心說，仍達不到孟子的程度。雖表面上有迫切之貌似，而本質上仍不同。蓋其道德力量既無必然的強度性，亦無普遍的穩固性，此則不可不知也。

就牟宗三的說法，伊川所掌握的孟子義內說雖然也屬於道德層次，但是卻是「心理學地道德」。牟宗三主要的觀點乃在於強調伊川所掌握到的義心或仁心等等都只是後天經驗而非出自先天本心而說，當然牟宗三之所以特別本心與後天經驗式認知心之差別，其主要原因在於牟宗三認為認知心體系下所發出之道德力量沒有必然的強度而且也無普遍的穩固性。

不過相對於牟宗三哲學性批判分析，錢穆卻有不同的觀點。就筆者管見，錢穆主要以文獻佐證方法，認為伊川所掌握之義理乃透過「明睿所照」而非考索所得，故有其自在愉悅之處：

> 因周敦頤太極圖說，乃遠從自然界推演到人文界。而張載正蒙，二程也屢屢批評，總說其是「考索所得，非明睿所照」。換言之，則此等仍是「見聞之知」，而非「德行之知」。後人誤認所謂格物窮理者，也如他自己所看不起的所謂考索般，那就錯了。[31]

---

[31] 同上註，頁91。

如此一來，伊川的義理若是錢穆所認定為內心明照而來的德行之知，那麼此德行之知依理就不可排除具有本體發用之可能。[32]因為所謂「明睿所照」義涵是具有多種詮釋可能，而當我們依循目前對義理之「知」，轉而進一步分析義理之「行」的話，我們確實看到伊川強調義理操持過程中「道德心」的主導姿態。

> 義理與客氣常相勝，又看消長分數多少，為君子小人之別。義理所得漸多，則自然知得，客氣消散得漸少，消盡者是大賢。[33]

伊川自身不僅強調「德行之知」與「見聞之知」的區別[34]，透過他對義理與「客氣」相勝之工夫論式說法[35]，可知伊川的義理概念的確具有很強的道德實踐意識。所以就伊川而言，所謂「認義理」之「認」就不應該只解讀為經驗考索地「認知活動」，而是對此由內發出之義理，在其無條件之道德律令認取下，勇敢而無私地付出行動。因而這是一種強大道德實踐力之發動，一旦真由內心發出，學者應該不至於有道德實踐力虛弱的問題。

不過誠如牟宗三所擔心者，伊川的實踐系統即便可能有相當強度而且也是道德性的，然而他不是透過本心而發，所以道德的「實踐必然性」問題便成為其中主要的難題。而上引伊川義理與客氣相勝之論述體例，或許便成為牟宗三刻意區分二程心性論縱貫與橫攝系統差異，並依此判斷伊川心非理立場，將使工夫實踐可能出現道德實踐力不足之佐證之一。牟宗三在《心體與性體》提到：

> 此言存誠存敬，其背景仍是就實然的心理學的心施以後天的振作、整肅、凝聚之工夫以貞定之。誠敬只是工夫字，即就振作、整肅、凝聚亦只是這實然的心之經驗地表現。其實處即是「動容貌，正思慮」。「但唯動容貌，正思慮，則自然生敬」。此即是「閑邪」。（中略）如此言「敬以直內」是由實然的心之經驗地表現為敬，即由此敬經驗地直此實然的心使之轉成道德的。常常如此，即曰涵養。若先言涵養，亦須用敬來涵養，亦即，若想涵泳滋長此敬，亦須誠敬、不放肆不懈怠也。此即「涵養須用敬」一語之意。涵養是涵養那「經驗地

---

[32] 馮耀明認為：「伊川這種寂然不動的本心雖與明道、象山及陽明的心、性、理自一之心體並不一樣，只是一個合理、循性的心能、亦即一種能定、能止、能使物各付物或物來順應的心靈狀態或精神境界；但它卻是屬於形而上的項目，並不是形而下的心氣」。馮耀明：《中國哲學的方法論問題》（臺北：允晨文化實業股份有限公司，1989），頁72。

[33] 《河南程氏遺書》，卷第一，頁4-5。

[34] 伊川曰：「聞見之知，非德行之知。物交物則知之，非內也。今之所謂博物多能者是也。德行之知，不假聞見」。《河南程氏遺書》，卷第二十五，頁317。

[35] 此處伊川所使用客氣之概念應該是援用張載天地之性與氣質之性概念區別下，作為氣質變動不拘而有善惡之客氣概念。

直內」之經驗的敬心也，不是如孟子之言存養，是存養那先天的道德本心也。[36]

順者牟宗三的說法，如果伊川所言之心就只是「經驗地直內之心」，由於他是實然的心理學的心，所以其掌握之知或義理可能就不保證全然純粹無偏而道德實踐過程自然不能當下直貫而朗現。不過針對牟宗三這樣的觀點，我們另外提出錢穆對伊川：「欲知得與不得，於心氣上驗之。思慮有得，中心悅豫，沛然有裕者，實得也。思慮有得，心氣勞耗者，實未得也，強揣度耳。」所進行之詮釋，似乎還是可以看到錢穆對於伊川所掌握到的義理及其對應之實踐工夫有較積極之肯認：

> 揣度還是在聞見上求知，悅豫則在德行上真知。知之真得與不真得，便在這上分。「聞見之知」，物交物，引而愈遠，故覺心氣勞耗。「德行之知」，乃此心知得義理，義理即吾性分以內事，故覺中心悅豫。顥講「敬」要和樂，頤講「知」要悅豫，仍皆可自己體貼得。[37]

「『德行之知』，乃此心知得義理，義理即吾性分以內事」，可知錢穆認為伊川所強調之知為德行之知，且掌握之德行義理乃依循性內本具之理而得，故無所勉強而心中能夠悅豫。如此看來，伊川的實踐系統的確不可視為心外之學而輕忽小看。不過話雖如此，即便伊川義理乃「明睿所照」而非考索認知而得，但是透過下文之分析，伊川之義理似乎真如同牟宗三所言般，非由道德本心直接發用掌握而是透過思之睿而達到。

> 問：學何以至有覺悟處？曰：莫先致知，則思一日而愈明一日，久而後有覺也。學而無覺，則何益矣？又奚學為？思曰睿，睿作聖。才思便睿，以至作聖，亦是一個思。故曰：勉強學問，則聞見博而智益明。

伊川認為人要有覺悟必須先行致知，而致知的實際活動就是「思」，透過思明而覺不僅可以達至睿，最後也可成為聖人，所以單就伊川：「才思便睿，以至作聖，亦是一個思。」[38]一句可知，伊川強調義理乃「明睿所照」而來之說，事實上便是透過思之明睿而覺之過程，而此實踐路徑可說是伊川居敬窮理以作聖的真實義涵。而錢穆本人確實也曾經引用過上引文內容並說明伊川「並不推本到『良知』」[39]，因此我們可以確定錢穆與牟宗三一樣，兩者皆認為伊川將認義理之重點擺在「思」處作工夫。

---

[36] 牟宗三：《心體與性體》（臺北：正中書局，1986），頁386。

[37] 錢穆：《宋明理學概述》，頁87-88。

[38] 伊川：「思曰睿，思慮久後睿自然生。若於一事上思未得，且換別一事思之，不可專守著這一事。」宋．程顥、程頤：《河南程氏遺書》，卷第十八，〈伊川先生語四〉，《二程集》上，頁11。

[39] 錢穆：《宋明理學概述》，頁86。

只不過牟宗三認為伊川之心既然不等同於性，所以「思睿作聖」路線便無法直接由良知發用，故只能為意志他律之第二義存在；至於錢穆則以道德教育角度，接受朱子「明道宏大，伊川親切。」[40]說法，認為二程學脈實則一致，唯不同者在於伊川對於實際問題有較親切指導。這是值得注意之處。

五、天仁地義視野下之實踐性展開

透過上節討論，我們發現錢、牟對伊川工夫論之不同定位，主要在於心性論立場差異所產生對「思睿作聖」系統之評價高低。換句話說，「思」究竟只是牟宗三界定的氣心活動，還是錢穆肯認其與本體活動有密切之關係，此關係到討論伊川工夫論之際，評斷其學術地位之高低問題。鑑此，筆者認為有必要再回到伊川文本言說以求進一步解答：

> 然者何以窒其欲？曰思而已矣。學莫貴於思，為思為能窒欲。曾子之三省，窒欲之道也。

由引文內容可知，伊川所論之「思」不僅具有明睿照物義涵，更根本地說，「思」在伊川而言更是一種反躬自省不慊於心之活動。伊川透過內省之反思過程，最終達到窒欲而明睿顯理之目的，故在概念上來界定伊川此處所言之義理，便可再次確定此義理為性分之事，且為先驗演繹而來。如此一來，我們可知伊川所謂「認義理」雖非明道天人一本不分主客之圓教，但伊川求義理於心且透過思之明睿以達到無私大公之格局，或許我們也可以據此而說，伊川實踐系統具有道德的形上學基礎而頗具高度。對此推論，近年牟宗三重要弟子楊祖漢對伊川有類似相關的同情性理解：

> 依康得的分析，自由與無條件的實踐法則是互相函蘊（李秋零譯「互相回溯」）的，即無條件的實踐法則涵不受其他因素影響，自我立法之自由意志；而由於自由並不是無法則，自由意志所依的法則是其自己給出的，且只涵可普遍立法之形式，不能有任何質料，故只能是一無條件的實踐法則。由此可證法則與自由是相涵的，此義十分重要，因若此說可通，則人透過對道德法則的了解（當然必須是正確而深切的了解），便會要求自己純依理（只因理之故）而行，此時之心應便是心理為一的，或可說此即是自由意志。（中略）若此義成立，即不管是從自由意志或從無條件的實踐法則（即道德法則）來開始作分析

[40] 朱熹「宏大」是普遍原則，「親切」是將普遍原則於以個體化實踐，錢穆認為：「顯之教人，側重在如何修養自己的心，頤對此極多闡述，更添進許多實際的治學方法，教人如何獲得知識。」因此在錢穆來看，伊川與明道之學問並無二致，他認為伊川只是在個體化指導上更用心一些。

或思考，都會預設對方。依是則以心即理或以義利之辨言儒學的第一義，意義雖有不同，但其實相涵相通。若可相通，則兩者雖說法有不同，都可以是儒學的第一義。既是如此，程朱、陸王二系便可以相通或甚至相涵的兩個儒學理論。[41]

引文後段，楊祖漢總結式地認為：「不管是從自由意志或從無條件的實踐法則（即道德法則）來開始作分析或思考，都會預設對方。依是則以心即理或以義利之辨言儒學的第一義，意義雖有不同，但其實相涵相通。」對此說法，盧雪昆曾在相關文章中提出反駁而認為：「朱王二系有自律他律的不同」[42]所以不能透過康得自由與法則的互涵概念分析而給出程朱、陸王之會通。對於盧雪昆之質疑，楊祖漢則又另闢專文以為回應終而結束此論爭。對於兩位學者之論辯，筆者認為盧雪昆的說法可說是牟宗三論點之再強化，有其論述強度。但是就牟宗三將程朱系統判為「意志他律」說法本身，在西方哲學脈絡來看，事實上也是有討論之空間，因此反觀楊祖漢適時回應時代脈動而提出二系會通，反而可視為牟宗三哲學的活化而注入宋明理學研究新契機。而此種重構牟宗三哲學的哲學論辯，近年也有趨於活躍之趨勢，比如針對牟宗三將伊川所重視之知覺視為氣心活動之觀點，馮耀明有不同之看法：

伊川這種寂然不動的本心雖與明道、象山及陽明的心、性、理自一之心體並不一樣，只是一個合理、循性的心能、亦即一種能定、能止、能使物各付物或物來順應的心靈狀態或精神境界；但它卻是屬於形而上的項目，並不是形而下的心氣。[43]

馮耀明認為伊川之心知活動概念雖然與陸王不同，但是其能定、能止、能使物各付物或物來順應的心靈狀態或精神境界不應該屬於形而下之氣心，反而應該歸屬於形而上的項目，而如此觀點對於支持楊祖漢論證伊川成德之教亦可為儒學第一義之講法提供強而有力之佐證。除此之外，新生代學者黃瑩暖也試圖從「心之知覺」以及「知覺是智之事」角度探討朱子「心」具有道德動能之可能，[44]因而我們也可在程朱同系基礎下據此推論得知，伊川所強調的心之知覺，也可能因著學界重新對朱子心知概念層級之提升，間接推知伊川心知活動具有道德實踐力之可能。換句話說，就黃瑩暖的立場來看，伊川思睿作聖系統事實上也可能視為與四端本體相關之「智」的形上實踐

[41] 楊祖漢：〈再論程朱、陸王二系的會通〉，《當代儒學研究》2018年第24期，頁59。

[42] 盧雪昆：〈就對「思辨於成德是否必要」之論題的質疑作幾點說明〉，《鵝湖月刊》2017年第509期，頁11。

[43] 馮耀明：《中國哲學的方法論問題》（臺北：允晨文化實業股份有限公司，1989），頁72。

[44] 黃瑩暖：〈從「心之知覺」論朱子之「心」的道德動能——從「知覺是智之事」談起〉，《國文學報》，第57期，頁57-86。

系統（此部分須另闢專文討論）。

透過以上幾項佐證簡例可知，楊祖漢強調伊川成德進路，雖非陸王心即理、致良知之實踐形式，但是伊川強調透過誠敬反省或思之明睿所掌握之義理，亦可作為孟子義利之辨中支撐學者實踐無私大公（康得之無條件律令）之指引所在，而此種進路與陸王由本心良知而發之自由意志進路，就結果上皆可以是儒學第一義而可以會通。[45] 最後筆者再引述楊祖漢分析王學流弊原因以強化目前所得結論之合理性：

> 從自由意志開始也自然會回到對道德法則作充分了解。象山、陽明的立大本、致良知之說，也就是從意志自由開始來理解或體會無條件的實踐，應當也回頭對心即理中理的意義作充分的展示。然而在這一要求上，就可以看出陸王對於道德法則的全幅內容之展示，恐怕並不足夠。或並非不足夠，而是他們對於道德法則的內容的分解，被他們所強調的立大本、求放心、致良知之為首要工夫之義所掩蓋。或由於要扭轉朱子心、理為二的形態，強調了此心此理當下呈現，而且是一切道德行為的根源，因而輕忽了對於理的內容的展示。尤其順著陽明學發展的王龍溪、周海門，強調良知的自然無欲、知而無知，心意知物是一，強調了非分解的境界，對於道德法則本身的意義欠缺分解的說明，這恐怕就是王學所以會有末流弊病的緣故，即如果從自由意志開始，而不能回歸到對道德法則的分析與肯定，就會在實踐上流於蕩越。[46]

楊祖漢認為王學流弊的主因在於對道德法則本身的意義欠缺分解的說明，因此伊川思睿作聖的進路反而在積極肯定道德法則分析特質下，重新被賦予其工夫實踐之客觀價值。且藉由程朱學術評價之上調，我們看待伊川義理概念之際則有更舒坦之理解。尤其當我們重新回到伊川強調「不知覺」、「不認義理」為「不仁」的實踐語境中作思考，我們便會發現此種體認義理以檢視仁體的實踐方法，事實上就是一種對道德法則分析及實踐的過程，而楊祖漢認為此實踐可對應於孟子「義利之辨」且為儒學第一義之成聖工夫。

如此一來，伊川「不認義理為不仁」一句不但豐富了「義利之辨」之論述格局，藉由對義理普遍客觀性認取之強調，落實了孟子、周敦頤以來「思睿作聖」之實踐內涵。朱子說「明道宏大，伊川親切」此句「親切」便是對伊川強調由個體化尋求普遍義理進路所表達的一種肯認。而朱子這樣的觀察，的確也可在《二程遺書》中看到入手工夫之兩種發展特色：

---

[45] 我們發現伊川所強調心之知覺與義理呈現是同時存在而非獨存的，而且此種知覺與義理具現的致知結果最終呈顯出楊祖漢「心理為一」之大公無私仁道境界之展現，而此即是伊川強調「知覺」與「認義理」及「仁」道之邏輯關係所在。

[46] 楊祖漢：〈再論程朱、陸王二系的會通〉，《杭州師範大學學報》第41卷第5期，頁14。

去氣偏處發，便是致曲。去性上修，便是直養。然同歸於誠。[47]

首先關於「氣偏處發」之解釋，在同卷前條對話中亦提及：「人自孩提，聖人之質已完，只先於偏勝處發。或仁，或義，或孝，或弟。」[48]。我們檢視後文標註處「或仁、或義…」內容，便理解到二程並不反對由單一仁或義之氣偏處進行工夫實踐，而此即是楊祖漢認為由義理之無條件律令實踐可以成德之佐證所在。因此就目前一般看法，即便明道比較強調於性上直養下工夫，而伊川則於氣偏致曲處求分曉，然不管由何處入手，兩者皆可以達致誠的形上領域，因此也都可以成就儒學的終極價值。於是在此認知下，我們接著分析伊川以下內容：

人多思慮不能自寧，隻是做他心主不定。要作得心主定，惟是止於事，為人君止於仁之類。如舜之誅四凶，四凶已（一作他）作惡，舜從而誅之，舜何與焉？人不止於事，隻是攬他事，不能使物各付物。物各付物，則是役物。為物所役，則是役於物。有物必有則，須是止於事。[49]

由此可知，伊川認為一般人若要心思安定作主，最重要地就是要止於事，而就伊川而言，若要使物各付物而役物，則要掌握事物之義理，唯有如此才能止於事而義方外。伊川提到：「知止則自定，萬物撓不動，非是別將箇定來助知止也」可知，掌握到事物之義理以物付物便是伊川艮止工夫之關鍵所在。

然而話說回來，我們又要透過怎樣的方法才能真切地掌握到義理？關於這個問題，伊川雖然曾對《易傳》「敬以直內，義以方外」作出「敬只是持己之道，義便知有是有非。」說明敬並不能提供義之確切內容。但是他在其他文本中卻也提到：「問：人有專務敬以直內，不務方外，何如。曰：『有諸中者，必形諸外，惟恐不直內，內直則外必方。』」所以就伊川而言，若真能老實作持敬工夫，最終也是可以達到義之方外結果。[50]如此一來，當筆者整理伊川前後兩文本的語意邏輯，我們大致可以知道，持敬在伊川而言雖不直接提供義理之實質內容，但是持敬卻似乎可以間接作為顯明義理之際重要的支撐。何以見之，我們借用馮耀明的講法以為說明：

---

[47] 《河南程氏遺書》，卷第六，〈二先生語六〉，頁82。另外關於「氣偏勝處發」之解釋，在同卷前條對話中亦提及：「人自孩提，聖人之質已完，只先於偏勝處發。或仁，或義，或孝，或弟。」見頁81。我們檢視標註處「或仁、或義…」之說，便說明二程並不反對由單一仁或義之氣偏處進行工夫實踐，而此即是楊祖漢認為由義理之無條件律令實踐義可以成德之佐證所在。

[48] 同上註，頁81。

[49] 「為人君止於仁」，可見伊川認為仁義是有分別的，仁是普遍原則，義是仁之個體化原則。《河南程氏遺書》卷第十五，〈伊川先生語一〉。

[50] 大陸學者李永勝認為：「『敬以直內』是指內在的修養，二程用主敬、涵養之說以詮釋之，這是內教的部分。『義以方外』是指政治、倫理之事，二程另外提出窮理之說，這是外教的部分」。李永勝：《作為樂道者的孔子：論理學家對孔子形象的建構及其思想史意義》，收錄於黃俊傑編：《東亞視域中孔子的形象與思想》（臺北：國立臺灣大學出版中心，2015），頁103。

敬乃是意志凝聚的心靈活動，目的在使心處於虛一自主的在中狀態，不為外誘。這與注意力集中的問題是不相干的。認知活動也許要有集中的注意力以助成之，卻不必要涵養一不為外誘而虛一自主的心靈狀態。二程共許的「定」、「止」、「無我」、「兩忘」、「正心」、「持志」、「不動心」、「不累心」、「不繫於心」、「不役於物」、「不役其知」、「物各付物」、「以物待物」、「物來則知起」、「物來順應」及「萬物皆備於我」等觀念，都是環繞敬守此心而說的形容詞。[51]

馮耀明認為「敬」與注意力集中問題不相干，他認為：「敬乃是意志凝聚的心靈活動，目的在使心處於虛一自主的在中狀態。」關於此說法是否合乎明道誠敬工夫的深義，可有討論之空間。但就伊川理論系統而言，「在中」之說的確是合乎伊川思維的，因而此觀點的確幫助我們了解到伊川持敬工夫並非氣心而可視為本體活動之類型。另外值得注意的是，馮耀明認為伊川的敬是使心處於不為外誘而虛一自主的在中狀態，若果真學者能夠落實持敬而處於寂然不動的「在中」狀態，那麼喜怒哀樂愛惡欲七情便歸於寂，七情不妄動則心自能明通。因此我們可據此推論伊川所謂義理為「明睿所照」之說，其明睿狀態應該就是在持敬工夫下自然呈顯而被自覺掌握的。其實踐邏輯關係如下簡圖所示：

敬→在中→明睿→義理

不過話雖如此，就工夫實踐普遍操作上，一般人並非如聖賢般輕易就可達到虛一自主的在中狀態（敬以直內），因此要如何常保持敬的心境？前引伊川「思為能窒欲」，以及二程所共許的「節嗜欲，定心氣。」[52]觀點雖然在概念轉化上皆可視為伊川強調節欲、窒欲以保敬心的前階指導，[53]但就文本依據上，以下引文最可表示上述伊川主敬工夫之實踐結構：

閑邪則誠自存。……閑邪更著甚工夫？但惟是動容貌，整思慮，則自然生敬。敬只是主一也。主一則既不之東，又不之西，如是則只是中。既不之此，又不之彼，如是則只是內。存此則自然天理明。學者須是將「敬以直內」涵養此

[51] 馮耀明：《中國哲學的方法論問題》（臺北：允晨文化實業股份有限公司，1989），頁75。

[52] 《河南程氏遺書》，卷第六，頁81。

[53] 伊川此種藉由省身或節制慾望以貞定心氣的教法，事實上也可以說是對周敦頤《通書》聖學第二十：「一者，無欲也，無欲則靜虛、動直，靜虛則明，明則通；動直則公，公則溥。明通公溥，庶矣乎！」無欲主靜思維的具體展開。其中伊川「窒欲」之明照義理是開展周敦頤靜虛明通之實例，「節欲」之主敬定心是推進動直公溥之無條件律令之原始動力。

意，直內是本。[54]

伊川提出「動容貌，整思慮」則可以自然生敬之重要思維線索。至於我們如何理解所謂動容貌，整思慮的工夫指涉。根據筆者拙著研究得知，此句話事實上就是對《中庸》「齋莊中正，足以有敬」的宋代版詮釋。[55]其中「整思慮」就是省思改正心念之邪闢而歸於性之中，「動容貌」則是透過矯正四體之非禮而歸於心之正，此中正之道不僅是對周敦頤欲動情熾議題之回應，其義涵亦可見於張載〈中正篇〉，及回溯至《管子四篇》中靜形正格局。所以就工夫實踐邏輯來看，「中靜形正自然生敬，敬則誠在其中。」可視為伊川成聖工夫的內在實踐結構。伊川〈顏子所好何學論〉「中正而誠，則聖矣」便是對此正心養性工夫，透過中正以達誠敬的實踐邏輯進行總結性說明。

> 聖人可學而至與？曰：然。學之道如何？曰：天地儲精，得五行之秀者為人。其本也真而靜，其未發也五性具焉，曰仁義禮智信。形既生矣，外物觸其形而於中矣，其中動而七情出焉，曰喜怒哀懼愛惡欲。情既熾而益盪，其性鑿矣。是故覺者約其情使合於中，正其心，養其性，故曰「性其情」。愚者則不知制之，縱其情而至於邪僻，牿其性而亡之，故曰「情其性」。凡學之道，正其心，養其性而已。中正而誠，則聖矣。[56]

藉由上引內容分析以及本文章節推論結果可知，伊川成聖工夫確如朱子、錢穆所言，相較於明道有較親切之指導。兩者學脈雖然一致但明道歸萬殊於仁理之中，因此強調識仁誠存便可成德入聖；而伊川則強調天理遍存萬殊之中，[57]故提出居敬窮理工夫，試圖透過孟子義利之辨（無條件律令實踐）而敞開一扇人人可行的成聖之道。而且在此實踐過程中，伊川又正視人生所謂氣質偏勝問題，務實地以中正之道架構出誠敬成德之重要支撐。

中正→敬→誠→仁→明睿→義理[58]

---

54 《河南程氏遺書》，卷第十五，〈伊川先生語一〉。

55 拙著：〈《太極圖說》中正概念之工夫實踐還原——以《管子》「中靜形正」言說為核心〉，《國立臺灣大學哲學論評》第56期，頁44-45。

56 伊川：〈顏子所好何學論〉，《二程集》，頁577。

57 比如伊川解釋浩然之氣之天道性質時便引用地道之坤掛以協助說明。由此可知，伊川論述天人之學時，並不以明道天人一本立說，而是以類似《管子四篇》「中靜形正，天仁地義」格局分說仁義。「集義浩然之氣難識，須要認得。若要見時，且看取地道。坤六二，「直方大，不習無不利」。

58 經由筆者對伊川文本分析而出的實踐邏輯，在戴景賢的分析中也點出伊川強調「誠」、「明」之外，亦具有「敬」、「義」夾持之實踐工夫要求。「依伊川說，則性無內外，而心有內外，物、我雖一理而備於我，若求之性理之外，則一草一木皆有理，亦須察；「物」無分「外物」，抑「性分中物」，皆是「我」之心識所面對之對象。由此一觀點推衍，所謂「工夫」，不唯「明」、「誠」應兩進，「敬」、

因此當我們回過頭來重新看待「不知覺、不認義理為不仁」這句話，便可以知道，牟宗三判定此語為明道所出雖有其理，但是透過我們層層對伊川義理之實踐性概念分析，上表所展示伊川的工夫實踐結構，事實上也可以作為朱子或錢穆視此段話為伊川所出之佐證所在，而錢穆一貫地對於伊川思想給予高度肯定，其學術貢獻亦可在此處窺得一二。

六、結語

筆者以周敦頤「聖人定之以中正仁義」為定止系列探討命題，最終鎖定伊川「不認義理為不仁」之義理概念，進行縱向及橫向之哲學性探討。本文首先針對孔、孟、伊川等言論進行爬梳，掌握到伊川所言義理即是性理而且內存於心，所以心所知覺之對象，不是外在之物理而是人人心中本具之義理。

就伊川而言，對於心中義理不斷反省體悟的過程就是「思」，而思之過程若要由「常知走向真知」[59]，其先前條件就是要透過「明睿所照」而得，因為唯有學者進入此狀態才能保證此時認義理具有實踐無私大公之道德高度。就楊祖漢而言，此無私大公之德即是對於康得所謂無條件律令之實踐，因為此種無條件的工夫實踐，事實上如孟子義利之辨同樣具有道德價值，所以即便伊川入手工夫與陸王心即理的自由意志進路不同，但皆可判為儒學第一義之實踐系統。

鑑此，筆者分析錢穆援用朱子「明道宏大，伊川親切」之說，推知明道以宏大之普遍性原則；彰顯仁學之普世價值；伊川則以親切指導之事理反思；強化心知體悟義理的實存操作。也就是說，就義理分解而論，伊川義理之普遍性除了將明道所強調之仁體內容落實到個體實踐之外，他更務實地建構出「中正→敬→誠→仁→明睿→義理」實踐系統，此系統是從明道識仁圓教系統分出的具體展現，所以在錢穆而言，伊川義理以仁為本而具體化仁之普遍性，故明道與伊川學脈本是一致而入手不同。

反之，由於牟宗三強調明道仁學與伊川義理學問特質間的斷裂性，所以在「不認義理為不仁」一句可以反推出「體仁→認義理」的邏輯思維下，牟宗三據此判定此句應為明道所言。然而，且不論「不認義理為不仁」一句為誰所言？就楊祖漢成功地致力於融通程朱、陸王之儒學地位來看，由於兩套系統皆可推出仁具有蘊含義理的邏輯關係，所以錢穆或牟宗三的說法皆有其合理性存在而無須過度爭辯。

最重要的是，透過本文對伊川義理實踐性義涵之展開，我們發現不管是明道或伊

「義」亦須夾持。」見戴景賢：〈論二程之思想史地位與其論述所產生之哲學導引〉，《文與哲》第27期，頁254。

[59] 程子云：「真知與常知異。常見一田夫，曾被虎傷，有人說虎傷人，眾莫不驚，獨田夫色動異於眾。若虎能傷人，雖三尺童子莫不知之；然未嘗真知！真知須如田夫，乃是。故人知不善而猶為不善，是亦未嘗真知；若真知，絕不為矣！」。見《河南程氏遺書》，卷第二上，頁16。

川的實踐系統中，不忍人之仁心都可以作為實踐義理之際道德實踐力根源，因此韋政通將明道仁學視為仁義二分而失去犧牲承擔、捨生取義的質疑在此認知下便不具意義。也就是說，不論明道或伊川之工夫實踐，學者只要能夠真誠體現仁心，事實上其實踐結果已經蘊含義理之掌握，而義理之掌握同時順引了仁之道德實踐力之指涉方向，從而義理與道德實踐力在一體實行之現實處境中自然展現出大勇之精神格局而臨事不動心。

伊川言：「知止則自定，萬物撓不動」。我們透過伊川義理實踐性之展開，看到伊川所強調之認理實踐，著實在定止工夫命題上扮演著重要之角色。

第十章　中國傳統制度的因革
——論錢穆的唐宋史觀

香港公開大學人文社會科學院
趙雨樂

一、前言

錢穆史學在二十世紀香港史學界享負盛名，除了因為其治史專精以外，新亞研究所創立以來，門人不斷闡發其史學觀點，因而代代相承，成為中國史學界的中流砥柱。錢先生治史以史料的考證入手，研究範圍由先秦諸順序而下，有著自古至今的堅實解說。基於教學普及的方便，又陸續把課堂和演說心得，寫成《國史大綱》、《中國歷代政治得失》、《國史新論》、《中國學術思想史論叢》等通史論述，輔以歷史學上的個人解讀及筆記，例如發表《中國史學發微》、《中國歷史研究法》、《讀史隨劄》、《素書樓餘瀋》等。我們對他的史學觀念，開始具備整全的認識，進而可以看到錢氏孕育新亞史學，於亞洲史學的重要位置，構成當代中西的史學對話。

事實上，在同期的中國研究課題中，戰後日本史學界即產生了濃厚的興趣，從中國周邊民族研究入手的東京學派，以及中國內部人文政治經濟入手的京都學派，均熱烈討論著中國歷史的走向，即上古、中古、近世的時代推進階段，決定了中國發展的緩急，引起更深刻的「唐宋變革論」。錢氏史學，到底如何理解由古至今中國的歷史脈絡，又如何回應歷史的階段性質，是頗值得後學深思的問題。本文嘗試拋磚引玉，以唐宋為例，略述錢氏對時代因革的基本看法。其觀察心得，續由後學繼承，發展為愈拓愈闊的理論體系，也是拙文欲申明之處。

二、錢穆治史與新亞的創立

錢穆（1895-1990），原名恩鑅，字賓四，江蘇無錫人，中華民國中央研究院院士，香港新亞書院及新亞中學創校人，是我國著名的歷史學家和教育家，與呂思勉、陳垣、陳寅恪並稱為嚴耕望所評選的「現代四大史學家」。六歲入私塾讀書，因辛亥革命，中學學校停辦，遂在家自學。民國元年（1912年），任教於家鄉小學，先後八年，受聘集美、無錫三師、蘇州省立中學執教。1930年，錢穆因發表《劉向歆父子年譜》，受顧頡剛推薦，聘為燕京大學國文講師。在北平凡八年，先後授課於北京大學、清華大學、燕京大學、北平師範大學等校，與學術界友人時相切磋。1937年，發表清代學術史研究的力作《中國近三百年學術史》，其時正值抗戰，錢穆輾轉任教於西南聯大、武漢大學、華西大學、齊魯大學、四川大學、江南大學等高校。1940年，《國史大綱》出版，採取綿延的觀點了解歷史之流，堅持國人必對國史具有溫情和敬意。

1949年4月，錢穆與江南大學同仁唐君毅一起應廣州私立華僑大學校長王淑陶之邀，從無錫南下廣州。1949年10月，錢穆隨華僑大學南下香港，出任「亞洲文商學院」（新亞書院前身）院長。1950年，亞洲文商學院更名「新亞書院」，由於辦學有成，獲香港政府尊崇，1955年贈予香港大學名譽博士學位。1960年，錢穆應邀講學於美國耶魯大學，又獲頒贈人文學名譽博士學位。1965年，錢穆正式卸任新亞書院校長，應聘馬來亞大學任教。錢穆一生以教育為業，五代弟子冠蓋云集，余英時、嚴耕望等人皆出門下。1973年，錢穆等人創立新亞教育文化會，並在新亞書院位於九龍土瓜灣的舊址改辦新亞中學。1967年10月，錢穆自港赴臺。1968年，遷居素書樓。自錢穆來臺，築素書樓於臺北市士林區外雙溪。1968年，錢穆膺選中央研究院院士，翌年應張其昀之邀任中國文化學院（今中國文化大學）史學教授，此後專致於講學與著述。1990年8月30日，錢穆逝世，海內外學者在香港中文大學邵逸夫堂舉行公祭，紀念一代的史學巨人。

從錢穆先生之早期治學，中經抗戰的艱難，到最後得以發揚光大，在港創辦新亞書院和研究所，其後晉升香港中文大學的成員，是重要的學術轉捩點。戰後新亞書院在香港的成立，以及對學術界的影響早為學界認同，[1]而最為所人了解的自然是錢穆與唐君毅等新亞學人對於香港成立新亞書院的意義以及其抱負，[2]這亦與何以中國以及東方文化的學術，能夠得以在英國殖民管治下的香港得以實踐。儘管最初謝幼偉（1905-1976）、張其昀（1901-1985）等人創辦亞洲文商專科夜校時，[3]未必有如此

---

[1] 其中以殖民政治與新亞書院的教學方針變遷的關係，以周愛靈的研究最為顯著。可參考Grace Ai-ling Chou, *Confucianism, Colonialism, and the Cold War : Chinese Cultural Education at Hong Kong's New Asia College*, 1949-63, (Leiden: Brill, 2012)；另有中譯本，周愛靈著，羅美嫻譯：《花果飄零——冷戰時期殖民地的新亞書院》（香港：商務印書館，2010）；區志堅：〈以人文主義之教育為宗旨，溝通世界中西文化：錢穆先生籌辦新亞教育事業的宏願及實踐〉，香港中文大學文學院編：《傳承與創新——香港中文大學文學院四十五週年校慶論文集》（香港：香港中文大學出版社，2009），頁85-180；區志堅：〈「在非常環境非常心情下做了」——試析錢穆先生在香港興學的原因〉，載黃兆強編：《錢穆研究暨當代人文思想國際學術研討會論文集》（臺北：錢穆故居，2011），頁45-69。

[2] 例子眾多，以下只為舉隅，如文兆堅：〈錢穆、新亞書院與當代香港史學〉，《歷史教育網絡》2012年第11期；文兆堅：〈當代香港華文史學之興起——以錢穆（1895-1990年）與新二書院為個案〉，載余振等編：《21世紀世界與中國——當代中國發展熱點問題》（北京：清華大學出版社，2003），頁604-625；王德威：〈歷史，記憶，與大學之道：四則傳薪者的故事〉，《臺大中文學報》2007年第26期，頁1-46；唐君毅主講、崔錦玲記錄：〈新亞的過去、現在與未來〉，《鵝湖》1983年第92期，頁11-17。

[3] 後來二人亦因事而沒有留於香港領導新亞書院。張其昀到來臺灣而謝幼偉則到印尼擔任編輯。於是，被二人先行用其名字登記為書院院長的錢穆卻在這種無何奈何之情形下，負起有關的教學工作。關於此，詳參

這樣的文化使命，但是在偶然機會下，由錢穆接手後，卻改寫了這書院的歷史。[4]在簡單的人事教學編配下，錢穆先生擔任書院校長，唐君毅先生則任職為教務長，二人並分別管文史、哲教等科，為書院注入人文主義的基因。1953年，錢氏獲得美國耶魯大學中國雅禮協會、美國亞洲協會等經援，在新亞書院以外增辦了新亞研究所，奠定在港的中國文化重鎮。

從〈招生簡章〉所見，新亞的辦學方針是：「上溯宋明書院講學精神，旁採西歐大學導師制度，以人文主義之教育宗旨溝通世界東西文化，為人類和平、社會幸福謀前途」[5]可見新亞的辦學宗旨非常明確，正是透過重塑人文主義為主導的中國文化，以大學制度，代表中國文化的聲音溝通世界。新亞的成立正是讓這群學人超出中國，走向亞洲與世界，而新亞書院的名字正反映著這樣的概念，這亦與新亞所在的香港，因與中國大陸既近且遠，似乎是一個多種文化並行且互動的社會，是一種中國與世界之間互動的橋梁，也即是唐君毅所提倡的亞洲概念以及新亞精神。

唐君毅在〈我所了解之新亞精神〉：

> 新亞二字即新亞洲，亞洲之範圍比世界小而比中國大。亞洲之概念可說是世界之概念與中國之概念間之一中間的概念。而新亞書院講學的精神，亦正是一方要照顧中國的國情，一方要照顧世界學術文化的潮流，新亞書院的同人，正是要在中國的國情與世界學術文化的潮流之中間，嘗試建立一教育文化的理想而加以實踐。[6]

儘管若干研究顯示錢穆等學人對於香港文化與社會並不特別認同，他們只有文化中國的認同，但是他們均承認香港的特殊背景，促使他們的教育事業及研究工作獲得了較佳的發展，特別是對中國文化傳承的工作。錢穆在1956年發表的〈當前的香港教育問題〉，曾指出：

> 今天的香港，已在激變之中。中國大陸，陷入共產極權的掌握。他們對中國傳統文化，正在加緊破壞，大批愛好自由，愛好祖國文化的人們，大量湧進香港，如狂濤怒浪般，不可阻遏……香港不再僅是一個商業港，而轉變成為一個文化思想的衝擊點……但我們並不想在狹義的民族觀念與狹義的中國觀念下來

區志堅：〈以人文主義之教育為宗旨，溝通世界中西文化：錢穆先生籌辦新亞教育事業的宏願及實踐〉，頁95-96。

[4] 關於諸如錢穆與唐君毅（1908-1978）等新亞學人早年到香港後，如何在非自願之下，接手創辦新亞書院最初目的，可參考周愛靈著、羅美嫻譯：《花果飄零——冷戰時期殖民地的新亞書院》，頁21-25；並參廖伯源：〈錢穆先生與新亞研究所〉，鮑紹霖、黃兆強、區志堅編：《北學南移——港臺文史哲溯源（文化卷）》，頁90。

[5] 錢穆：〈招生簡章節錄〉，《新亞遺鐸》（臺北：東大圖書，1989），頁3。

[6] 唐君毅：〈我所了解之新亞精神〉，《新亞校刊》1952年創刊號，頁2。

談文化傳統，而有其更高一層來為世界人類文化創新，奠基石，闢新路。因此，此一理想，與此一工作，乃倍見其艱巨。然而，我們又認為，香港正是努力從事此一種理想主義教育工作的適宜的好園地。香港不僅是東西商品一個轉口港，香港實是東西文化接觸好地點。[7]

由此觀之，新亞書院開創之時，錢穆、唐君毅、牟宗三等學人的背景以及他們在香港的經歷，別具時代意義。他們一方面因逃離政治糾紛南下，但另一方面卻同時關心的是中國文化承傳，香港是一個商業城市，卻能提供政治庇護，也是因為這裡是一個文化交匯的中心，容易接觸各種文化，使他們的文化視野超越了單純的國學，得以進至東方文化的互動層次。在此以前，國學之門於香港大學已奠下基礎，1927年該校中文學院成立，便得力於賴際熙等南來的晚清遺老主持。[8]1935年，胡適來港接受香港大學的名譽博士學位，即倡言今後本地的文史教育應緊接國內的教學潮流，從而避免英式教育帶來的文化隔閡。胡適又推薦精通中國佛道思想的許地山主持港大文學院工作，可見香港地區在接受五四新文化思想之餘，對傳統舊學亦十分尊重。三、四十年代，日本侵略中國，知識分子輾轉南下，香港一時成為文人薈萃交流之處。1939-40年間，香港大學的許地山、陳君葆積極聯繫海內外人士，展開大型的文物展覽，並與葉公綽、陳鐵夫、饒宗頤等南來文士建立了學術關係。[9]1941年許地山去世，國學大師陳寅恪因歐戰爆發，未能如期經港應聘於英國牛津大學，遂改任香港大學中文系的客座教授，前後開設魏晉南北朝史、隋唐史、唐詩證史等課程，開創港區唐史教研的先例。[10]50年代初，羅香林及饒宗頤任教於港大，又將唐代研究推向另一臺階，更多關注古代中外文化交流的層面。[11]然而，論唐宋史研究陣營之完備，國際學者對港

---

7 錢穆：〈當前的香港教育問題〉，《文化與教育》（臺北：聯經出版社，1994），頁362-366。

8 上世紀香港的文化發展，頗受惠於南來文人的舊學教化，晚清遺老如賴際熙、陳伯陶、朱汝珍於港大中文學院、學海書樓、香港崇正總會諸建立，以至港區宋代歷史遺跡的追認，皆為重要的推動人物。參閱拙著：《近代南來文人的香港印象與國族意識》（香港：三聯書店，2016），中卷，頁109-181。

9 參閱拙文：〈二十世紀上半葉粵港文人的雅集與交游〉，收入劉義章、王文江合編：《香港社會與文化史論集》（香港：香港中文大學聯合書院，2002），頁62-65。

10 1940年春，陳氏於昆明已撰《隋唐制度淵源略論稿》，1941年任教香港大學期間又完成《唐代政治史述略》，序稿嘗署「辛巳之旦陳寅恪書於九龍英皇太子道369號寓廬」。觀二書的特色，前者從縱面考察唐代禮儀、職官、刑律、音樂、兵制與財政諸方面的源流；後者專就唐代政治格局的核心問題——氏族、黨爭與外族三方面，縷述人事與政治的變化關係。陳氏留港只有年餘，惟其開唐代政治制度研究之風一點，是不容忽視的。

11 羅氏：《顏師古年譜》（1939年）及《唐代文化史研究》（1944），於探討唐代學術文化以外，也談及唐初政治面貌，1955年出版的《唐代文化史》便加入〈貞觀政要述證〉，〈唐代天可汗制度考〉等多篇文章。此外，饒氏亦撰〈從石刻論武后之宗教信仰〉，透過宗教石刻資料討論武后的崇佛，以及晚年利用道教鞏固政治，修訂了陳寅恪〈武曌與佛教〉的觀點。而〈李白出生地——碎葉〉和〈維州在唐代蕃漢交涉史上之地位〉（收入氏著：《選堂集林．史林》（香港：中華書局，1982））諸文，所論的唐代史事，已然廣涉民族史、地方史、中外交通史等不同範疇，涉獵的範疇多元，觸及整體東亞地區文化交流狀態，中日關係的課題。參閱吉川江里、岡部明日香、趙雨樂等編：《隋唐時代中日關係史研究文獻目錄》（杭州：杭州大學日本文化研究所，1998），頁136-142。

區唐宋研究的關注，畢竟在新亞學人努力下得以突破，培養出學問所需的研究理論，尤其對自唐而宋的時代走向立下定說，形成無可取代的史學派別。從史學階梯的建立來看，錢穆先生寓學術理念於教學，在港建構了代代相承的史學隊伍，實在是功不可沒。

錢穆以治古史見稱，它的學術發想到底如何具體影響新亞後學？此問題不得不從五四以來，北大的疑古學風的論辨說起。錢穆沒有接受過現代大學訓練，他的治學理念受呂思勉影響甚深，強調史料的實證工夫。當胡適學派反對崇古與迷信，對中國傳統文化及上古史作存疑與否定態度時，錢穆等人立表異議。站在私人交往上，錢穆與胡適情誼甚篤，惟在治學方面互相頗多抵觸。胡適繼承傳統的說法，認為老子略早於孔子；錢穆則創立新說，認為老子略早於韓非，後於孔子。錢氏用力甚深的劉歆父子研究，也不主張極端之懷疑論，但凡信史可征的，都清楚臚列，最後以排他的方式，得出相對可靠的時代結論。他在《國史大綱》一書中說：「今求創建新的古史觀，則對近人極端之懷疑論，也應稍加修正。」其時，顧頡剛的《古史辨》風行一時，錢先生後來坦率地表明自己不同於古史辨派的一味疑古而是在求真的基礎上提出新說，大膽指出：「余則疑《堯典》，疑《禹貢》，疑《易傳》，疑老子出莊周後，所疑皆超於頡剛。然竊願以考古名，不願以疑古名。疑與信皆須考，余與頡剛，精神意氣，仍同一線，實無大異。」錢穆的《先秦諸子繫年》一書，考證數十本秦漢古籍，大量引用雷學淇的《竹書紀年義證》，排出先秦時各事件的先後順序。後發表《劉向歆父子年譜》一書，該書以論證完整的二十八個不可通，駁斥了康有為的《新學偽經考》，為清末以來影響極大的經學今古文之爭，建立清晰的解說。這種求證於史實，排除過於主觀而機械的論調，令錢氏貫通了中國歷史的上文下理，繼而探求各朝代的政治本質。錢穆對中國古代政治制度存在著真誠信念，認為中國傳統政治絕非可僅僅以「君主專制」簡單概括，實為一種自適國情之民主政治。它既有來自於長期政治制度的因革原理，也與處身於特定時代的知識分子，所作出的文化自覺，產生相互的契合作用，因而可以不斷在挫折磨難中修正前進，延展出改革的動力。新文化運動的白熱化，令中國固有文化遭到排斥，錢穆卻從傳統文化中，找到更新進步的鑰匙，凡此大大幫助他理解黑暗時期中，仍具光明政治的孕育。以後，新亞門人諸論文發表，可以說皆沿此一觀念而作的史料闡釋。

三、錢穆看傳統制度的因革

史家離不開時代下的所思所感，尤其經歷動亂時期，政治之顛覆、民生之凋敝，在在顯示失序時代文物制度蕩然無存下的惡果。在由治而亂，再自亂而治的分合過程中，史家每欲探索箇中原理，既可探究穩定制度下的發展方式，也可從人為的管治中檢拾成敗的教訓。錢穆看中國傳統，即特別重視其制度所以成立，以及其後不斷演進的歷史條件，由此判斷制度與時代是否互相適應的問題。從文化經驗出發，中國歷代的政治制度皆於前代有跡可循，而輾轉影響於後代。制度的原型、變異、修正，以至歸於衰敗，猶如人之經歷初盛晚期，在黑暗迷路與光明正軌之間不斷摸索，展現局部相類但不一樣的歷史面貌。正如漢唐盛世的誕生，皆從戰亂中逐步走出陰霾，並吸取了充足養分，突破原有的局限，才能夠茁壯成長。常人只觀察到國家盛勢一面，卻忽略了動盪時代的制度智慧，也有其韜光養晦的沉澱階段，因此摒棄時代的成見，發掘制度的來龍去脈，按時序把傳統制度發展歸類，是錢穆先生講論中國史的用力之處。

錢穆觀中國政治制度，既有其代代相承的直線連貫，也有其內在變化的運動原理，他以「變革」二字解釋當中要義，時而採用「變動」來涵蓋各樣轉化，在其《中國歷史研究法》中便謂：

> 歷史上的事件可以編年通貫，也可斷代劃分。如秦代完了，接著有漢代，漢代結束，接著有魏晉南北朝。此等朝代更迭，即成為中國歷史上之時代劃分，此在第一講（「如何研究通史」）已講過。但中國歷史上的政治制度，則自古迄今，卻另有其一種內在的一貫性。在此一貫中，有因有革，其所變革處雖不少，但亦多因襲前代仍舊不改的。直到今天，亦仍還有歷史上的傳統制度保留著。
>
> ……
>
> 每一制度自其開始到其終了，在其過程中也不斷有變動，有修改。歷史上記載制度，往往只舉此一制度之標準的一段落來作主，其實每一制度永遠在變動中，不配合當時的史事，便易於將每一制度之變動性忽略了，而誤認為每一制度常是凝滯僵化，一成不變地存在。[12]

這種沿襲與變化相承的過程，錢穆以為在漢唐之間的制度裡是明顯可見的。例如由漢至唐，中國宰相制出現了明顯的重整，由過往一人輔助皇帝的形式，變更成群體委員制度，[13]其方法是把原來屬於內廷的中書、門下、尚書機構，轉為外廷的恆常機構。在錢氏看來，這種由私向公的權力下放，說明瞭傳統政治有其自我修復的能力，隨時代而應趨進步。其謂：

---

[12] 錢穆：《中國歷史研究法》（北京：九州出版社，2011），頁18、30。

[13] 錢穆：《中國歷代政治得失》（臺北：三民書局有限公司，1974），第二講：「唐代」，甲、漢唐相權之比較，頁33載：「漢和唐，是歷史上最能代表中國的兩個朝代⋯漢宰相是採用領袖制的，而唐代宰相則採用委員制。換言之，漢代由宰相一人掌握全國行政大權，而唐代則把相權分別操掌於幾個部門，由許多人來共同負責，凡事經各部門之會議而決定。漢朝只有一個宰相，但遇政府有大政事，亦常有大會議，這是皇帝相和其他廷臣的會議。唐代則把相權劃分成幾個機關，這幾個機關便須常川會議，來決定政府一切最高政令。漢代宰相下有副宰相，御史大夫，我們也可說，宰相掌握的是行政權，御史大夫掌握的是監察權。唐代宰相共有三個衙門，當時稱為三省：一中書省，二門下省，三尚書省，此三省職權會合，才等於一個漢朝的宰相，而監察權還並不在內。」

中書省首長為中書令，門下省主管長官為侍中，尚書省長官為尚書令。唐分官階為九品，第一二品官，均以處老元，不負實際行政責任，三品以下，始為實際負責官吏，中書令門下侍中及尚書令皆為三品官。若論此三省之來歷，尚書本是皇宮內廷祕書，已在講漢代制度時講過。中書依官名論，也即是在內廷掌理文件之意，侍中則是在宮中奉侍皇帝。故就官職名義言，這三個官，原先本都是內廷官，而到唐代，則全由內廷官一變而為政府外朝的執政長官，和以前性質完全不同……宰相職權，本該領導政府，統治全國的，後來此項職權，被皇帝奪去了，皇帝把他們的私屬像中書門下尚書之類來代行政府宰相的職權，這是東漢以後魏晉南北朝時代的事。現在到唐代，才又把以前宰相職權正式分配給三省。換言之，亦即是把以前皇室濫用之權重交…還政府。[14]

不單是政治制度愈為開明，自漢代魏晉南北朝以迄唐代的經濟制度，也沿著政府應對人民合理的訴求，繁衍有效而穩固的生產及賦役機制，當中至為人稱道的便是與租庸調制互相配合的府兵制度。其謂唐代之租庸調制由北魏之均田制演變而成，至於府兵制度，則沿自西魏北周，至隋唐而大成。可以說，「唐代的租庸調制，奠定了全國農民的生活。唐代的府兵制，建立起健全的武裝。」[15]此外，漢晉以來因存在行之有年的察舉制度，凡此皆奠定唐代貢舉的取士之途，也是士人社會愈拓愈闊的新趨勢。錢氏對此有著高度的評價，認為這是漸次在門第社會之內，階級逐漸消融的其中一個主因。其謂：

此制用意，在用一個客觀的考試標準，來不斷的挑選社會上優秀分子，使之參預國家的政治。此制的另一優點，在使應試者懷牒自舉，公開競選，可以免去漢代察舉制，必經地方政權的選擇。在此制度下，可以根本消融社會階級之存在。可以促進全社會文化之向上。可以培植全國人民對政治之興味而提高其愛國心。可以團結全國各地域於一個中央之統治。……魏、晉、南北朝時期之門第，自一方面看，固若近似於古代封建勢力之復活。然自另一方面看，實為先秦西漢以來士人地位之繼續增強。故至隋唐而有普遍的貢舉制度之產生，此乃士人地位自門第下出頭而更展擴。故隋唐之中央集權，可以謂政府地位之提高，而非王室地位之加隆。就全史之進程論，魏、晉、南北朝之門第勢力，在浮面則為一波折，在底層則依然沿文治之大潮流而滾進也。[16]

---

[14] 同上註，頁34。

[15] 錢穆：《國史大綱》（臺北：國立編譯館，1977），上冊，第二十四章：新的統一盛運下的社會情態，三、唐代之府兵制，頁314。

[16] 錢穆：《國史大綱》，上冊，第二十四章：新的統一盛運下的社會情態，一、唐代之貢舉制，頁307-308。

然而，漢唐之間幾經變亂，隨著五胡的遷入，與中原政權互為接觸。北方中國面對長期揮之不去的問題，即在於外族入侵與割據的常態，期間又無華夏觀念以防護，令美好的政治制度受到很大的地方局限，結果再次陷於與中央分崩離析的局面。其謂：

> 五胡亂華之際，胡酋尚受中國教育，尚知愛中國文化，尚想造出一像樣的政府。自己做一個像樣的帝王，彼等尚能用一輩中國留在北方的故家大族，相與合作。唐代的藩鎮，其出身全多是行伍小卒，本無教育，亦無野心，並不懂如何創建像樣的政治規模，只是割據自雄。有地位有志氣的士人，全離開了他們的故土，走向中央去。彼等亦不知道任用士人，只在農民中挑精壯的訓練成軍，再從軍隊中挑更精壯的充牙兵，更在牙兵中挑尤精壯的做養子。如是朘削農村來供養軍隊，層層駕馭。黑暗的勢力，亦足維持到百年以外。除非農村經濟，澈底破壞，這一個武裝統治的勢力，還可存在。因其管轄之小，故不感覺要政治人才，更不感覺要文化勢力。如是，則大河北岸從急性的反抗中央病，變成為慢性的低抑文化病。從此以下的北方中國，遂急激倒退，直退到中國史上，變成一個不關重要的地位。這全是一百五十年武人和胡人兵權統治之所賜。[17]

透過漢唐制度同源與類比，錢穆先生得出的結論是，於中央行政制度唐勝於漢，於地方行政制唐則遜漢，其中把原來中央的監察大員的節度使，變為地方的行政長官，重蹈東漢的州牧割據，是敗壞的根源。其謂：

> 節度使在其地域，可以指揮軍事，管理財政，甚至該世區用人大權，亦在節度使之掌握，於是便形成為「藩鎮」。而且唐代邊疆節度使逐漸擢用武人，於是形成一種軍閥割據。本意在中央集權，而演變所極，卻成為尾大不掉。東漢末年之州牧，即已如此，而唐代又蹈此覆轍。安史之亂，即由此產生。而安史亂後，此種割據局面，更形強大，牢固不拔。其先是想中央集權，由中央指派大吏，到外面去，剝奪地方官職權。而結果反而由中央派去的全權大吏在剝奪地方職權之後，回頭來反抗中央，最後終至把唐朝消滅了。…（唐代）似乎其中央行政比漢進步，而地方行政則不如漢。中央的監察官變成了地方行政官，這是一大缺點。而由軍隊首領來充地方行政首長，則更是大毛病。唐室之崩潰，也可說即崩潰在此一制度上。[18]

---

[17] 錢穆：《國史大綱》，上冊，第二十四章：大時代之沒落，一、唐中葉以後之藩鎮，頁354-355。

[18] 《中國歷代政治得失》，第二講：「唐代」，巳、觀察使與節度使，頁43。

在錢氏看來，歷史上制度失敗紊亂也有其源流所致，如胡人鐵蹄下民族觀念的不興，便是禍端所在而處於不自覺的狀態。例如「後世責石敬瑭不當借援契丹，卻忘了石敬瑭自身早是一個胡人。唐代對於民族觀念之不重視，流害遂至於此（其下註謂：唐人政制，均沿北朝周隋。惜當時北朝周隋諸儒，以環境關係，未能發明民族華夷之防，唐人遂亦模糊過去）[19]至於契丹建國，「中國社會已無門第勢力，故契丹雖亦酌取漢化，而漢人則並不能自保其文化之傳統，以與異部族之統治勢力相抗衡」，北朝與遼的區別，只不過前者仍是漢人為主，遼則以漢人為屬而已。[20]

然而，在中國歷史變動中也有其不變的定律發展，撇除了胡人軍政強權統治的時代，中國自秦以下本循自身文化精神，已堅韌發展出相當成熟的政治體系，從漢唐官署的權力分配可見，君權受約束於相當範圍以內，從來沒有出現西方所言的「君主專制」。錢穆在《中國歷史精神》中便謂：

> 一君主若求專制其一國，必先擅有軍、財兩項：一為賦稅權，一為兵權。賦稅用以養兵。漢代政府之財政機關分為二：一曰大司農，一曰少府。大司農管理政府財，少府管理王室財。而其兩機關之大小，即觀其名而可知。此兩機關，又全歸宰相統轄。至如軍隊，則在當時早已全國皆兵。一國之民，皆須充當兵役。養兵之財屬政府大司農，不屬王室少府。而軍權統治，又屬政府，不屬王室。則為君者，又何所賴以得成其專制？下及唐代，全國政令皆由中書省發佈，帝王不得自發政令。中書省所發，又必經門下省同意或封駁，或修改。故常中書、門下兩省開聯席會議，政令始定。乃發下尚書省，始得通行全國。漢代一宰相之權，至是分而為中書、門下、尚書之三省。則帝皇又何從專制？[21]

此種時代轉變而制度逐漸改新，精神系統始於穩定的觀點，是錢穆解構中國歷史的治亂興衰重要鑰匙。唐代在戰亂中統一，上承漢魏南北朝的政治精髓，下啟宋元明清，其中古時期的性質與走向，也成為錢穆述史時重中之重的一環，當中自然涉及體大精深的變革史觀。

四、錢穆的唐宋史觀

戰後外國史家對中國歷史的解讀方興未艾，中國政治的現實變動，令自由世界更關心中國如何由傳統走近現代。因此，中國到底殘留著多少「封建制度」形態便成為相提並論的課題。日本學者，吸收了西方史學的訓練，特別重視史料展示的歷史分期

---

[19] 《國史大綱》，下冊，第三十章：黑暗時代之大動搖，二、五代十國，頁384。

[20] 錢穆：《國史大綱》，下冊，第三十章：黑暗時代之大動搖，三、契丹之興起，頁386。

[21] 錢穆：《中國史學發微》（北京：九州出版社，2011），頁130-131。

說法（periodization），即如何按社會內部的發展條件，逐步自古代（ancient）、中世 （medieval）而近世（pre-modern）的階段推進。由此，衍生以白鳥庫吉為首的「東京學派」與內藤湖南為首的「京都學派」相互討論的陣營，引申出唐代是否處於中世社會，與宋代是否步入近世等深刻問題。[22]錢穆早年嘗翻譯日本著論，對上古、中古、近世此等分期說自然並不陌生，在錢氏的《中國歷史研究法》中，便謂：

> 西洋史總分「上古」「中古」和「近代」三時期。上古史指的是希臘和羅馬時期，中古史指的是封建時期，近代史指的是現代國家興起以後……若我們必要比照西洋史分法，則中國的「上古史」當斷在戰國末年。秦以下，郡縣政治大一統局面開始，便該是中國的「中古史」了。但這與西方的中古時期不同。大體說來，西方中古時期是一段黑暗時期，而中國漢、唐時代，政治社會各方面甚多進步。不僅不比我們的上古史遜色，又且有許多處駕而上之。我們也可將秦代起至清末止，二千年來一氣相承，稱之為中國歷史之中古期，不當在中間再加劃分。若定要劃分，亦可分做兩期。五代以前為一期。我們不妨稱五代以前為中國的「中古史」。這一段歷史，因離我們比較遠，由我們現代人讀來，有許多事情比較地難了解、難明白。宋以下的歷史，和我們時代相接近，讀來較易了解、易明白。我們也可說，中國的「近代史」，自宋代即開始了。[23]

上述中西分期比較，在錢穆看來只作為一種鳥瞰，硬要把某時代的西方歷史形態，與中國某時期比付，必然產生很多不盡相同的特徵。這裡可以留意到錢氏寬廣的分期論調：一方面，他並無反對西方行之有效的三段論，並認同戰國末以前為「上

[22] 白鳥庫吉為代表的東京學派，繼承了德國蘭克學派的實證主義，長於以邊疆民族史研究作為東西方對話的手段。從民族國家觀的形成比較當中，西方社會的先進與中國及其他東方地區的停滯不前，剛好成一強烈對比，由此推論中國大部分時間類比於歐洲中古的封建與黑暗時期。另一方面，京都大學的內藤湖南則傾向研究中國內部的歷史發展條件，成功建立以中國為研究重心的歷史分期說。在20年代所撰的〈東洋史概說〉（1921年之京大講義，收入《內藤湖南全集》8，1968）及〈概括的唐宋時代觀〉（《歷史與地理》，第9卷，第5期，1922），即述及對中國古代、中世及近世的意見，其間尤以中世演變為近世之論最為精到。其謂唐宋轉折之間，政治上表現為貴族政治的式微，君主獨裁權力的興起；於社會上，人民從貴族手中得以解放，農奴轉為佃戶，差役改為雇役，締造了近世庶民的新基調；在經濟方面，漸次由多用絹布的實物經濟時代，改為銅錢、紙鈔的貨幣經濟；從文化的層面觀之，科舉新進之士取代貴族門第，士人的交際活動，表現活潑多變的庶民文學。內藤氏的「文化史觀」，一再認定中國由遠古至後漢中葉是「上古」時期，漢末以後步入「中世」，至唐末五代發生變遷，宋代已然進入「近世」社會。此種分期的方式，續由門人宇都宮清吉、宮崎市定、佐伯富、谷川道雄、川勝義雄多所發揮。京都學派理論發繁的同時，以前田直典、西嶋定生、仁井田陞、崛敏一、池田溫為代表的東京學派提出不少質疑。他們認為唐末五代是中國「古代」的終結，宋代以後始為「中古」社會，而將中古時期的下限推延至清代。故此，宋代佃戶的身分不過是農奴的局部變相，或稱為佃僕、地客，性質上仍與莊園經濟及豪族主家構成上下生產關係。在荊湖南北路、四川等「後進地帶」，仍普遍發現大地主庇護下的佃戶，實際是停滯於中世的部曲，難言身分的自由。為了解決唐代究為中世還是古代，宋代為近世還是停留於中古，兩派開展了學理上的攻防戰。

[23] 《中國歷史研究法》，一：「如何研究通史」，頁4-5。

古」，秦以下為「中古」，清末以得為「近代」的觀點；另一方面，卻同時認為若能在五代以前劃分為「中古」，則較能細緻地比對它和宋代近世的不同。[24]故此，錢氏並不熱衷於此類社會性質的空疏論爭，寧可從史料考證出發，建立長時間的史學觀察，首先釐清複雜的史實關係。其實，由他分析漢唐的性質異同可知，錢氏已逐步唐代中葉以前，以及唐代中葉以後的具體時代變化，進而為傳統制度的因革設定了轉捩點。其謂：

> 綜述唐代的制度。論中央政府之組織，結束了上半段歷史上的三公九卿制，而開創了下半段的尚書六部制。論選賢與能，結束了上半段的鄉舉裡選制，而開創了下半段的科舉考試制。論租稅制度，結束了上半段的田租力役土貢分項徵收制。而開創了下半段的單一稅收制。論到軍隊，結束了上半段的普及兵役制，而開創了下半段的自由兵役制。綜此幾點，我們可以說唐代是中國歷史上在政治制度方面一個最大的轉捩中樞。唐以後中國的歷史演變是好是壞，那是另一回事，但羅馬帝國亡了，以後就再沒有羅馬。唐室覆亡以後，依然有中國，有宋有明有現代，還是如唐代般，一樣是中國。[25]

觀此，日本當中的京都學派關注的「唐宋變革」，即以唐末五代為中古制度的下限，宋代以後為近世社會的開端，與錢穆所指的遙相呼應。錢氏論變革的開端有著雙重意義，一是意表著唐有別於漢魏的新風，二是後啟宋明以後的趨勢。而此一關鍵，錢氏更趨向以唐代中葉，即安史之亂作為分水嶺，不待唐代晚期才發生根本變化。[26]錢氏有否與日本學者作過相關討論不得而知，惟作出此重大判斷必由很多具體證據入手，其中對士族的縱向觀察，當中分作四期的發展，是主要心得。其謂：

> 春秋未，孔子自由講學，儒家興起。下逮戰國，百家競興，遊士聲勢，遞增遞盛。一面加速了古代封建統治階層之崩潰，一面促成了秦漢以下統一大運之開始。中國四民社會以知識分子士的一階層為之領導之基礎於以奠定，是為中國史上士階層活動之第一期。兩漢農村儒學，創設了此下文治政府的傳統，是為士階層活動之第二期。魏晉南北朝下迄隋唐，八百年間，士族門第禪續不輟，而成為士的新貴族，是為士階層活動之第三期。晚唐門第衰落，五代長期黑

[24] 如此做法，無形中緩和了日本國內接近西方三段論的「東京學派」和精準表達中國社會內部演變的「京都學派」的分歧，同時亦暗示唐宋之際可視為由中古轉變為近世的關鍵時期，此又與後者之說較為吻合。

[25] 《中國歷代政治得失》，第二講：「唐代」，五、唐代制度綜述，頁61。

[26] 在他而言，漢唐的制度變動，遠大於唐宋的變動。其謂：「論中國政治制度，秦漢是一個大變動。唐之於漢，也是一個大變動。但宋之於唐，卻不能說有什麼大變動。一切因循承襲，有變動的，只是迫於時代，迫於外面一切形勢，改頭換面，添注塗改地變。縱說它有變動，卻不能說它有建立。宋之於唐，只好說像東漢之於西漢，有事而無政。有形勢推遷，而無制度建立。」見《中國歷代政治得失》，第三講：「宋代」，一、宋代政府組織，頁63。

暗，以迄宋代而有士階層的新覺醒。此下之士，皆由科舉發跡，進而出仕，退而為師，其本身都係一白衣，一秀才。下歷元明清一千年不改，是為士階層活動之第四期。[27]

換言之，唐代的士族，其前半葉與魏晉南北朝以來近八百年的門第新貴相接近，統屬於第三期的發展；其晚後漸告衰落，延續五代宋世平庶的科舉士人，卻有士階層覺醒意識的第四期。由春秋戰國諸子百家爭鳴，到兩漢儒學奠定了文治政府，士族逐漸以專業知識，壟斷政治社會的領導地位，延續了以後長期的門第閥族。這批新貴族努力在官門和地方自保，其目的往往是維持家聲的不墮，不外乎以維護士族利益出發。令士族優勢澈底敗壞的關鍵，實源於「安史之亂」，以後中原殘破，河北山東藩鎮割據，租稅不入中央，唐室遂專賴長江一帶財賦，愈形偏倚南方，形成南北經濟文化之巨大轉移。至唐代後半期，門第在戰亂中衰落，再經過五代入宋，沒有大族背景的庶士的政治素人角色，在政壇上嶄露頭角，形成士階層的自我覺醒。為標示唐前後期的不同，錢氏又特別以若干指標作為解說，其中尤留意於「門第消融」的現象，其謂：

唐中葉以後，中國一個絕大的變遷，便是南北經濟文化之轉移。另一個變遷，則是社會上貴族門第之逐漸衰落。依照先秦以來傳統的政治理論，社會上本不該有貴族門第之存在。而自東漢下的讀書人，卻因種種因緣造成了他們的門閥。大盛於東晉南北朝，至隋唐統一，科舉制興，始漸衰。門第衰落後，社會上的新形象，舉其要者約有如下幾點。一是學術文化傳播更廣泛。以前大體保持於幾個大門第大家庭的，現在漸漸為社會所公有。二是政治權解放更普遍。以前參預政治活動的，大體上為幾個門第氏族所傳襲，現在漸漸轉換得更快，超遷得更速，真真的白衣公卿，成為常事。三是社會階層更消融。以前士庶之分，由於家世，現在漸成為個人的事情。農家子弟，可以一躍而為士大夫。士大夫的子弟，亦可失其先業而降為庶民。這一個變動，漸漸地更活潑，更自然。[28]

上述門第消融的現象以外，代表知識傳授的教育場地也發生根本性的改變，令平庶社會更形凸顯，興起了在山林寺院讀書之風尚，以後宋明在山林的書院講學，莫不由此得到啟迪。其謂：

學校本是傳播學術的公器，但只有在貴族門第失其存在時始抬頭。所以西漢學

[27] 錢穆：《國史大綱》，下冊，第三十二章：士大夫的自覺與政治革新運動，一、學術思想之新曙光，頁418。

[28] 錢穆：《國史大綱》，下冊，第三十九章：南北經濟文化之轉移（中），二、北方社會所受外族及惡政治之摧殘，頁596。

> 校尚有成績（因那時新士族尚未產生，舊貴族則已消失）一逮東漢晚季，學校即不為人重視。（那時學術已牢籠到新士族的家庭中去）東晉南北朝，以迄隋唐中葉，大體上說，除卻幾個大門第故家士族，保持其綿延不斷的家庭教育之外，平民庶人要想入學術的圈子裡去，非常不方便。（因既無書籍，又無學校）宗教勢力即由此擴展。一般享受不到教育讀書利益的聰明分子，只有走到寺廟裡去，滿足他們的精神要求或智識慾。（但多數則為讀文選習詩賦，謀應舉）即雕板印書亦由寺廟開始。（如前舉唐代金剛經之列。宋初印書，亦先佛藏。佛祖統記，宋太祖開寶四年，勅高品張從信往益州雕大藏經板，至太宗太平興國六年板成進上，凡四百一函五千四十八卷，較印經史注疏在前）宋初的學者，還都往寺廟中借讀。（如范仲淹胡瑗等。但轉而關心世運，治儒術古經典，與唐代士人山林寺廟讀書之風大不同）而有名的四大書院，即在其時萌芽。廬山白鹿洞書院，嵩陽書院，嶽麓書院，應天府書院，多即山林創建，亦模仿寺廟規制也。[29]

唐宋之別，正由於士階層的身分改變，而產生不一樣的氣質面貌。總括而言，積弱的宋代固然無法在國勢上與唐代相比，惟站於文化上士人的高度自覺自主性，以至對政治、學術真理的追求視野而言，又跨進更高的境界。於此，錢穆舉北宋范仲淹的例子，以說明士階層新自覺的特徵：

> 宋朝的時代，在太平景況下，一天一天的嚴重，而一種自覺的精神，亦終於在士大夫社會中漸漸萌茁。所謂自覺精神者，正是那輩讀書人漸漸自己從內心深處湧現出一種感覺，覺到他們應該起來擔負著天下的重任（並不是望進士及第和做官）范仲淹為秀才時，便以天下為己任。他提出兩句最有名的口號來，說士當先天下之憂而憂，後天下之樂而樂。這是那時士大夫社會中一種自覺精神之最好的榜樣。范仲淹並不是一個貴族，（仲淹乃唐宰相范履冰之後，然至仲淹時已微。其父早死，母改嫁。仲淹隨母易姓朱，後復宗姓范）亦未經國家有意識的教養，他只在和尚寺裡自己讀書。在斷薺畫粥的苦況下，而感到一種應以天下為己任的意識，這顯然是一種精神上的自覺。然而這並不是范仲淹個人的精神，無端感覺到此，這已是一種時代的精神，早已隱藏在同時人的心中，而為范仲淹正式呼喚出來。[30]

宋儒獨立的自覺精神，不但在唐代門第社會中找不到，對於宋代士大夫群體而言，更開始針對前代文化視覺的陋弊，進行思想的洗禮，以表明時代風氣之先，唐宋

[29] 〈第四十一章：社會自由講學之再興起〉，《國史大綱》，下冊，頁599。

[30] 《國史大綱》，下冊，第四十一章：社會自由講學之再興起，一、貴族門第漸次消滅後之社會情形，頁599。

之別又更為明晰了。錢氏十分重視宋儒的貢獻，在其《中國教育思想史大綱・下篇》亦謂：「經唐末五代十國政治長期混亂之後，學術傳統不斷將絕。宋儒乃於黑暗寒冷中，自發光熱，與漢儒之經政府獎勵提拔而起者，大不同。如范仲淹苦學於長白山一僧寺中，胡瑗苦學於泰山一道院中。范仲淹斷虀劃粥，胡瑗投擲家書於院外澗水中，獨學無友，平地突起，乃於中國儒學史上發新光芒，創新精神，開新風氣，成新品格。此實有大堪稱頌者。」[31]錢氏除指出宋儒乃平庶出身以外，更欲力陳在刻苦的生活鍛鍊下，他們培養了獨特的時代價值觀，凡此與前代不同，終在高尚的道德修養中，尋得士人於社會的服務價值：

> 他們開始高唱華夷之防。又盛唱擁戴中央。他們重新抬出孔子儒學來矯正現實。他們用明白樸質的古文，來推翻當時為文體。他們因此闢佛老，尊儒學，尊六經。他們說唐代亂日多，治日少。他們在私生活方面，亦表現出一種嚴肅的制節謹度，而又帶有一種宗教狂的意味，與唐代的士大夫恰恰走上相反的路徑，而互相映照。（他們對於唐人，只看得起韓愈，而終於連韓愈也覺得不夠，因此想到隋末唐初的文中子王通）因此他們雖則終於要發揮到政治社會的實現問題上來，而他們的精神，要不失為含有一種哲理的或純學術的意味。所以唐人在政治上表現的是事功，而他們則要把事功消融於學術裡，說成一種義理。尊王與明道，遂為他們學術之兩骨幹。（尊王明道，即宋學之內聖外王。一進一退，在朝在野，均在此兩點著眼）[32]

宋儒由此發展了精闢義理之學，以處理國家社會的種種問題，並且自覺於提出與前代貴族不一樣的平民生活學說，於是道德實踐在大眾當中亦可做到，是名副其實的庶民社會。錢氏在此深刻比對謂：

> 南北朝隋唐的學者，大體分成兩路。一是入世講究家庭社會種種禮法，以及國家政府典章制度，建功業與保門第，一而二，二而一，異流同匯。一是信從佛教講出世，或從道家講長生。這兩條路的後面，均帶有一種狹義性的貴族氣味。所謂狹義性的貴族氣味，即謂其與一般社會可以分離，超然獨立。宋後的學者絕不是那樣。他們早非門第貴族，他們既不講出世，亦不在狹義的門第觀念上面來講功業禮教。他們要找出一個比較更接近平民性的原則，來應用於宇宙人生國家社會入世出世等各方面。這一個原則，他們稱之曰道，或稱理，理亦稱天理，天理的對面是人欲。天理人欲的分辨，則在公私之間。（公的是天理，私的是人欲）公私的另一名稱，則為義利。（利公亦是義，義而私只是

---

[31] 《中國史學發微》，頁246。

[32] 同上註，頁418。

利）這一個公私義利之辨，從外面客觀來講，即是道理。從各個人的內省審察，則為心術。他們用此來批駁宗教，說佛老所講出世長生無非從自私起見。他們又用此來批駁政治，說自漢唐以來所謂君相事業，只算得是霸道，算不得是王道。所謂霸道與王道之別，還只在心術的公私上分。（先秦儒已說，五帝官天下，三王家天下。宋儒則謂三代以道治天下，漢唐以智力把持天下）[33]

由此可見，錢穆展示了唐宋截然不同的時代點觀，其迥異之處，蓋由於唐代門第社會消融以後士人產生的新自覺，在平鋪的社會下力求建立合於公理的管治。其義利之間、王霸之別，以至天理人之辨，均對後世儒學影響深遠，構成宋明以來另一文化學術體系了。在錢先生未發表的遺稿中，即有《唐宋時代的中國文化》，此文簡扼論述了其對此期間的總體看法。其謂：「唐宋時代，也是中國文化一個大變動的時代……秦漢以來，封建社會逐步崩潰，代之而起的，是東漢以迄隋唐的『士族門第社會』。這一種社會形態，為西方歷史所未有。士族門第，也可說是一種『變相的貴族』，而決非封建貴族。安史以後，這一種門第貴族又趨崩潰。宋以後的社會，又轉入一新形態，我無以名之，姑名為『科舉社會』。此一形態，更為西方歷史所未有。正如東方歷史沒有走上近代西方所謂『資本主義』的社會一般。」[34]據此總觀，與前面散見的各處論述，觀點統一明確，在悠長的史論建立過程中，實形成了獨特的時代變革史觀。

錢穆的唐宋史觀，對新亞學人影響深遠，其得意弟子孫國棟即陸續發表〈唐代三省制之發展研究〉（《新亞學報》3卷1期，1957年），其後陸續撰寫〈唐宋之際社會門第之消融〉（《新亞學報》4卷1期，1959年）、〈北宋農村戶口多少問題之探討〉（《新亞書院學術年刊》2期，1960年）、〈從北宋農改之失敗論北宋地方行政之弱點〉（《新亞書院學術年刊》8期，1961年）、〈晚唐中央政府組織的變遷〉（《中國學人》1期，1970年）、〈宋代官制紊亂在唐制之根源〉（《中國學人》3期，1971年）、〈從《夢遊錄》看唐代文人遷官的最優途徑〉（《東方文化》10卷2期，1972）、〈唐代中書舍人遷官途徑考釋〉（《錢穆先生八十歲紀念論文集》，1974年）、〈唐二十六司郎中員外郎地位高低及遷轉途徑考釋〉（《新亞書院學術年刊》17期，1975年）、〈唐代中央重要文官遷轉途徑研究〉（新亞研究所叢書，龍門書店，1978年）。[35]孫氏以大量數據量化三省宰相任職、中央官員遷轉之途、政府機構

---

[33] 《國史大綱》，下冊，第四十一章：社會自由講學之再興起，二、宋明學術之主要精神，頁604。

[34] 此文收於錢穆：《中國學術思想史論叢》（北京：九州出版社，2011），頁361-372，相信是錢氏撰於1953、1954年左右之作。1952年4月16日，先生應聯合國中國同志會之邀，在淡江文理學院「驚聲堂」講演，即以此為題。講演方畢，堂屋頂泥灰坍落，擊傷先生頭部，昏厥送醫，休養一年始痊癒。此篇或是事後補寫者。

[35] 這些論文，充分展示其50至70年代於唐宋史的具體貢獻，大部分輯入其《唐宋史論叢》（香港：龍門書店，1980）。2000年，他又增加〈唐代中央重要文官遷轉時間與任期的探討〉（原載於《新亞書院學術年刊》1974年第16期）及〈讀兩唐書李渤傳書後〉居美國後論著，1983年，委香港商務印書館出版了增訂本。

職位變動，說明貴族官僚由盛而衰的整個過程，也就是錢穆所說「門第消融」的具體經歷和轉捩時間，從而補述宋代因唐代政策之失，於中央於地方產生了什麼混亂積弊的現象。這些論述在七十年代尤為重要。西方頂尖學者撰寫《劍橋中國隋唐史》，即大量引用了日本學者和孫國棟先生的意見，以分析唐帝國的盛衰，成為日後的定論。[36] 不但如此，國內自九十年代後期開始，從學術史與理論方面，均對唐宋變革問題開展了深入的討論，至今仍為國際學術的重要課題。[37]由錢穆、孫國棟而下，關注唐宋變化的後學漸多，理論愈辨愈明，思路愈拓愈闊，形成港區不可或缺的唐宋史隊伍。[38]

五、結語

史學論述離不開對歷史發展階段的通盤掌握，經歷十九世紀外力的東漸，二十世紀的亞洲正從地區復元中檢視自身的社會特質。中國歷史成為其中不能或缺的研究對

---

[36] 二次戰後，堪稱為唐史重鎮者首推英國劍橋大學東方系的蒲立本教授（Edwin George Pulleyblank）。他在倫敦大學攻讀中國語言及歷史，1951年的博士論文正是探討中國唐代由盛而衰的安史之亂，1953年到任劍大，三年後出版《安祿山叛亂的背景》（*The Background of the Rebellion of An Lu-shan*）。蒲立本在日本東京和京都研修日文的經驗，使他掌握東方史學界的主流，日後編成《中國和日本的歷史學家》一書。在該大學取得博士的崔瑞德（Dennis Twitchett），繼1960-1968年間任英國倫敦大學東方和非洲學院漢學教授，亦加入劍橋大學漢學的團隊，1980年以後轉任為美國普林斯頓大學胡應湘漢學教授。值得注意的是，1969年劍橋大學東方系聯絡中日學者，召開了唐史討論會，會後出版論文集《唐代透視》（*Perspective on the Tang*），對學者關切的唐史問題和變革概念，取得初步的掌握。1979年，崔瑞德主編的《劍橋中國史》唐史卷（第三卷）在劍橋大學正式出版，內中即反映其對部分中日學者的重視程度。

[37] 重要的論述有張其凡：〈關於「唐宋變革期」學說的介紹和思考〉；羅禕楠：〈模式及其變遷——史學史視野中的唐宋變革問題〉；李華瑞：〈20世紀中日「唐宋變革」觀研究述評〉；柳立言：〈何謂「唐宋變革」〉；張廣達〈內藤湖南的唐宋變革說及其影響〉；張國剛：〈論「唐宋變革」與中國社會史分期〉。此外，《唐研究》2005年第11卷；《文史哲》2005年第1期；《史學月刊》2005年第5期；《河南師範大學學報》2006年第2期；《江漢論壇》2006年第3期，均分別以學家學者從各種角度討論唐宋變革的問題。與此論題相關的大型國際學術會議也不斷展開，例如2002年廈門大學歷史系舉辦「唐宋制度變遷與社會經濟」；2002年浙江大學中國古代史研究所舉辦「唐宋之際社會變遷國際學術研討會」；2007年上海師範大學人文學院召開的「唐代國家與地域社會」國際學術研討會等等。參閱張國剛：〈改革開放以來唐史研究若干熱點問題述評〉，《史學月刊》2009年第1期；鄧小南：〈近年來宋史研究的新進展〉，《中國史研究動態》2004年第9期。

[38] 中大歷史系後學受孫國棟師研究的啟發甚多，例如蘇基朗：〈五代的樞密院〉《食貨》1980年第十卷第一期。即跟進了孫師：〈唐代三省制之發展研究〉，解釋唐代中晚期新興使職在諸司機構的發展，其後收入氏著：《唐宋法制史研究》（香港：香港中文大學出版社，1996）的第一章，頁1-38；趙雨樂探究唐代三宮飛龍院使及其後各種宦官使職類別，各種制度的變貌亦由宰相權力的崩壞說起，見諸氏著：《唐宋變革期之軍政制度——官僚機構與等級之編成》（臺北：文史哲出版社，1994）的第一章（頁1-47）和第二章（頁49-112）。除唐代考察以外，也有從五代至宋的源流反思變革意義的，為港區此項研究增添了動力，例如何冠環的：〈宋初三朝武將的量化分析〉，就是探究北宋統治階層的社會流動現象，其理論方法及數據分析，類於孫師：〈唐宋之際社會門第之消融〉，並作為其專著《北宋武將研究》（香港：中華書局，2003）的首篇，頁1-24；至於曾瑞龍遺著：《經略幽燕：宋遼戰爭軍事災難的戰略分析》（香港：中文大學出版社，2003），全書以宋遼戰役為重心，所涉燕雲十六州地區，自五代至宋為兵家必爭之地，各級戰略下的政治、軍事、物資等操作研究，實為長期戰爭文化經驗的一種體現。此項研究，無疑超越了制度史的範疇局限，入於軍事變革的獨到見解，其跨時代的治史決心，多受唐宋史方面的前輩師長所啟迪。

象，各種對東方定性的「專制皇權」、「封建制度」的觀念認識，均有意無意地套用於中國的千年場景，出現各種分歧的解讀。錢穆先生以精湛的史料考證入手，從古代諸儒的學術活動和理念出發，探究了士階層在不同時期所以存在的意識形態。他理解到傳統制度在士人政治下固定的文明建構，同時也把握變亂時期中各種文化制度逐步嬗變的整合需要，因而可以闡發一套合理的人文歷史的關係進程，將制度因革的客觀性，以及士人改制的主觀心理，均體現在中國歷史興衰曲折的長流之中。錢氏得出的歷史文化結論相當深刻，在光明與黑暗政治互相夾雜的歲月裡，縱使中國處於混亂低谷之時，仍因文物典章的長期沉澱，積累了未為時人察覺的復甦動力，成功迎來另一大時代的曙光。唐代的盛世，即由魏晉南北朝的豐富制度孕育而成，帝國輝煌的同時，又存在揮之不去的政治隱患；宋代弱勢肇始於唐末五代之弊，然而士人階層的時代自覺，卻能突破門第貴族所囿的利益局限，建構更為普遍的平民社會。種種制度利弊，均由時代推演下連綿相因，等待具自覺意識的士人復修，凡此構成錢氏的時代史觀，與京都學派相近而不盡相同之。

第十一章　反思錢穆先生的宋代相權研究——以秦檜獨相時期的貢舉為中心考察宋代宰相在「用賢進才」方面的權力

香港大學中文學院
朱銘堅

錢穆先生（1895-1990）在二十世紀四十年代對宋代（960-1279）相權的宏觀論述，[1]是其云云眾多關於中世史的論著中較為人所熟悉的一種，主要是因為錢先生的觀點曾激發學界對宋代皇權和相權作廣泛討論。在錢先生發表此文後的四十多年內，其「相權削弱」觀點仍被大多數學者所接受，直至1985年王瑞來發表〈論宋代相權〉一文才反駁了「相權削弱說」。王瑞來認為在探討宋代相權強弱的問題上「要區分開這樣兩個方面的問題：第一，君主的主觀意圖與政治舞臺上的客觀事實；第二，制度的設立與制度的實施」。[2]從表面上看，相權因為受到分割確實被大大削弱了，可是「這些限制相權的各項措拖，作為祖宗法，有的儘管終宋之世都存在，但只是徒具形式而已」。[3]而宋代「皇帝的權力並不是至高無上的，在許多方面受到宰相的限制」[4]，故王瑞來認為皇帝往往是一具任人擺佈的尊貴偶像，事實上真正的幕後操縱者是宰相。到了90年代，學者們再就相權問題作出了新的探討，如張邦煒在〈論宋代的皇權和相權〉一文中便提出了「相權從屬並服務於皇權，兩者並非對立，而是相互依存」。[5]他認為「宋代皇權比前代有所加強」[6]是因為皇帝的地位相當穩定，以至皇權變得至高無上，但它仍是受到約束的。可見宋代包括宰相在內的士大夫群體的權力相當大，足以制約皇權。張邦煒總結道：「宋代的皇權和相權之所以都有所加強，在基本上是由於當時的士大夫階層個體力量小，群體力量大」。[7]而諸葛憶兵在其〈宋代相權強化原由探析〉中則指出宋代相權強化主要是因為帝王以史為鑒，改變治國思

1　錢穆：〈論宋代相權〉，收入《宋史研究集》第一輯（臺北：中華叢書委員會，1958），頁455-462。
2　王瑞來：〈論宋代相權〉，《歷史研究》1985年第2期，頁107。
3　同上註，頁108。
4　同上註，頁115。
5　張邦煒：〈論宋化的皇權與相權〉，《四川師範大學學報》1994年第21卷第2期，頁60。
6　同上註，頁61。
7　同上註，頁67。

維，「抑武揚文，重用以宰相代表的文人士大夫」，[8]即使出身寒微的知識分子也能憑實力透過科舉進入仕途。而這些文人士大夫既沒有世家勢力，也沒有社會根基和實力，「其榮辱盛衰皆掌握在帝王手中」，[9]故對宋王朝忠心耿耿。還有帝王採取的一系列強而有力的措施，如對后妃、外戚、宗室、宦官的抑制均有效地鞏固強化了相權。[10]對於宋代相權屬強屬弱，學界至今還未有定論，其中一個原因是以個案形式考察兩宋時期所有宰相在不同層面展現權力的研究成果尚未夠充分。筆者不揣淺漏，試圖拋磚引玉，以秦檜獨相時期的貢舉作個案分析，深入考釋科舉考試在何種程度上受到秦檜直接或間接的影響，由此反思錢穆先生認為宋代宰相在「用賢進才」方面的權力被削弱的論點。在進入個案研究之前，筆者先回顧錢先生認為宋代相權削弱的相關論點。

一、錢穆的「相權削弱說」

錢穆先生在1942年發表的〈論宋代相權〉一文就宰相權力削弱提出四方面的分析：一是「文事任宰相，武事任樞密，樞密之任既重，而宰相自此失其職」，[11]即以樞密掌軍削弱宰相的軍事領導權，而相權旁落這一趨勢自中唐起任命宦官出任樞密使並付予其監軍的職責已略見端倪。二是「宋代財政之權亦非宰相所能握」，[12]因宋廷繼承中唐以來的專任使職的傳統，置度支、鹽鐵、戶部三司掌財賦之權。由於三司是獨立於宰相的財政機構，因此宰相無權過問國家財政。三是宋代宰相的考課官吏和用人之權也被侵奪，因「宋王室自攬用人大權」[13]，置審官院考課京朝官，又設三班院以考供奉等官之殿最，而宋太宗（939-997，976-997在位）限定宰相呂蒙正（946-1011）等高級官員只許各自薦舉一人，也是宋代「不任宰相以用賢進才之證。」[14]四是「宋制以臺諫抑相權」。[15]由於宋代諫官由皇帝親擢，且宰相無權干涉諫官的進退，所以諫官的職責從此前的諫諍天子轉而為論奏宰相，而宰相的權力亦隨著諫官地位的提高而大幅削弱。除此之外，宋代皇帝還廢除了宰相坐而論道之禮，且不允許宰相私自接見賓客。這一系列舉措和制度施設均使相權旁落，據此錢先生引申到：「相權一隳，萬事隨之，宋室之不振，其大端實在此。」[16]

---

[8] 諸葛憶兵：〈宋代相權強化原由探析〉，頁118。

[9] 同上註，頁119。

[10] 見邱志誠：〈錯開的花：反觀宋代相權與皇權研究及其論爭〉，《海南大學學報：人文社會科學版》2007年第25卷第5期，頁589。

[11] 錢穆：〈論宋代相權〉，《歷史研究》1985年第2期，頁455。

[12] 同上註，頁456。

[13] 同上註，頁458。

[14] 同上註，頁458。

[15] 同上註，頁460。

[16] 同上註，頁462。

然而宋代相權是否由始至終即弱？事實上錢先生在文中已指出宋室在南渡之初的建炎四年（1130）便令「宰相兼知樞密院事」，其後更於乾道二年（1166）詔「自今宰相可帶兼制國用使」。在宰相重掌軍權和財權後，錢先生謂「相權始復」[17]。由此可見宋代相權並非一成不變，其強弱變化或許歷經多次曲折反覆的過程。本文將針對錢先生謂宋代「不任宰相以用賢進才」一說，[18]以秦檜獨相期間的五次貢舉考試為中心，透過考釋秦檜（1091-1155）與貢舉考官的關係及其親屬在科舉中的表現，揭示秦檜的權力如何直接或間接地滲透至科舉這一原意是「公平公正」的選才制度。

二、秦檜獨相期間的科考

紹興八年（1138）三月，宋廷任命樞密使秦檜為守右僕射、同平章事兼樞密使。[19] 同年十月宋廷罷免了守尚書左僕射兼樞密使趙鼎（1085-1147），自此開啟了秦檜獨相的局面。這情況持續了近十八年，直至紹興二十五年（1155）十月秦檜致仕才結束。[20]在這一「秦檜專制體制」下，[21]相權如何延伸至科舉考試？下文將略論秦檜在不同層級的科舉考試中的影響力，分析他屬意的考生為何可以透過科考從而進入官僚體系，由此揭示宰相秦檜在「用賢進才」方面的權力運用。

紹興十二年（1142）是秦檜獨相後的第一次科舉考試，其時宋與金（1123-1234）已達成和議，在對外情況相對穩定下，秦檜把目光轉到內政方面。科舉考試作為選拔未來官員的主要管道，不難想像會受到秦檜的關注，而部分主理考試的官員為了迎合秦檜，也會把秦檜屬意的考生置於前列。以兩浙轉運司在紹興十年（1140）秋舉行的漕試為例，在二百零八名透過漕試的考生當中，[22]有四十二人來自溫州，時人朱勝非（1082-1144）認為是兩浙轉運司有見秦檜此前曾援引吳表臣和林待聘（？-1152）等溫州士人襄助，因而大量舉薦溫州士人以取悅秦檜：

> 東南諸州解額少，舉子多求牒試於轉運司，每七人取一名，比之本貫，難易百倍。秦檜居永嘉，引用州人以為黨助。吳表臣、林待聘號黨魁，名為從官，實操國柄。凡鄉士具耳目口鼻者，皆登要途。更相扳援，其勢炎炎。日遷月擢，無復程度。是年，有司觀望，所薦溫士四十二名，檜與參政王次翁子姪預選者數人。前輩詩云：「惟有糊名公道在，孤寒宜向此中求。」今不然矣。[23]

---

17 同上註，頁457。

18 同上註，頁458。

19 脫脫等撰：《宋史》（北京：中華書局，1977），卷213，〈宰輔表〉，頁5556。

20 同上註，頁5564。

21 日本學者寺地遵稱這一時期為「秦檜專制體制」，見寺地遵著、劉靜貞、李今芸譯：《南宋初期政治史研究》（臺北：稻禾出版社，1995），第二部，頁285-478。

22 徐松：《宋會要輯稿》（北京：國立北平圖書館，1936），〈選舉〉4之26。

23 李心傳編撰、胡坤點校：《建炎以來繫年要錄》（北京：中華書局，2013），卷144，紹興十二年三月為了奉承秦檜及其黨羽參知政事王次翁（1079-1149），兩浙轉運司還讓他們的子姪透過考試，這一「選人唯親」的做法某程度上斷絕了「孤寒才實」的士子的入仕之途。或許有見是次漕試的結果偏袒權貴，禮部於紹興十年十月重申轉運司應在漕試中採用彌封和謄錄等措施以保障考試的公平和公正性。[24]值得注意的是兩浙轉運副使黃敦書在紹興十二年四月獲除直祕閣一職，[25]或許可被視作黃在此前的漕試中鼎力襄助秦檜的回報。

紹興十二年正月，秦檜之子秦熺（1117-1161）和兩名姪子秦昌時和秦昌齡均透過了禮部試，[26]這與知禮部貢舉的程克俊（1089-1157）不無關係。程克俊是饒州浮梁人，宣和六年（1124）進士及第後任太學正和太學博士，[27]疑於此時與任太學正的秦檜有交往。[28]為了巴結重新掌權的舊同僚，程克俊除了在禮部試中分外關顧秦檜的子姪外，更在秦檜除太師的制書中極力歌頌秦的功德，謂其「廟算無遺，固眾人之所不識；征車遠狩，惟君子以為必歸。」[29]秦檜欣然受樂，而程克俊亦因此獲得快速的陞遷，於紹興十二年九月從給事中升為翰林學士，[30]再於一個月後獲除簽書樞密院事。[31]

秦熺在透過省試後參加殿試，而有司為了奉承秦檜及擁護其與金人議和的主張，遂把秦熺建議定都金陵的對策定為第一，同時把「以休兵息民為上策」，視漢高祖（前256-前195，前202-前195在位）與匈奴和親為「聖人以天下為家」的另一舉子陳誠之定為第二。[32]秦檜引用「有官人不居第一」的故事，[33]把秦熺與陳誠之兩人的名次互換。綜觀紹興十二年的貢舉，受惠的除了秦檜的三名子姪和秦的館客何溥外，亦包括秦的黨羽王次翁之子王伯庠（1106-1173），這樣的考試結果明顯傾向當朝權貴，與負責各級考試的官員試圖阿附秦檜不無關係，由此亦可窺見一代權相在科舉取士中無形的影響力。

時人儘管對秦氏子姪在紹興十二年的科考中受到優待有所不滿，但大多未敢作公開批評。然而一些敢言的伶人卻借題發揮，戲稱在禮部試中拔擢三名秦氏子姪的知貢

乙卯條下註引朱勝非：《秀水閑居錄》，頁2720。另可參閱佚名撰，孔學輯校：《皇宋中興兩朝聖政輯校》，卷28，紹興十二年三月乙卯，頁903。

24 《宋會要輯稿》，〈選舉〉16之5-6。

25 《建炎以來繫年要錄》，卷145，紹興十二年四月庚午，頁2728。

26 洪邁：《夷堅支志》（北京：中華書局，1981），乙卷四，〈優伶箴戲〉，頁824。

27 程敏政輯撰、何慶善、于石點校：《新安文獻志》，卷94下（合肥：黃山書社，2004），卷94下，〈宋資政殿學士中奉大夫提舉臨安府洞霄宮鄱陽郡開國侯食邑一千七百戶贈資政殿大學士銀青光祿大夫諡章靖程公克俊家傳〉，頁2365-2366。

28 徐夢莘撰：《三朝北盟會編》（上海：上海古籍出版社，1997），卷二十七，頁201。

29 徐自明撰，王瑞來校補：《宋宰輔編年錄》（北京：中華書局，1986），卷16，頁1072。

30 《建炎以來繫年要錄》，卷146，紹興十二年九月壬寅，頁2767及紹興十二年九月戊申，頁2768。

31 《建炎以來繫年要錄》，卷147，紹興十二年十月乙亥，頁2774。另見《皇宋中興兩朝聖政輯校》，卷28，紹興十二年十月乙亥，頁915。

32 《建炎以來繫年要錄》，卷145，紹興十二年四月庚午，頁2726-2728。

33 韓酉山：《秦檜研究》（北京：人民出版社，2008），頁225。

舉程克俊為取得「三秦」之地的西漢（前202-8）開國功臣韓信（前231-前196）：

> 壬戌省試，秦檜之子熺、姪昌時、昌齡皆奏名，公議籍籍而無敢輒語。至乙丑春首，優者即戲場設為士子赴南宮，相與推論知舉官為誰，或指侍從某尚書某侍郎當主文柄，優長曰：「非也，今年必差彭越。」問者曰：「朝廷之上，不聞有此官員。」曰：「漢梁王也。」曰：「彼是古人，死已千年，如何來得？」曰：「前舉是楚王韓信，信、越一等人，所以知今為彭王。」問者蚩其妄，且扣厥指，笑曰：「若不是韓信，如何取得他三秦？」四座不敢領略，一鬨而出。秦亦不敢明行譴罰云。[34]

據伶人推測，紹興十五年知禮部貢舉的那位「彭越」——時任右正言的何若（？-1150）——應與程克俊相似，刻意選取秦檜屬意的考生。何若是江寧人，與秦檜份屬同鄉，他在紹興十五年正月獲任命為知貢舉前，[35]曾承秦檜之意彈劾簽書樞密院事李文會（？-1158）「憸邪害政」。[36]同年十一月，何升任御史中丞，[37]繼續協助秦檜打擊劉一止（1078-1160）和廖剛（1071-1143）等等政敵。[38]何在仕途上步步高陞，意味著紹興十五年禮部試的結果應頗令秦檜滿意。

秦檜在科場的影響力更波及遠在四川地區的考生。由於四川地區往臨安的路途遙遠，加上南宋初年不甚穩定的政治局勢，宋廷為免一眾在該地透過解試的士子長途跋涉前往臨安參加禮部試，因而特別在四川安撫制置司所在的成都府舉行與臨安省試形式相同的「類省試」，[39]而透過「類省試」的四川士子在紹興十一年（1141）宋金議和前也不用前往行在參加殿試，宋廷會按照他們在「類省試」的成績推恩，如「類省試」第一名所得恩數與殿試第三名相同，被視作進士及第。隨著和議的簽定，宋廷對外和對內的形勢變得相對穩定，一些已透過四川「類省試」的士子或許為了取得更好的恩數，因而選擇前往臨安參加殿試，[40]另一些則因種種原因未有赴殿試，其中一人包括紹興十八年（1148）在四川「類省試」中被考官評為第一的德陽人何耕（1127-1183）。與此前四川「類省試」榜首獲授進士及第相比，何耕是次僅獲進士出身，這一出人意表的結果與其在四川「類省試」的答策有關，史稱：

---

34 《夷堅支志》，乙卷四，〈優伶箴戲〉，頁824。

35 《建炎以來繫年要錄》，卷153，紹興十五年正月己巳，頁2889。

36 《建炎以來繫年要錄》，卷152，紹興十四年十二月丁酉，頁2883-2884。

37 《建炎以來繫年要錄》，卷154，紹興十五年十一月戊午，頁2918。

38 《建炎以來繫年要錄》，卷154，紹興十五年閏十一月丁亥，頁2922；及卷155，紹興十六年五月甲申，頁2934-2935。

39 見張希清：《中國科舉制度通史．宋代卷》（上海：上海人民出版社，2015），頁244-259。

40 《建炎以來繫年要錄》，卷158，紹興十八年八月癸巳，頁2995。另見佚名撰、燕永成點校：《中興兩朝編年綱目》（南京：鳳凰出版社，2018），卷10，頁363-364。

是舉類試策問古今蜀人才盛衰之故，而德陽何耕對策，極論蜀士徇道守節，無心於世，引楚相子文三仕三已之說為證。又言：「李固無大雅之明哲，卒陷於跋扈將軍之手，議者固已少之；若相如作《封禪書》，蓋孟子所謂『逢君之惡』，楊子云作《美新》以媚賊，又蜀人所羞道。」有司定為榜首。秦檜見其州裡，大惡之曰：「是敢與張德遠為地耶！」[41]

秦檜認為何耕在答策中歌頌蜀人的名節，某程度上是為了跟何的同鄉和秦的政敵張浚（1097-1164）平反，秦因此對何深感不滿。剛好何耕因未赴殿試而請求宋廷推恩，秦檜遂把其申請轉到禮部處理。權禮部侍郎沈該（？-1166）領會到秦檜的心意，上書指出何耕等在「類省試」中表現優異的士人故意不赴殿試，是因為他們推測宋廷會像此前一樣，根據他們的「類省試」成績而推恩：「今舉有試中高等之人，為見先有已降等第推恩名色，及慮御試卻中底甲，往往在路遷延日月，才候試畢，便自陳為病，趁赴不及，顯屬太優。」[42]沈該因此建議「四川類省試合格不赴殿試人，第一等並賜進士出身，余人同出身，」[43]最終獲得宋高宗（1107-1187，1127-1162在位）批准。宋廷因何耕的對策而削減四川士子的推恩，從一個側面反映了秦檜如何透過沈該而把其影響力延伸至科考。

或許有見何耕的對策引起秦檜的不快，潼州府路提點刑獄公事楊椿（1095-1167）在三年後主理四川類省試時便更謹慎。即使楊此前曾拒絕阿附秦檜，[44]但可能為了避禍的緣故，楊最終還是把一名在對策中頌揚和議及秦檜的考生置於榜首，此舉令秦檜非常高興：

潼州府路提點刑獄公事楊椿被檄考四川類省試，策問方今君臣同德之懿，因論漢文帝不任賈誼為公卿等事。舉人張震答策言：「文帝屈己和親，而誼欲以表餌繫單于，此不適時之論。」又言：「主上淵嘿思治，上天眷佑，為生賢佐。一德之誠，克享天心。」椿定為榜首，檜大善之。[45]

秦檜獨相期間最後一次，也是他最肆無忌憚地操控的貢舉在紹興二十四年

---

41 《建炎以來繫年要錄》，卷158，紹興十八年八月癸巳，頁2995。另見《中興兩朝編年綱目》，卷10，頁363-364。

42 《建炎以來繫年要錄》，卷158，紹興十八年八月癸巳，頁2995。另見《中興兩朝編年綱目》，卷10，頁364。

43 《建炎以來繫年要錄》，卷158，紹興十八年八月癸巳，頁2995。

44 陳良祐：〈楊文安公椿墓誌銘〉，收入曾棗莊、劉琳主編：《全宋文》（上海：上海辭書出版社，2006），第241冊，卷5400，頁425。

45 《建炎以來繫年要錄》，卷162，紹興二十一年閏四月丙子，頁3071。另見《中興兩朝編年綱目》，卷11，頁377-378；呂中撰、張其凡、白曉霞整理：《類編皇朝中興大事記講義》（上海：上海人民出版社，2013），卷12，〈科舉媚權相〉，頁635-636；及陳良祐：〈楊文安公椿墓誌銘〉，收入《全宋文》，第241冊，卷5400，頁425。

（1154）舉行。是次禮部試的知貢舉魏師遜（1107-1180）、同知貢舉湯思退（1117-1164）和鄭仲熊、以至參詳官如沈虛中、董德元（1096-1163）和張士襄等人均為秦檜所推薦。即使省試採用了彌封和謄錄等糊名考校的措施，且規定考官在評卷期間不得與外界接觸，但魏師遜等人為了奉承秦檜，不惜破壞這一系列保障科考公平的制度。他們先是從謄錄所中取得秦檜之孫秦塤（1137-？）的編號並把其定為榜首，再在成績公佈前暗中派人偷偷地把結果告知秦塤之父秦熺。為了讓秦塤在接下來的廷試中脫穎而出，秦檜繼續奏舉張士襄、鄭仲熊、湯思退和魏師遜等省試考官為殿試的初考、覆考、編排和詳定官。而此前任省試參詳官的沈虛中不知是受秦檜指使還是為了討好秦檜，更上「密奏乞許有官人為第一」。[46]上文論述紹興十二年貢舉的部分，曾提到原被殿試考官定為榜首的秦檜之子秦熺因為「有官人不居第一」的緣故而不得不退居第二名。若然高宗採納沈虛中的建議並確認秦塤為殿試中成績最優秀者，則秦檜的孫子將會名正言順的成為狀元。然而秦檜等人的如意算盤最終未能打響。即使魏師遜等人把秦塤定為榜首，但高宗在讀到秦塤的殿試策時認定當中的用語是秦檜和秦熺所教，因此把秦塤降至第三名，並拔擢原被考官定為第二的張孝祥（1132-1170）為狀元。即使高宗成功遏止秦熺奪魁，但仍無阻秦檜的親黨以至權貴的親屬在是次貢舉中全面報捷，俱因狀元張孝祥是秦檜的館客，第四名的周夤是秦檜的親黨，第五名的鄭時中是鄭仲熊兄長之子。考中甲科和乙科進士的還有秦棣（？-1148）之子秦焞和楊存中（1102-1166）之子楊倓（1120-1185）。此外，這一榜進士還包括鄭仲熊之兄孫鄭縝、趙密（1095-1165）之子趙靡、秦梓（？-1146）之子秦焴、董德元之子董克正、曹泳之兄子曹緯、秦檜之姻黨沈興傑等人。[47]對於秦檜透過貢舉大規模錄用其親黨，南宋人呂中謂：「臣無復天子之臣，士無復天子之士」[48]，故「天下為之切齒」。[49]這一切齒之恨最終在秦檜身後約一年左右爆發。紹興二十六年（1156）八月，淮東提舉茶鹽朱冠卿上奏批評秦檜在紹興二十四年貢舉中弄權和選人唯親，讓目不識丁之親黨透過考試：

> 故相當權，不遵祖宗故事。科舉雖存，公道廢絕。私於子孫，皆置俊異之選；私於族裔親戚，又私門下憸人鄙夫。前舉一榜，如曹冠、秦塤、周寅、鄭時中、秦焞、鄭鎮、沈與傑、秦焴，凡八人，其間多是乳臭小兒，至於素不知書、全不識字者，濫竊儒教，侵占省額。[50]

---

[46] 《建炎以來繫年要錄》，卷166，紹興二十四年三月辛酉，頁3152。

[47] 《建炎以來繫年要錄》，卷166，紹興二十四年三月辛酉，頁3152-3153。另見《中興兩朝編年綱目》，卷11，頁381-382。

[48] 《類編皇朝中興大事記講義》，卷12，〈科舉媚權相〉，頁636。

[49] 《建炎以來繫年要錄》，卷166，紹興二十四年三月辛酉，頁3153。

[50] 趙甡之撰、許起山輯校：《中興遺史輯校》（北京：中華書局，2018），卷16，紹興二十六年八月，頁258。另見《宋會要輯稿》，〈選舉〉4之30-31及《建炎以來繫年要錄》，卷174，紹興二十六年八月戊寅，頁3327。

綜上所述，可知秦檜在獨相期間，負責各級考試的官員為了取悅或避免開罪秦檜，均會選拔一些在答策中歌頌秦檜或宋金和議的考生，反映了秦檜在貢舉中間接的影響力。除此之外，秦檜更會主動舉薦其親信出任省試和殿試的考官，直接在科舉考試中把其親黨置於前列。對於秦檜在「用賢進才」中所展現選才的權力，南宋人何俌在《中興龜鑑》認為其可與西漢權臣霍光（？-前68）相提並論：「掄魁，所以待天下士也。既私其子熺，又私其孫，父子親黨，環列要津，雖霍光之根據，亦不是過云。」[51]

三、結語

透過考察秦檜在宋高宗朝獨相期間的五次貢舉考試，可見秦檜的權力像「毛細管」一樣直接或間接地滲透至科考的各個層面。[52]這一發現論證了南宋一代權相在「用賢進才」方面的權力，有助我們反思「宋代相權削弱」這一宏觀論述。此外，學者早已指出因科舉考試衍生出來的座主門生和同年進士等關係是朋黨形成的契機，基本上對皇權構成威脅。[53]那些在秦檜獨相期間透過科考的士子，在入仕以後與其恩主秦檜或其親信維持著什麼樣的關係？這些關係對秦檜的相權有何影響？這些都是非常值得探討的課題，有待學者作更深入的個案分析。事實上，寺地遵此前關於秦檜當政時期的吏部尚書和侍郎之研究，[54]以至筆者早年探討四川封疆大吏鄭剛中與秦檜主政時的執政和臺諫之間的關係，[55]均是希望透過不同的個案深化我們對秦檜的權力以至南宋初期政治的整體認識。本文旨在拋磚引玉，鼓勵更多學者從事微觀和細緻的個案研究，從而揭示宏觀論述背後的複雜性。

---

51 《建炎以來繫年要錄》，卷166，紹興二十四年三月辛酉條下註引何俌《龜鑑》，頁3153。

52 可參閱王汎森：《權力的毛細管作用：清代的思想、學術與心態》（臺北：聯經出版事業股份有限公司，2013）。

53 見何冠環：《宋初朋黨與太平興國三年進士（修訂本）》（上海：中西書局，2018）；及平田茂樹著、林松濤譯：〈宋代朋黨形成之契機〉，收入平田茂樹著：《宋代政治結構研究》（上海：上海古籍出版社，2010），頁98-142。

54 關於秦檜當政時吏部尚書和侍郎之研究，見寺地遵：《南宋初期政治史研究》，頁331-336。

55 Chu Ming-kin, "The Secret of Long Tenure: A Study of Zheng Gangzhong's Letters to Qin Gui's Associates", *T'oung Pao*, Vol.102 No.1-3 (2016), pp.121-160.

第十二章　論錢穆的宋史研究

香港大學中文學院
蔡崇禧

一、前言

錢穆（1895-1990）為二十世紀的國學大師，一生著述豐碩，且涉及多個不同的學術範疇，陳勇指出：

> 他的治學範圍廣及史學史、哲學及思想史、文化學及文化史、政治學與制度史、文學、教育學、歷史地理學等，在人文學科中可以稱得上一位百科全書式的學者。[1]

當中不少著作均為經典之作，廣為學者所重，在抗日戰爭期間完成的《國史大綱》即為其一，顧頡剛（1893-1980）謂：

> 中國通史的寫作，到今日為止，出版的書雖已不少，但很少能夠達到理想的地步。……其中較近理想的，有呂思勉（1884-1957）《白話本國史》、《中國通史》、鄧之誠（1887-1960）《中華二千年史》、陳恭祿（1900-1966）《中國史》、繆鳳林（1899-1959）《中國通史綱要》、張蔭麟（1905-1942）《中國史綱》、錢穆《國史大綱》等。……錢先生的書最後出而創見最多。[2]

史家嚴耕望（1916-1996）亦推崇其師所撰的《國史大綱》說：「即此講義，已非近代學人所寫幾十部《通史》所能望其項背，誠以學力才識殊難兼及！」[3]

過去學術界研究錢穆的史學時，多將焦點集中在《國史大綱》及其學術思想的專著，以及其史學思想上，鮮有人整理錢穆對某一朝代或時代的歷史所作的研究，但其

1　陳勇撰：《錢穆傳》（北京：人民出版社，2001），頁359。
2　顧頡剛撰：《當代中國史學》（上海：上海古籍出版社，2002），頁81。
3　嚴耕望撰：《錢穆賓四先生與我》（臺北：臺灣商務印書館，2008），頁73。

實錢穆的宋史研究很值得深入探討和分析。他在很早的時候已留意宋代（960-1279）的人物，曾於《宋明理學概述》中提到自己早年的學習經驗：

> 越兩載，入中學，遂窺韓（韓愈，768-824）文，旁及柳（柳宗元，773-819）、歐（歐陽修，1007-1072）諸家。……民國元年，余十八歲，……遂決意先讀唐宋八家。韓、柳方畢，繼及歐、王（王安石，1021-1086）。[4]

錢穆很早已對宋代文學產生興趣，再由欣賞王安石等人的文章轉入探研他們的思想與為人，他說：「我從王安石的文章，欣賞到他文章背後的聰明意氣，欣賞到他這個人。……我從這裡就來研究他們的新經學。」[5]可見他由宋代文學進入研究宋代學術。由於錢穆用心探研宋代學術，因此他曾因《宋元學案》的「收編頗不愜意」而有意重編，[6]並在二十世紀三十年代時發表了多篇關於宋代學術的文章，如〈論兩宋學術精神：中國近三百年學術史引論之一〉、[7]〈宋明理學之總評騭〉、[8]〈論明道與新法〉、[9]〈論關於荊公傳說之聞鵑辨姦兩案〉[10]、〈論荊公溫公理財見解之異同〉、[11]〈廬陵學案別錄：宋元學案別錄之一〉、[12]〈論慶曆熙寧之兩次變政〉等。[13]此等均是其研究宋史的部分成果。錢穆也在三十年代至四十年代先後發表〈論宋代相權〉、[14]〈宋以下中國文化之趨勢〉、[15]〈初期宋學〉、[16]〈二程學術述評〉、[17]〈朱子學術述評〉、[18]〈朱子心學略〉、[19]〈唐宋時代的文化〉、[20]〈理學與藝術〉等文

---

4 錢穆撰：《宋明理學概述》，載錢賓四先生全集編輯委員會編：《錢賓四先生全集》（臺北：聯經出版事業公司，1998），第9冊，頁7-8。

5 錢穆撰：《講堂遺錄》，載《錢賓四先生全集》，第52冊，頁612。

6 錢穆撰：《師友雜憶》，載《錢賓四先生全集》，第51冊，頁91。

7 錢穆：〈論兩宋學術精神：中國近三百年學術史引論之一〉，載《文學年報》1936年第2期，頁15-18。

8 錢穆：〈宋明理學之總評騭〉，載氏撰：《中國學術思想史論叢（七）》，載《錢賓四先生全集》，第21冊，頁367-377。此文原載於《中央週刊》1936年第8卷第28期。

9 未學齋主：〈論明道與新法：未學齋讀史隨筆之三〉，載《天津益世報》，1936年10月15日第12版。文章所署「未學齋主」為錢穆別號。

10 未學齋主：〈論關於荊公傳說之聞鵑辨姦兩案：未學齋讀史隨筆之四〉，載《天津益世報》，1936年11月5日第12版。

11 錢穆：〈論荊公溫公理財見解之異同〉，載《天津益世報》，1937年3月4日，第12版。

12 錢穆：〈廬陵學案別錄：宋元學案別錄之一〉，載《文學年報》1937年第3期，頁13-20。

13 錢穆：〈論慶曆熙寧之兩次變政〉，載《天津益世報》1937年6月24日第12版。

14 錢穆：〈論宋代相權〉，載《中國文化研究匯刊》1942年第2卷，頁145-150。

15 錢穆：〈宋以下中國文化之趨勢〉，載《思想與時代》1944年第31期，頁18-29。

16 錢穆：〈初期宋學〉，載於《中央週刊》1946年第8卷第18期，頁6-9。

17 錢穆：〈二程學術述評〉，載《思想與時代》1947年第45期，頁8-15。

18 錢穆：〈朱子學術述評〉，載《思想與時代》1947年第47期，頁13-20。

19 錢穆：〈朱子心學略〉，載《學源》1948年第2卷第6期，頁4-11。

20 錢穆：〈唐宋時代的文化〉，載《大陸雜誌》1952年第4卷第8期，頁26-34。

章，[21]專著方面則有《宋明理學概述》、《朱子新學案》、[22]《宋代理學三書隨劄》[23]等，足見他在宋史研究方面著述甚豐，尤以學術方面為主。至於他的代表作《國史大綱》雖為通史，但兩宋歷史在書中占了不少篇幅，而且這部分也是他對宋史的深刻見解。因此，筆者不吝見識孤陋，嘗試探討錢穆的宋史研究及其影響，相信能讓大家更清楚錢穆在史學上的貢獻。今天不少學者嘗試探討民國以來著名學人如呂思勉、鄧之誠、蒙文通（1894-1968）、張蔭麟、鄧廣銘（1907-1998）等的宋史學，[24]若可在這個範疇補上錢穆，或許能讓民國以來的宋史研究呈現更完整的圖像。以下將嘗試整合並分析他在宋史研究方面的幾個主要觀點。

二、論宋代的重要性

宋代是中國歷史上重要的朝代，在文化、經濟等方面均有長足發展。錢穆也嘗多次在其著作中提到宋代的重要性。他在《中國文化史導論》討論中國歷史的分期時謂：

> 我們若把中國文化演進，勉強替他劃分時期，則先秦以上可說是第一期，秦（前221-前207）漢（前202-220）、隋（581-619）唐（618-907）是第二期，以下宋、元（1271-1368）、明（1368-1644）、清（1636-1912）四代，是第三期。……宋、元、明、清四代約略一千年，這可說是中國的近代史，比較上又自成一個段落。[25]

這裡的歷史分期是以文化演進作為依據，錢穆指出在宋代至清代的這個時期，儒家思想恢復了其平民精神，取代了佛教，而唐宋以下文學藝術的發展亦有代替宗教之功能，自宋以下的中國同時進行著民族融和，社會文化亦再普及和再深入。[26]錢穆以宋、元、明、清劃為一個時期，即代表著宋代是這個時期的開端，往後的元、明、清是沿著宋代的情況，可見宋代在歷史發展上的重要性。及後錢穆在《中國歷史研

---

[21] 錢穆：〈理學與藝術〉，載《故宮季刊》1973年第7卷第4期，頁1-18。

[22] 錢穆撰：《朱子新學案》，載《錢賓四先生全集》，第11-15冊。

[23] 錢穆撰：《宋代理學三書隨札》，載《錢賓四先生全集》，第10冊。

[24] 虞云國：〈論呂思勉的宋史觀〉，載《史林》2007年第6期，頁157-165；強政隆：〈鄧之誠的宋史研究〉，載《宋史研究論叢》2019年第24輯，頁403-415；朱瑞熙：〈蒙文通先生在中國宋史學上的開創之功——兼評張蔭麟、陳樂素、鄧廣銘三先生對宋史研究的貢獻〉，載四川大學歷史文化學院編：《蒙文通先生誕辰110週年紀念文集》（北京：線裝書局，2005），頁72-80；曹家齊：〈張蔭麟先生與中國宋史學〉，載東莞市政協編：《東莞歷史文化論集》（廣州：廣東人民出版社，2007），頁273-285；劉浦江：〈鄧廣銘與二十世紀的宋代史學〉，載《歷史研究》1999年第5期，頁114-129。

[25] 錢穆撰：《中國文化史導論》，載《錢賓四先生全書》第29冊，頁183。

[26] 同上書，頁187-210。

究法》也曾參照西方歷史的三分期法，將戰國（前475-前221）末年以前為「上古史」，秦至唐代為「中古史」，而「中國的『近代史』，自宋代即開始了」。[27]時期的劃分亦與《中國文化史導論》相類。其實他在〈中國社會演變〉已曾謂：

> 宋代以後的中國社會，開始走上中國的現代型。第一是中央集權之更加強，第二是社會階級之更消融。魏晉以下的門第勢力，因公開考試制度之長期繼續，已澈底消滅；商業資本難於得勢，社會上更無特殊勢力之存在。[28]

雖然這分期的考慮點為社會，但他同樣點出宋代為重要的轉變時期，元、明、清則相仍宋代的情況，而個中轉變的原因則為科舉制度長期實行消除了門第勢力。另外，其〈理學與藝術〉也提出相類的看法：

> 宋以前，大體可稱為古代中國。宋以後，乃為後代中國。……宋以下，始是純粹的平民社會。除卻蒙古、滿洲異族入主，為特權階級外，其昇入政治上層者，皆由白衣秀才平地拔起，更無古代封建貴族及此後門第傳統之遺存。故就宋代言之，政治經濟，社會人生，較之前代，莫不有變。[29]

宋代社會因白衣秀才透過科舉進入政治上層轉變，而這也帶動了政治、經濟、藝術、思想等不同方面的發展，因此錢穆在文中指出「論中國古今社會之變，最要在宋代」。[30]

錢穆在《中國歷史研究法》尚有另一個將中國歷史分為五期的說法，五期分別為：春秋（前770-前476）戰國的「遊士時期」、兩漢的「郎吏時期」、魏晉南北朝（220-589）的「九品中正時期」、唐代的「科舉時期」，以及宋至清代的「進士時期」。[31]這與前述的分期有所不同，但錢穆仍是以宋至清為一個時期以及以宋為這個時期的開端，可見錢穆以宋代為重要的轉變時期之看法未有改變。錢穆在該書說明他如此劃分的原因：「科舉進士，唐代已有。但絕大多數由白衣上進，則自宋代始。」[32]這與〈中國社會演變〉及〈理學與藝術〉的看法亦大抵相同。及後，他在《國史大綱》的修訂本中提出中國歷史上士階層的發展可以分為四期：第一期為春秋戰國百家爭鳴時，奠定了以士階層為領導之基礎；第二期為兩漢時期，創設了文治政府的傳統；第三期為魏晉至隋唐時，士族門第禪續不輟；第四期則為宋代至清代。

---

27 錢穆撰：《中國歷史研究法》，載《錢賓四先生全集》第41冊，頁5。

28 錢穆撰：《國史新論》，載《錢賓四先生全集》第30冊，〈中國社會演變〉，頁28。

29 錢穆：〈理學與藝術〉，頁1。

30 同上註。

31 《中國歷史研究法》，頁46-48。

32 同上註，頁48。

他說：

> 晚唐門第衰落，五代（907-960）長期黑暗，以迄宋代而有士階層之新覺醒。此下之士，皆由科舉發跡，進而出仕，退而為師，其本身都系一白衣、一秀才，下歷元明清一千年不改。[33]

這與《中國歷史研究法》的五個時期相比，除了用字略有不同，以及《中國歷史研究法》將魏晉南北朝與唐代分為兩個時期，二者其實沒有太大分別，兩者的劃分標準都是側重在社會中「士」的地位之變化，且同樣是以宋代為分界，並將宋、元、明、清劃為一個時期。由此看來，無論是從文化還是從社會角度來進行歷史分期，錢穆均以宋代為中國歷史上的關鍵時期。

另外，錢穆亦指出宋代文化有很大發展。他在〈中國文化特質〉中指出宋代是中國的文藝復興：

> 西方有文藝復興，中國之有宋代，則亦當為中國之文藝復興，研討中國文化特性者，於此一古今之變，尤當深切探究。[34]

錢穆又認為宋代的學術發展極盛：「講中國學術史，宋代是一個極盛時期。上比唐代，下比明代，都來得像樣。」[35]不單學術，「宋以下之藝術，亦復與之相應」，[36]藝術亦很發達。至於宋代以後的文化發展有平民化之趨勢，也影響到美術、工藝層面，令民間工藝超越唐代。可見他對宋代文化予以高度評價，充分肯定宋代在中國文化發展史上的地位。

對於宋代以降的社會，錢穆或稱為「中國的現代型」，或稱為「後代中國」，他又以宋代以降的歷史為「近代史」，所用詞語並不相同，宋史學者張邦煒即指出其「後代中國」用詞模糊。[37]錢穆在《中國歷史研究法》先說「將秦代起至清末止，兩千年來一氣相承，稱之為中國歷史之中古期，不當在中間再加劃分」，[38]但又說可將宋以下的歷史視為近代史，張邦煒更認為是自相抵牾。[39]但要留意的是，錢穆多次的用詞儘管不同，然而他也是同樣地看重宋代的社會變化及其背後原因。再者，錢穆並

---

33 錢穆撰：《國史大綱（修訂本）》，載《錢賓四先生全集》第27-28冊，頁628。此段文字不見於早期的版本，可參同氏撰：《國史大綱》（上海：國立編譯館，1947）。本文其他地方均徵引1947年版。

34 錢穆撰：《中國史學發微》，載《錢賓四先生全書》第32冊，〈中國文化特質〉，頁183。

35 錢穆撰：《中國史學名著》，載《錢賓四先生全書》第33冊，頁247。

36 錢穆：〈理學與藝術〉，頁2。

37 張邦煒：〈啟迪與不解——研習錢穆論著的又一個讀書報告〉，載《西北師大學報（社會科學版）》2019年第2期，頁82。

38 《中國歷史研究法》，頁5。

39 同上註。

不很著意要用西方歷史的分期法來劃分中國歷史，曾說：

> 西方人把歷史分成上古、中古和近代三個時期，但我們如此來劃分中國歷史則不妥當。[40]

他看重的是歷史的變化，認為「研究歷史，首當注意『變』。其實歷史本身就是一個變，治史所以『明變』」，[41]他對中國社會的演變進行分期，就是想將時代之變化清楚勾勒出來。就著以上所引的說法，不難看出錢穆對宋代社會的「變」及其背後原因的看法沒有明顯分別，儘管他所用的字詞不盡相同。

錢穆以宋代為中國歷史上轉變關鍵、下啟元、明、清的說法，「敏銳的觀察到唐宋之際顯著的社會變化」，[42]很容易讓人想到日本學者內藤湖南提出的「宋代近世說」。內藤湖南（1866-1934）曾謂：

> 唐和宋在文化的性質上有顯著差異，唐代是中世的結束，而宋代則是近世的開始，其間包含了唐末至五代一段過渡期。[43]

他的說法後來被稱為「唐宋變革說」。由於內藤湖南提出有關說法早於錢穆，後者有可能受到前者的啟發，但錢穆的孫女錢婉約在其《內藤湖南研究》中表示「沒有發現錢穆直接或間接受到過內藤湖南著作和學術觀點影響的證據」，[44]二人的說法只是「不謀而合」。[45]張邦煒則指出錢穆是受到夏曾佑（1863-1924）和呂思勉的影響。[46]夏曾佑的《中國古代史》（原名《中國歷史教科書》）為清末以來第一部由中國人自編的新式中國歷史教科書，錢穆謂其年輕時曾勤讀此書，「對此書得益亦甚大」。[47]該書也曾談及歷史分期：

> 中國之史，可分為三大期。自草昧以至周（約前11世紀-前256）末，為上古之世；自秦至唐，為中古之世；自宋至今，為近古之世。[48]

---

40 葉龍編錄：《錢穆講中國通史》（香港：商務印書館，2017），頁1。

41 《中國歷史研究法》，頁4。

42 李華瑞：〈20世紀中日「唐宋變革」觀研究述評〉，載《史學理論研究》2003年第4期，頁91。

43 內藤湖南：〈概括的唐宋時代觀〉，載劉俊文主編、黄約瑟譯：《日本學者研究中國史論著選譯（第一卷．通論）》（北京：中華書局，1992），頁10。

44 錢婉約撰：《內藤湖南研究》（北京：中華書局，2004），頁115。

45 同上註。

46 張邦煒：〈唐宋變革論的誤解與正解——僅以言必稱內藤及會通論等為例〉，載《中國經濟史研究》2017年第5期，頁73。

47 《師友雜憶》，頁84。

48 夏曾佑：《中國古代史》（石家莊：河北教育出版社，2000），頁11-12。

若與錢穆在《中國文化史導論》所說的分期相比，兩者確有相似之處；至於呂思勉也認為唐宋之際中國歷史有一個重大變化，[49]而他是錢穆的老師，更是《國史大綱》初版的審訂者，大抵這是張邦煒認為錢穆的說法來源於夏曾佑及呂思勉的原因。然而，錢穆的分期雖與夏曾佑相類，後者卻認為：

> 近古之世，可分為二期。五季宋元明為退化之期，因此期中，教殖荒蕪，風俗凌替，兵力財力，逐漸摧頹，潮有不能獨立之象。[50]

這與錢穆對宋代的看法有很大分別。至於呂思勉雖認為唐宋之際有重大變化，但他的《白話本國史》以唐中葉至南宋（1127-1279）為近古，[51]其《本國史》則以中唐至宋、元、明為中古史中的第四期，[52]而有關分期的解釋未見提及科舉制度及士階層的轉變。[53]即使以呂氏於五十年代所擬的中國通史提綱中有關唐宋社會之際社會轉變之論述與錢穆相比，兩者的重點亦頗有不同。[54]因此，錢穆的觀點應是參考了前人研究、再糅合了自己對歷史發展的看法而成。

錢穆以宋代為中國歷史上的重要轉變時期，影響了後來學者的宋史研究。張邦煒儘管指出了錢穆的歷史分期概念不太清晰，但也提到自己在上世紀八十年代時讀到錢穆的〈理學與藝術〉，使他對唐宋變革論深信不疑，且讓其放寬眼界，廣開思路，也不再局限於從經濟領域研究唐宋變革。他也曾在著作中引用錢穆的說法。[55]錢穆的學生孫國棟（1922-2013）也繼承了宋代社會有很大轉變的說法，並深化宋代以後「社會階級更消融」的觀點，撰寫〈唐宋之際社會門第之消融〉。[56]孫國棟自言：

> 文中第二章〈唐宋之際門第之消融〉係以晚唐五代北宋各代人物之出身家世統計作基礎，雖尠創見，然就統計數字中頗可以窺社會各階層人物興衰交替之跡象，其結論復與賓四師平日所論社會階級消融之過程相符。[57]

晚近周膺、吳晶在《南宋美學思想研究》中曾引用錢穆的文字來引證唐宋社會發生了

---

49 虞云國：〈論呂思勉的宋史觀〉，頁158。

50 《中國古代史》，頁12。

51 呂思勉撰：《白話本國史》，載呂思勉撰：《呂思勉全集》（上海：上海古籍出版社，2016），第1冊，頁6。

52 呂思勉撰：《復興高級中學教科書．本國史》，載《呂思勉全集》第20冊，頁188。

53 《白話本國史》，頁261；《復興高級中學教科書．本國史》，頁188。

54 呂思勉撰：《中國通史提綱五種》，載《呂思勉全集》，第2冊，〈擬編中國通史說略〉，頁409-411。

55 張邦煒：〈啟迪與不解——研習錢穆論著的又一個讀書報告〉，頁81。

56 孫國棟撰：《唐宋史論叢》（上海：上海古籍出版社，2010），〈唐宋之際社會門第之消融——唐宋之際社會轉變研究之一〉，頁271-352。

57 同上註，頁271。

劃時代意義的變革；[58]張建東亦以此來說明宋代處於中國古代社會重要的轉型與變革時期。[59]

三、論宋代的積貧積弱

儘管肯定了宋代的重要性，錢穆在《國史大綱》卻是以「貧弱的新中央」形容北宋的中央政府，並認為北宋的統一「始終擺脫不掉貧弱的命運」。[60]錢穆從對外關係論述宋代的「弱」：

> 大河北岸的敵騎，長驅南下，更沒有天然的屏障，……所以一到真宗（趙恆，968-1022，997-1022在位）時，邊事偶一緊張，便發生根本動搖。……其對西北，亦復鞭長莫及，難於駕馭。於是遼（916-1125）人以外復有西夏（1038-1227）。……至仁宗（趙禎，1010-1063，1022-1063在位），西夏驟強，邊患遂盛。范仲淹（968-1052）、韓琦（1008-1075）以中朝名臣到陝西主持兵事，結果還是以和議了事。……從對夏的示弱，又引起了遼人的欺凌。[61]

至於「貧」，則是源於宋代的冗兵與冗吏，前者是因為「唐末藩鎮的積重難返、外寇的逼處堂奧」所造成，[62]後者則因為登科名額多及恩蔭制度。[63]錢穆說：

> 當時是冗官冗兵的世界。冗官耗於上，冗兵耗於下，財政竭蹶，理無倖免。雖國家竭力廟法增進歲入，到底追不上歲出的飛快激增。[64]

錢穆也曾在〈論慶曆熙寧之兩次變政〉談到北宋的冗官問題，隋、唐因行科舉，「進任之途日廣，已有士多官冗之患，迄於宋而其病益顯」。[65]官冗不單耗財，且令政事無可推行。[66]在錢穆筆下，「宋代對外之積弱不振」、「宋室內部之積貧難療」，[67]宋室既貧且弱，實比不上其他統一的朝代，因此他在《中國歷代政治得失》中謂：

---

[58] 周膺、吳晶撰：《南宋美學思想研究》（上海：上海古籍出版社，2012），頁47。

[59] 張建東撰：《民間的力量：宋代民間士人的教育活動研究》（武漢：華中科技大學出版社，2015），頁5。

[60] 《國史大綱》，頁373。

[61] 同上註，頁378-379。

[62] 同上註，頁379。

[63] 同上註，頁383-386。

[64] 同上註，頁387。

[65] 錢穆：〈論慶曆熙寧之兩次變政〉，載《天津益世報》1937年6月24日第12版。

[66] 同上註。

[67] 《國史大綱》，頁376、379。

「在我們要講的漢、唐、宋、明、清五個朝代裡，宋是最貧最弱的一環。」[68]又在《中國文化史導論》指出宋代的國力「較之漢唐時代稍見遜色」。[69]

學者李裕民曾指出影響今人以為宋代積貧積弱的著作中，錢穆的《國史大綱》是「具有代表性的比較早的書」。[70]不過，晚近朱永青指出除錢氏以外，民國時期尚有不少學者提出宋代積貧積弱的觀點，如呂思勉、周谷城（1898-1996）、繆鳳林（1899-1959）、鄧之誠及金毓黻（1887-1962）等，因此「積貧積弱」說並非錢穆的獨門高見，而是民國學者的老生常談。[71]雖然如此，錢穆在論述宋代的積貧積弱時也有超出前人之處，若以呂思勉的《白話本國史》與《國史大綱》略作比較即可略窺一二。《白話本國史》的第三編第四章是以「北宋的積弱」為標題，該部分指出宋朝對外失敗，內政也日即於腐敗，「郊祀」、「養兵」、「宗室冗員冗祿」令到宋室入不敷出，地方亦因創設了無數的雜稅而民窮財盡。[72]呂氏在論述積弱時並無提及宋都地理形勢之不利；而在分析宋室財政竭蹶時，他與錢穆均有提及兵數、郊費、官員的增加，且同樣引用了《宋史》的〈食貨志〉、〈兵志〉，但錢穆所羅列的資料更多，包括郊費、賞賜、官數等，並分析了各項數目大增的原因。[73]因此，雖然在錢穆以前的學者已嘗指出宋代的貧與弱，但錢穆對此作出了更深入詳盡的論述，且為此用上「積貧」、「積弱」一詞。日後不少學者多稱為宋代為積貧積弱的朝代，與錢穆實不無關係，而近年仍有著作直接引用錢氏的宋代積貧積弱說。[74]

對於宋代的積貧積弱，有學者嘗試運用史料引證北宋的入不敷支，又或加以分析形成問題的原因，[75]但也有學者並不同意有關說法。趙永紅認為北宋計司掌握的只是國家財政總收支的一部分，其他是由內廷掌握，若綜觀財政收支及府庫儲存，北宋大部分時間並不貧，也不能因一時的貧困而說整個王朝貧困。[76]程民生也指出北宋擁有豐盛的財富，但因財力分散、財政紊亂，才造成了財匱的假象。[77]二人所說主要是針對積貧的說法，及後李裕民則是反駁積貧積弱。他從農業、手工業及商業等方面說明宋代經濟發展達到前所未有的高度，繼而指出北宋中央雖短期內有財政赤字，但民間及地方財政還是好的；對外方面，宋遼雙方實力相當，夏曾在戰爭中打敗宋，但也承認宋的正統地位，至於南宋雖偏處一隅，與金（1115-1234）實力也是相近，並曾

---

68 錢穆撰：《中國歷代政治得失》，載《錢賓四先生全集》，第31冊，頁85。

69 《中國文化史導論》，頁183。

70 李裕民：〈宋代「積貧積弱」說商榷〉，載《陝西師範大學學報》2004年第3期，頁76。

71 朱永青：〈「積貧積弱」抑或「造極之世」——民國以降兩宋評價的嬗變與糾結〉，載《惠州學院學報》2019年第2期，頁107。

72 《白話本國史》，頁285-292。

73 《白話本國史》，頁288、289；《國史大綱》，頁379-390。

74 王小紅撰：《宋代〈禹貢〉學研究》（長春：吉林人民出版社，2011），頁361。

75 汪聖鐸撰：《兩宋財政史》（北京：中華書局，1995），頁22-31；李笑梅：〈北宋「積貧積弱」成因新論〉，載《遼寧大學學報》1998年第4期，頁22-26。

76 趙永紅：〈北宋「積貧」問題初探〉，載《河南師大學報（社會科學版）》1983年第4期，頁25-28。

77 程民生：〈論北宋財政的特點與積貧的假象〉，載《中國史研究》1984年第3期，頁27-40。

抵抗了蒙古幾十年，因此以積貧、積弱概括宋代的特點並不準確。他更以宋代經濟發達、科技進步、國民素質高、學術高度發展，認為從綜合國力來看宋代應該相當強。[78]此等說法均有道理，但需要注意的是，今天不少學者在討論宋代的特點時仍然沒有完全否定宋代的積貧、積弱，如王曾瑜謂：

> 北宋的人力超過唐朝，物力和財力，政府財政收入更大大多於唐朝。但豐厚的財政收入難以負荷冗兵、冗官等支出，而橫徵暴斂又加重了民貧，這就是積貧。宋朝的綜合國力無疑強於遼朝、西夏、金朝等，但因「守內虛外」、崇文抑武等因素，實力的運用水準卻很差，這就是積弱。[79]

大抵上是調和了宋代積貧積弱說與李裕民的說法。至於邢鐵也認為錢穆對積貧積弱現象的描述是符合實際的，只是對其形成原因的分析卻失之偏頗。[80]

四、論宋代的相權低落

錢穆於1942年發表〈論宋代相權〉，指出宋代「宰相職權之低抑」，[81]其《國史大綱》及《中國歷代政治得失》亦有論述宋代相權之低落。[82]他大抵從以下七個方面說明宋代相權的減弱：1.設樞密院，宰相不獲預聞兵事；2.設三司使，宰相不得預聞財政；3.設審官院、三班院，用人之權不在宰相；4.宰相只能就定旨提出建議，再照皇帝意見正式擬旨；5.臺諫混而為一，糾繩宰相；6.宰執有不許接對賓客之禁；7.宰相坐論之禮於宋代廢除。[83]因此，他認為宋代雖稱中央集權，而權實不在宰相，此實為宋代政制上的其中一個弱點，[84]又指出「相權一隳，萬事隨之，宋室之不振，大端實在此」。[85]

以上三者中以《國史大綱》最早刊行於世，而個中見解很可能是錢穆在1932年於北京大學開授「中國政治制度史」課時已形成。[86]其實宋人已多次提及宰相未能掌

---

[78] 李裕民：〈宋代「積貧積弱」說商榷〉，頁77。

[79] 王曾瑜撰：《王曾瑜說遼宋夏金》（上海：上海科學技術文獻出版社，2009），頁7。

[80] 邢鐵：〈也談宋代歷史的重新認識〉，載《河北師範大學學報（哲學社會科學版）》2014年第4期，頁34-35。

[81] 錢穆：〈論宋代相權〉，《中國文化研究匯刊》1942年第2卷，頁145。

[82] 《國史大綱》，頁392-394；《中國歷代政治得失》，頁86-96。

[83] 以上七點是據《國史大綱》，〈論宋代相權〉及《中國歷代政治得失》整合而成，而《國史大綱》並沒有第4點和第6點。邱志誠則指出錢穆講了九個方面，除了本文所列的七點，尚有「增設副相以分宰相之權」及「臨時置他官以分宰相之權」，詳見氏撰：〈錯開的花：反觀宋代相權與皇權研究及其論爭〉，載《海南大學學報（人文社會科學版）》2007年第5期，頁590。然而錢穆其實並沒有提到這兩點。

[84] 《國史大綱》，頁394。

[85] 錢穆：〈論宋代相權〉，《中國文化研究匯刊》1942年第2卷，頁150。

[86] 《師友雜憶》，頁173-174。

軍權、財權、用人權等，如范鎮（1007-1088）嘗謂：「古者塚宰製國用，今中書主民，樞密主兵，三司主財，各不相知。」[87]然而，錢穆大抵是近代較早深入探討此一課題的學者，[88]藉著史料的整理及歸納，得出宋代相權低落的結論。錢穆的學生嚴耕望曾在香港中文大學教授中國政治制度史，此課堂的講義及後整理成《中國政治制度史綱》一書。該書以稟承皇帝意旨行事、臺諫官對於相權之箝制來論證相權之削弱，又列舉了樞密院、三司使、審官院、審刑院等機關說明相權如何分割，[89]可見其繼承了錢穆的說法。學者漆俠（1923-2001）、鄧廣銘、周道濟（1927-1994）、張家駒（1914-1973）及關履權（1918-1996）等也是認為宋代相權遭削弱，[90]而建國後一些多卷本中國通史著作，如翦伯贊（1898-1968）主編的《中國史綱要》、范文瀾（1893-1969）與蔡美彪等編著的《中國通史》、郭沫若（1892-1978）主編的《中國史稿》等，也持相類意見，[91]而內容亦有新增，例如補充了宋初設置參知政事作為宰相副貳以分奪宰相大權的說法。[92]

然而，宋代相權低落說在上世紀八十年代起受到了挑戰，最先提出的人是王瑞來。王氏當時撰寫《宋宰輔編年錄校補》，接觸了不少有關宋代宰相活動的史料，發現宋代相權並非減輕了，反而得出宋代相權強化的結論。他認為應注意制度的具體實施，列舉了不少史例說明：1.參知政事與宰相地位懸殊，要看宰相的眼色行事；2.宰相常預聞軍事，或兼任樞密使；3.宰相可過問財政，及後財權更全歸宰臣；4.宰相的人事權很重；5.臺諫在很多時候也聽命於宰相。因此，他認為宋代的相權反而是增強了，並對皇權有所限制。[93]另一學者張其凡則針對宋初情況，指出參知政事不掌中書事權，並未削弱宰相的權力，樞密也難與中書分庭抗禮，[94]中書始終干預三司之事，而臺諫權輕亦不足以削弱中書事權。[95]付禮白則考察了三司使、樞密院、審刑院、審

---

87 李燾撰，上海師範大學古籍整理研究所、華東師範大學古籍研究所點校：《續資治通鑑長編》（北京：中華書局，2004），卷179，頁4332。

88 《中國政治制度小史》及《中國內閣制度的沿革》為民國時期其中兩部較早問世的中國政治制度史專著，兩書都有討論宋代宰相制度，但均未論及宋代宰相未能掌軍權、財權等以及宋代相權低落，詳參常乃惠撰：《中國政治制度小史》（上海：愛文書局，1928），頁14-15；《中國內閣制度的沿革》（上海：商務印書館，1930），頁16-20。

89 嚴耕望撰：《中國政治制度史綱》（上海：上海古籍出版社，2013），頁183-190。

90 李子涯（漆俠的筆名）：〈趙匡胤和趙宋專制主義中央集權制度的發展〉，載《歷史教學》1954年第12期，頁15-16；鄧廣銘：〈論趙匡胤〉，載《新建設》1957年5期（1957），頁32；周道濟：〈宋代宰相名稱與其實權之研究〉，載《大陸雜誌》1958年第17卷第12期，頁11-16；張家駒：〈趙匡胤論〉，載《歷史研究》1958年第6期，頁41-42；關履權撰：《兩宋史論》（鄭州：中州書畫社，1983），〈宋代專制主義中央集權〉，頁61-62。

91 翦伯贊主編：《中國史綱要》（北京：人民出版社，1979），第3冊，頁12；范文瀾、蔡美彪編著：《中國通史》（北京：人民出版社，1949-1995），第5冊，頁28-31；郭沫若主編：《中國史稿》（北京：人民出版社，1976-1995），第5冊，頁65-66。

92 《中國史稿》，第5冊，頁66。

93 王瑞來：〈論宋代相權〉，載《歷史研究》1985年第2期，頁106-120。

94 張其凡：〈宋初中書事權初探〉，載《華南師範大學學報》1986年第2期，頁55-63。

95 張其凡：〈三司·臺諫·中書事權——宋初中書事權再探〉，載《暨南學報（哲學社會科學）》1987年第

官院與宰相的關係，[96]認為以上機構在限制宰相權力上作用有限。不過，也有學者提出翰林學士與臺諫削弱了相權。[97]朱瑞熙則指出宋朝宰相事權經歷了先分割、後集中的過程。[98]於此可見，宋代相權低落說雖經挑戰，但並沒有遭受全盤否定。邱志誠嘗指出錢穆與王瑞來的研究，兩者的參照並不相同，前者為縱向的，是與宋代以前的相權比較，後者則是橫向的，將宋代相權與皇權作比較，二者也並不互為逆命題。[99]邱氏的分析無疑揭示了錢穆的宋代相權低落說在歷史研究上仍有價值，但進一步從錢穆所提出的視角探討宋代相權前，還是要處理王瑞來、張其凡（1949-2016）、付禮白等人提出用來反駁相權遭受分割的例子。

五、論變法與南北之爭

北宋中葉的王安石變法是宋史研究的重要課題，錢穆先在三十年代發表了數篇與王安石及新法有關的文章，後在《國史大綱》花了不少篇幅討論熙寧變法。錢穆很欣賞王安石，謂其為「有偉大抱負與高遠理想的人」，[100]又稱其與范仲淹二人「做人為學的精神與意氣，則依然為後人所師法，直到最近期的中國」，[101]但對其變法的評價則偏向負面，謂新法「有些處又跡近為政府斂財」。[102]對於新法失敗的原因，錢穆認為是王安石未有澄清吏治，忽視人事，故新法推行不得其人而失去本意，又沒有注意到實際政治上連帶的重要條件，且帶有急刻的心態，不惜犧牲許多不應放過的人事上之助力，加上自視過高，終被群小所包圍。[103]另外，他更指出：

> 新法之之招人反對，根本上似乎還含有一個新舊思想的衝突。所謂新舊思想之衝突，亦可說是兩種態度之衝突。此兩種態度，隱約表現在南北地域的區分上。新黨大率多南方人，反對派則大率是北方人。[104]

3期，頁48-56。

[96] 付禮白：〈北宋三司使的性質與相權問題〉，載《山東大學學報（哲學社會科學版）》1991年第1期，頁79-85、119。

[97] 楊果：〈翰林學士與宋代政治初探〉，載鄧廣銘、漆俠等主編：《宋史研究論文集（一九八七年年會編刊）》（石家莊：河北教育出版社，1989），頁49-76；賈玉英：〈臺諫制度與北宋前期的相權〉，載鄧廣銘、王云海等主編：《宋史研究論文集（一九九二年年會編刊）》（開封：河南大學出版社，1993），頁284-300。

[98] 朱瑞熙撰：《中國政治制度通史》，第六卷，〈宋代〉（北京：人民出版社，1996），頁211-217。

[99] 邱志誠：〈錯開的花：反觀宋代相權與皇權研究及其論爭〉，頁590-591。

[100] 《國史大綱》，頁414。

[101] 同上註，頁413。

[102] 同上註，頁404。

[103] 同上註，頁404-411。

[104] 同上註，頁414。

從地域的因素來解釋新法為何遭受反對。錢穆指出中國疆域廣大，南、北因地形、氣候、物產等的差異，影響了社會風習及人民性情，南人、北人在思想態度及言論風格上易生牴牾，而南人在當時站在開新風氣之最前線，而王安石新政有些地方是代表著當時南方知識分子一種開新與激進的氣味，司馬光（1019-1086）則似乎有些地方是代表著當時北方知識分子一種傳統與穩健的態度。[105]另外，當時南人在政治勢力上日增，北人討厭南人當權用事，[106]而新法的措施也反映了南人與北人在經濟利益上的衝突。[107]

錢穆有關北宋時南北士人之爭的觀點已見於較早發表的〈論關於荊公傳說之聞鵑辨姦兩案〉，該文認為造出「邵雍（1012-1077）聞鵑」的人實抱有「南北畛域之見」，可代表當時北方士人的一種見解，又提到「南士輕躁，北人厚重，故溫公（司馬光）一派與呂惠卿（1032-1111）諸人廝合不著」。[108]《國史大綱》則對此加以闡發，以此來解釋新法遭受反對的原因。錢穆是民國時期較早探討北宋南北士人之爭的學者，在其以前的研究大抵只有既敷的〈北宋政治上南北勢力之消長〉。該文謂北宋統一後，南人北上以求仕進，影響了北人進身機會，遂產生南北之爭，而從《宋史》、《東都事略》等列傳所載人物可反映南人漸取得優勢的情況。[109]文章具開創性，也略提到王安石變法引起新舊黨爭，北人半屬舊黨多遭擯斥、南人則大見進用的事實，[110]但論述與錢穆相比則較為簡略。夏承燾（1900-1986）讀《國史大綱》時即指出「謂王半山（王安石）變法，有南北地域背景。主變法皆南人，新法亦利於南，有礙於北。此前人所未言」。[111]錢穆的觀點為後來學者所重，如蕭慶偉即引用了其觀點，認為錢穆新黨多南方人、反對派多北方人的說法頗有道理。[112]朱子彥也援引了錢穆從地域差異分析王安石與司馬光在變法問題上的分歧，認為「錢氏的評判亦是一種頗有深度的看法，不無道理」。[113]

對於錢穆以南北地域差異來解釋變法派與反變法派之爭，也有不少史家提出質疑。漆俠認為北宋南人、北人之爭，只是「在地域的外衣下進行著爭權奪利的鬥爭」，而南北新舊思想的產生與地域亦無必然關係，如主持慶曆變法的范仲淹在北方成長，支持他的尹洙（1001-1047）、韓琦、富弼（1004-1083）、杜衍（978-1057）、石介（1005-1045）、王質（1001-1045）都是北人。至於慶曆（1041-

---

[105] 同上註，頁417。

[106] 同上註。

[107] 同上註，頁418-419。

[108] 錢穆：〈論關於荊公傳說之聞鵑辨姦兩案〉，第12版。

[109] 既敷：〈北宋政治上南北勢力之消長〉，載《大公報》，1936年9月25日，第13版。

[110] 同上註。

[111] 夏承燾撰：《天風閣學詞日記》，載氏撰：《夏承燾集》（杭州：浙江古籍出版社、浙江教育出版社聯合出版，1997），第6冊，頁433。

[112] 蕭慶偉撰：《北宋新舊黨爭與文學》（北京：人民文學出版社，2001），頁22。

[113] 朱子彥撰：《中國朋黨史》（上海：東方出版中心，2016），頁351-352。

1048）、嘉祐（1056-1063）之世地主士大夫不分南北地域要求改革，而支持與反對新法的陣營中均有南人和北人，可見錢穆的觀點站不住腳。[114]至於程民生的《宋代地域文化》也有一節專門討論「黨爭中的地域問題」，指出變法派中南人多、北人少，而保守派中北人多、南人少，可見南人朝氣蓬勃，銳意進取，北人則老成持重，因循守舊。他認為這是地域習俗不自覺的表現，北人傳統觀念濃重，又久經動亂，內心渴求穩定，而南人則較少受傳統觀念約束，善於變通。[115]但他同時亦點出變法是一場政治運動，政界人物總是以政治利益為生命的，而政治利益是超地域的，極力反對變法的鄭俠（1067年進士）是福建人，同是江西人的王安石、王安國（1028-1074）兄弟在政見上大相逕庭，因此以為「把王安石變法運動歸結為南北風俗人物矛盾產物的觀點，是不正確的」。[116]程氏舉出的理據大抵與漆俠相類，對錢穆的說法不表贊同，但他在論述上也不能否定地域因素對南、北人帶來的影響。整體來說，錢穆有關北宋南人、北人的說法仍有著價值。

六、論宋代學術的發展與影響

錢穆很早已對宋代學術萌生興趣，且對其極為推崇，認為宋代是中國學術史上的極盛時期，[117]並以為：

> 若要明白近代的中國，先須明白宋。宋代的學術，又為要求明白宋代一主要之項目與關鍵。[118]

他在這個範疇亦用力甚深，著作豐贍，對宋儒學說多所闡發，亦嘗就著宋代學術的發展與影響提出精闢獨到的見解。他指出南北朝以來大盛的佛學開始衰竭，時代需要有新的學術，[119]而宋代承禪宗對於佛教教理之革新，又承世族門第之破壞，此為先秦以後第二次平民社會學術思想自由活潑的新氣象，[120]宋代學術因此而興起。他很重視理學興起前的宋儒，謂：

> 上述北宋初期諸儒，……有各式各樣的人物。五光十色，而又元氣淋漓。這是宋學初興的氣象。但他們中間，有一共同趨向之目標，即為重整中國舊傳統，

---

[114] 漆俠撰：《王安石變法》（北京：人民出版社，1959），頁5-8。
[115] 程民生撰：《宋代地域文化》（開封：河南大學出版社，1997），頁61。
[116] 同上書，頁61-62。
[117] 《中國史學名著》，頁247。
[118] 錢穆撰：《宋明理學概論》，載《錢賓四先生全集》，第9冊，頁1。
[119] 《宋明理學概述》，頁1-2。
[120] 《國史大綱》，〈引論〉，頁17。

再建立人文社會政治教育之理論中心，把私人生活與群眾生活再紐合上一條線。換言之，即是重興儒學來代替佛教作為人生之指導。這可說是遠從南北朝隋唐以來學術思想史上一大變動。……我們必須注意到這一時期那些人物之多方面的努力與探究，才能了解此後宋學之真淵源與真精神。……後代所謂理學或道學先生們。這些人，其實還是從初期宋學中轉出來。[121]

他稱此段時期的學術為「初期宋學」。他雖然以理學為宋學的正宗，但沒有以理學為宋學的全部，並指出：

理學則後人稱為是一種新儒學。其實理學在宋儒中亦屬後起。理學興起以前，已先有一大批宋儒，此一大批宋儒，早可稱為是新儒。在某一意義上講，理學興起以前之宋儒，已與漢儒有不同。比較上，此一大批宋儒，可稱為已具有回復到先秦儒的風氣與魄力。……要之北宋諸儒，眼光開放，興趣橫逸。……漢儒乃經學之儒，宋儒則轉回到子學之儒，……宋儒在自漢以下之儒統中，實已自成為新儒，不得謂自理學出世，始有新儒，此義必須明白標出。[122]

足見初期宋學的特色及其重要性。錢穆很重視胡瑗（993-1059）、范仲淹等人所帶來的影響，認為「自朝廷之有高平（范仲淹），學校之有安定（胡瑗），而宋學規模遂建」，[123]又以為王安石「已探到此後宋學之驪珠」，[124]在思想上是「有重要關係的傑出人」。[125]他更指出「後人以濂溪（周敦頤，1017-1073）為宋學開山，或乃上推之於陳摶，皆非宋儒淵源之真也。」[126]

陳鐘凡（1888-1982）所撰的《兩宋思想述評》也於三十年代出版，該書將歐陽修、李覯（1009-1059）、王安石等歸類為「江西學派」，指出：

當舉世以理學相標尚之際，有別闢塗徑，張其赤幟者，則江西學者是也。……當時學者交口攻之，目為異端之見也。[127]

所述內容既忽視了他們在宋學上的地位，同時也與王安石的學說在北宋中後期的流傳情況不符。相比之下，錢穆的論述無疑更能反映宋學的具體發展及范仲淹、歐陽修、王安石等人的學術貢獻，韋政通（1927-2018）也在其《中國思想史》中指出錢氏論

121 《宋明理學概述》，頁30。
122 《朱子新學案》，頁10-15。
123 錢穆撰：《中國近三百年學術史》，載《錢賓四先生全集》，第16-17冊，頁4。
124 《宋明理學概述》，頁23。
125 同上書，頁19。
126 《中國近三百年學術史》，頁4。
127 陳鐘凡撰：《兩宋思想述評》（上海：商務印書館，1933），頁2。

及北宋儒學的特色時「言之甚諦」。[128]1984年，鄧廣銘發表〈略談宋學〉，他在文中提出應把宋學和理學加以區別，理學是從宋學中衍生出來的一個支派，不應把理學等同於宋學，並提到在胡瑗以外，建立宋學更為重要的一人應為王安石。[129]此文為不少學者所贊同，而且「提出了『宋學』這樣一個核心概念，大大拓展了研究者的視野」。[130]雖然錢穆與鄧廣銘的看法不盡相同，但二者均同樣地提出了宋學不等同於理學及應重視理學家以外的宋儒，可見錢穆在宋學研究方面的卓識。

另一方面，錢穆也指出了宋代學術的影響及其在後世的延續性。他在《中國近三百年學術史》中謂：

> 治近代學術者當何自始？曰：必始於宋。何以當始於宋？曰：近世揭櫫漢學之名以與宋學敵，不知宋學，則無以平漢宋之是非。且言漢學淵源者，必溯諸晚明諸遺老。然其時如夏峰（孫奇逢，1585-1675）、梨洲（黃宗羲，1610-1695）、二曲（李顒，1627-1705）、船山（王夫之，1619-1692）、桴亭（陸世儀，1611-1672）、亭林（顧炎武，1613-1682）、蒿菴（張爾岐，1612-1678）、習齋（顏元，1635-1704），一世魁儒耆碩，靡不寢蹟於宋學。繼此而降，如恕谷（李塨，1659-1733）、望溪（方苞，1668-1749）、穆堂（李紱，1673-1750）、謝山（全祖望，1705-1755）乃至慎修（戴震，1724-1777）諸人，皆於宋學有甚深契詣。而於時已及乾隆（1735-1796）。漢學之名，始稍稍起。而漢學諸家之高下淺深，亦往往視其所得於宋學之高下淺深以為判。道（道光，1820-1850）咸（咸豐，1850-1861）以下，則漢宋兼採之說漸盛，抑且多尊宋貶漢，對乾嘉（嘉慶，1796-1820）為平反者。故不識宋學，即無以識近代也。[131]

清楚道出了宋學的影響下及於清代，清代學術與宋學有著淵源關係。他的這個觀點亦見於後來的〈清儒學案序目〉：

> 清代經學，亦依然沿續宋元以來，而不過切磋琢磨之益精益純而已。理學本包孕經學為再生，則清代乾嘉經學考據之盛，亦理學進展中應有之一節目，豈得據是而謂清代乃理學之衰世哉？[132]

---

[128] 韋政通撰：《中國思想史》（臺北：水牛出版社，1986），頁924。

[129] 鄧廣銘：〈略談宋學——附說當前國內宋史研究情況〉，載鄧廣銘、徐規等主編：《宋史研究論文集（一九八四年年會編刊）》（杭州：浙江人民出版社，1987），頁1-19。

[130] 包偉民：〈改革開放40年來的遼宋夏金史研究〉，載《中國史研究動態》2018年第1期，頁63。

[131] 《中國近三百年學術史》，頁1-2。

[132] 錢穆：〈清儒學案序〉，載《圖書集刊》1942年第3期，頁78。

其實在錢穆以前，梁啟超（1873-1929）提出了清代學術是對宋學的反動，他說：「清學之出發點，在對於宋明理學一大反動」。[133]胡適（1891-1961）、傅斯年（1896-1950）等也在當時提出相類的看法。[134]明顯地，錢穆有關清代學術繼承宋學的說法正是回應與反駁梁啟超等人。此說為呂思勉所接受，[135]錢穆學生余英時指出從學術思想演變的一般過程來看，錢穆之說較梁氏等人「較為近情理」，[136]汪學群以為「錢穆關於清代學術與宋明學術之間聯繫的觀點是比較符合實際的」。[137]余英時也沿著這個方向加以發揮，對理學轉入清代考據學提出內在理路之說。[138]

七、結語

錢穆很重視宋代，除了自己寫下了很多有關宋代歷史文化的書籍與論文，還提醒其他人要多加留意宋代。根據羅義俊的記載：

> 先生受請致詞謂：宋代是我國歷史上文化最為發達的朝代。北宋時期是我國的文藝復興時代，提議研究者對此多加注意。[139]

這是錢穆在香港舉行的宋史研討會上的情況。錢穆又曾對學生嚴耕望說：

> 能治宋史極佳，將來撰歷史地理能下及宋代自較合適，治史不及宋，終是與下面少交涉也。[140]

本文嘗試透過錢穆的書籍與論文，整理錢氏在宋史範疇所提出的一些重要觀點，並指出這些觀點對學術界帶來了不少影響。時至今天，這些觀點仍然為學者所重視。值得

---

[133] 梁啟超撰：《清代學術概論》（上海：商務印書館，1923），頁14。

[134] 胡適：〈清代漢學家的科學方法〉，載《北京大學月刊》1919年第1卷第5期，頁23-27；1920年第1卷第7期，頁49-54；1921年第1卷第9期，頁23-27，此文題目後改為〈清代學者的治學方法〉；同氏撰：〈中國近三百年的四個思想家〉，載《貢獻》1928年第6期，頁1-10；1928年第7期，頁11-26；1928年第8期，頁16-24，此文題目後改為〈幾個反理學的思想家〉；傅斯年：〈清代學問的門徑書幾種〉，載《新潮》1919年第1卷第4期，頁699。

[135] 呂思勉撰：《呂著中國通史》，載《呂思勉全集》，第2冊，頁227。

[136] 余英時撰：《中國思想傳統的現代詮釋》（南京：江蘇人民出版社，1998），頁171。

[137] 汪學群：〈錢穆的理學觀〉，載《甘肅社會科學》2006年第1期，頁75。

[138] 余英時：〈從宋明儒學的發展論清代思想史〉，載《中國學人》1970年第2期，頁19-41；同氏撰：〈清代思想史的一個新解釋〉，載《中華文化復興月刊》1976年第9卷第1期，頁14-27。有關余氏內在理路說的分析，可參丘為君撰：載《戴震學的形成：知識論述在近代中國的誕生》（北京：新星出版社，2006），〈附錄：清代思想史「研究典範」的形成、特質與義涵〉，頁242-257。

[139] 羅義俊：〈錢賓四先生傳略〉，載中國人民政治協商會議江蘇省無錫縣委員會編：《錢穆紀念文集》（上海：上海人民出版社，1992），頁302。

[140] 錢穆撰：《素書樓餘瀋》，載《錢賓四先生全集》，第53冊，〈致嚴耕望書（十三通）〉，頁390。

留意的是，錢穆的《國史大綱》出版至今，「史學界仍視之為不可不讀之書，隨時隨地都出現重印的要求」，[141]書中有關宋代的觀點自然得以廣泛傳播，形塑著萬千讀者對宋代的看法。因此，現今學術界若談論民國以來的宋史研究，實不應忽略了錢穆及其貢獻。

[141] 余英時：〈《國史大綱》發微——從內在結構到外在影響〉，載《古今論衡》2016年第29期，頁4。

第十三章　錢賓四先生談「禪宗思想」述略

志蓮夜書院
王慧儀

一、引言

錢賓四（穆）先生（1895-1990）是新亞書院和新亞研究所的創辦人，也是一位著名的史學家。他學問淵博，兼通經史，重視文化，在中國學術思想史研究方面，更常為學者所津津樂道。不過，談及他的經學研究和儒學研究的人很多，但涉及禪宗思想方面的就較少。

我近期嘗試從史的角度，去採討禪宗思想的發展，因此翻閱了一些參考資料，其中有錢先生談禪宗思想的資料。我曾引述錢先生對胡適及鈴木大拙的批評——胡氏不懂禪，而鈴木大拙不懂史[1]。當初只用來提醒自己要注意的要點，最後發覺錢先生或許心中已經有了他對禪宗文獻的定位和結論，只是未作詳細交代而已[2]。

據我的了解，在禪宗研究方面來說，錢先生貫徹他對文化及思想史上定位及治學方法，現試摘引他的意見，並述說如下。

二、文化及思想史的定位

（一）文化與思想的關係

錢先生對中國文化與思想的關係與定位，在《中國思想史·自序》中，說：

> 有人說，中國思想無條理，無系統，無組織。其實只要真成為一種思想，便不會無條理，無系統，無組織。又有人說，中國思想無進展，無變化。……又有人說中國思想定一尊，無派別，無分歧。其實思想本身決然會生別與分歧，即使定於一尊……仍會有別分歧。[3]

---

1 參閱錢穆：〈評胡適與鈴木大拙討論禪〉，《中國學術思想論叢（四）》，《錢賓四先生全集》（19）（臺北：聯經出版社，1998），頁296-297。

2 參閱王慧儀：〈中國禪宗思想遷變研究——以《六祖壇經》為中心〉（香港：新亞研究所，2018），頁149。

3 見錢穆：〈自序〉，《中國思想史》，《錢賓四先生全集》（24），頁12-13。

錢先生指出有人批評中國思想無條理、無系統、無組織、無進展、無變化、定一尊、無派別、無分歧。他認為「只要真成為一種思想」之後，這些批評就不能成立。因為凡成為思想必然有系統，在系統中自能見條理及組織；又凡思想必有進展及變化，中國歷史的每一期，皆有能思想的不同人物，證明思想具進展性及變化性。最後，錢先生指出「思想」本身就必然具特殊性及分別性，即其一人物入於某一派別中，當進入系統後，亦會出現分歧。換言之，思想是存在每一人的心靈上，具活動性、變化性及特殊性。按個人來說，固然是如此，何況是整個中國不同時期及不同區域的人，更應當如此。

錢先生在《中國思想通俗講話．自序》中又說：

> 思想必然是公共的，尤其是所謂時代思想，或某學派的思想等……更屬顯然。凡屬大思想出現，必然是吸收了大多數人思想而形成，又必散播到大多數人心中去，成為大多數人的思想，而始完成其使命。……正所謂先知先覺，先得眾心之所同然。然後以先知覺後知，以先覺覺後覺……發掘出多數心靈之內蘊，使其顯豁呈露，而闢出一多數心靈之新境界。某一時代思想或學派思想，其影響力最大者……因此遂成其為大思想。[4]

錢先生說明「思想必然是公共的」，亦即是說某時代或某學派的思想，亦是為當時期的主流思想。這主流思想是具有使命的，就是它先吸收大多數人思想後而形成的，又從這中心點散播開展，再成為大數人的思想的一個往復循環，才成為一大思想。不論是「先知覺後知」或是「先覺覺後覺」，皆以「心靈」作溝通的橋梁，最後啟發心靈內的本質，使生命境界得以提升。在此情況下，某一時代思想或是學派思想，必具有吸收多數人的思想外，又能廣泛散播這思想，形成一股最大的影響力，成為一大思想。

錢先生所言的中國思想，主要在「心靈」具活動性、變化性及特殊性，在吸收與散播思想的「先覺覺後覺」往復中，漸漸形成一大思想。中國文化以儒家、道家及佛家為三大主流，其中以佛教最為特別。錢先生說：

> 佛教是中國文化大流裡面很重要的一派。中國因環境關係，文化自創自造，很少與其他民族之異文化接觸。只有佛教，惟一的自外傳入，經過中國人一番調和融化，成為此後中國文化裡一主潮。[5]

---

[4] 見錢穆：〈自序〉，《中國思想通俗講話》，《錢賓四先生全集》（24），頁3。

[5] 見錢穆：〈佛教之傳入與道佛之爭〉，《中國學術思想史論叢（三）》，《錢賓四先生全集》（19），頁360。

在中國文化與思想中，佛教已經成為重要的一派。在古代，中國文化與思想向來是自創自造，少與其他民族交流，唯有佛家是例外的。佛教是一外來的思想，它再經過長時期與中國文化調和融化，最後成為中國的一大思想及一大主潮。

在佛教中國化的醞釀期，具有不同的思想進程，形成中國佛學的特點。當中有不斷的調整、統一及簡化的過程，形成的中國佛教史、思想史及文化史。錢先生說：

> 故中國佛學之特點，第一即是佛學之「調整化」與「統一化」。亦可說只是佛學之「簡淨化」。……此即中國傳統文化「天人合一觀」之又一面的應用。若簡淨化而臻其極，則「萬法本於一心」，此即王弼注《易》所謂「得象忘言，得意忘象」……禪宗「不立文字，直指本心」，即由此起。此在以後宋學，程、朱即猶天臺、華嚴，專用一部兩部書如《大學》、《西銘》之類，統括儒家全部義。……陸、王則猶禪宗，簡之又簡，淨之又淨……他們的「一以貫之」是重在「一」上。此乃所以為中國佛學之第一點。[6]

佛學與中國文化能調和融合，它是經過「調整化」與「統一化」，最後是「簡淨化」。如天臺宗及華嚴宗的「判教」，就是將中國大乘佛教內的各宗派，進行「調整化」與「統一化」的自然及合理的演進過程。這過程亦是將佛教內部的各種異說，正如錢先生指出，這是以「用歷史線索貫串而階層化之」的過程，亦正合於中國傳統文化「天人合一觀」的應用方法。在「淨簡化」上，中國佛教以禪宗的「不立文字，直指本心」，即「萬法本於一心」作為至極。這點正是王弼注《易》「得象忘言，得意忘象」的見解。佛教天臺、華嚴的「統一化」，其後亦適用於北宋程顥（1032-1058）、程頤（1033-1107）兄弟以《西銘》及朱熹（1130-1200）以《大學》教學為中心；禪宗的「淨簡化」，亦影響了宋代陸九淵（1139-1192）及明代王守仁（1472-1529）。錢先生認為前者是以「貫」為宗旨；後者以「一」為重點，兩者皆受中國佛教影響。

（二）中國文化的定位人物

（1）六祖惠能與朱熹

錢先生〈六祖壇經大義〉曾指出，在中國學術思想史上有兩大偉人，一位是唐代禪宗六祖惠能[7]（638-713），另一位是南宋儒家朱熹（1130-1200）。六祖惠能是禪宗的開山祖師，朱熹是宋代理學集大成者。他們代表了「一儒一釋」的中國學術思想源

---

6 見錢穆：〈佛教之中國化〉，《中國學術思想史論叢（三）》，《錢賓四先生全集》（19），頁393。

7 「惠能」亦稱「慧能」。相傳「惠能」此名，在他出生時受賜予兩位僧人，取其「惠」意為「法惠濟眾生」，「能」者為「能作佛事」。本文全用「惠能」，不另作交代。

頭，從中開出不同路向的學術思想研究。他們兩人的思想淵源，從南方一直向北方伸展，「此乃中國文化由北向南之大顯例」，這是兩人相同的地方。惠能一生顯示「不識字」的形象，恰巧與博極群書的朱熹，成為一個兩極化的鮮明對比[8]。這又即時使人聯想到「一陰一陽之謂道」此消彼長的奧義[9]。

錢先生進一步解釋構成學術思想互相循環的兩大循環：一是「積」，一是「消」。在「一積一消」的運化中，學術思想才能融通及不停地前進，六祖惠能思想具有「能消能化」的「大消化」功用，而朱熹則系統地「能積能存」的「大積存」建構，兩人的相輔相成，正是對後世學術思想貢獻的所在[10]。我們既知六祖惠能在中國學術思想史的定位，也要知道惠能作為佛教禪宗的重要人物，他對整個佛教及禪宗的貢獻在於以「簡易方法」來消融四百多年佛教的佛理。

錢先生指出六祖惠能將佛教從印度傳入中國後，四百多年積存下來的佛教教理，以「簡易方法」即「不立文字，以心印心，當下直指，見性成佛」作為實踐佛理的傳承方法，完成「一番極大的消的工作」。當下的影響性具有三方面：一是「全體佛教徒，幾乎全向禪宗一門，整個社會幾乎全接受了禪宗的思想方法」；二是「從慧能以下，乃能將外來佛教融入於中國文化中而正式成為中國的佛教」；三是「慧能以前，四百多年間的佛教，犯了『實』病，經慧能把它根治了」。這說明六祖惠能不止能承先啟後，以「革命性」的「簡易方法」統一全體佛教徒傳承的原則，並且根治了佛教傳入中國四百多年在教理「積實」的問題，作一消解而轉化成實踐在日常生活上[11]。解決了中國佛教的「積實」的問題後，禪宗本身內部的發展，我們可以回歸於《壇經》的演變最後被定型及在現今的流通本上，作一總結性的研究。

---

[8] 參閱錢穆：〈六祖壇經大義〉，《中國學術思想論叢（四）》，《錢賓四先生全集》（19），頁183。錢先生云：「在後代中國學術思想史上有兩大偉人，對中國文化有其極大之影響，一為唐代禪宗六祖慧能，一為南宋儒家朱熹。六祖生於唐太宗貞觀十二年，卒於玄宗先天二年，當西元之七世紀到八世紀之初，距今已有一千兩百年。朱子生於南宋高建炎四年，卒於寧宗慶元六年，當西元之十二世紀，到今也已七百八十多年。慧能實際上是唐代禪宗的開山祖師，朱子則是宋代理學之集大成者。一儒一釋，開出此下中國學術思想種種門路，亦可謂此下中國學術思想莫不由此兩人導源。言其同，則慧能是廣東人，朱子生卒皆在福建，可說是福建人，兩人皆崛起於南方。此乃中國文化由北向南之大顯例。言其異，慧能不識字，而朱子博極群書，又恰成一兩極端之對比。」

[9] 參閱金景芳：《周易．繫辭傳　新編詳解》（瀋陽：遼海出版社，1998），頁23。

[10] 參閱錢穆：〈六祖壇經大義〉，《中國學術思想論叢（四）》，《錢賓四先生全集》（19），頁183-184。錢先生云：「學術思想有兩大趨向互相循環，一曰積，一曰消。孟子曰：『所過者化，所存者神。』存是積，化是消。學術思想之前進，往往由積存到消化，再由消化到積存。正猶人之飲食，一積一消，始能營養身軀。同樣，思想積久，要經過消化工作，才能使之融會貫通。觀察思想史的過程，便是一積一消之循環。六祖能消能化，朱子能積能存。所以中國傳統文化的儒、釋融合，如乳投水，經慧能大消化之後，接著朱子能大積存，這二者對後世學術思想的貢獻，也是相輔相成的。」

[11] 同上註，頁184。錢先生云：「自佛教傳入中國，到唐代已歷四百多年。在此四百多年中，求法翻經，派別紛歧。積存多了，須有如慧能其人者出來完成一番極大的消的工作。他主張不立文字，以心印心，直截了當的當下直指。……如此的簡易方法，使此下全體佛教徒，幾乎全向禪宗一門，……把過去吃得太多太膩的全消化了。也可說，從慧能以下，乃能將外來佛教融入於中國文化中而正式成為中國的佛教。也可說，慧能以前，四百多年間的佛教，犯了『實』病，經慧能把它根治了。」

從中國佛教史來說，六祖惠能是佛教從印度傳入中國四百多年後，一大轉變的關鍵人物。他將佛教以前的所有經典，全歸於自性中由迷轉悟的「一念」作為樞紐。錢先生曾說：「中國思想史裡的神，卻永遠是人生的。」[12]這表明中國人的主體精神仍然是放在「人」上，而不是「神」。在《六祖壇經》中，六祖惠能是主要的人物，亦正是中國思想中所謂「人文本位精神」的代表人物。錢先生因此說：

> 禪宗只就人的本心本性指點，就生命之有情處下種，教人頓悟成佛。此種教義，遠從生公以來，是中國思想裡的人文本位精神滲透到佛教裡去以後所轉化表現出來的一種特色與奇采。若我們講禪宗，必要從達摩祖師講起，那將把捉不到中國思想之固有的特殊精神。但此種精神，也必然要輪到一位蠻荒偏陬不識字人的身上，纔始能十足表現。[13]

錢先生認為禪宗「直指人心」的「頓悟成佛」教義是從竺道生（372-434）而來，是中國思想的「人文本位精神」滲透入佛教中而轉化出的特色及異采。在禪宗來說，就只有在惠能身上才能體現這種精神，六祖惠能將佛教宗教性的崇拜性及出世性，一轉說成是平等性及入世性，這些轉變，「已把佛學大大轉一彎」及「即完全是現世人文的精神」及「中國人的傳統精神完全從佛教裡解放」[14]。從此而知，中國大乘佛教到了六祖惠能時，已經是進入消融一切佛理而轉入中國傳統精神，亦即是中國佛教的道理由積存至消融的一個階段。

惠能的一生與禪宗的發展存在著重要的關係，他的重要思想部分被弟子記錄在「敦煌本」《六祖壇經》。錢先生說：

> 余嘗謂唐代禪宗，實佛教出世思想之反動，乃東土之宗教革命。六祖乃佛門中之馬丁路德，《壇經》則其宗教革命之宣言書也。[15]

在中國佛教史來說，唐代大盛的禪宗，錢先生說是「佛教出世思想之反動」，並認為是「東土之宗教革命」。這裡說明佛教本以出世思想為宗旨，但禪宗卻以入世思想來接引學人，在教義來說是一種革新思想。至於六祖惠能，錢先生視他為「佛門中之馬丁路德」，這位馬丁路德（Martin Luther，1483-1546）是西方在十六世紀發動宗教

---

[12] 參閱錢穆：〈慧能〉，《中國思想史》，《錢賓四先生全集》（24），頁151。

[13] 同上註，頁151-152。

[14] 同上註，頁159-160。錢先生云：「六祖只把人心的知見，完全從外在、他在的對象中越離，而全體回歸到內在、自在的純粹知見即心本體上來。此一心本體，卻是絕對平等的。宗教必然帶有崇拜性，到六祖始說成絕對平等。宗教必然帶有出世性，而六祖卻說成不待出世。知見只是在此世中的知見，只不著於此知見而已。六祖這些說法，已把佛學大大轉一彎，開始轉向中國人的傳統精神，即平等的，即入世的。即完全是現世人文的精神。也可說，到六祖，中國人的傳統精神完全從佛教裡解放。」

[15] 見錢穆：〈再論禪宗與理學〉，《中國學術思想史論叢（四）》，《錢賓四先生全集》（19），頁232。

改革的倡導者，亦即表示六祖惠能在佛教的角色，亦具改革的使命。錢先生認為六祖惠能的《壇經》，是一本「宗教革命之宣言書」。

（2）竺道生

竺道生是淨土宗初祖慧遠（334-416）及三論宗初祖鳩摩羅什（344-413）的弟子。他天資聰敏吸收了二宗真傳，而要將佛理簡單化。錢先生曾說：「佛學中國化，要歸功於竺道生，他儼然成為佛門中的孟子。」[16]原因是「『一闡提人皆得成佛』，此猶孟子『人皆可以為堯、舜』」[17]。由於竺道生是三論宗初祖鳩摩羅什的弟子，因此他的論說亦與禪宗《壇經》所說的「頓悟」、「自性說」義理相通。

錢先生在〈記《壇經》與《大涅槃經》之定慧等學〉一文中，指出我們讀《壇經》皆以《楞伽經》及《金剛經》為《壇經》思想重點，六祖惠能的思想亦與《涅槃經》有著密切關係。他指出唐代六祖惠能與南朝晉、宋年間的高僧竺道生皆說「頓悟義」。前者以「頓悟」禪法而創南禪頓教，後者「孤明獨發」認為「一闡提」皆有佛性，當時引起佛教核心佛理的一場辯論。在《壇經》中，六祖惠能認為「佛性無南北」，「佛性」人皆本有，而且是內在的及超越的。這立論依據與竺道生所說的「一闡提」皆有佛性隔代相呼應，在此「佛性論」上而建立起「頓悟」禪法。錢先生指出兩人所說理論根據來自《大般涅槃經》。我們常說，《壇經》的主要思想是由《楞伽經》與《金剛經》中發展出來，其中根源性的思想，則來自《大般涅槃經》[18]。

（3）神會與宗密

神會（684或686-758）是六祖惠能的弟子，而宗密（780-841）正是神會的再傳弟子。胡適在他的禪宗研究之中，認為神會的地位重要性遠勝於惠能。錢先生認為宗密《原人論》是一純粹哲學的論著，當中涉及宇宙論及絕對唯心論，是純思辨的思考方法。宗密的此種由宗教折入哲學的思考方法，其源頭來自神會。錢先生指出這種精神意識，只可成為禪宗的一脈支流，但與達摩至六祖惠能的禪法並不相同，亦不同於「五家七宗」，這是錢先生提示我們學習禪宗思想時要注意的地方[19]。

---

[16] 參閱錢穆：〈大乘佛法與竺道生〉，《中國學術思想史論叢（三）》，《錢賓四先生全集》（19），頁373。

[17] 同上註，頁389。

[18] 參閱錢穆：〈記《壇經》與《大涅槃經》之定慧等學〉，《中國學術思想論叢（四）》，《錢賓四先生全集》（19），頁219。錢先生云：「六祖係一不識字人，其創禪家南宗頓教，實為遙符南朝晉、宋間高僧竺道生頓悟義。而生公之孤明獨發，乃自主張『一闡提亦得成佛』說來。此一辯論起於《大涅槃經》。後人論禪學，多注意在《楞伽經》與《金剛經》。顧考六祖始末，亦不能謂與《涅槃經》無關。」

[19] 參閱錢穆：〈讀宗密原人論〉，《中國學術思想論叢（四）》，《錢賓四先生全集》（19）頁274。錢先生云：「今當特一提出者，則為宗密之《原人論》。此書可謂近似一純粹哲學性的論著，專意討論人原始……而明白揭出絕對心論之主張。雖其大義，亦一本佛學與禪宗……則顯已有自宗教折入於哲學之傾向。而求其血脈淵源，則不得不謂其乃出於神會……此下五家分宗，其精神意態，顯不與自神會以至宗密者相似。此亦治禪宗思想者不可不注意之一端。」

對於宗密的思想，錢先生指出宗密的思想偏向哲理知解方面，用功於文字及經典之上，與禪宗「不立文字」的宗旨，出現不同的取向，不同於六祖惠能的南禪，因此表示宗密不是「曹溪禪之正宗嫡傳」，亦不屬於北宗神秀的思路，而出現他特別之處。「教之與宗，終自不同」，「教」就是佛教傳統以經典教授學人佛理，「宗」是「直指本源」的心性工夫，不假文字，教外別傳。宗密正是試圖以回歸佛教傳統的禪法，來說明南宗禪法，這就是錢先生所說「宗密之特出處」[20]。

宗密雖然有特出之處，他的思想似與禪宗的「唯心論」精神相近，但實是不同。錢先生解釋宗密所說「一切有情，皆有本覺真心」，是真性，是一切生命的開始。這開始就是《原人論》所謂「真源了義」的地方，但這只限於「生命界」。這亦可算是一種絕對的唯心論，但亦同時只是一種生命的哲學，而不同於禪宗傳統的實際人生的唯心論。[21]由於《原人論》忽略了「無生界」、山河大地等不被包括其中的「法」，錢先生因而認為是「一大破罅，大漏洞」[22]。

宗密《原人論》立論不限於僧與人，要加入「佛」與「法」，進而涉入「宇宙論」範圍，最後要採納中國道家的理論，意圖會通儒道兩家的系統，錢先生認為這是一大病，中國道家有「混一元氣」之說，但未能證成是「真一靈心」所變宇宙的絕對唯心論之系統，所以仍然是未了義的見解。宗密意圖以心識變成「人生界」與「自然界」二境，即「心識變成二境」的論點，錢先生批評這是「粗疏」、「不成體統」及試圖「會通中國儒、道兩家說，則其病更大也」的問題所在[23]。

錢先生指出宗密初歸禪宗，受業於道圓禪師（生卒年不詳），其後又轉華嚴第四祖澄觀（738-839）的門下，最後成為華嚴宗第五祖，而《原人論》的全名是《華嚴原人論》。澄觀亦是神會的門下五臺山的無名禪師的弟子，因此宗密的禪法是會通禪宗與華嚴宗的一套「大宏圓達之教」，將禪宗的頓教與華嚴的圓教會通的禪法，不是純粹禪宗的頓法。「知解」只偏重理論而缺修行，宗密是神會一脈相承的系統。錢先生認為這正是「神會之終不得預於曹溪之嫡傳正宗亦可知矣」的原因[24]。

---

20 同上註，頁284。錢先生云：「密資性所近，則自好為哲理之探討，於文字經典上多用工夫，此固不得為曹溪禪之正宗嫡傳，而亦復與神秀北宗有別。教之與宗，終自不同，可於此覘之。而宗密之特出處，亦於此見矣。」

21 同上註，頁284。錢先生云：「今宗密說『一切有情，皆有本覺真心』，即真性，而以此本覺真性認為一切生命之開始，其《原人論》所謂真源了義者在此……主要精神只限在生命界。雖可說是一種絕對的唯心論，然只是一種生命哲學，究與達摩以至慧能歷代禪宗相傳注重在實際人生之唯心論不同……」

22 同上註，頁285。錢先生云：「而宗密所主張，則已由生命界而侵入宇宙論範圍。縱謂一切有情皆有一本覺真心，然無情即無生界，又何以說之？此處遂見宗密《原人論》一大破罅，大漏洞。」

23 同上註，頁285。錢先生云：「……重法則轉入哲學思維……而宗密采中國道家說，謂「混一元氣」即「真一靈心」之所變。此若可完成其宇宙的絕對唯心論之系統，然實未能有所證成。則亦終未得謂之為了義。其謂「心識變成二境」，一為人生界，一為天地山河，即自然界；究屬粗疏，不成體統。蓋宗密立論，專據佛書為說，其病猶小，會通之於中國儒、道兩家說，則其病更大也。」

24 同上註，頁274。錢先生云：「宗密幼業儒典……著有《華嚴》，《圓覺》等諸經論疏鈔，又為《禪源諸詮集》，其序文自言：『所集諸家述作，多談禪理，少談禪行。』則其宗旨所在，偏重知解，即『理入』一邊可知。又宗密有《禪門師資承襲圖》，謂達摩之心流至荷澤，又謂荷澤宗是釋迦降出、達摩遠來之本

由此而知，我們若以《原人論》的所謂「三教合一」的思想，與「契嵩本」《壇經》作為說明契嵩「三教合一」的思想作為對勘，並不恰當，原因在於：神會的禪法不是曹溪六祖惠能嫡系以「心性」頓悟為主的禪法，而宗密依神會的禪法作其系統之一，此其一。宗密是以華嚴圓教之禪法與禪宗頓教之禪法在會通，形成另一「大宏圓達之教」的理論，與禪宗以「般若自性」作為直指人心的禪法並不相同，此其二。《原人論》是用來認識華嚴宗的禪法，所以全名為《華嚴原人論》而不是宗門的禪法，思想源頭不同，使曹溪禪法被混淆不清，使人落入於似是而非的思索中，此其三。

因此，我們以為顯示在《六祖壇經》中惠能所說的法，雖然內容曾經歷被刪減或增加，亦不能以別的宗派，或在當時背景下宗密的《原人論》有說「禪教關係」，就認為「契嵩本」《壇經》是「三教合一」的思想。錢先生說《壇經》思想具「創造性」，並且指出「神會思想則又是傳統性勝過了創造性。所以從六祖以下演出了南禪諸宗，而從神會以下則演出了宗密」[25]。宗密是「華嚴禪」，不是完全的曹溪禪思想，這點我們不能混淆。

（三）以《六祖壇經》作為文獻定位

錢先生是以《六祖壇經》作為禪宗的定位，他說：「總而言之，慧能講佛法，主要只是兩句話，即『人性』與『人事』，他教人明白本性，卻不教人屏棄一切事。」[26]這正是《六祖壇經》將無相的思想轉化成有相的人性與人事，實踐在生活之中的思想。

在「正統禪宗（南宗頓教）」及「簡淨化」的原則下，錢先生所指的佛界最高智慧六祖惠能所傳的「心法」，我認為應只保留在現存世的最早古本的「敦煌本」中，至於其他版本，則是保留了六祖惠能的資料及與其他弟子的事蹟及禪宗的發展史。《壇經》的記載形式為「語錄體」，最後演變成日後宋代理學家的「語錄」如《朱子語類》[27]等，從中可見儒家《論語》的語錄形式，也有被佛學轉化的現象[28]。

意。『將前望此，此乃迥異於前。將此攝前，前即全同於此。』則其於禪宗自慧能下獨所推尊於神會者亦可知。今即觀於宗密之所從事，而神會之終不得預於曹溪之嫡傳正宗亦可知矣。」

[25] 參閱錢穆：〈再論關於壇經之真偽問題〉，《中國學術思想論叢（四）》，《錢賓四先生全集》（19），頁214。錢先生云：「凡屬一大思想，必然具有傳統性，但亦同時具有『創造性』。所謂創造性，亦只是從傳統中創造出來。……若其思想中之創造性，遠勝過了其傳統性，我們亦可稱之為是一種『革命性』。但極富革命性之思想中，仍不害其含有傳統性。《壇經》思想，便是一例。神會思想則又是傳統性勝過了創造性。所以從六祖以下演出了南禪諸宗，而從神會以下則演出了宗密。」

[26] 見錢穆：〈六祖壇經大義〉，《中國學術思想論叢（四）》，《錢賓四先生全集》（19），頁193。

[27] 參閱朱熹：《朱子語類》（北京：中華書局，1994）。

[28] 參閱錢穆：〈佛教之中國化〉，《中國學術思想史論叢（三）》，《錢賓四先生全集》（19），頁399。錢先生云：「慧能是達摩以下禪宗的第六代祖師。（達摩—僧（慧）可—僧璨—道信—弘忍—慧能。）其實是正統禪宗（南宗頓教）的開創者。他是一不識字的行者，他所宣揚的佛法，正是當時流行在社會上的

錢先生認為「一大思想」就是自成一系統性的思想，「傳統性」與「創造性」就成了文化傳承的關鍵，世代延綿不斷，有隱有顯互相更迭。「創造性」能使「傳統性」得以繼續發揚，並能保存「傳統性」而不失其原貌。錢先生指出「創造性」若能遠勝「傳統性」，亦可稱為「革命性」。這「革命性」包含「傳統性」及「創造性」使人從桎梏思想中出現突破的缺口再重現生機，「《壇經》思想，便是一例」。這點值得我們極為銘心而記[29]。《壇經》思想，主要人物，就是六祖惠能。「宗寶本」《壇經》經歷惠昕、契嵩及宗寶等人的改動，不論是刪減或添加，六祖惠能的思想原貌暫時只能在「敦煌本」中見其精粹。我們要了解《壇經》的精粹，才知道六祖惠能思想的重要，才能了解《壇經》在中國文化、宗教及思想史的位置。

《六祖壇經》的思想精粹在於以禪機方式來接引學人，「以心印心」的方式默言傳承頓法。由於「禪機」只是禪師與學人之間在「機鋒」中契悟，旁人未能領悟箇中意思，所記都只是根據所見所聞而不知內裡玄機，有人甚至誤以為模仿所記載的機鋒或行為，便是修禪。《六祖壇經》從「敦煌本」之後，一直出現不同的版本，文字往往愈多，這版本應更清晰具閱讀性，但卻模糊了「頓法」的精粹。錢先生說：

> 中國禪宗祖師們的所謂機鋒、棒喝，是有名玄祕的。其實，這些都是真實話，給人看作不真實。都是淺顯話，給人看作不淺顯。認為諸祖師故作玄虛，話背後還有更多的祕密意義。這真叫諸祖師一片婆心無處交代，只有更增了他們的憤激。[30]

機鋒、棒喝都是代替文字或語言來開示學人，看似「玄祕」，其實是最平實的真心話，可是淺顯卻被看作不顯淺，以為諸祖師是故弄玄虛，背後還有密語密義未交代，這此實在是未能「以心契心」。這種情況，一直在六祖惠能以後、禪宗傳承中不斷地出現，使最平實淺白的「心法」無法宏展，中國思想終於從中國佛學最盛的禪宗，轉向至「宋明理學」[31]。因此，錢先生說：

中國佛學界的一般理論，而為他所把捉而簡淨化了，自然也是經他的最高智慧而明確與精深化了。他的教旨，保留在他的僧徒代他記錄的《壇經》裡。這也是將來宋學家『語錄』之先聲，亦可說是孔門《論語》之佛學化。」

[29] 參閱錢穆：〈再論關於壇經之真偽問題〉，《中國學術思想論叢（四）》，《錢賓四先生全集》（19），頁214。錢先生云：「凡屬一大思想，必然具有傳統性，但亦同時具有『創造性』。所謂創造性，亦只是從傳統中創造出來……若其思想中之創造性，遠勝過了其傳統性，我們亦可稱之為是一種『革命性』。但極富革命性之思想中，仍不害其含有傳統性。《壇經》思想，便是一例。」

[30] 見錢穆：〈慧能以下之禪宗〉，《中國思想史》，《錢賓四先生全集》（24），頁160-161。

[31] 同上註，頁162。錢先生云：「禪宗時期，正是中國佛學的最盛時期，卻被那輩祖師們都無情地毒罵痛打。打醒了，打出山門，各各還去本分做人，遂開出此宋代的新儒家。後人卻把宋學歸功到韓愈闢佛，這不免又是一番糊塗，又是一番冤枉。所以我說禪宗是中國佛教史上一番大革命。若把西方馬丁路德們的宗教革命來與相比，我們不能不說畢竟是中國禪師們高明些。」

故我謂唐代中國佛學，早已遠離宗教信仰，越過哲理思辨，而進入心性修養與自我教育之路徑。他們雖各分宗派，但儘有許多大義互相通假。他們早已是宋、明儒學之先驅者。後人多說宋學與禪學有關，其實臺、賢兩宗，一樣與宋學有甚深關係。到此，佛學遂確然成其為中國文化之一要流。[32]

當唐代中國佛學以「心性」為修養及自我教育的依據時，就是「宋明理學」的先驅者。錢先生指出「宋明理學」不單止受禪宗所影響，亦與天臺宗及華嚴宗的義理有非常深的關係性。印度佛教從外來的文化，變成中國佛教，又能上承中國傳統文化而下開「宋明理學」，成為中國思想史、文化史及宗教史不能分割的一部分，實是世代以「心性」傳承的成果。還有，錢先生在〈讀契嵩《鐔津集》〉認為契嵩的思想是「援儒以衛佛」，使「世運學風之變」[33]。

三、結語——文化及思想史的治學方法

在〈再論關於壇經之真偽問題〉一文中，錢先生指出「當前學術界的一偏陷」問題[34]，盼能做到「在思想本身範圍之內，有些處只能就思想論思想」[35]作為研究目標。他在禪宗方面的研究，就是他對中國文化與思想史的治學方法。因此，又在〈評胡適與鈴木大拙討論禪〉一文，認為「禪本身之內在演變亦是歷史」，不是形式，其中有內容，有生命，有主體及有個性，因此不能只在歷史中某處來看禪。最後胡適似乎找到自己認為合適的方法來研究禪的歷史，但錢先生卻認為胡氏不了解禪。他說：

鈴木大拙不了解什麼是歷史，只認禪與其他事物關係處有歷史，不知禪本身之內在演變亦是歷史。……鈴木只說歷史框架，此亦是形式的。不知歷史不只是

---

[32] 見錢穆：〈佛教之中國化〉，《中國學術思想史論叢（三）》，《錢賓四先生全集》（19），頁410。

[33] 參閱錢穆：〈讀契嵩鐔津集〉，《中國學術思想論叢（五）》，《錢賓四先生全集》（20），頁116。

[34] 參閱錢穆：〈再論關於壇經之真偽問題〉，《中國學術思想論叢（四）》，《錢賓四先生全集》（19），頁207-208。錢先生云：「太過重視了考據，太過忽視了思想，此乃當前學術界一偏陷。有關西方的在外，只要是中國舊有的，或對某一家思想正面接受，而又加以一番崇重之意者，則稱之曰此乃是一種『宗教的心情』，或說是一種『傳道的精神』。……所謂『學術探討』，則必是純理智的、純客觀的，此乃所謂『科學方法』，而考據乃被認為是學術上之惟一途徑。我則認為學術園地不該如是之狹小。從來大學問家、大思想家，則無不具有一所謂宗教之心情與夫傳道之精神，而後其學術境界，乃得更深厚、更博大、更崇高、更精微。此等境界，則惟貴吾人之心領而神會。若要我從外面拿證據來，則一切證據，觸及不到此種境界之真實處。」

[35] 參閱錢穆：〈略論有關六祖壇經之真偽問題〉，《中國學術思想論叢（四）》，《錢賓四先生全集》（19），頁198。錢先生云：「胡博士平常教人，每喜說『拿證據來』，但在思想本身範圍之內，有些處只能就思想論思想，證據只能使用在思想之外皮，不能觸及思想之內心。」；又在頁201中，錢先生補充說明胡氏對考據工夫的局限性在於「如是言之，考據工夫在某些地方，遇到某些問題，卻僅能破壞，不能建立。」

一框架，是一形式。歷史本身有內容，有生命，有主體，有個性。……任何一家之禪，雖是生長於禪學史中而各有生命。絕不如鈴木所想像，把禪放在歷史角落的即非禪本身。[36]

鈴木大拙對禪宗的研究，錢先生並不完全同意他的看法，如「把禪放在歷史角落的即非禪本身」的觀點。原因在於鈴木只重「禪」的共同性、普遍性與客觀性，並且沒有注意中國禪學史的形成，開始於初祖達摩至六祖惠能，再到南嶽懷讓、青原行思至馬祖道一，開展出「五家七宗」，從中指示出每一位禪師的個性主體，從中反映「同中見異」的歷史精神。[37]又鈴木只讀《傳燈錄》等書，對整個中國禪宗的演變，了解並不全面。他「震於胡氏之所發現，把神會所說認為是禪宗一切祕奧之門」[38]，「那不得不說是鈴木太粗疏亦是大錯誤所在」[39]。

錢先生又說：

胡氏（適）說：「禪是中國佛教運動的一部分，而中國佛教是中國思想史的一部分。只有把禪宗放在歷史的確當地位中，才能確當了解。這像其他哲學思想宗派是一樣的。」這話並不錯。只惜胡氏不了解禪，鈴木不了解禪學史乃及中國思想史，所以他們的討論，都嫌不深入，還待繼起學者之努力。[40]

我們研究中國禪宗的《壇經》，會遇到很多不同層面問題。竊以為我們先要對禪宗核心思想了解後，再抱著「溫情與敬意」[41]的治史態度，致力整理各版本的《壇經》相關性資料，才可建立可靠的中國禪宗史、中國思想史及中國文化史。錢先生的治學方法，是以「思想論思想」來理解思想史與文化史，從宗密的思想推出神會的法系，並不同於六祖惠能的法系。他是以惠能的思想連貫竺道生的思想系統，與佛教「三論宗」相接，來確立惠能法系與《六祖壇經》的可信性。從錢先生的治學方法來看，這是比較具有可靠性及根源性。在傳統與創新中，不致失去平衡；即使不斷有新的文獻出土，亦不致在「立新」時，而推翻「傳統」的內涵。正如他說：

「變」之所在，即歷史精神之所在，亦即民族文化評價之所繫。[42]

---

36 見錢穆：〈評胡適與鈴木大拙討論禪〉，《中國學術思想論叢（四）》，《錢賓四先生全集》（19），頁296。

37 同上註，頁295。

38 同上註。

39 同上註，頁296。

40 同上註，頁297。

41 語見錢穆：《國史大綱》上冊扉頁，《錢賓四先生全集》（27），頁19。

42 見錢穆：〈引論〉，《國史大綱》，《錢賓四先生全集》（27），頁33。

錢先生認為，在歷史上明顯地出現某一種思想的變動，就是某一階段的總思潮的精神變化，這具歷史性，亦聯繫著整個民族文化的內在精神。緊接文化中的思想，才能緊接歷史的軌跡。錢先生提示我們如何掌握文化及思想史的治學方法，值得我們好好記取。

第十四章　錢穆論禪學——會通與革新

香港浸會大學國際學院
梁萬如

一、理學與禪學的比較進路

錢穆所指的禪學範圍主要包括南宗禪及其衍生的派別。南宗禪主要是指慧能及其以下發展成的五家。雖然禪的歷史發展還有很多問題要澄清，[1]但禪宗要人超越相對的執著當下體認自己本來面目的思想卻是一致的。

錢穆論禪，他所採取的議論進路，是從比較理學與禪學的思想方式進行。理學與禪學兩者的關係，從來學者都有不同理解。錢穆用程朱思想來看理學與禪學的相異，而用陸象山的心學來看理學與禪學相近之處。無容諱言，陸學與禪學確有相近之處。當然，有不少學者提出陸學和禪學的差異。

例如，朱熹在《朱子語類》批評陸氏可謂激烈：

> 子靜說話是兩頭明，中間暗。或問，暗是如何？曰：是他那不說破處。他所以不說破，便是禪所謂鴛鴦繡出從君看，莫把金針度與人。他禪宗自愛如此。[2]

認為陸學即禪學，二者完全等同的學者有朱熹。

再者，也有學者認為陸學的思想方法等同禪學，但內容卻不相同。侯外廬在其編寫的《宋明理學史》上卷中便持這說法。[3]又張君勱在其英文著作*The Unfolding of Neo-Confucianism*中說：

---

[1] 尤其是早期禪的歷史問題頗多，如：北宗禪如何過度至南宗禪；南宗禪崇信的《壇經》非出自慧能手；慧能為六祖的說法可能只是假歷史；由《壇經》怎樣能開出馬祖以後重視師徒對話的語錄體表達方式等等。可參看這方面的專家的著作如：John R. Mcrae. *The Northern School of Ch'an Buddhism. Studies in East Asian Buddhism.* No.3 (Honolulu: University of Hawaii Press, 1986)；Robert E. Buswell, JR. "The Short-cut Approach of K'an-hua Meditation: The Evoluation of a Practical Subtism in Chinese Ch'an Buddhism." In Peter N. Gregory ed., *Sudden and Gradual. Studies in East Asian Buddhism.* No. 5 (Honolulu: University of Hawaii Press, 1987), p. 201.

[2] 朱熹著、黎靖德編、王星賢點校：《朱子語類》（北京：中華書局，1986），卷104，頁2620。

[3] 參見侯外廬、邱漢生、張豈之編著：《宋明理學史》（北京：人民出版社，1984），上卷，頁573。

我認為陸氏只能說在方法上是一個禪宗信徒。[4]

更有學者認為陸學完全不同於禪學的學者。唐君毅於《中國哲學原論・原教篇》中逐點分疏朱子以陸學禪學的批評，力闢陸學為禪學之說。[5]牟宗三則在《從陸象山到劉蕺山》中極力否認陸學為禪學。

禪自是禪，儒自是儒。[6]

他又在《中國哲學十九講》中說：

陸象山並不是禪，他所說的內容不是禪，所用的方式也不完全是禪。[7]

朱熹的論斷經現代學者分疏已站不住腳。[8]但是，侯氏和張氏也未能深入探討陸學與禪學可相通處。更重要的是他們均未能獨立地比較二者的思想內涵，揭示二者的異同，因為他們主要著力於辨解朱熹的論斷。

至於當代新儒家看似並不承認陸學和禪學有相通之處，唯獨錢穆卻認為陸學與禪學有明顯的相承關係。錢穆用比較方式，把理學和禪學對舉與判分，在義理的比較之下，論斷禪宗在中國與儒、道會通成為一新系統，其所展開的是一場徹頭徹尾的宗教改革。

二、錢穆對理學與禪學的判分

佛學的中國化和佛學的儒學化是這場宗教革命發展至成熟的前哨，錢穆透過閱讀宗密《原人論》指出了這一點。[9]在〈讀宗密原人論〉一篇之中，錢穆把陸王與禪學對舉，透過心、性、理、法等概念分疏理學和禪學的差異。有兩條資料需要留意，它們表現了錢穆對理學與禪學的思想系統和核心思想的理解：

---

4 原文是這樣的: In my opinion, Lu may be called a believer in Ch'an thought only in the methodological sense. 參見Carsun Chang, *The Development of Neo-Confucian Thought*. (London: Vision Press, 1958) P.303.

5 參見唐君毅：《中國哲學原論・原教篇》（香港：新亞研究所，1977再版），頁247。

6 見牟宗三：《從陸象山到劉蕺山》（臺北：學生書局，1990再版），頁17。

7 參見牟宗三：《中國哲學十九講》（臺北：學生書局，1986再版），頁347。

8 當代新儒家分疏甚詳，例如在本文所引唐氏及牟氏的書中均有詳盡的分析。但為何朱子要排斥陸學呢？秦家懿以為朱子乃在振儒、濟儒，見秦氏：〈朱子與佛教〉，《新亞學術集刊》1982年第3期，頁136。日人荒木見悟認為朱子為了防止禪的自由活潑性格倒毀他的理的思想故闢佛。見荒木氏著，李梁譯：〈儒家何以畏禪？〉，《世界宗教研究》1990年第2期，頁15。

9 錢穆於《讀宗密原人論》說過：「佛學入中國，至是已久歷年數。若從宗教修行言，則到禪宗而鞭辟入裡，更難有進。若從思想知解言，則會通中國儒、道兩家以完成一系統，亦已如箭在弦上，有不得不發之勢。宗密之《原人論》，正其嚆矢也。其書之可值重視者在此。然其事則須待有宋理學家出而始告完成。」見錢穆著：《中國學術思想史論叢》（四），《錢賓四先生全集》（19）（臺北：聯經出版事業公司，1995），頁285。

《壇經》言：「性在身心存，性去身心壞。」身、心連言，此是父母生後心。至能生萬法之自本心，則不隨身壞，亦不因身起。禪宗不認心只在腔子裡。在父母未生我此身以前，此心早有，始是我此心之本來面目。三世諸佛，密密相傳，便要悟此心。宋代理學家，則必明白交代此心只在腔子裡。父母未生前，可謂之性，卻非有心。「心屬氣，性屬理。」此一分別，乃是理學與禪宗絕大相異處。陸復齋在鵝湖會前有詩云：「千古相傳只此心。」象山認為未是，和詩云：「斯人千古不磨心。」千古不磨，即是歷劫常存。故曰：「此心同，此理同。」心、理不容有二。象山此處，只用「理」字來換去佛家「法」字。其實象山言「心即理」，即猶禪宗言「心生萬法」。後來陽明言：「良知生天生地，成鬼成帝，是造化的精靈，真是與物無對。」此始符合了禪宗絕對唯心論的最要法印。故陸王言心不言性，或說心、性無別，程朱學派必斥之為近禪。

錢穆從心、性和理這組概念，論說理學和禪學的思想系統，由此看兩者的異同。他主要提出了三點：首先，「性在身心存，性去身心壞。」直言「性」的重要，「性」比「身心」更為根本。「身心」屬「氣」的層面，是物質的；「性」則屬「理」的層面，是精神的。「性」較「身心」先在，沒有「性」，「身心」無法存在。而「身心」合而言之，不應與能生萬法的「自性心」混淆。自性心是禪宗系統裡，人可以覺悟成佛的本質。第二，陸象山對心的理解，跟程朱一派所理解的不盡相同。錢穆引述陸九淵乃兄詩句：「千古相傳只此心」，烘托陸九淵的：「斯人千古不磨心。」及「此心同，此理同。」的看法，對心即理的理解跟禪宗所說「心生萬法」的思想理路極為相似。就是說，此「心」並非物質意義上的「身心」。第三，「性」與「心」沒有差別，同屬「理」的層面，這是陸學和禪學相通相似之處。即錢穆所說，「心、性無別」的意思。

第二條資料討論理學與禪學的核心思想。進一步看到錢穆對「心性」的理解，提出程朱學派「理氣合一」的概念，並以之判分禪學和儒學的境界。

有宋理學家原本古先儒家言，分別心、性。「心」只限於一切有情，「性」字則兼包有生與無生。此可為宗密更進一解。佛家亦說「性含萬法，一切法在自性」。然佛家終是從人生界看性，必言佛性，究不如儒家言性之更為恢宏。又謂「心」屬氣，「性」屬理，整個宇宙，不專以唯氣一元說之。唯氣一元，則偏近唯物，與中國傳統乃至佛家說皆不合。但亦非理氣二元，實當謂之理氣混合之一元。氣必涵理，理必附氣。中國古人言「天人合一」，宋代理學家則易之以「理氣合一」。其所主張，實較宗密之「心識變成二境」，遠於情實為符。且「理」字又兼攝佛家之「因緣」義。理學家言「理氣」，已遠勝於佛家之言「因緣」。如因種子而生果，瓶緣泥而成，既言因緣，則必有物有氣，而理亦寓之。[10]

此條資料對比了理學和禪學的核心思想，側重在對「心性」和「理氣」的理解。

[10] 同上註，頁285。

佛教所理解的性是指佛性，是人成佛的本質；而儒家所說的，是人的善性，就是人的本質。善性所包含的意思對於錢穆來說更為深廣，因為善性除了是人成聖成賢的依據，它的極致更是慎終追遠（縱向面）和民胞物與（橫向面）的精神流露。再者，錢穆提及「理氣合一」，是要比較說明，儒家的理」，兼有「氣」，與「天人」為同一理路；而佛教的「理」即「因緣」，概念上看不見「氣」的層面，即使「因緣」的操作必包含物質和「理」二者。順著這樣的判分，錢穆推導出：理學家重視人文世界，看重人的心性和修行，這種思想理路與禪宗相近。不過，禪宗始終是出世的宗教，與儒家淑世的情懷大異其趣：

理學家之可寶貴，在其喫緊人生，於宇宙萬物之推闡，莫不以人文界為基點而出發。其於人文界，則特重人之心性與修行誌一層，其精神乃特與禪宗為近。但禪宗不脫佛學傳統，以出世離塵為主，理學家則以淑人拯世為本。因此禪宗推論宇宙，必歸之於寂滅空虛；而理學家論宇宙，則不忽其悠久性與複多性。此乃雙方之大異處。[11]

錢穆從理學和禪學的終極關懷來討論兩者的差異。前者重視應世，後者重視出世，此在人文世界裡，對於濟世和建設人類世界，理學更為有作用。就宇宙形而上的層面來說，理學所說的「理氣合一」，比較禪宗的出世離塵，更能在人間體現悠久生成和天地覆載的精神。

三、孔孟、理學與禪學之會通

錢穆認為禪學是從先秦儒家、道家、佛教、宋代理學的融合與發展而來的。禪學作為一套成熟的思想價值系統，其思想的組成，與中國的家派不無關係。那不是純粹的格義，那是思想系統與思想系統比較分析得出來的結論。錢穆說：

> 宋代理學家常責禪家心、性不分，其實禪家說性，即說佛性，這是共同而客觀存在的。以己心悟佛性，即是以個人主體的知識來體會共同客觀之存在，此即佛性。悟到佛性其實也只是己心。佛性與己心為一體，故說「明心見性」。中國儒家說心性，大義亦如此。惟先秦儒言「道」，宋明儒言「理」，佛家言「法」，其間儘有不同，但同樣是一共同客觀之存在。個人主體的知識對象即在此。故竺道生說頓悟，又說「一闡提亦得成佛」；慧能說頓悟，又說「煩惱即菩提，眾生即佛」；一切知識，其最終境界必然是公共財產，不能完全私有。[12]

宋代理學家以「心、性不分」來批評禪家，實情是禪家所說的主體性，其實就是心性合一，「性」的發用就是「心」的作用，一靜一動。性是成佛的依據，其發用就是心

---

[11] 同上註，頁286-287。

[12] 同上註，頁294。

的作用，明心就會見到佛性，心的發用兼具認識義和修養義。這種思想理路，與孔孟思想，特別與孟子所說「盡心知性知天」一脈相承，[13]只是修養過程和修養的目的不盡相同而已。對於錢穆來說，先秦儒所說的「道」，宋明儒所說的「理」，佛家所說「法」，都是客觀存在的，都是公共的財產，都不能私有。這是從真理的客觀意義，或者真理的普遍義及平等義來立說，是上述三者的會通。

錢穆看似把儒佛等量齊觀，肯認禪佛教的義理境界與儒家的無異無別。從平等義來說，天下貫而為性、人皆性善，透過人的努力，體認此心此性，成聖成賢，甚至成佛成道，由上而下，再由下而上，天人一貫，儒佛思想理路是一致的。但是，錢穆卻更進一步，指出儒佛在人生的境界上自是別有蹊徑：

> 佛法究竟是一空，但中國人心智，則只是一「真如」。此真如是心事合一，卻不必定要說心事皆滅。理事無礙，事事無礙。依慧能曹溪禪說應是修無礙，只要平平實實當下現前做一人，不一定要作佛，則為何定要出家，亦可在家修。在家修，便連帶而生齊、治、平諸業。宋代理學家，只在禪學精神中更進一步，便回到腳踏實地的中國人心智。[14]

錢穆以華夷之辨來理解，認為佛教所說的「心」與中國人的心智大異其趣。佛教是「心事皆滅」，因為涅槃寂靜，人的覺悟最終是要去除苦痛煩惱，放開世間萬事萬物。要達到華嚴宗所說「理事無礙」，就是懂得世間上所有事情都是因緣和合，緣聚緣散，這個因緣之「理」就在世間事物之中，所以說理在事中；尤有進者，能夠達到華嚴宗所說「事事無礙」的終極境界，就是懂得因緣之理與世間事物，無異無別，理在事中之餘，因著這個共通的理，世間所有事物都在因緣的生滅中，理中有事，事中有理，因此事與事平等不相害，無異無別。錢穆對此等境界不以為然，筆鋒一轉，判分禪學是「修無礙」，極高明而道中庸，再高的境界都要由人去修練才有意義。平平實實做一個人，選擇走宗教之路，或者選擇齊家、治國、平天下也可以。而宋儒就踏實地選擇後者，建立積極的人文世界。錢穆的價值取向是很明顯的。

錢穆說禪宗教人「平平實實當下現前做一人」，由此引申出修養的概念。此與陸

---

[13] 孟子曰：「盡其心者，知其性者：知其性，則知天矣。存其心，養其性，所以事天也。殀壽不貳，修身以俟之，所以立命也。」（盡心上）陸氏「心即理」說早於北宋時，云門宗禪師契嵩已經在他的著作〈治心篇〉中提到過。見契嵩《鐔津集》卷七，載於明復法師主編《禪門逸書》初編（臺北：明文書局，1980），第三冊，頁78。又余英時也曾提及，見余氏著《士與中國文化》（上海：人民出版社，1987），頁486。重要的是契嵩是站在佛教的立場倡言心即理的；而心即理的學說其實是源於孟子小體與大體之辨。因此，陸氏的心即理說一方面受孟子的影響，另方面也可能受到契嵩的刺激。再者，契嵩提倡儒佛調和論，其論心即理說而雜有儒家思想也理所當然，他在《中庸解》說：「儒、佛者，聖人之教也。其所出雖不同，而同歸於治。」可見他的調和論立場。見石峻、樓宇烈、方立天、許杭生、樂壽明編：《中國佛教思想資料選編》（北京：中華書局，1987），第三卷，第一冊，頁251。

[14] 見錢穆：〈評胡適與鈴木大拙討論禪〉，《中國學術思想論叢（四）》，《錢賓四先生全集》（19），頁300。

象山所說「還我堂堂作一個人」十分相似，錢穆為了進一步疏釋儒佛在義理上不同之處，利用陸象山的「心即理」思想來理解禪宗的心學。陸象山歷來被學者批評，說其思想近禪，在〈禪宗與理學〉一文之中，錢穆有以下的評論：

> 其實象山言「心即理」，不啻即是一種唯心的宇宙論，故於「性」字不免忽略過。程朱言「性即理」，乃綰合人生論與宇宙論而一之。其言性偏於本體，而言心則偏於工夫。如明道言敬，亦是心體上工夫。程朱言學，兼顧本體與工夫，後人頗疑其為一種二元論，不知其論本體固非二元，而必加進工夫言之，此我所以稱之為是人本位之宇宙論。而象山之說，其後即衍成即本體即工夫，即工夫即本體，雖若簡徑，但究不能只有了人生更無宇宙，此則象山之失。[15]

錢穆判分陸象山的「心即理」為宇宙論的思想，[16]而程朱的「性即理」則為綜合人生論與宇宙論的思想。程朱所說也就是「人本位之宇宙論」，就是說思想既關心人生，也兼言宇宙的理則。程朱既說「性」，也說「心」：性是本體，指成聖的依據，是天下貫而為性的人之本性，就是善性；心是性的發用，是去惡揚善的力用，指為善的修養工夫。性是本體，心是作用。本體既可以上同於「理」（宇宙領域），又可以下同於「性」（人生領域）。有本體，也有工夫。至於陸象山的「心即理」，錢穆認為心指工夫，理指本體，兩者相結合（相即），卻變成工夫即本體，本體即工夫的宇宙論。批評陸象山只有宇宙論而失卻人生論，少了份對人生的關懷。錢穆認為程朱「性即理」比「心即理」的境界更高，因為前者包括人本位的形而下的修養工夫；而後者則只重視對「理」的形而上的掌握。

禪宗與陸象山心學的理路極相似，錢穆指出：

> 禪宗即以吾心之靈覺為道，遂即以為性，此固失之；惟若論工夫，則又豈復有超越於此心之靈覺之外者？故孔孟重言心，禪宗亦側重言心，若甚相近。惟孔孟言心不離事，禪宗言性貴不著事，此則相異。……心之靈覺，貴能識此性，識此理。禪宗主要重此心而不著物，朱子主性即理，理則先氣而存在。在此理字、氣字中，則包括了宇宙與人生兩界。而在人生工夫上則重心，亦可謂是工夫上之唯心論者。不論在認識論、修養論方面皆如此。故程朱決未失孔孟人文

---

[15] 見錢穆：〈禪宗與理學〉，《中國學術思想史論叢》（四），《錢賓四先生全集》（19），頁315。

[16] 為什麼叫宇宙論？陸學與禪學的重視心的涵蓋面，其伸延面可遍及全宇宙。陸氏說：四方上下曰宇，往古今來曰宙。宇宙便是吾心，吾心即是宇宙。見陸九淵著、鍾哲點校：〈雜著〉，《陸九淵集》，卷22（北京：中華書局，2010）。用宇宙來形容心實非同小可，心的涵蓋面即由人的一己之小撐開延伸至上天下地全空間及古往今來超時間，因而心能包覆空間的廣延及時間的無限。此外，如此廣大無際的心量竟可藏於一心方寸之中：萬物森然方寸之間。滿心而發，充塞宇宙，無非此理。見陸九淵著、鍾哲點校：〈語錄上〉，《陸九淵集》，卷34。

本位之大傳統。而陸王則轉近禪味，其分辨即在此。[17]

禪宗以心為成佛覺悟的依據，更以心為性。孔孟所說的心，與禪宗所說的相近，也是成聖成賢的依據，心與性是一事之二面。不過，孔孟不離開世間的萬事萬物（不離事），而禪宗則不執著於世間的萬事萬物（不著事）。程朱說理氣合一，「理」指宇宙境界，「氣」指人生境界。有人生境界，就有工夫論；有心和性，就有認識論和修養論。這是孔孟的人文本位的儒學傳統。而陸王與禪宗超然物外，只重宇宙境界。

借宋代理學判分高下，並定性禪宗缺乏人文本位的思想，是錢穆所採取的進路。

四、禪學的革命改造

錢穆看似對禪宗缺乏人文本位的性質予以批評，但是錢穆似乎肯認禪宗對佛教出世精神之反動。錢穆判分禪宗的思想側重在宇宙論，意味禪宗思想傾向形而上而缺少人生關懷。那為什麼又說禪宗是出世精神的反動呢？出世的反動就不是出世了。禪宗不是出世的嗎？錢穆說：

> 更進一層言之，則唐代禪宗實已為佛教出世精神之反動。禪宗之在東土，亦一宗教革命，實為中國思想由釋反儒之一段過渡。……蓋禪宗所由異夫孔孟者，主要在其為宗教形式所拘，既已出家離俗，修、齊、治、平，非分內事，故其精神面貌，終不能不與孔孟異。……故宋明理學，亦可謂乃是先秦儒學與唐宋禪學之一種混合物。論其精神，則斷然儒也。而其路徑意趣，則終是染涉於禪學而不能洗脫淨盡。此非宋明理學之失，乃唐代禪學之確有所得。若必謂儒是禪非，以陸王為禪，以程朱為儒，則終自陷於門戶之見，不足以語夫學術思想源流分之真相也。[18]

依據錢穆所說，禪是集先秦儒學和唐宋禪學的產物。其思想理路是與孔孟思想同一路，其宗教精神則是南宗禪的終極關懷。禪宗是要出家離俗，所以修身、齊家、治國及平天下要與孔孟思想有分野。那麼，禪宗的反動究竟是怎麼樣的呢？扼要言之，有以下四點：

（一）對佛教出世思想的反動

錢穆從成佛、往生、求法及出家分析禪宗對佛教思想的反動。錢穆說：

---

[17] 同上註，頁316。

[18] 同上註，頁321。

成佛、往生、求法、出家，此四者，皆佛教成為宗教之大節目，今既一一為之解脫破除，是非一種激底之宗教革命而何？[19]

關於「成佛」，錢穆認為宗教主要是依賴他力，現在禪宗教人返回自己，即心即佛，宗教的力量就在自己的心中，不必向外求。此其一。關於「往生」，禪宗取消往生嚮往，因為心淨則佛土淨，把西方極落世界的嚮往轉化為內心的清淨無染。此其二。關於「求法」，宗教的經典教條本來是修道人追求學習的依據，禪宗認為若無世人，則一切經典不可能建立，萬法均來自人心，自心即佛。此其三。關於「出家」，禪宗認為即使出家，而不去修行，只是徒然，於是認為在家就能修行，不必出家。此其四。[20]

（二）六祖的反抗精神

按《壇經》所記載，慧能出生在新州窮鄉僻壤，出身卑微，少不識字。聽聞人家唸《金剛經》就生起學佛的念頭，及至謁見五祖，被問及為什麼嶺南人、獦獠也來求法問道？慧能回答人有南北，但佛性無南北，就算獦獠的身分和出家人不同，但佛性不會有分別的。南北地域之不同，非出家人與出家人的分別都不是否定見性成佛的充足條件，這是依據佛性的平等義來否定對覺悟的私有。這就是一種反抗精神，錢穆說：

……若確然對佛法樹革命大旗，正式提出一種反抗精神者，則斷自六祖始。故在當時，禪宗雖分南、北，神秀上座雖以兩京法王、三帝國師之尊貴，而禪門正宗終歸曹溪。直至宋代，遼人尚猶焚棄壇經及寶林傳等書。而東海僧眾，亦謂中國所行禪宗章句多涉異端，以此致疑於華夏之無人。此見宗門新說，先行南土，嗣乃波及北方。而城外守舊未，仍不許其為佛法之正統。而中國自宋以下，則禪學推行日盛，乃若惟有禪宗始為佛法，可見其掩襲之厚，披靡之廣矣。[21]

禪宗分為南北，雖然北方禪宗因著朝廷的力量而備受尊崇，但是最後仍歸宗《壇經》。正統與非正統的激盪之中，守舊與革新抗衡，最終以不立文字，教外別傳，直指本心，見性成佛的簡易直截的革新思維揚棄守舊與正統，而其傳播之快及影響之廣，一時無兩。錢穆更以西方的宗教革命與禪宗的改革比較：

---

[19] 見錢穆：《中國學術思想史論叢》（四），《錢賓四先生全集》（19），頁324。
[20] 同上註，頁323-324。
[21] 同上註，頁324-325。

西方耶教本盛於南歐拉丁諸邦，新教革命則起於文化較晚起之北方日耳曼民族。禪宗於唐代，大德宗師，十九皆南人也。……南北朝高僧名德，北盛於南，當時佛法多自北來南。唐代文教，漸被江域者亦尚淺。……而宗門大德，後先接踵，皆在嶺南、江南。大抵文化較晚起，其心神較活潑，智慧較新鮮，其受舊傳統之束縛亦較鬆弛；其趨於新思想新宗教之改革，常較易於文化先進之域。故西歐宗教革命起於北族，而東土則成於南人。[22]

佛教在南北朝時大盛於北方，及至唐代，禪門大德以南方的影響為最大。文化發展先北方後南方，再由南方影響北方。錢穆指出與耶教比較，其起始革新在北方的日耳曼民族，禪宗的興盛則在南方，此中西文化在宗教革新上的一大差異。這是從中西文化的發展角度看不同文化的異差。

（三）反動的殺機和機趣

機鋒、棒喝的激烈表現，是禪宗發展至宋代的一大特色。錢穆認為革命不得不帶殺機。教人覺悟為什麼要帶殺機呢？不是說過要慈悲為懷，又為何要帶殺機？錢穆說：

禪宗諸祖師，欲完成此信仰革命一大事因緣，烏得不帶殺機！惟禪門殺機，僅止於機鋒、棒喝，僅止於所謂揚眉瞬目。……較之北歐宗教革命，殺人盈城，流血成渠，其殺機又如何？故禪門之機鋒、棒喝，真諸祖師之慈悲方便也。[23]

佛法的出現正如《法華經》所說是個因緣際會，此殺機、棒喝其目的在救度眾生，與西方宗教革命殺人盈城的血染風采實在是大異其趣。禪宗是慈悲方便，是假借棒喝而施行的教法革新。錢穆又說：

革命不得不帶殺機，然禪家主於教人自心自悟，故其運用機鋒，亦在使對方自心發露，自心悟徹。斤謂禪門機鋒者，乃一種活潑機警之辨慧。鋒銳如利刃，直刺人心。禪門大德，運用此種辨慧，乃以摧破對方外在的宗教信仰，解脫其內心纏縛，使之廢然知返，舂然墮地。此實一種大權大用，一種慈悲渡人之方便法門也。惟其具此機鋒，而後此一大事因緣，乃得圓滑遂行，僅以揚眉瞬目，而順利完成此一番革命大業；更不煩劍拔弩張，箭上弦而刀出鞘，若西方之宗教革命然。此固佛法圓宏，悲智雙修，不似他教窄狹，束人心智，不容異

[22] 同上註，頁340。
[23] 同上註，頁326。

端；亦由東土眾生根性利、智慧勝、不執著、不殘忍，發者受者，同能具此聰明機趣，故得以言笑往復，而完成此信仰上之大革命。[24]

禪宗教人見性成佛，自己成佛自己見性，禪師為了令得僧徒覺悟，於是用種種方便法門，讓眾生自己開悟，所以機鋒的運用，依照錢穆所說其實是種智慧，是種大權大用的智慧。此種聰明機趣，在言說間，也在行動裡，擊破執著和無明。與西方宗教革命相比，更見此方便法門的圓融和平。錢穆更說：

宗門之棒喝，必以一種宗教心理解釋之，此乃宗教心理中一種變態心理，一種宗教信仰之革命精神與其反動心理之幽默而和平的流露。[25]

以心理學的說法，把禪宗的反動思想看作為變態心理，及幽默而和平的反動心理，是錢穆對禪從心理學上的批評。

（四）自在解脫的喜劇形態

禪宗的慈悲方便在於破迷為信，對迷路者指點津道，教人回到自己的靈山塔，在一片的機鋒互喝的吵鬧下，開闢自己的一片樂土。這個由迷知返的宗教體驗，錢穆視之為一齣喜劇。

迨至祖師僧眾，堂上堂下，彼此互打互喝，一片殺機瀰漫僧院，而東土數百年佛教纏縛，乃於此種喜劇下，自在解脫。[26]

當知唐代以來，六百年佛法革命，正在此種喜劇中輕鬆演出。狂濤噴薄，浪花四濺，世外聰明，爛漫橫軼。凡所以打破山門之岑寂，發洩諸祖師之精力情趣者，正不得專以嚴肅的理智眼光繩之。[27]

這齣喜劇是禪師和僧徒在互打互喝之下，迎來一片殺機，殺機不真是殺機，卻是解脫自在的方法，借此工具解開纏縛，然後大徹大悟，喜劇收場。禪師借棒喝，體現禪機的活潑自在，錢穆所看到的，是禪悟的活潑一面，與覺悟的大自在。但是此喜劇的最高境界，必伴隨沉鬱無助，困頓迷失，在此困乏的情懷下，才能體現徹悟的愉悅與至高無上。錢穆說：

大風暴必在極沉鬱的空氣中醞釀，大革命亦必在極困頓的心情中茁長。諸祖師教人，只讓他左也不是，右也不是，心裡蘊藏著萬種迷惑，纔始有一旦豁朗，

[24] 同上註，頁325-326。

[25] 同上註，頁326。

[26] 同上註，頁329。

[27] 同上註，頁331。

盡情解脫之真徹悟，故說此為禪門諸祖師之無上慈悲與無上方便也。[28]

沉鬱空氣醞釀大風暴，困頓心情茁長大革命，在迷失之中，憑藉禪師的指點，雖然左也不是，右也不是，但是一朝豁然開朗，疑團就能解開。錢穆這樣理解禪，是在表述禪的內在理路。禪學與理學相比，前者是「不著事」，後者「不離事」。「不著事」就是左也不是，右也不是，打破事物的相對性。在沉鬱與困頓之中，是要描述迷失時的僧徒心境。看似複雜繁瑣，錢穆卻點出其平凡無事的一面：

> 試問山門寂靜，法堂清閒，既無生死可怖，無涅槃可得，菩提可證，則僧人本分，除卻吃飯穿衣屙矢送尿以外，更有何等？故僧人本分即是無事。佛法本為一大事因緣出世，今謂此一大事只是教人本分，教人早休歇去，做一尋常無事人。此乃六百年禪學在佛門裡繞了一大圈子後所得之結論。[29]

既不著事，則無生死，無涅槃，無菩提，無所事事，早休歇去，一切無事。錢穆娓娓道來，最富禪味。

五、結語——禪學的平凡與不平凡

禪的發展由《壇經》開始，已由體走向用，[30]意即由理論的建立走向理論的實踐。禪宗受儒學或理學的影響無容諱言，錢穆對禪學核心思想的把握更是獨步。錢穆論禪，以多重角度比對分析，劃分宇宙的領域、人生世界，又以宇宙論、人生論、認識論和修養論來分析理學和禪學的思想哲學範疇，在描述禪宗時更以文學的悲劇、喜劇的情懷闡述在覺悟的過程中心理上種種頓挫波折，最後以「不著事」和「無事」來理解禪學的極高明，正是禪學思想的看似簡易卻高明之處。

---

[28] 同上註。

[29] 同上註，頁334。

[30] 柳田聖山說：「中國禪思想的方向，是由體而運作地流向用的。」見柳田著，吳汝鈞譯：《中國禪思想史》（臺北：臺灣商務印書館，1985），頁105。

	理學	禪學	
宇宙領域	理 陸王：心即理 程朱：性即理	佛 因緣、成佛	宇宙論
人文領域	心性 天下貫而為性 盡心知性 氣： 身心	心性 見性成佛 佛性	人生論 認識論 修養論 心理學

禪宗與禪學研究畢竟不同，[31]前者的重點在於宗教上的超越世間的相對性，回到絕對的境界，所謂人本來面目；而禪學研究者（主體）卻企圖理解、以至解剖作為客觀對象的禪，正正落入主客相對的格局，並與真正的禪悟相異。不執著於主、客二邊的般若中道觀便是禪心的內容，即不取不捨的精神，《壇經》說：

> 性含萬法是大。萬法盡是自性。見一切人及非人，惡之與善，惡法善法，盡皆不捨，不可染著，猶如虛空……[32]

不染著於善也不染著於惡，不捨善亦不捨惡，因為若偏於染或捨都落入相對中，都會使人生煩惱的執著。故說不取不捨，自由任運於善惡之中。則人能在聲色中，不附著於聲色；在酒肆中，不染著於酒肆。即如臨濟所言：

> 入色界不被色惑，入聲界不被聲惑。[33]

這是《維摩經》：「不斷煩惱而入涅槃」[34]的詮釋。禪心所表現的自由無礙既不肯定道德的絕對性，亦非否定道德的絕對性，要人發見在這不取不捨的靈妙運用中把握佛道的圓融無礙。但是，阿部正雄指出：

> 真正的禪悟，即使它經過嚴密的理性分析和哲學思考，也絕不會被毀壞；相反，分析將有助於給自己闡明這種認識，並進而使人們能把這種認識的精微之

---

[31] 西義雄提到要把禪、禪學、禪思想及禪文化分別開來，因為它們有不同的思想領域，見西義雄〈盛期的禪思想〉，載於玉城康四郎主編：《佛教思想（二）：在中國的開展》（臺北：幼獅文化事業公司，1985），頁219。

[32] 六祖慧能著，郭朋校釋：《壇經》（北京：中華書局，1989），頁50。

[33] 轉引自秋月龍珉：〈無的東方性格〉，陶剛譯，張錫坤主編：《佛教與東方藝術》（長春：吉林教育出版社，1989），頁177。

[34] 慧能說「煩惱即是菩提」也是這個意思。見《壇經》，頁77。

處傳給他人，即使這要透過語言的仲介。[35]

錢穆把禪悟這一種內在的體驗，利用迷惑與豁朗，不著事，不可得，無事，平凡如吃飯穿衣等語言文字表述出來。原來平常心，就是道。

平凡裡見不平凡。錢穆看到了禪宗改革佛教基本義理的取向，及其返本開新的反動精神。事實上，禪宗反對佛教的出世間法是為了要把佛理會通到中國的主流思想去；反抗是為了改造舊有的思想，破舊立新；動起殺機是為了讓受迷惑的人迷途知返，成佛過程中的意趣機巧早就種在人們的心裡；打喝斥罵是在演活那齣正在搬演的戲劇，經歷艱險和困乏，最後大團圓的結局，教人歡喜。

---

[35] 阿部正雄著、王雷泉、張汝倫譯：《禪與西方思想》（上海：上海譯文出版社，1989），頁29。

第十五章　亂世中的曙光——錢穆對中古早期歷史的一些看法

香港中文大學歷史系
謝偉傑

錢穆一代通人，著作等身。若按中國學術傳統中的經、史、子、集分類而言，其學問兼綜四部，不為畛域所限，因而在其著作中，往往能以全面和綜貫的眼光評判歷史上的人物、學術或某些現象，並且進一步勾勒出其所討論對象的時代特色，以至於在中國文化傳統中之地位。[1]錢氏對中國文化的探索，上溯先秦，下迄於清末。在這漫長的中國歷史之中，錢氏除了以《國史大綱》作出鳥瞰式的概論，對於傳統以朝代區分的各個時代，均有不同程度的專題研究。當中尤以先秦至西漢與南宋至清中葉兩段時期的研究成果最為豐碩。就前一段時期而言，多為錢氏早年用力甚深之處，其中犖犖大者如專著《先秦諸子繫年》與長文《劉向歆父子年譜》均為其奠定在當時學術界的地位；及後並把《劉向歆父子年譜》與其他三篇相關論文（〈兩漢博士家法考〉、〈孔子與春秋〉、〈周官著作時代考〉）彙編而為《兩漢經學今古文評議》，其對兩漢經學之研究成果，不獨對晚清今文學派針對漢代古文經的論斷摧陷廓清，更進一步平息了當時學術界長期不休的經學今古文之爭，同時對於漢代思想與政治史之研究亦有重要的貢獻。至於後一段時期，當推其早年因講課而成之《中國近三百年學術史》與晚年潛心著成之《朱子新學案》具有重要的學術價值。[2]然而，就在這兩大段時間之間，即魏晉南北朝與隋唐五代幾近八個世紀而言，錢穆卻未有產生如上所述的宏篇鉅製。如果從其著作的份量比較而言，錢氏只就這段時期以蜻蜓點水式寫了幾篇文章。當然，數量雖少，其中往往亦有獨特見解，即使在今日的中古史研究領域中仍經得起時代的考驗，具有參考價值。至今錢氏對於這段現在學界一般稱為中古時代的環節未有深論，當中原因可能涉及其個人興趣，以及他對中國歷史文化傳統的整體看法與該時段所表現的時代精神之理解有關。這從他有關該時段的文章或許可以稍作推論，但更有積極學術意義的應該是錢穆對該時期所作的理解與論斷，以及其對於今天的我們所帶來的啟發作用，而不是他為什麼沒有就該時段多作研究。因此，本文的

---

[1] 有論者即認為「博綜會通」乃錢穆治學之重要特色。有關分析見於杜正勝：〈錢穆與二十世紀中國古代史學〉，載氏著：《新史學之路》（臺北：三民書局股份有限公司，2004），頁221-229。

[2] 有關錢氏之《中國近三百年學術史》的學術意義，可參看王汎森：〈導讀：重訪錢穆的《中國近三百年學術史》〉，載於錢穆：《中國近三百年學術史》（臺北：商務印書館股份有限公司，2019）。

重點即在於綜合錢氏在有關時段與課題的文字，以介紹和分享其對於中國中古時期的一些看法。此外，由於本人學力所限，本篇只能集中討論中古早期——即魏晉南北朝一段；至於錢氏對隋唐五代的看法，則有待專家另文評說。

一、

當前中外學界一般已慣用「中古」或「中世」這樣的稱呼來統括中國歷史上的魏晉南北朝與隋唐五代時期，近年在一些西方中國史研究者的提倡下，更進一步把中古史區分為兩段，而把魏晉南北朝稱之為「中古早期」（early medieval）。對於中國中古史上的中古屬性是什麼？中古的意涵是否能對應中國史上的魏晉南北朝與隋唐五代時期？若然中國史上確有中古時期，那麼其作為中間時期而與前、後兩段時期的關係是什麼？以至於三段時期的特色與轉變如何區分？凡此種種問題，到今天仍有存在很大的討論空間。[3]但可能正是由於此等可爭議的問題之不易解決，就管見所及，錢穆在其文字之中，並沒有直接採用「中古」或「中世」這樣的歷史分期術語。「中古」這一概念是從近代西歐把歷史發展劃分為古代、中古與近代三個階段而來的，並在二十世紀初引入中國史學界。對於這樣一個舶來的歷史分期概念，錢穆曾在《國史大綱》的〈引論〉有所涉及。錢氏在該篇〈引論〉之中，批評了時人的所謂「革新派」之史學對歐洲史學亦步亦趨，而對於中國所積存之史料未經認真研讀，囫圇吞棗，卻反輕易以西方模式對中國歷史強作解人，並因而有謂中國自秦朝以下「此二千年來之思想，相當於歐洲史之所謂『中古時期』」。[4]錢氏對此絕不同意，批評道：「談者率好以中國秦以後學術，擬之歐洲之『中古時期』。然其間有難相比並者。」[5]再進一步比較中國與歐洲的思想、文化與歷史發展各方面後，錢氏下一結論謂中國從先秦以後截至隋唐時代，「此一脈相沿之學術思想，不能與羅馬覆亡後西洋史上之所謂『中古時期』之教會思想相比，斷斷然矣。」[6]

從《國史大綱》之〈引論〉的例子可見，錢穆在運用「中古」一詞之時，實為徵引他不同意的以歐洲歷史模式解說中國歷史之某些現象。「中古」對他而言，似乎是一個不適合套用於中國歷史的概念或術語，而且必須對之加以澄清。至於「中世」一詞，其內涵主要是日本史學界對歐洲史上「中古」概念的接受與翻譯，以置於本國歷史的討論之中，並進一步應用於中國歷史分期。[7]錢穆對於「中世」未置一詞，但想

---

3 有關「中古」作為歷史時段在中國史學傳統中之意義及其在近代中國史學中之應用的一個概括討論，可參考謝偉傑：〈何謂「中古」？——「中古」一詞及其指涉時段在中國史學中的模塑〉，載張達志編，《中古史集刊》二輯（北京：商務印書館，2016），頁3-19。

4 錢穆：《國史大綱》（臺北：臺灣商務印書館股份有限公司，2017），〈引論〉，頁7。

5 同上註，頁17。

6 同上註，頁20。

7 謝偉傑：〈何謂「中古」？——「中古」一詞及其指涉時段在中國史學中的模塑〉，頁3-19。

來其態度亦大概如對於「中古」一樣。錢氏既不同意來自歐洲的「中古」，也不採用來自日本的「中世」，或許正反映了他治學的一貫風格，即要把握中國歷史與文化自身的發展及其真精神，而不一定要借助外來的歷史分期概念，特別是不能以曖昧不明的分期硬套在中國歷史之上。[8]但是他對於區分不同時代的特色，還是有高度自覺的。[9]

若把錢氏與其同時期之中國學者比較，更可見錢氏對於採用「中古」一詞的矜持。就以治中古史而名家的陳寅恪來說，陳氏很早就開始使用「中古」於其著作之中，[10]並一直被視為二十世紀中國中古史研究的開創性人物，其在該領域的影響至今猶在。陳氏對於「中古」並沒有給予非常清晰的定義，而是往往以信手拈來的方式，利用「中古」一詞指涉魏晉南北朝和隋唐時代。他對「中古」作為歷史時期的理解，應該與他直接受到歐美和日本史學界的影響有關，並從而採取了一種約定俗成的用法。[11]陳寅恪如何理解「中古」的屬性，無關本篇宏旨，當另作討論。這裡需要指出的是，錢穆與陳寅恪對於「中古」概念的取捨，並沒有高下與對錯的判斷，倒是反映了兩位學者的學術風格和對於歷史看法的不同而已。[12]

二、

錢穆既不採源於西方的「中古」，亦不談來自東瀛的「中世」，那麼他對於魏晉南北朝的理解，除了傳統的朝代劃分外，就沒有具其他意義的時代區分嗎？那倒不是。錢穆可是曾經鄭重地指出「作歷史性的研究，最要在能劃清時代界線」。[13]因

[8] 錢穆對於以外來歷史框架為中國歷史分期，似乎不感興趣。在二十世紀二十和三十年代在中國學術界熱鬧一時的社會史分期論戰，錢氏既不參與，也沒有論及。對於根據馬克思史學而來的歷史分期，他亦只是在《國史大綱》的〈引論〉之中，歸之於「革新派之史學」而作概括性的批判。這或許仍是他一貫主張彰顯中國歷史和文化之真精神比起外騖於時髦材料、概念或學科更有意義。
有關錢穆對歷史研究中應用新材料和新學科的態度，可參考杜正勝：〈錢穆與二十世紀中國古代史學〉，頁223-233；以及王汎森：〈錢穆與民國學風〉，載氏著：《近代中國的史家與史學》（香港：三聯書店，2008），頁212-270。此外，有關社會史分期論戰與馬克思史學在中國早期之發展的討論，可參Arif Dirlik, *Revolution and History: Origins of Marxist Historiography in China, 1919-1937* (Berkeley: The University of California Press, 1978).

[9] 錢穆在一封給余英時的論學書簡中，即明白指出「作歷史性的研究，最要在能劃清時代界線」。見余英時：《猶記風吹水上鱗——錢穆與現代中國學術》（臺北：三民書局股份有限公司，1991），頁261。

[10] 姑舉一例，以概其餘。陳寅恪在1937年發表的短文〈狐臭與胡臭〉，即連用「中古華夏民族」、「吾國中古醫書」、「我國中古時代」。見陳寅恪：〈狐臭與胡臭〉，載《寒柳堂集》（北京：生活·讀書·新知三聯書店，2001），頁157-160。

[11] 陳懷宇對陳寅恪與海外學術界的交涉，及其所受之影響有深入的討論，見氏著：《在西方發現陳寅恪——中國近代人文學的東方學與西學背景》（北京：北京師範大學出版社，2013）。

[12] 錢穆在治學方面既能「預流」——投身當時民國考史之學，也有其堅持「不與人同」之一面。有關錢氏在民國初年學術界之預流及其與當時重要學人之關係，可參王汎森：〈錢穆與民國學風〉，頁212-270。至於以「不與人同」為錢穆治學與為人的風格，見杜正勝：〈錢穆與二十世紀中國古代史學〉，頁219。

[13] 余英時：《猶記風吹水上鱗——錢穆與現代中國學術》，頁261。

此，對於魏晉南北朝的時代特色，其所以異於別的時代，錢穆自有其著眼之處。

要討論錢穆對魏晉南北朝作為一個時代的把握，首先當然要看看他在縱論中國歷史發展的《國史大綱》之中論述。他以《國史大綱》的第四編為「魏晉南北朝之部」，內分為十章（第十二至二十一章），分別為〈長期分裂之開始（三國時代）〉、〈統一政府之迴光反照（西晉興亡）〉、〈長江流域之新園地（東晉南渡）〉、〈北方之長期紛亂（五胡十六國）〉、〈南方王朝之消沉（南朝宋齊梁陳）〉、〈北方政權之新生命（北朝）〉、〈變相的封建勢力（魏晉南北朝之門第）〉、〈變相的封建勢力下之社會形態（上）（在西晉及南朝）〉、〈變相的封建勢力下之社會形態（下）（在五胡及北朝）〉，以及〈宗教思想之瀰漫（上古之南北朝之宗教思想）〉。

從各章標題已可大概了解，首六章為順著各朝代或政權之嬗遞講來，從東漢末年大亂，大一統政權崩潰而開出長期分裂之局面，及後在南北對峙之中，北方的文治勢力逐步演進，終於締造了隋唐時代「統一盛運之再臨」（第二十二章之標題）。當中雖以提綱挈領式點出治亂興衰，其中亦頗有深刻之論。例如在析論東漢崩潰後之局面不能收拾，當中為地方離心勢力有以致之，錢氏就提出了漢代地方行政首長自辟屬吏，釀成以地方為中心，以長官為效忠對象的風氣，而與效忠中央政府之理念相衝突。錢氏名之為「二重的君主觀念」，誠為深刻之論斷，可謂畫龍點睛！[14]在傳統式的政治史論述後，錢氏以三章析論「變相的封建勢力」——即門第，及當時的社會經濟情況；另以一章介紹魏晉南北朝時期道、釋二教之發展。綜合而言，即分別從政治、社會、經濟、宗教和文化各方面對魏晉南北朝作出時代概觀。然而，或許是由於《國史大綱》作為通史的體裁所限，各章只能舉出綱目，而對於魏晉南北朝一些具體的課題，錢穆究竟有何看法，則仍需要在他的另一些著作中尋找。

三、

錢穆在《國史大綱》中列舉了魏晉南北朝的政治與社會經濟發展情狀，但對當時的政治制度發展恐怕無甚好評。這可見於他在《中國歷代政治得失》之中，在漢代以後即為唐代之制度，而屬於魏晉南北朝的制度，則只放置於唐代考試制度中一節所論的「魏晉南北朝時代的九品中正制」以作為唐代科舉之背景。[15]

魏晉南北朝作為一個分裂而黑暗的時代，政治制度上亦欠可觀之處。然則錢穆是否對此一時代的看法都是負面的呢？若從錢穆一貫重視的思想文化方面而立論，則可見他對這時代亦有欣賞之處。要了解錢氏對魏晉南北朝文化發展的觀點，最重要的論述就在收錄於《中國學術思想史論叢（三）》的多篇文章之中。

---

[14] 《國史大綱》，頁264-265。

[15] 錢穆：《中國歷代政治得失》（臺北：東大圖書股份有限公司，1997）。

《中國學術思想史論叢（三）》收錄文章共二十四篇，內容時代上起西漢初年（〈讀陸賈新語〉）下訖南北朝與隋唐之交（〈縱論南北朝隋唐的儒學〉）。當中從第八篇〈東漢經學略論〉涉及漢魏之交，此下即有十四篇文章以魏晉南北朝為專題。[16]這十四篇文章分別題為：〈略述劉卲人物志〉、〈葛洪年譜〉、〈魏晉玄學與南渡清談〉、〈袁宏政論與史學〉、〈讀文選〉、〈魏晉文學〉、〈略論魏晉南北朝學術文化與當時門第之關係〉、〈東漢以下宗教思想之復活〉、〈由老莊思想到道教〉、〈佛教之傳入與佛道之爭〉、〈大乘佛法與竺道生〉、〈佛教之中國化〉、〈佛學傳入對中國思想界之影響〉和〈縱論南北朝隋唐的儒學〉。[17]若就其中內容略作分類，則可列出如下表：

	人物	學術文化	文學	宗教思想
略述劉卲人物志	V	V		
葛洪年譜	V			V
魏晉玄學與南渡清談	V	V		
袁宏政論與史學	V	V		
讀文選			V	
魏晉文學			V	
略論魏晉南北朝學術文化與當時門第之關係	V	V	V	V
東漢以下宗教思想之復活				V
由老莊思想到道教		V		V
佛教之傳入與佛道之爭				V
大乘佛法與竺道生	V			V
佛教之中國化				V
佛學傳入對中國思想界之影響				V
縱論南北朝隋唐的儒學		V		

當中可見錢穆的魏晉南北朝史研究偏重於文化、學術與宗教思想方面，尤重於點出研究對象在中國傳統文化發展之中的地位或意義。錢氏論此時期之宗教，也是側重其思想性之一面，以及其對中國文化之影響，而並沒有在教義或宗教信仰儀式方面著墨。要之，可說是其一貫以文化史的角度對各專題進行檢視和說明。同時，他也著重透過探討人物的事蹟以展現其時的學術、思想及政治的歷史。[18]

[16] 錢穆注意到東漢時代多方面的發展均為開啟魏晉局面的背景，或者說魏晉時期的許多問題均可在東漢找到源頭。然而，他一直未有對東漢的歷史作出完整的論述，即使在其1950年代整理在國立北京大學授課的講義而成《秦漢史》一書時，其內容也斷限於王莽篡漢及新朝之失敗。這或許也反映了從東漢以來至魏晉南北朝的發展並沒有構成他的關注重點。

[17] 各文章見於錢穆：《中國學術思想史論叢（三）》（臺北：東大圖書股份有限公司，1993）。

[18] 杜正勝即以了解人物事蹟和思想為錢穆治史風格之一，見杜氏：〈錢穆與二十世紀中國古代史學〉，頁

在分析上述文章之前，可先看同時收錄在《中國學術思想史論叢（三）》中的一篇〈中國學術思想之分期〉。在這篇文章中，錢穆提出了他對中國歷史分期的一些看法。他認為「歷史分期，本無確切標準，僅得就歷史變遷大體後，約略指出，以便學者之研尋。」[19]他從三方面提出分期：從政治史的角度而論（或許應該說是從政治制度史而言），先秦時代為「封建政治」，秦以後則為「郡縣政治」；若從社會經濟史而論，五代以前為「門第社會」，自宋代開始則為「平民社會」，且宋以前中國經濟偏重於黃河流域，為大農制度，宋以後則經濟重心轉移至長江流域，為小農經濟；至於論及學術思想，以兩漢以前為一期，魏晉以後為另一期，至明末以來則走向第三期。[20]

由此可見，錢穆不取單一的時代分期，而是分從政治、社會經濟和學術思想三方面立論，因應各自脈絡發展作彈性處理。因此，從政治來說，自秦漢大一統之局面，以郡縣制度之實行為標誌，區分為前後兩段。從社會經濟來說，則以唐宋之際門第的消融與經濟重心南移而作另一二分法。[21]至於在學術思想發展史上，則判分為三段。他在文中析論第一期與第二期之分別：前者即先秦至兩漢，為經學與子學對抗之時期，後者從魏晉至明末，為佛學與理學爭衡時期，而東漢一代即為第一與第二期之間的過渡期。[22]錢氏論斷「魏晉南北朝以下之學問，根本已非經學與子學的問題，而是佛學與宋明理學的問題了。」[23]他又進一步指出「魏晉以下學術史上劃時代的新現象，則為古代的王官學與百家言皆衰，而道、佛兩教興起，是為宗教旺盛的時代。」[24]他並補充道：「魏晉南北朝以下的學術，便比較偏重個人方面，以自己內心為出發點與其歸宿處。故第一期為群體觀念之學，第二期為個人觀念之學。」[25]

將魏晉至明代列為中國思想史上之同一時期，也許專治思想史的學者會有不同意見，這裡姑置不論。本文所關注的在於錢穆的歷史分期說明瞭他對於魏晉南北朝時期的定位。從政治上而言，魏晉南北朝時期雖是一分裂局面，但仍然處於「郡縣政治」之中；從社會經濟來說，該時代屬於「門第社會」，經濟重心仍在北方。雖然魏晉南北朝為中國歷史上以門第之風盛行著稱的時期，但誠如錢穆在《國史大綱》中指出，門第之形成早在東漢之時，魏晉南北朝是為其結果。[26]如此來說，錢氏強調魏晉南北朝此一時代的開創性在於學術思想方面，展開了中國學術思想史新的一頁，而當中最重要的兩項即為個人觀念之興起與佛道二教之盛行。

221-223。

19 錢穆：〈中國學術思想之分期〉，《中國學術思想史論叢（三）》，頁331。

20 同上註，頁331-332。

21 錢穆的學生孫國棟即就此議題有一篇著名論文〈唐宋之際社會門第之消融——唐宋之際社會轉變研究之一〉，載《新亞學報》1959年第4期第1卷，頁211-304。

22 錢穆：〈中國學術思想之分期〉，《中國學術思想史論叢（三）》，頁332-333。

23 同上註，頁336。

24 同上註，頁336-337。

25 同上註，頁338。

26 錢穆：《國史大綱》，頁205-232。

四、

伴隨著個人觀念的興起，即在文化與學術上特重講究人物。錢穆即因此而為文討論劉卲《人物志》一書，並讚許之為「一部將兩漢學術思想開闢到另一新方向之書」。[27]他認為劉卲因應漢代在政治上用人不夠理想，遂退一步從討論人物入手，並從而對評量人物提出很多新見解。錢穆更說自己對於《人物志》「觀人察質，必先察其平淡，而後求其聰明」一句常常反覆玩味，其欣賞之意溢於言表。[28]正因為魏晉南北朝是個特重人物的時代，所以錢穆在討論此一時期的學術與宗教之時，也特別著重當中之代表性人物，闡發他們的思想和個人行誼。例如在〈魏晉玄學與南渡清談〉之中，推許何晏與王弼二人在學術發展上的貢獻，並為二人辯誣，特別辨析何晏欲在政治上有為，才蒙惡名而死，而王弼也並非專崇莊老，其實仍以儒學為正宗。何、王二人的形象都是被舊史歪曲了的。[29]接著又解釋嵇康與阮籍貌似不羈之苦衷。[30]其意在於把何、王、嵇、阮諸人從其後的清談家區分開來，而不以清談誤國一概視之。另外，在討論東晉南朝佛教之盛時，錢穆特別點出高僧道安、慧遠與道生，強調他們的淵博學識與人格魅力對於弘道闡教之作用。[31]當然，正因為宗教的特徵在於「必講出世」和「必講個人主義」，[32]是以在魏晉南北朝之時，其時代精神正好與宗教思想相輔相成，造就了此一時代之傾向於出世與個人主義，以及宗教之興盛。[33]

魏晉南北朝既為個人觀念高揚之時，人物亦重視個人情感之無拘束的表達，表現在文學上，是為新文學形式的展現。錢穆在〈魏晉文學〉指出「魏晉時代乃屬中國文學史上一段轉變創闢時期，甚屬重要，不容忽視。」[34]魏晉時的文章異於前代，即在於具有私人性，加入了私人情感與日常生活。魏晉時人「有意為文」，文章也在此時開始有獨立性及其獨立存在之價值，時人並因此可以以文為學，產生了像《詩品》、《文選》、《文心雕龍》之類的作品。錢氏特別強調這個時代標誌著純文學的開始，為中國文學史上古今轉變之一大環節。[35]

結合學術、宗教、思想與文學多方而視之，錢穆在其文章之中展現了一個在這些方面充滿活力與創意的時代，與其時之政治黑暗與消沉的局面正好形成反差。

---

[27] 錢穆：〈略述劉卲人物志〉，《中國學術思想史論叢（三）》，頁105。

[28] 同上註，頁113。

[29] 錢穆：〈魏晉玄學與南渡清談〉，《中國學術思想史論叢（三）》，頁126-129。

[30] 同上註，頁130-132。

[31] 見錢穆：〈略論魏晉南北朝學術文化與當時門第之關係〉，《中國學術思想史論叢（三）》，頁248-251；以及同書中〈佛教之傳入與佛道之爭〉與〈大乘佛法與竺道生〉二文。

[32] 錢穆：〈東漢以下宗教思想之復活〉，《中國學術思想史論叢（三）》，頁341。

[33] 同上註，頁345。

[34] 錢穆：〈魏晉文學〉，《中國學術思想史論叢（三）》，頁237。

[35] 同上註，頁235-236。

錢氏在〈略論魏晉南北朝學術文化與當時門第之關係〉開首即言：「魏晉南北朝政治腐壞，篡亂相乘，兵戎迭起。中國版圖，半淪胡統。前後四百年，太平統一之期，殆不足十分之一。然學術尚有傳統，人物尚有規儀，在文化大體系上亦多創闢。」[36]當中作為文化傳承與發展之載體者，端為當時之門第，或一般習稱之世家大族。

〈略論魏晉南北朝學術文化與當時門第之關係〉為一長篇論文，可以說是錢穆較全面與系統性地討論魏晉南北朝的文字。錢氏在當中條分縷述，從經、史、子、集、儒、釋、道等各個方面點明魏晉南北朝之學術文化的發達，以及門第中人在這些方面作出的重要貢獻。此一時代之精神在於注重人生與個人，因此即使政治絕無足道，但門第人物高揚個性之時正推動了史學與文學之獨立，自有創闢。[37]錢氏雖然對當時門第不關心政事，在經國濟世方面無甚建樹，認此為當時歷史之大病痛所在，但仍然稱許有賴於門第之力，才得以使中國文化命脈所寄之「衣冠禮樂」得以延續不中斷，並下開隋唐盛世之局面。[38]

錢穆認為當時門第中人大抵其人生理想由儒家轉入道家，使他們對人生有不同於前代的新看法和新評價。但所謂轉入道家，並非謂他們均消極無為，他們能使門第延續於此亂世之中，端在於其有賢父兄子弟為家計共同努力。[39]是以在「羼進了不少莊老消極氣氛，而仍不失為有一種甚深厚之儒家傳統。最多只能說其是儒、道合流，而非純走上莊老行徑」，此為當時的時代精神。[40]此儒家傳統即表現在重視家族、重視門風、重視教育子弟以保門第。亦因為這樣，魏晉南北朝世局濁亂，門第之中猶有家門風規，既培養孝友之行，又講究經籍文史學業之修養，以保持門第，同時也保持了文化傳承。[41]這正是錢穆對當時門第的角色再三致意之處。門第的重視禮法、家風、家學，簡言之，就是強調「教」之功用。憑藉著教育，門第中人一方面保存傳統學術如經學，另一方面又開創文學、藝術之新潮流。[42]

要之，錢穆認為，在南北朝時期，南北雙方均賴有門第以保持中華文化之不墜。尤有進者，北方門第在極度凶亂之局面中保持了傳統，足以影響胡族統治者，並逼出了胡、漢合作之局面，最終促成中原文物復興，文治重上軌道，有功於統一盛運之再臨。[43]可以說，對錢氏而言，魏晉南北朝的時代精神和文化命脈均寄託在門第之中，門第中人在政治上雖無作為，但對華夏文化之傳承負有重要責任，恍如在亂世之中的曙光。錢氏對門第中人的文化優美之處多有肯定，其積極之意向，與他所譜寫的《新

---

[36] 錢穆：〈略論魏晉南北朝學術文化與當時門第之關係〉，《中國學術思想史論叢（三）》，頁247。

[37] 同上註，頁267。

[38] 同上註，頁268。

[39] 同上註，頁272。

[40] 同上註，頁277。

[41] 同上註，頁293。

[42] 同上註，頁311。

[43] 同上註，頁328。

亞校歌》中「五千載，金來古往，一片光明」之「光明史觀」自是一脈相承——即使在亂世之中，他仍看到華夏文化的生命力與生生不息的一面。

五、

錢穆對於魏晉南北朝的研究並沒有勒成專著，而長篇論文〈略論魏晉南北朝學術文化與當時門第之關係〉可算是其對該時段較有系統之論述。當中著重強調門第在魏晉南北朝時代所擔當之文化角色，認為「當為研究中國社會史與文化史以及中國家庭制度者所必須注意」。[44]錢氏在其研究中，並未如現今論文所需要的詳細列明其曾參考之別人研究，但值得注意的是，他在〈略論魏晉南北朝學術文化與當時門第之關係〉一文中，點出了對陳寅恪著作的商榷之意。他說：「近人陳君寅恪著《隋唐制度淵源略論稿》，詳舉唐代開國，其禮樂輿服儀注，大體承襲南朝。然禮樂、制度，秦漢以下，早有分別。史書中如職官、田賦、兵制等屬「制度」，封禪、郊祀、輿服等屬「禮樂」。宋歐陽修《新唐書・禮樂志》，辨此甚明。隋唐制度，自是沿襲北朝。陳君混而不分，僅述南朝禮樂，忽於北方制度，此亦不可不辨。」[45]

嚴耕望曾評價錢穆與陳寅恪，還有陳垣和呂思勉，推許他們為其前一輩時代的中國史學界四大家。[46]四人在學術上各擅勝場，而陳寅恪尤以中國中古史而名家。錢氏對陳著《隋唐制度淵源略論稿》中有關禮樂與制度分類之批評一針見血，頗為犀利。錢氏區分制度與禮樂為二事，自有道理。不過，若把制度以西方社會科學範疇的解釋而言，概括視之為一整套行為規範（兼及成文的與不成文的），內容包括政治、社會、經濟等涉及人類交往活動的各方面，則陳氏採用制度一詞似乎還是可以理解的。[47]這裡反而要強調的是，錢穆對於其撰寫題目中之相關近人研究確有認真注意，並在自身著作中的適當部分提出深刻的評論。[48]

---

44 同上註，頁328。

45 同上註，頁255。

46 嚴耕望：《治史答問》（臺北：臺灣商務印書館，1985），頁79。

47 Douglass C. North, Institutions, *Institutional Change and Economic Performance* (Cambridge: Cambridge University Press, 1990), pp. 3-10.

48 余英時並舉出了錢穆在撰寫《國史大綱》時參考王國維和陳寅恪二人之著作，及其有關評論。見余英時：〈《國史大綱》發微——從內在結構到外在影響〉，收錄於臺灣商務印書館出版的《國史大綱》70週年典藏紀念版（2017），頁10-13。游逸飛亦考證出錢穆在《國史大綱》修訂版中，透過藍文徵的著作吸收日本學者的研究成果。見游逸飛：〈海上女真——錢穆《國史大綱》史源考之一〉，《史原》2012年復刊3期，頁197-212。

據錢穆自言，他與陳寅恪關係友好。因此，他對陳氏著作之批評當純為學術意見。另外，錢穆曾因為余英時早年的文章風格，受到陳寅恪筆風的影響，遂在書簡中告誡余英時謂陳寅恪行文「冗沓而多枝節，每一篇若能刪去其十之三四始為可誦，且多臨深為高，故作搖曳，此大非論學文字所宜。」則亦純是針對學術文風而言。見余英時：《猶記風吹水上鱗——錢穆與現代中國學術》，頁263。

錢穆雖然沒有在魏晉南北朝史的研究中留下劃時代的宏篇鉅構，但他有關該時段的好幾篇論文均有獨具慧眼的評斷，至今仍極具參考價值。同時，曾受教於他的學者如余英時、逯耀東、羅炳綿等均在學術生涯的早年對魏晉南北朝投入極大之興趣，至如逯氏更在該領域用功不斷，終以魏晉史學史之研究卓然成家。[49]錢穆談魏晉南北朝時，重視其人物風流，並使周遭之人受其感染影響。錢氏自身對魏晉南北朝史的研究雖只是輕描淡寫，但其後學在該時段作出的可觀成績，亦可說是其流風所披歟？

[49] 余英時曾撰長文兩篇：〈漢晉之際士之新自覺與新思潮〉和〈名教危機與魏晉士風的轉變〉，後收錄於氏著：《中國知識階層史論〈古代篇〉》（臺北：聯經出版事業股份有限公司，1980），頁205-327、329-372；逯耀東的魏晉南北朝史著作已彙集於東大圖書公司出版的《糊塗齋史學論稿》（共五卷，當中尤以一至四卷的內容以魏晉南北朝為主）；羅炳綿則撰有長文〈西晉迄隋戰亂之損害〉，載《新亞學報》1960年第5卷第1期，頁179-365。

第十六章　《先秦諸子繫年》的歷史考察——方法與思潮

香港教育大學文化歷史系
鄭吉雄[1]

一、前言

錢賓四先生（諱穆，1895-1900。以下簡稱「先生」）於經史百家，無不通貫，體大思精，難以盡述。筆者是先生的再傳弟子，[2]懷抱敬意撰寫本文，飲水思源，希望藉由本文，勉勵未來從事先秦思想史的學者，對先生鉅著《先秦諸子繫年》（或稱《先秦諸子繫年考辨》）有更深入的認識。

先生從事先秦諸子的研究集中於1923-1934的十二年，正是古史辨運動最鼎盛的時期，其成果輯為《繫年》上下冊，對先秦思想、諸子百家源流、中國思想史等課題貢獻宏大，在近代中國思潮發展地位亦十分重要。然而，近一世紀以來學術界包括研究古史、先秦諸子、思想史或古典研究的學者，對於此書都沒有給予充分的重視。進入二十一世紀後，論者更尠，而研究賓四先生的專家，同時治先秦諸子學的亦不多，遂使這一部積學甚深的論著，最終有似被置於可有可無之地，實在遺憾。究其原因，有好幾項。其一，由於學者認為該書缺乏出土文獻基礎。先生活躍於二十世紀初，正值殷墟出土、考古學、甲骨學鼎盛之時，研究先秦歷史思想，卻較少注意出土文獻。因此，研究出土文獻的學者亦不甚重視先生的成果。原本王國維（觀堂，1877-1927）「二重證據法」（詳下文）已經指出傳世文獻（received texts）與出土文獻（excavated texts）的研究存在「互補」而非「對立」的關係。然而邁入二十一世紀的今天，因為出土文獻的風潮，導致傳統學者所擅長的傳世文獻研究，反被批評為「過時」而被置於次要的位置。近年歐美漢學界治中國先秦思想史，[3]多重視「物質性」（materiality），認為傳世文獻多寫定於漢代或更晚，歷經口述歷史（oral history）的干擾而不可靠，於是低估傳世文獻價值的情形，時有所聞，甚至專業考

---

1 現任香港教育大學文化歷史講座教授。曾任國立臺灣大學中國文學系教授、新加坡國立大學亞洲研究中心高級研究訪問學人、荷蘭萊頓大學亞洲研究院歐洲漢學講座。

2 筆者的本師為國立臺灣大學榮譽教授何佑森先生。

3 雄按：近年歐美學者喜用「早期中國」思想指涉「中國先秦時期」，用意在於刻意迴避作為中國王朝紀年名稱的「先秦」一詞。

古學家羅泰（Lothar von Falkenhausen）在《宗子維城》〈引論〉中高調地宣稱「從考古學的角度重建孔子時代……要指出新的、充分結合歷史學的一條闡釋中國早期思想的道路」。考古學竟可以用以闡釋「思想」，聞者咋舌。先生極少參考最新出土文獻，所堅持《老子》晚出之說被出土《老子》文獻證實不確，無可否認，後人不需要為賢者諱。但先生將傳統文獻學「內證」的方法，發揮極致，所獲得的結論，值得專研出土文獻學者參考的相當多，也是事實。

其實，學術研究原本就是舊學商量，新知涵養，與時俱進。從一個宏觀的角度看，無論建立於出土文獻或傳統文獻的推論，都有可能犯錯，也應該不斷被檢驗。至於出現個別錯誤，又未必代表某一部著作或某位學者全盤皆錯。傳統文獻的研究，原本就應該和出土文獻研究成果互參互補。「二重證據法」影響深遠，正是因為它提出了兼融並蓄的態度，值得後人遵循。

《繫年》被學界忽略的另一原因，則是由於學界對十八世紀以後先秦諸子學邁向復興的重要性，缺乏足夠認識。學界長期的印象，總認為「經史考據」才是清代學術主流。但進入十八世紀後，滿清因政治社會危機重重（在內由於政治腐敗，在外則面對列強來華貿易的要求）、變化激烈（故有經世思潮的興起，以及西學傳入），學者早已將研究的「面」由《五經》諸史，擴大到先秦諸子典籍，先由整理文獻，再而解讀詁訓，進而闡發義理，讓清代經史之學在自強運動中吸納西學之餘，進而拓展至先秦諸子，形成人文學知識板塊的全面重構（reconstruct/remap）。過去梁啟超曾指出先秦諸子學復興於晚清，似未充分注意清代自乾嘉時期起，諸子學已受到學者重視。筆者自2000年起開始研究清代先秦諸子學，發表〈乾嘉治經方法中的思想史線索——以王念孫《讀書雜誌》為例〉一文[4]，已將諸子學復興上推至清中葉。關鍵在於，這種所謂「復興」並不單止於將諸子文獻納入經史考據的範圍，將它們視為語言、訓詁、傳注的素材，以充實考據學的基礎，而是更受到諸子文獻中義理的衝擊，思想也獲得發揚。要知道整理先秦諸子著作，必先通讀文本，通解文義。文義一經疏解，研讀者的思維就不可能不受其中思想的影響。這正是「經典詮釋」之學中常說的「詮釋之環」（hermeneutic circle）的作用——讀者閱讀經典是一種雙向的思維活動：讀者歷經多年閱讀歷程，思想早已被數不清的典籍浸潤。當他一步步踏進諸子典籍的哲理世界而進行理解、消化的活動，新知和舊義發生了融合，視界的交融（fusion of horizon）也於焉發生：在同一時間，諸子典籍的哲理透過這種精神活動，進入了讀者的思想世界而與其預存（preexist）的思維發生你中有我，我中有你的融合作用。這時候，連讀者自己也無法區別，究竟哪一部分的思想是自身原有，哪一部分是預存知識的作用，哪一部分是新接觸典籍的影響。

過去清代學術研究者，因心中常存先橫亙經史考證學的刻板印象，低估了先秦諸

[4] 收入林慶彰、張壽安主編：《乾嘉學者的義理學》（臺北：中央研究院中國文哲研究所，2003），下冊，頁481-545。後收入拙著：《戴東原經典詮釋的思想史探索》（臺北：臺大出版中心，2008）。

子百家思維活動的效力，明知清儒遍注先秦諸子百家典籍，卻忽略了這些典籍在學者精神世界發生的宏大效應，殊為可惜。及至晚清進入了龔自珍（定盦，1792-1841）所謂「萬馬齊喑究可哀」（《己亥雜詩》）、方東樹（植之，1772-1851）所謂「朝花已謝，夕秀方衰」（《昭昧詹言．忱旨》）的衰敗之局，學者發現《五經》諸史的知識，已不足以救世，轉而深入研究先秦諸子。回顧先秦諸子學亦曾在晚明興盛，也許反映了先秦諸子書特別在衰敗之世帶給人們希望的歷史事實。由魏源（1794-1857）研究《老子》、王先謙集解《莊子》、嚴復評論《老》、《莊》、俞樾撰《諸子平議》等等，難以計量。及至二十世紀初古史辨思潮，第四、五、六冊全屬先秦諸子百家的討論，尤可見先秦諸子思潮實為十八世紀中葉至二十世紀中國思潮的主流。而《先秦諸子繫年》一書，以綜括全部諸子生卒活動年代之全盤考察為主，在古史辨眾多個別主題的研究中，尤顯得卓爾不凡，對近代先秦諸子學研究，產生了承先啟後的作用。

關於清代諸子學的研究，個人自2000年倡議清代先秦子學及晚清思潮轉變的研究，曾蒐檢清儒著作數百種，並發表〈清儒文集所見荀子文獻管窺——兼論荀子「性」、「群」的觀念〉[5]等多種論著。同時期海峽兩岸學界對清代先秦諸子學研究成果亦豐碩，如羅檢秋《近代諸子學與文化思潮》、[6]劉仲華《清代諸子學研究》、[7]黃佳駿《晚清諸子學研究》、李暢然《清代《孟子》學史大綱》[8]等。近年先秦諸子研究更趨蓬勃，山東鄭傑文研究《子藏》，上海方勇主編《諸子學刊》。北京師範大學李銳教授曾召開先秦諸子學的研討會。李銳〈先秦諸子年代研究省思：由《先秦諸子繫年》論先秦諸子之年代研究〉[9]更直接批判地討論了《先秦諸子繫年》一書的價值。

本文限於篇幅，擬從歷史的角度，考察《先秦諸子繫年》成書的歷史背景，亦即清代先秦諸子研究潮流的興起，並討論《繫年》研究方法與清代學術的關係。

---

[5] 〈清儒文集所見荀子文獻管窺——兼論荀子「性」、「群」的觀念〉，《邯鄲學院學報》2013年第23卷第1期，頁5-24。

[6] 羅檢秋：《近代諸子學與文化思潮》（北京：中國社會科學出版社，1998）。

[7] 劉仲華：《清代諸子學研究》（北京：中國人民大學出版社，2004）。

[8] 李暢然：《清代《孟子》學史大綱》（北京：北京大學出版社、中國人民大學出版社，2016）。

[9] 李銳：〈先秦諸子年代研究省思：由《先秦諸子繫年》論先秦諸子之年代研究〉，《中國文化》2018年第2期。該文〈摘要〉說：「本文依據近年出土的簡帛古書以及諸子學研究成果，重新考察錢穆先生的《先秦諸子繫年》，指出此書中存在一些問題。但更重要的問題是此書對於諸子生卒年代的推定，標準不一，而且只能得出一個大概的結論，不具有確定性。在今日如要探求比較有確定性的諸子年代，應該從錢穆先生所提出過的考察諸子游仕年代著手，而不必過度執著於生卒年代的考證或推論。」雄按：這一批評並不公允。既然作者亦承認諸子生卒年代「不具有確定性」，年代的推定，原本就不可能用單一標準。而錢先生在科學主義高漲的年代，執著於生卒年代的考證或推論自有其不得已。更重要的是，錢先生考論諸子生卒與活動，是依照文獻所記所有人的事蹟匯整一起，全盤考慮的。他的立體思維，更是單一考論一家一人者不能相比。至於出土文獻材料的發現，更是前人注定無法勝於後人的。後人不應以此譏貶前人。

二、清代先秦諸子學研究潮流的興起

關於清代學術的特性，自梁啟超（1873-1929）《清代學術概論》「宋明理學一大反動」說後，學者論述甚多，諸如馮友蘭（1895-1990）《中國哲學史》「宋明道學一部分之延續」說、賓四先生《中國近三百年學術史》「清儒治學之深淺，視其宋學浸饋之深淺而定」之說、牟宗三（1909-1995）《從陸象山到劉蕺山》「學絕道喪」說、余英時先生《論戴震與章學誠》「內在理路」說、辛冠潔《明清實學思潮史》「實學思潮」說等等。筆者在2008年刊佈《戴東原經典詮釋的思想史探索》，則提出「社群主義」（communitarianism）之說實為清代學術的特有元素，在古典則表現於「經學」而特別體現在「禮」的群倫秩序，在當代則表現於「經世」而特別表現在社會倫理的新猷。先秦諸子百家的研究，上承經學的餘緒，而下開經世的新局。其重要性可想而知。

關於晚清諸子學興起的問題，其中大約包含三個主要的問題：第一、興起的年代在何時？第二、興起的源頭為何處？第三、如何興起？

關於第一個問題，據筆者初步的考察，清代諸子學最早興起於乾隆時期。在明末三教合一的思潮影響下，諸子思想尤其是《老》、《莊》思想特盛。明末清初學者治諸子學的亦頗多，如方以智（1611-1671）之治《莊子》[10]、傅山（1607-1684）之評注《荀子》、《淮南子》[11]等皆是。唐甄（1630-1704）撰《潛書》，潘耒（1646-1708）為撰〈序〉，稱該書「直名為《唐子》可也」，頗有以先秦漢魏諸子之流品看待《潛書》之意。然而入清以後，清廷鼓吹程朱理學在上，經學家推動漢學考據在下，先秦諸子研究的空間被嚴重壓縮。高宗命修《四庫全書》，子部道家類收錄書籍四十四部，四百三十二卷，沒有一部一卷是清代的作品；而「存目」部分著錄的清朝作品只有三部，都是方士修道術、煉內丹的書籍。即使是儒家類的著作，除了御纂、御製一類書籍之外，被收入《四庫全書》的計有八種：陸世儀（桴亭，1611-1672）《正學偶見述》一卷、《思辨錄輯要》三十五卷，周召《雙橋隨筆》十二卷，陸隴其（稼書，1630-1692）《讀朱隨筆》四卷、《三魚堂剩言》十二卷、《松陽鈔存》二卷，李光地（榕村，1642-1718）《榕村語錄》三十卷、雷鋐（1697-1760）《讀書偶記》三卷。陸世儀、陸隴其、李光地在清初都是著名的治朱子學的學者。至於《雙橋隨筆》一書，《四庫全書總目》稱：

> 所言皆崇禮教、斥異端，於明末士大夫陽儒陰釋、空談性命之弊，尤為言之

[10] 方以智：《藥地炮莊》，頗闡發三教合一思想，於道家則取《莊子》。

[11] 參吳連城釋文：《傅山《荀子》《淮南子》評注手稿》（上海：上古籍出版社，1990）。

深切。[12]

則該書之收入《四庫》，與其理學立場詆斥王學，似不無關係。雷鋐亦推尊程朱，他曾在《易》圖的問題上企圖為朱熹（1130-1200）辨誣，卻顯然對於《朱子語類》亦不甚熟悉。[13]《四庫全書總目》稱《讀書偶記》：

> 後世如陸子靜、王陽明、陳白沙論學術者必辨之，謂其非孔孟程朱之正派也。[14]

則雷鋐尊程朱而抑陸王，門戶之見甚為明顯。可見《四庫全書》收錄儒家類的著作，隱含推尊程朱的意識型態。《墨子》、《莊子》非儒詆孔的文字甚多，更不符合清政府的「正學」原則。論者或謂《四庫全書》容有未備，民間流傳的諸子學研究的書籍或者不少。孫殿起（1894-1958）正、續《販書偶記》所著錄的諸子書籍中，刊行於順治至雍正年間的《老子》類著作，計有七種，分別為：朱鶴齡（1606-1683）《道德經註解》二卷（順治），張爾岐（1612-1678）《老子說略》二卷附錄一卷（道光己亥），蜀渝華、岩德玉《道德經順硃》二卷（康熙癸亥），董漢策《老子道德經註》二卷（康熙），吳世尚《老子宗指》四卷（雍正），羅俊《老子道德真經集註》二卷（雍正），徐永祐《道德經註》二卷（雍正十二年）。《莊子》類的著述計有三種，分別為：胡文蔚《南華經合註吹影》三十三卷（順治丙申），釋性通《南華發覆》六卷（順治），李騰芳《說莊》三卷（順治）。後兩種的撰著者為明朝人。同時期刊行過關於《孫子》的著作計一種：鄧廷羅《孫子集註》二卷（康熙己未）。《尸子》亦有一種：惠棟（1697-1758）「樸學齋叢書」中的《尸子》一卷（雍正）。其他諸子的著作則未見。據此可知，清末民初流布民間刊刻於順治至雍正年間的諸子學書籍，不過十餘種而已，其貧乏可想而知[15]。至於正、續《販書偶記》所錄乾隆年間以迄清末的諸子學書籍，若扣除儒家類則有一百二十七種，含儒家類計算則近一百五十種，與順、康、雍三朝相較，可謂大相逕庭。由此可見風氣的一大轉變，正在於乾隆時期。

至於風氣轉變出現於乾隆時期的原因，筆者認為主要是當時學者士大夫尋求思

---

[12] 紀昀：《四庫總目提要》（北京：中華書局，1981），卷94，〈子部儒家類四〉，上冊，頁798。

[13] 舉《周易》圖書之學為例，王懋竑稱朱熹《易本義》前附圖為後人所加，而朱熹實不同意圖書釋《易》。同時的雷鋐對懋竑的論點表示肯定，說：「余嘗見萬季野敘胡朏明《易圖明辨》，訾朱子《本義》不當以九圖冠卷首。胡朏明謂河圖洛書，乃仰觀俯察中之一事，《周易》古經及注疏未有列圖書於其前者；有之，自朱子《本義》始。嗟乎！使胡、萬二先生得聞先生之論，應自悔其輕肆詆訶，未嘗細讀朱子之書矣。」（〈白田草堂存稿序〉，載《白田草堂存稿》卷首。）雷鋐似乎也沒有發現，《朱子語類》卷六十五收錄了相當多朱子研討「河圖洛書」的文字。

[14] 《四庫全書總目》卷94，〈子部儒家類四〉，上冊，頁799。

[15] 其時亦有考論先秦諸子之作，如馬驌《繹史》頗錄先秦諸子之言；又如陳夢雷撰《墨子彙考》。

想的解放。[16]因先秦諸子思想中，除儒家以外，其餘諸子立論，每多批判儒學，老、莊、墨、韓等無不如此。而反儒、非儒以外，又各自建立其完整的思想體系，足以與儒家的價值體系並立。對於乾嘉時期的儒者來說，先秦諸子學是具有特殊意義的。其時經學發展至極盛，而國家衰象也漸呈露。據昭槤（1776-1830）《嘯亭雜錄》所記載，當時滿洲貴族習染漢族士大夫生活惡習甚深，政壇腐化，貪汙盛行。其後龔自珍（1792-1841）《明良論》、《乙丙之際箸議》也論述了清中葉官僚制度僵化，考試制度無法培育人才等問題；洪亮吉（1746-1809）《卷施閣文集·意言》則論及人口增長所連帶產生的糧食分配、生產、貨物流通等問題。這時期中國的社會、政治、思想文化等各個層面存在的問題，都可謂極其嚴重。這些社會衰象，與經學考據的極盛，一榮一悴，恰為相對。經學的最高理想，應該是要經世的。如今研治經典的學者無法扭轉當時的政治環境，則他們心裡的苦悶，可想而知。當儒者同感經史考據無法圓滿解決國家社會人生現實問題時，諸子學說未嘗不能提供另一出路。要知道傳統中國士大夫讀的是儒家經典，生活在三綱五常的倫理社會中。對他們來說，極盛的經學解決不了社會紛亂和政治敗壞，而儒書中所載的綱紀倫常體系，又是人生信仰與生活基礎。儒學經學既不能否定、又不能完全仰賴，轉而尋求諸子百家典籍與思想，便成為一個選項。

關於先秦諸子研究的潮流源起為何的問題，可從宏觀和微觀考察。從宏觀角度出發，如章學誠（實齋，1738-1801）承《漢書·藝文志》諸子出於王官之論，從歷史發展討論諸子百家興起的源流。〈詩教上〉說：

> 周衰文弊，六藝道息，而諸子爭鳴。……後世之文，其體皆備於戰國，人不知；其源多出於詩教，人愈不知也。知文體備於戰國，而始可與論後世之文；知諸家本於六藝，而後可與論戰國之文；知戰國多出於詩教，而後可與論六藝之文。

他又從「諸子出於王官」的觀點，進一步推衍到古今文體的升降。〈詩教〉又說：

> 戰國者，縱橫之世也。縱橫之學，本於古者行人之官。觀《春秋》之辭命，列國大夫聘問諸侯，出使專對，蓋欲文其言以達旨而已。至戰國而抵掌揣摩、騰說以取富貴，其辭敷張而揚厲，變其本而加恢奇焉，不可謂非行人辭命之極也。

《漢書·藝文志》承劉歆（子駿，約元前53-後23）《七略》，論諸子的源、流、末

---

[16] 參拙著：〈錢穆先生治學方法的三點特性〉，《文史哲》2000年第2期，頁22-26。

流。[17]〈詩教〉則指出，就文體源流而言，《詩經》是戰國諸子瑰瑋文章之源；而諸子著述又是後世私人著述之源，真正開啟了「文」的歷史長河。回顧歷史，後人應該深切認識戰國諸子在長河中承先啟後的貢獻與意義。

汪中（容甫，1744-1794）著《述學》，卷三有〈墨子序〉和〈墨子後敘〉，強調墨翟與孔子同為大夫，位階相等。〈墨子序〉：

> 自儒者言之，孔子之尊，固生民以來所未有矣；自墨者言之，則孔子，魯大夫也，而墨子，宋之大夫也，其位相埒，其年又相近，其操術不同，而立言務以求勝。此在諸子百家，莫不如是。是故墨子之誣孔子，猶老子之絀儒學也。歸於不相為謀而已矣。

孔、墨位階既相等，諸子百家又莫不相黜，則汪中「歸於不相為謀」云云，頗有針對傳統尊儒卑墨的偏頗觀點翻案之意。汪中又作〈荀卿子通論〉、〈老子考異〉。稍晚龔自珍〈古史鉤沉論二〉，則稱：

> 五經者，周史之大宗也。……諸子也者，周史之小宗也。

清中葉的儒者打破了尊儒的壁壘，以平等的眼光，將經、史、子視為同一源流，由此而確立先秦諸子的歷史地位。

至於微觀的研究，主要是校勘、訓解、釋義的工作，較早期的著作，以王念孫（1744-1832）《讀書雜誌》最為雄博。《讀書雜誌》正編共八十二卷、另余編二卷。《正編》討論《逸周書》、《戰國策》、《史記》、《漢書》、《管子》、《晏子春秋》、《墨子》、《荀子》、《淮南內篇》、《漢隸拾遺》等子史之書共十種；《余編》上卷討論《後漢書》二十一條、《老子》四條、《莊子》三十五條、《呂氏春秋》三十八條、《韓非子》十四條、《法言》八條；下卷《楚辭》二十六條、《文選》一百一十五條。合計數千條的考證，絕大部分是王念孫所撰，但其中也有王引之（1766-1834）記的，約六百餘條；顧廣圻（1766-1839）記的有四十三條。與王念孫同時期的學者亦頗有論著，如盧文弨（1717-1795）《莊子音義考證》三卷，姚鼐（1731-1815）《老子章義》二卷、《莊子章義》五卷，孫星衍（1753-1818）著《孫子十家注》，嚴可均（1762-1843）校輯《慎子》1卷、《商君書》五卷、《公孫龍子》三卷、《鄧析子》一卷。稍晚有丁晏（1794-1875）著《諸子粹言》，畢沅（1730-1797）撰《墨子注》十六卷，又校勘過《呂氏春秋》和《老子》。風氣直至晚清，方宗誠（1818-1888）著《讀諸子諸儒書雜記》，俞樾撰《諸子平議》三十五

---

[17] 就以前註所引「縱橫家者流」一段而言，「蓋出於行人之官」，「行人之官」便是「縱橫家」的一個「源」；而「及邪人為之，則上詐諼，而棄其信。」則是縱橫之術的「末流」弊端。

卷，譚獻《批校墨子》十六卷，戴望（1837-1873）撰《管子校正》二十四卷，孫詒讓（1848-1908）撰《墨子閒詁》十五卷，陶鴻慶（1860-1918）撰《讀諸子箚記》，亦都是做類似的微觀的工作。

宏觀和微觀的工作對新風氣、新思潮的推動，都是不可或缺的。誠如章學誠經世思想所透露，知識人理應救時弊、挽風氣，[18]微觀的工作步履艱辛地耕耘出學術的園地，戮力灌溉讓園地繁花似錦；宏觀的工作則說明瞭園地和花團錦簇的意義與貢獻。清代先秦諸子研究從這兩方面都得到主流學者的支援，成為潮流是理所當然的。

戰國諸子在開展思想學說時常常徵引《詩》、《書》，固然顯示了他們承繼王官學的事實，但更多時候，諸子直接就自然、萬物、歷史、人生作解釋或引申，而沒有停留在字斟句酌的文獻工夫。因此，戰國諸子即使引述歷史人物言行和軼事（anecdote），往往並不嚴謹，因此而充滿了多樣性，有時或者誤甲為乙，或者易丙為丁。正因為他們引述掌故，旨在鋪陳義理，能申明自身思想，即達目的。後世所謂「百家爭鳴」，正表示思想義理的鋪陳，是戰國諸子最具價值的地方。但從清代學者在戰國諸子的研究著作中觀察，大部分著作都屬於校注、解詁、校勘一類的文獻工作，闡發先秦思想相對顯得較少。[19]過度側重文獻工夫的缺失，後人也必須承認。推究其原因，這應該是受到清儒研究經史考證學方法的影響，讓他們不容易勇於跳出文獻校勘（textual criticism）的框架。俞樾為孫詒讓《箚迻》撰〈序〉時就說：

> 讀書必逐字校對，亦孔氏之家法也。漢儒本以說經，蓋自杜子春始。子春治《周禮》，每曰字當為某，即校字之權輿也。自是以後，是正文字，遂為治經之要。至後人又以治經者治群書，而筆鉞墨灸之功遍及四部矣。[20]

俞樾所謂「筆鉞墨灸之功，遍及四部」，說明瞭治經方法延伸到其他領域研究的情況。歷代如《太平御覽》、《群書治要》等書籍，既迻錄了不少先秦典籍，遂為清代校勘諸子典籍的重要參考書。典籍的校勘，既是治經家法，而又是清儒治諸子書的主要方法。《讀書雜誌》就是最好的例子。關於治經與治諸子的方法問題，胡適

---

[18] 學術經世為章學誠畢生重要的思想觀念，散見於《文史通義》各篇之中，而其中以〈天喻〉篇說得最為具體。該文以「天」為討論基礎，認為「天渾然而無名者」，在自然之天象，則有各種星宿，在人文世界中則「古今以來，合之為文質損益，分之為學業事功，文章性命；而不可合併者，皆因偏救弊，有所舉而詔示於人，不得已而強為之名，定趨向爾」，章氏指出，不同的歷史階段而興起的學術風氣都是為了「因偏救弊」而產生的，換言之，「孔子生於衰世，有德無位，故述而不作，以明先王之大道。孟子當處士橫議之時，故力距楊墨，以尊孔子之傳述。韓子當佛老熾盛之時，故推明聖道，以正天下之學術。程朱當末學忘本之會，故辨明性理，以挽流俗之人心，其事與功，皆不相襲。」章氏進而得出結論說：「故學業者，所以闢風氣也。風氣未開，學業有以開之；風氣既弊，學業有以挽之。」參《文史通義》卷《章氏遺書》本第一冊。

[19] 我在這裡只是說明一種現象，並沒有任何瞧不起文獻工作的意思。相反地，如果沒有這些細膩的文獻研究成果，許多先秦諸子書籍根本無法卒讀，更遑論闡述思想了。

[20] 孫詒讓：《札迻》（北京：中華書局，1989），頁1。

（1891-1962）與章太炎（1869-1936）曾於1922至1923年曾有過討論。胡適接受了俞樾的觀點，認為治經與治諸子方法相同，都屬校勘訓詁；而章太炎則認為經書「多陳事實」，諸子書則「多明義理」，因此「校勘訓詁」對於治諸子書來說只是一種「暫為初步」而已。[21]（詳後文。）就《讀書雜誌》而言，王氏的「校勘訓詁」實包含相當程度的義理疏解的工作，和單純求取字詞本義異同的狹義校勘訓詁截然不同。《讀書雜誌》「荀子・第七・共則有共」：

> 「故萬物雖眾，有時而欲遍舉之，故謂之物。物也者，大共名也。推而共之，共則有共，至於無共，然後止」。念孫案：「共則有共」之「有」讀為「又」，謂共而又共，至於無共，然後止也。楊說失之。[22]

念孫糾正楊倞《注》的謬誤。「有」讀為「又」是古漢語常識，念孫於此不憚煩複，再加申論，更進一步釐清了荀子「大共名」的觀念。又「荀子・第七・遍舉之」：

> 「有時而欲遍舉之，故謂之鳥獸。鳥獸也者，大別名也；推而別之，別則有別，至於無別，然後止」。念孫案：此「遍」字當作「別」，與上條不同。上條以同為主，故曰「遍舉之」；此條以異為主，故曰「別舉之」（原注：下文皆作「別」）。鳥獸不同類，而鳥獸之中，又各不同類。推而至於一類之中，又有不同。（原注：若雉有五雉、雇有九雇，牛馬毛色不同，其名亦異之類。）故曰「鳥獸也者，大別名也。推而別之，別則有別，（原注：「有」讀為「又」，見上條。）至於無別，然後止」也。今本作「遍舉」，則義不可通。蓋涉上條「遍舉」而誤。楊說皆失之。

「大共名」與「大別名」是先秦名學中重要的觀念。念孫特別注明「牛馬毛色不同，其名亦異之類」根據的是公孫龍子「白馬論」。經他一解釋，則荀子「大別名」的觀念得以更清晰。此可見王氏父子絕非僅僅作一些機械的工作，而是在相當程度上掌握書中的思想後，才能進行校勘訓詁，所以常能針對某一概念，串聯不同的子書互相釋證。倘非對思想有精準掌握，語詞的串聯和比對，實難開展，校勘訓詁也將難以達到如此精深境界。因此，與其說校勘訓詁是「暫為初步」，不如說它與義理索解相互為用，讓不可讀的文本變為可讀（如脫文之類）；使不可知曉的文字變為可知曉（如訛誤異寫之類）；使舊注訓解的正確之處和誤解之處都顯露無遺（包括漢魏注解以迄清人注解）。我們要注意，這種透過艱辛的文獻工作中焠煉出來的義理，和哲學方法玄思冥解所獲得義理是不同的。從學術思想發展的脈絡看，可以肯定的是：諸子思想在

---

[21] 這一問題及相關問題的討論，讀者可參陳平原：〈第六章「關於經學、子學方法之爭」〉，《中國現代學術之建立》（臺北：麥田出版社，2000），頁242-243。

[22] 《讀書雜誌》（南京：江蘇古籍出版社，1985），頁723。

清中葉後得到發皇，其起始點就是在乾嘉經學家以治經的方法治諸子書的成果之中。如果說晚清諸子思想復興的線索源出乾嘉學術文獻校勘訓詁的方法，實為適切。

三、《先秦諸子繫年》撰著的歷史背景

自十八至十九世紀大約百餘年間，清儒對於先秦諸子的研究已經取得相當豐碩的成果。但不可否認，由於進入晚清（1840）後儒學並未衰竭，儒家依附保守派在社會上仍有相當影響力。[23]面對充滿著反禮樂課題的諸子典籍而言，儒生做校勘訓詁的工作當無任何問題，公開宣揚先秦諸子的思想理念的人仍不多。嚴復發表《侯官嚴氏評點老莊》，用歐洲政治學等新思想闡釋老子、莊子，實發先聲。賓四先生《中國近三百年學術史》討論康有為（1858-1927）《大同書》時，就曾引朱一新（1846-1894）《佩弦齋文存》卷上〈復長孺第四書〉，說：

> 原足下之所以為此者，無他焉，蓋聞見雜博為之害耳。其汪洋自恣也取諸《莊》，其兼愛無等也取諸《墨》，其權實互用也取諸釋，而又炫於外夷一日之富強。[24]

先生據朱氏之說，稱：

> 長素思想之來歷，在中國則為《莊子》寓言荒唐，（原注：《論語注》卷五，謂孔子大同之道，再傳為莊周，在宥天下，大發自由之旨。又曰：善讀孔子書者，當知《六經》不足見孔子之全，當推子貢、莊子之言而善觀之。）為《墨子》之兼愛無等，（原注：《禮運》晚出，本雜道、墨思想。又譚復生《仁學》亦力尊墨子，其風亦沿晚清治子學之遠緒，又附會之於西國耶教而然。）

先生將康有為《論語注》、《大同書》，以及朱一新〈復長孺第四書〉、譚嗣同（1865-1898）《仁學》等相關材料綜合分析，顯然已經窺見先秦諸子對於晚清儒生的影響。同時期譚嗣同《仁學》極推言墨子，稱墨子未嘗亂親疏，理由為：

> 通天地萬物人我為一身，復何親疏之有？……不能超體魄而生親疏，親疏生分別；分別親疏，則有禮之名。自禮明親疏，而親疏於是乎大亂。心所不樂而強之，身所不便而縛之，則升降跪拜之文繁，至誠惻怛之意汩，親者反緣此而疏，疏者亦可冒此而親。日糜有用之精力、有限之光陰，以從事無謂之虛禮。

---

[23] 尤其康有為及倡議保皇、復辟的一派士族舉辦的孔教會、經學會等為代表。

[24] 氏著：〈第十四章「康長素」〉，《中國近三百年學術史》，下冊，頁664。

嗣同也批判老子「黜奢崇儉」的思想，這又與當時從西方傳入中國的市場經濟思想有關。關於康有為與譚嗣同的思想問題，已非本文重點，暫且不論。我只是想說明，清代漢學家治先秦諸子，致力於將小學、文獻、名物、制度等各種知識熔為一爐的高層次歸納工夫；而康、譚卻直接將諸子義理融貫到改革思想中。這兩種方法截然不同，前者為客觀的研究，後者為主觀的運用。這與歷史背景也有關係，因乾嘉經儒受文獻考據之學束縛，晚清學者則急於解放社會價值觀念。從謹願的校勘訓詁，演變為閎肆的發揮義理，反映晚清諸子學研究方法的巨變。其中章太炎和嚴復都扮演了重要的角色。太炎的老師俞樾於詁經精舍任教時，輯錄研究晚周諸子的筆記，為《諸子平議》三十五卷，對太炎有深遠的影響。《序》稱：

> 聖人之道，具在於經，而周秦兩漢諸子之書，亦各有所得。雖以申韓之刻薄、莊列之怪誕，要各本其心之所獨得者，而著之書，非如後人剿竊陳言，一倡百和者也。且其書往往可以考證經義，不必稱引其文，而古言古義，居然可見。

從〈序〉的內容看，俞樾似乎要利用諸子書以考證經義；但細讀《平議》卻會得到一個相反的結論。卷一「管子一」「守國之度，在飾四維」說：

> 樾謹按：禮義廉恥，非由修飾。「飾」當讀為「飭」。《詩．六月》「戎車既飭」，毛《傳》曰：「飭，正也。」「飭四維」者，正四維也。飭與飾古通用。《易．雜卦傳》：「蠱則飭也」，《釋文》曰：「王肅本作飾。」《禮記．樂記篇》：「復亂以飭歸」，《史記．樂書》作「復亂以飾歸」，並其證矣。[25]

在全書的第一條中，俞樾用了《詩經》經傳、《周易．雜卦傳》、《經典釋文》、《禮記．樂記》和《史記．樂書》等經史材料，證明《管子》書裡一句話中的一個字的意義。我們並沒有看到用俞樾用諸子書「考證經義」，而是反過來用經書「考證諸子」。《平議》全書這類例子甚多。對俞樾而言，校勘訓詁的方法，改變不了諸子學不再附庸於經學的事實，諸子典籍研究也不僅僅為「考證經義」而服務。章太炎二十四歲（光緒十七年[1891]）起三年間於詁經精舍讀書，撰《膏蘭室箚記》[26]，內容除了經史書外，還考辨諸子至數百條之多，包括《列子》、《管子》、《晏子春秋》、《法言》、《商君書》、《呂覽》、《韓非子》、《淮南子》、《墨子》、《莊子》、《荀子》、《文子》等，可見其治學的興趣，亦在於戰國諸子，只是方法

[25] 俞樾：《諸子平議》（臺北：世界書局本，1973），頁1。

[26] 今存三卷，輯入《章太炎全集》，並參沈延國：〈膏蘭室札記校點後記〉，見《全集》（上海：上海人民出版社，1980），第一冊，頁302-307。

上仍謹守王、俞的舊矩，以校勘訓詁為主。但太炎很快就踏入新階段。光緒二十二年（1896）七月十日他寫了信給譚獻（1832-1901）說：

> 麟前論《管子》、《淮南》諸篇，近引西書，旁傅諸子，未審大楚人士以傖父目之否？頃覽嚴周〈天下〉篇，得惠施諸辯論，既題以歷物之意，歷實訓算，傅以西學，正如閉門造車，不得合轍。分曹疏證，得十許條，較前說為簡明確鑿矣。[27]

「歷實訓算」云云，足見太炎仍嚴守語義詁訓矩矱，但他「傅以西學」、「近引西書，旁傅諸子」，又敢於衝破校勘訓詁的樊籬，著眼於義理和西學。1897年太炎在《經世報》發表〈讀《管子》書後〉，論及文明、侈靡、工藝、貿易等相關的經濟問題，開始用諸子思想討論經世問題。這顯然受到嚴復的影響。

嚴復是早將西方名學傳入中國的學人。中國先秦名家文獻，有《墨經》、《公孫龍子》、《荀子．正名》等。晚清時期名學的論著，有陳澧（1810-1882）《公孫龍子注》一卷（附《校勘記》一卷《篇目考》一卷《附錄》一卷）、王先謙（1842-1917）《荀子集解》二十卷《考證》一卷、王闓運（1833-1916）《墨子注》、鄭文焯（1856-1918）《墨經古微》、《輯注王闓運墨子經說上下篇注》、《批校張皋文墨子經說解》、吳汝綸（1840-1903）《考訂墨子經下篇》等等。嚴復於1900-1902年翻譯了半部穆勒（或譯彌爾，John Stuart Mill，1806-1873）《名學》[28]，於光緒三十一年（1905）交金陵金粟齋木刻出版，其中嚴氏所作按語，頗用中國理學、《易》學、佛學及先秦名學繹釋穆勒的學說，亦即以中國思想觀念來詮解西洋典籍。《穆勒名學》譯本出版的同年十二月，《侯官嚴氏評點老子》在日本東京印製發行；未幾嚴氏又評點了《莊子》[29]。在這兩部評點《老》、《莊》的著作中，用的正是歐洲若干政治理論和穆勒名學等思想。[30]

翌年（1906）9月，太炎在日本辦「國學講習會」，為學生講述諸子學，並以〈諸子學略說〉為題，將講義發表於第二十、二十一期《國粹學報》。文章中已不復用逐條考辨的方式論述先秦諸子，而是以「諸子出於王官」的理念為中心，自孔子、老子以下將諸子思想逐一論述，並且嚴厲地加以批判。這時候太炎的先秦諸子研究已不再是《膏蘭室箚記》用逐條考辨的方法，也完全脫離了「傅以西學」的形態，而是融會貫通。1909-1910年間，章氏撰〈齊物論釋〉，自詡該書為「一字千金」；1915年章氏著《齊物論釋定本》；1916年，撰〈葑漢微言跋〉，自述平生思想變遷，稱少年時：

---

[27] 章太炎：〈致譚仲修先生書〉，《章太炎全集》（上海：上海古籍出版社，2014）。

[28] 原著名稱為*A System of Logic, Ratiocinative and Inductive*，著成於1843。

[29] 據嚴璩所撰《侯官嚴先生年譜》1916年條稱「府君六十四歲，手批《莊子》。入冬，氣喘仍烈。」

[30] 關於嚴復的思想，當代學術界中如黃克武、吳展良都有專論。

> 雖嘗博觀諸子，略識微言，亦隨順舊義耳。遭世衰微，不忘經國；尋求政術，歷覽前史，獨於荀卿、韓非所說，謂不可易。

原來先秦諸子在他的學術生命中，早就占了重要的份量。他最終「操齊物以解紛，明天倪以為量」，歸本於《莊子》書中的「齊物」、「天倪」的觀念。《國粹學報》所刊登的〈諸子學略說〉所產生的影響尤其大。在太炎筆下，在政治壓力下的孔子和老子都充滿權謀計算，而不是單純的聖人、隱者。太炎在先秦諸子學的聖殿登堂入室，「入室」後卻「操戈」，藉由闡釋諸子思想，打破了傳統儒、道聖人和隱士的形象，並波及中國古史體系。這與1920年以後的古史辨思潮有重大關係。康有為託古改制，提出「偽經」的觀念，固然否定了儒家聖經的絕對可靠性；而太炎嚴批孔子，更提出了有別於二千年聖人典範的形象。「疑古」不只是材料上的懷疑，更擴及於思想信仰上的否定。其重要性可見一斑。

1919年傅斯年（1896-1950）撰〈清梁玉繩史記志疑〉，說：

> 自我觀之，與其過而信之也，毋寧過而疑之。……中國人之通病，在乎信所不當信，此書獨疑所不當疑。無論所疑諸端，條理畢張，即此敢於疑古之精神，已可以作範後昆矣。……可知學術之用，始於疑而終於信，不疑無以見信。[31]

傅斯年「與其過而信之也，毋寧過而疑之」二語，胡適也說過類似的話。1920年7月胡適演講〈研究國故的方法〉，說：

> 寧可疑而錯，不可信而錯。[32]

同年胡適請顧頡剛（1893-190）查索姚際恆（1647-1715）的著作，顧回信，附呈民國三年春所撰〈古今偽書考跋〉，胡適於11月24日評說：

> 我主張，寧可疑而過，不可信而過。[33]

翌年（民國十年【1921】）一月，錢玄同（1887-1939）向顧提「疑古」的觀念，並公開宣揚要敢於「疑古」[34]。1923年2月25日顧頡剛在《讀書雜誌》發表〈與錢玄同先生論古史書〉，依據《說文解字》，提出「禹」是「九鼎上鑄的一種動物」，「大

---

[31] 該文發表於元旦《新潮》創刊號，收入《傅斯年全集》四，頁369。

[32] 胡頌平：《胡適之先生年譜長編初稿》二（臺北：聯經出版社，2020），頁407。

[33] 顧頡剛：《古史辨》一（海口：海南出版社，2005），頁12。

[34] 同上註，頁25。

約是蜥蜴之類」的理論，掀起了古史辨運動的大波瀾。

就在顧頡剛〈與錢玄同先生論古史書〉這一年的十二月，賓四先生始撰《先秦諸子繫年》、《繫年·跋》稱：

> 此書草創，在民國十二年秋，時余始就江蘇省立無錫師範學校講席，助諸生治《論語》，編《要略》一書。

《論語要略》又名《孔子研究》，等於是「諸子研究」的第一種。《師友雜憶》陸，記1923年事，說：

> 其時顧頡剛《古史辨》方問世，余手一冊，在湖上，與之勉（雄按：施之勉）暢論之。[35]

關於顧頡剛論「禹可能是蜥蜴之類的動物」，在賓四先生的許多著述中都曾提及，是他非常在意的一個觀點。《古史辨》甫出版，先生讀後而與學友有所論，旋於該年開始草創《繫年》，則前後銜接說明瞭彼此的關係。[36]

《古史辨》第一冊問世後，1924至1926年間，傅斯年寫了長信給顧頡剛，稱讚顧提出「累層地造成的中國古史」是「史學中央題目」，而顧氏「恰如牛頓之在力學，達爾文之在生物學」，「在史學上稱王了」[37]。1925年8月，錢玄同廢錢姓而以「疑古玄同」為姓名[38]。1926年1月12日顧頡剛草成〈古史辨自序〉，其中提及其推翻古史的動機是受了《孔子改制考》的啟發[39]。顧氏的話當然可信，但這並不代表康有為「孔子改制」之論是古史辨運動唯一的源頭。我們先看《古史辨》第四、五、六冊的內容。第四冊（諸子叢考）：上編起民國五年（1916）三月，迄二十二年（1933）一月。下編起民國二年（1913）七月，迄二十二年一月。討論的課題包括《漢書·藝文志》、孔子、《荀子》、《孝經》、《大學》、《中庸》、《孔叢子》、《新語》、《新序》、《墨子》、《老子》、《呂氏春秋》、《列子》、楊朱、魏牟、田駢、《管子》、慎到、《韓非子》等。第五冊上編起民國十六年（1927）四月，迄二十三年（1934）一月。下編起民國十二年（1923），迄二十三年十月。討論的課題包括：

---

[35] 錢穆：《師友雜憶》（臺北：東大圖書公司，1983），頁110。

[36] 《繫年·跋》說：「初，余於十二年春，在福建私立集美師範，曾草《墨辯探源》及公孫龍《白馬論注》，均未成。及十三年四月，《墨辯》一題，賡續成篇，而公孫龍《注》迄未再理至是始竟體改作。又附舊稿《說惠施歷物》及《辨者二十一事》，並彙《繫年》考惠施公孫龍事跡諸篇，為《惠公孫小傳》，合訂一本。」由此可見，《論語要略》以前，先生已先注意到先秦名家名學的考辯。但這只能說是遠源或者是一種無心插柳的前期工作。畢竟回應古史辨運動，才是《繫年》的撰著動機。

[37] 《古史辨》一，頁268。

[38] 同上註，頁7。

[39] 同上註，頁43。

《左傳》、劉向歆父子、陰陽五行及五德終始等。第六冊上編起民國十五年（1926）六月，迄二十五年（1936）七月。下編起民國二十二年（1933）五月，迄二十五年十二月。討論的課題包括：晚周諸子反古、惠施、公孫龍子、商鞅、老子、莊子等問題，並再討論第四冊的相關問題。

古史辨運動大量討論先秦諸子的問題，可以說將乾嘉以來學術界研究先秦諸子的風氣推到頂峰。

倘若將十九世紀末葉以前視為晚清諸子學復興的前一時期，那麼這個時期，以謹嚴的考證經史的「歸納」方法研究先秦諸子典籍是其主流，而疏解典籍中的思想義理則是隱藏的伏流。這時期以王念孫《讀書雜誌》為始，俞樾《諸子平議》、孫詒讓《墨子閒詁》為終。

十九世紀末葉以後，先秦諸子研究進入新時期，其特點為義理的發揮與思想的批判，並進而利用諸子思想批判社會、歷史、政治、文化等，研究的型態是以「演繹」為主的。康有為、譚嗣同、嚴復、章太炎在這一時期都扮演了關鍵的角色。其中尤乙太炎的全面批判諸子，最為矚目。

及至古史辨興起，學者上承繼乾嘉考據傳統，下接晚清諸儒，復挾西方治學方法，可以說歸納與演繹兼備。

四、《繫年》對清學的承繼——方法的考察

下列分別就三點，嘗試從方法的角度考察《繫年》對清代學術的承繼。

（一）透過歷史方法重建古史

用傳統四部分類，《先秦諸子繫年》應屬「子部」著作。但就內容而言，此書實亦可歸屬於「史部」。由於先秦諸子是古代歷史的一部分，要考辨諸子，不能不辨析古史。《繫年》透過釐清各種古史問題，重建古史基礎，再將先秦諸子的問題一一置於這基礎之上。《繫年．自序》說：

> 蓋昔人考論諸子年世，率不免於三病。各治一家，未能通貫，一也。詳其著顯，略其晦沉，二也。依據史籍，不加細勘，三也。……而其精力所注，尤在最後一事。前人為諸子論年，每多依據《史記》〈六國表〉，而即以諸子年世事實繫之。如據〈魏世家〉、〈六國表〉魏文侯之年推子夏年壽，據〈宋世家〉及〈六國表〉宋偃稱王之年定孟子遊宋，是也。然《史記》實多錯誤，未可盡據。余之此書，於先秦列國世系，多所考核。別為「通表」，明其先後。前史之誤，頗有糾正。而後諸子年世，亦若網在綱，條貫秩如矣。尋源探本，

自無踵誤襲繆之弊。此差勝前人者三也。[40]

先談第三病。先生指出過去研究先秦諸子的學者未能從嚴密的校勘，深入考究歷史材料本身的舛誤、捝訛、異同等問題，造成先秦諸子年代的混亂。〈自序〉提出，「捃逸」、「辨偽」兩項工作，是「考年」所依賴：

且有非考年之事，而為考年之所待以成者二端焉：曰捃逸，曰辨偽。夫事之不詳，何論其年？故考年者必先尋事實。實事有證，而其年自定。[41]

考證事實，捃逸辨偽，才能考訂年分。考辨最終目的，就是年分的確定。但有趣的是，實際閱讀《繫年》，我們會發現這個過程有時會倒過來——先考定年分，才能捃逸、辨偽，亦即說，年分不考訂清楚，「偽」將難以考「辨」。正如先生初撰《論語要略》（即《繫年》第一部分），第二章「孔子的事蹟」，考論孔子生平，除了引《論語》外，就引用大量《左傳》、《禮記》、《史記》、《孟子》、《墨子》、《呂氏春秋》等材料。[42]在《繫年》〈自序〉中，先生舉五證以證明《竹書紀年》勝於《史記》，並綜括清代學者對《史記》的考辨，分析判斷，對《史記》所涉及戰國諸侯年世、諸子年代的種種考慮，坦然展示其細密的考慮。他指陳《史記》：

載春秋後事最疏失者，在三家分晉，田氏篡齊之際；其記諸國世系錯誤最甚者，為田齊、魏、宋三國。

而關於秦國歷史世系，則謂：

史公記六國時事，多本《秦紀》……其記秦列君年數尤多歧。[43]

先生指出：〈秦始皇本紀〉與〈秦本紀〉之間關於秦列君年數的相異的有「悼公」、「靈公」、「簡公」、「獻公」、「莊襄王」，而〈年表〉則自靈公以下四君均與〈秦始皇本紀〉相同。於是先生就四君的世繫年數一一考辨，[44]並說：

---

[40] 錢穆：《先秦諸子繫年》（香港：香港大學出版社，1956）上冊，〈自序〉，頁1。

[41] 同上註，頁20。

[42] 《論語要略》第一章〈序說〉共分五節，分別為「論語之編輯者及其年代」、「論語之真偽」、「論語之內容及其價值」、「論語之讀法及本要略編纂之體例」、「論語之注釋書關係書及本要略參考之材料」，分析《論語》一書之性質及相關問題，包括纂輯者為何人、版本之異同、附記混入正文之誤、上下論之相異等等。第二章始進入「孔子之事蹟」。

[43] 《先秦諸子繫年》，頁9。

[44] 同上註，頁12-16。

求定《紀年》、《史記》之得失，不得不參伍以驗之於諸子。[45]

這是說，要考辨古史記文，也需要參考諸子的著作。如此則「考年」重在古史考辨，但考辨古史又必須考釋諸子。將諸子散逸的事蹟重新捃摭蒐輯，有助於考年，而「捃逸」又必有待於去偽存真的「辨偽」。由此可見，《繫年》的研究方法，包含了古史、諸子、帝系等各個不同層面的課題，是一種立體、多維的工作。

對於《竹書紀年》的討論，尤其反映先生史學的深湛。雖說《繫年》多用《竹書紀年》，但《紀年》多被認為是偽書，雖經王國維重輯古本、疏證今本，先生仍認為其頗有「考證未詳」[46]。於是他重探《紀年》，區分其可信與不可信：

夫紀年乃戰國魏史，其於春秋前事，容采他書以成。至言戰國事，則端可信據。如《魏世家》、《索隱》引《紀年》曰：「二十九年五月，齊田蚡伐我東鄙。九月，秦衛鞅伐我西鄙。十月，邯鄲伐我北鄙，王攻衛鞅，我師敗績。」此非當時史官據實書事之例乎？至益為啟誅，太甲殺伊尹，則戰國雜說，其與儒家異者多矣。[47]

他認為《紀年》有可信的部分，但有闕失的亦應補訂。《繫年》卷四第134條「王氏古本竹書紀年輯校補正」，共補正了三十五條。[48]《繫年》又記述他初稿粗定後，仍繼續蒐討《竹書紀年》相關的著作：

余草《諸子繫年》稿粗定，乃博涉諸家考論《紀年》諸書以相參證，最後惟雷氏學淇《紀年義證》未得見。雷氏書亦能辨《紀年》真偽，當與朱氏、王氏《存真》、《輯校》同列，非陳氏《集證》以前諸賢之見矣。然余猶得讀其《介庵經說》，略窺一斑。其論孟子時事，蓋亦得失參半，粗具涯略，未盡精密。而論魏徙大梁，則其說猶在朱氏《存真》之前。朱氏之說，雷氏又復先言之。茲再鈔錄，以見考古之事，雖若茫昧，而燭照所及，苟有真知，無不同明，有相視而笑，莫逆於心者，而亦所以志余之陋也。……越一年，得見雷氏《義證》，其議論與《經說》大同。[49]

這段記載見於《繫年》卷二「魏徙大梁乃惠成王九年非三十一年辨」。先生獲得結論後才讀到雷學淇《介庵經說》，發現雷氏已先他而發。遇前賢先發其蘊，他十分高

---

[45] 同上註，頁19。

[46] 《先秦諸子繫年》，上冊，頁3。

[47] 同上註，頁3。

[48] 《先秦諸子繫年》卷四，下冊，頁410-423。

[49] 《先秦諸子繫年》卷二，上冊，頁151。

興，忍不住記了一筆。這也可看出先生治學專注力的貫徹。

《繫年》卷末有「通表」四，「附表」三，最後附「諸子生卒年世約數」。自《史記》有「十表」，「表」成為傳統史籍的重要項目，正如萬斯同（1638-1702）撰《明史》就特立《史表》、《繫年》一書用「表」極多，對於學術界曾刊行過的關於「表」的相關著作亦極重視。[50]《論語要略》第二章有「孔子年表」。《繫年》卷二第三十六條「晉出公以下世繫年數考」附「出公以下《史記》、《世本》、《紀年》三家異同表」、「桓公以下晉事表」；卷三第七十五條「稷下通考」附「稷下學士名表」；同卷第九十五條「附蘇代蘇厲考」後附「厲代年表」；最後則有四個「通表」，自孔子生年亦即周靈王二十一年（元前551）起，下迄趙高殺二世皇帝立孺子嬰（元前207），計三百四十五年。之後又有三個「通表之部附表」，第一是「列國世次年數異同表」（共列周及十三國），第二是「戰國初中晚三期列國國勢盛衰轉移表」，第三是「諸子生卒年世先後一覽表」，自西元前555年起，下迄西元前200年止，計三百五十五年。有了這些表，《繫年》的結論更顯得朗若列眉。

（二）「信」與「疑」的折衷與內證的方法

賓四先生在二十世紀初學術界最鮮明的形象是對於「疑古」思潮深表不滿，認為研究中國的學者理應對中國文化存有溫情，也因此，先生雖承繼崔述疑古辨偽的精神與方法，卻強調對歷史文化維持信心。荀子曾於〈非十二子〉篇中討論「信」與「疑」兩種態度，說：

> 信信，信也；疑疑，亦信也。

荀子敏銳地指出，「信」和「疑」適為相反，動機卻很難說一定相反。因為信所當信，是「信」；疑所當疑，也有可能是「信」。所以單看行為或態度的表徵，實在很難認定信古者或疑古者究竟是真信或真疑。我們批判性地解讀荀子的話：不帶任何懷疑地信其所信，或至於盲從；不懷好意的疑其所疑，或流於非理性。所以淺層地認定對古史的考辨是出於「信」或「疑」，甚至這種「信」或「疑」是否具有哲理深度，都是有待商榷的。乾嘉時期學者研究諸子學，有傾向於「信」的，也有傾向於「疑」的。以崔述《考信錄》而言，其中對古籍古史的考證辨偽，究竟是為了「信」而「疑」，抑或為了「疑」而「疑」，實在難言，更大可能性是二者兼而有之。但如就歷史作一鳥瞰，從乾嘉考證學潮流發展至民國初年古史辨運動約二百年間，隨著時間推移和思想解放，二十世紀初研究先秦諸子與中國古史的學者，儘管校勘訓詁的功力

[50] 他又曾於民國十八年春得到武內義雄所著《六國年表訂誤》，發現該書主張以《竹書紀年》校《史記》，與自己「取徑正同」，但「所以為說者則異」，於是取該書與己書比對，加以辨正。參《先秦諸子繫年》卷四第153條後附「武內義雄六國年表訂誤論魯譜之誤辨」。

遠遜乾嘉學者（如古史辨運動初始，顧頡剛、錢玄同等幾位年輕學者致力建立己說，不免對傳統、出土文獻均未奠立厚實基礎，古文字亦不夠精熟，而致缺乏建構新古史觀的基礎），「疑」的精神卻是愈來愈高漲。而他們對古史之「疑」，多受進化論思想的影響。因為根據進化史觀，愈往古代，文明愈原始素樸，愈往近現代則愈進步。而以當時中國文明落後於西方，可證中國古代皆屬歷史糟粕，必全盤推倒之而後快。古史辨學者有了全盤推翻中國古史體統的企圖，卻沒有二百年前考據學者研究古籍的功力，必然導致所獲得的結論欠缺穩妥。此一危機，很快就被王國維看出來。民國十四年（1925）王國維在清華學校（清華大學前身）研究院講授「古史新證」一課，講義中其後成為《古史新證》的一部分。第一章「總論」明白宣示古史研究應有的態度，首先針對「信古太過」和「疑古太過」的風氣嚴正批判，說：

> 吾輩生於今日，幸於紙上之材料外，更得地下之新材料，由此種材料，我輩固得據以補正紙上之材料，亦得證明古書之某部分全為實錄，即百家不雅馴之言，亦不無表示一面之事實。此二重證據法，惟在今日始得為之。雖古書之未得證明者，不能加以否定，而其已得證明者，不能不加以肯定，可斷言也。[51]

王氏說「即百家不雅馴之言，亦不無表示一面之事實」二語，充分表露了他對於胡適「寧可疑而錯，不可信而錯」此一疑古態度的不滿。而觀堂的方法，則是以極嚴謹的方法結合出土文獻和傳統文獻檢視古史課題，以對抗急於推翻古史體統的疑古思潮。

我們不好說王國維的學術信念是「信」先於「疑」，因為王氏治學獨到的新見極多，並不迂從古人，而是充滿懷疑精神。賓四先生則採取了不同於王氏的方法，以《繫年》一書，針對傳統文獻，對諸子思想系統作全盤的掌握，全面回應疑古思潮所形成古史體統的危機。

從《繫年》一書的方法與內容觀察，先生特別重視以諸子文獻與年代互相釋證、互相支援，並透過諸子之間的比較聯繫，以參互推知其思想關係。（詳下文。）這種綜合比較的研究方法，首先需要具備傳統校勘學的工夫，尤其是文獻內證的方法。「內證」或稱本證、自證，主要是在單一文獻中，依據年代的先後，內容的詳略，事理的邏輯，尋覓其間足以互相支援的部分，加以釋證。由「內證」，又可擴而及於以相關的幾種典籍互證（例如《墨子》、《韓非子》、《呂氏春秋》中關於孔子弟子的記載），或以經傳互證。這一方法的近源，是清初黃宗羲〈萬充宗墓誌銘〉中提到的「非通諸經，不能通一經」及「以經釋經」之法，以及毛奇齡《西河合集》所說的「以本經文為主」、「以彼經證此經」[52]的方法。

---

[51] 見〈古史新證〉，第1章，收入《王觀堂先生全集》（臺北：文華出版公司，1968），第6冊。又收入《古史新證——王國維最後的講義》（北京：清華大學出版社，1994）。

[52] 〈經問．述始篇〉，《毛西河先生全集》第一冊。國立臺灣大學圖書館藏（康熙）蕭山陸凝瑞堂藏本。另《經集．凡例》列舉十六條條例，說明治經方法。

「內證」是否可靠，端賴於取材是否周備詳細，而要成功運用，必須先具有宏達的視野。正是這種視野，促成了《繫年》一書取材極廣，《竹書紀年》、《水經注》、《山海經》、《楚辭》、《穆天子傳》、《逸周書》、《史記》、《戰國策》、《國語》等，都廣泛地採用。而且不是隨便擷取一點，而是深入到所有相關材料的內部。先生選材又極盡謹慎之能事，一篇之中，舉證數十，何者屬於主證，何者屬於旁證，都依照其年代、性質和內容加以區別。

關於歸納與演繹兩種方法在清儒治學方法中的內涵與意義，最早提出說明的應該是胡適，胡氏發表過〈清代學者的治學方法〉，時間是民國八年（1919）八月[53]，其時賓四先生仍在無錫任小學教師。至民國十年（1921）他才赴廈門集美中學教書，旋又返無錫任教於師範學校。目前並沒有證據證明他在撰著《先秦諸子繫年》以前，知道胡適「歸納」和「演繹」的見解。根據《師友雜憶》所述，他最早治學主要受到清代桐城派古文家影響，從古文家擴而至宋明理學；中年又復著成《中國近三百年學術史》（1931），可以說得力於清儒特多。讀者若細心搜檢《繫年》一書所徵引的書籍，除了先秦兩漢文獻的原典外，以清代學者的著作最多[54]，諸如顧炎武（1613-1682）《日知錄》、閻若璩（1636-1704）《四書釋地》、顧棟高（1679-1759）《春秋大事表》、全祖望（1705-1755）《經史問答》、王氏父子《經義述聞》、《讀書雜誌》、崔述（1740-1816）《考信錄》、焦循（1763-1820）《孟子正義》、孔廣森（1751-1786）《經學卮言》、臧庸（1767-1811）《拜經樓日記》、俞正燮（1775-1840）《癸巳類稿》、馬敘倫（1885-1970）《莊子義證》等，都是《繫年》書中時常出現的。

如果我們回顧《繫年》以前的諸子研究書籍，從乾嘉以降以至於二十世紀初，由前一階段考覈精密，發展至後一階段義理閎肆，不論是以歸納為主的校勘訓詁，抑或以演繹為主的闡釋義理，從來沒有一種著作如《先秦諸子繫年》那樣的企圖心和恢宏氣度，以全盤通貫考核先秦諸子姓名、年世、遊歷、互動，重建一個先秦思想史大圖像為目的。

（三）通貫時間與空間——年世及地理的方法

《繫年》〈自序〉說：

> 蓋昔人考論諸子年世，率不免於三病。各治一家，未能通貫，一也。詳其著

[53] 收入氏著《胡適文存》第一集卷二，（臺北：遠東圖書公司，1985），第一冊，頁393-394。按：我對於清儒治學所用歸納法與演繹法的解釋，雖然源出胡適，但我的解釋和適之先生並不完全相同。

[54] 如《繫年》第127條「屈原居漢北為三閭大夫考」後附「戰國時洞庭在江北不在江南辨」，其中論述《禹貢》彭蠡衡山在江北，徵引了四種著作，分別為崔述《夏考信錄》；倪文蔚《禹貢說》；魏源《書古微》；楊守敬《禹貢本義》。

顯，略其晦沉，二也。依據史籍，不加細勘，三也。惟其各治一家，未能通貫，故治墨者不能通於孟，治孟者不能通於荀。自為起訖，差若可據，比而觀之，乖戾自見。余之此書，上溯孔子生年，下逮李斯卒歲。前後二百年，排比聯絡，一以貫之。如常山之蛇，擊其首則尾應，擊其尾則首應，擊其中則首尾皆應。以諸子之年證成一子。一子有錯，諸子皆搖。[55]

《繫年》一書與其他先秦諸子學研究論著比較，顯著特點在於：以諸子的文獻、事蹟、思想等互相釋證，著眼於宏觀視野下對諸子之間的互相考證。因此《繫年》對諸子生卒、遊歷等各方面的考辨，論點是互相支援的，構成一前後呼應的緊密結構。先生透露的意思相當大膽。他對相關歷史考偽深具信心，認為讀者要麼就接受全書的推論，否則就只能全盤推翻。單就其中一點來推翻書中某一推論，是不可能，至少是不適切的。先生撰《繫年》，對於史部及子部材料的互相釋證，尤其詳盡：

即以諸子之書，還考諸子之事，為之羅往跡、推年歲，參伍以求，錯綜以觀，萬縷千緒，絲絲入扣，朗若列眉，斠可尋指。[56]

「以諸子之書，還考諸子之事」，非常明確地是要以先秦諸子的文獻、年代、遊歷、對話等各種材料互相釋證。諸子之事蹟經由「捃逸」、「辨偽」，進而「考年」而尋得事實，最後《竹書紀年》、《史記》的得失也可以推求而得。史部書籍和子部典籍也得以通貫，甚至擴大到經部典籍也納入一併處理，例如他將孔子、老子的問題，包括到《易傳》哲理一併思考：

時余治諸子，謂其淵源起於儒，始於孔子；而孔子之學見於《論語》、《春秋》；《易繫》非孔子書，老子不得在孔子前。既粗發孔子學術大體於《要略》，又先成〈易傳辨偽〉、〈老子辨偽〉兩篇。及十三年秋，《論孟要略》既成，始專意治《易》，擬為書三卷，發明《易》意：謂《易》與《老子》之思想不明，則諸子學之體統不可說也。[57]

先生認為《易》與《老子》是「諸子學之體統」，而「名家、陰陽家」，則「關係先秦學術系統者甚大」：

先秦學術，孔墨孟莊荀韓諸家，皆有書可按，惟名家陰陽家，其思想議論，關係先秦學術系統者甚大，而記載散佚，特為難治。竊欲於治《老》、《易》

---

55 《先秦諸子繫年》，上冊，頁1。

56 同上註，頁20。

57 《先秦諸子繫年》，下冊，〈跋〉，頁621。

外，先為《先秦名學鉤沉》及《先秦陰陽學發微》兩書。[58]

這些論述中，「體統」、「系統」等概念一再出現，真正表達了賓四先生重視全體、宏觀、通貫的信念。唯有用通貫性的研究，才能避免「治墨者不能通於孟，治孟者不能通於荀」的狀況。我們看《繫年》範圍之大，課題之多，實令人歎服。如第29條「孔子弟子通攷」論商瞿，[59]實涉及《周易》的傳承。第32條「墨翟非姓墨墨為刑徒之稱攷」論點子兼及「儒」的流品以及儒家「禮」的精神，諸如此類，難以一一細述。

先生既考辨諸子年世，必然重視其遊歷，因而兼及地理的考辨。正如第5條「孔子適齊攷」、第6條「孔子自齊返魯攷」、第8條「陽虎名字攷」、第12條「孔子仕魯攷」等，均直接涉及孔子遊歷問題。因《史記．孔子世家》所記孔子遊跡混亂異常，其中錯簡造成的訛誤極多，清儒曾有所考論。而先生以地理的遠近，釐清了孔子行蹤的先後，以及期間人事記載的紛擾（如陽虎）。因為先生在古史地理方面造詣甚深。他於1931、1932年發表《周初地理考》及《古三曲疆域考》[60]，後考證《楚辭》所涉地理問題，寫成《楚辭地名考》。著《繫年》時也撰成相關的論文多篇，後收入《古史地理論叢》一書。其後又以《史記》三家注為主要材料，著成《史記地名考》、《繫年》一書，時間空間並重，對於諸子年代和古史地理都有詳盡的考辨。例如論孔子至蔡，則須考辨為負函之蔡而非州來之蔡[61]；論曾子居武城有越寇，則須考辨越徙都琅琊事[62]；論子夏居西河，則考辨西河在東方河濟之間而不在西土龍門汾州[63]；論宋偃稱王，則考辨戰國時宋都彭城[64]；論屈原，則既考辨屈原作品的真偽[65]，並考辨《楚辭》所載洞庭在江北而不在江南[66]、屈原沉湘在江北不在江南[67]。所論皆精到。

先生考證地理，徵引清儒地理著作固多。其實他早就意識到地理研究的重要性。從其生平考察，先生自少年治學，已經受到桐城派學者的影響，而注意到地理的問題。前文提及先生在中學三年級時即喜讀《曾文正公家訓》[68]，受該書的啟迪，並進而讀《昭明文選》[69]。他曾說：

[58] 同上註，頁622。

[59] 同上註，頁77。

[60] 該兩篇文章先後刊登於《燕京學報》第十期及十二期。

[61] 《先秦諸子繫年》，上冊，頁47。

[62] 同上註，頁110。

[63] 同上註，頁125。

[64] 同上註，頁322。

[65] 同上註，頁265。

[66] 同上註，頁387。

[67] 同上註，頁390。

[68] 同上註，頁62。

[69] 同上註，頁68。

余之自幼為學，最好唐宋古文，上自韓歐，下迨姚曾，寢饋夢寐，盡在是。[70]

可見他治學，是先以古文為起點，而範圍自姚鼐（1732-1815）、曾國藩（1811-1872）、韓愈（768-824）、歐陽修（1007-1072），上溯至於《昭明文選》。其實自明末復古文人如侯方域（1618-1655）提倡所謂「文必秦漢，詩必盛唐」，對先秦諸子文章已推崇備至。以非本文主旨，暫置不論。姚鼐是桐城派代表人物，亦推崇先秦諸子，曾撰《老子章義》二卷。《惜抱軒文集》卷三載〈老子章義序〉，頗考論古籍所載《老子》書及老子其人事蹟鄉里年代真偽；又有《莊子章義》五卷，《文集》卷三有〈莊子章義序〉，對莊子學說有專門研究。姚氏對於古史地理亦有所考論，所著《九經說》中有〈三江說〉、〈九江說〉；《文集》卷二則有〈漢廬江九江二郡沿革考〉，對於古史地理曾有所考辨。上述《繫年》考辨洞庭在江北而不在江南，屈原沉湘亦在江北不在江南。賓四先生的觀點，主要是認為戰國時期楚國的活動地點都在江北，甚至對於屈原沉湘，他亦頗疑在漢水之北，[71]而不止是長江之北。他的主要觀念在於：

古人遷居不常，由此至彼，往往以故地名新邑，如殷人所都皆曰「亳」之類是也。故鄙論謂探索古史地名，有可以推見古代民族遷徙之遺跡者，在此。異地同名既有先後，則必其地人文開發較早者得名在先，人文開發較遲者得名在後。故湖南地名有與湖北相同者，大抵皆湖北人遷徙至湖南，而挾其故鄉舊名以肇錫茲新土，非湖南之山水土地自始即有此名，與湖北所有者暗合。[72]

換言之，楚地洞庭、屈原沉湘，原本都是江北地名，後經人文播遷而成為江南地名，新名掩故名，遂令後人讀古籍，以為戰國楚地盡在湖南。他持此一觀念，對於古史地理有許多新的發現。而就江南地名源自江北此一觀念，姚鼐亦曾提出。姚氏〈九江說〉考辨「九江」位置，引《漢書．地理志》提出五點，反駁朱熹「以洞庭為禹九江」的失誤，說：

禹九江處今湖北黃州府九江府之間，今黃州黃梅，漢尋陽縣。故《地理志》曰：「尋陽，《禹貢》九江在南，皆東合為大江。」是也。[73]

則姚鼐早已據《地理志》而相信九江在江北。《先秦諸子繫年》成書於民國二十二年（1933），翌年賓四先生於《清華學報》9卷3期刊〈楚辭地名考〉，其中持論，仍然

[70] 同上註，頁327。

[71] 參見〈楚辭地名考〉附註63，刊錢穆：《古史地理論叢》（臺北：東大圖書公司，1982），頁133。

[72] 參見〈再論楚辭地名答方君〉，刊錢穆：《古史地理論叢》，頁180。

[73] 收入《清儒學案》卷八十九，（北京：中國書店，1938）第二冊，頁589。

延續《繫年》卷三論屈原洞庭諸條。〈楚辭地名考〉「釋九江」條亦引《漢書・地理志》（同上引文）後，又說：

> 漢廬江郡無江南地，尋陽漢亦在江北，則禹貢九江在江北，班氏猶明指之。後人自以江南鄱陽諸水說之，九江始移而南；又益後以湖南洞庭諸水說之，則九江更移而西。[74]

關於江南若干地名於古代原在江北的觀念，姚鼐早已提出。不過正如賓四先生所說的「燭照所及，苟有真知，無不同明」，一地名的考據，二人或為暗合，並非誰接受誰的說法的問題。不過我相信即為暗合，亦是由於賓四先生「寢饋夢寐」於古文家而精神意氣相貫通的緣故。

五、結語

清代諸子學思潮的興起，影響了晚清新思潮並促成了二十世紀初疑古運動，而《先秦諸子繫年》則與此二者都有密切的聯繫。古史辨運動問題並不是本文的重點，筆者亦無意將此運動及疑古思潮複雜的因與果，簡化為只有先秦諸子學。疑古思潮興起的成因是非常複雜的。顧頡剛的觀念，確有不少承自康有為思想，[75]而康氏的託古改制，又上承清今文經學中的公羊學[76]。1923年胡適於《國學季刊》一卷二期發表〈科學的古史家崔述〉，表揚崔述《考信錄》的疑古精神，可見崔述與古史辨運動之間也有很深的淵源。顧頡剛自己認為，五德終始說是促成偽古史建構的重要關鍵[77]，童書業在《古史辨》第五冊〈五行說起源的討論〉一文中對顧氏大加推崇[78]，則廓清陰陽五行之說，又是疑古思潮的重要啟導。

本文特別著眼於從先秦諸子研究的興起考察《先秦諸子繫年》，主要是認為疑古思潮引起破壞固然巨大，但屬於消極因素；對於二十世紀初中國新思潮的解釋，尚需考慮積極因素。而清代先秦諸子學研究的潮流，即屬於積極因素。因戰國諸

---

74 《古史地理論叢》，頁118。

75 康有為於1891年著成《偽經考》，並於1897年著成《孔子改制考》。讀者並參王汎森：〈第四章「顧頡剛與古史辨運動」〉，《古史辨運動的興起》（臺北：允晨文化公司，1987）

76 陳寅恪〈朱延豐突厥通考序〉曾說：「曩以家世因緣，獲聞光緒京朝勝流之緒論。其時學術風氣，治經頗尚《公羊傳》，乙部之學，則喜談西北史地。後來今文公羊之學，遞演為改制疑古，流風所被，與近四十年間變幻之政治，浪漫之文學，殊有連繫。此稍習國聞之士所能知者也。」《寒柳堂集》（上海：上海古籍出版社，1980），頁144。並參蔡長林：《論崔適與晚清今文學》（臺北：聖環圖書公司，2002）。

77 顧頡剛：〈五德終始下的政治和歷史〉，《古史辨》五。

78 並參楊向奎《清儒學案新編》第四冊〈附：受今文經學影響的「古史辨」派〉說：「顧頡剛生在辯論古史的過程中，先後提出兩種有名的論點，其一是『層累地造成的古史說』，另一個是『五德終始說下的政治和歷史』。」

子，儒家以外，多以批判儒家為主，或批判儒家所嚮慕的西周禮樂制度為目標。即使儒門之中，孔門弟子、子思與孟子、孟子與荀子，亦各不相同，由此而形成了高度的多樣性（diversity）。正如生態學（environmental studies）之強調生物多樣性（biodiversity），認為多樣性是促進自然生態環境健康的要素，思想、哲理研究也一樣，價值的多樣性或多元性，是促進人文學健康發展的重要元素。在二十世紀初的中國，在學術界和文化界群趨於摒棄以儒家價值為主體的中國舊文化傳統之際，在歐美新價值新意識型態衝擊中國之時，價值多元的先秦諸子思想，恰好和歐美的邏輯學、倫理學、社會學等新知識架構共同形成了活潑的思想環境，推動著中國新思潮的發展。

二十一世紀的今天，隨著出土古文獻日多，關於先秦諸子年代的問題，已有更多新證據和論述，部分或足以修正《先秦諸子繫年》一書的某些論點。但筆者始終欣賞賓四先生全盤考辨先秦諸子與古史的毅力與魄力，以及他從乾嘉考據學萃取的方法與精神，也始終相信無論未來有多少新出土文獻問世，傳統文獻和傳統治學方法，應該獲得學者的尊敬與重視。

第十七章　從《劉向歆父子年譜》看錢穆的史學理念

北京師範大學歷史學院
李帆

● 經史之學乃錢穆先生一生用力之所在。對於錢先生以史學之法治經學所取得的成就，近年來已有些學者做過論乏從個案入手深入細緻的討論。[1]本文擬以錢先生的成名作《劉向歆父子年譜》為個案述，[2]，透過對這部著作的學術背景、主題意旨、各方反響等的分析，尤其透過研究顧頡剛先生與錢先生圍繞此著所生之論爭，系統探討錢先生在清末民初今古文紛爭大背景下，於早年形成並終生抱持之「於史學立場，而為經學顯真是」的史學理念。

一、

眾所周知，錢穆先生非學院出身，基本是以自學為主走上經史研究之路。民元前後，他對經史之學開始涉獵。他曾細讀夏曾佑《中國歷史教科書》，從中了解到「經學之有今古文之別」，[3]後來隨著學力加深，對經學問題逐漸有了自己的認識。1919年後，他讀到康有為《新學偽經考》，經過多年鑽研，與各家學說比照和獨立思考，「深病其抵牾」，[4]懷疑其準確性。1929年夏，顧頡剛先生自廣州北上赴燕京大學任教，途中回蘇州家中小住，前去拜訪時已小有名氣的錢穆，在翻閱錢氏《先秦諸子繫年》一稿後，十分推崇其學問，認為其應去大學教歷史，遂將其薦往中山大學任教，

---

[1] 個案入手的討論並非完全沒有，最有代表性的當屬劉巍：〈《劉向歆父子年譜》的學術背景與初始反響〉《中國社會科學院近代史研究所青年學術論壇．2000年卷》，（北京：社會科學文獻出版社，2001），該文經修改後又刊於《歷史研究》2001年第3期。

[2] 這方面的論著主要有郭齊勇、汪學群：《錢穆評傳》（上海：百花洲文藝出版社，1995）；汪學群：《錢穆學術思想評傳》（北京：北京圖書館出版社，1998）；陳勇：《錢穆傳》（北京：人民出版社，2001）等傳記類著作中的有關章節，以及余英時在《錢穆與中國文化》（上海：遠東出版社，1994）中的有關論述。另外在評述錢穆與疑古學派關係的論文中也有相關論述，如羅義俊：〈錢穆與顧頡剛的《古史辨》〉，《史林》1993年第4期；廖名春：〈錢穆與疑古學派關係述評〉，《原道》第5輯（貴州：貴州人民出版社，1999）；陳勇：〈疑古與考信——錢穆評古史辨派的古史理論〉，《學術月刊》2000年第5期等。

[3] 錢穆：《八十憶雙親、師友雜憶》（上海：生活．讀書．新知三聯書店，1998），頁89。

[4] 錢穆：《劉向歆父子年譜．自序》，《古史辨》第五冊（上海：樸社，1935），頁106。

並囑其為自己將兼任編輯的《燕京學報》撰稿。出於一些因素，錢穆辭謝了中山大學之聘。與此同時，他又得悉顧頡剛此去燕京大學要以講授康有為今文經學為主，於是把寫好的直斥康氏《新學偽經考》之誤的長文《劉向歆父子年譜》交給顧頡剛，「不啻特與頡剛爭議」。[5]顧氏胸襟寬闊，不以為忤，將其發表在1930年6月出版的《燕京學報》第七期上，後又編入《古史辨》第五冊中。[6]

《劉向歆父子年譜》是錢穆多年潛心於經史研究的一個成果。在這篇奠定其學術地位的長文中，錢穆所用的方法很簡單，基本是根據《漢書．儒林傳》及與此相關的大量史料，梳理出從西漢昭帝元鳳二年（西元前79年）劉向出生到王莽地皇四年（西元23年）劉歆、王莽死亡為止的經學史實，逐年排列，將各家各派師承之家法和經師論學的焦點所在以及諸經博士間的意見分歧，都源源本本地凸顯出來，從而廓清了經學史上的迷霧，以有力證據證明瞭康有為《新學偽經考》說劉歆偽造古文經之不通。具體說來，不通之處有二十八端。概括起來，這二十八端主要有以下幾方面內容：

第一，從時間上看。「劉向卒在成帝綏和元年，劉歆複領五經在二年，爭立古文經博士在哀帝建平元年，去向卒不逾二年，去歆領校五經才數月。謂歆遍偽諸經，在向未死之前乎？將向既卒之後乎？向未死之前，歆已遍偽諸經，向何弗知？不可通一也。向死未二年，歆領校五經未數月，即能遍偽諸經，不可通二也。謂歆遍偽諸經，非一時之事，建平以下，迄於為莽國師，逐有所偽，隨偽隨布，以欺天下，天下何易欺？不可通三也。然則歆之遍偽諸經果何時耶？」[7]

第二，從偽造手法和旁證看。首先，錢穆設問，劉歆遍偽諸經是一手偽之，還是借群手偽之？「一手偽之，古者竹簡繁重，殺青非易，不能不假手於人也。群手偽之，何忠於偽者之多，絕不一泄其詐耶？」當時被王莽征入朝廷的通經學者有數千人之多，「謂此諸人盡歆預布以待征，則此數千人者遍於國中四方，何無一人泄其詐者？自此不二十年，光武中興，此數千人不能無一及於後，何當時未聞有言及歆之詐者？」其次，錢穆認為找不出劉歆造偽的旁證。當時與劉歆同校五經者非一人，像尹咸父子、班斿、蘇竟等都是有名的經學家，尹氏父子位在劉歆之上，蘇竟為人正直，東漢初尚在，他們都沒說劉歆造偽，而且蘇竟對劉歆還相當推崇。揚雄也曾校書天祿閣，這是當年劉歆校書的地方。如果說劉歆造偽經，「於諸經史恣意妄竄，豈能盡滅故簡，遍為更寫？偽跡之昭，雄何不見？」另外，「稍前如師丹、公孫祿，稍後如範升，皆深抑古文諸經，皆與歆同世，然皆不言歆偽，特謂非先帝所立而已。何以舍其

[5] 錢穆：《八十憶雙親、師友雜憶》，頁152。

[6] 《劉向歆父子年譜》原名為《劉向劉歆王莽年譜》，是顧頡剛先生在《燕京學報》發稿前改成此題的，顧先生還對錢穆原稿作了細緻的編輯加工。參見顧洪：〈記顧頡剛先生收藏錢穆先生的一份手稿〉，《清華漢學研究》第二輯（北京：清華大學出版社，1997），頁246、247。

[7] 錢穆：《劉向歆父子年譜．自序》，《古史辨》第五冊，頁101、102。

重而論其輕？」[8]可見說劉歆造偽經是缺乏證據的。

第三，從偽造目的看。康有為《新學偽經考》認為，劉歆偽造經書的目的是為王莽篡權服務。錢穆則指出，劉歆爭立古文諸經時，王莽剛好退職，絕無篡漢動向，說劉歆偽造諸經為王莽篡權服務是沒有根據的。在諸經書中，康氏指稱《周官》為劉歆偽造以獻媚於王莽的主要經書。錢穆考辨道，劉歆爭立諸經時，《周官》不包括在內，此後是王莽根據《周官》以立政，並非劉歆依據王莽改制以造《周官》。當時取媚王莽以助篡者首在符命，「符命源自災異，善言災異者皆今文師也。次則周公居攝稱王，本諸《尚書》，亦今文說耳。歆欲媚莽助篡，不造符命，不言災異，不說《今文尚書》，顧偽為《周官》、《周官》乃莽得志後據以改制，非可藉以助篡，則歆之偽《周官》，何為者耶？」[9]另外，康書說劉歆偽造《周官》前，已先偽造《左氏傳》、《毛詩》、《古文尚書》、《逸禮》諸經，錢穆問：即便《周官》是為獻媚王莽，那麼偽造《左氏傳》諸經又是為了什麼？若說為了篡聖統，則劉歆雖為國師公，被王莽尊信，但同時朝中六經祭酒、講學大夫不少出自今文諸儒，而且王莽立制，《王制》、《周禮》兼舉，劉歆議禮，亦折中於今文，這顯然與篡聖統說不符。總之，從目的上看，認為劉歆編造偽經是沒有根據的。

第四，從經書淵源和內容看。「《左氏》傳授遠有淵源，……歆以前其父向及他諸儒，奏記述造，引及《左氏》者多矣。《左氏》自傳於世，不得盡謂歆偽。……至《周官》果出何代，《左氏》、《國語》為一為二，此非一言可決，何以遽知為歆偽？」[10]即在錢穆看來，《左氏傳》早在劉歆之前既已存在，淵源久遠，絕非劉歆偽造。《周官》等書的問題，也非一言可決，不能簡單得出劉歆偽造的結論。再從經書內容看，今文經中五帝無少皞，劉歆古文中則有；今文五帝前無三皇，劉歆古文則有之；今文天下惟九州，無十二州之說，劉歆古文則有之。但劉歆之說，斷斷不始於他，先秦舊籍載劉歆之說頗多，故該說並非他偽造。而且「必以今文一說為真，異於今文者皆歆說，皆偽，然今文自有十四博士，已自相異。」[11]

總之，錢穆認為，無論從時間上、從偽造手法和旁證上看，還是從偽造目的、從經書淵源和內容上看，都不能得出劉歆遍偽諸經的結論，即不存在劉歆在數月之間掩盡天下耳目編造經書的事實，自然也不存在造經為王莽篡權服務之事。至於康有為力主劉歆造偽之說，純是為其托古改制的目的而杜撰的。

《劉向歆父子年譜》是錢穆的成名作，當時的碩學通儒對它大都推崇備至，胡適在1930年10月28日的日記中就稱譽道：「《錢譜》為一大著作，見解與體例都好。」[12]錢穆的學術地位由此而奠定，隨即由刊發此文的顧頡剛推薦，進入燕京大學

---

8 同上註，頁102-103。

9 同上註，頁103。

10 同上註，頁105。

11 同上註，頁106。

12 《胡適的日記》（手稿本）第十冊（臺北：遠流出版事業股份有限公司，1990）。

任教，開始了人生和學術的重大轉折。錢穆到燕京大學後，「知故都各大學本都開設經學史及經學通論諸課，都主康南海今文家言。余文（按指《劉向歆父子年譜》）出，各校經學課遂多在秋後停開。但都疑余主古文家言。」[13]

錢穆之所以憑《劉向歆父子年譜》在學術界一亮相即獲巨大成功，不僅是因此文廓清摧陷，對中國經學史的研究確有劃時代的貢獻，而且更為關鍵的是因它觸及了當時學術界共同關注的一個大問題——經今古文之爭。清末康有為力主劉歆偽造古文經之說，其所產生的影響是我們今天難以想像的，儘管當時即有章太炎、劉師培等人大力反駁，但雙方的爭論顯然沒有從根本上解決問題，直到錢穆登上學術舞臺之時，這仍是學界普遍關心的事情，學者頭腦中大都還有古文經是否劉歆偽造、《周禮》、《左傳》等書是否偽書的疑問。故而錢穆以詳實證據一舉摧破康說，不能不在學界引起震撼，「使人從康有為《新學偽經考》的籠罩中澈底解放了出來」，「使晚清以來有關經今古文的爭論告一結束」，[14]意義不可謂不大。不過站在今天的立場上，評價僅限於此恐怕還不夠，要深入評價錢穆的這一貢獻，探討錢穆何以會有此成就，須於經史之學的深層再做文章。

二、

在中國傳統學問裡，經史之學占有主導地位，經學更是處於核心位置，這從經、史、子、集四部的排列次序便可看得很清楚。當然，經史兩學的關係問題，向來是學者最為關注的問題之一。

清末，經史兩學的關係問題比以往引人矚目。反映經史關係的「六經皆史」說此時被章太炎所大力宣導。「六經皆史」表達的是經等於史的觀念，這一說法早就存在，清人章學誠曾作過系統條貫的論述，龔自珍亦曾有過深入闡發，章太炎則在前人基礎上把它發揚光大，表述得更澈底。他說：「六經都是古史」，「經外並沒有史，經就是古人的史，史就是後世的經。」[15]研究經學是為了弄清古代歷史實際，「說經者所以存古，非以是適今也。」[16]章太炎是一位淵博的學者，論學所涉及的範圍十分廣闊，在思想上所散佈的影響面要比康有為來得大。[17]故他的「六經皆史」說得到不少學者的認同和回應，如劉師培便極為認同，這非常有助於人們關注史學，促進史學地位的上升。實際上，清末之時史學的地位確是大大提升了，史學革命或

---

[13] 錢穆：《八十憶雙親、師友雜憶》，頁160。

[14] 余英時：〈《猶記風吹水上鱗》序〉、〈《周禮》考證和《周禮》的現代啟示〉，《錢穆與中國文化》（上海：遠東出版社，1994），頁134、239。另，余英時外，其他學者對《劉向歆父子年譜》的貢獻也有類似評價，大致已成共識。

[15] 獨角：〈論經的大意〉，《教育今語雜誌》1910年第2冊。

[16] 章太炎：〈與某論樸學報書〉，《國粹學報》1906年第23期。

[17] 參見余英時：〈五四運動與中國傳統〉，《中國思想傳統的現代詮釋》（南京：江蘇人民出版社，1995），頁344。

曰新史學運動轟轟烈烈的展開及在社會上的巨大反響，即已表明此點。相對而言，經學稍顯沉寂，儘管有以康有為、章太炎為代表的所謂今古文學之爭，有孫詒讓、廖平、皮錫瑞等人的經學著作陸續刊行，但畢竟康、章之爭很大程度上是披著經學外衣的政爭，政治意義大於學術意義；孫、廖、皮等人的著述也無新史學著作那樣的效應，不再像以往經學中心時代那樣處於學術舞臺的核心位置。所以，應該說學術研究的重心已由經學轉向史學。[18]進入民國之後，經過五四新文化運動的洗禮，被視作舊文化、舊學術代表的經學更是一落千丈，「新派學者望而卻步，引不起他們的興味。」[19]

到錢穆登上學術舞臺之時，正統意義上的經學已經分崩離析，其內容分解到現代人文社會各學科中，大學裡「經學史」、「經學通論」諸課的開設，也僅是從知識層面進入，非傳統的經學教育可比。但經學並未就此終結，經學中的問題仍在困擾著學術界，經學研究的思維慣性也仍在規範著很多學者，今古文門派、家法觀念還未從學者頭腦中澈底摒除，以至錢穆《劉向歆父子年譜》出，卻被懷疑為是「主古文家言」。此種情形表明，儘管經學已非舊觀，但有關經學問題的研究還是關聯著學術命脈——現代中國學術如何真正從經學中走出來。從這層意義上再看錢穆的《劉向歆父子年譜》，其貢獻與價值便非可以簡單估量了。

前已指出，《劉向歆父子年譜》完全依據史實而編撰，具體說來是依據《漢書》記載，把當時的五經異同、諸博士的意見分歧一一梳理，源源本本地指出各家各派師承之家法及各經師論學之焦點所在，使人就此對兩漢經學歷史有明晰的了解，從而明白《新學偽經考》說劉歆偽造古文經之妄，即「實事既列，虛說自消」，「庶乎可以脫經學之樊籠，發古人之真態矣。」[20]所以這是典型的以史學治經學的作品，絕非傳統經學所能籠罩。錢穆這樣做，是基於他研治經史之學的基本觀念——「經學上之問題，同時即為史學上之問題」，需「於史學立場，而為經學顯真是」。[21]

經學與史學，治經與治史，內涵不同，路徑亦有差異。治經者往往有求「道」的意念，所謂「經之至者，道也。所以明道者，其詞也；所以成詞者，字也。由字以通其詞，由詞以通其道，必有漸。」[22]而治史者則旨在求真，就像錢穆談其以史治經之作《兩漢經學今古文平議》時所言：「本書之所用心，則不在乎排擊清儒說經之非，而重在乎發見古人學術之真相。亦惟真相顯，而後偽說可以息，浮辨可以止。」[23]有此不同，所以評價《劉向歆父子年譜》這樣的著作便不能不超越經學窠臼，以「史學立場」為準。即錢穆已然把經學問題轉化為史學問題，用史法治經學，那麼就不能再

---

[18] 參見拙著《劉師培與中西學術：以其中西交融之學和學術史研究為核心》，（北京：北京師範大學出版社，2003），頁49-51。

[19] 嵇文甫：〈漫談學術中國化問題〉，《理論與現實》1940年第1卷第4期。

[20] 錢穆：《劉向歆父子年譜．自序》，《古史辨》第五冊，頁106。

[21] 錢穆：〈自序〉，《兩漢經學今古文平議》（北京：商務印書館，2001），頁6。

[22] 戴震：〈與是仲明論學書〉，《戴震集》，（上海：上海古籍出版社，1980），頁183。

[23] 錢穆：〈自序〉，《兩漢經學今古文平議》，頁7。

依經學傳統或今古文之類門派標準來判斷這部著作的價值，而是要完全擺脫經學束縛，一依史學標準。按此標準，這部著作所取得的成就自是相當高，它的史料充分，考核精當，「論證是建立在堅強的歷史事實之上」，[24]從而令經學史上聚訟紛紜的公案得以澈底破解。

進而言之，把經學問題視為史學問題，「於史學立場，而為經學顯真是」，還在深層次上解決了兩方面問題：一是化解了經學上的門戶之見；二是對「六經皆史」之成說有所突破，為中國現代史學開闢了道路。

清人治學，最講門戶，但最大的門戶——經今古文學之門戶，卻是直至晚清才確立，就像有學者所指出的，「晚清以前的歷代學者，雖常論及今文、古文，卻沒有以今文為一大派，古文為另一大派的。用這樣分派的觀點來看漢代經學的，實始於四川學者廖平先生的名著《今古學考》。」[25]此後學者或尊今抑古，或尊古抑今，莫不以廖平所分之門戶為門戶，章太炎、劉師培、康有為、皮錫瑞等經學大家皆如此。正因學者頭腦中一直存有今古文門戶之見，所以當錢穆以〈劉向歆父子年譜〉《劉向歆父子年譜》力功今文經學之非時，有人批評他「似未能離開古文家之立足點而批評康氏」，[26]懷疑他「主古文家言」。實際上，作為史學家，錢穆絕無站到古文經學立場上申古抑今的用意，他的目的是要以「史學立場」，澈底破除晚清以降的經今古文學之門戶。在他看來，今文、古文都是晚清經師主觀臆造的門戶，與歷史真相並不相符，「晚清經師，有主今文者，亦有主古文者。主張今文經師之所說，既多不可信。而主張古文諸經師，其說亦同樣不可信，且更見其為疲軟而無力。此何故？蓋今文古文之分，本出晚清今文學者門戶之偏見，彼輩主張今文，遂為今文諸經建立門戶，而排斥古文諸經於此門戶之外。而主張古文諸經者，亦即以今文學家之門戶為門戶，而不過入主出奴之意見之相異而已。」為了維護門戶之見，「甚至於顛倒史實而不顧。凡所不合於其所欲建立之門戶者，則胥以偽書偽說斥之。於是不僅群經有偽，而諸史亦有偽。」[27]要把這種局面澈底糾正過來，惟有不帶任何偏見，完全依據可靠的歷史資料，將歷史真相揭示出來，方能達成目的。《劉向歆父子年譜》正是做到了這一點，才令人們頭腦中的經學門戶得以破除，從而使經學或經學史的研究擺脫經師習氣，超越「通儒」立場，[28]走上規範的現代學術之途。

在經史兩學關係的問題上，章太炎在前人基礎上所大力宣導的「六經皆史」說，清末民初已然得到不少學者的認同和回應，錢玄同、顧頡剛等學者自接受「六經皆

---

[24] 余英時：〈《周禮》考證和《周禮》的現代啟示〉，《錢穆與中國文化》，頁134。

[25] 李學勤：〈《今古學考》與《五經異義》〉，載張岱年等：《國學今論》（瀋陽：遼寧教育出版社，1991），頁125。

[26] 青松：〈評《劉向歆父子年譜》〉，《古史辨》第五冊，頁250。

[27] 錢穆：〈自序〉，《兩漢經學今古文平議》，頁5-6。

[28] 一些經學家不主門戶，看待某些經學問題時不受今古文窠臼制約，自謂「通儒」。但自史家看來，他們仍各有其經學立場，未能完全超越自身立場總結經學史。

史」的觀點後，一直信奉它，錢穆對章氏的「等貫經史」至少也是認同的。[29]當然，如何理解「六經皆史」，各人看法相異。清末章太炎主張「六經都是古史」，夷經為史，固然是出於史學經世的用意，[30]同時也是出於破除經學統治地位、建立現代學科分類體系的需要。而到了民國年間，胡適、梁啟超、錢玄同、顧頡剛、周予同等人再論「六經皆史」時，卻已是將六經視為史料了，就像周予同所明確指出的，「我們不僅將經分隸於史，而且要明白地主張『六經皆史料』說。」[31]對於「六經皆史」，錢穆有其獨到見解，即在章學誠倡此說的原初意義上，他不贊成「六經皆史料」。[32]但從《劉向歆父子年譜》等一系列著作和他的撰述宗旨看，他的某些觀念又與胡適、梁啟超、錢玄同、顧頡剛、周予同等人並無根本區別。如前所述，他是把經學問題轉化為史學問題，一依史學標準，用史法治經學的，既然如此，經學記錄在他那裡便轉為史學記錄，經書也便成了史料。從夷經為史到「六經皆史料」，經學又一次下跌，獨立地位不保，表明現代學科體系已形成，經學不僅不再是為首的學科，而且已經分崩離析，其內容為人文社會各學科所分解，從歷史學的角度看，這些古老的內容自是應屬史料。當然，換個思路予以分析，也可說錢穆的《劉向歆父子年譜》衝破了「六經皆史」說之樊籬。因其顛倒了經史位置，逆向操作，反過來以史證經，僅用《漢書》等常見史料，即解決了經學上的大問題，最終達成以史御經的目的。這樣，在經史關係上，乃至在史學研究上，一條新的道路被開闢出來。此後，遇到經學上的問題時，學者大率是追步錢穆，以史法治之，從學術史角度考察，成就愈益豐厚，一迄於今。

三、

《劉向歆父子年譜》雖由顧頡剛經手發表，但對這篇直斥康有為《新學偽經考》之誤的長文，顧氏並不認同，還就有關問題與錢穆進行了討論。

顧頡剛1913年考進北京大學預科後，曾在國學會聽章太炎講學，覺得章的學說

[29] 錢穆：《國學概論》（北京：商務印書館，1997），頁11。可參見劉巍：〈《劉向歆父子年譜》的學術背景與初始反響〉，載《中國社會科學院近代史研究所青年學術論壇．2000年卷》一文對此所展開的議論。

[30] 有學者認為，與章學誠倡「六經皆史」相比，章太炎等人再倡此說時立意已有所不同。章學誠「雖有經史並列之心，其基本立意還是希望提高史學（到近於經學）的地位」，章太炎等人雖也認同此點，但在當時民族危機的情勢下，史學「榮其國家，華其祖宗」的功用較平日凸顯，「隨著歷史對國家興衰重要性的增加，『六經皆史』說的社會學意義也與前大異。」參見羅志田：〈清季民初經學的邊緣化與史學的走向中心〉，《權勢轉移：近代中國的思想、社會與學術》（武漢：湖北人民出版社，1999），頁331。

[31] 周予同：〈治經與治史〉，朱維錚編：《周予同經學史論著選集》（增訂本）（上海：上海人民出版社，1996），頁622。參見劉巍：〈《劉向歆父子年譜》的學術背景與初始反響〉，《中國社會科學院近代史研究所青年學術論壇．2000年卷》，頁732-735。

[32] 「實齋（按即章學誠）《文史通義》唱『六經皆史』之說，蓋所以救當時經學家以訓詁考核求道之流弊。」「近人誤會『六經皆史』之旨，遂謂『流水帳簿盡是史料』。嗚呼！此豈章氏之旨哉！」見錢穆：《中國近三百年學術史》（北京：商務印書館，1997），頁430、433。

很有道理，產生「古文家是合理的，今文家則全是些妄人」的看法。但不久之後，他又讀到了康有為《新學偽經考》與《孔子改制考》，又覺十分敬佩，認識到「古文家的詆毀今文家大都不過為了黨見，這種事情原是經師做的而不是學者做的。」[33]數年後，顧頡剛對章太炎的崇敬之心更降低了，相反由於受胡適授課內容的影響，益發信服康有為了。胡適在講授「中國哲學史」時，「丟開唐虞夏商，逕從周宣王以後講起」，這一講法使顧頡剛對自己「上古史靠不住的觀念在讀了《改制考》之後又經過這樣地一溫」，[34]而更加堅定了。從此更覺康有為之言有理，認為「長素先生受了西洋歷史家考定的上古史的影響，知道中國古史的不可信，就揭出了戰國諸子和新代經師的作偽的原因，使人讀了不但不信任古史，而且要看出偽史的背景，就從偽史上去研究，實在比較以前的辨偽者深進了一層。」[35]康有為的著作本是為變法改制提供依據的政治性極強的經學著作，並非嚴格的史學研究之作，但在此時的顧頡剛眼裡，卻是啟發他推倒舊古史、查出偽史背景的史學專著。當然顧氏也清楚康氏著作有相當複雜的背景和政治動機，說康是「拿辨偽做手段，把改制做目的，是為運用政策而非研究學問」，故「對於今文家的態度總不能佩服。」[36]所以他是取康氏的結論而非手段，並認為自己的辨偽工作才是手段與目的一致的工作。很顯然，在接受康氏影響的同時，顧氏對其所代表的今文家派卻持懷疑態度。1920年大學畢業後，顧氏認識了錢玄同，並深受其啟發。錢氏曾是章太炎的學生，又受康有為和今文家崔適的影響很大，所以他「兼通今古文而對今古文都不滿意」。他曾對顧頡剛說：「我們今天，該用古文家的話來批評今文家，又該用今文家的話來批評古文家，把他們的假面具一齊撕破，方好顯露出他們的真相。」這番議論，使顧「眼前彷彿已經打開一座門，讓我們進去對這個二千餘年來學術史上的一件大公案作最後的解決。」[37]從此，顧氏對經今古文問題有了更深入的認識，並對上古史材料作系統的搜集與研究，陸續編出了《古史辨》。在《古史辨》中，他受今文經學「疑古惑經」的啟發，懷疑經書，進而辨析古史，欲撥開古史「茫昧無稽」的迷霧，恢復古史的本來面目。就像有學者所言：「《古史辨》一開始就帶有全盤『抹煞』上古信史的精神——在還沒有逐步的檢視每一件史事（或大部分重要史事）前，就先抹煞古書古史。而這個精神主要便是承繼清季今文家的歷史觀而來的。」[38]「正因受康有為《孔子改制考》與《新學偽經考》的影響，使得顧頡剛在一開始就全盤否定上古信史。」[39]

由於顧頡剛的古史辨偽思想在今古文兩家中主要取法於今文，尤其是取法於康有為的觀念，所以他對錢穆直斥康氏《新學偽經考》之非的《劉向歆父子年譜》並不

---

[33] 顧頡剛：〈自序〉，《古史辨》第一冊，（上海：樸社，1926），頁26。
[34] 同上註，頁36。
[35] 同上註，頁78。
[36] 同上註，頁43。
[37] 顧頡剛：〈序〉，《秦漢的方士與儒生》（上海：上海古籍出版，1978），頁6-7。
[38] 王汎森：《古史辨運動的興起：一個思想史的分析》（臺北：允晨文化實業股份有限公司，1987），頁217。
[39] 彭明輝：《疑古思想與現代中國史學的發展》（臺北：商務印書館，1991），頁165。

贊同。於是，在《五德終始說下的政治和歷史》一文中，他表達了與錢穆相左的看法。[40]《五德終始說下的政治和歷史》的前十三節基本是用五德終始說講五行說的起源和發展，其中已雜入不少今文家說，從第十四節開始專門談今古文問題。從顧氏的具體論述來看，他相信《毛詩》、《古文尚書》、《逸禮》、《左傳》都是劉歆偽造或改造的，這顯系襲自康有為的觀點。所以他的結論是：「其實所謂古學何嘗是真的古學，只不過是王莽所需要之學，劉歆所認為應行提倡之學而已。康長素先生以『新學偽經』名書，這是很不錯的。」[41]「我深信一個人的真理即是大家的真理。《偽經考》這書，議論或有錯誤，但是這個中心思想及其考證的方法是不錯的。」[42]可見，顧頡剛在論及今古文問題時，是同意康有為《新學偽經考》中的結論的，明顯站在錢穆對立面，維護康氏舊說。

應顧頡剛之請，錢穆在讀了《五德終始說下的政治和歷史》之後為其寫了一篇評論。在評論中，錢氏指出，顧頡剛「時時不免根據今文學派的態度和議論來為自己的古史觀張目。……《五德終始說下的政治和歷史》那篇論文，便是一個例子。無論政治和學說，在我看來，從漢武到王莽，從董仲舒到劉歆，也只是一線的演進和生長，而今文學家的見解，則認為其間定有一番盛大的偽造和突異的改換。顧先生那篇文裡，蒙其採納我《劉向歆王莽年譜》裡不少的取材和意見，而同時顧先生和今文學家同樣主張歆、莽一切的作偽。」[43]接著錢穆考察了顧氏文中的一些例證，並在大量論據基礎上得出與顧氏相反的結論。最後錢穆概括己意，重申「劉歆只把當時已有的傳說和意見加以寫定。（或可說加以利用）。劉歆、王莽一切說法皆有沿襲，並非無端偽造。」「顧先生原文所引各種史料及疑點，均可用歷史演進的原則和傳說的流變來加以說明，不必用今文家說把大規模的作偽及急劇的改換來歸罪於劉歆一人。」[44]

錢穆說顧頡剛的論斷可用歷史演進和傳說流變加以說明，不必盡如今文家說歸之於劉歆一人所造，這確是說中了問題的要害。因運用歷史演進和傳說流變的眼光來研析歷史，恰是顧氏所長，顧若棄置其長，難免有失。但顧本人對此問題並不這樣看，在讀了錢穆評文後，他隨即寫了一篇跋文，申說自己的觀點。他認為自己「對於清代的今文家的話，並非無條件的信仰，也不是相信他們所謂的微言大義，乃是相信他們的歷史考證。他們的歷史考證，固然有些地方受了家派的束縛，流於牽強武斷，但他們揭發西漢末年一段騙案，這是不錯的。……劉歆一個人，年壽有限，精力有限，要他偽造許多書自然不可能，但這個古文學運動是他於校書後開始提倡的（見本傳），

---

[40] 按顧頡剛是於1930年2月至6月，應楊振聲先生之邀，為《清華學報》作〈五德終始說下的政治和歷史〉。該文初刊於《清華學報》1930年6月第6卷第1期，與《劉向歆父子年譜》的刊佈幾乎同時，但寫作時間比《劉向歆父子年譜》晚幾個月。胡適曾說：「顧說一部分作於曾見錢譜之後，而墨守康有為、崔適之說，殊不可曉。」見《胡適的日記》（手稿本）第十冊。

[41] 顧頡剛：〈五德終始說下的政治和歷史〉，《古史辨》第五冊，頁533-534。

[42] 同上註，頁537-538。

[43] 錢穆：〈評顧頡剛〈五德終始說下的政治和歷史〉〉，《古史辨》第五冊，頁621。

[44] 同上註，頁630。

是他於當權後竭力推行的（見王莽傳），這是極明顯的事實。在這個利祿誘引之下，自然收得許多黨徒，造成一種新風氣，自然他們所目為乖謬的都得正，所目為異說的都得壹，而學術於是乎大變。所以劉歆雖不是三頭六臂的神人，但他確是改變學術的領袖，這個改變的責任終究應歸他擔負。清代今文家在這一方面，議論雖有些流於苛刻，而大體自是不誤。」[45]顯然在顧氏看來，相信清今文家的歷史考證與錢穆所言用歷史演進和傳說流變說明問題並不矛盾，只要清今文家的歷史考證大體不誤，就可以作為說明問題的歷史資料。可見顧的基本見解未變，沒能接受錢穆的批評。

從錢顧之辯可以看出，兩人都是站在史學立場上討論經學問題。錢氏自不待言，顧氏維護康有為舊說，也非為相信今文家說，「乃是相信他們的歷史考證」。他曾表明：「我們所以在現在提出今古文問題，原不是要把這些已枯的骸骨敷上血肉，使它重新活躍在今日的社會，只因它是一件不能不決的懸案，如果不決則古代政治史、曆法史、思想史、學術史、文字史全不能做好，所以要做這種基礎的工作而已。」[46]針對有些人因其發表了一些不信任古文家的文章而將其視作「新今文家」的議論，他的回應是非常明確的，說：「我絕不想做今文家，不但不想做，而且凡是今文家自己所建立的學說我一樣地要把它打破。只是西漢末的一幕今古文之爭，我們必得弄清楚，否則不但上古史和古文籍受其糾纏而弄不清楚，即研究哲學史和文學史的也要被它連累而弄不清楚了。這種難關是逃避不了的。」[47]很顯然，他把討論經學問題作為史學研究的一個基礎，不釐清今古文之爭，中國歷史的重重迷霧就無法撥開，他主觀上絕無經學家的家派觀念。

對於顧氏的不受家派束縛和超越今文學，其論爭對手錢穆也看得十分清楚。錢曾分析了《古史辨》所以產生的緣由，認為顧的學說「自然和晚清的今文學未可一概而論」，「顧先生的古史剝皮，比崔述還要深進一步，絕不肯再受今文學那重關界的阻礙，自無待言。」而且他還引用胡適的見解，指出顧之學說與康有為今文學的區別，說：「顧先生討論古史裡那個根本的見解和方法，是重在傳說的經歷和演進，而康有為一輩人所主張的今文學，卻說是孔子托古改制，六經為儒家偽造，此後又經劉歆、王莽一番偽造，而成所謂新學偽經。偽造與傳說，其間究是兩樣。傳說是演進生長的，而偽造卻可以一氣呵成，一手創立。傳說是社會上共同的有意無意——而無意為多——的一種演進生長，而偽造卻專是一人或一派人的特意製造。傳說是自然的，而偽造是人為的。傳說是連續的，而偽造是改換的。傳說漸變，而偽造突異。我們把顧先生的傳說演進的見解，和康有為孔子改制新學偽經等說法兩兩比較，似覺康氏之說有些粗糙武斷，不合情理，不如傳說演進的說法較近實際。」[48]錢穆不滿意顧頡剛

---

[45] 顧頡剛：〈跋錢穆評〈五德終始說下的政治和歷史〉〉，《古史辨》第五冊，頁631、632。

[46] 顧頡剛：〈自序〉，《古史辨》第五冊，頁3。

[47] 顧頡剛：〈跋錢穆評〈五德終始說下的政治和歷史〉〉，《古史辨》第五冊，頁632。

[48] 同上註，頁620。按王汎森在《古史辨運動的興起：一個思想史的分析》第50-51頁中曾引用錢穆這段話以說明顧頡剛「古史辨」派「把無意的積累與有意造偽等同」，實則錢氏這段話旨在說明顧是重傳說的經歷

《五德終始說下的政治和歷史》一文的基本結論，恰恰在於他認為顧氏在一些問題上過於相信今文家的說法，而沒有運用自己所擅長的傳說演進的見解與方法。

可以說，由《劉向歆父子年譜》所引發的錢顧之辯，核心問題雖仍是經今古文問題，但從爭論雙方所持立場和主張看，已非傳統的經學之爭，而是現代意義上的史學之爭。雙方所信服者都是各自所認可的歷史考證結果，即便這一結果與今古文家的某些結論相合，但基本著眼點已是大相徑庭。若與清末康有為、章太炎之間的今古文之爭相較，更能看出這一爭論的時代特性。康章之爭儘管帶有濃厚政治意味，畢竟還是一場經學爭論；而錢顧之辯則既無政治色彩，又非經學論辯。這至少表明時代語境和學術主題已轉換，經史之學走上了現代軌道，就像顧頡剛之所言：「從前人治學的最大希望是為承接道統，古文家所以造偽經者為此，清代的今文家所以排斥偽經者也為此。但時至今日，……我們可以打破這種『求正統』的觀念而易以『求真實』的觀念了。」[49]這種圍繞古老經學問題而展開的史學層面上的正常學術討論，不僅為此類問題的研討樹立了典範，而且某種意義上也是為中國史學擺脫政治化傾向，在學術道路上健康前行奠定了基礎。

進而言之，透過考察錢顧之辯，還可深入地看清錢顧二氏相近又相異的史學理念。《劉向歆父子年譜》經顧頡剛之手發表，後又被顧氏收入《古史辨》第五冊中，這似乎意味著錢穆與古史辨派的某種關聯，具有象徵意義。錢穆本人也曾申明，自己的主張是「想為顧先生助攻那西漢今文學家的一道防線（其實還是晚清今文學家的防線），好讓《古史辨》的勝利再展進一程。」[50]到了晚年，他又自謂：「頡剛史學淵源於崔東壁之《考信錄》，變而偏激，乃有《古史辨》之躍起。然考信必有疑，疑古終當考。二者分辨，僅在分數上。……余則疑《堯典》，疑《禹貢》，疑《易傳》，疑老子出莊周後，所疑皆超於頡剛。然竊願以考古名，不願以疑古名。疑與信皆須考，余與頡剛，精神意氣，仍同一線，實無大異。」[51]應該說，在把經學問題作為史學問題、汲汲於史學求真方面，錢、顧二人是頗為一致的，「於史學立場，而為經學顯真是」（錢穆語），「打破……『求正統』的觀念而易以『求真實』的觀念」（顧頡剛語），此類表述，便充分證明瞭這一點。不過，治學目的相同，不等於其他方面也都一致，錢穆「願以考古名，不願以疑古名」的說法，即能令人察覺此中端倪。[52]實際上，早在北大史學系講中國上古史時，他就明確表示過不能贊同疑古，說「余任上古史課，若亦疑古，將無可言。」[53]後來他在致顧頡剛的一封信中說：「弟與兄治學途徑頗有相涉，而吾兩人才性所異則所得亦各有不同。……兄之所長在於多開途

和演進的，傳說主要是無意的演進生長，而康有為一派人才是重刻意偽造之說的，兩者區別很大。

49 顧頡剛：〈中國上古史研究課第二學期講義序目〉，《古史辨》第五冊，頁258。

50 錢穆：〈評顧頡剛〈五德終始說下的政治和歷史〉〉，《古史辨》第五冊，頁630。

51 錢穆：《八十憶雙親、師友雜憶》，頁167-168。

52 有學者認為：「把20至30年代以考據名家的錢穆歸為王國維一類的考古派史家，恐怕更為恰當。」見陳勇：〈疑古與考信——錢穆評古史辨派的古史理論〉，《學術月刊》2000年第5期。

53 錢穆：《八十憶雙親、師友雜憶》，頁163。

轍，發人神智。弟有千慮之一得者，則在斬盡葛藤，破人迷妄。故兄能推倒，能開拓，弟則稍有所得，多在於折衷，在於判斷。」[54]可見兩人在治學取向和風格上，是有較大差異的。僅就《劉向歆父子年譜》而言，錢穆確乎是以「考古」的態度和精神，孜孜於原始文獻，一步步考出康有為之說之誤；而顧頡剛不認同錢說，則是出於古史辨派與今文經學「疑古惑經」一脈相承的思想聯繫，從而相信今文家的歷史考證所致。他們的目的皆為撥開經學迷霧，探求史之真相，但切入點和研究取向明顯有異。若進一步考察，還可看出錢穆是在總體上非「疑古」的宏觀視野下，於具體微觀領域「疑」而「考」之；[55]而顧頡剛則在「疑古」的大思路下，對前人的某些具體論斷信而采之。兩人皆有「疑」，但所疑方向不同，顯示出史學理念上的差異。

對於中國歷史學而言，無論是錢穆的信而有疑，還是顧頡剛的疑而有信，最終應該說殊途同歸，皆有益於近代新史學的成長壯大。事實也證明，他們從各自方向所作出的努力，確為此貢獻良多。

54 見顧潮：《歷劫終教志不灰：我的父親顧頡剛》（上海：華東師範大學出版社，1997），頁143。

55 何茲全先生曾指出，《劉向歆父子年譜》「是一篇考訂精密而有創見的專題著作，是一篇對歷史問題的微觀著作。但這篇文章也顯示錢先生是大處著眼小處著手的。他從對劉向、劉歆父子一生經歷的精密考訂入手，卻在解決今古文經的一個大問題——劉歆是否偽造了諸經。」見何茲全：〈錢穆先生的史學思想——讀《國史大綱》、《中國文化史導論》箚記〉，李振聲編：《錢穆印象》（上海：學林出版社，1997），頁157。

第十八章　錢賓四先生《兩漢經學今古文平議》讀後——兼談錢先生的治學特色

新亞研究所
李學銘

一、前言

錢賓四（穆）先生（1985-1990）《兩漢經學今古文平議》一書，1958年8月新亞研究所（香港）初版，1971年東大圖書公司（臺北）重印，1978年再版。2001年7月商務印書館（北京）出版國內本，2003年8月第二次印刷。本文的引述，是北京商務印書館的第二次印刷本。

本書收錄錢先生所撰四篇論文：第一篇《劉向歆父子年譜》初刊於1930年（民19）6月《燕京學報》第七期及《古史辨》，又曾由中國文化服務社單獨印行；第二篇《兩漢博士家法考》曾刊載於1944年7月中央大學《文史哲季刊》第二卷第一號；第三篇《孔子與春秋》曾刊載於1954年1月香港大學東方文化研究院《東方學報》第一卷第一期；第四篇〈周官著作時代考〉曾刊載於1932年6月《燕京學報》第十一期[1]。

據說錢先生有意寫這幾篇論文，實因皮錫瑞（1850-1908）的《經學歷史》和《經學通論》而起。他認為皮氏這兩部著作，內裡有不少可商榷的地方，尤其是《經學歷史》，一開始便講錯了[2]。至於各篇論文的內容，都是為兩漢經學今古文問題而發，包括：破除劉歆（約前50-23）偽造古文經的謬說；發明兩漢博士治經分今古文的真相；闡述古今經學流變的大體；證明《周官》確實是偽書。其中《劉向歆父子年譜》這一篇，是錢先生的成名作，對當時學壇有很大的影響。

1　參閱錢穆：〈自序〉及「編者按語」，《兩漢經學今古文平議》（北京：商務印書館，2003），頁7。如據錢先生自述，《平議》四文的完成次序和年分是：《劉向歆父子年譜》（1929）、〈周官著作時代考〉（1931）、〈兩漢博士家法考〉（1943）、〈孔子與春秋〉（1953），這或許是文章完成和文章刊載兩者，在時間上稍有差距。參閱錢穆：〈第八講〉，《經學大要》（臺北：素書樓文教基金會、蘭臺出版社，2000），頁144-145。

2　同上註。

二、《平議》各篇論文內容要略

（一）《劉向歆父子年譜》

本篇原名為《劉向劉歆王莽年譜》，初刊於《燕京學報》第七期，顧頡剛（1893-1980）在刊發時改為今名。這是錢賓四先生轟動當時學壇的成名之作，也是中國現代學術史上不斷受人稱許的名篇，主要是為了針對康有為（1858-1927）《新學偽經考》的謬誤而撰寫，目的在透過糾謬辨誤引發討論，有推廣經學之意[3]。

本篇的體例，是仿王國維（1877-1927）《太史公行年考》，以年譜的撰作形式，具體排列了劉向（前77-前6）劉歆父子的生卒、任事年月及新莽朝政，用具體史事揭櫫康有為《新學偽經考》有二十八項不可通，凡康文曲解史實、抹殺證據之處皆一一指明。錢先生在《劉向歆父子年譜．自序》中說：

> 主今文經者，率謂《六經》傳自孔氏，歷秦火而不殘，西漢十四博士皆有師傳，道一風同，得聖人之旨。此三者，皆無以自堅其說。……南海康氏《新學偽經考》持其說最備……要而述之，其不可通者二十有八端。[4]

錢先生指出，主今文經說的人，認為《六經》傳自孔子、西漢十四博士師承歷歷可數、今文經說無論內容或學風都得聖人之旨。這些說法，都不成立，但康有為則「持其說最備」。錢先生繼續說：

> 余讀康氏書，深疾其牴牾，欲為疏通證明，因先編《劉向歆父子年譜》，著其實事。實事既列，虛說自消。元、成、哀、平、新莽之際，學術風尚之趨變，政治法度之因革，其跡可觀。……循是而上溯之晚周先秦，知今古分家之不實，十四博士之無根，《六籍》之不盡傳於孔門而多殘於秦火，庶乎可以脫經學之樊籠，發古人之真態矣……。[5]

據錢先生辨析，而兩漢時有經學「今古文」，只限伏生（生卒年不詳）和孔安國（生卒年不詳）兩本不同的《尚書》，而當時講《尚書》的人，也只講當時朝廷認可的「今文《尚書》」。由武帝至宣帝，講《春秋》有《公羊》、《穀梁》之別，但只有《公羊》立博士。宣帝即位後，有石渠閣會議，最後《穀梁》獲立博士。但這只是一家與一家之爭，而不是「今文」與「古文」之爭。哀帝時，劉歆求立《左氏春秋》、

---

3 參閱錢穆：《經學大要》目次前的「出版說明」。

4 見錢穆：《兩漢經學今古文平議》，頁1。

5 同上註，頁7。

《毛詩》、《逸禮》、《古文尚書》，是後儒所謂「今古文」相爭的第一案，但當時並沒有「今古文」相爭之名，只有經學與諸子百家言的分別。光武至東漢末，當時有所謂「今古文之爭」，而所爭以《左氏》為主，但實際上，所爭不外文字異本、篇章多寡、立官博士置弟子等方面，主要是爭利祿，而不是字體有別，更不是為了爭學術的真是非。這就是經學「今古文之爭」的事實[6]。至於「十四博士之無根」、「《六籍》之不盡傳於孔門」，則可參閱本書《兩漢博士家法考》和《孔子與春秋》兩文，下文會有提及，為免重複，現從略。

總之，錢先生在本篇駁斥康有為《新學偽經考》「不可通者二十有八端」，概括起來，主要包括幾方面：

（一）劉歆無遍造群經的時間；
（二）與劉歆同時或前後時代的人，並未留下劉歆作偽的記載；
（三）劉歆爭立古文經時，並無媚莽助篡偽造《周官》；
（四）劉歆並無在偽造《周官》之前，偽造《左傳》、《毛詩》、《古文尚書》、《逸經》等經書。[7]

（二）《兩漢博士家法考》

本篇是一篇詳細研究、分析兩漢博士家法的論文。清末今文學大師有兩人，一是康有為，一是廖平（1852-1932）。廖氏的《今古學考》有二十表，把漢代今古文學的分野，一一追溯到戰國。錢先生詳細駁斥廖氏之說，他在《兩漢經學今古文平議》〈自序〉中云：

> 康著《新學偽經學考》，專主劉歆偽造古文經之說，而廖季平之《今古學考》……謂前漢今文經學十四博士，家法相傳……一一追溯之於戰國先秦，遂若漢代經學之今古文分野，已遠起於先秦戰國間，而夷考漢博士家法，事實後起，遲在宣帝之世。……兩《漢書．儒林傳》可資證明。……夫治經學者，則豈有不讀《儒林傳》？而終至於昧失本真而不知，此即是門戶之見之為害也。[8]

根據班固（32-92）《漢書．儒林傳》和范曄（398-445）《後漢書．儒林列傳》的記載，漢代經學博士遲至宣帝時才有所謂家法，並非遠起於戰國，廖平（季平）的《今古學考》，竟列表把漢代經學今古文的分野，一一追溯到戰國時期，可見他完全忽略

---

6 參閱錢穆：〈第四章〉，《國學概論》（臺北：商務印書館，1956），頁107-122；錢穆：〈第三講〉，《經學大要》，頁173-176。

7 參閱錢穆：《劉向歆父子年譜．自序》，《兩漢經學今古文平議》，頁234-235。

8 見錢穆：《兩漢經學今古文平議》，頁4。

了兩《漢書》中相關的記述。兩《漢書》是常見書，更是治經學者所必讀。廖氏大抵不會不讀兩《漢書》，但好像對書中的記述視而不見。錢先生認為：這是因為他先存有「門戶之見」，因而「昧失本真而不自知」！

其實宣帝時諸經博士雖講家法，但並沒有今古文之分。錢先生在《兩漢博士家法考》中有清楚的說明：

> 宣帝時既已增立諸經博士，至哀帝元年而又有劉歆請建《左氏春秋》、《毛詩》、《逸禮》、《古文尚書》一案。後人率目歆所爭立者為「古文經」，而謂宣帝以來所立諸博士經為「今文」，經學有今古文界劃全於此，而夷考當時情實，則頗不然。歆之移書讓太常博士……力言三者（指《逸禮》、《古文尚書》、《左氏春秋》）之為古文舊書，蓋明其與朝廷所立博士諸經同類，此歆爭立諸經之最大理由也。[9]

劉歆在《移讓太常博士書》中，力言《逸禮》、《古文尚書》、《左氏春秋》是古文舊書，表示三者與朝廷所立博士諸經同類，可知當時仍以《詩書六藝》（即《六經》）為「古文」，與後出的百家言之書相異。也就是說，劉氏爭立的不是「古文經」，而是「古文舊書」。到了光武中興，立於官學的有十四博士。當時有韓歆（生卒年不詳）上疏，為《費氏易》、《左氏春秋》爭立博士，范升（生卒年不詳）反對。據范氏的說法，在東漢初期，諸經亦只有立官與不立官之分，仍未有所謂今文、古文之別。稍後賈逵（30-101）又爭立《左傳》，也表明《公羊》不同於《左傳》、《穀梁傳》，正如《尚書》和《易》有不同經師之說[10]。錢先生因而說：

> 立官有先後，經說有異同，當時並不指十四博士自成一系，謂之「今文」，其他諸經則為「古文」，如後世云云也。而爭端所在，前漢則為《公》、《穀》，後漢則為《左氏》、《公羊》，亦並不遍及諸經。凡後世遍及諸經，而為之分立古今文界劃者，皆張皇過甚之談也。[11]

顯而易見，經學立博士有先後，經說有異同，但並不表示已立十四博士的經學自成一系，稱為「今文」，其他諸經則是「古文」。而且，經學立博士之爭，前漢只限《公羊》與《穀梁》之爭，後漢則是《左傳》與《公羊》之爭，並不遍及群經，亦不涉及「今文」與「古文」的分歧。如果像廖平《今古學考》所云，認為經學最有今古文之分，漢代十四博士的淵源流變可一一上溯至戰國，自然是浮誇不實之論。

我們有了上述的理解，對錢先生下面的論說，就會能夠認同。錢先生先指出，王

[9] 同上註，頁231-232。

[10] 參閱錢穆：〈兩漢博士家法考〉，《兩漢經學今古文平議》，頁234-235。

[11] 同上註，頁235。

國維《觀堂集林》卷七各篇，辨析經學今古文及漢儒師說家法的淵源流變甚精密，但未能解決以往爭議的根本問題，而《漢魏博士考》一文，也少發明之見[12]。錢先生跟著說：

> 清代經師，盛尊漢學，高談師說家法，已失古人真態。又強別今文、古文，誤謂博士官學，皆同源一本，自成條貫，而古學起與立異。分門別戶，橫增壁壘……曾不能千萬得一；而肆其穿鑿，強為綴比，積非成是，言漢學者競相引據焉。[13]

所謂「清代經師」的誤說，指康有為、廖平等人的主張。他們認定兩漢經學早分今文、古文，又說博士官學同源一本，可一一追溯至戰國。錢先生認為，這都是穿鑿附會。可惜談經學的學者，卻競相引據，致令謬說廣為流播。

（三）《孔子與春秋》

談孔子思想，我們會想到兩部書，一部是《論語》，另一部是《春秋》。本篇特別強調，《論語》是「公認為研究孔子一部必要的典籍」，是「孔子門人弟子記載孔子平日言行的一部書，而《春秋》則是孔子自己的著作」，「真是研究孔子，實在不該忽略了《春秋》」[14]。錢先生主張《春秋》是孔子「唯一的著作」，曾引發一些批評[15]，錢先生在多種論著中都有辨析、申說，而且言而有據，這裡就不再重述了。錢先生特別以《孔子與春秋》為題撰作，可見他對《春秋》及相關問題的重視。

錢先生在《兩漢經學今古文平議》〈自序〉中說：

> 本書第三篇《孔子與春秋》，特於古今經學流變之大體，以及經學與儒家言之離合異同，提契綱領，窮竟源要，於學術與時代相配合相呼應之處，獨加注意，而漢儒與清學之辨，亦朗若列眉……讀者必於此有悟，乃可以見清學之所建立，乃所以獨自成其為清學，而未必即有當於漢儒之真相也。[16]

可見本篇重點在論述：古今經學的流變、經學與儒家言的離合異同、漢儒與清學之辨等方面，而於學術與時代的配合和呼應，則特別措意。

談《春秋》，錢先生在本篇引述了不少《論語》的話語，其中較重要的話語是：

---

[12] 參閱同上，頁183。

[13] 同上註，頁258-259。

[14] 參閱錢穆：〈春秋〉，《兩漢經學今古文平議》，頁263、266。

[15] 參閱錢穆：〈第二講〉，《經學大要》，頁17。

[16] 見錢穆：《兩漢經學今古文平議》，頁5。

天下有道，（則）禮樂征伐自天子出；天下無道，（則）禮樂征伐自諸侯出。……天下有道，（則）政不在大夫，天下有道，則庶人不議。[17]

錢先生下按語云：

在孔子心目中，他認為當時是一個無道之世……所以他要以一個庶民的地位而來議當世之禮樂征伐……今所見於《論語》的，則只是一般原則性的話。至於孔子對於當世禮樂征伐一切具體的訾議和批評，則他的弟子們，並沒有詳細記下，而大體則見之於《春秋》。所以《孟子》說：「《春秋》成而亂臣賊子懼。」[18]

這是說，孔子身處無道之世，所以要以庶人身分議當世的禮樂征伐，但他的意見，《論語》只記錄原則性的提示，而《春秋》則記述了具體的訾議和批評，因此孟子（前372-前289）才會說：「《春秋》成而亂臣賊子懼。

錢先生又說：

既是征伐不自天子出，自然無一而合於義。……孔子《春秋》必然反篡弒，也必然反征伐。而孔子心目中，並有他自己一番對於新的王政措施之想像與把握。……無怪乎他們要說「孔子志在《春秋》」了。[19]

在無道之世裡，自然無一合於義。孔子於是透過《春秋》，來反篡弒和反征伐。所謂「志在《春秋》」，就是要藉《春秋》來傳達批評現實政治的微旨。錢先生又說：

孔子與門弟子當時所講論，絕不能一一盡見於《論語》……如是，則捨棄了《春秋》，專治《論語》，絕不足以見孔子之學之全，與其所志之真……《春秋》還是一部亦經亦史的一家言。……天下永遠是無道，若我們要議天下，似乎孔子《春秋》精神，所謂其深切著明處，我們還得繼續講。[20]

捨棄《春秋》專治《論語》，不足以見孔子所學之「全」和所志之「真」，這是錢先

---

[17] 見錢穆：〈孔子與春秋〉的引述，《兩漢經學今古文平議》，頁313。《論語》原文，見朱熹：〈季氏第十六〉，《論語集注》卷八，收入《四書章句集注》（北京：中華書局，2005），頁171。錢先生引述原文時，省去三「則」字，本文用括號補回。

[18] 見錢穆：〈孔子與春秋〉，《兩漢經學今古文平議》，頁313-314。

[19] 見同上，頁314-315。

[20] 見同上，頁316-317。

生向治孔學者的重要提示。《春秋》為什麼「是一部亦經亦史的一家言」？要回答這個問題，仍須引述錢先生的意見：從史方面說，《春秋》是史書編年之祖；轉官史為民間史，關乎民輿論的自由；會國別史為通史，尊王攘夷，主聯諸夏抗外患，以民族觀念，發而為大一統理想[21]。從經方面說，《春秋》中有微言大義，有褒貶，涉及天子如何治理天下的事，所以孔子才會說：「知我罪我，其惟《春秋》。」錢先生強調，要掌握《春秋》中「深切著明」的精神，得要上承周公，下接孟子，會通漢宋[22]。這就是學術須與時代相配合和相呼應。言下之意，現代人研治《春秋》，也不可忽略這一點提示。

（四）〈周官著作時代考〉

本篇對《周官》的著作時代和古文經的關係，作了詳細的考辨，指出後世經師評論的種種失誤。錢先生提供論據，證明《周官》是戰國晚年書，與今文家認為《周官》是晚出之書的看法相同，只是他同時指出：「謂其書乃劉歆偽造，則與謂其書出周公製作，同一無根。」[23]錢先生在《兩漢經學今文平議》〈自序〉中說：

> 清儒主張今文經學者，群斥古文諸經為偽書，尤要者則為《周官》與《左傳》、《左傳》遠有淵源，其書大部分應屬春秋時代之真實史料，此無可疑者。惟《周官》之為晚出偽書，則遠自漢、宋，已多疑辨，然其書果起何代，果與所謂古文經學者具何關係，此終不可以不論。本書第四篇〈周官著作時代考〉，即為此而發。[24]

錢先生明確表示：《左傳》遠有淵源，內容大部分屬春秋時代的真實史料，因此不是偽書。不過他同意，《周官》是晚出的偽書，與今文家的主張相同，可見他超越今古文經學家門戶之見，求事實的真是。對《周官》這部晚出之書，錢先生要考辨的，主要是兩項：其書起於何時？與所謂古文經學者有何關係？這就是本篇的撰作緣起。

關於《周官》的著作時代，錢先生分從祀典、刑法、田制及其他相關等各方面，作了詳細深入的辨析，並提供充足的理據。簡而言之，他的意見是：

> 《周官》記載宗教祀典，大部分採取戰國晚年陰陽家思想。關於法制刑律，則有許多是李悝、商鞅傳統。……至於《周官》書中之井田制，則多半出自戰國

[21] 參閱錢穆：〈第一章〉，《國學概論》，頁11-12。
[22] 參閱錢穆：〈孔子與春秋〉，《兩漢經學今古文平議》，頁317。
[23] 語見錢穆：〈周官著作時代考〉，《兩漢經學今古文平議》，頁322。
[24] 見錢穆：《兩漢經學今古文平議》，頁5。

晚年一輩學者理想中所冥構。[25]

其他如公田的廢棄、爰田制的推行、封疆的破壞等情況，《周官》都有涉及，但都是井田制度消失後的現象。可見《周官》一書的內容，已隨著時代的發展、新興的局面而有晚出的記述[26]。錢先生因此說：

《周官》還只是像戰國三晉人作品。遠承李悝、吳起、商鞅，參以孟子，而為晚周時代的一部書。[27]

談到《周官》與所謂古文經學者的關係，不得不涉及《周官》與劉歆之間的問題。錢先生在「古文經學者」之前加「所謂」兩字，因為他認為哀帝時劉歆求立《左氏春秋》、《毛詩》、《逸禮》、《古文尚書》之爭，是後儒所謂「今古文」相爭的第一案，但在當時未嘗有「今古文」相爭之名，更沒有今文學者與古文學者的分別[28]。錢先生在〈周官著作時代考〉中說：

《周官》自劉歆、王莽時，眾儒已「共排以非是」。其後雖有少許學者信奉，終不免為一部古今公認的偽書。然謂其書乃劉歆偽造，則與謂其書出周公製作，同一無根。我前草《劉向歆父子年譜》，曾於劉歆大批偽造古書一說，加以辨白。……何休曾說：「《周官》乃六國陰謀之書。」據今考論，與其謂《周官》乃周公所著，均不如何說遙為近情。[29]

錢先生《劉向歆父子年譜》一文，羅列論據，詳辨主張劉歆偽造大批古文經之說的謬誤。有人誤會他以古文經的立場，攻今文經學者之失，自然是不實的質疑。提出質疑的人，無疑是先有門戶之見，而自我錮蔽於自設門戶之內，終至於「渺不得定論之所在」，「此即門戶之見之為害也」[30]。

三、《平議》重要提示舉隅

《兩漢經學今古文平議》一書，只有四篇論文，討論範圍，都是為兩漢經學今古文的問題而發。表面看來，論文篇數不多，涉及面似乎不夠寬廣，但都是我國學術史

[25] 見錢穆：〈周官著作時代考〉，《兩漢經學今古文平議》，頁405、407。

[26] 同上註，頁462。

[27] 同上註。

[28] 參閱錢穆：〈第四章〉，《國學概論》，頁122；錢穆：〈第九講〉，《經學大要》，頁175-176。

[29] 見錢穆：《兩漢經學今古文平議》，頁322。

[30] 語見錢穆：〈自序〉，《兩漢經學今古文平議》，頁3-4。

上的重要議題，而且內容並不局限於兩漢經學的今文和古文。我們只要細讀，就知道其中有些提示，啟發性強，更不是兩漢經學所可囿限。下列三項，只不過是書中的部分提示，聊作舉隅，期望有助於研讀本書和愛好思考的讀者。

（一）「破藩籬」，「通諸門戶為一家」

錢先生在《兩漢經學今古文平議》〈自序〉中說：

> 蓋清儒治學，始終未脫一門戶之見。其先爭朱、王，其後則爭漢、宋。……今古文之分，本出晚清今文學者門戶之偏見，彼輩主張今文，遂為諸經建立門戶，而排斥古文諸經於此門戶之外。而主張古文諸經者，亦即以今文學家之門戶為門戶，而不過入主出奴之意見之相異而已。[31]

清儒治學，無論主今文經或古文經，都擺脫不了門戶之見，出主入奴，每雜意氣之私，自然難以定學術的是非。錢先生的意見，說來沉痛。可見他於《平議》一書雖以破今文學家之說為主，但其實並非以古文學家之說為立足點。

錢先生因而在《自序》的末後，交代本書的撰作宗旨：

> 本書宗旨，則端在撤藩籬而破壁壘，凡諸門戶，通為一家。……本書之所用心，則不在乎排擊清儒說經之非，而重在乎發見古人學術之真相。亦惟真相顯，而後偽說可以息，浮辨可以止。誠使此書能於學術界有貢獻，則不盡於為經學上之今古文問題持平論、作調人，而更要在其於古人之學術思想有其探原抉微、鉤沉闡晦之一得。[32]

談論經學的人，有主張今文之說的，有主張古文之說的，兩方各持己見，互相排斥。到了晚清，情況更甚；直到現代，仍然有人標榜門派之說，排斥異己。錢先生在《劉向歆父子年譜》中，力數康有為《新學偽經考》有二十八端不可通，論者或以為他持古文家說攻今文家的不是，但他的〈周官著作時代考〉，則明言《周官》絕非周公之書，也絕非劉歆偽造，而是戰國時代晚出的書。可知錢先生立說，沒有門戶之見，既不是今文家言，也不是古文家言。他在講學或論著中，常常強調：講經學和經學史，應該打破今古文學的界限，通諸門戶為一家，我們細讀他的專著，就可看出他這種態度。

---

[31] 見同上，頁3及5-6。

[32] 見同上，頁6-7。

（二）「治經終不能不通史」

錢先生在《兩漢經學今古文平議》〈自序〉中說：

> 夫治經終不能不通史……龔定菴、魏默深為先起大師，此兩人亦既就史以論經矣。而康長素、廖季平，其所持論，益侵入歷史範圍。故旁通於史以治經，篳路藍縷啟山林者，其功績正當歸之晚清今文諸師。惟其先以經學上門戶之見自蔽，遂使流弊所及，甚至於顛倒史實而不顧。凡所不合於其所欲建立之門戶者，則胥以偽書偽說斥之。……輓近世疑古辨偽之風，則胥自此啟之。[33]

治經須通史，清代今文諸家如龔自珍（定菴，1792-1841）、魏源（默深，1794-1856）、康有為、廖平即「旁通於史以治經」，可惜囿於經學上門戶之見，凡不合於「所欲建立之門戶」，都斥為偽書、偽說。錢先生指出這是近世疑古辨偽之風所由起。他又說：

> 夫史書亦何嘗無偽？然苟非通識達見，先有以廣其心、沉其智，而又能以持平求是其志，而輕追時尚，肆於疑古辨偽，專以蹈隙發覆、標新立異為自表襮之資，而又雜以門戶意氣之私，則又烏往而能定古書真偽之真乎？[34]

史書亦有偽，所以不是不可辨偽，而是辨偽要有「通識達見」，而又不「輕追時尚」，「雜以門戶之私」。這是識見和態度的問題。此外，還要有史的觀念和認識。錢先生表示，如辨劉歆是否有遍造古文偽經、十四博士是否有根、孔子與《六經》的關係、《周官》是否屬晚出之書，都可根據史書的載述，「著其實事」，「實事既列，虛說自滿」。循史實而「上溯之晚周先秦」，就「可以脫經學之樊籠，發古人之真態」[35]。

因此，錢先生標舉撰作《兩漢經學今古文平議》的宗旨，固然是有意破門戶的藩籬，同時他更指出：

> 經學上之問題，同時即為史學上之問題，自春秋以下，歷戰國，經秦迄漢，全據歷史記載，就於史學立場，而為經學顯真是。[36]

---

33 同上註，頁6。

34 同上註，頁6-7。

35 參閱錢穆：《劉向歆父子年譜．自序》，《兩漢經學今古文平議》，頁7。

36 同上註，頁6。

自兩漢以來，經學每階段的發展過程中，都出現複雜的情況，也引發許多爭議。因此，我們要認識經學，須通考據，也須有史的觀念和認識，同時也要注意經學史，即學術思想的傳承和發展。否則，不懂先秦，如何能懂兩漢？不懂兩漢，又如何能懂魏、晉、南北朝、隋唐以下？這是錢先生在不同論著中對我們的開導。可是現代研治經學的人，一般多重視經學專書的研究，卻不知道經學史的重要，更不知道經學上的問題，往往是史學上的問題。「治經終不能不通史」，這是錢先生向來所強調的。

（三）「一時代之學術」，「有一時代之共同潮流與其共同精神」

錢先生在《兩漢經學今古文平議》〈自序〉中說：

> 一時代之學術，則必其有一時代之共同潮流與其共同精神，此皆出於時代之需要，而莫能自外。逮於時代變，需要衰，乃有新學術繼之代興。若就此尋之，漢儒治經學，不僅今文諸師，同隨此潮流，同抱此精神，即古文諸師，亦莫不與此潮流相應相和，乃始共同形成其為一時代之學術焉。[37]

錢先生在上文，特別指出一時代的學術，與時代潮流和時代精神的密切關係。漢儒治經，有所謂今文家之說與古文家之說，他們的說法和爭辯，其實正是當時潮流和當時精神的反映，並共同形成一時代的學術。時代變，需要變；需要不同，自然產生新興的學術。這是學術流變的現象。錢先生於是說：

> 清儒晚出於兩千載之後，其所處時代，已與漢大異，清儒雖自號其學為「漢學」，此亦一門戶之號召而已，其於漢學精神，實少發見。[38]

清儒晚出於漢學兩千年之後，時代潮流、時代精神前後大異，因此雖自號為「漢學」，其實根本是兩回事。試以各時代的經學為例：漢儒治經，有不少附會穿鑿，但他們對有些微言大義，確有所受，同時把其中一些內容，用到當時的實際政治上來，還要在深切著明處用力。魏晉以下，因道釋思想的影響，漸漸看輕「政治」，看重「教化」。唐人治經，主「治」、「教」分；宋人治經，主「治」、「教」合；朱熹的《四書章句集注》，則主「以教統治」[39]。清儒經學，依錢先生的意見，卻另是一新途向：「他們既不重政治，又不重教化，把自身躲閃在人事圈子外面來講經學，雖說他們的訓詁考據，冠絕古今，其實是非宋亦非漢，他們縱有所發明，卻無關於傳統

---

[37] 見錢穆：《兩漢經學今古文平議》，頁5。

[38] 同上註。

[39] 參閱錢穆：〈孔子與春秋〉，《兩漢經學今古文平議》，頁295-297。

經學的大旨」[40]。以上說明瞭每一時代的學術，會因時代潮流、時代精神而轉移的具體事實。總之，我們如缺乏時代的認識，用後人的觀點，來推論前人的學術，總會有搔不著癢處的地方；同樣的理由，清儒自號其學為「漢學」，上接漢代學術的傳統和精神，自然是不實之論了。

四、從《平議》看錢先生的治學特色

根據《兩漢經學今古文平議》一書，我們或可略窺錢賓四先生的治學特色。現試歸納說明如下：

（一）一文有一文的創見

錢先生每種或每篇論著，都會為我們提供或多或少的創見，尤其是學術論文更是如此。《平議》一書，含論文四篇，每篇論文，不但論據堅實，考辨精詳，而且都有本身的創見和特點，而其中又有「一以貫之」的主題——析論兩漢經學的種種問題，特別是有關經學今古文之爭和古文經真偽的考辨。談論文的撰作，我們都會覺得寫述證的論文易，寫辯證的論文難，尤其是寫有創見的論文更難。本書四篇論文，都顯示辯證的功力而又有創新之見，值得後學好好學習。

（二）體例傳統而精密

「傳統」，現代人往往視為「保守」或「守舊」的代名詞，這當然是很大的誤解。錢先生治學重視著作體例，《劉向歆父子年譜》一文可為代表。他有借鑑王國維《太史公行年考》的地方，以年譜的形式排列史事，讓史料向我們說明歷史的真相。而加按語的地方，往往就是畫龍點睛的功力所在。體例是傳統的，但論證則精密。胡適（1891-1962）對以傳統方式治學的學者一般少所許可，但他在1930年10月28日的日記中說：「錢譜為一大著作，見解與體例都好。」[41]「錢譜」，指的就是《劉向歆父子年譜》。

（三）長於「折衷」和「判斷」

錢先生在1939年，曾寫了一封信給顧頡剛，這封信收錄在《顧頡剛日記》裡。錢先生在信中對顧氏說：「兄之所長在於多開途轍，發人神智。弟有千慮之一得者，則

---

[40] 同上註，頁299。

[41] 語見《胡適日記全集》第6冊（臺北：聯經出版事業公司，2004），頁350。

在斬盡葛藤，破人迷妄。故兄能推倒，能開拓，弟則稍有所得，多在於折衷，在於判斷。」[42]錢先生指出，顧氏治學的所長，是能「推倒」和「開拓」，自己治學的所長，多在於「折衷」和「判斷」。這是長久自省、觀察所得之言，同時，也可看到錢先生學有所得的自信。我們試讀《平議》四篇論文，就知道他在廣徵論據時，能析衷眾說，並作判斷，然後提供有說服力的結論。這可說明他識力之高。

（四）辨析述論，以文化為本位

錢先生治學，實以文化為本位。他認為研究歷史，實質上是研究歷史背後的文化。他研究歷史的著作特多，而且往往涉及諸子學、經學、玄學、佛學、理學、清學等學術思想史的領域。領域雖廣，其實仍是以儒家思想為宗主。儒學思想，在中國歷史上延續了兩千多年，長久以來，已成為中國文化中最重要的部分，也表現在中國人生活的方方面面。錢先生認同這個事實，也不諱言自己深受儒學思想的影響。《平議》一書，以經學為辨析述論中心，也就是以儒學思想為討論中心，這顯示他以文化本位的治學取向。全書四篇論文，篇目不同，討論各異，但都是經學研究，也是史學研究，更是文化研究。

（五）富提示啟發，有功歷史文化教育

錢先生學深才高，識力過人，到了晚年，從他問學的後輩，仍常感到他思如泉湧，理路清晰，能隨時提出新觀點。論者認為，錢先生「任何論點，多富啟發性，好學深思者，讀先生書，不論能否接受，皆能獲得一些啟示，激發學者別開蹊徑，不致執著，拘守成說，不能發揮」[43]。因此，錢先生的論著，除了建立本身的論點外，對於歷史教育和文化教育的貢獻，就是其中所蘊含的啟導和開示，讓人受益。我們讀《平議》一書，應可從中得到不少有用的提示和啟發。本文第三節有「《平議》重要提示舉隅」的述說，或可供讀者參考。

五、結語

錢先生的學問，兼通經史，主要論著，都是以儒家為宗主，以文化為本位，並具有史的觀念。他的《兩漢經學今古文平議》一書，就是一部亦經亦史、亦儒學亦文化的代表作。錢先生曾向聽課的學生表示：倘使大家「真要講經學」，這部《平議》

---

[42] 語見〈1939年7月2日日記〉，《顧頡剛日記》第四卷（臺北：聯經出版事業公司，2007），頁395。
[43] 語見嚴耕望：〈錢穆賓四先生與我〉，《怎樣學歷史——嚴耕望治史三書》（瀋陽：遼寧教育出版社，2006），頁261。

「雖不易讀，也應該讀」。這部書用了二十多年完成，大家不妨花幾年工夫「去讀通它」，這樣才可以懂得「做學問的艱難困苦曲折，才可以在學問上「更上進」[44]。本文撰作的目的，就是根據錢先生上述提示，談談自己讀《平議》後的一些意見，藉此鼓勵一些對經學稍有興趣的朋友，嘗試去讀這一部書。

本文內容，大體分三部分：其一是介紹《平議》四篇論文的內容要略；其二是用舉隅方式，從《平議》一書引述其中的重要提示；其三是透過《平議》一書，看錢先生的治學特色。因討論內容，不出《平議》的範圍，不免有所限制。不過，《平議》雖不是篇幅很大的巨著，但各篇論文，都是有分量之作，其中有創新的觀點，到了現在，仍有參考的價值；而在體例和表達方式方面，也有不少地方可供後學借鑑。《平議》有關治學的提示，本文只舉出三項，聊作舉隅，顯然並不全面，期望讀者可透過直接閱讀，進一步發掘其中的精意深旨。至於錢先生的治學特色，以往述論的人不少，本文的述說，也只限於《平議》一書的表現，譬猶蠡測而已。

[44] 參閱錢穆：〈第八講〉，《經學大要》，頁146、149。

第十九章　孔子人生與論語智慧
——讀錢穆著作箚記

新亞研究所
周佳榮

一、從孔子的人生觀看錢穆生平

孔子在《論語》〈為政篇〉中，有一段說話總結了他對人生歷程的看法，廣泛為國人所知，他說：「吾十有五而志於學，三十而立，四十而不惑，五十而知天命，六十而耳順，七十而隨心所欲，不逾矩。」

據我的理解「不惑」是對自己的原則不感到疑惑；「知天命」是不怨天、不尤人，命運和一切是自己造成的，謀事在人，成事在天；「耳順」乃明白是非，辨別好壞；「從心所欲，不逾矩」的意思就是：人到了七十歲，各方面都應該成熟了，做事的時候基本上不犯錯，而又知所行止。

用錢穆的生平引證孔子之言，大致上是符合的。三十而立之年（1924年），錢穆任中學教師；四十不惑之年（1934），任北京大學歷史系教授五十知天命之年（1944年）是中國抗戰勝利前一年，抗日戰爭即將結束；六十耳順之年（1954年），任新亞書院院長兼新亞研究所所長；七十從心所欲之年（1964）辭香港中文大學新亞書院院長職，於翌年卸任，不再受行政事務束縛了。

王國維的《人間詞話》中有論文學三境界，推而廣之，也可以視為人生三境界。第一境：「昨夜西風凋碧樹，獨上高樓，望盡天涯路。」人生的青春期，主題是成長和理想。第二境：「衣帶漸寬終不悔為伊消得人憔悴。」人生的中年期主要是家庭和事業。第三境：「眾裡尋他千百度，驀然回首，那人卻在燈火闌珊處。」人生的老年期，主要是耕耘和收穫，無論得失大小，最緊要是放得下和看得開。

錢穆也有論生命三層次，也就是人生三階段。第一個層次是人的生活（物質文明）：生命為主（內部），生活是從（外部）比較接近自然；第二個層次是人的行為（人文精神）：生命價值應該體現在事業上，知為和事業才是人生的主體；第三個層次是人的歸宿（人類德性）：人性、天性相通，達到「天人合一」的境界，回歸自然。安、樂、德性是個人的，也是古今人共同的。

二、錢穆早年研究《論語》的著作

錢穆早年的著作，是從《論語》看孔子。他出版的第一本書是《論語文解》1918年由商務印書館出版，當時他二十四歲任小學教師，仿馬建忠《馬氏文通》的例論句法，主要以「起、承、轉、合」標明《論語》句法，後高小暨初中年級授課或自修之用。〈序例〉指出《論語》「為學者不可不讀之書」。[1]

《論語文解》出版後，不曾重印，其後錢穆奔走南北未能得有此書，晚年居臺北，海外有藏其書者，持以相贈，此再復得。正是「眾裡尋他千百度，驀然回首，那人卻在燈火闌珊處。」

1924年錢穆三十歲的時候，編成《論語要略》，次年出版，共有六章，依次為〈序說〉、〈孔子之事蹟〉、〈孔子之日常生活〉、〈孔子人格之概觀〉、〈孔子之學說〉和〈孔子之弟子〉。從論語看孔子的言行思想，用意至明。此書後與《孟子要略》和《大學中庸釋義》合為《四書釋義》[2]。〈例言〉指出：「竊謂此後學者欲上窺中國古仙聖哲微言大義，藉以探求中國文化淵旨，自當先《論語》，次《孟子》。此兩書不僅為儒家之正統，亦中國文化精神結晶所依，斷當奉為無上之聖典。」《四書釋義》於錢穆五十九歲時印行，當時他已接近耳順之年了。

三、錢穆晚年對孔子的看法

錢穆晚年有《論語新解》又有《孔子與論語》，最後又有《孔子傳》，主要是由孔子生平引證《論語》一書。《孔子傳》出版於1975年，當時錢穆已年逾八十。在此之前，錢穆完成和印行了《朱子新學案》五冊。我看來錢穆是以朱熹的繼承者自任的；而對於孔子則表達了最大的「溫情與敬意」。

《孔子與論語》是文集，[3]總括了錢穆對孔子與論語兩者關係的見解當中以〈孔子累史及其學說之地位〉一篇最可注意。文中強調「孔子是指講現實世界做人的道理而得人信仰的」，又說「孔子確是一個調和派」，第一是知識和情感的條和，第二調和現在與未來的兩個世界，第三是社會主義與個人主義調和。

對此錢穆作了深入說明：其一，孔子提倡「溫良恭儉讓」，所以能夠調和知識與感情、大學問和宗教。其二，孔子的世界是人類的世界，他所講的孝弟忠信禮樂等、是人類達到極樂世界的條件，極樂世界就在我們溫暖的心裡。孔子是要把未來世界，

---

[1] 見錢穆：〈序例〉，《論語文解》，收入《錢賓四先生全集》第2冊（臺北：聯經出版事業公司，1998），頁2。

[2] 見錢穆：《四書釋義》（北京：九州出版社，2011）。

[3] 錢穆：《孔子與論語》，收入《錢賓四先生全集》第4冊。

表現於現在的社會裡。其三，孔子教人忠恕孝弟，於個人和社會絕無衝突；孔子講人與人的關係，把全社會的倫理組織起來，個人和社會都沒有裂痕。

1978年，錢穆八十四歲的時候來港擔任「錢賓四先生學術文化講座」第一次的講者，次年《從中國歷史來看中國民族性及中國文化》分別在港臺兩地出版。[4]他在演講中認為，《論語》是中國人必讀的，將來也應是世界上人人必讀的書。中國人講思想必兼有行為在內；學問、思想、行為是連在一起的，「我在想孔子之所想，我在學孔子知所學，我要行孔子之所行。」孔子之所想所學和所行，就是錢穆的「人生三昧」。

四、農圃道時代新亞的聯想

新亞書院創辦之初，經歷了艱難的桂林街時代，1956年遷入農圃道新校舍，至1973年遷至新界馬料水香港中文大學校園。農圃道新亞校舍位於三條街道圍繞而成的一處地皮，左手邊是弧形的天光道，正門在右手邊的農圃道；校園中間的圓亭是新亞的標誌；側門在合一道，是主要的出入口。每當走到新亞校舍的時候，就容易使人聯想到，中國傳統是個農業社會，人們在天光時起床耕作「日出而作，日入而息」在歷史系任教的嚴耕望，字歸田；系主任孫國棟，字慕稼。新亞書院創立時原有農學系，但香港是個工商業社會，農學系辦不下去，就取消了。文科的教師們，在教學之外，就是從事「筆耕」，其中一個主要園地就是王道主編的《人生》雜誌和他主持的人生出版社。巧合的是錢穆晚年思考的問題，就是「天人合一」現時沙田新亞書院校區內，就有一個「天人合一亭」。

總括來說，在中國眾多的歷史文化名人當中，錢穆最尊敬的古代聖人是孔子，他在不同的人生階段都有講述孔子與《論語》的著作從第一本專書《論語文解》，到稍後的《論語要略》，接近古稀之年在香港出版《論語新解》。後者納入最精當的古注並適度地將古今異說列於書中供讀者自行選擇，而錢穆又作出了他自己的選擇及說明理由，時至今日仍是較為通行的論語讀本。錢穆晚年編撰的兩本專著《孔子與論語》和《孔子傳》，其後出版的書籍大多是一份文章和演講記錄等。[5]謂為與分析《論語》內容和傳論孔子生平相始終，是一脈相承的。

論者指出錢穆在《國學概論》、《論語要略》、《先秦諸子繫年》中的論述，是要超越學派之間的門戶和壁壘，擺脫尊孔與反孔的政風和學風羈絆，以慎為始，以考信為終把孔子一生的重要事蹟及其學術思想與人格風範，科學有平實地寫出來。錢穆所寫的《孔子傳》應該是民國來最堪信任的一部。[6]

---

4 錢穆：《從中國歷史來看中國民族性及中國文化》（香港：香港中文大學出版社，1979）。

5 見錢穆：《孔子傳》（北京：九州出版社，2011）一書。

6 同上註。

關於《論語新解》，近年已有專書加以研究，另外有一本錢穆著《勸讀論語和論語讀法》收錄文章十篇，其中〈孔子誕辰勸人讀論語並及論語之讀法〉、〈再勸讀論語並論讀法〉、〈漫談論語新解〉、〈談論語新解〉、〈再談論語新解〉五篇，都是在新亞書院和新亞研究所的演講詞，大多曾在《新亞生活》刊登；最值得注意的是載於《新亞學報》的〈本論語論孔學〉依次探討「遊於藝」、「依於仁」、「據於德」、「志於道」諸學。〈孔子論語與中國文化傳統〉結語強調孔子之教「誠有其不可忽者，其惟吾國人善反之於己心，而一加思焉；則道不在遠，而即在吾方寸之間矣。孔子即在吾心，又何爭辯之需哉！」[7]

1987年，錢穆在《論語新解》〈再版序〉中說：「孔子一生為人，即在悅於學而樂於教。」又說：「孔子之自居在學在教，不在求為一聖人。」相信這是錢穆對孔子的終極看法。至於認為「人之為學，又豈能超乎其天之所命。……知天法天之道其要乃在此。」說的是孔子，其實也是他自己心底的話。

附記：本文原是2018年9月22日筆者在新亞研究所主辦「中國文化講座」（夢周文教基金贊助）發言的講詞，2019年7月15日又在新亞教育文化會主辦「中華傳統研修班講座」作專題演講。周佳榮，2020年3月12日

[7] 見錢穆：《勸讀論語和論語讀法》（北京：商務印書館，2015）一書。

第二十章　賓四先生之經學視野與關懷——以其論「六藝」、「六經」為討論

臺灣金門大學華語文學系
宋惠如

一、始於《國學概論》，終於《經學大要》的經學考究

錢穆先生著作甚豐。民國十二年，錢先生任教無錫省立第三師範，首撰《先秦諸子繫年》篇章[1]，除應承當代諸子學新起之風潮[2]，亦以諸子學術關係先秦學術系統甚大，先以考求諸子生卒行事先後為務，以考證史學實事為鋪墊，目的在著作通貫諸子大義之《先秦諸子學通論》，往後，以史學考證作為學術研討的基底，為錢先生終身奉行之根本方法，通貫大義則為其治學宗旨，《先秦諸子繫年》為錢先生以學術史架構中國學術思想體要的具體成果，此學術史思維又展現在《國學概論》著作體例上[3]。錢先生在任教第四年教授國學概論自作課程講義，後成《國學概論》，於民國二十年出版[4]。當時這類文籍有章太炎《國學概論》（1922年），著作體例乃就經、史、子、集分論之，錢先生則採梁啟超《清代學術概論》分期撰述的學術史架構，論述自孔子、六經至清末民初晚近的學術思想。學者於《國學概論》的討論較少，實忽略其作為現代學術史體制的創制價值[5]。在論證方法上，《國學概論》以正文為綱

1　錢穆：〈自序〉，《先秦諸子繫年》，《錢賓四先生全集》（以下逕稱《全集》）（臺北：聯經出版社，1994-1998），頁21。本文引用錢先生文，皆採此版本。

2　錢先生論〈最近期之學術思想〉，指出「至於最近學者，轉治西人哲學，反以證說古籍，而子學遂大白。」以時人以通貫大義之治學方法超越清人以考證治子學的成就。（收入《國學概論》，《全集》1，頁361-366。）

3　錢賓四先生全集編輯委員會：〈出版說明〉，《國學概論》，《全集》1，頁1。

4　同上註。

5　張先飛〈錢穆與中國現代學術史體制的創制——以《國學概論》為中心〉（《史學月刊》2008年第8期，頁23-29）指出，民國早期新型學術史的寫作有兩種為普遍的形式：一種是「國學」、「經學」的「概論」、「大綱」式的寫作模式，由數篇對於古代學術史中相關問題的專題論述連綴結構而成，以章炳麟的《國學概論》；呂思勉的《理學綱要》與《經子解題》；蔡元培的《五十年來中國之哲學》；周予同的《經今古文學》等為代表。另一種是按照縱向的時間序列，統觀整個長時段的歷史發展進程的寫作模式（有通史、斷代史之分），如梁啟超《清代學術概論》（1920）與《中國近三百年學術史》（1922）；柳詒徵的《中國文化史》（1919）；胡適的《國語文學史》（1922-1927）與《五十年來中國之文學》（1922）；錢穆的《國學概論》（1928）等。該文更指出，1935年王伯祥、周振甫編《中國學術思想演進史》，實際上大部分採用的是錢穆的觀念。

領，以所稱引與相關辨證為小注，務求言必有據，而以辨證說明相關論難，以明其委曲。[6]繼之，錢先生著作《兩漢經學今古文平議》諸篇，於民國十九年作《劉向歆父子年譜》，系源自民國十年時得《新學偽經考》而作，自序謂：「余讀康氏書，深疾其牴牾，欲為疏通證明，因先編《劉向歆父子年譜》，著其實事。實事既列，虛說自消。」欲使近世經生偏疑史實者皆可以返。[7]是以就先生初期著力於經、子課題的著作上，可見其在方法上始終自覺與貫徹：「經學上之問題，同時即為史學上之問題」[8]透過考史為經學顯真是，提出破除當代偽經之疑的方法論，在治學宗旨上，錢先生辨真中國學術思想發展之實，主意在建架中國學術思想文化之體要。

回顧錢先生早期的寫作，《國學概論》可以說是錢先生說明中國學術思想原初的基本架構。是書十章，首論孔子與六經，於第四章兩漢經生經今古文之爭、第七章南北朝之經學注疏與佛學繙譯，以及第九章清代考證學討論經學，所論中國學術思潮，十有三、四為經學。錢先生於此曾指出中國學術最大之「權威」者有二，孔子與六經，以六經為中國學術著述之最高標準。錢先生主張《易》與孔子無涉，《春秋》具古史文獻價值；以《書》為官典，《詩》為昔人歌詠，固不足以為萬世經典；孔子已未見《禮經》，《樂》本非有經，是以認為「孔子以前未嘗有六經，孔子亦未嘗造六經。」[9]以六經之稱，首見於莊子書，實成於王莽。[10]錢先生此時以六經為中國權威，亦為著述最高標準之語，頗有當時打破六經神壇之意味。然至民國六十三年錢先生八十歲，特意開設課程「經學大要」，為著當年《劉向歆父子年譜》意在指出不能專據今文家說，目的實為另闢經學新徑，錢先生自述未料此篇引起許多大學經學課程停開，直到九十六歲逝前，病重中仍叮囑學生整理課程內容，親作文句修正，可見於此之看重。〈經學大要〉同樣談孔子與六經、漢武帝表彰五經、兩漢今古文經學，魏晉南北朝與唐五代「正義」之學，宋人疑經之學、理學家經學、元明經學，一直談到清代經學，以歷代經學發展為講述主軸共三十二講。錢先生後期論〈經學大要〉，仍從《國學概論》之說，加深邃密，皆主張孔子與六經僅有部分關係。就錢先生持守史徵文獻的方法來看，《論語》中論《詩》、《書》，未論及《春秋》、《禮經》，是否論《易》尚在未知之列，**是以主張孔子與六經無涉，乃是就六經作為典籍的事實來說。**

錢先生《國學概論》、《經學大要》皆以孔子、六經為論述起點，當有二個因由：其一，當代共通的學術觀點，如皮錫瑞《經學歷史》（1905年），其今文學式的學術史觀完全直接以孔子為中國思想義理的創造者。劉師培《經學教科書》（1906

---

6 錢穆：《國學概論》，《全集》1，頁1-2。

7 錢穆：《劉向歆父子年譜‧自序》，《兩漢經學今古文平議》，《全集》8，頁7。

8 此乃先生有意識以子之矛攻子之盾，錢先生指出：「夫治經不能不通史，即清儒主張今文經學，龔定庵、魏默深為先起大師，此兩人亦既就史以論經矣。而康長素、廖季平，其所持論，益侵入歷史範圍。」見氏撰：〈自序〉，《兩漢經學今古文平議》，《全集》8，頁6。

9 錢穆：《國學概論》，《全集》1，頁22。

10 同上註，頁31。

年）古文經學式的史觀，雖承章學誠六經皆史論，略述上古學術文化，但是焦點仍集中的在孔子之六經及其後的經學發展，是以與今文學者之論述，可說有一共同的解釋趨向。錢先生此際也不外乎此，其特出之處，在於就先秦典籍文獻論證孔子未造六經之說，直駁今文學者的說法。其二，錢先生學術史的眼光深受章實齋六經皆史說影響，論經學之性質，亦受之章太炎說之論[11]，而以六藝王官學與東周諸子百家言的大架構，說明先秦學術文化發展分化之況。換言之，錢先生未將六經源頭之說置於《國學概論》、《經學大要》的講述中，乃由於錢先生王官學百家言之新說的文獻徵考猶不足，是以未置於經學發展體要之論述中。

然而，對於中國學術思想的源頭如何？錢先生不願如今文學者將中國學術思想與文明斷自孔子，亦不同於胡適《中國上古哲學史大綱》斷於老子，忽略孔、老所承之大傳統，不同意時人說先秦諸子不能上求其淵源於西周、春秋[12]，對此淵源置若罔聞。民國二十一年錢先生著作〈周公〉，民國四十二年著作〈孔子與春秋〉，民國六十五年初版《中國學術思想論叢》首冊，論上古至春秋之食、居與政治，周公、《易》、《書》、《詩》及《左傳》所載春秋人物精神行止，領為中國學術思想之開端，繼論儒學、孟子學等等，此皆上古學術思想與社會文化之文獻考查。換言之，錢先生自始至始皆有一學術史視野與思維橫亙胸壑，為其思辨中國學術思想與文化之主軸，然而何者可為定論，何者為一設想猶不得文獻考徵之據，錢先生自有其分判。特別是對於中國學術思想在孔子之後的發展，固然有文獻考徵為據，對於中國學術思想之起源，錢先生認為亦必要有一說法，他試圖具體論述六藝王官學、別辨東周百家言之說，爾後為漢代六經、經學之說，試為中國經學的源流發展、性質與研究方法，提出有別於當代今、古文經學者之說。

歷來雖有學者談論錢先生的經學，多從其破偽之功談其貢獻[13]，然錢先生實頗多

---

[11] 夏長樸認為章炳麟明白主張諸子出於王官，可能是近代最早提出將王官與諸子對舉的學者，直接影響錢先生王官說。見氏撰：〈王官學與百家言對峙——試論錢穆先生對漢代學術發展的一個看紀念錢穆先生逝世十週年〉，《國際學術研討會論文集》，（臺北：臺灣大學中國文學系，2001），頁75。

[12] 錢穆：《講堂遺錄》，《全集》52，頁143。

[13] 學者關注錢先生者，多在其史學與儒學，如區志堅：〈近人對錢穆學術思想研究概述——以一九四九年後中國大陸之研究為中心〉，《錢穆先生紀念館館刊》1998年第6期，頁132-148。論錢氏學術，未及其經學，原因之一即在討論錢先生經學者甚少。或論錢先生經學者，亦主要在《兩漢經學今古文平議》以史學方法破除經學權威的貢獻，另外對錢先生論兩漢經學今古文發展之真況有所討論。前者如林語堂：〈談錢穆先生之經學〉，《華岡學報》1974年第8期，頁13-18；姚銘淦：〈錢穆兩漢經學研究之方法論〉，《河北科技大學學報（社會科學版）》2003年第3卷第4期，頁50-57；梁秉賦：〈經、史之間：淺談康有為與錢穆的經學研究〉，《中國文化研究》2006年第6期春之卷，頁11-13；許剛：〈平議今文古文與總結許學鄭學——錢穆與張舜徽兩漢經學研究之比較〉，《齊魯文化研究》2011年第10輯，頁66-75。梁民愫、戴晴：〈近二十年中國大陸學界關於錢穆學術思想研究的新取向〉，《上饒師範學院學報》2009年第29卷第4期，頁64-70亦未提研究錢先生經學。後著如汪學群：〈兩漢經學與經學研究〉，《錢穆學術思想評傳》（北京：北京圖書館出版社，1998），頁78-113；陳恆嵩：〈錢穆論兩漢經今古文問題〉，錢穆故居主辦：《錢穆思想學術研討會大會手冊》（2003年「錢穆思想學術研討會」）論錢先生對此問題的觀點與處理方式。

建構之論，學者亦間有論及[14]。錢先生說：「所謂『經學』，則確然成為中國各項學問中之最重要者，並可稱為是中國學問之主要中心」[15]，面對現代學術分化下的經學研究，錢先生主張「我們應本中國已往學術傳統來說明中國經學之實質內容，及發揮其何以在中國學術傳統上有其重要地位意義之所在。」之後再論經學如何存在於現代學術的問題。[16]錢先生論經學特有措意在經學源流之六藝、六經之說，本文試就其所謂具體內容與建架，論其經學主張與關懷。

錢先生論中國學術的架構與思考基礎於章實齋說，主要有二：一從《文史通義》辨章源流的思考，由此論中國學術之流衍，以今之學必蘊具古之學，探其源，方能洞識其流。其次，從章氏六經皆史說以為上古學術流變究竟之論。探討中國學術源頭與流變的關鍵亦有二個重要觀念：在於章氏六經皆史與王官學說，此在錢先生之論又涉及六藝說實質內涵，其次則為孔子、六經以及經史性質的辨難，而為中國古代學術內涵意義之論析，以謂經學價值之反省與創發。

二、論六藝、王官學

中國古代思想文化在孔子前已粲然周備？或是晚至東周諸子始成後世之先河？錢先生於《國學概論》首章〈孔子與六經〉便已指出，古代思想如殷夏之禮在孔子時已無可考徵，孟子、荀子與韓非子時亦不復傳繼成周典籍，主張中國最大權威為孔子與六經。次章〈先秦諸子〉論諸子淵源，錢先生藉章實齋「官守學業，皆出於一」、龔自珍「自周而上，一代之治，即一代之學也。……道也，治也，學也，則一而已矣」與章炳麟「古者世祿，子就父學為疇官，宦於大夫……言仕者又與學同，明不仕則無所受書」，主官學合一論，並就《左傳》引孔子語「天子失官，學在四夷」[17]，官學流散為日益興盛諸子學之前驅。是以錢先生肯定諸子之前，中國已周備具人文精神、歷史精神；周公制禮作樂的大綱目，即已展現在《詩經》，政令與教育主張見諸《尚書．西周書》，中國所謂六經即以《詩》、《書》為本，而認為「中國研究經學，其最高嚮往，實在周公與孔子其人」[18]。

---

[14] 夏長樸：〈王官學與百家言對峙——試論錢穆先生對漢代學術發展的一個看紀念錢穆先生逝世十週年〉，《國際學術研討會論文集》，頁45-80，正面提舉錢先生經學之建樹，特別在兩漢經學今古文發展有其揭示。孫國棟：〈從錢賓四先生的經學觀念看中國社會學術與政治的關係〉，《錢賓四先生百齡紀念會學術論文集》（香港：中文大學新亞書院，2003），頁193-202。整理錢先生經學觀、汪學群：〈錢穆經學思想初探〉，《錢賓四先生百齡紀念會學術論文集》，頁309-319，說明錢氏經學研究特色，林慶彰：〈錢穆先生的經學〉，《漢學研究集刊》2005年第1期，頁1-12。敘述錢先生對傳統儒家經典《周易》、《尚書》、《詩經》的看法。

[15] 錢穆：《中國學術通義》，《全集》25，頁2。錢先生亦視經學為中國獨特學問之一，曾謂「我們講的『學術思想』主要有三項內容：一儒學，一經學，一理學」。見氏撰：〈講堂遺錄〉，《全集》52，頁813。

[16] 同上註，頁3。

[17] 同上註，頁33、34。

[18] 錢穆：《中國學術通義》，《全集》25，頁3-6。

那麼六藝學、王官的內容，該當為何？錢先生考徵《論語》僅言《詩》、《書》禮樂，至荀子始益《春秋》與之連稱，而未及《易》。連稱六經至漢始見，於劉安、馬遷、董仲舒、賈誼之書始成，稱之「六藝」，具體內容含括經傳，如司馬遷謂「六藝經傳以千萬數」。[19]。西周所稱六藝，與漢儒所論名同實異。錢先生主張西周與春秋時期的六藝，當中含括兩項內容：《周禮·保氏》「禮、樂、射、御、書、數」與《論語》「《詩》、《書》、執禮」之說。

首先，錢先生以《周禮·保氏》「禮、樂、射、御、書、數」為上古六藝，其具體存在歷程，又何以為中國古代學術體要？錢先生指出：

> 「藝」、「術」二字，古本同義。「術士」亦即「藝士」。古代稱禮、樂、射、御、書、數為「六藝」。孔子以六藝教人。「六藝」亦即可稱為「六術」。儒稱術士，正因其學習六藝。[20]

六藝為具體生活技能，如儒者學數可為貴族家庭助收回租，學書可為貴族司記錄等等，為儒者由平民社會進入貴族階層之實質生活技能，錢先生認為習六藝之士以儒，即是當時社會一行業。是以，錢先生主張「六藝」本是王官之學，由此轉入於平民與私家，但「儒家創始之更要處，不在於學其『藝』，而更要在於開其『道』。」然則藝與道的具體關聯為何？
錢先生曾論朱子格物遊藝之學，以朱子為學「格物必精，遊藝不苟，雖曰餘事，實皆一貫。本末精粗，兼而賅之。」[21]此何以謂？今細察朱子主張「德行道藝，藝是一個至末事，然亦皆有用。……古人志道，據德，而遊於藝。禮樂射御書數，數尤為最末事。」[22]然而藝雖為末事，卻是志道、據德、依仁功夫的之具體所在，是其謂：「工夫到這裡，又不遺小物，而必『遊於藝』。」朱子亦以「德行道藝」為：

> 問：「周禮『德行道藝』。德、行、藝三者，猶有可指名者。『道』字當如何解？」曰：「舊嘗思之，未甚曉。看來『道』字，只是曉得那道理而已。大而天地事物之理，以至古今治亂興亡事變，聖賢之典策，一事一物之理，皆曉得所以然，謂之道。且如『禮、樂、射、御、書、數』，禮樂之文，卻是祝史所掌；至於禮樂之理，則須是知道者方知得。如所謂『天高地下，萬物散殊，而禮制行矣；流而不息，合同而化，而樂興焉』之謂。又，德是有德，行是有

[19] 錢穆：《國學概論》，《全集》1，頁1-29。
[20] 錢穆：《講堂遺錄》，《全集》52，頁99。
[21] 錢穆：《朱子新學案》5，《全集》15，頁387。
[22] 宋·朱熹著、朱傑人、嚴佐之、劉永翔主編：〈序〉，《朱子語類·大學》，收入《朱子全書》14（上海：上海古籍出版社、合肥：安徽教育出版社，2002），頁432。下引《朱子語類·志於道章》，收入《朱子全書》15，頁1217。

行，藝是有藝，道則知得那德、行、藝之理所以然也。」[23]

「道」為明其所以然之理、為本，「藝」為德行涵養在外可見者，為進德修業的歷程與成果，為進德修業的實質展現，是以朱子謂：「古人於禮、樂、射、御、書、數等事，皆至理之所寓。遊乎此，則心無所放，而日用之間本末具舉，而內外交相養矣。」以六藝為至理之所寓，為日用之間見本末、內外之涵養之所在。易言之，六藝雖為末事，卻是德行明道涵養之歷程與具體展現。朱子所論，實符東漢徐幹《中論．藝紀》謂「藝者，所以事成德者也」「德之枝葉也」「人無藝則不能成其德，故謂之野。若欲為夫君子，必兼之乎！先王之欲人之為君子也，故立保氏，掌教六藝：一曰五禮，二曰六樂，三曰五射，四曰五御，五曰六書，六曰九數。」並謂「孔子稱『安上治民，莫善於禮』；『移風易俗，莫善於樂。』存乎六藝者，著其末節也。」[24]由此得見漢儒掌知六藝為上古禮樂教化、養成之具體項目與展現。

其次，六藝所括《論語》所論「《詩》、《書》，執禮者」具體內容為何？錢先生於《國學概論》考究周代文獻，提出上古學術典籍與體制分類包括《詩》、《樂》、《春秋》、《世》、《書》、《令》、《語》、《故志》與《訓典》九種，以為不出《詩》（前兩項）《書》（後七項）兩類典籍，而以《詩》、《書》為體，禮樂為用。[25]

深究《書》之內涵與價值，錢先生以其中〈西周書〉最為可信，作〈西周書文體辨〉（1957年），主張《尚書》作於周初史官之作，體制上主以記言，附以記事之作。他分析各篇章認為：

是《周書》首自武王〈牧誓〉，下迄東周春秋時〈文侯之命〉，前後綿歷逾三百年，不論其為誓、為誥、為訓、為命，而文體均同，要之為史官之記言。[26]

強調當時史官僅以記言為主，仍非有一作為一文之觀念存於心中，是以不能如後世史官記注完備，更不應以後世史籍以要求與標準衡度《尚書》篇章。他接受朱子對《詩》、《書》的分判：「《周禮》史官，如太史、小史，內史、外史，其職不過掌《書》，無掌《詩》者，不知明得失之跡，卻干國史甚事。」[27]是以古代史官之職主在記言，不在記事，更不在著史。在內容上，《周書》多為誥辭，或為史官抄錄當時言辭而敘述之，不全為誥辭，錢先生認為亦不必以為當代史官具有「別嫌明微之深

[23] 同上註，冊17，頁2929-2930。下引，《朱子語類．志於道章》，收入《朱子全書》15，頁1217。

[24] 漢．徐幹：〈藝紀第七〉，《中論》，《四部叢刊初編》中第337冊，景江安傅氏雙鑑樓藏明嘉靖乙丑刊本，頁27、28。

[25] 錢穆：《國學概論》，《全集》1，頁22-25。

[26] 錢穆：《中國學術思想史論叢》1，《全集》25，頁225-231。

[27] 同上註，頁241。

意」。[28]

錢先生述《詩經》為西周文籍之論詳於〈讀詩經〉（1960年），論述《詩經》經三個時期形成，第一為西周初年，大體創自周公，以《雅》、《頌》為主體，第二期為厲、宣、幽時期，為《變雅》、《變風》為要，第三期起自平王東遷，為列國各有詩，為《國風》時期。並以周公創《雅》、《頌》，為「乃一代王者之大典，所以為治平之具、政教之本」，主張《詩》之於西周初建，特因疆境遼闊、各地方言而紛歧隔絕，是以憑藉於滲透以音樂歌唱而為文字之傳播為統一之助，有其政教實用之必要，於當代與後世之重要與影響，甚至較《書》為大。[29]

就上所述，較之章實齋將六藝模糊的等同於六經，錢先生論西周六藝更有超出章氏說的實徵與新意。特別是錢先生對上古學術始源與流變的持續追索，在其不同研究時期萬變不離其法的就文獻考徵實據，論述西周六藝《詩》、《書》之學的體制與流變，多所創獲，可見他對此一課題長久的關注。

其次，錢先生接受章實齋以吏為師為三代舊法，政教官師合一之說[30]，而以《詩》、《書》、六藝之學掌於王官學，論古代學術體制及發展。今人考徵錢先生王官學之論，在方法上錢先生由秦之博士官制上推先秦學官類別，肯定史官自商、周以來已有之。當中有兩個層面，上古必是官府職守方具有相當的物質條件，才能積累自然科學與人類活動諸方面的知識，因而古代之教與學首先是發生在與政治治理有關的場合，如羲和與天文曆法、皋陶與刑律、史官與歷史記載，以及禮官與禮儀的整理。再者，古代政教勃興之後，已建立起一套完整的禮樂行政之治理體系與經典教化系統，從而形成了經典的王官學，此乃戰國諸子稱之為「先王之道」。[31]

所謂先王之道，即為王官所掌之學，內容為《詩》、《書》、六藝，與錢先生主張孔子與諸子形成的百家言，雖具有相同的源流，然為諸子所提出、所主張，為「學在四夷」的民間學問，所論雖不離政治，但頗具有學術思想獨立於政治之外之況。由此照看章實齋所謂「六經皆史」之「史」，**錢先生認為實指為學術制度——由史官掌理之官學，而非學術內容——史學**。他認為：

> 在周代，官學則掌於史。……古代政府掌管各衙門檔檔案者皆稱「史」，此所謂「史」者，實略當於後世之所謂「吏」。古代之《六藝》，即《六經》，皆掌於古代王室所特設之吏，故稱《六藝》為「王官學」。而古代王官學中最主要者則應仍為近於後代歷史之一類。故古代宗廟史官實為職掌官學之總樞，而其他一切所謂「史」者，則似由史官之「史」而引申。但當時宗廟史官之所掌，與其謂之重要在歷史，則不實如謂其重要在禮樂。周公制禮作樂，就傳後

[28] 同上註，頁229。

[29] 錢穆：《中國學術思想論叢》1，《全集》18，頁187-189、217。

[30] 錢穆：《國學概論》，《全集》1，頁76-77。

[31] 秦際明：〈錢穆論王官學與百家言的政教意蘊〉，《政治思想史》2015年第3期，頁66-82。

之著述言，則又毋寧說其主要更在《詩》；《詩》有禮樂意義，亦有歷史價值。故王官《六藝》，最主要者，實應為《詩》、《書》。[32]

主張章氏「六經皆史」為三代學術體制的說明，在此基礎上，錢先生究實六藝主要為《詩》、《書》典籍，並認為王官學主要掌於史官之職，史官職能不在歷史，而在禮義之文、理，此為錢先生六藝說之精神所在。雖然王官學所掌學術與知識職能，從其最終形成物質性文書的角度來看，類於後世歷史類之文籍，此又六經皆史的另一層意義，然此實為史學獨立後的後起之義，不當將之視為三代六藝學的主要內涵。

此外，錢先生更就東周典籍，探察王官六藝學遺存之跡。特別是五四之後，學者多認為中國一向落後，而不見《左傳》所載中國學術文化甚深、甚高標準之演進。如《論語》載孔子評晉文公「譎而不正」、齊桓公「正而不譎」，錢先生認為據《左傳》相關記述，便能了解孔子評議之真實背景，從而領略孔子真實淵源乃為歷史傳統的文化理想與文化標準，而且「又再往上推，《詩》、《書》所見，莫非此種精神之隨處流露。」[33]早年錢先生〈論春秋時代之道德精神〉（1956、1957年）舉《左傳》十七人物事蹟德行，以其具體展現禮教陶化下至深邃之人文精神[34]，認為在孔子之前中國文化已有二千年以上的積累，孔子亦孕育自此文化中。[35]再將其人物行止較之《論語》仁德志行，實多相合。

隨著政治、文化與觀念與日演進，中國至三代由政治高層領導舉國大業，錢先生認為周公興禮樂重要意義與示範之一，在於非由君而臣主宰、發動一代之制度，是孔子希學周公，其為臣而行創造與貢獻在現實上成為可能，往後孟子又舉上古聖人而及於孔子，視之為「聖之時者」，此又一番新創觀念。[36]也就是說，政治征伐固然有其直接應世之效用，周公創建一代制度與孔子集學術文化大成之功，得以成為與政治、平天下功業並論的價值高度。在肯定先秦即深具高超人文精神的前提下，錢先生論述孔子所領受的歷史文化傳統，所繼承《詩》、《書》六藝學與所開創的「六經」新學。

三、孔子與六經

春秋之時，西周以來禮樂實效雖已不可整全得見，禮樂之文、禮樂之理則可續傳，是以孔子雖頗有承於王官六藝之學，亦只能隨時代而使六藝有內容上的轉演——論《詩》、《書》禮樂而聚焦於學術思想文化的傳繼。是以論中國學術思想系統創建

---

[32] 錢穆：〈孔子與春秋〉，《兩漢經學今古文平議》，《全集》，8，頁278。

[33] 錢穆：《講堂遺錄》，《全集》52，頁125-126、139。

[34] 錢穆：〈論春秋時代之道德精神〉，《中國學術思想史論叢》1，《全集》18，頁300。

[35] 同上註，頁272、273。

[36] 錢穆：〈孟子論三聖人〉，《晚學盲言》下，《全集》49，頁1209-1205。

與價值的再生，錢先生將之歸源於孔子，有謂：

> 《詩》、《書》、禮、樂，大本大原皆周公創始。孔子學周公，重要在能明得《詩》、《書》、禮、樂之使用，並進而明得《詩》、《書》、禮、樂之緣起，再更明得《詩》、《書》、禮、樂之變通。於此途產出一套甚深、甚大之思想理論，而在後代中國學術思想史上，不斷發生了極大影響。[37]

經闡述此六藝淵源，進一步詳論孔子與六經之具體關聯。

在《國學概論》與《經學大要》，錢先生持相同的主張，孔子時未有六經，或有其實而未有其名。孔子與《易》無涉，如若《莊子．天下》謂「《易》以道陰陽」孟、荀皆不言陰陽，亦未論及《易》，秦亦以其為卜筮書而不焚[38]，就《論語》提及《詩》、《書》、禮，然刪《詩》、《書》之說未見於《論語》、《孟》、《荀》，故不取，錢先生且認為秦火之後，亦「不復當時孔子誦說之舊本」，至於《論》、《孟》言禮意，亦「著在行事，不在簡策」，樂未有經[39]，是以孔子未嘗造六經，且孔子時還沒有六經，錢先生同意宋末理學家黃東發謂「六經之名始於漢」。[40]

六經中與孔子有直接著作關係者為《春秋》。錢先生在《國學概論》肯定孔子作《春秋》，並引章太炎《國故論衡．原經》、《檢論．春秋故言》，認為所謂《春秋》之功有三：史記編年之祖、轉官史為民間史、以民族大義發而為大一統之理想之說，[41]偏向以史學角度評議《春秋》。錢先生據東周稱引「春秋」文獻，《晉語》「羊舌肸習於《春秋》」，《墨子．明鬼》：「著在周之《春秋》」、「著在燕之《春秋》」、「著在宋之《春秋》」，認為當時王朝列國之史，皆稱為「春秋」[42]，於《孔子與春秋》中，考徵《春秋》與春秋學史的系統主張，後期甚至主張孟子所言「《詩》亡而後《春秋》作」指的是「百國《春秋》」，並不是孔子《春秋》[43]，此意傾向接受章太炎所說孔子之前各國本有「春秋體」之書寫[44]，至孔子《春秋》始成其獨特，錢先生尤其關注其作為經、史演進與王官學、百家言轉折的關鍵性位置。

---

[37] 錢穆：《講堂遺錄》，《全集》52，頁99。

[38] 錢先生認為《論語》二處似論及《易》，《論語．述而》「五十以學《易》可以無大過矣」，當如《魯論》斷句文字為「五十以學，『亦』可以無大過矣」見氏撰：《國學概論》，《全集》1，頁6-7，其次在《講堂遺錄》又論〈子路〉中孔子論及「不恆其德，或承之羞」為《易．恆卦．九三》爻辭，錢先生認為此章正可明孔子僅以《易》為卜筮之書，未多它論。見氏撰：《全集》52，頁281-286。

[39] 同上註，頁17-18。下引同。

[40] 錢穆：《講堂遺錄》52，《全集》52，頁288。

[41] 錢穆：《國學概論》，《錢賓四先生全集》1，頁12-13。

[42] 同上註，頁22。

[43] 錢穆：《講堂遺錄》，《錢賓四先生全集》52，頁296。

[44] 錢先生認為「如《雅》，《頌》，二《南》，既由周公手創，而《春秋》則是周道既衰，由一輩史官隨便的記述了。故《春秋》實遠不能與《詩》比。」見氏撰：〈孔子與春秋〉，《兩漢經學今古文平議》，《全集》8，頁278。

首先，關於孔子《春秋》之經、史性質與流變。錢先生認為王官六藝學與後代歷史不同者，在於王官六藝學所重者在禮樂：

> 但當時宗廟史官之所掌，與其謂之重要在歷史，則不實如謂其重要在禮樂。周公制禮作樂，就傳後之著述言，則又毋寧說其主要更在《詩》；《詩》有禮樂意義，亦有歷史價值。故王官六藝，最主要者，實應為《詩》、《書》。[45]

《詩》、《書》尤為王官學主要典籍，從其書寫的內容與經時間形成的文獻意義，即具歷史價值，然從體制上來看，《詩》、《書》本為史官所掌，當時已形成一定的書寫方法與宗旨[46]，孔子《春秋》之作卻是史官失守後的著作。是以錢先生解釋孟子「《詩》亡而後《春秋》作」認為「此孟子以孔子繼周公也。蓋周公創為《雅》、《頌》，乃一代王者之大典，所以為治平之具、政教之本；而孔子之作《春秋》，其義猶是也。[47]」主張孔子《春秋》乃承周公王政之義而作，為當代紹述周公之政的重要憑藉。

因此，《詩》、《書》禮、樂、六藝之學，至孔子因疇人分散、史官失守，是如章實齋所謂「古者史官各有成法，辭文旨遠，存乎其人。孟子所謂『其文則史』，孔子以謂『義則竊取』，明乎史官法度不可易，而義意為聖人所獨裁。」[48]孔子時已失史官之法，而孔子在變動之東周實創制新的義法，乃為學術流變之不得不然。是以錢先生認為章氏對學術流變之說實為一大見識：「中國古代有經、子，後世衍出史部與文集，本末一貫。四部之學，可以歸納為二。章氏之為《文史通義》，即此意也。」[49]

其次，《春秋》之於王官學與百家言在晚周、漢代的轉演。古代王官之制，在東周起了重大變化，在王官學擺蕩失制，疇人弟子分散的情況下，孔子承王官學統緒，私作《春秋》：

> 至於孔子，他自身並不是史官，由他來作《春秋》，這是由私人而擅自來著作了官家的史，故曰「其文則史；《春秋》，天子之事也」。正惟《春秋》經了孔子手，纔得有大義微言，宏旨密意，其精美處，遂上媲周公之《詩》、《書》，而亦成為一王大法了。[50]

---

[45] 錢穆：〈孔子與春秋〉，收入《兩漢經學今古文平議》，《錢賓四先生全集》8，頁278。

[46] 錢先生根據《春秋》、《左傳》所述之齊太史、晉董狐之事，以中國本具史官精神，周公時有史官制度與精神。見錢穆：《中國學術通義》，《全集》25，頁16-18。

[47] 錢穆：〈論詩經〉，《中國學術思想論叢》一，《錢賓四先生全集》18，頁189。

[48] 章學誠：〈和州志前志．列傳序例〉上，《章學誠遺書》（北京：文物出版社，1985），頁572、573。

[49] 錢穆：〈中國學術通義．序〉，《全集》25，頁8。

[50] 錢穆：〈孔子與春秋〉，收入《兩漢經學今古文平議》，《錢賓四先生全集》8，頁278。

孔子承周公六藝之學，著作官史而成《春秋》，具有一王大法的內涵與價值，然就學術體制來看，卻是私人作史，文字、學術，由公轉私，形成學術體制兩項重大轉變：

> 孔子作《春秋》在古代學術史上，其人其書，同時實具兩資格，亦涵兩意義。**一則是自私家而擅自依倣著寫官書，於是孔子《春秋》，遂儼然像是當時一種經典，即是由私家所寫作的官書了。而孔子之第二資格，則為此後戰國新興家學之開山。故孔子與《春秋》，一面是承接王官學之舊傳統，另一面則是開創了百家言之新風氣。**《論語》雖非出於孔子親筆，但記載的多是孔子言行，後來家學著作則皆由此創其端；故我們也可說，**孔子《春秋》是舊官學，而孔子《論語》纔是新家言。**因此《漢書．藝文志．諸子略》，以儒家為之首。但因孔子《春秋》既已立為漢廷之官學，於是《論語》、《孝經》因其同屬於孔子之書，遂也附帶歸入於六經，而不列入諸子了。故由上之所述，我們又可說：古代之官學，創自在上之王者；而漢代之官學，則實創自社會之私人，其人即是孔子。[51]

孔子本自官學的《春秋》為傳統史官的繼承，《論語》記載孔子言行，實為百家言性質。如再深論《春秋》，雖為繼承官學之作，事實上是私人著作、為百家言，是以《春秋》既為王官學又兼百家言，當漢代將《春秋》奉為官學，其根本性質乃為創自私人、為孔子的創造。錢先生述此一由公而私、由私而公的學術性質轉變發展，實道出孔子《春秋》之特殊價值。

孔子道《詩》、《書》，明禮樂，作《春秋》，承王官學之遺，保有並延續六藝、《詩》、《書》、禮樂之學，猶且據此於東周積極的聚斂當代已然離散的先王之道，為中國學術思想新創系統，下啟六經、儒學，其淵源深遠的轉折性意義與創建之價值，在錢先生具論六藝王官之學的學術思想史架構下，方能更形完整的顯其真性實貌。

四、結論：不能不正視的中國思想文化之本質——六藝經學

錢先生生長於中國動盪不已之際，當時國際局勢、政體轉換之險要，乃至於深層的學術思想與文化精神被強烈質疑與要難，在在令知識分子苦索新學以赴家國之難。錢先生於當代民族文化觀、價值觀混亂之際，執守學術考研徵實之法，以其富有文化關懷的學術史視野，關注中國思想文化的起源與發展。自內容言之，錢先生主張中國文化生命在先秦已茁長完成，其政治與社會之大理想由周公創始，主要在於「禮」「樂」，學術與思想之大體系由孔子完成，主要在於人心之「仁」與可推行天下萬

---

[51] 錢穆：〈孔子與春秋〉，《兩漢經學今古文評議》，收入《錢賓四先生全集》8，頁279。

世之「道」；前者為仁道施行之外施規模，後者禮樂之內心精神[52]，是為中國思想文化之體要。自發展言之，錢先生開展上古六藝、至孔子經學，其本為王政之道轉向中國學術文化之蘊的歷程，其後具體集成為六經之學，為中國學術思想之主軸、「權威」，深深影響後世學術發展與思想精神。錢先生於經學多有證成、關注與看重，接在錢先生之後，經學如何存於現代學術之中，有待今日學人，續作探研。

[52] 錢穆：〈中國歷史演進大勢〉，《民族與文化》，《錢賓四先生全集》37，頁29。

第二十一章　恭談錢賓四教授《論語》之研究與著述

新亞研究所
何廣棪

一、前言

錢穆（1895-1990）教授，字賓四。當代國學大師，著作宏富，享譽國際，名傳遐邇。臺北聯經出版事業公司一九九八年五月出版《錢賓四先生全集》，其第54冊扉頁後有〈編後語〉，述及教授生平之建樹及學術業績，其言曰：

> 無錫錢穆先生，字賓四，生於前清光緒二十一年乙未，即民國前十七年（西元一八九五），卒於民國七十九年庚午（一九九〇），春秋九十有六。先生自民元為鄉里小學師，而中學，而大學，輾轉天下，敷教於南北者垂八十年。生平著作不輟，其生前梓行傳世者無慮五十餘種。衡諸古今學者，固為罕倫；而其畢生志事，惟在維護發揚我國傳統固有之優良文化，以期矯抑一世蔑古崇外之頹風，所以扶立吾國人之自尊自信，以為民族復興契機之啟迪者，尤可謂深切著明；見推為名世大儒，洵不誣也。[1]

所言殊無誇飾，應符事實。

西元二〇〇九年前，余移硯臺北，講授「儒學現代化問題討論」課程於臺灣華梵大學東方人文思想研究所，因課程內容涉及章太炎（1869-1936）、胡適之（1891-1962）、錢賓四三家談儒學，爰深入鑽研章太炎所撰〈原儒〉、胡氏〈說儒〉、錢氏〈駁胡適之說儒〉，並參閱群籍以為授課之資。教學之暇曾撰有〈讀章太炎先生《原儒》箚記〉，發表於《新亞學報》第二十九卷，[2]其後又撰〈讀錢賓四先生《駁胡適之說儒》箚記〉，發表於《新亞學報》第三十二卷[3]，是則余撰寫探討錢教授學術之文字，本文為第二篇矣！

1　錢賓四先生全集編輯委員會：《錢賓四先生全集》（臺北：聯經出版事業公司，1998），第54冊，頁1。
2　新亞研究所：《新亞學報》（香港：新亞研究所，2011），第29卷，頁143-154。
3　新亞研究所：《新亞學報》（香港：新亞研究所，2015），第32卷，頁187-207。

錢教授為當代經、史學大師，其研究經學著作則以《論語》用力最勤、用時最久，而所寫成之相關專書及論文數量亦最為富贍。錢氏乃新亞研究所之創辦人，余輩之師長。故撰作此文，余恪守弟子之禮，恭談其學術。而本文之撰作，則擬依目錄學著錄之法編理，不吝徵引錢著序、跋及近人研究成果，冀以客觀態度推介其《論語》學。於本文中，余絕不敢放言高論，更不敢作出任何不必要之批評，庶幾遵守「述而不作」之旨。此乃余撰寫本篇所本之存心，特將此點說明於卷端。

二、本論

拙文之撰作，承上所言，乃擬恭談錢教授研究《論語》之情事及其《論語》學之業績，以下約分三項細述如次：

（一）錢教授自述研治《論語》之情事

錢教授畢生研治《論語》不輟，故在香港學人中，錢氏用力於《論語》最勤，而相關論著亦應算較多。其所撰序、跋中，多有縷述一己鑽研《論語》之情事，其中《孔子與論語‧序言》一篇，敘說至為翔實，全文依年經月緯寫來，層次秩然。茲無妨徵引以介：

> 余少失庭訓，賴母兄撫養誘掖，弱冠為鄉里小學師，即知孔孟書。為諸生講句法文體，草為《論語文解》，投上海商務印書館印行，獲贈書券百元，得購掃葉山房等石印古籍逾二十種。所窺漸廣，所識漸進。時為民國七年，新文化運動方甚囂塵上。竊就日常所潛研默體者繩之，每怪其持論之偏激，立言之輕狂。益自奮勵，不為所動。民十一轉教中學，先在廈門集美學校一年，轉無錫第三師範。校規，每一國文教師分班負責，隨年級自一年遞升至四年；一班畢業，周而復始。每年有特定課程一門，曰「文字學」、「論語」、「孟子」、「國學概論」。余按年編為講義，自《文字學大義》、《論語》、《孟子要略》、《國學概論》，四年得書四種。惟《文字學大義》以篇幅單薄，留待增廣，今已失去。其他三種，絡續出版。時有中學同學郭君，遊學東瀛，與余同事；其案頭多日文書，余借讀得蟹江義丸《孔子研究》一書，始知《史記‧孔子世家》所載孔子生平歷年行事多疏漏誤；自宋迄清，迭有糾彈。余在《論語要略》中先撰有〈孔子傳略〉一章、《孟子要略》中續草〈孟子傳略〉。時國人治先秦諸子之風方熾，余益廣搜書籍，詳加考訂，擴大為《先秦諸子繫年》。民十九赴北平，在燕京、北大、清華、師大諸大學授課。默念衛揚孔道，牽涉至廣，茲事體大，不能專限於先秦孔孟之當時。抑且讀書愈多，乃知所了解於孔孟之遺訓者乃益淺。因遂不敢妄有論著。數年中，草成《近三百年

學術史》。避日寇，至滇南，獨居宜良山中，草成《國史大綱》。轉成都，病中讀《朱子語類》全部，益窺由宋明理學上探孔孟之門徑曲折。避赤氛，至香港，創辦新亞書院，乃又時時為諸生講《論語》。赴美講學，以羈旅餘閒，草為《論語新解》。辭去新亞職務，移居來臺，草為《朱子新學案》。又值大陸批孔之聲驟起，新近又草為《孔子傳》。並彙集港臺兩地二十年來所為散文，凡以孔子與《論語》為題者，得十六篇，成為此編。回念自民初始知讀孔孟書，迄今已逾六十年，而餘年亦已八十矣。先則遭遇「打倒孔家店」之狂潮，今又嗅及「批孔揚秦」之惡氛。國事日非，學風日窳。即言反孔一端，論其意義境界，亦復墮退不可以道裡計。然而知讀孔孟書者，亦已日益凋零。仰瞻孔孟遺訓，邈如浮云天半，可望而不可即，抑且去我而日遠。念茲身世，真不知感慨之何從也。

中華民國六十三年七月七日錢穆識於臺北士林外雙溪之素書樓。[4]

據〈序言〉所記，則錢氏治《論語》，始自「弱冠為鄉里小學師」，因「為諸生講句法文體」，乃草成《論語文解》一書，時為民國七年，西元一九一八年，教授二十三歲。《論語文解》，乃其治《論語》之處女作。惟其時教授之教學，側重語法、修辭之詮解，而不甚重視義理之傳授。民國十一年（一九二二）後，轉教廈門集美學校、無錫第三師範學校，因遵從校方規定課程，講授《論語》，乃有《論語要略》之撰作，時二十七歲。民國十九年（一九三〇）赴北平，任教燕京、北大、清華、北京師大各大學，讀書愈多，自謂不敢於孔孟遺訓妄有論著。自此以迄一九四九年南下香港，創辦新亞書院，始再為諸生講授《論語》。一九六〇年赴美講學，羈旅餘閒，草成《論語新解》，時教授六十五歲。一九七四年，又彙集二十年來所為文，取以孔子、《論語》為題者，編成《孔子與論語》，〈序言〉署年為民國六十三年（一九七四）七月七日，則教授已年屆八十，治《論語》逾六十載矣！撫今憶昔，親睹「國事日非，學風日窳」，而「仰瞻孔孟遺訓，邈若浮云天半」，故握管為文之際，又不禁感慨系之矣！

惟教授之研治《論語》固不至八十歲時而截止。其〈四書釋義再版序〉曰：

政府遷臺後，張曉峰先生任教育部長，約人彙編《國民基本知識叢書》，邀余撰《四書》之部。余養病臺中，遂增《學》、《庸》兩編，併《語》、《孟》要略，合成一書，取名《四書釋義》。去春重閱舊稿，略有刪訂，較以《論語要略》一編為多。交付學生書局重排印行。特誌其緣起於此。

中華民國六十七年六月錢穆識於臺北外雙溪素書樓，時年八十有四。[5]

---

4 錢賓四先生全集編輯委員會：《錢賓四先生全集》，第54冊，頁21-22。

5 同上註，頁6-7。

觀是，則至民國六十七年（一九七八）六月，教授因編理《四書釋義》，仍就《論語要略》多所刪訂，時已八十有四矣。

又讀錢教授〈論語新解再版序〉，其序末云：

> 余年六十五，赴美任教於耶魯大學。余不能英語，課務輕簡，乃草為此注，自遣時日。余非敢於朱《注》爭異同，乃朱子以下八百年，解說《論語》屢有其人，故求為之折衷。及近年來，兩目成疾，不能見字。偶囑內人讀此舊注，於文字上略有修改，惟義理則一任舊注。事隔一月，忽悟此序以上所陳之大義，乃作為此書之後序。
>
> 中華民國七十六年雙十節錢穆識於臺北外雙溪之素書樓，時年九十有三。[6]

是知，教授六十五歲成《論語新解》，以迄九十三歲，時「兩目成疾，不能見字」，仍勤勤懇懇，囑夫人代讀舊注，以為修改。是則其重視《論語》，及眷愛此書之情狀為何如耶？觀斯〈再版序〉固可知之矣！

綜上徵引錢教授所撰三篇序文，以考核其研治《論語》之情實，蓋始自弱冠草成《論語文解》，絡繹則撰有《論語要略》、《論語新解》，後又編理《孔子與論語》、《四書釋義》，而嗣是以迄九十三歲耄耋高齡，猶不辭辛勞修訂《論語新解》舊注，藉此以統計其研治《論語》之歲月，庶近七十三年矣！

（二）錢教授研治《論語》而撰成之專書

錢教授研治《論語》凡七十三年，所撰就專書，計有1.《論語文解》、2.《論語要略》、3.《論語新解》、4.《孔子與論語》（附《論語新編》）。茲依次恭述如下：

（1）《論語文解》

此書乃錢教授研治《論語》撰就之處女作，現收入《錢賓四先生全集》第二冊中。聯經出版事業公司所撰〈出版說明〉曰：

> 民國二年至八年間，錢賓四先生往來於無錫蕩口、梅村兩鎮，任教於私立鴻模學校與無錫縣立第四高等小學，《論語文解》即撰成於此一時期。其時先生教授《論語》課程，適讀馬建忠《馬氏文通》，逐字逐句按條讀之，不稍疏略，因念《馬氏文通》所詳論者字法，可仿其例論句法，遂即以《論語》為例。積年乃成此書，為先生生平正式著書之第一部。以稿郵送上海商務印書館，於民

[6] 同上註，頁19。

國七年十一月出版。數十年以來，是書僅此一版；商務未再重印，故未久即告絕版。其後國事蜩螗，先生奔走南北，以致亦未能保有此書。逮先生晚年定居臺北，海外有藏其書者，持以相贈，然後復得之。而先生以不斷從事新撰著，一時無暇對之重行修訂，因亦未再梓行。此書既為先生之第一部著作，今編為《全集》，自應收入。惟以原書未再有所改訂，故此次重排，乃以原版為底本進行整理。此書主要以「起、承、轉、合」標明《論語》句法，然以當時排印所採字體以及各種標識符號，嫌於簡陋，不盡理想，今改用不同之字體與符號，務求層次分明，顯豁文意。其內容則除改正原版若干明顯誤植文字外，不作任何更動。[7]

讀之可悉錢氏撰作此書之情狀，及聯經再行整理並編入《全集》之過程。

此書另有錢教授所撰〈序例〉，中有云：

我國文字之學，自來號為難究。自學校師襲西法，而文字之教授，獨仍舊貫，無所變進。而歲割月折之病益見，學者徒靡心力而收寡效。夫不得其所以組織會成之理，而摩撫於外之跡似，而求以能其事，其徒勞而無功，固其宜也。吾國之論文法者，首推丹徒馬氏之書。然繼而究之者甚少，故其言尤多失正。又專主句讀，於篇章之理，有所不及。間嘗有意匡其失而補其闕，而卒卒亦無所就。私獨以莊生之言，觀於文字，所謂「未嘗見全牛」者，而稍稍告諸學者，學者喜之。退而編為此書，以發其趣。其於大郤大窾之處，可謂盡之。學者循之以進，庶乎其可望其無遇全牛，而善葆其刀也。蓋馬氏之書，自詡特創，故亦不能無疵。今茲所稱，意主蒙求，然亦多前人所未及者。匡捄繩切，以完其說，而益以進明夫斯文之大理，是深有賴於當世之君子也。[8]

是錢氏固有所不愜意於馬建忠（1845-1900）《馬氏文通》讀書「專主句讀，於篇章之理，有所未及」之失當，故「退而編此書，以發其趣」。〈序例〉又云：

小學生讀書國民學校，綴字造句，為師者可以運用句讀字詞之義法以為教，未可直以句讀字詞之義法之教也，逮入高等小學，無不能造句者矣。進而學為短篇之文字，則惟句與句之相續，所謂起、承、轉、結之四法者最要。若復授以句讀字詞之義法，太淺則為已能，較深又非急用。不若俟其粗能屬文，然後為具體而稍精密之講解，則可於中學校以上行之。此編本此意以成書，重在句與句之相續，而字詞句讀之義法，亦可於此窺其大要。

---

[7] 同上註，頁8。

[8] 同上註，頁9-10。

《論語》文簡淡切實，於古籍中較易指講，又為學者不可不讀之書。今學校既無讀經一科，故本編專引《論語》，俾學者非惟明斯文理致之大要，亦以稍窺經籍，以資修養之準。[9]

依上所述，則錢氏所謂發《馬氏文通》之趣者，特用起、承、轉、結之法以進行句與句相續之教學，又藉《論語》以為指講，俾學者稍窺經籍，而明其篇章之理，以為修養之準也。

〈序例〉署年為「中華民國七年端午於縣立第四高等小學之西廡無錫錢穆識」，即為西元一九一八年，此書撰成最早，確乃錢氏正式著作之第一部矣！

（2）《論語要略》

此書成於民國十三年（一九二四），錢氏初任無錫江蘇省立第三師範學校國文教席，書成即交上海商務印書館刊行。至民國四十二年（一九五三），教授又將之合以《孟子要略》、《大學釋義》、《中庸釋義》，並稱為《四書釋義》，收入《現代國民基本知識叢書》中，是年六月在臺北由中華文化事業委員會出版。此書有錢氏〈四書釋義再版序〉，已揭載於前，茲不再徵引。而聯經《四書釋義》之〈出版說明〉則曰：

《論語要略》成書於民國十三年，《孟子要略》成書於翌年，曾分別在滬上單獨出版。（《論語要略》由上海商務印書館刊行，《孟子要略》則由另一書肆刊行。）二書原為先生在江蘇省立第三師範學校任教之講義，與《論語文解》、《國學概論》同為先生生平著述之始業。《大學》、《中庸釋義》則撰於民國四十二年，乃應張曉峰先生之邀而作，取與《論》、《孟》兩《要略》合為《四書釋義》，作為《現代國民基本知識叢書》之一種；是年六月在臺北由中華文化事業委員會出版。六十七年六月，復由臺灣學生書局改版發行。此版曾經先生親自刪訂一過，其中《論語要略》部分改易稍多。

今《全集》新版之整理，即以學生書局六十七年修訂初版為底本，另加入書名號、私名號以利誦讀。歷次排版偶有誤字，引文亦偶有漏略，皆查對原典，隨文改定。又原書正文、引文、注解、按語層層分立、易生混淆，今則改以較清晰之版式處理，以清眉目。[10]

將錢氏〈四書釋義再版序〉，與聯經〈出版說明〉前後兩相比照，則知此書再版乃在民國六十七年（一九七八）六月，由臺北學生書局改版發行，其後聯經本又以學生書局本為底本，合編為《四書釋義》，收入《全集》第二冊中。

---

[9] 同上註，頁10-11。

[10] 同上註，頁5-6。

（3）《論語新解》

此書乃錢教授治《論語》所撰之第三部專書，始作於民國四十一年（一九五二）春，其後絡繹更訂，終成於民國五十二年（一九六三）十月，時教授六十八歲。惟延至九十三歲，錢氏猶囑夫人讀其舊注，而於文字上有所修正。有關此書撰作主旨及過程，錢氏於所撰〈序〉，與〈再版序〉中，記之甚詳。臺灣聯經〈出版說明〉亦於此事，記述首尾完整，分析詳明，茲節引之以為介紹。

> 《論語》一書，自西漢以還，二千年來，為中國一部人人必讀書。宋以前，讀其書者多重何晏《集解》。自南宋朱子《論語集註》出，明、清兩代據以取士，故八百年來，朱《註》乃最為學者所重。清儒考據訓詁之功深，於朱《註》之誤，多所糾正；然亦往往拘於門戶之見，刻意樹異於朱《註》而轉有失之者。錢賓四先生《論語新解》之作，即就歷來各家解說，條貫整理，摭取諸家之長，深思熟慮，求歸一是。所謂「新解」云者，乃朱子以下之新，非欲破棄朱《註》以為新。蓋對《論語》原文，特以時代語言觀念加以闡釋申述，每章之後，復附之以白話試譯，求其通俗易於誦覽，以適合今日之時代需求，成為一部人人可讀之《論語》註解。讀者可先讀此書，再讀朱《註》，亦可讀朱《註》後，再讀此書，庶乎更得《論語》之真義。
>
> 是書始作於民國四十一年春，以白話撰稿未及四分之一。已而悔之，以謂用純粹白話解《論語》，極難表達其深義，遂決心改寫。惟因香港新亞書院校務紛煩，其事遂寢。逮四十九年春，先生講學美國耶魯大學，授課之餘，窮半年之力以平易之文言改撰，獲成書之初稿。返港後又絡續修訂，越三年，於五十二年十二月由香港新亞研究所發行初版。五十四年四月復在臺北影印刊行。及先生晚歲，雙目失明，仍於七十六年囑夫人胡美琦女士讀此注，對原版文字略有修改。翌年四月交由臺北東大圖書公司重印再版，重印時並增入〈孔子年表〉。
>
> 此次重排，以東大版為底本，除校正若干原書誤植文字外，並增入私名號、書名號及引號，以期文意較顯豁，方便一般讀者閱讀。整理排校，雖慎重從事，然缺點錯誤，恐將難免，敬祈讀者不吝教正。[11]

〈出版說明〉實概括錢教授所撰〈序〉與〈再版序〉內容而撰就。書名曰「新解」，非欲破棄朱熹之《注》以為新，特利用現代語言觀念，對《論語》原文加以闡釋申述，每章之後附以白話解譯，以求通俗，易於誦覽。是錢氏此書撰作方法，固迥殊於何晏《集解》、朱子《集註》，亦不苟同清儒程樹德《論語集釋》之寫作法式

---

[11] 同上註，頁12-13。

也。此書收入《全集》第三冊。

（4）《孔子與論語》

此書初版於民國六十三年（一九七四）九月，收文十八篇；其後重刊，多增十一篇，凡二十九篇，乃錢氏將歷年治孔子、《論語》所撰之單篇論文而仍未收入上述三種專書者，彙輯以成。《錢賓四先生全集》之〈出版說明〉曰：

> 錢賓四先生畢生崇揚孔學，其最先出版第一種著作，即為《論語文解》，時維民國七年。民國十三年任教於無錫江蘇省立第三師範學校，編撰《論語要略》；其書於四十二年收併入《四書釋義》中。二十四年出版《先秦諸子繫年》，於孔子生平歷年行事，多所考訂。五十二年出版《論語新解》，通釋《論語》全書。六十三年又撰有《孔子傳》，詳述孔子生平，考論復有超出於舊著之上者。本書則係先生將歷年治孔之單篇論文，而未收入上述專書者，彙輯而成。初版於民國六十三年九月，由臺北聯經出版事業公司印行。原收文十八篇；此次重刊，增入相關論文十一篇，合為二十九篇。[12]

考此書所收治孔子之論文計二十篇，而治《論語》論文僅九篇。其《論語》之部即收入此書之第六篇〈孔子誕辰勸人讀《論語》並及《論語》之讀法〉、第七篇〈再勸讀《論語》並論讀法〉、第八篇〈談朱子的《論語集注》〉、第九篇〈漫談《論語新解》〉、第十篇〈談《論語新解》〉、第十一篇〈再談《論語新解》〉、第十四篇〈孔子《論語》與中國文化傳統〉、第十五篇〈本《論語》講孔學〉、第十七篇〈從朱子《論語注》論程朱孔孟思想歧點〉。此九篇所撰，足補前三專書內容所未及。[13]

（三）錢教授《論語新編》及其《孔子與論語》書中闕收之《論語》單篇論文

錢教授原有舊作《論語新編》，民國六十四年（一九七五）十月由臺北廣學社印書館將其與《孔子傳》合刊出版。聯經本《錢賓四先生全集》第四冊收《孔子傳》，而附錄文章五篇，所附錄之第五篇即《舊作論語新編》也。聯經本所收《論語新編》乃據廣學社本重編，其編理方法據《孔子傳．出版說明》云：

> 《論語新編》中每章原文下但注篇次，今添注出每篇篇名及章次，以便檢索；

---

[12] 同上註，頁20。

[13] 近日赴臺北，購得北京商務印書館2014年12月第1版之《勸讀論語和論語讀法》一書，該書除收有錢先生治《論語》上述所有九篇外，另增加〈四書義理之展演〉一文，凡十篇。如合此一種，則錢先生治《論語》之專書為五種矣。

其章次則悉準先生所著《論語新解》。又於每章前加上◎符號，以醒眉目。[14]

是則聯經本《論語新編》之重編甚具條理，章次既悉準《論語新解》，則其檢索可與《新解》相參，而利用上較為方便。

至《孔子與論語》闕收錢氏所撰有關《論語》之論文，余據孫鼎宸〈錢賓四先生主要著作簡介〉[15]所附〈錢賓四先生論著年表〉，檢拾得以下五篇：

（一）〈李著《論語孔門言行錄》序〉（孔子二五〇四年誕辰紀念日謹序）

案：此文撰於民國四十二年（一九五三）孔子誕辰紀念日，時教授五十八歲。其題目之「李著」，乃指李榕階（生卒年未詳）著。《論語孔門言行錄》有致知堂叢刊本。蓋該書由李致知草堂於一九五四年一月初版，書分上、中、下三冊，錢〈序〉在卷首第1-2頁。

（二）〈從《論語》朱注論孔、孟、程、朱思想異同〉（六月《清華學報》）

案：此文撰於民國四十九年（一九六〇）六月，教授六十五歲。與《孔子與論語》所收之〈從朱子《論語注》論程朱孔孟思想岐點〉疑同屬一篇，題目或經錢氏修改。

（三）〈孔子誕辰勸人讀《論語》〉（臺北《中央日報》）

案：此文撰於民國五十一年（一九六二）九月，教授六十七歲。與《孔子與論語》所收之〈孔子誕辰勸人讀《論語》並及《論語》之讀法〉疑同屬一篇，或內容有刪訂，故題目亦隨而更改。

（四）〈紀念孔子讀《論語》〉（《新亞生活》五卷十五期）

案：此文撰於民國五十一年（一九六二）九月，教授六十七歲。其文或就前篇改寫，略易題目，轉載於《新亞生活》五卷十五期。

（五）〈三談《論語新解》〉（六月十二日新亞研究所學術討論會講）

案：此文撰於民國五十三年（一九六四）六月十二日，教授七十一歲，此文未見發表。考錢氏此年三月六日於新亞研究所學術討論會講〈談《論語新解》〉，四月二十四日又於新亞研究所學術討論會講〈續談《論語新解》〉，故此篇稱「三談」。此三次演講，未知新亞研究所曾派員全文詳細記錄，或現場錄音否？

三、結語

以上恭談錢教授《論語》之研究及其著述，藉悉其研治《論語》始自「弱冠為鄉里小學師」，嗣是以迄九十三歲耄耋高齡，猶研治不輟。生前所著相關專書凡四種，

---

[14] 錢賓四先生全集編輯委員會：《錢賓四先生全集》，第54冊，頁24。

[15] 孫鼎宸：〈錢賓四先生主要著作簡介〉附〈錢賓四先生論著年表〉，收入《錢穆先生八十歲紀念論文集》（香港：新亞研究所，1974），頁449-479。

《論語文解》為錢氏生平著書之第一部，民國七年（一九一八）十一月由上海商務印書館出版，時錢氏二十三歲。第二種為《論語要略》，撰成於民國十三年（一九二四），仍由上海商務印書館刊行，錢氏二十九歲。第三種《論語新解》，始撰於民國四十一年（一九五二），後絡繹耕耘，歷時十一載，終底成於民國五十二年（一九六三），此年十二月由新亞研究所初版，錢氏六十八歲。嗣後仍對原書文字續有修訂，七十七年（一九八八）交臺北東大圖書公司重印出版，時錢氏已九十三矣。第四種《孔子與論語》，其書專收歷年研治孔子與《論語》有關而未收入上述三種專書之單篇論文，其書所收《論語》論文僅九篇，初版於民國六十三年（一九七四）九月，由臺北聯經出版事業公司印行，錢氏七十九歲。另錢氏原有《論語新編》一書，民國六十四年（一九七五）十月由臺北廣學社印書館將之與《孔子傳》合刊出版，錢氏八十歲。聯經本則將此書作附錄，刊於《孔子與論語》書末。去歲（二〇一四）十二月，北京商務印書館出版《勸讀論語和論語讀法》，此書亦可視為錢先生研究《論語》專書第五種，惟時距賓四先生離世已四分一世紀矣！

綜合錢教授研究《論語》，就其撰作次序而言，可分為三大階段。始則鑽研《論語》之語法、修辭，成《論語文解》。其書以「起、承、轉、合」標明《論語》之句法，以便授學；此一階段也。次則以義理、訓詁、考據以研治《論語》，次第撰成《論語要略》、《論語新解》。錢氏之治《新解》，殆就何晏以來各家解說，條貫整理，摭取諸家之長，經深思熟慮後，以求歸一是；又以時代之語言觀念闡述《論語》原文，附以白話譯說，其目的乃欲撰就一部人人可讀之《論語》註解；此又一階段也。最後則注重講授《論語》之讀法，其晚年所撰之《論語新編》，及收入《孔子與論語》之各篇勸人讀《論語》與《論語》讀法諸文，皆此類也；此又一階段也。

《錢賓四先生全集》中有一篇名為〈九十三歲答某雜誌問〉，錢教授於開首則云：

> 我平生自幼至老，只是就性之所近為學。自問我一生內心只是尊崇孔子，但亦只從《論語》所言學做人之道，而不是從孔子《春秋》立志要成為一史學家。[16]

錢氏是國學大師，但一般人多以其撰有《國史大綱》、《先秦諸子繫年》諸史書，故而推崇之為史學家。惟讀上文，則可知悉錢氏所尊崇者為孔子，所欲效法孔子者為作教育家；至其讀《論語》之目的，乃欲從中學習做人之道理，並貴能實踐貫徹，故錢氏晚年認為講授《論語》之讀法實至為重要。

錢教授另有研究《論語》論文而未得收入聯經本《全集》中者，余就孫鼎宸所撰〈錢賓四先生論著年表〉檢出，凡五篇，題目已列前，至希聯經出版事業公司再版《全集》時，能斟酌予以補入。五篇中之第一篇，《全集》所以未收，殆以撰人李榕

[16] 錢賓四先生全集編輯委員會：《錢賓四先生全集》，第51冊，頁471。

階所著書，在香港問世至今已過一甲子，李書與錢氏所撰此〈序〉，一般讀者已難以讀到，茲謹載錢〈序〉於拙文之後，以為附錄，藉供讀者先睹為快。此〈序〉將來可補入《全集》第53冊、《素書樓餘瀋》「序跋」類，以作拾遺。

四、附錄

李著《論語孔門言行錄》序

錢穆撰

余避難來港，獲識新會李汾甫先生。出其所著《論語孔門言行錄》示余曰：「此書方付梓，幸為我序之。」余讀其校本，蓋積十三年之功，網羅既富，參訂尤密，為書二十六卷，都二十八萬餘言，自先秦、兩漢以來未嘗有也。漢儒尊六藝，《論語》與《孝經》、《爾雅》僅列小學，不立於學官。魏晉之際，王弼、何晏之徒以清談說《論語》，雖時有所獲，而多失經意。宋興，朱子《集注》出，說義詳審，六百年懸為功令，為近世中國人人所必誦。然清儒毛奇齡《四書改錯》特闢「貶抑聖門錯」一目，其門人陸邦烈乃有《聖門釋非錄》之輯，雖詆訾未得其平，然自古治《論語》者，要為重於孔聖，忽於諸賢，欲究當年洙泗講學之詳，此不得謂非一憾事也。蓋述孔門事蹟，司馬遷雖為〈仲尼弟子列傳〉，《家語》復有〈弟子解〉。然《家語》經王肅竄亂，已非古傳之真。裴駰《史記集解》引鄭玄，知有《孔子弟子目錄》，然已失其傳。至如明夏洪基《孔門弟子傳略》，清朱彝尊《孔門弟子考》等編，皆簡略。今欲考孔門諸賢言論行事之詳覈者甚難，蓋未得其書也。清季阮文達督粵，建學海堂，提倡漢宋學兼採，粵之學者如朱九江、如陳東塾、如康長素，莫不聞風興起。汾甫先生蓋承粵學之統，其為此書，薈萃古今，訂其真偽，闡其精微，一編之中融會漢宋，考據、義理皆備。後有起者，有志尋究孔門學術淵源，此為不可闕矣。先生不以余無知，而督序及之，故不辭讜陋，為發其梗概如此。至其書詳密精審之所至，則俟讀者自得之焉。

中華民國四十二年癸巳，孔子二千五百零四年聖誕紀念日，錢穆謹拜序於九龍新亞書院。[17]

---

17 李榕階：《論語孔門言行錄》（香港：致知草堂叢刊本，1954），卷首。原文無新式句讀，錢〈序〉標點乃本人所加。

第二十二章　從學術史視域論錢穆的孔子學說之重要學術史觀

臺灣國立政治大學中國文學系
陳睿宏

一、前言

孔子（551B.C.-479B.C.）及其所代表的儒家學說，作為中國文化與思想的先導，可以視為學術思想的軸心，深刻影響歷代政治、文化與學術發展，尤其在宋代理學的高度發展下，《四書》學地位的提升，科舉制度的重視，圍繞以孔子為主的儒家典籍，標示為重要的神聖性經典。近現代政治社會的演變，中西文化的交會與反思，以及科技文明的衝擊，孔子學說思想的內涵與定位，尤其「五四運動」其間，曾受到質疑與挑戰，但在儒學的現代性中，不論學術思想與政治文化，始終發揮其作用與影響力。

錢穆（1895-1990）鑑於其所處的學風之弊，流布於「輕追時尚，肆於疑古辨偽，專以蹈隙發覆，標新立異，為自表暴之資，而又雜以門戶意氣之私」。[1]提出深刻的反省，以開展與重振儒學為使命。指出胡適（1891-1962）引領的新文化運動，「除疑古運動外，尚有其他好多口號」，包括如「打倒孔家店」、「廢止漢字」、「全盤西化」等，「風生云湧，一時迭起。此皆一時潮流，於承先啟後千古常存之學術傳統不相關」。此一時期的學術問題叢生，包括截斷舊傳統、輕視前人成績、門戶之見、淺薄之時代論，以及學術與社會群眾分立為二等五大弊病。[2]體察時風，雖時生慨然嗟嘆之情，卻積極承繼聖學，期待喚醒、接受與轉化，得以具體致用實踐。

面對現代化與傳統的衝擊，甚至西學東漸的中外之辨，錢穆肯定孔子學說所代表的傳統文化與學術，在現代化發展下尤為珍貴，「學於外者，雖古而皆珍」，所以，「孔子之學，終亦必仍存於中國之人心」。[3]他推崇中國古代兩大聖人，即周公（？-

---

[1] 見錢穆：〈自序〉，《兩漢經學今古文平議》，《錢賓四先生全集（甲編）》第8冊（臺北：聯經出版事業公司，1994），頁1。

[2] 見錢穆：〈談當前學風之弊〉，《學籥》，《錢賓四先生全集（甲編）》第24冊，頁213-235。〈談當前學風之弊〉一文，原刊於《動象月刊》1988年第15期。

[3] 見錢穆：〈孔學與經史之學〉，《孔子與論語》，《錢賓四先生全集（甲編）》第4冊，頁260。〈孔學與經史之學〉一文，原題〈經學與史學〉，《民主評論》1952年第3卷第20期。

1032 B.C.）與孔子。周公處於得志之世，而孔子則不得志，也因此孔子對整個中國歷史的作用與影響，則遠比周公大，尤能光耀於後世。作為一位學術思想人物，展現出其歷史上的特殊意義，為「中國歷史文化傳統精神真價值所在」。[4]傳統與現代的交鋒下，凸顯孔子的地位；錢穆體察中國傳統學術文化的蘊厚與力量，必須給與接受維護與重整發揚，孔子學說具有核心的崇高地位。

每個時代學術的發展，都有它的時代特殊性，並形成特有的學術內涵與學術史觀，除了有其歷時性與共時性的共同認識外，也有其可能的獨特傾向與觀點，有關的學術思想，即對所處時代的回應。錢穆成長於此傳統與現代激盪的年代，有其特有的學術史觀。歷來錢穆之有關研究汗牛充棟，浩如煙海，難計其數，本文基於時代學術史的視域，圍繞於錢穆之論著，從孔子學說相關的學術史觀切入，揀選幾個重要之子題進行討論，包括文化學術與孔學確立的重要學術史定位、孔子「禮」與「心」之學術史觀、《易經》成書與《易傳》非孔子所作的學術史觀、朱子（1130-1200）之學作為孔學集大成者之學術史觀等幾個面向，進行概括之耙梳，確立錢穆所欲重構先秦諸子的發展體系，關注其認識的中國學術思想發展歷程的核心價值與脈絡，孔子學說作為中國學術文化主體代表的必然性，理解有關學術史觀之重要內涵與意義。

二、文化學術與孔學確立的重要學術史定位

錢穆常言「一生內心只是尊崇孔子」，「腦海裡心嚮往之的，可說只在孔子一人」。[5]以孔子學說為懸之日月的不刊之教，孔學儼然作為文化道德與學術精神之主體。從文化學術與孔學確立的重要學術史定位切入，尤其以孔學作為文化道德與學術精神之主體、孔學的經學與史學的二重性及展現的力行實踐之學、孔子先於老子的儒學正統地位之確立、孔學承衍自王官之學與無六經立教之辨等重要的學術史認識，可以更為具體的確立錢穆心目中的孔子之學術文化地位與關懷。

（一）文化道德與學術精神之主體

（1）孔學學說標立文化傳統

錢穆心繫文化傳統的重要，認為文化傳統，即是民族的一部生命史。[6]「文化即

4 見錢穆：〈如何研究歷史人物〉，《中國歷史研究法》，《錢賓四先生全集（乙編）》第31冊（臺北：聯經出版事業公司，1995），頁102-103。

5 見錢穆：《八十憶雙親師友雜憶合刊．九十三歲答某雜誌問》，《錢賓四先生全集（丙編）》第51冊（臺北：聯經出版事業公司，1998），頁471-472。

6 見錢穆：〈中國文化精神〉，《中國文化精神》，《錢賓四先生全集（丙編）》第38冊，頁10。

是一個生命，生命應在我們各人自己身邊，生命絕不外在，而且急切也丟不掉」。[7]這丟不掉的生命內涵，便是我們的文化傳統。此一象徵或代表中國文化的傳統，即是孔子之道，因為孔子作為中國文化的「集大成」者，展現出「真真實實親親切切的真傳統」。[8]中國的文化，由孔子真切的發揚，故我們要理解與實踐的中國文化，甚至要表彰的文化精神，便是孔子與其學說思想。

文化是我們生命的根，文化傳統需要我們復興，由我們起身踐行，所謂「人能巨集道，非道巨集人」，因此，作為文化傳的代表，孔子與其《論語》，需要我們能夠真正的認識與接受，用心的閱讀，我們「還能學做孔子，至少可做一不賢的孔子，復興中國文化的大道就在此」。[9]

文化的演進過程中，必然會面對衝突，中國近現代，面對中西文化交涉的衝突，以及社會發展的新舊衝突，即面對一種急遽激盪下的文化衝突，需要「調和」，而「調和」也正為中國文化的偉大之處。[10]我們必須以看待孔子所代表的文化傳統進行調和，也必從孔子的學說思想，理解與實現調和的功能。重新看待與實踐孔子的仁學思想，便是對文化傳統的接受與功能之顯發，也同時化解可能的衝突。

（2）道德性人物的道德精神象徵

中國文化傳統，特重道德精神的文化，為中國文化的主要特色所在。這種道德精神純屬人生行為之實踐，其最重要的特徵，在「自求其人一已內心之所安」，心投於人間，知人己之情息息相關，於事於己之心，務求恰好之安頓。安頓之歸趨，尤能達至「自我犧牲」，此即道德精神。

錢穆強調德道精神作為一種文化傳統或文化精神，主體上就會連結到孔子與儒家，作為此文化的典範。因此，中國人定位孔子為「聖人」，他絕非僅是一個哲學家、宗教家或是科學家性質的人物，他的「聖人」性格，即表現於其言行與思想上的道德精神，成就其為道德性之人物。[11]

（3）人文主義與不尚空言

學術與歷史的發展息息相關，錢穆關注從歷史研究的視野，看待學術的發展。指出「中國歷史上之傳統理想，乃是由政治來領導社會，由學術來領導政治，而學術則起於社會下層，不受政府之控制」。在此歷史、政治、社會與學術的循環，相互聯繫的有機組織下，使中國歷史能夠穩步向前，臻於光明之境。在歷史的偉大人物中，特

---

7 見錢穆：〈中國文化精神〉，《中國文化精神》，頁16-17。

8 見錢穆：〈中國文化傳統在那裡〉，《中國文化精神》，頁21。

9 同上註，頁33-34。

10 見錢穆：〈文化傳統中的衝突與調和〉，《中國文化精神》，頁62-64。

11 見錢穆：〈論春秋時代人之道德精神（上）〉，《中國學術思想史論叢（一）》，《錢賓四先生全集（甲編）》第18冊，頁271-272。

推周公建立周王朝的政教禮制，奠定中國數千年的優良基礎。而周公之後，有繼者即孔子，復興周公之道，特別顯著於學術上的成就，使中國的「全部學術史，即以孔子及其所創始之儒家思想為主要骨幹」。在先秦諸子百家奔放的學術環境，孔子所帶領的儒家，能夠「匯歸合一」，作為學術的主流。強調中國學術的主要精神，其一為人文主義，其二為不尚空言。這樣的精神，在孔子的學說思想中，具體的展示出來。嚴格的說，孔子並無不意於展現一套嚴謹或具高度邏輯規律的思想或理論，而是透過「觀察日常人生，及其切實踐履，所獲得之親身經驗之一種記錄」，「親身體會之一種實際人生，不是一純思想，或純理論」。[12]《論語》所見即是如此的一種學術樣態，也正是中國學術的精神特色。

（二）經史相通與力行實踐之學

（1）經學通於史學

孔子之學，即經史之學，質言之，「經學」即「史學」。錢穆〈孔學與經史之學〉一文，即作詳要之闡發。孔子所研習之學，後人以「經」崇其名，此一經學，更是史學，也便是官學，同章學誠（1738-1801）《文史通義》所述「六經皆史」，專指古代之官學，非後世所理解的一般史籍之「史」。[13]孔子之經學，承續古代之官學，彰顯人文社會的事理之整體，「欲識人文社會之整體，固不能昧於古昔，專據現代；故治史者必上通之於經；而經學精神則仍必向於史而止」。亦即必待本史學之窮本探源，方始有經學之所在，則其經學必通於史學。[14]

傳統上我們習慣將中國學術區分為經學或史學，甚至《四庫》館臣編收歷代典籍，分經、史、子、集四部，但在以孔子儒學為傳統的中國學術，錢穆認為大體不出經學與史學，且就「經學即史學」的合理慣稱下，儒學即是史學。

（2）力行實踐之學

以孔子為本，重於人本與具體經驗的學術精神，推顯在中國傳統學術的兩大綱領上，即一為心性修養之學，一為治平實踐之學，二者同為一種實踐之學，亦可統稱為史學。在諸子百家之中，只有儒家的孔子與孟子（372B.C.-289 B.C.），能夠齊立心性與治平兩途，「兼道、墨之長而無其缺，故能成為中國學術史上之大傳統」。不論心性或治平之學，作為一種實踐之學，即著重於歷史的經驗下所構建的學術，故「中國學術主要均不出『史學』範圍」，孔子作《春秋》即為具體的實例，也就是說，孔

---

[12] 見錢穆：〈如何研究學術史〉，《中國歷史研究法》，頁79-82。

[13] 見錢穆：〈孔學與經史之學〉，《孔子與論語》，頁238。

[14] 同上註，頁248-249。

子的學術本質，即其「治平實績與其理想，皆屬已往歷史範圍」。[15]因此，孔學即心性治平的歷史範疇之實踐之學。

作為實踐之學的學術傳統，簡單的說，主要在於如何做人做事。以孔子儒學為主體的中國學術，即兼備於以心學為「做人大宗綱」，以「史學」為「做事大原本」。[16]歷傳孔子之學，不論是兩漢之經學，或宋明所謂之理學與心理，皆當本於孔子「序列古之仁聖賢人」而「好古敏求」之史學精神，而且，這種學術內涵與精神的承衍，自孔子之後的孟軻、荀卿之徒，已致力於從事其道。[17]歷代治孔學者，亦應本於史學的精神，通古今之變，力行聖道之義。

（三）孔先於老的儒學正統地位之確立

二十年代以降，學術界對於《老子》成書問題進行考辨，疑古思潮下，為顧頡剛（1893-1980）等「古史辨」學者所關注，[18]並衍生出孔子與老子的先後問題。有關二家的先後之說，可溯源自胡適《中國哲學史大綱》主張老子先於孔子之說，[19]作為其書寫與討論先秦諸子學說之先聲與源頭，確立二家之先後，則看待諸子學說的譜系或影響，也必有所不同。

錢穆針對胡適〈說儒〉一文，作〈駁胡適之說儒〉提出駁斥。其駁斥之重要內容為：其一、最初儒者非必皆殷人與遺民，即包括孔子與顏回等魯地之孔門弟子，非必殷遺民。其二、儒者亦非柔懦之人，亦非顯諸亡國遺民忍辱負重之柔道觀，孔子綰合殷、周之思想，創為儒家的中庸之道，《論語》論人事尚剛，絕無主柔。其三、儒者非著殷遺民之服，非行殷之古禮，孔門言禮直承周代。其四、儒者非必以相喪為本業，孔門弟子非殷儒商祝；儒者以「術士」為名，所習乃禮、樂、射、御、書、數的六藝之術，儒者重喪，說明崇禮尤以喪為重，其源在於儒家據仁尚孝。其五、老子非為殷商之老儒，老子學禮，固在孔子之後，縱為史官知禮，不以知禮而為殷商老儒。[20]有關孔子與老子的具體生平世蹟及學術關係，並於《先秦諸子繫年》有關之論述中，皆有詳明。錢穆之觀點，主要在於確立孔子的神聖地位，以及其心目中理想與合宜的學術史觀，用歷史與審慎考據的態度，面對此二家在先秦乃至中國學發展歷程

---

[15] 見錢穆：〈如何研究學術史〉，《中國歷史研究法》，頁88-93。

[16] 同上註，頁94。

[17] 見錢穆：〈孔學與經史之學〉，《孔子與論語》，頁260-261。

[18] 根據羅根澤之統計，單就《古史辨》第四冊與第六冊中，收錄有關《老子》成書之問題，莫約三十五六萬言。尤其短短的三四年內，單老子年代的考據，言之成理而持之有故者，至少有二十萬言。其中重要之論著，亦列舉錢穆之說。羅根澤於《古史辨》中自序之說，見顧頡剛等編：《古史辨（第六冊）》（臺北：藍燈文化事業公司，1993），頁1-26。

[19] 見胡適：《中國哲學史大綱》（臺北：臺灣商務印書館，2008），頁47-49。

[20] 見錢穆：〈駁胡適之說儒〉，《中國學術思想史論叢（二）》，《錢賓四先生全集（甲編）》第18冊，頁299-318。〈駁胡適之說儒〉一文，初刊於抗戰時期《學思雜誌》第1卷第1期，後轉載於香港大學《東方文化》1954年第1卷第1期。

中的定位。對胡適先生的批判，其中確立孔子的核心思想在於禮，以及在學術發展的序列上，孔子先於老子，代表的是文化與學術的先啟者。

推崇孔子的優位性，尤其在中國學術與文化傳統中的首重地位，自然面對生成年代具有高度爭議的老子，無法先位或比肩於孔子。錢穆早年考撰〈老子辨偽〉一文，後完成《先秦諸子繫年》，以及根據〈老子辨偽〉修訂撰成《莊老通辨》中老子年代之說，堅定主張「老子不在孔子先」。[21]《國學概論》中，並從其有關的思想議論內容觀之，認為「實出於戰國晚世」。[22]以孔子先於老子，主要確立孔子作為學術正統與代表文化主體的典範地位，同於胡適之用意，釐清學術思想的源流統緒，認為「老子之偽跡不彰，真相不白，則先秦諸子學術思想之系統條貫終不明，其源流派別終無可言」。[23]雖無法準確判定老子的生卒年代，但大致可以推定在孟、荀之後，並由此勾勒出先秦乃至漢初學術流衍之概況。

從中國學術思想或先秦諸子學說的學術發展演變言，肯定孔子作為發軔之始：「開諸子之先河者為孔子」，[24]「諸子應肇始於儒家之孔子」。[25]由孔子承至孟子，以孔孟並言，而至墨家，其後方有道家之形成，初以儒、墨為顯學，其後為儒、道二派。不論在與孔子有關的論著中，或是國學導論、學術思或思想史，乃至《先秦諸子繫年》等重要論著，一致之主張，道家之思想，為繼儒、墨之後，道家之形成，先莊子而後老子，「《老子》書的時代《莊子》後」。[26]道家在儒家之後，道家的思想為後起，重視自然與物，與「天」同義，反對儒家以自己衡量天地，錢穆並認為，道家對孔子所代表的儒家提出批評，但批評的是莊子等所認定的儒家流弊，而非儒家的根本與精神，本質上，「心中還是推尊孔子的」。[27]

因此，錢穆確立中國思想史的體系，乃至先秦諸子之流衍，必以孔子為先，[28]而

---

[21] 見錢穆：〈關於老子成書年代之一種考察〉，《莊老通辨》，《錢賓四先生全集（甲編）》第7冊，頁147。

[22] 見錢穆：〈先秦諸子〉，《國學概論》，《錢賓四先生全集（甲編）》第1冊，頁60。

[23] 錢穆：《先秦諸子繫年》，《錢賓四先生全集（甲編）》第5冊，頁235。

[24] 見錢穆：〈先秦諸子〉，《國學概論》，頁38。

[25] 見錢穆：〈先秦學術思想〉，《香港大學校外課程部中國學術思想》，收錄於錢穆：《講堂遺錄》，《錢賓四先生全集（丙編）》第52冊，頁94。

[26] 見錢穆：〈第五講道家〉，《中國思想史》，收錄於錢穆：《講堂遺錄》，頁64。

[27] 同上註，頁79。

[28] 如1951年錢穆著《中國思想史》，分就先秦諸子與歷代諸家立說，老子在荀子之後。見錢穆：《中國思想史》，《錢賓四先生全集（甲編）》第24冊，頁5-268。又如收錄於《講堂遺錄》中的〈五華書院中國思想史〉，分上古、孔子、孟子和其他儒家、墨子、道家、名家等六講，亦依其所識之學術衍成生後立說，道家中之老子，並在莊子之後。見錢穆：《五華書院中國思想史》收錄於錢穆：《講堂遺錄》，頁1。〈五華書院中國思想史〉，除了前述六講外，另有僅存題目，未見內容者，分別為：第七講「陰陽家」、第八講「秦漢間之新儒家——《易傳》與《中庸》」、第九講「東漢以下宗教思想之復活」、第十講「魏晉玄學與南渡清談」、第十二講「大乘佛學——空宗」、第十三講「大乘佛學——相宗與性宗」。僅存題目諸講，詳見〈講堂遺錄出版說明〉，《錢賓四先生全集總序目》（臺北：聯經出版事業公司，1998），頁347。其他如《香港大學校外課程部中國學術思想》十八講，亦同。討論先秦諸子學說的有關論著，亦以同一脈絡排序，不再贅示。

老子非但在孔子之後，考辨其所處時代，更視之於墨子（470B.C.-391B.C.）、楊朱（440B.C.-360 B.C.）、孟子、莊子、荀卿（約313B.C.-約238 B.C.）等諸家之後。不論學術內涵與時代影響，乃至在整個中國學術思想與文化發展的歷程，孔子皆遠勝於老子，為中國學術思想與文化的核心和主體。

（四）學術王官無六經立教

有關孔子與「六經」的關係，錢穆於其有關的論著中，每每見說，如《論語要略》中的〈孔子傳〉、《國學概論》、《先秦諸子繫年》中的〈孔子生平考〉與〈孔門傳經辨〉、《論語新解》、《經學大要》等論著中，皆有詳述。其基本不變之主張，誠如《先秦諸子繫年》中的簡潔概括之說：

> 余考孔子以前，無所謂六經也。孔子之門，既無六經之學，諸弟子亦無分經相傳之事。自漢博士專經授受，而推以言先秦，於是曾思孟荀退處於百家，而孔子之學乃在六藝，而別有其傳統。[29]

孔子乃至孔門弟子之授受，無「六經」之學，亦無分經傳衍之事，而主於六藝之教。

孔子是否教授「六經」，以及「六經」與孔子的關係，錢穆特就《史記》所記孔子「刪《詩》、《書》，訂禮、樂，贊《周易》，作《春秋》」，進行修正與批判。認為孔子只有作《春秋》，但修訂禮與樂，則亦有之，但具體真實未明，至於「刪《詩》、《書》」與「贊《周易》」，則「實在並無這回事」。[30]有關「詩、書、禮、樂」，古籍多言，「詩、書」為典籍，而「禮、樂」則非典籍，故錢穆先生對於六者，僅「禮」與「樂」未視為典籍看待，論著的有關述說，未加上書名號。以「經」立名而言，錢穆也明確指出孔子至孟子皆未傳經，如《論語》所云「子所雅言，《詩》、《書》、執禮」即是其證。甚至，《荀子》所云「始乎誦經，終乎讀禮」，「誦經」非專指「六經」。因此，後人的「《詩》、《書》、《禮》、《樂》、《易》、《春秋》」之「六經」，「決非荀子時語」，荀子「未知孔門有傳《六經》事」。[31]

錢穆認為「六經」不同於「六藝」，六藝即「禮、樂、射、御、書、數」，孔子確實有以六藝教授學生；「六藝」可以稱為「六術」，此合許慎（58-148）《說文》等一般所稱，儒家之士可以稱「術士」者，即「『藝』、『術』二字，古本同義」。[32]後來「六經」混名「六藝」，始於漢代如《漢書．藝文志》的「六藝略」之

---

[29] 見錢穆：《先秦諸子繫年》，頁96。

[30] 參見錢穆：〈第二講〉，《經學大要》，收錄於錢穆：《講堂遺錄》，頁275。

[31] 見錢穆：〈第二講〉，《經學大要》，收錄於錢穆：《講堂遺錄》，頁276-278。

[32] 見錢穆：〈第一講〉，《先秦學術思想》，收錄於錢穆：《講堂遺錄》，頁99。

說，孔子述作「六經」或「五經」，至此而形成密切的關聯。[33]

「六經」與孔子述著的問題，「六經」中僅《春秋》為孔子所作，「《春秋》固史籍也，惟此為孔子生平惟一之著作」，《春秋》乃孔子就歷史之演變，有志於「推尋研求人文社會之一切義理之學」的著作，此即章學誠《文史通義》所稱的「志在《春秋》」。[34]錢穆以孔子的儒學，為包括「經學」與「史學」的學術傳統，六經的有關經典，即同有史學之意義，其中《春秋》尤能凸顯此二位一體的概念。

《易》不為孔子所重視，亦無學《易》之實，《十翼》為秦漢之作，尤非孔子所作；且七十弟子，乃至四科十哲諸賢，皆不傳《易》，孟、荀亦不傳，至若商瞿（522B.C.-？）傳《易》，僅是漢人之說。[35]故「《易》與孔子無涉」，「《十翼》不出孔子」。[36]有關更詳細之內容，後文並作詳述。

根據《史記．孔子世家》所謂孔子刪《詩》、《書》，錢穆站在以文獻實徵為依據，認為「無徵於《論語》，無徵於《孟》、《荀》，秦火以前，無此說也」。同時，今傳《詩》、《書》之文，亦非「孔子誦說之舊本」。其中有關孔子刪《詩》的問題，包括孔穎達（574-648）《毛詩正義》、葉適（1150-1223）《習學記言》，以及崔述（1740-1816）《洙泗考信錄》等諸家已有詳辨。[37]《史記》所述孔子之刪詩，「其說不可信」，「孔子時《詩》止三百，非經孔子刪定為三百」，[38]前諸學者已多有考辨，孔子實無刪《詩》之事。

「禮」與「樂」方面，錢穆根據《漢書．藝文志》所言，「《禮》自孔子時而不具」，認為孔子時已不見《禮經》，不論《論語》或《孟子》言「禮」，闡明禮義，「著於行事，不在簡策」，至若漢行《儀禮》十七篇，其內容所指，多有與孔子之意相違者，當屬出於「週末戰國之際」的論著。至於「樂」，為歌詠之音律，非有文載之著，主與《詩》相合，故「本非有經」。[39]

孔子以「《詩》、《書》、禮、樂設教」，本屬於「王官之學」，著《先秦學術思想》中，不斷強調「多出自周公」，「原皆由周公創始」，周公成為孔子所「嚮慕之古人」。《詩》掌於王官，《書》起於宗廟祝史，記載政府之事，亦屬政府所掌管。而禮與樂，亦創自周公的貴族之屬。至《漢書．藝文志》所述王官之學流為百家，即貴族之學漸為平民化，學問流至民間，帶動私學之盛行，此為中國學術與文化史上的進步與重要變動，並「實自孔子人一開始」。[40]嚴格而言，「六經」的形成，從源自官學的視域觀之，乃由周公所創之「王官學」，流變為孔子所創的「百家

---

[33] 見錢穆：〈第二講〉，《經學大要》，收錄於錢穆：《講堂遺錄》，頁279。

[34] 見錢穆：〈孔學與經史之學〉，《孔子與論語》，頁238-239。

[35] 見錢穆：〈第二講〉，《經學大要》，收錄於錢穆：《講堂遺錄》，頁280-282。

[36] 見錢穆：〈孔子與六經〉，《國學概論》，頁7。

[37] 同上註，頁15-18。

[38] 見錢穆：〈孔子晚年居魯〉，《孔子傳》，《錢賓四先生全集（甲編）》第4冊，頁129-130。

[39] 見錢穆：〈孔子與六經〉，《國學概論》，頁19-21。

[40] 見錢穆：〈第六講〉，《先秦學術思想》，收錄於錢穆：《講堂遺錄》，頁96-99、141。

言」，[41]但真正實質影響學術文化的發展者，則孔子最為重要，孔子的儒家之學，來自於周公，成為「治平之具」，[42]也成為中國學術文化的主幹。因此，從學術發展流衍的角度看待孔子與六經的關係，《詩》、《書》與禮、樂之教，有關的經典之形成，非由孔子所著或所刪定，而是王官所固有者，但此等所代表中國最看重的學術與文化承傳之功，孔子居列第一位。總而言之，孔子與「六經」的關係，其述著之有無，非吾人所當特重者，「孔子以前未嘗有《六經》，孔子亦未嘗造《六經》」，[43]「六經」之有無，不必執意泥於與孔子作為中國學術與文化主要象徵或重要性的必要相關。

三、孔子「禮」與「心」之重要學術史觀

錢穆對於孔子的行誼，以及主要代表著作《論語》，[44]不斷構說其學術思想內涵，歷來研究者眾，把握錢穆所理解的孔學之重要思想命題，本文則從其中選擇尤有特殊理解視域之重禮與以心學為本的認識進行關注。

（一）孔子重禮的必然性與意義

孔子學說出於王官之學衰退之後，為諸子學說興起之鰲頭。處東周王官貴族式微之時，惟斯學「猶未盡壞」，時之所學者惟「禮」，此「禮」直言之，即「當時貴族階級一切生活之方式」。不論治國、行軍、保家、守身、安位等，莫不用「禮」，也就是說，「凡當時列國君大夫所以事上、使下、賦稅、軍旅、朝覲、聘享、盟會、喪祭、田狩、出征，一切以為政事、制度、儀文、法式者莫非『禮』」。[45]此一時期，需要知禮之士，則有孔子本於周公禮、樂之制，開展儒學以禮為重的大業，也成為其學說思想之核心。因此，孔子所謂之「學」，即其好古敏求（《論語．述而》）、「祖述堯舜，憲章文武」（《中庸》）者，「明習禮文」，以「治掌故以明禮，習禮文以致用」，為其學問之道；其所以能夠見重於當時，亦在於知禮，正名復禮為孔子時期學術價值與精神之所在。[46]

錢穆對先秦諸子學術進行分期，孔、孟同質與一脈之相接，則將孔、孟合為儒家一系，其後有墨家一系，再而莊、老的道家一系，這樣的分系，在其有關的學術思想

[41] 見錢穆：〈第一講〉，《先秦學術思想》，收錄於錢穆：《講堂遺錄》，頁141。
[42] 同上註，頁153。
[43] 見錢穆：〈孔子與六經〉，《國學概論》，頁19-21。
[44] 錢穆認為《論語》為「孔子一生之言論行事，所思所教，其弟子皆各有所記，歷三四代，彙為《論語》一書」。認為《論語》非孔子所親撰，也非一時之作，而是經過三、四代的弟子承傳之孔子言錄之合著。見錢穆：〈大哉孔子〉，《孔子與論語》，頁22。
[45] 見錢穆：〈先秦諸子〉，《國學概論》，頁38-41。
[46] 同上註，頁42-45。

史論著中，每有取用申言。但就諸子形成的具體時代與面對的核心問題，則又分為三期，即以孔、墨為初期，其核心問題為「禮」；陳、許、孟、莊為二期，核心問題為士階級應抱持之態度下的「仕」的問題；第三期為莊子之後者，關注的是「治」的問題。[47]故從諸子學分期的角度，討論有關時代的問題時，將孔子與墨子時期定位於「禮」的問題，且二家之衝突亦尤在「禮」的方面。禮的問題，正為孔子所處時代的問題，也是孔子學說思想之重點所在。因此，錢穆定位孔子的學說思想，也特別放大「禮」的主體地位，並對「禮」有諸多深刻的理解。[48]

孔子與「六經」的關係，孔子特重於「禮」，以「六藝」為術，亦以習「禮」居首。錢穆取〈雍也〉云「君子博學於文，約之以禮」，並採劉逢祿（1776-1829）《論語述何》之說，以「文」為六藝之文，「禮」則貫乎六藝者，「博文約禮，最為得之」。[49]「六經」中，惟《春秋》為孔子所作，錢穆特別指出，「孔子之著史作《春秋》，其事一本於禮」，且孔子之治「禮」，「其事亦一本於史」。並舉〈為政〉中夏、商、周三代之禮，有可損益者，肯定「禮有常，亦有變」，損益即在「變」以合世用。歷史本在不斷的變動，無歷世不變之史，亦無歷世不變之禮，不論〈子罕〉或〈八佾〉等諸篇所述，皆在說明「禮主變通」，不拘窒不變，能夠懂得變通，則能「知禮之本」。[50]

中國文化精神，亦即由人生律則之禮教規範下所實踐的人文精神，透過道德達成人之人格與生命的完成，孔子之教，便在於此。故「孔子講學立教之精神，乃確然見其為屬於一種人文精神、道德精神」。[51]人文與道德的精神，透過實踐展示，必在每一個人欣然受的禮教自律下形成。所以，「禮之本即仁」，以仁為「亙古今而一貫」的不變之道，應之以禮之依時而變，這依時而變之「禮」，以不變之「仁」為體，則「仁」與「禮」，「一內一外，若相反而相成」，[52]「仁」內化於己心，故錢穆明確指出「孔子認為一切禮的本原不在外部，而在創禮與守禮者之內心」，也是「種種因革變遷的禮文」之本原所在。[53]禮因於本心而實踐的真情意，故由「禮」又證成孔子心學之所主。因此，禮的精神成就國家社會的穩定，創造出代代相承與認同的人文與道德之精神，這也是孔子在學術史上的重要定位。

中國文化道德精神，即是一種禮教之精神，展現出內在蘊厚溫順的貴讓不爭之態

---

47 同上註，頁58-59。

48 楊華東認為錢穆的《論語》詮釋，可以歸結為「仁」與「禮」的核心概念，並提出錢穆對「禮」的不同解讀。見楊華東：〈錢穆《論語新解》研究〉（成都：西南民族大學中國古典文獻學碩士論文，2012），頁28-30。這樣的理解，正是錢穆確認孔學重禮的重要地位與價值精神所在。

49 見錢穆：〈本論語論孔學〉，《孔子與論語》，頁207-208。又見〈本論語論孔學〉，《新亞學報》1956年第2卷第1期。

50 見錢穆：〈孔子晚年居魯〉，《孔子傳》，頁133-135。

51 見錢穆：〈論春秋時代人之道德精神（上）〉《中國學術思想史論叢（一）》，頁300-302。

52 見錢穆：〈八佾篇第三〉，《論語新解》，《錢賓四先生全集（甲編）》第3冊，頁73。

53 見錢穆：〈孔子之史學與心學〉，《孔子與論語》，頁422-423。

度與價值準則，其極者即為一種「隱」的精神。錢穆特別指出，「隱者之所為，可以終身不求人知，抑且終身不為人知，而其內心之所守所信，則耿然炯然，有若可以歷千古萬古而不昧不失者」。此一精神或思想，孔子及其學說尤能顯之，作為中國文化主體象徵所由之重要特性所在。因此，錢穆確立先秦學術的發展演變，一貫主張孔子傳承於孟子，而後莊周、老聃，再而《易傳》、《中庸》後出。前此文化道德精神的承衍，則莊周、老聃之言，有得於孔門尊讓重隱之一端，以中道行於人我之中，「隱居求志，有天下而不與」，為莊周、老聃等後學所沿尚。此進退隱顯之道，又為《易傳》所承，秉孔學與道家之說，但後承諸家，猶不及孔門「推闡之明備」。[54]禮教的「隱」之蘊義，正為代表中國文化道德精神之可貴。

（二）孔子以心學為本的儒學要義

孔子之學說思想，主要體現於《論語》之中，錢穆於《論語要略》，提煉出孔子學說之要義有八，包括論仁、論直、論忠恕、論忠信、論禮、論道、論君子、論學等，[55]倪芳芳並認為錢穆所理解者，即含攝個人內在情感與修養，以及群體外在之規範的範疇，其核心則建立以「仁」為本的認識，建構一套具高度邏輯意涵之思想體系。[56]仁學的思想，確實為錢穆理解《論語》所展示的孔子學說之重要觀點與重要的核心意義，而錢穆所認識的孔子論仁之義，主要表現在「人群當以真心真情相處」，以及「人群相處，當求各得其心之所安」的二重仁義，以仁為情感的抒發，而情感即「心理活動之中樞」，[57]故以「仁」同於「心」，[58]仁學同於心學，以仁學為核心，即以心學為核心。以仁為本，特別圍繞於仁與禮、仁與孝弟、仁與忠恕進行展開，此皆人人各得所安之心學。因此，「孔子仁道的理解不是概念化，而是具體、豐富而富有情感的」。[59]不論仁學或心學，已非純粹的哲學化理解。

從《論語》本身關注孔子學說，錢穆於〈本論語論孔學〉一文中，認為〈述而〉所謂「志於道，據於德，依於仁，遊於藝」，可以「包括孔學之全體而無遺」。而依次序當為學於藝、其次學於仁、再其次學於德、再其次學於道。雖立四者之學，似無涉心論，實與心相及。學於藝，強調孔門之學，「首重通習技藝時務，讀書博古」，在能格物於心。有關學於仁，人既是人，則必學人道，學人道即學於仁，學如何為

---

54 見錢穆：〈論春秋時代人之道德精神（下）〉，《中國學術思想史論叢（一）》，頁309-330。

55 見錢穆：〈孔子之學說〉，《論語要略》，《錢賓四先生全集（甲編）》第2冊，頁77-120。

56 見倪芳芳：〈摘要〉，《錢穆《論語》學析論》（臺北：臺灣東華書局，1998）。

57 見錢穆：〈孔子之學說〉，《論語要略》，頁85-86。

58 以「仁」同於「心」，在錢穆的孔子學說相關論著中，每有見說。其釋說《論語》時，亦以「仁」言「心」，同時引《孟子》云「仁，人心也」，說明人道必本於人心。見錢穆：〈學而篇第一〉，《論語新解》，頁6-7。

59 王雷生探討「心」的闡發，並從「禮與仁」、「孝弟與仁」、「忠恕與仁」之向度進行申論。見王雷生：〈錢賓四《論語新解》探微〉（北京：中國政法大學中國哲學碩士論文，2011），頁62-65。

人，並取孟子之說，「仁，人心也」，以人心為本之仁道，即為人之道。學於德者，肯定「學知為己」即知所以據德之道，至於如何「為己」，引《後漢書．桓榮傳》之說闡明，「為己者，因心以會通」，即荀子所謂「著乎心」的概念。學於道者，即「物與事與人與己之會通合一，融凝成體」之道，又即「志道」、「知天」之學之所至，同朱子格物會通的「格物窮理」之教，亦與陸王「良知」為一貫，則志道學道，本「天命」為「道之大原」、「道之全體」，便是劉寶楠（1791-1855）《論語正義》所指仁、義、禮、智「順善之心」的展示。[60]

錢穆在其《中國思想史》中談孔子，創立儒家思想，代表中國思想之主幹，也是中國思想之正統與中心。儒家的思想，由孔子開其先，孟子承其後。[61]特別強調孔子的學術思想，一種是「心學」，一種是「史學」，二者相互關切並「由史學轉入心學」，[62]「史學心學二維相須」下，[63]史學亦當從心學下手。其心學所開闡的重要觀念，是其好言「仁」，好言「孝」，皆屬「心」的作用，也是本於人心之經驗。[64]以「心」定位孔子的學說思想，打破一般關注之用詞與普遍的理解，把握與確立此種學問思想的存在之必然性，所以到了孟子，能夠得到進一步之重視與發揮。

錢穆作〈孔子之心學〉，直稱孔子以心學為主。談到宋明理學，理解一般區分程、朱為理學，陸、王為心學，在於程、朱主「居敬窮理」，陸、王則主「心即理」。認為後人疑居敬窮理，似乎置理於心外，而心即理則以理在心內，以此而異分。但他主張程、朱同為「理在心」，以窮理的工夫，仍端在於心，從心做起，窮外界事物之理，不外於格吾人內心之理，故陸、王之心學雖與程、朱稍有不同，但程、朱之心，亦可稱為「心學」。此兩派莫非是「心學」，前推皆本於孟子，孟子所倡亦即心學，二派為同源異流同為「心學」。同時，由孟子再上推孔子，孟子承孔子之學，孟子既以心學言，「則孔子亦可稱為是心學」。儒家學說思想作為中國學術與文化的主體，確立一脈承傳的流衍譜系，由孔、孟而至程、朱以復盛，同以心學見說，則「『心學』乃為儒學之主要骨幹所在」。[65]

錢穆剖析《論語》中的心學內涵，確立整部《論語》「向內沒有講『心』，向外沒有講『理』」，實質上論及「心」字也僅有六、七處，但《論語》講的是一件件的「事」。如〈述而〉談到「飯疏食、飲水、曲肱而枕之，樂亦在其中矣」；〈雍也〉記述顏回「一簞食，一瓢飲，在陋巷，人不堪其憂，回不改其樂」。宋明理學家關注孔、顏之心，探討其心所樂何在，亦孔、顏之心學宗旨。又如孔子之論學，〈學而〉

---

60 見錢穆：〈本論語論孔學〉，《孔子與論語》，頁201-236。

61 見錢穆：〈第二講孔子〉，《中國思想史》，收錄於錢穆：《講堂遺錄》，頁16。

62 見錢穆：〈孔子之史學與心學〉，《孔子與論語》，頁424。

63 劉增光認立錢穆所理解的孔學是史學心學的二維相須，但終究偏於史學。參見劉增光：〈孔子的心學與史學——錢穆《論語》學探微〉，《人文雜誌》2018年第1期，頁16-25。

64 見錢穆：〈第二講孔子〉，《中國思想史》，收錄於錢穆：《講堂遺錄》，頁22-30。

65 見錢穆：〈孔子之心學〉，《孔子與論語》，頁428-429。〈孔子之心學〉原刊於《孔孟學報》1970年第20期，今收入於《孔子與論語》。

云「學而時習之，不亦說乎？有朋自遠方來，不亦樂乎？人不知而不慍，不亦君子乎」。錢穆闡明「說」、「樂」、「不慍」諸字，表達的僅有一義，專指「心境之樂」。又如〈憲問〉云「古之學者為己，今之學者為人」。宋明理學家之理解，以能夠得之於己者，內心境界能有樂；自心有一條朗明的前路，始有可樂，倘人人心中有樂，則天下可以太平。因此，錢穆認為孔子為學之大道，「即在開示天下萬世人心此一條向前之路」。又如孔子談忠恕之道，中心為「忠」，如心為「恕」，「心之在內者為忠，在外者為恕」；不論修身、齊家、治國、平天下，皆憑忠恕之心，方可致達。錢穆具體舉出《論語》中之事例，說明孔子心學之所在，強調應效法孔子之道，「從自己內心出發，去從事學問；在心的基礎上建立人世界，再由人世界來建立物世界」；「心為本，物為末；心在內，物在外」。孔子這樣的心學思想，「下及孟荀乃至宋明程朱、陸王，將此一套心學發揮，即是發揮了儒家之最要義」。[66]

另外，錢穆又作〈孔孟的心性學〉一文，認為孔子之學說，即所謂「心性之學」。〈學而〉所言，即強調「反求諸心」，求之於心，尋求快樂，尤其是學習的快樂，說明「孔子只是直本己心，直指人心，揭示出人心一番共同傾向」。孔子這樣直指「本心」的認識，並為孟子繼承與擴大闡釋。言「心」又言「性」，孔子云「性相近，習相遠」，以「性」為「因」，以「習」是「緣」，不能迷於「外緣」而失卻「本因」。孔子的「性」觀，承至孟子，用以說明「人之異於禽獸者幾希」，由「性」肯定人的本質，顯發人性之所由。因此，錢穆以孔孟合言，以孔孟之學，是一套「心性學」，烙印於中國文化之中，則中國文化「也是一套從乎人之心性的文化」。[67]

四、《易經》成書與《易傳》非孔子所作的重要學術史觀

《易傳》成書之年代與作者的問題，宋代之前同史遷之說，《十翼》為孔子所著，少有爭議。至宋代疑經風行，始懷疑來由非孔子之作。民國以來辨偽益甚，孔子學說與論著成為被討論的焦點，「古史辨」學者中包括顧頡剛、錢玄同（1887-1939）、馮友蘭（1895-1990）、李鏡池（1902-1975）等人，相繼否定《周易》經傳與孔子的關係。[68]錢穆從有關思想內涵，具體論定《易傳》乃會通儒、道所寫成之專篇，「不知出於何時何人之手」。並認為先秦時期，乃至漢代學者，「極少由其私人

66 見錢穆：〈孔子之心學〉《孔子與論語》，頁430-440。

67 見錢穆：〈孔孟的心性學〉，《孔子與論語》，頁441-449。〈孔孟的心性學〉原刊於《孔孟月刊》1972年第10卷第12期。

68 顧頡剛之說，見《古史辨（第一冊）》，頁41-42。錢玄同之說，見《古史辨（第一冊）》，頁75。馮友蘭之說，見《古史辨（第二冊）》，頁198-200。李鏡池之說，見《古史辨（第三冊）》，頁117、120、133。有關諸家之引述，廖名春：〈錢穆孔子與《周易》關係說考辨〉一文中，並有逐錄辨說。揭前文，《河北學刊》2004年第24卷第2期，頁88-93。陸思麟根據廖先生之說，亦有闡述。見陸思麟：〈從樸學到理學：錢穆學術思想研究〉（南京：南京大學中國古典文獻學碩士論文，2012），頁41-44。

一己來著書立說」。道家之著說，尤是如此。言意之下，《易傳》尤多有會通道家思想者，但「不謂此乃我之新創，不謂乃我會通儒、道兩家而自創新說」的會通新創之作，本質上仍有「一承孔子」的會通和合者，作者姓名隱而不彰。[69]

有關《易經》與《易傳》的考辨與思想闡發，每為錢穆所關注者。1928年應蘇州青年會學術演講會之請，發表〈易經研究〉，[70]詳細勾勒出其《易》學史觀。其後並將其中部分內容作〈論十翼非孔子作〉一文，收錄於《古史辨》中。[71]1931年分別出版的《國學概論》與《先秦諸子繫年》中，又論及孔子與《易》學的關係。1951年完成、1977年修訂的《中國思想史》，其中並探討〈易傳與中庸〉之議題，以《易傳》與《中庸》皆不知出於何人之手，一貫主張二者為秦漢之作，為孔子之後，歷墨家、道家，尤受到道家影響的具儒家性格之作；在其有關的論著中，闡發思想要義，每將二者連言，如作〈中庸與易簡〉一文即是。[72]從思想內涵的角度關注，認為《易傳》是一儒、道會通的思想論著。[73]其他包括其《孔子傳》與相關學術考辨及思想議題中，也屢屢論及。

（一）《易經》作者與研究方法

錢穆指出歷來認為《易》之成書，普遍稱說經歷三聖與三古而完成，即伏羲畫八卦，文王作卦辭，周公作爻辭，孔子作《十翼》。實際上應非如此，但「《易經》絕不是一時代一個人的作品，而是經過各時代許多人的集合品」。《易經》的完成，第一期為六十四卦的形成，第二期為卦爻辭，第三期則為「《易經》裡的《十翼》」。[74]在這裡，錢穆似乎混同《易經》與《易傳》，將《十翼》視為《易經》的一部分，只不過完成的時期與作者不同。

在研究的方法上，他似乎否定前人研究《易經》，每每不分象、數、辭、理；既然各期為不同時代不同人之作，則當予以分別。他借用胡適取「剝皮」的方法，先剝去第三期的東西，再剝去第二期的東西，單就第一期的東西進行研究；亦即採取先將第一期《易》卦象數研究清楚，再而第二期的六十四卦卦爻辭，再而第三期《十翼》之哲理，將《易經》形成次第依歷史的分析方法作研究，為一種「比較可靠而可以少錯誤的新方法」。[75]

---

69 見錢穆：〈略論朱子學之主要精神〉，《中國學術思想史論叢（五）》，《錢賓四先生全集（甲編）》第20冊，頁313-315。

70 見錢穆：〈易經研究〉，《中國學術思想史論叢（一）》，頁247-269。

71 見錢穆：〈論十翼非孔子作〉，收於《古史辨（第三冊）》，頁89-94。

72 〈中庸與易簡〉，《故宮季刊》1983年17卷4期，現收錄於錢穆：〈上篇〉，《晚學盲言》，《錢賓四先生全集（丙編）》第48冊（臺北：聯經出版事業公司，1998），頁199-214。

73 見錢穆：《中國思想史》，《錢賓四先生全集（甲編）》第24冊，頁82。

74 見錢穆：〈易經研究〉，《中國學術思想史論叢（一）》，頁247-248。

75 同上註，頁248。

分期方法的詮釋，有不同的對象與內容，錢穆具體而特殊的主張：就第一期的象數而言，以象論之，八卦僅為一種游牧時代的文字，即多數指向六書中的「指事」與「會意」字，八卦重為六十四卦，八卦所代表的自然卦象不敷使用，則推衍出如六書中的「假借」之象。著重於從文字學的概念說明八卦之用象，這種《易》學用象之理解，與歷來《易》學家的普遍認識之視角不同。有關數的方面，論及奇偶用數，至《十翼》的「參天兩地而倚數」，即《莊子》、《老子》所云「一生二，二生三，三生萬物」之用語。明確指出《十翼》採《莊子》、《老子》之意。[76]第二期的六十四卦卦爻辭，他接受《十翼》謂「《易》之興也，當殷之末世，周之盛德，當文王與紂之事」。肯定六十四卦卦爻辭之內容，當屬殷、周之際的具體意指之內容，尤其「卦辭頗有特別用意，不同泛說」；如坤卦卦辭「西南得朋」、蹇卦與解卦卦辭「利西南」，西南即周王朝之位，故利於西南。又如師卦六五爻辭「長子帥師，弟子輿屍」，專言周武王伐紂之事蹟。[77]第三期專言《十翼》之思想，錢穆論定《十翼》非孔子所作，且有關之思想內容，如「道」、「天」、「鬼神」、「變化」、「吉凶」、「因果」之思想，明顯與《論語》所述不同，而更貼近於《老子》的道家思想。[78]《十翼》之大義，大抵認為尤「近於道家，而微遠於儒義」，[79]重要的思想觀念，與道家更為契合。

（二）《十翼》非孔子所作

有關孔子與《易經》乃至《十翼》之關係，一貫認為《十翼》非孔子之作。〈易經研究〉與〈論十翼非孔子作〉中，具體論證孔子無《十翼》之作：

1. 晉朝河南汲郡魏襄王古墓中之古籍，有《易經》兩篇，與今《周易》上下經同，但無《十翼》之存在。魏文侯尊儒好古，奉子夏為師，子夏並為孔門大弟子，倘孔子作《十翼》，魏塚《易經》應不單兩篇。
2. 《左傳．襄公九年》，魯穆姜論「元、亨、利、貞」四德，與今《文言》略同。以文勢論，只見《周易》抄《左傳》，非《左傳》抄《周易》。
3. 《論語》中曾子言「君子思不出其位」，今《周易》艮卦《象傳》亦有此語。倘孔子作《十翼》，則記《論語》者，不應誤作曾子之說。
4. 《繫辭》中屢稱「子曰」，明確指出非孔子手筆。
5. 《史記．自序》引《繫辭》稱《易大傳》，並不稱《經》，可見亦並不以為孔子語。
6. 《史記》括始黃帝，每多可見。同時，《史記》推尊孔子，而《繫辭》中詳述

---

[76] 同上註，頁248-259。

[77] 同上註，頁259-262。

[78] 同上註，頁262-269。

[79] 見錢穆：〈論春秋時代人之道德精神〉，《中國學術思想史論叢（一）》，頁333。

伏羲、神農製作，太史公並非沒有見到，何以五帝託始黃帝，更不敘及伏羲、神農？可證史公時，尚不以《繫辭》為孔子所作。

7.《論語》無孔子學《易》事，只有「加我數年五十以學易可以無大過矣」一條。據《魯論》「易」字當作「亦」，即「五十以學，亦可以無大過矣」。

8.《孟子》書內常引述《詩》、《書》而不及《易》、《繫辭》云「繼之者善，成之者性」，孟子論性善應可引述，卻隻言未引。同樣的，孔子後傳之荀子，亦不言《易》，《荀子》書引及《易》之諸篇，並不可靠。

9.秦人燒書，以《易》為卜筮書不焚，若孔子真作《十翼》，作為儒家經典，豈有不燒之理。

10.《論語》與《易》思想不同。[80]

前列之前六點，論證孔子無《十翼》之作，後四點則說明對於《易經》，孔子並無「韋編三絕」的窮研之可能，既是如此，則何有《十翼》之洸洋大作。

從思想內容的本質言，孔子於《論語》所述，與《十翼》所見者，迥然有別。錢穆特別指出《論語》中的「道」，有三個範疇概念，即為合理之行為、行為的理法，以及社會風俗國家政治的合於理法之部分，此三範疇不外乎人類合宜的行為。另外孔子中也偶言「天道」，對於天道，子貢卻說「夫子之言性與天道，不可得而聞」，即天命之所以然者，為孔子所罕言者。至於《十翼》中的「道」：其一、以「一陰一陽之謂道」及「形而上者謂之道」的「道」，為抽象的獨立之一物，為最先的、惟一的存在。其二、以乾道、坤道、天地之道、日月之道、晝夜之道、變化之道等等，說明天地間的各種現象。[81]可以看出二者為不同的道論理解。又如「天」的認識，《論語》視「天」為有意志的、人格化的，如言「天生德於予」、「天喪予」、「獲罪於天」、「天之將喪斯文」等等，錢穆視之為帶有「一種極素樸的宗教觀念」。至於《十翼》中的「天」，是一種天、地並舉，如云「法象莫大乎天地」、「天尊地卑」、「天地設位」等，為自然界的兩大法象之一，天僅與地為類的形下一物。《論語》每以人事證天心，而《十翼》則以天象推求人事，所謂「天垂象，見吉凶，以則象之」，即是其義。[82]由是又見二家之別。有關「鬼神」的理解，錢穆認為《論語》所見為有意志、人格化的鬼神，如「非其鬼而祭之」、「祭神如神在」、「敬鬼神而遠之」等即是。至於《十翼》所述者，為神祕的，惟氣的，如云「精氣為物，遊魂為變，故知鬼神之情狀」之鬼神，與《論語》絕是兩說；單就「神」而言，如云「神無方而易無體」、「知變化之道者其知神之所為乎」、「神者，變化之道，不疾而速，不行而至，無思無為，寂然不動，感而遂通天下之故」等，此「神」即通於自然的造化流行。[83]此一認知，二家又判然有別。

---

[80] 見錢穆：〈易經研究〉，《中國學術思想史論叢（一）》，頁262-264。

[81] 同上註，頁265。

[82] 同上註，頁266。

[83] 同上註，頁266-267。

《十翼》言陰陽，述剛柔，連稱「仁」與「義」而言，但孔子不言「陰陽」，《論語》只言「剛」不言「柔」，雖言「仁」與「義」，但「不連稱對立」。《十翼》「天」與「地」連稱對立，孔子則無。[84]諸如此等，皆明孔子不作《十翼》。

（三）《易傳》為繼《老子》之後的道家傾向論著

由孔子所聯繫的《易傳》之學術史觀，錢穆主張《易傳》非孔子所作，《易傳》之成書，遠在孔子之後，而莊子、老子的道家思想之形成，亦在孔子之後，《易傳》又更在老子思想之後，為與老子的道家思想更為相合。從哲學視域與重要哲學內涵的認識，錢穆肯定《十翼》所理解的宇宙自然哲學，即道家的自然哲學。《十翼》的思想，「大體上是遠於《論語》，而近於《莊》、《老》」。[85]

〈易經研究〉中，錢穆精要舉出《十翼》與《老子》道家相合之處，包括以下三點：

1. 《十翼》論神、論變化，相當於《莊子》、《老子》言自然、言道。孔子重於人倫關係，不重視自然界之問題。
2. 《十翼》同《莊子》、《老子》擅言利害吉凶。孔子重人倫群我之公義，故不敢言利。
3. 《十翼》與《老子》均重因果觀念，並且二者皆探討「命」之來源。[86]

《易傳》闡明《易》道之陰陽，錢穆明確指稱孔子乃至孟子不言陰陽，並為其一貫的說法。[87]《莊》、《老》之道家思想，錢穆具體定性為「歸極於自然，偏傾於唯物」，而《易傳》之宇宙論，亦大抵近乎自然與唯物。《莊》、《老》始「天地」並言，《易傳》亦並言。[88]《莊》、《老》道家的宇宙觀，為「氣化的宇宙觀」，宇宙萬物皆為一氣之轉化。《易傳》相承此說，肯定宇宙自然的存在，即為一氣之轉化，此氣化更具「不息」與「永久」之特徵。[89]道家與《易傳》同屬於自然的宇宙觀，《易傳》言「性」，猶《莊》、《老》之自然之性，「天地自有此性，故天地自成此道」。《易傳》結合孔子為本的儒家傳統之「人文德性」，特別關注於以德性觀自然，改進道家過於畸物的自然宇宙論。[90]

---

[84] 見錢穆：〈第二講〉，《經學大要》，收錄於錢穆：《講堂遺錄》，頁283-284。

[85] 見錢穆：〈易經研究〉，《中國學術思想史論叢（一）》，頁268。

[86] 同上註，頁268-269。

[87] 錢穆於其〈程朱與孔孟〉文中，直指孔、孟不言陰陽，而程、朱作為孔、孟學說相承最有功者，卻言陰陽，但程、朱的陰陽絕非陰陽家的陰陽，僅言一氣之化的陰陽。見〈程朱與孔孟〉，《中國學術思想史論叢（五）》，頁356。該文為1954年6月6日，錢穆於香港新亞書院文化講座之講題。刊載於《人生雜誌》之中。

[88] 見錢穆：〈易傳與小戴禮記中之宇宙〉，《中國學術思想史論叢（二）》，頁28。

[89] 同上註，頁33。

[90] 同上註，頁43。

錢穆又舉「鬼神」概念申言，指出《易傳》關注鬼神與陰陽之變，所謂「精氣為變」，「精」與「氣」字之用，亦道家始述，《易傳》整體之概念，即襲諸《莊》、《老》之說。專明「陰陽不測」、「知變化之道」之「神」，即「窮神知化」的陰陽氣化思想之妙萬物者的「神」，同於《老子》云「玄之又玄」終歸極於「無」的「無」義之用。但其中仍有殊異者，道家氣化流行的自然觀，尤重於「化」，而《易傳》言「變」多有推闡之深義，並轉重於「生」；道家言「無」，重終極之性，而《易傳》以「神」言「變」。[91]陰陽變化的自然觀，《易傳》雖有本於道家之說，但於形器、制器尚象的諸觀念上，為修訂與改進道家之說。[92]《易傳》強調「通德」、「類情」，合天人以融於物我，盡變化之妙，以「精義入神」為用，「範圍天地之化而不過，曲成萬物而不遺」，即為《易傳》所特別關注的「崇德」之性，此一宇宙觀，錢穆一貫稱之為「德性一元」的宇宙論，[93]此《易傳》又為接受道家自然主義之宇宙觀下之歧出與改造者，這個部分又回到對儒家思想的會通。

在思想史論題的討論上，不論是「道」、「理」、「性」、「命」之說，錢穆皆明確將孔子獨立於《易傳》之外，且《易傳》在孔子之後，非與孔子直接相涉。例如討論儒家論性，分為四派或四個時期，其一為孔、孟，其二為《易傳》與《中庸》，其三為程、朱，其四為陸、王。孔子與孟子的言性，專就人性而言，不兼及物性，關注人心之流露呈現處指點陳說；至若《易傳》，以一陰一陽之道，「成之者」的創生萬有皆有其性，即不專限於人性，「天地萬物莫不有性」，則《易傳》之性，推極於生理與物理之性。也就是說，孔子乃至孟子之性，僅在人生範圍中，而《易傳》之性，擴大專屬於宇宙範圍。《易傳》之導向，因準於莊子、老子的道家之說。在儒學發展的衍變道路上，程、朱綰合《易傳》、《中庸》與孔、孟，並說明孔子學說與《易傳》和《中庸》的具體流衍與不同之處。[94]

五、朱子之學作為孔學集大成者之學術史觀

孔子所代表的儒學，作為中國學術文化的主體，後繼相承並名者為孟子，並在孔、孟學說的流衍中，又以程、朱對列，其中對朱熹尤為讚頌，肯定其為孔子學說的集大成者；在詮解《論語》時，著力參考朱子的《四書集注》，也體現出其「與朱子《集注》的深層次的繼承與損益關係」，[95]認為朱子所識，得孔子之真義，並彌縫前儒之說，也必然合理的存在歧異。

---

91 同上註，頁45-54。

92 同上註，頁60-61。

93 同上註，頁62-64。

94 見錢穆：〈辨性〉，《中國學術思想史論叢（五）》，頁361-424。

95 見張洪義：〈錢穆《論語新解》對朱子《集注》的繼承與損益——以「仁」的解釋為中心〉，《平頂山學院學報》2018年第33卷第6期，頁84。

（一）探驪得珠之集大成者

錢穆肯定中國學術思想的主流儒家，影響力最大的，前有孔、孟，後有程、朱，將孔子與孟子，以及程氏兄弟與朱子，並為前後相承的最重要之典型代表。認為朱子在中國學術思想史上最大之貢獻且最應注意的，「厥為對儒家新道統之組成」。朱子於孔、孟之間，增入曾子與子思，彙為《四書》之著；或稱孔子修《六經》，錢穆認為「未必有其事」，但朱子宗主孔子而聯繫四家注《四書》，對儒學的貢獻與影響則「無與倫比」。朱子從傳統的經學中擺脫出來，復興新儒學，也為新儒學的完成者。縱觀整個中國學術史，「若謂孔子乃上古之集大成者，則朱子乃中古之集大成者」。[96]

孔子聯繫相承其思想最為純粹的孟子，所承之純粹化思想，即「道」；至若代表儒家一脈而能繼孔學之衣缽者，則為程、朱，展現儒學精神的正統，突顯於「理」。他以〈程朱與孔孟〉為題，強調「孔、孟所講主要在『道』，程、朱所講主要在『理』」。[97]先秦多以「道」言，漢代學者將「道」與「理」混言，漢魏以降尤其王弼云「物無妄然，必由其理」，將「理」置於思想史上的重要地位，向前進展一大步，也似替代「天」的地位，而這樣的概念，至朱子則予以具體化系統化。

「道」與「理」有別，「道」為一「已然」或「成然」，而「理」則為「所以然」。孔、孟論「道」，在「已然」中舉出「常然」或「當然」，它「非先在，乃是完成」，即從人事之中完成。因此，孔、孟言天，必落實到人事之上，倡言「仁」與「命」，以「仁屬人而命屬天」，知天命不易知，並由仁具體實踐。此一觀念，至孟子則以「性」易言之，肯定「性即天之所命於人者」；「性」與「命」皆屬先在者，故孔、孟性命之說，也開程朱言「理」之先聲。至於「理」，作為一種先天的存在，同王弼萬物由「理」之言，即理先物而存在，此即朱子所論者，「天即理」，亦即天理，先於萬物而存在者，人只能發現此先物之理，而不能創造此一理。就「天理」與「人欲」的關係，程、朱將二者的嚴格對立，亦承自孔、孟而來。錢穆從多維視角，說明孔子至孟子之道，衍生性命之說，至程、朱的繼承與進一步的創述，具體申言其同異之所在。從範疇論言之，「程、朱在宇宙論上較孔、孟為開發，其於人生論上亦不能不於孔、孟有變動」。程、朱之學與孔、孟雖有增益，顯其殊異之性，然仍根柢於孔、孟，從孔、孟而出。故研治程、朱之學，必上溯孔、孟，以孔、孟為宗。孔、孟與程、朱，若根葉相契，不可偏棄，即其所謂「若遺棄孔、孟，一尊程、朱，則如水無源，如木無根」；同樣的，若乾嘉諸儒，尊經學而蔑理學，則又「如木之伐其枝葉，水之窒其流潦」，以此治學態度欲存養孔、孟經學之根源，所

---

[96] 錢穆：〈朱子學術述評〉，《中國學術思想史論叢（五）》，頁281-283、309。

[97] 錢穆：〈程朱與孔孟〉，《中國學術思想史論叢（五）》，頁351。

存者希矣。[98]

從整體的學術史觀的思維言，錢穆認為朱子甚似孔子，即「孔子每好以相反相成之兩字面來表達一觀念或一境界，如言仁必言智，或言仁必言禮，又言禮必言樂之類」。同樣的，朱子亦若是，「如言理必及氣，言心必及性，言窮理必及居敬之類」。二者相承而別者，「孔子只就人心人事立論，令人當下有入手處。孔子的圓密是面面俱到，或是面面兼顧。朱子則以宇宙、人生糾合在一起，他的思想似乎相互間依恃的條件更多了，如理必依恃著氣，必以氣為條件。氣亦依恃著理，必以理為條件。同樣心必依恃著性，必以性為條件。性亦依恃著心，必以心為條件。一切互相依靠，言及於此，則必以彼為條件」。於此觀之，朱子之於孔子，其思想之發微，「常覺其氣魄大而苦難下手，若圓密而又嫌瑣碎」。[99]

孔子儒學之發展，錢穆高度肯定朱子之成就，歷時久遠的殊異時代，仍似可比肩於孔學，得孔學之真傳，盡精竭瘁於《論語》之作注，至是「探驪得珠妙手」。朱子因孔子之學，闢兩漢之「經學」為「儒學」，窺孔子思想之真趣，「故欲尊孔子，必通朱學。朱子之學，藝不尋之於《六經》，而直尋之於孔氏」。錢穆亦進一步認為朱子所成就的孔子儒學，為一種由史以通經之學，亦即一種「史學」，此正為「朱子之學之最要精神」。[100]

（二）彌縫前說之必然歧異

錢穆肯定朱子本孔子暨後承的孟子之意，闡發義理，探賾原旨，為秦漢以後或最有功者。然而，與孔、孟本意相去，或似有違失與歧異者，實乃「時異代異」，[101]思想體系的建構與關注之內容，歧異也必在所難免。已如述前，錢穆專論〈程朱與孔孟〉一文，分別程朱與孔、孟之異，孔、孟以「道」名立義，程、朱則執於「理」。並於〈從朱子論語注論程朱孔孟思想歧點〉一文中，認為最大相異之處，主要在於「天」與「性」的闡釋方面。[102]從《論語》僅言「性相近」，至《孟子》的性善之說，宋儒並開啟「義理之性」與「氣質之性」之二別，而朱子遵奉二程學統，雖與孔、孟相異者，力求彌縫，但錢穆舉出諸多歧異而未盡合者，如孔子的「仁」學，朱子以「仁者心之德」，顯多有與孔學有扞格者。又如《論語》多用「道」字，少用「理」字，而朱子專一以「理」字言說，多有違於孔學之義。又如孔、孟言仁、義、禮、智，每就行事而論，但朱子轉指「理」而言，並認為仁、義、禮、智是「性」，

---

[98] 同上註，頁352-360。

[99] 見錢穆：〈朱子學術述評〉，《中國學術思想史論叢（五）》，頁309。

[100] 見錢穆：〈孔學與經史之學〉，《孔子與論語》，頁249-250。

[101] 見錢穆：〈從朱子論語注論程朱孔孟思想歧點〉，《孔子與論語》，頁263。〈從朱子論語注論程朱孔孟思想歧點〉，原載於《清華學報》1964年第4卷第2期。

[102] 同上註，頁263。

則又謂「性即理」，此亦是曲釋。[103]

孔子言「天」，孟子繼之，錢穆梳理其流衍，至莊周改易為「自然」，老子改稱「道」，《易》家與陰陽家，改稱「氣」、「陰陽」與「五行」等，王弼改稱「無」，宋儒亦多有立說，朱子尤承程子「天理」之思想，主張「天即理」，此又朱子與孔子言「天」之異趨，惟如是之說，乃思想史幾經波瀾曲折之後，「包涵總括」，「千錘百鍊」以致之。[104]細酌其異，如孔子罕言之「性」與「天道」（《論語・公冶長》），子貢以二事分說，而朱子合為一事，以一理概括之，亦即稱「性即理」，復稱「天即理」，則二者宜無大區別。[105]

另外，錢穆原文條列說明朱子注《論語》之文，彌縫孔子與前人如程子諸家之說，並詳引《朱子語類》條文進行申言，顯與《論語》原旨不合者。[106]然而，雖陳說存在後啟之異衍，卻仍不失孔學之真傳，孔學至此復彰。後之學者，固不能若清代乾嘉學者之輕視譏彈，短識淺見，而今亦不能以臧否為志，知學術之傳衍，損益本然有之，應肯定朱子上溯孔學，抉發孔學最為有功。

六、結語

孔子作為文化道德與學術精神之主體，錢穆期待在東西文化、傳統與現代的衝突下，不要因為一時的主觀取索與偏執，對自屬文化的全盤否定，甚至時風浸染而對孔子學說的極端揚棄。錢穆用更為平易與親切的理解方式，看待孔學的價值與透顯的道德精神之可貴，也正說明科技如何文明，用卓識的新眼光接受價值傳統，它表彰的即是經世致用的力量，所以孔學傳遞的文化價值，沒有時空的限制，也不存在價值的陷落，反而實踐它則益顯它的存在，孔學正為實踐之學。

經學同於史學，以史見經，破除壁壘與偏見，通古今儒學之變，展現對孔學的積極接受，孔學的儒學聖道既傳並新，治平可成。確立孔子先於老子的學術史觀，主要在於塑制儒學的正統地位，孔學先啟之立基，中國學術的主體可以具體昭著；孔學乃至儒學，正為傳統學術文化的主要道塗與核心所在。然而，錢穆雖著力考辨孔、老與諸子之先後與學術意義，仍不免有諸多主觀認識而待商榷者。又，錢穆以歷史研究的眼光與方法，從現存文獻的索隱，以孔子之學為傳衍王官之學，孔子固無立經授教之事，卻不失其經學後衍之真實；對於六經之所由，基本上仍有其時代「古史辨」疑風辨偽之影子。

錢穆以孔子時代的歷史性眼光，確立孔子繼周公之制，以正名復禮為其所處時代

---

[103] 同上註，頁270-276。

[104] 同上註，頁278-279。

[105] 同上註，頁282。

[106] 同上註，頁285-309。

之核心問題，展現其重禮的必然性下，導引出人文與道德價值及精神所在。以禮為治，因於史實之變的史學態度，孔學即史學，以「禮」合「史」，凸顯禮學於孔子學說中的地位。「禮」可損益以應時之變，即又為「史」，內在本於「仁」之精神，故本原依據為「仁」為「心」，此所以為錢穆強調孔學以心學為本之意義所在。心學標誌孔子之主體，不論志道、據德、依仁、遊藝，也都在於心。錢穆詮釋下的孔子心學，本質上向經驗性意義傾斜，不在於宋明理學本體或超驗的形上之「心」。

錢穆本於考據精神的具體論證，否定《周易》經傳成書與作者問題的傳統上之普遍認知，以孔子不言《易》，或孔子無《易》教作定位，並以《十翼》非孔子所作，視為儒道會合之論著，由孔、孟儒學，歷莊、老之後，具高度道家傾向的秦漢之說。此一見解，當受時期疑經辨偽之風的影響。孔子是否不傳《易》，即孔門是否無《易》說，從周朝的政治文化觀之，乃至《十翼》明指孔子之說的可能事實，錢穆之說仍有諸多商榷之處。認為《十翼》非孔子所作，或許如《論語》為弟子所記所編之意義同，雖非親作，但仍可傳達孔子《易》說之思想主張。同時，先秦諸子學說思想的學術或知識環境，或當有其共同的知識與概念，《十翼》中所見之諸思想觀念，雖為《論語》所無，而貼近於《老子》，是否就意味為道家之本色，這方面亦有可再探索與討論之空間。

錢穆以朱子直追孔子之學，視孔子為上古之集大成者，而朱子非但集孔子之大成，亦為中古之集大成者；上承孔學，會通漢唐，即經學與理學合流暢達，得孔學之真義。誠如郭齊勇與汪學群所言，錢穆所理解的朱子宗法於孔學，強調「漢儒與宋儒、宋代理學之間的聯繫和區別，打通了漢唐儒與宋儒之間的界限，同時也把宋儒與理學區別開來，這就克服了誇大漢唐儒與宋儒對立，以及宋儒與理學混為一談的錯誤，並明確宋儒具有返回先秦子學儒的基本精神」。[107]拉近從孔子以降歷漢、唐至宋代理學之間的必然聯繫，弱化彼此間的差異，回歸到孔子所代表的經史相通的孔學。對應於孔子以道為說的思想，至朱子入於理，仍根柢於孔學，尤顯圓密而系統化，雖有損益與彌縫前說之歧異，仍不失為孔學真傳之卓然有功者，非清儒孔窺疵議之誣見所可推貶者，此所以為孔學經史並融、以史通經的精神，朱子益是發皇而同得其要者。錢穆以孔子與朱子同比，為對儒學所代表的學術文化之情懷，用寬容的會通與接受，展現其對傳統儒學的使命感與文化自覺。

---

[107] 見郭齊勇、汪學群：《錢穆評傳》（南昌：百花洲文藝出版社，1995），頁191。

第二十三章　表述「中國教育學」的精義
——錢穆先生《論語釋義》之研究

濟川文化研究會
潘樹仁

一、前言

錢穆先生在《現代中國學術論衡》內有三篇〈略論中國教育學〉，觀照錢先生對教育的系統思維，對比中西教育理念及目標的不同路向，最高的理想，仍然以中國人培養道德為依據。「德性教育」歷來作為青少年必學的基礎教育，是每個人必備的行為和人際關係的肇端，一個人的成就亦以德性為歸宿。技藝反而被放在第二位，因為技能各有所長、各自發揮，如何應用技術和物質的成果，便是人的德性取向。西方新式教育不斷向前，摒棄或壓低傳統德性教育，一直宣揚創新教育，在科技上競爭，忽略科學家的操守及國民的品德，走著急功近利的路。孔子被譽為「萬世師表」，他一生的教育工作非常成功。錢先生對《論語》及孔子的研究非常精湛，詳及孔子的一言一行，並有〈孔子年表〉，可知錢先生受影響靡淺。有關論述被彙編成多本著作，本文採用2000年臺灣素書樓文教基金會版本，其中〈論語要略〉為核心，集中分析教育理念，旁引《孔子家語》等相關經典，探索錢先生在解讀《論語》時，探取驪珠，建構未來「中國教育學」的理想及根據，承傳著孔聖的精神，例如：因材施教、有教無類等等。本文集中研析教育範疇的各種亮點，祈能培養一代又一代的莘莘學子，由此透視錢先生的叡哲，重現他樹立的中國教育學，以至他處理事情的德性風範。

二、中國教育學與文化的傳承

（一）德性教育

人類都是清白而來，必須受教育學習，才能獲得多方面知識，教育更是傳承文化的主要項目。錢先生在〈略論中國教育學・一〉認為：「中西教育即有其大相異處。西方教育重在傳授知識，知識對象重在向外之事物，故必分門別類，互不相通，而又各分割成各階層。……現代學校教育乃為青年人傳授知識及研究學問之一項共同項目，當僅為中年以後繼續進修作一基礎，並不占人生中行為與學問兩方面之極重要地位。」[1]這裡很清楚說明現代西式教育的偏頗，以至攻利主義的技術教授，都只是為找一份高薪厚職的工作，所謂職業的高低便以金錢的多少作比較，前途如何的問題，亦以未來薪資的多少為目的。金錢掛帥的風氣吹遍現代社會，繼而用博士、專家的名銜為增薪的指標，人生問題及修養問題卻被忽視，青年人大多數盲目向前，更不知如何建立家庭和人生目標。「大學教育分院分系分班授課，內容狹，為時暫，即獲得最高學位亦僅為一『專家』，不為一『通人』。故其所教育，最低則使為一國民，最高則成為一專家，皆把人生意義地位約束了。」[2]此段提出「人生意義」，其實大多數人在生命中都會反問，到底我的生命為什麼會在此時此刻出現？而且我的人生及父母的背景又如此獨特？甚至不達到良好的情況而面臨千般困難。人生努力及存在的意義等問題，中國文化的解難和風氣，均以聖賢的成就為指標，轉向高尚品德情操，成為畢生的嚮往，張載的四句偈最為典範：「為天地立心，為生民立命，為往聖繼絕學，為萬世開太平。」[3]現代青年對生命都有怨懟的想法，自己的人生為什麼一開始就那麼窮？仍舊用錢來衡量，沒有發展自己內心的情感，因而沒有強烈的感悟力，失去了精神動力，不能對周邊的人和事物產生互動關連感覺，故此面對問題不懂得解決。

「中國教育則在教人學為人。天生人，乃一『自然人』。人類自有理想，乃教人求為一『文化人』、『理想人』。孔子曰：『弟子入則孝，出則弟，謹而信，泛愛眾，而親仁。』[4]此始為一文化理想人。中國家庭學校國家社會，教人主要皆在此，受教育者當終身奉行，此之謂『人生教育』，亦可稱『德性教育』。」[5]德性一詞出自《中庸》：「故君子尊德性而道問學，致廣大而盡精微，極高明而中庸。溫故而知新，敦厚以崇禮。」朱熹的理解詳盡，人的道德天性必須透過學問而彰顯，故此君子要盡心求學，踐履道德，以圓滿德性為目標：「尊者，恭敬奉持之意。德性者，吾所受於天之正理。道，由也。溫，猶燖溫之溫，謂故學之矣，復時習之也。敦，加厚也。尊德性，所以存心而極乎道體之大也。道問學，所以致知而盡乎道體之細也。二者修德凝道之大端也。不以一毫私意自蔽，不以一毫私欲自累，涵泳乎其所已知。敦篤乎其所已能，此皆存心之屬也。析理則不使有毫釐之差，處事則不使有過不及之謬，理義則日知其所未知，節文則日謹其所未謹，此皆致知之屬也。蓋非存心無以致知，而存心者又不可以不致知。故此五句，大小相資，首尾相應，聖賢所示入德之

---

1 錢穆：《現代中國學術論衡》（臺北：東大圖書公司，2008），頁169；有關近人對錢穆研究概況，見區志堅：〈近年中國大陸對錢穆研究概述——從批判到奉為國學大師的歷程〉，《錢穆紀念館館刊》1999年第5期，頁35-50。

2 錢穆：〈略論中國教育學．一〉，《現代中國學術論衡》。

3 筆者另一本著作：〈七、成熟期～建立根基〉，《人生意義指南學．生命教育的二十堂課》（香港：中華書局，2018），頁110。

4 孔子：〈學而〉，《論語》，網頁：中國哲學書電子化計畫，https://ctext.org/analects/zh。

5 錢穆：《現代中國學術論衡》，頁170。

方，莫詳於此，學者宜盡心焉。」[6]朱熹的闡述，是中國傳統文化人對德性及教育的理解，沿孔孟而下是一脈相承。

（二）禮教與自由學習

現代人做任何事都先講自由，無限擴大的自由卻成為失控，而且傷害他人的自由而不顧。「今人競言自由、平等、獨立，惟德性乃自由，又平等，能獨立，知識則無自由、平等、獨立可言。」[7]西方的自由、平等、獨立只是專門在政治及人權方面說，自由的基本原則是不能傷害他人的生命和自由，從德性上說自由是人人可以自由取決自己的行為，達到圓滿的德性又不傷害其他生靈物命，德性的互動就是在群體自由中抉擇，別人絕不能阻擾。兒童及少年心智未達成熟，必須由父母約束，由老師提醒，切勿落入朋輩的善惡不分之魯莽行為。西方演繹的平等，只是人與人平等，富與貴平等，德性的平等則包含萬物，因為物物皆具靈性，依循大道而生滅，都有天地的德性。西方的獨立是個體獨立而行，不被他物或他人所牽扯，身體生活可以放任，德性的獨立是心境思維和精神境界獨立，反而肉體生活要適應現場情況，這樣身心靈可以自由獨立修煉，達到更高境界，德性在高層次時，坦蕩逍遙呈現天人德性平等。孔門雖然強調四科：德行、言語、政事、文學（《論語．先進》所記），「而四科實以德行為主，雖若分，而實通，未有違於德性而能完成其此下三科之學者。」[8]德行要基於德性的培育與引導，德行的舉措要在多方面的綜合行動來窺探，甚至在大是大非的狀況前，可以呈現德性的力量。

「尊師重道」是中國學者的第一守則，西方人尊重知識，老師成為知識的專家，既然人人平等，對老師與其他人無異，而老師所授的學識，是學生作為打破的目標，隨時可以超越，沒有中國人對老師關係的向上尊敬。「中國則重其師所傳之道，而其師則應為一具有德性之通才。……（孔子）乃教人以其德性，即其自己所能有之一種情感意境，而為實際人生之主宰所在者。……中國人言禮教、風教，亦可謂之『情意教』。」[9]讀經典要以經為師，「經師不如人師，言教不如身教」，學習從尊師開始，培養人的情感意境，在老師身邊受到愛的教育，去感受父母的慈愛教導，感悟經典中聖賢的大仁大義情懷。重道是先於一切知識學問，個人道德未能奠定，所有學識都是浮沙，成為賺錢的工具及傷害他人的利器。用禮作為德性教育，是非常重要的肇端，父母在幼兒階段已經提示向長輩們行禮，而且日常生活中，父母亦以身作則向長者禮敬，成為身教。「禮的基本功能，就積極面來說，藉由對美德的關注以及對道德品格發展的教學，禮具有教育或轉化人類基本性情結構的功能。在此，禮的表現就不

---

6 朱熹：〈中庸章句〉，《四書集注》（香港：陳湘記書局，約1986），頁24。

7 錢穆：《現代中國學術論衡》，頁170。

8 同上註。

9 同上註，頁171。

再是儀式化的慣常行為，而是一種與情境相關之美德的展現。這是一種道德的表現。由此而生的社會秩序——如果真的產生的話——將會是一種道德秩序，因為美德呈現在其中一分子的各種人際與個人關係之中。」[10]德性的善良，在外延是一種行為，德善的行為是一種自然美，被稱為美德，禮成為肢體語言行為藝術。中國人的風俗習慣就是禮，故錢先生稱為「禮俗」，「中國社會有它的構成因素，絕不是鬆懈的，而是極富堅韌性的。造成這個堅韌性的因素，就是禮俗上。」[11]禮俗在三個不同領域上，都作為教化人民的功能：祭祖禮拜（生命的感恩及生死，宗教性）；向國旗及國家領導人敬禮（忠義的貫徹，尊敬上司，政治性）；人際關係的尊重與包容（社會群體的生活）。禮最終用於社會，依照國家制度而運作的社會，要融洽安全，有賴禮被推行的程度，「禮者，即古代階級制度之一切典制儀文也。孔子以為貴族專政，階級制度既漸次崩壞，則貴族自身亦將失勢。故為公謀、為私謀，莫如復禮，復禮則上下相安而世平治矣。」[12]現代的復禮，當然是社會大眾的公德，而重新為禮訂出社會指引，共同遵守和互相制約。

（三）人生教育與君子學

因為每個人的生命都不一樣，所以中國的老師都「以生命影響生命」，用身教影響學生，使他們在未來的人生加以靈活運用。「中國教育則在教人學為人。天生人，乃一『自然人』。人類自有理想，乃教人求為一『文化人』、『理想人』。……教人主要皆在此，受教者當終身奉行，此之謂『人生教育』，亦可稱『德性教育』。……孔子乃以身教，以行教，以己之為人教。其與來學者相處亦親切如家人。（孔子）又曰：『吾與回言終日，不違如愚。』則其終日相親又不啻過其家人矣。（孔子）又曰：『回也，視予猶父也，予不得視猶子也。』則師弟子之親，乃亦有踰於父子者。」[13]中國人從人的本位開始思維，在家庭及學校，以至社會和國家，都在考量個人與群體的關係，成為緊密的倫理道德，涵蓋所有的人際關係，在互動之中，達致和諧共處的狀況。人生的開始在家庭，父母引導著兒女一些基本道德禮教，為我們守著德性的底線，雙親都勉勵著我們勤奮，消除青少年的頹廢頑劣，希望成長的孩子為社會國家作貢獻，萬一子女有所失誤，家庭都會永遠愛護他們，祈望他們回頭是岸，改過自新。老師伴隨學生啟蒙學習，有稱為「師父」，讚譽老師等於父親，學生隨侍在側，可見老師為人的全面，日常待人的操守，親如家人而悉心教導有如自己的兒女。德性的感染便不知不覺傳遞到青少年內心，由此影響他們的人生走向正道。

春秋末年，民間教育蓬勃，以一人講授為主，學生直接受教於老師，尊師重道被

---

[10] 柯雄文：《君子與禮》（臺北：臺大出版中心，2017），頁123。

[11] 錢穆：〈中國社會的禮俗問題〉，《中國文化叢談》（臺北：三民書局出版，2013），頁313。

[12] 錢穆：〈論語要略．第二章〉，《四書釋義》（臺北：蘭臺出版社，2005），頁30。

[13] 錢穆：《現代中國學術論衡》，頁172。

崇敬，諸子百家學說興起，東漢以後，有五經博士及各類經師，開始「偏重學而較輕師」[14]。孔子倡導的君子之學，則延續影響整個教育系統和社會氛圍。「君子」一詞在《論語》出現109次，道字90次。《孔子家語》有君子一詞163次，道字220次。[15]《論語・先進》：「先進於禮樂，野人也；後進於禮樂，君子也。如用之，則吾從先進。」錢先生對於先進（早年的學生）的理解：「孔子晚年返魯，政治方面已非其主要意義所在，其最所屬意者應為其繼續對於教育事業之進行。……孔子意，當代若復用禮樂，吾當從先進諸弟子。蓋孔子早年講學，其意偏重用世。晚年講學，其意更偏於明道。」[16]培育君子，最理想的目標是學以致用，德性的應用，在古代就是為官治世，最終是影響家庭及其他身邊的人。君子用智慧去處理事情，並非封建單向的服從，西方學者的見解：「『禮』作為理性的命令（prescription of reason），負責修訂的人必須注意到時機與環境等條件。……換言之，我們在決定禮的主要內容時，不可以忽略當下的需求與社會條件。因此，與禮的規矩之變遷有關的議題，便是一個實踐性的，而不是理論性的議題，主要考量的是義或分寸感的審慎運用。」[17]做人為官都要因應環境而運用德性，君子「窮則獨善其身，達則兼善天下」，無論在任何環境，都不斷提升自己的德才能力，「子曰：『君子博學於文，約之以禮，亦可以弗畔矣夫！』……孔子之意，謂學者當博求成文，而反之於當身當世所能實行者而履踐之；則所學所行，可以弗違於道也。此皆論君子之學。」[18]君子要挺立於高道德的位置，不斷學習及用禮去踐履，守著德性自然自在的做人原則。

三、《論語》釋義的亮點

（一）日常生活的德性身教

「孟子曰：『人之患，在好為人師。』孟子鼓勵人皆可以為堯舜，乃戒人以好為人師。故中國後世乃教人以尊師，不教人以為師自尊，其旨義深遠矣。……故中國之教育，非人生中一事一業，乃教者學者在其全人生中交融為一之一種生命表現，始得謂之是教育。故在中國有師道，而無教育家之稱。」[19]學者與教者在日用平常之中，融合為一生活體，充分發揮德性身教的作用，固執的老師，則會遠離學生，破壞愉悅學習的氛圍。

性字其實古寫是上生下心㤲，君子與小人、禽獸與人類的分別，在於道德的心，日常的簡單切入點，就是自己觀察自身的道德心靈。「天地生人，大同而小異。異者

[14] 同上註，頁173。

[15] 「中國哲學書電子化計劃」網上資料統計，網頁：https://ctext.org/kongzi-jiayu/zh。

[16] 錢穆：《孔子傳》（北京：九州出版社，2011），頁75。

[17] 柯雄文：《君子與禮》，頁156。

[18] 錢穆：〈論語要略・第五章〉，《四書釋義》，頁102。

[19] 錢穆：《現代中國學術論衡》，頁177。

在其『身』，同者在其『心』；異者在其『欲』，同者在其『性』。色、聲、嗅、味、食、衣、住、行在身，為欲；孝、悌、忠、信、仁、義、禮、智在心為性。……孔子曰：『不有博奕者乎？為之猶賢乎已。』（《論語・陽貨》）孔子所戒在『飽食終日，無所用心』，人貴能用其心。用在圍棋上，與人無他爭，只爭自得自足，較近道，故曰猶勝於無所用心也。」[20]心的力量有創造、改變等等巨大能力，因而立志是提升心力及指向人生正道的動能。《論語・為政》：「吾十有五而志於學，三十而立，四十而不惑，五十而知天命，六十而耳順，七十而從心所欲，不踰矩。」志於學是人生的基礎，有了學問的基礎才有未來的成就，少年用心立志求學，是生命的亮點，也是眾人的榜樣。《論語・里仁》：「士志於道，而恥惡衣惡食者，未足與議也。」君子既然立志於道德的成就，心力自然集中維繫德性的修養，若果又要強求得到物質的享受，形成心理撕裂，兩者都不可能有成功的機會。拒絕名利的誘惑，便是德性的挺立。《孔子家語・七十二弟子解第三十八》：「曾參，南武城人，字子與。少孔子四十六歲，志存孝道，故孔子因之以作《孝經》。」[21]曾參時刻都心存孝道，可知他的心志力量非常堅定，孔子在日常生活中經常觀察學生，當然他了解曾參在孝行上未能達到深入而全面，因而他詳細闡釋孝道的理論，讓曾參在德性修養上更能提升，在孝行實踐上成為楷模。《論語・述而》：「志於道，據於德，依於仁，遊於藝。」君子將心力投放在建立崇高的道德理想，時常不斷培養高尚的品德人格，內心充滿著仁慈友愛的性情，以技藝陶冶自己的高雅情操。君子在日常生活中，人生全面投入於道德，保持善良的德性，就是其他人的身教模範。

（二）人性感情的培育

心的外向是立志，心的內向是性情。「『情』則在性與欲，故稱性情，亦稱情欲，又稱天性、人情、物欲。欲必向於物，能推己及人，己有飢，知人亦有飢；己有寒，知人亦有寒。己所不欲，勿施於人，是恕道，即是對人有同情。消極為『恕』，積極為『忠』，視人之飢溺，如己之飢溺，於是能『先天下之憂而憂，後天下之樂而樂』。能使一己之欲向上流，乃見人情，乃見天道。天道即本於人之天性。」[22]忠，不是簡單地忠於國家，錢先生這裡指出，要忠於人的天性，忠誠守護自己的德性，情要向正面的忠良培育，才能感通他人的感受，感應天地萬物的變化。孔子的政績很少人提及，其實他能夠動人以情、說之以理，三個月為官，令老百姓都忠信待人，路不拾遺等社會良好風氣。《孔子家語・相魯》：「三月，則鬻牛馬者不儲價；賣羔豚者不加飾；男女行者別其塗；道不拾遺，男尚忠信，女尚貞順；四方客至於邑者，不求有司，皆如歸焉。」男女行走道路也分開，現代男女過於親密，把一切慾望私隱都暴

[20] 錢穆：〈略論中國教育學・二〉，《現代中國學術論衡》，頁181。
[21] 筆者另一本導讀及譯注：《孔子家語》（香港：中華書局，2013），頁303。
[22] 錢穆：〈略論中國教育學・二〉，《現代中國學術論衡》，頁180。

露在公眾場合，男與女的感覺和婚姻反而不被珍惜。婚姻的忠於對方，互通性情是家庭結構的核心。

性情並不是一件小事，是生命成長的基石，「中國教育主要在教人如何好好做一人。而尤要在教其『心』，從『性情』方面做起。男女老幼同此心，同此性情，同樣要做一人，亦有其同樣要到達之境地。……小學乃屬一種『自然教育』，天地君親皆師也。大學則是人文教育，必當別有師。即君親亦當受教，亦當有師。……《中庸》言：『致中和，天地位焉，萬物育焉。』『中和』即是道，亦即是人之性情。師教立，人之性情達於中和，而天地始得其位，萬物始有其育。使人之性情失其中和，則不僅萬物失其育，即天地亦失其位矣。此非天地萬物位育之道亦待師教乎？……故聖賢大師之為教，亦本於天地萬物人群以為教。中國人所謂『通天人，合內外』，亦可謂即是『自然』與『人文』之會合。此則中國文化最高深意之所在。」[23]人是天地宇宙的一分子，除了必須依靠這種環境生存，亦有責任維護環境的可持續存有，才能使人類有永續的生存空間。聖賢的心力感通強大，可以跟隨天地的情況來教化人民，故通天地而為天地立心，個人的性情修養要言行一致，聖賢達到德性內外合一，身教言教於百姓，願濟渡天下蒼生趨於幸福和樂，故合內外而為生民立命。

（三）人際關係的道德應用

重感情必然由父母開始，因為父母養育的親情最難忘記。家庭成為人際關係培訓的場所，同時是道德應用的實踐營地。孝心是自然生命的彰顯，從小時候育成，是對父母關係的應用，繼而推廣「老吾老而及人之老，幼吾幼而及人之幼」，一般人就依循這條正路而行，聖賢則要應用道德以治理社會人群，達致人際關係和諧，社會風氣良善崇德。「孟子曰：『堯、舜，性之也。』又曰：『湯、武，反之也。』堯、舜為先聖，為『自然之聖』，本於天命之性以為聖；湯武為後聖，為『人文之聖』，就於先聖之所表現而反之己之心性而自得，乃有以繼之。堯、舜性之，乃有所『立』；湯、武反之，乃有所『達』。人文日進，乃立而進於達，則『反之』亦同於『性之』。」[24]堯舜簡樸的年代，聖人率性坦蕩，德性自然呈現，湯武的年代社會已經歷紛亂，聖賢透過修身反思，對比現實的情況，回復本性而力行正善，達到德性的高尚顯現，以先聖為教育的模範，用人文教育培養德性，達致人文聖賢的境界。

人際關係雖然複雜，人們可以用簡單的情操去應對。孟子曰：「天下之大悅而將歸己。視天下悅而歸己，猶草芥也。惟舜為然。不得乎親，不可以為人；不順乎親，不可以為子。舜盡事親之道而瞽瞍厎豫，瞽瞍厎豫而天下化，瞽瞍厎豫而天下之為父子者定，此之謂大孝。」林安梧對大孝的理解，關連在生命上說：「簡易——生命的

---

[23] 同上註，頁183。

[24] 同上註。

本源。……要去學習以簡易駕馭繁重，因為唯有這樣你才能真正的輕鬆起來。相反的，如果你是以繁重加到簡易上面，你的力量就有限多了。真在乎，就是要能不在乎。……是平易，不是縮頭烏龜。是簡潔，不是略而不詳。是和氣，不是故作孤高。是淳真，不是幼稚無知。……相應於『默運造化』，人則要『默契道妙』。相應於『乾坤之道』，人則要『簡易處之』。」[25]百行孝為先，孝順父母是簡單易做的事，打電話問候一句，伴著雙親在公園走走，噓寒問暖，就是道德簡易的應用，這種人際關懷，對長輩孝敬，對上司如父母，敬老尊親，人人都在愛中沐養，下一代青少年便有良好的榜樣學習。中國家庭的慈愛要輕描淡寫，父母不會天天說愛兒女，因為「真在乎」他們，不想他們被驕養寵壞，但時刻都在用心關顧。這是最簡單的人際關係，慈與愛的踐履，這種堅實的基礎，打通人際網路，人生才能開闊光明的通衢大道。

四、傳統教育的迴望

（一）從小好學的素質培養

人的成長當然有兒童與青年的分段期，中國的傳統教育，亦分階段教化成長中的青少年。「《中庸》又言：『尊德性而道問學』。若如本篇上文所分析，則『尊德性』實乃一種群眾教育，即家庭教育、社會教育，實亦即小學；『道問學』乃始是大人之學，然大學必栽根於小學，以成全其開花結果之終極目標。孔子之教，其主要亦終於教人以為人之學而止。而人則有『小人』、『大人』之別，學亦有『小學』、『大學』之別。故《大學》言：『自天子以至於庶人，一是皆以修身為本。』而天子則應是一大人，其學不止於修身，必上達於治國、平天下。而《大學》八條目則以格物、致知為先，格物致知即道問學。則求知之學，又為中國《大學》中主要條目。……知之致而後意誠而心正，格物致知乃亦為大人之學。豈不仍待於學，而教則僅以發其志，引其端而止。」[26]修身是所有人的基本，這個基礎學科人人都須要，小學的時候還要家庭教育配合，父母及老師的身教，形成習慣，不明白內涵理論不重要，到學大人之學，逐漸理解人倫道德及人際關係，無論智愚刁頑都要做好德性基礎，再學習科學技藝，不會失去人性，自學自省的能力增強，德性沒有放棄，成長後因每個人的才能不同，各有所學，各有成就，但德性素質是相同。

人的資質和稟賦各有不同，但努力學習可以彌補，老師向不同的學員作不同的輔導，在任何情況下，都不斷鼓勵學生進取學習，錢先生指出孔子用多種方式勉勵人們向學，「子曰：『生而知之者，上也。學而知之者，次也。困而學之，又其次也。困而不學，民斯為下矣。』〈季氏〉子曰：『譬如為山，未成一簣，止，吾止也；譬如

---

[25] 林安梧：《問心・讀孟子，反求諸己》（臺北：木馬文化，2017），頁123。

[26] 錢穆：〈略論中國教育學・二〉，《現代中國學術論衡》，頁186。

平地，雖覆一簣，進，吾往也。』〈子罕〉……此皆孔子勉人向學之言也。」[27]學習始終是自我主動，才有成功成就的一日。孔子心目中的理想人格，是君子的終身好學，這種謙卑表現，自知有學不完的知識，道德修養永遠有進步的空間，才是真正高尚的素質修養。「子曰：『君子食無求飽，居無求安，敏於事而慎於言，就有道而正焉，可謂好學也已。』〈學而〉……孔子以耕、學分言，自是針對當時社會之生活狀況而言。然要之求衣與食，為人類比較低級之衝動；求道與學，為人類比較高級之衝動。吾人惟能以高級衝動支配其低級衝動者，乃得為君子。此孔子之意，仍得適用於今日，時雖變而理不易也。讀古書，論古人者，當知此意。」[28]

（二）教與學的互動相長

成為作育英材的老師，除了不斷學習進修外，必須抱著進德修業的人生觀，對自我的生命澆灌熱情，因為人總有軟弱的時候，面對學生，互相學習相互勉勵，德性可以維繫，真正成為學生的身教言教榜樣。「子貢曰：『如有博施於民而能濟眾，何如？可謂仁乎？』子曰：『何事於仁，必也聖乎！堯舜其猶病諸！夫仁者，己欲立而立人，己欲達而達人。能近取譬，可謂仁之方也已。』（《論語．雍也》）仁者並不是不願博施濟眾，然而這有待於外面一切的形勢與條件，縱使像堯、舜般，掌握到人間最高的權力，也未必能充盡其量的博施與濟眾，這便是謂『命』。……『己欲立而立人，己欲達而達人』，只在我們心上之一念，外面一切條件束縛不得。一切形勢轉移不得，只有仁不在命之內。」[29]子貢與孔子討論仁的問題，他提出能夠博施濟眾，是否達到仁的境界？孔子的回答非常清楚，不是有權力或金錢就能夠做到仁，博施濟眾的多寡不重要，因為這是外在命運安排的富與貧，最重要是個人內心的德性不動搖，明白到他人與自己是互動中共同成就，立己立人，仁者，是愛他人，人人互愛互動，才是君子希望達到的目標，達人達己，先達人才能真正達己，心力德性的推動，是老師與生互相交往，一代傳一代，老師成為生命教練，讓青年建設幸福的家國。

教學相長，除了是言語互動外，年輕人掌握科技的靈巧性比長者快而準，行為亦可以相互學習實踐，共同樹立仁禮的規範，「顏淵問仁。子曰：『克己復禮為仁。一日克己復禮，天下歸仁焉。為仁由己，而由人乎哉？』顏淵曰：『請問其目。』子曰：『非禮勿視，非禮勿聽，非禮勿言，非禮勿動。』顏淵曰：『回雖不敏，請事斯語矣。』（《論語．顏淵》）在知識上，必須『知命』纔能求仁。在行為上，必須『復禮』纔能為仁。禮是人生相處之種種節限。人往往為個己求利的目的而逾越了此種節限，但逾越此節限，未必就是利。」[30]學生向老師尊長行禮，老師回禮，禮尚往

---

27 錢穆：〈論語要略．第五章〉，《四書釋義》，頁109。

28 同上註，頁101。

29 錢穆：〈孔子〉，《中國思想史》（臺北：蘭臺出版社，2001），頁11。

30 同上註，頁13。

來，互動之中是尊重與愛護的交流，學生在未來成為老師或長者，被年輕人禮敬尊崇。彼此都時刻共融於仁愛之中，人際關係在多方面互動磨練，相互增加仁愛的力量，禮的作用在於時常互動，日常生活中不能離開禮，令仁於禮中被感受體現，使禮充滿仁愛，不是肢體的冰冷形式，禮就是最簡單而重要的仁愛實踐互動功夫。

（三）因材施教

現今科學數據較為清晰，明白人有智愚的差別，有些先天帶來弱智，或學習障礙，但大部分人的差異也不會太大，或許用性格來分類，有較為勇敢或懦弱，有仁愛心較細緻或粗心大意，有知識較豐富而思考較全面，知識較少的類別，主要是讀書少，失誤了青少年的學習期。孔子有強大的因材施教能力，感悟到每個學生的性情和他們的潛力，引導他們在做人方面不失德性，在才藝方面發揮每個人的潛能。以下分析錢先生用智、仁、勇來分別不同程度的學生，不同起點來因材施教，希望每一個受教育的學生，都達到一致的高水準。「《中庸》，上說：『天下之達道五，所以行之者三，曰：君臣也，父子也，夫婦也，昆弟也，朋友之交也，五者天下之達道也。知仁勇三者，天下之達德也，所以行之者一也。』人與人相交則不外五條大路，此五達道，中國人又稱之曰五倫。……所謂三達德者，乃謂此三德，為人人共通所必備。知（智）更要是指智慧言，不指知識言。知識必從外取得，而且取之無窮，取之不盡。尤其是某項知識，則只供某項特殊應用。智慧在己，應屬天賦，不待外求。有了智慧，自可應付一切。一切忠孝善德，皆必以智慧來履行，來實踐。愚忠愚孝愚善愚德，皆是要不得。……人與人做搭檔，必先具備一片仁心，必先奉行一番仁道。人而不仁，誰也不能和他做搭檔，他也不能和誰做搭檔。有了仁和知，還須具備勇。有勇氣，纔能敢作敢為。世人遇道德關頭，非是無知，亦非不仁，只是拿不出勇氣。種種推諉，藏頭掩尾，白落得內心苦痛。……然則何以說所以行之者一也。因一切忠孝善德，雖說情節萬不同，總只是每一人自己稱德而行，率性而行，遵天而行。五達道則只是一道，三達德只是一德。人則必要赤裸裸地做個人。身外一切分別如富貴貧賤皆可不計。不能說富貴了纔做人，貧賤的便不能做人。智愚也然，此智愚是指知識言。不能說進過大學，受過高等教育的纔能做人。」[31]

上文引用較長，但概括而言，教師要有自我具備智、仁、勇的德行，才能運用自己的經驗和感悟，引導學生，富有的學生要放棄財大氣粗的驕恣，貧窮學生不要自卑，努力進德修業，人生必有所成，勇敢面對眼前的狀況，用更多的知識及智慧解決問題，以更大的仁德對待其他人及天地萬物。了解學生的情況，悉心溝通因材施教，引領學生向前進步，使他們能夠具備三德，自我發掘潛能，老師傳導、授業、解惑的責任便可完成。

---

[31] 錢穆：〈中國社會的禮俗問題〉，《中國文化叢談》，頁232。

五、重朔人生教育的重要工程

（一）生命的反思與修身齊家的工程

人生教育的目標，最重要就是彰顯「德性」。這個簡單而最重要的目標，被現代化的社會環境風氣及氣質化的名利所掩蓋，中國以往的教育被群眾尊重，因為老師是道德的脊梁，不受名韁利鎖所纏縛。中國的現代化進程全面傾斜西方，放棄本位文化，近數年才有轉變，香港的情況更壞，道德崩潰，中華文化被貶抑甚至拋棄。從新引導青少年反思生命的來去，由個人修身開始，維繫家庭及社會和諧，是一項急迫的工作。

中國的學問現在有稱為「國學」，但國學也應該從自身開始，不可用西方的文化角度，生硬套入國學中去批評。「中國學術，從來就強調為己之學。不但孔子說「古之學者為己，今之學者為人」，道家莊子也說要「獨與天地精神往來」，而後嘲笑那「智效一官，行比一鄉，德合一君，而征一國者」，是不能逍遙的小麻雀。什麼是為己之學？就是讀書做學問不是為了父母、為了鄰里、為了國家、為了任何其他人其他事，只是為了讓自已明善知理，成就為人，或為我之求知而知。這與國家主義底下的學術觀，要求讀書報國科教興國等等是迥然異趣的。……孟子云「窮則獨善其身，達則兼濟天下」，成已之學，正是天下之學。」[32]人的存在，必須獨立成長，儒家的成長之路：修身、齊家、治國、平天下，突破中西文化差別，可以成為普世價值，當然可以用現代的理解方式解讀，治國可以是一個機構或團體，平天下可以是世界性的機構，或者是跨國企業，不必限在政治範疇。自己德才有成，便可以在更大的生活圈子發揮自己的能力，完成自我的任何創造、創建。

「『古之欲明明德於天下者，先治其國；欲治其國者，先齊其家；欲齊其家者，先修其身；欲修其身者，先正其心；欲正其心者，先誠其意；欲誠其意者，先致其知，致知在格物。物格而後知至，知至而後意誠，意誠而後心正，心正而後身修，身修而後家齊，家齊而後國治，國治而後天下平。』此是《大學》八條目。此八條目中最要一條則為『修身』。……其實三綱領：明明德、親民、止於至善，俱是『修身』事。格物、致知、誠意、正心，亦是『修身』事。齊家、治國、平天下，仍是『修身事』。地位不同，事業不同，其為『修身』則一，其為『止於至善』亦一。……這是人生哲學裡的一元論，也還是一種德性一元論。」[33]忽略道德，重朔人生教育便困難。人性如此複雜，《大學》把內外、本末等序列清楚，形成簡單的人生哲學線性系統：修、齊、治、平，成為「德性一元論」。修身的根基在兒童及家庭，青少年的修

---

[32] 龔鵬程：《國學通識課》（長沙：嶽麓書社出版，2019），頁10。

[33] 錢穆：〈論語要略・第五章〉，《四書釋義》，頁81。

身在學校及社會，國家的宏觀領導力，是帶領著整個民族向前，為人類建設美好幸福的未來，保護每一個孩子的德性教育。

（二）精神心靈的重朔

最基礎的教育，就是精神心靈教育，孝悌忠信，都是最重要和關鍵的心靈種子，必須在小孩的時期，投放入他們的精神領域之內。故此中國人重視家庭教育，在步入學校之前，已經開始家風家訓的傳承。現代人要重朔心靈精神，對於已經成長的人是困難，對於未來的青少年和兒童，必須重新審視教育內涵，重拾中華文化的精神，重建中華教育學的人性化系統，以德性為大前提。

家庭教育可作為參考，《顏氏家訓》：「〈教子〉『古者，聖王有胎教之法：懷子三月，出居別宮，目不邪視，耳不妄聽，音聲滋味，以禮節之。書之玉版，藏諸金匱。子生咳提，師保固明孝仁禮義，導習之矣。凡庶縱不能爾，當及嬰稚，識人顏色，知人喜怒，便加教誨，使為則為，使止則止。比及數歲，可省笞罰。父母威嚴而有慈，則子女畏慎而生孝矣。』……父子之嚴，不可以狎；骨肉之愛，不可以簡。簡則慈孝不接，狎則怠慢生焉。……〈治家〉夫風化者，自上而行於下者也，自先而施於後者也。是以父不慈則子不孝，兄不友則弟不恭，夫不義則婦不順矣。父慈而子逆，兄友而弟傲，夫義而婦陵，則天之兇民，乃刑戮之所攝，非訓導之所移也。」[34]胎教是一種心靈相通的效應，母親直接的物質性飲食和精神性的思維，都被科學證明瞭可以影響胎兒，所以從懷孕三個月開始，母親要約束自己的行為，不能接觸任何負面的環境和訊息。兒童由懂得喜怒，便要教導他們控制情緒，自我調整心態慾望，不能起落過急，要學會接納他人，當然孝敬父母是主要的行為指標。讓孩子明白善惡是非，過度的錯誤要受懲罰，輕微的阻嚇作用要連繫於教化當中。父子可以減少差距，但不能嬉戲，父慈子孝的互動，使德性培育。在成長當中，德性的修養在不同的位置都能發揮作用，便是青年人的成熟表現。

現代人要將胸襟放大，融合中西文化，大同的理想就可以應用。心靈無分國界，大同的建設更是由內在精神為起點。〈禮運．大同〉篇提到：「大道之行也，天下為公。選賢與能，講信修睦，故人不獨親其親，不獨子其子，使老有所終，……是故謀閉而不興，盜竊亂賊而不作，故外戶而不閉，是謂大同。今大道既隱，天下為家，各親其親，各子其子，貨力為己，大人世及以為禮。城郭溝池以為固，禮義以為紀……禹、湯、文、武、成王、周公，由此其選也。此六君子者，未有不謹於禮者也。以著其義，以考其信，著有過，刑仁講讓，示民有常。如有不由此者，在勢者去，眾以為殃，是謂小康。」大同與小康是兩個階段的境界，此文「提高了道的地位，抑低了禮的地位，這已融受了道家觀念。『人人不獨親其親，不獨子其子』，亦已融受了墨家

---

[34] 李小傑導讀：《顏氏家訓》（香港：中華書局，2013），頁23、53。

觀念。並頗重經濟生產立場。」[35]春秋能夠真正融和各派思想，故此百家爭鳴。近人蕭昌明（1895-1943年），在民國期間提出以二十字哲學：「忠恕廉明德正義信忍公博孝仁慈覺節儉真禮和」[36]融合各教各派，提倡大同的新方向理想，採取簡易普遍的實用哲理，消解人性困惑苦惱，活化德性文化的瑰寶。中華文化的興盛與薪火相傳，用德性的精粹，以人類良知的力量，揭櫫於新紀元再全面推動中華文化，是最佳的肇端。

（三）中國教育學的構建

重建中國教育學，是當今的使命，雖然中華文化復興已經露出端倪，構築教育才是穩固民族的根基。首先要樹立德性教育為基礎，同時大量推行家長教育，引領家庭配合重視德性的培育，提示家中的青少年生活習慣，創造新的家庭和社會風氣，使人們提早正視學前德育的教化。胎教的推動，令青年人在自由婚姻之前，討論下一代應學習什麼？德性如何養煉？保持孩童的天真最要緊，不能歪心曲性，所謂「小時偷針，大時偷金」，故錢先生以〈論直〉來說明仁德性情的維護，孔子論仁，首貴直心由中（中即人的內在），故孔子又屢言直道。「子曰：『人之生也直，罔之生也幸而免。』直者誠也。內不以自欺，外不以欺人，心有所好惡而如實以出之者也。」[37]

其二，在小學教育內容中，以趣味性的象形文字教學，引導少年用連繫式思維學習中華文化，藝術創意性啟發他們對環境事物的觀察和好奇心，帶動對天地生命的關懷，孝順父母的人生感恩，開啟他們的精神心靈，並且開始守秩序規範的禮教。「觀於以上各節之所稱論，曰仁、曰直、曰忠、曰恕、曰信，皆指人類之內心而言，又皆指人類心之情感而言，孔子既為一慈祥愷悌、感情醲鬱之仁人，其論人群相處之道，亦若專重於內心之情感者，而實非也。蓋孔子一面既重視內心之情感，而一面又重視外部之規範。孔子每每即事以論心，即心以推事，本末內外，一以貫之，並無畸輕畸重之見。……至於孔子專論外部之規範者，則曰『禮』。故曰：深明孔子論人群相處之道者，不可不究孔子之論禮。孔子自為兒童時，即已『陳俎豆，設禮容』為嬉戲，其好禮之天性可見。及長而以知禮見稱。……禮樂者，本為人類和與敬之感情之表現。玉帛鐘鼓，即以導達人心之和與敬者。捨人心之和與敬，則禮樂僅為虛偽驕誇，非徒不足重，抑且至可鄙矣。」[38]從小學習禮儀，成為習慣，禮樂教育，一生應用無窮。

其三，中學教育加入人生教育科目，為生命的整體宏觀，作出闡釋，以聖賢的奮鬥為例子，配合現代社會的各項發展，指引青年創造美好的明天，向全人類作出貢獻

---

[35] 錢穆：〈論語要略．第五章〉，《四書釋義》，頁83。

[36] 筆者另一本著作：《歷海笙歌．蕭大宗師昌明傳奇一生》（香港：博學出版社，2007），頁153。

[37] 錢穆：〈論語要略．第五章〉，《四書釋義》，頁79。

[38] 同上註，頁94。

為理想目標。人生教育的底蘊在人格修養的德性和學識的知禮（包括現代人文學及社會學），人生實踐則以社會倫理的好禮和禮儀來呈現文質彬彬。人生教育仍然用仁作為歸結：

仁心：人與人相處所共有的情懷；

仁道：人與人相處所公行的大道；

仁人：能具仁心而行仁道者。[39]

仁德：己所不欲，勿施於人。具有感通之性。

仁者：遵守我一方之界限而不踰越者。（禮節：能彼我兩方各自遵守。）

仁愛：直心由中，率性而大愛。

為仁：克己復禮。

安仁：真心真情，智勇相存，最高美而最圓滿之境。

六、結語

本文對錢先生的「中國教育學」，已大略分析及表揚，在最後一段更用簡單的方法，重點套入中、小學教育，重整德性教育，作為中國教育學的現代課程參考，當然現今的大學，也應該延續一些人生教育的內容，作進一步深化，或者在師範學院的老師培訓中，成為必修科。以下兩點實是錢先生中國教育學的精粹：

（1）以德為教：「中國人之教育宗旨、教育精神，主要乃為一全人教育，首在培養其內心之德。苟其有德，則其對人群自必有其貢獻與作用。天地生人，本不為供他人之用，供人之用者當為物。但人之為用與物之為用大不同。物之為用。在其機能；人之為用，則在其德性。」[40]沒有德性的科學家，運用科技，反而遺害社會人類，「德性一元論」為錢先生的創見及踐履的指標，能夠為教育固本培元。西方哲學家斯圖亞特．雷切爾斯（Stuart Rachels）對德性有相同的詮釋：「我們把德性界定為『表現於習慣行為中的品格特徵，對於一個人來說，擁有它是善的』。」[41]善德是人類的高尚天性，是普世價值其中一項要素，故教育必須以此為首要工作。

（2）化仁成德：人的精神依附內在的仁心，才有正確的道德行為。《論語．述而》：「子曰：『志於道，據於德，依於仁，遊於藝。』」孔子學說發揮仁的思想，是應用於所有德行中，禮是人群中的仁德，慎獨是個人的仁德。錢先生也引用朱熹《論語集注》：「仁者，愛之理，心之德也。」[42]朱子確認仁是內藏的精神力量，用以支撐道德行為。「此仁字正是孔孟學說所講人生大道之主要中心所在，此一中

---

[39] 同上註，頁70。

[40] 錢穆：〈略論中國教育學．三〉，《現代中國學術論衡》，頁191。

[41] 斯圖亞特．雷切爾斯（Stuart Rachels），楊宗元譯：《道德的理由》（第5版）（北京：中國人民大學出版社，2009），頁180。

[42] 錢穆：〈略論中國教育學．一〉，《現代中國學術論衡》，頁24。

心，近在人身，並有其深厚的種子在人心裡萌芽。雖曰茲事體大，只要立下志向，有信念，有勇氣，自能當下即是，無遠弗屆。」[43]教育的工作必須使仁心萌發，充滿心身，然後注入每一個動作之內，氣化為動能，成為德行。孔子發揮仁的精神，讓心靈從個人展延，直至充塞天地，仁禮、仁義、仁慈、仁愛、仁和、仁德等全面育化人性，與西方當代的人生教育、全人教育（Holistic Curriculum）一致，「全人教育可以用不同的架構與比喻來理解，在此我將用三個層面來形容全人教育：平衡（balance）、總括（inclusion）與關聯（connection）。……全人教育也涉及探究與產生關聯，嘗試將支離破碎轉移為關聯。全人教育關注的焦點是『關係』，是線性思考與直觀思考之間的關係，是心智與身體之間的關係，是不同知識範疇之間的關係，是人與社群、與地球，以及人的自我（self）與自性真我（the self）之間的關係。」[44]將仁心充盈於內外身心，成為德性，由自我通貫真我，便消解一切支離破碎負面的人性。

中國人早已定立聖賢的標準，達於三不朽：立德、立功、立言。錢先生的言教身教，各方面的言行舉止，不能盡述，他的丹心在救國、救民族，足以立為後世的道德楷模，他細心的教學工作，為學生編輯現代化的教材，維繫德性與歷史文化的核心意義而努力，是為立功，他真心坦言，對史學針砭，對「人生教育」的突破及重視，對文化、哲學、藝術等論題，都有真知灼見，是為立言。錢先生心繫教育，「希望我們將來學校，小學中學乃至大學的教科書，多講一些人物，講一些中國歷史傳統所看重的，即如何做人。要講一個無條件的，赤裸裸的，單憑自己便能做到的『君子無入而不自得』的這一套。」[45]錢先生之行儀，確實做到，無論在任何境地情況，都是自在快樂，使眾人懷緬思德，真賢達之君子！

---

[43] 錢穆：〈孔孟學說蠡測〉，《中國文化叢談》，頁227。

[44] 約翰．米勒John P. Muller：《生命教育》（臺北：心理出版社，2009），頁13。

[45] 錢穆：〈中國歷史人物〉，《中國文化叢談》，原出《中庸．第十四章》，頁159。

第二十四章　錢穆的古代中國政治制度史研究

政治大學歷史系
王德權

一、前言

2011年底，《為士之道》即將付梓之際，筆者〈後記〉曾發出以下感嘆：

> 取下書架上泛黃的錢穆《中國文化史導論》，書末寫著：「民國71年10月26日讀畢。」那是筆者剛升上大二的時候。如今，再次翻閱此書，思緒飄回到求學以來的點點滴滴。自筆者進入歷史系就讀，轉眼已歷30寒暑，循著與賓四先生不同的道路，摸索著認識中國的可能性，赫然發現筆者此刻站立的位置，竟是賓四先生當年曾經駐足之地，不禁興起「驀然回首」的感慨。[1]

筆者大一才開始閱讀《國史大綱》，[2]升大二的暑假，讀完《中國文化史導論》。[3]當時筆者的中國史根基尚淺，又處在戰後臺灣戒嚴體制開始鬆動初期，對錢穆的保守論點多少有點抗拒，甚至排斥。十餘年後，筆者進入大學擔任教職，毛漢光先生建議筆者不妨跳脫專業的窠臼，開授「中國政治制度史」、「中國社會史」之類通貫性的專史課程，以張大學思的帷幕。在這段辛苦的教學歲月裡，筆者認識到過去專業化訓練下知識的片斷化，教學過程的困窘一直揮之不去，如何為制度史敘事找到契合中國史的解釋脈絡，成為當時筆者迫切克服的難題。

筆者循著歷史地理學途徑，考察漢唐間的政區演變，政區植基在地域社會，有必要進一步認識地域經濟與社會構成，於是開始較系統地接觸原本陌生的馬克思主義史學，尤其是生產力與生產方式、經濟結構等課題。透過上述摸索過程，1999年，筆者發表〈從」漢縣」到」唐縣」〉，[4]並寫成〈古代中國體系的摶成〉[5]一文初稿，初

1　王德權：《為士之道》（增訂版）（臺北：政大出版社，2019），頁447。

2　錢穆：《國史大綱》（修訂本）（臺北：商務印書館，1974）。本文皆引用此版。

3　錢穆：《中國文化史導論》（修訂本）（臺北：商務印書館，1993）。本文皆引用此版。按，此書初版於1947年。

4　王德權：〈從「漢縣」到「唐縣」〉，《唐研究》1999年第5期。

5　王德權：〈古代中國體系的摶成〉，《新史學》2003年第14期第1卷。後收入王德權：《為士之道》（增

步建構詮釋古代中國體系摶成的論點；在這篇四年後發表的論文裡，筆者繼承許倬云、毛漢光兩位前輩提出的「核心區」觀點，嘗試提出從「核心區—核心集團」模式理解古代中國體系及其演變的假說。此時，筆者赫然發現提出的假說與昔年錢穆所論若合符節，不意十年的尋覓竟成為錢穆中國史研究的「註腳」。

本文是從一個經驗研究者的立場，以讀書筆記的形式寫下筆者在認識中國的來時路上，從排斥到認同錢穆史學的過程，並嘗試從戰後中國史研究的成果，揭示錢穆政治制度史論述的「勝義」，以及有待深究的「剩義」，與學界同仁分享。

二、講制度甚不易

錢穆完成《先秦諸子繫年》[6]後，逐漸嶄露頭角，在顧頡剛力邀下，進入北京學界。在當時一意求新求變的北京學風裡，錢穆的學究風格顯得有些不合時宜，被視為保守、守舊，尤其是胡適、傅斯年對錢穆的排擠，更為學者周知之公案。[7]

錢穆任教北京大學，除了「中國通史」，另外開授「近三百年學術史」和「中國政治制度史」兩門課。學術史與制度史是錢穆史學兩大支柱，其《中國近三百年學術史》一書迄今仍為該領域的經典著作；[8]但在制度史方面，除了由演講稿集結成書的《中國歷代政治得失》[9]外，迄未撰成專書。錢穆自云：

> 我本想寫一部中國政治制度史，可是至今沒有寫。只來臺灣，曾在一星期時間中講了一部《中國歷代政治得失》。此書很簡單，但可約略懂得中國從前政治制度究是怎麼一回事。[10]

錢穆最終未寫出《中國政治制度史》專書，只留下《中國歷代政治得失》這本可視為制度史概論的演講集。即使如此，這本書提出許多迄今仍深具意義的勝義，有待探究，更留下許多有待梳理的剩義，有待發揮。

《中國歷代政治得失》的〈前言〉裡，錢穆首先出：「講制度甚不易」。錢穆史學重通史、整體史，如何從中國史的獨特性，詮釋歷朝國制的成立、形式、內涵及演變，並不是件容易的事。錢穆接著歸納其教學經驗，指出探討探究政治制度史應注意的七個面向，茲摘錄如下：

訂版）附錄。本文引用後者。

[6] 錢穆：《先秦諸子繫年考辨》（上海：商務印書館，1935）。後來改名《先秦諸子繫年》（香港：香港大學出版社，1956）。

[7] 關於胡適、傅斯年對錢穆的排擠，參見翟志誠：〈錢穆的院士之路〉，《中央研究院近代史研究所集刊》2019年第103期，頁92-126。

[8] 錢穆：《中國近三百年學術史》（上海：商務印書館初版，1937）。

[9] 錢穆：《中國歷代政治得失》（臺北：東大圖書公司，1977）。

[10] 錢穆：《中國史學名著》（臺北：三民書局，2019），頁179。

一、要講一代制度，必先精熟一代的人事。

二、任何一項制度，絕不是孤立存在的。各項制度間，必然是互相配合，形成一整套。

三、某一制度之創立，絕不是憑空忽然地創立，它必有淵源，早在此項制度創立之先，已有此項制度之前身，漸漸地在創立。某一制度之消失，也絕不是無端忽然地消失了，它必有流變，早在此項制度消失之前，已有此項制度之後影，漸漸地在變質。

四、一項制度之逐漸創始而臻於成熟，在當時必有種種人事需要，逐漸在醞釀，又必有種種用意，來創設此制度。任何一制度之創立，必然有其外在的需要，必然有其內在的用意。

五、要講某一制度得失，必須知道在此制度實施時期之有關各方意見之反映。此種意見，我將稱之曰歷史意見。歷史意見，指的是在那制度實施時代的人們所切身感受而發出的意見。這些意見，比較真實而客觀。……後代人單憑後代人自己所處的環境和需要來批歷史上已往的各項制度，那只能說是一種時代意見。時代意見並非是全不合真理，但我們不該憑時代意見來抹殺已往的歷史意見。

六、討論一項制度，固然應該重視其時代性，同時又該重視其地域性。推擴而言，我們該重視其國別性。我們講述中國歷史上的歷代制度，正該重視中國歷史之特殊性。

七、說到歷史的特殊性，則必牽連深入到全部文化史，政治只是全部文化中一項目。[11]

歸納這七點說明，大致包括（一）「通古今」與「通彼此」、（二）「別中外」、（三）制度的社會基礎等三個面向，以下分別說明之：

（一）「通古今」與「通彼此」

錢穆重通史，主張在整體史架構下理解歷史；運用在制度史範疇，注重制度在垂直的時間流變中之演進，也關注同時期諸制度間水準的功能聯繫，進而將制度置於整體歷史與文化脈絡下理解。錢穆指出：要認識制度的成立、形式、功能及其演變，宜注重兩方面的「通」：垂直時序下的「通古今」，以及水準共時下的「通彼此」。

用現在的學術語彙來說，錢穆是從政治體系及其演變的角度理解制度的成立和流變。說明《通典》時，錢穆再次表達這個觀點：

> 我們研究制度，則必然是一種通學。一方面，每一制度，必前有所因，無可憑

[11] 錢穆：〈前言〉，《中國歷代政治得失》，頁1-4。

空特起，此須通古今。又一方面，每一制度，同時必與其他制度相通合一，始得成為某一時代、某一政府之某一制度，此須通彼此。……一切制度，都是通古今。而同時每一制度，又必互相通。[12]（底線為筆者所加）

無論「通古今」，還是「通彼此」，都是立足於「通」、也就是整體史的立場理解政治制度。制度與結構共同塑造政治體系的運作，反過來看，透過對政治體系需求的認識，也提供我們理解制度的可能線索。也就是說，從制度與結構的形成、演變，觀察一個政治體系的來歷；從政治體系的內在需求，理解各制度之間的橫向聯繫。

（二）「別中外」

錢穆的保守性表現在他一貫強調中國史的獨特性，認為今人運用西方（或現代理念）理論詮釋中國史，很可能發生時代誤置的結果。如，錢穆強調：「中國人講政治，向不講主權何屬，卻稱職責係何。[13]」中國政治體系重視政治人物能否實踐其「職分」，[14]即所謂「君不君，臣不臣，父不父，子不子」之類。反觀今日社會科學理論，多植基在西方社會之經驗事實的歸納分析上，若未經檢證或「理論的相對化」，[15]即運用在非西方社會，不免發生時空誤置的誤解。錢穆強調認識歷史時分辨「歷史意見」和「時代意見」的不同，也是本著這個立場。

戰後，在冷戰意識型態與史學專業化的趨勢下，戰後學者的中國史認識，與民國學者發生斷裂。冷戰初期，美國獨占資本主義世界市場，以美國為中心的現代化理論盛行。直到1970、80年代，現代化理論失去影響力之際，提倡「社會科學本土化」的呼聲，一度迎來重新聯繫傳統與現代的契機，如，張光直；當時學者提倡根據中國的經驗研究，重新檢視西方政治社會理論應用在中國史上的合理性，美國學者柯文《在中國發現歷史》[16]一書即其表徵。但到了世紀末，隨著全球化趨勢下資本主義世界市場的擴張，看似蓬勃展開的本土研究志向，再次淹沒在潛藏著東方主義風味的全球化論述裡，東方主義在全球化的新包裝下捲土重來，中國研究的中國意象日益模糊，文明主體性益發難辨。最近，趙汀陽批評這個趨勢：

當代人的歷史敘事難免暗含著當代思維的倒映理解。雖然此時之當代性可以對彼時之當代性提出當下重新發現的問題，卻不能把此時之當代性倒置為彼時之

---

[12] 錢穆：《中國史學名著》（臺北：三民書局，1973），頁177。

[13] 同上註，頁188。

[14] 參見閻鴻中：〈職分與制度——錢賓四與中國政治史研究〉，《臺大歷史學報》2006年第38期。

[15] 此為日本學者溝口雄三之語，參見溝口雄三：〈《明夷待訪錄》的歷史地位〉，收入溝口雄三著，索介然等譯：《中國前近代思想的演變》（北京：中華書局，1997），頁235。

[16] 柯文（Paul A. Cohen）：《在中國發現歷史：中國中心觀在美國的興起》（北京：中華書局，2002）。原著英文版出版於1978年。

當代性，否則就是時間空間穿越的錯位。[17]（底線為筆者所加）

趙氏「此時之當代性」與「彼時之當代性」，和錢穆的「時代意見」、「歷史意見」並無二致。戰後半個多世紀以來，文明間的互動與認識雖有進展，當代西方學者的中國史敘事，看起來不再是1960年代現代化思潮下那種濃厚中國風的作品。但若深入意識價值的層次，仍依稀可見仍是在「東方主義的骨架」下支撐起的中國史敘事。從這個角度看，1960年代的現代化幽靈，在全球化資本主義的普世價值論述下，依然纏繞著中國史敘事；不同的是1960年代的現代化幽靈是在東方的身軀外徘徊，今日則是在全球化的價值涉入下，以類似電影「阿凡達」的形式，即「東方外形—西方靈魂」般進入東方的身軀，本質上，仍然是西方意念拯救世界的圖像。

錢穆弟子余英時以「一生為故國招魂」[18]揄揚其師一生學術志業，這是錢穆一生治史的志業。「時代意見」與「歷史意見」的分辨，意在引導讀者在「溫情與敬意」下，理性認識中國歷史與文明：

每項制度之變，也該有一可變的限度，總不能惟心所欲地變。所貴的是要在變動中尋出它不變的本源，這便是所謂歷史傳統。[19]

每一項制度之推行與繼續，也必待有一種與之相當的道德意志與服務忠誠之貫注。[20]（底線為筆者所加）

此段看似主觀、唯心的發言，若深入思考，制度本為國家整合社會所作的安置，變動意味著調整，以適應社會變遷或預期將發生的社會變遷。變動之適應，其主體仍在此文明下活生生的人群，其制度適應與變遷不可能漫無涯涘。每個文明與社會，都是在其歷史傳統賦予的主體性下進行認識與選擇，而不是「無主體的適應」。在「人與歷史」的關係上，馬克思的經典名句依然是很有意義的指南：

人們自己創造自己的歷史，但是他們並不是隨心所欲地創造，並不是在他們自己選定的條件下創造，而是在直接碰到的、既定的、從過去繼承下來的條件下

---

[17] 趙氏還表示：「假如把當代概念倒映並追認為古代事實，這種「逆向建構」會切斷歷史自身筋脈，破壞不可逆的時空連續性，使歷史變成無線索的情節組合，失去自身連貫的歷史性。比如，深嵌於西方歷史敘事之中的民族國家、民族主義、征服王朝、帝國主義等現代學術概念對於西方歷史來說是自然連貫的，而用於解釋中國歷史則造成歷史線索的斷裂，這不是解釋，而是解構，不是書其史，而是去其史。儘管1911年以的中國故事在基本上變成了西方主導的歷史的一部分，但假如把古代中國故事按照西方線索去逆向建構，終歸是以鹿代馬的錯覺。」參見趙汀陽：《惠此中國》（北京：中信出版社，2016），頁26。

[18] 余英時：《猶記風吹水上鱗——錢穆與現代中國學術》（臺北：三民書局，1995），頁17-29。

[19] 錢穆：《中國歷代政治得失》，頁60。

[20] 同上註，頁67。

創造。[21]（底線為筆者所加）

錢穆關注政治制度史課題，不是出於其主觀喜好，而是中國史的獨特性使然。錢穆表示：「中國歷史始終最主要的乃是一個大一統政府下之歷史。[22]」揭示中國史濃厚的政治性。每個文明都走在自己的歷史進程上，世界史本應為多元同時並存的論述。古代中國跨入文明伊始，就走著與西方不同的路徑，政治成為摶成中國體系的主要動力，形塑了中國文明的獨特性。這個認識非錢穆所獨具，左派史家侯外廬也有類似看法：

> 「古典的古代」是從家族到私產、再到國家，國家代替了家族。「亞細亞的古代」是由家族到國家，國家混合在家族裡，叫作「社稷」。因此，前者是新陳代謝，新的衝破了舊的，這是革命的路線；後者卻是新陳糾葛，舊的拖住了新的，這是維新的路線。[23]

侯氏透過與恩格斯古代國家形成論與古代中國文明的對照，指出：周代國家的建立，未發生「從血緣到地緣」的斷裂，而是新舊交陳、「寓家於國」的維新路線。所謂「寓家於國」，與錢穆認為古代中國「以政治取代宗教，以倫理取代政治」的說明，並無根本的不同。本著中國獨特性的認知，侯氏在馬克思史學的追求上，走著與正統馬克思主義史學不同的道路，表現為他對「亞細亞生產方式」的熱切探求，[24]強調國家面對社會與經濟的積極性，這一點也是錢穆所強調的（參見下文）。

或許是巧合，或許是出於對中國史認識的共同傾向，在「家與國」的關係、中國文明的獨特性、國家涵攝社會等課題上，錢穆、侯外廬兩位立場迥異、在各自學術脈絡中都屬於「非主流」的學者，彼此間存在著一定程度的「共識」，無寧是令人感到興趣的現象。

（三）制度的社會基礎

錢穆視野下的制度史，是中國整體歷史的一部分，無法割裂對待。錢穆《中國文化史導論》一書，可說是在政治制度史的平臺下書寫中國文化的歷史進程，就是這種歷史觀的實踐。

---

[21] 卡爾·馬克思，中共中央馬克思恩格斯列寧史達林著作編譯局編譯：〈路易·波拿巴的霧月十八日〉，《馬克思恩格斯選集》第一卷（北京：人民出版社，1972）。

[22] 錢穆：《中國史學名著》，頁178。

[23] 侯外廬：《中國古代社會史論》，頁32。

[24] 侯氏提出其論點的重要依據是當時剛被發現的馬克思晚年遺稿〈前資本主義生產型態〉，參見侯外廬，《中國古代社會史論》，頁16。按此篇遺稿是詮釋馬克思歷史理論的重要資料，1960年代也曾引起各國學者的廣泛討論。

錢穆認為制度形成在特定時空的經驗環境中，制度的形成、形式與運作，須從當時社會的狀況來理解。錢穆表示：

> 惟其因為中國的政治制度，都要根據著當時的社會實況來決定，所以社會變，制度也跟著變。……正因為社會一切情形變，上層的政治制度不得不隨而變。[25]（底線為筆者所加）

國家藉著制度與組織，整合被統治社會，而被統治社會的變化，將導致原本的制度與組織逐漸失效，因而產生修補制度與更新組織、甚至改變制度的需求，以因應社會的變動。所謂社會變動，包括因經濟結構的變遷而帶來的社會組織等變化，至少，錢穆這段話的邏輯，並未否認或反對這種可能性；「因為社會一切情形變，上層的政治制度不得不隨而變」一語，和馬克思「下層結構（經濟基礎）—上層建築」的觀點有些相似。即使如此，錢穆對中國社會與經濟的認識，不是出於正統馬克思主義史學，而是表現出與侯外廬相近的「權力經濟論」立場。錢穆表示：

> 中國的社會經濟，在此兩千年內，可說永遠在政府意識控制之下，因此此下的中國，始終沒有產生過農奴制度，也始終沒有產生過資本主義。[26]（底線為筆者所加）

李根蟠評析三種生產關係理論：市場經濟論、地主制經濟、權力經濟論，[27]其中，市場經濟論源自西方自由市場經濟理論，地主制經濟論來自馬克思，「權力經濟論」與地主制經濟論有著共同的馬克思血緣，差別在於地主制經濟論來自正統馬克思主義在東方革命路線的直接運用，是中共馬克思主義史學的主流；權力經濟論來自馬克思對「東方（非西方）」社會的一種認識，即有名的「亞細亞生產方式」。在革命路線優先的前提下，五階段論成為正統，亞細亞生產方式及其衍生觀點不是被打入冷宮，就是被視為異端。[28]權力經濟論運用於中國史，特徵是重視國家的積極性，肯定「國家與自耕農間的生產關係」。前述侯外廬論點，即屬此類。據筆者觀察，支持權力經濟論者，多主張古代中國國家涵攝社會與經濟的特性，如，侯外廬主張中國史有其本身的發展路徑，因而對馬克思「亞細亞生產方式」表示同情。張光直也公開強

---

[25] 錢穆：《中國史學名著》，頁197。

[26] 錢穆：《中國文化史導論》，頁123。

[27] 李根蟠：〈中國封建經濟史若干理論觀點的邏輯關係及得失淺議〉，《中國經濟史研究》1997年。

[28] 大陸學界關於亞細亞生產方式的討論，參見林甘泉編：《中國古代史分期討論五十年》（上海：上海人民出版社，1982）上編第三章、中編第二章、下編第一章。關於馬克思資本主義以前社會觀點的討論，參見牟發松：〈資本論與前資本主義論〉；朱家楨：〈「資本主義生產以前的各種形式」一文的研究〉（均收入武漢大學三至九世紀研究所編：《中國前近代史理論國際學術研討會論文集》）；劉啟良：《馬克思東方社會理論》（上海：學林出版社，1994）。

調「亞細亞生產方式」是認識中國歷史很重要的入手途徑。[29]徇此而言，侯外廬、錢穆、張光直三人學術路徑不同，但都重視中國「國家涵攝社會」的文明獨特性，這個現象無寧更值得關注。

筆者「循著與賓四先生不同的道路」，摸索認識中國的途徑，無意間進入錢穆從「國家涵攝社會與經濟」詮釋中國史的脈絡。[30]2003年，筆者發表〈古代中國體系的摶成〉，旨在表明：古代中國之所以能成為一個體系，動力不是來自經濟（市場）的作用，而是國家藉著政治編組，整合各地域社會的社會與經濟，政治才是將中國整合成為一個體系的關鍵。[31]

就史學方法和理論的角度看，筆者擬指出，錢穆思考古代中國政治制度，透過具體論述，呈現「從政治體系的形成、內涵及其演變」的架構。看似說明個別歷史現象時，卻是鋪陳當時政治體系的演變趨勢或方向。認識這一點，將有助於解讀錢穆的制度史敘事之脈絡。不過，民國時期，隨著新思潮的引入，社會史、經濟史研究方興未艾，但還不足以提供觀察中國史所需的研究成果，錢穆自然無法深論社會或經濟在什麼脈絡下、以什麼方式發生變化。因此，錢穆諸多論點留下有待梳理的空間，提供我們從經濟結構分析，包括技術與工具變化帶動的生產力、生產方式乃至經濟結構變遷。拓展錢穆中國史之「剩義」的線索。

歸納本節所論，學者多批評錢穆保守、守舊，事實上，錢穆和古史辨運動關係密切，又以「武裝移民」詮釋西周封建，很難盡以保守視之。[32]在這個過程裡，我們看到錢穆不囿於自身價值立場，偏執己說，而是以開放的態度包容異說。整體而言，錢穆本著通史與整體史的眼光省視中國史，他是在政治體系的視野下展開其政治制度史論述，無論是皇帝制、士人政府、郡縣制，都是他闡釋古代中國政治體系的一部分。以下嘗試勾勒錢穆描述的古代中國政治體系之構成。

三、「廣土眾民」與「向心凝結」[33]

「廣土眾民」與「向心凝結」是錢穆詮釋古代中國國家與文明摶成的基礎概念，

---

29 張光直：〈從商周青銅器談文明與國家的起源〉，原刊1987年，後收入張光直：《中國青銅時代》（北京：三聯書店，1999），頁480-483。

30 王德權：〈古代中國體系的摶成〉，頁422。

31 筆者肯定權力經濟論有助於認識中國史的進程，因此另文介紹日本學者渡邊信一郎的研究，渡邊氏及所屬的「中國史研究會」正是從權力經濟論的途徑，解析中國史的演進。參見王德權：〈東京與京都之外〉，《新史學》2006年第17期第1卷。此文後來收入渡邊信一郎著、徐沖譯：〈附錄〉，《中國古代王權與天下秩序》（北京：中華書局，2008）。

32 錢穆反對當時左翼學者的「封建社會」說，但其武裝移民說與侯外廬以「作邑營國殖民」解釋西周封建，又有著某種程度的相似性。侯外廬：〈中國古代「城市國家」的起源及其發展〉，《中國古代社會史論》（北京：人民出版社，1955）。

33 錢穆：《中國歷代政治得失》，頁8-9。

表現為「廣土眾民國家型態下各地域社會的向心凝結」。「廣土眾民」是古代中國國家型態的地理與社會型態，「向心凝結」是「廣土眾民」國家型態下內部整合的模式。

首先必須說明「廣土眾民」在錢穆的中國史詮釋上的位置。《中國文化史導論》將「地理環境」列於首章，作為詮釋中國文明與國家形成、演變的起點，地理環境不是錢穆解釋中國史時可有可無之雞肋，而是觀察政治體系與人事運作的起點。錢穆以「廣土眾民」概念為起點，在政治體系式的思路下，解釋三代國家的成立和秦漢郡縣政府的出現，也是在此思路下解釋皇帝制和士人政府成立等課題。換言之，廣土眾民是錢穆建構其政治體系式論述的基礎概念，值得關注。

錢穆注意到中國進入文明與國家階段伊始，就表現出廣土眾民的空間特徵：

> 古代文化發展，皆在小環境裡開始，其缺點在於不易形成偉大的國家組織。獨有中國文化，自始即在一大環境下展開，因此易於養成並促進其對於政治、社會凡屬人事方面的種種團結與處理之方法與才能。……獨有中國文化，因在較苦瘠而較廣大的地面產生，因此不斷有新刺激與新發展的前途。[34]（底線為筆者所加）

錢穆寫這段文字時，學界沒有足以支撐其論點的研究，讀者只能泛泛讀過，甚至視其為錢穆的主觀囈語。不過，後來藉著何炳棣、張光直的研究，我們得以重新檢驗這段話的內涵。

張光直的三代考古與上古史研究，致力闡釋古代中國文明與國家的成立，張氏指出：相較於希臘、羅馬城邦的「小國寡民」，中國跨入文明與國家階段的夏商周三代，伊始就表現出廣土眾民的特徵。張氏表示：在工具未見更新的新石器時代晚期，生產力未見明顯增加，卻積累了足以跨入文明與國家門檻的財富，關鍵在於這財富是靠著「生產勞動力在數量上的積累」。至於為何在工具未更新的背景下，如何創造財富？何炳棣《黃土中國與農業的起源》揭開了這個奧密，何氏指出：憑藉土質鬆軟與自我肥效的黃土地，在未見工具創新的木石農具背景下，即使人均生產力未見明顯增加，但相對容易的土地墾殖與生產，卻足以創造、積累財富。換言之，藉著張、何兩人的研究，說明錢穆「較苦瘠而較廣大的地面」一語，並非向壁虛構。就是在這片黃土地上，政治力在空間中拓展，擴大人群與地域社會的整合，表現為政治體系之空間規模的擴大，古代中國就誕生在這個地理與人文交互作用的環境中。

錢穆被視為保守，很大程度與他為王權、皇帝制辯護有關，在民國初年那個「皇帝汙名化」的年代，為皇帝制辯護，顯然是「政治不正確」的；但被時人視為政治不正確，不等於其內容不合理。

---

[34] 錢穆：《中國文化史導論》，頁7。

錢穆從廣土眾民的脈絡出發，解釋三代中央共主逐漸摶聚實力，歷經春秋戰國社會經濟變遷，在小農經濟的基礎上，誕生了郡縣制，造成政治體系本身的組織更新，至秦漢一統，皇帝制終告成立。錢穆為王權、皇帝制的成立辯護，其立場其來有自，柳宗元〈封建論〉的古史觀也是出於相同的脈絡。〈封建論〉曰：

> 夫假物者必爭，爭而不已，必就其能斷曲直者而聽命焉。其智而明者，所伏必眾；告之以直而不改，必痛之而後畏；由是君長刑政生焉。[35]

在廣土眾民的國度裡，各地域社會群體（「群雄」）同時並立，如果不是透過王權世襲，如何建立並維持政治體系的穩定運作。柳宗元想像的古史，就是各地人群（地域集團）展開有限資源的競爭，爭而不已，其爭必亂，於是就能斷曲直者而聽命焉，「告之以直而不改，必痛之而後畏。」斷曲直者倚靠的不單是話語的說服，而是「痛之而後畏」的權力，始得以維繫地域社會內部的公義（直=合理性）與秩序。錢穆的三代王權、皇帝制的解釋，大抵不出〈封建論〉的架構，都是在廣土眾民的空間脈絡下，解釋歷史上這些准王者、王者或皇帝權勢的來歷。[36]

徇上所論，從三代王權至秦漢皇帝制度，是廣土眾民國家型態人群聚合形成的「勢」推演出來的結果。在世襲繼承制下，以王權、皇帝制維繫核心集團的權力，始得以控御各地域集團，維持政治體系的穩定。因此，古代王權（皇權）被期待發揮超越地域、超越階級，維繫政治體系穩定的作用。東漢崔瑗表示：

> 昔聖人制禮樂也，將以統天理物，經國序民，立均出度，因其利而利之，俾不失其性也。[37]（底線為筆者所加）

制禮作樂、統天理物的「聖人」是指王者，說明王者（皇帝）被期待發揮超越地域、超越階級的公共權力，王權、皇帝制是廣土眾民國家型態下政治體系「選擇」與「演進」的結果。

循著上述脈絡，錢穆描述進入文明與國家門檻的夏商二代，雖有封國，也逐漸形成中央土的政治空間，至「西周封建，實是中央共主勢力更進一步的完成。[38]」即孔子所說三代損益之道下造就鬱鬱乎文哉的周道。廣土眾民國家型態下中央共主力量的擴大，表現為王的直轄地擴大（後來被稱為「王畿」），以及建立在宗法上的主動分封，抽象地說，一是王權更集中，二是中央集權更強化。這兩個面向也發生在西元前

---

[35] 〈封建論〉，《柳宗元集》，卷3（北京：中華書局，1979）。

[36] 本段關於柳宗元〈封建論〉的說明，可參考王德權：〈「士人入仕」的再詮釋〉，《為士之道》。

[37] 〈禮部上「學校」〉，《藝文類聚》，卷38，引崔瑗：〈南陽文學頌〉（上海：上海古籍出版社，1982），頁692。關於崔瑗此說，參見王德權：《為士之道》，頁18-19。

[38] 錢穆：《中國文化史導論》，頁30。

221年，始皇滅六國，咸陽朝廷議論「議帝號」與「議郡縣」。秦漢以後中國政治體系的演變，就是這兩條軸線以不同速率進展的長期過程。

錢穆看重郡縣制，強調秦漢以後政治體系的安排走向郡縣制，稱為「郡縣的國家」：

> 中國秦漢時代，只是在舊中國的內部，自身有一種改進，由封建式的統一，轉變而成「郡縣式的統一」，使其統一之性質與功能，益增完密與強固而已。[39]
>
> 秦漢時代中國人所創造的新國家，……他不是一個城市國家，或像封建時代的小王國。……但他又並不是一大帝國，並非由一地域來征服其他地域而在一個國家之內有兩個以上不平等之界線與區劃。第三他又不是聯邦國，並非由秦代之三十六郡、漢代之一百零三郡聯合起來組織了一個中央，他只是中央與郡縣之融成一體，成為一個單一性的國家。他是「中國人之中國」。……這種國家，即以現在眼光看來，還是有他非常獨特的價值。我無以名之，只可仍稱之為「郡縣的國家」。[40]（底線為筆者所加）

經過春秋戰國間的社會變遷，氏族制解體，小農家庭普遍出現，改變了國制編組的模式，在「漲破封建格子」、擴大人群生活空間的趨勢下，脫離氏族的小農家庭逐漸出現，於是，以戶籍制為媒介，誕生了郡縣制這種空間政治組織。錢穆視此變動為「舊中國的內部，自身有一種改進。」意指由封建到郡縣，是在既有的國家型態即「廣土眾民」下的變動。秦漢承續西周的主動分封，在「力足以獨支天下」的力量凝聚下，行郡縣於中國，透過郡縣制擴大汲取的權力與資源，循著「郡縣—朝廷」的統治網絡，往上抽調至朝廷，為了管理、協調、分配此新增的資源與權力，國制的組織化程度與分工擴大，丞相制（及相府）的成立為其標誌，中央共主統一、整合地域的能力更加強固。錢穆「自身有一種改進」，宜自此理解其意義。

秦漢以降，行郡縣於中國，各郡與朝廷的關係為何？錢穆強調各郡雖有大小之別，但彼此的地位是「同等」的：

> 秦漢是一個郡縣統一的國家。……這些郡縣，在政治上完全站在同等的地位。他們同等的納賦稅，同等的當兵役。各地除邊郡外，由地方兵自衛秩序。受同一法律的裁判，同樣可以選送優秀人才，享受國家教育與服務政治，並按人口分配額員。……秦、漢時在理論上乃至事實上，是一個平等組合的，是和平與法治的，而絕非一個武力征服的國家。因此，各個郡縣都是參加國家組織之一

[39] 同上註，頁9。

[40] 同上註，頁111。

單位，而非為國家征服之一地域。[41]（底線為筆者所加）

可能有人質疑「同等」一詞誇大，有必要理解錢穆是在什麼脈絡下發出此語及其含義。

錢穆是在政治體系的層次發言，尤其是與羅馬帝國比較，意指各郡雖有大小、戶口眾寡與內外邊郡之異，但在國制上，各郡都以同一姿態面向朝廷。其次，朝廷律令不單行於王畿，也同樣行於各郡，和羅馬「羅馬法一萬民法」結構下的國家型態顯有不同。這是錢穆認為秦漢是各郡「同等」組成的國家的理由，這是國制由上而下整編地域社會的理解。深入各郡本身觀察，各郡是一個「獨立」的單元，與他郡有明確的界線。日本學者渡邊信一郎的考察有助於理解這一點。渡邊氏指出：當時國家規範下的徭役以「郡（國）」為單位，分為「內徭」與「外徭」，郡國內部的徭役屬於內徭，郡國以外者為外徭。[42]當朝廷編組、調度全社會（各郡國）的勞動力時，各郡國自成一單元，與其他郡國相同。渡邊氏的觀察近於錢穆「同等納賦稅」之說，體現出個別郡國各自面向朝廷的國家型態。這是錢穆「同等」一語的真意，是符合當時政治體系運作的描述。

筆者曾以「一串粽子」比喻漢唐間的國家型態，也可說明錢穆「同等」說的意義。在粽串的圖像裡，大小不一的粽子都是獨立的個體，但都透過粽繩串成一個粽串，如果將每個粽子視為郡國，每條粽繩由粽串發出，連結每個郡國，一條條粽繩就是朝廷維繫全國的「綱紀」，就是所謂「王綱」，當王綱強大時，每個郡國都牢固地與粽串連繫，一旦「王綱解紐」，粽繩鬆弛、甚至斷裂，朝廷失去了綱紀郡國的力量，標誌著政治體系的解體。[43]漢六朝地域內部生產力的侷限下，經濟生產與消費限定在一定的地域範圍，地域社會間的水準聯繫尚弱，此時，維繫中國體系的力量是來自郡國與朝廷間的聯繫，最關鍵的就是察舉等選士制在朝廷這個共同的平臺上，建立以士人為中心的廣域聯繫，自此，士人（或士族）群體成為維系統一的重要力量，錢穆看重「士人政府的成立」，當自這個脈絡來理解。

錢穆強調秦漢與羅馬帝國之差異，不是成立過程的軍事征服，而是完成軍事統合後的政治例行化。隨著秦漢國制的深化，在「核心（朝廷）—四方（郡國）」間建立制度的連結，自此，郡（國）不只是由上而下地被帝國統合的地域概念，同時也由下而上與朝廷建立制度化交往的關係。郡國不是單向被統治的社會，更透過國制，被整合並參與帝國的政治體系中。這是錢穆認為各郡國「同等」之意。正因如此，朝廷與

---

41 同上註，頁106。

42 參見渡邊信一郎：〈漢代國家的社會性勞動的編制〉，收入佐竹靖彥主編，《殷周秦漢史學的基本問題》（北京：中華書局，2008）。

43 王德權：〈核心集團與核心區的再檢討〉，《政治大學歷史學報》2006年第25期。進而言之，隨著中央集權的增強，朝廷組織化程度提升，到了朱熹所謂「本朝鑒五代藩鎮之弊，遂盡奪藩鎮之權，兵也收了，財也收了，賞罰刑政一切收了，州郡遂日就困弱。靖康之禍，虜騎所過，莫不潰散。」（《朱子語類》，〈本朝二：法制〉）宋代以降的國家型態，一串粽子的比喻已不適用，無寧更像是「一頭章魚」。

各個郡國間透過察舉制，建立起制度化的交往管道，積極發揮了朝廷整合各地域社會的作用，錢穆正是從這個脈絡理解察舉制的意涵。

「廣土眾民」是錢穆描述中國政治體系的基礎概念，而「向心凝結」是說明古代政治體系的擴充與演變。錢穆表示：「中國的立國規模，並不是向外征服，而是向心凝結。[44]」意指軍事行動完成後政治例行化的政治整合，將被征服地域整合在統一的法律與制度下。錢穆曾以畫作比喻廣土眾民國度下如何向心凝結：

> 西方文化是先由精華積聚的一小中心點向外散放的。中國文化則常由大處著墨，先擺布了一大局面，再逐步融凝固結，向內裡充實。[45]

錢穆的「向心凝結」，大致可理解為兩方面的作用力：

（1）國家由上而下的「整合」：主要表現為國家透過制度與組織建構，整合各個地域社會，可簡化為「國制由上而下的組織化進程」。包括廣土眾民國度下政治體系之「空間填補」的過程，以及國政組織運作層次下制度效果深化的過程。[46]

（2）地域社會由下而上「參與」國家整合的過程，各地域社會透過制度與組織，認同並接受國家的整合，甚至參與統治。[47]

錢穆「向心凝結」之說，旨在表達古代中國體系空間凝聚與組織整合的過程，其方向與方式不是西方帝國主義式的征服，而是「國制對地域社會的整合，以及地域社會參與政治體系」的雙向過程。錢穆描述下被統治的地域社會，不是單向地被統治，更在制度與組織運作下，「整合」至政治體系內，「參與」統治。誠如錢穆所言，這個向心凝結的過程是漸進擴大的，比如，漢六朝郡縣猶有過去封建制之殘遺，筆者謂之「類封建」的郡縣制，至隋唐以後，「五服之內，政決王朝」，始進一步納入朝廷的組織管理中。[48]

---

44 錢穆：《中國歷代政治得失》，頁4。

45 錢穆：《中國文化史導論》，頁177。

46 許倬云先生指出漢代體系的線性不均衡特質，表現為行政城市之分佈以交通線為主軸的「部分集中」現象，距面的普及仍然有限。參見許倬云：〈漢代中國的體系網絡〉，頁24。筆者循著許先生的論旨，指出：漢唐間華北縣治體系的空間構成，發生了由漢代城市的線性不均衡分佈到隋唐面狀均衡分佈的變化，這個現象背後正是漢唐間華北地區國土開發的進程。王德權：〈從「漢縣」到「唐縣」〉，頁190以下。此一變化顯示由漢至唐華北城市的空間填補過程。至於長江流域的情況，發生在唐宋間，斯波義信作了深入研究，參見斯波義信：《宋代江南經濟史研究》（南京：江蘇人民出版社，2012）。

47 各地域社會是以其內部的社會經濟結構，參與國家整合，因而表現出不同的參與情況。關於這個課題，佐竹靖彥以北宋時期的福建南北兩個個案，作了很好的比較與方法論的展示，參見佐竹靖產：〈宋代福建地區的土豪型物資流通和庶民型物資流通〉，〈宋代建州地域的土豪和地方行政〉，收入佐竹靖彥：《佐竹靖彥史學論文集》（北京：中華書局，2006）。

48 關於「類封建」郡縣制，以及隋代「五服之內，政決王朝」的國制變動，參見王德權：《為士之道》，頁26、36。

四、化家為國

接下來的問題是廣土眾民國家型態下為何發展出王權、皇帝制？王權、皇帝制透過什麼樣的制度建構，發揮維繫此政治體系運作之職能？這是理解皇帝制歷史意涵的重要課題。

延續兩千年的皇帝制度是中國政治體系的重要特徵，16、17世紀，當西方傳教士來到中國，對中國「家國—父子—君臣」的國家型態感到訝異，視之為「家族制國家」。如果說，傳教士眼中的「家族制國家」只是政治體系下的父子世襲，當時的西方其實不乏世襲制的運作，理應不會感到驚訝。可見引起傳教士關注的不是世襲本身，而是透過皇帝世襲建構起的「君臣父子」這個政治世界是他們感到陌生的。[49]因此，單純以皇帝世襲為由，認為皇帝制下家國不分，可能是過於簡化的看法。但近代以來，尤其是革命氛圍下，「家國不分」、「家國一體」的理解一直占據著主導的地位，溯其根源，應是誤讀黃宗羲〈原君〉的結果。

〈原君〉從「公—私」與「家—國」的脈絡評論皇帝制，以「以我之大私為天下之公」起首，末段以「君之職分」作結，顯示此文是在公私之際論「為君之職分」，「君之職分」是全文的主旨。[50]黃宗羲感於明室覆亡之際「勿生帝王家」的悲劇，道出：明代皇帝以公為私，滿足其私欲，固然帶來短暫逸樂之歡，卻迎來政治體系崩解的無窮之悲。因此，〈原君〉結論感嘆「君之職分難明」。從這個脈絡看，黃宗羲主張「君之職分」應建立在以民為本的基礎上，在公不在私，生民福祉才是皇帝權力正當性的基礎。[51]〈原相〉篇批評「有明之無善治，自高皇帝廢丞相始。」破壞唐宋以來君臣道合、君臣共治的理想，導致明朝皇權的「私權化」傾向，背離了以皇帝為起點、以民為本的理想。造成皇帝專斷、宦官代行皇帝權柄等破綻，以致國破家亡。黃宗羲的心目中，皇帝制度仍是維繫天下之公、不可或缺的要素，〈原君〉以「君之職分」作結即由此而發。

近人誤讀〈原君〉，以致未能掌握古代中國「家—國」關係。直到1970年代，日本學者尾形勇從「私家—公家」的脈絡展開解析，指出：「國家」不是皇帝的私家，而是抽象政治理論上的「家」，即「公家」或「國家」，始破除百餘年來「家國一體」的迷思。如果，尾形氏「家（私家）—國（公家）」之說契合古代中國政治體系，中國學者是否對此一無所知？事實上，早在1947年，錢穆已提出與尾形氏相近的

---

[49] 本段有關「家族制國家」的討論，參見勇形勇：〈緒論〉，《中國古代的「家」與國家》。

[50] 黃宗義：〈原君〉，《明夷待訪錄》，卷1，（北京：中華書局，1985）。

[51] 溝口雄三指出：《明夷待訪錄》雖批判明代皇權私權化，但未否定皇帝制度，此說可從。參見溝口雄三：〈《明夷待訪錄》的歷史地位〉，收入溝口雄三著、索介然、龔穎譯：《中國前近代思想的演變》（北京：中華書局，1997）。但溝口氏提出的「富民分權的專制」說，有必要深入檢討中唐以降以迄明清的「富民」與國家、社會的關係，此問題與本文論旨無關，不贅。

觀察。錢穆指出：

> 到了秦漢統一，由封建轉為郡縣，古人稱「化家為國」，一切貴族家庭都倒下了，只有一個家卻變成了國家。於是他家裡的冢宰，也就變成了國家的政治領袖。[52]（底線為筆者所加）

皇帝制的成立是戰國以來「化家為國」的結果，周代以來的貴族家庭都倒下了，只剩下皇帝所屬的家，在政治體系變動、國制組織化與分工擴大的背景下，皇帝的家化為國家。因此，錢穆明確表示「王家（皇家）」與「國家」是不同層次的概念：

> 政治上僅存一個「王統」，而沒有所謂「王家」。王家與士庶人家在政治制度上是不相懸異的，至少理論上如此。[53]（底線為筆者所加）

無論是皇家，還是士庶之家，都是「私家」，所以，錢穆說：「王家與士庶人家不相懸異」。在評論霍光廢昌邑王一事時，錢穆也說：「皇室之存在，由於有皇帝，而皇帝之存在，由於有政府。所以皇位繼承是政府事，並非皇室事。[54]」在論及大司農、少府時，也明確指出「當時皇室和政府在法理上是鮮明劃分的。[55]」錢穆更藉宰相之職，說明「化家為國」的過程：

> 本來封建時代的宰相，就是皇帝的管家。但到了郡縣時代，化家為國，宰相管的，已經是國家，不是私家了，所以他成了政府正式的首長。從前私家家庭中的各部門，也變成公家政府的各部門。封建時代，以家為國，周天子是一個家，齊國是一個家，魯國又是一個家，這樣的貴族家庭很多，天下為此許多家庭所分割。那時在大體上說，則只有家務，沒有政務。現在中國只剩了一家，就是當時的皇室。這一家為天下共同所戴，於是家務轉變成政務了。這個大家庭也轉變成了政府。原先宰相是這個家庭的管家，現在則是這個政府的領袖。[56]（底線為筆者所加）

這段引文裡的政府[57]、國家、王統都是同義詞，與王室、皇室、王家、皇家的意

---

[52] 錢穆：《中國歷代政治得失》，頁8。

[53] 錢穆：《中國文化史導論》，頁104。

[54] 錢穆：《中國歷代政治得失》，頁33。

[55] 同上註，頁11。

[56] 同上註，頁11-12。

[57] 此處擬補充說明「政府」一詞。「政府」為今人所習用，但揆諸古籍，「政府」二字連言，在唐以前相當罕見，但盛行於宋代以後。頗疑政府一詞與宋代政事堂有關。如，范仲淹文集裡，有一部分名為《政府奏議》，意指他在政事堂裡的相關奏議。不過，錢穆此處為今人行文之通義，無須深究。

義不同。錢穆很早就注意到中國政治體系裡的「家—國」關係，區分「王家（皇家，皇帝私家）」與「國家」的不同。尾形勇的專著無寧更為詳贍，他詮釋皇帝制的重點之一，就是解釋作為「私家」的皇室，透過什麼樣的程式，被如何納入「公家」（國家）的祭祀中（即「宗廟之祀」），其意義就是錢穆「化家為國」的制度或儀式。

錢穆分辨皇室與國家的論點，早於尾形勇三十餘年。惜當時中國處在兵馬倥傯之際，而戰後中國史研究又深陷冷戰意識型態的枷鎖，錢穆的見解未在中國學界引起後續討論，直到晚近才在日本學者的詮釋下「重新被發現」。

五、「士與仕」

士人參與政治體系是中國史一大特徵，錢穆以「文治政府的成立」描述此一轉變，專節討論漢武帝實施察舉。這是錢穆解釋古代政治體系演變的「點睛」之舉，在廣土眾民國家型態下皇帝制、郡縣制以外欠缺的最後一塊拼圖。

「筆桿子指揮槍桿子」的士人政治是中國政治體系的重要特徵。面對戰國以來社會分工擴大形成的農工商階級，士人究竟依憑著什麼現實媒介，得以成為地域社會的優勢階級？學問與道德固為士人之所長，但面對擁有物質力量的豪族與商人，抽象的學問與道德又是如何轉化為現實的權力？這個轉化是士人憑藉己力達成者，還是與「外部力量」結合的結果？進言之，「士與仕」間存在著何種關聯？這一連串問題是理解古代士人性質的關鍵。

當我們嘗試理解上述問題時，不難發現戰前和戰後學者間的重大歧異。戰前中國史學展開現代化，各家學說一時並陳，但在士人課題上，大抵仍保持一定程度的共識。戰後冷戰結構下意識型態的涉入，加上史學日益專業化，士人研究呈現多面向的進展，但在士人性質課題上卻顯得意見分歧；或強調士人依附於國家的寄生官僚制，[58]也有強調士人代表社會自律的社會自主性，[59]更有強調士人道統高於政統的漢學立場者。[60]無論各家說法為何，爭議焦點在「士與仕」關係的認識上。

---

[58] 如，日本學者矢野主稅主張的「門閥寄生官僚制」論，矢野主稅：《門閥社會成立史》（長崎：長崎大學史學會，1961）。

[59] 從社會自律強調士人之相對獨立於國家，以日本學者谷川道雄「豪族共同體論」為代表。參見谷川道雄著，馬彪譯：《中國中世社會與共同體》（北京：中華書局，2002），頁100以下。

[60] 漢學研究傾向濃厚的余英時，討論古代士階層的起源，以「道尊於勢」、「從道不從君」為由，淡化「士與仕」即士人和政治體系的聯繫，強調士人以道自任的自主性。余英時：《中國知識階層史論（古代篇）》，頁38以下。類似態度，也見於余氏描述漢代循吏「吏」與「師」的角色時，著重闡述文化傳播（「師」）的職能。參見余英時：〈漢代循吏與文化傳播〉，收入余英時：《中國思想傳統的現代詮釋》（臺北：聯經出版社，1987），頁189-190。

（一）「士與仕」

統治階級的來源及其權力再生產，向來是政治史研究的重要課題，而中國士人政治的傳統，更引人矚目。漢武帝行察舉，開啟此一格局，錢穆說明其用意：

> 其用意是在政府和社會間打通一條路，好讓社會在某種方式下來掌握政治，預聞政治，這才是中國政治制度最根本問題之所在。[61]（底線為筆者所加）

這段看似泛泛之論的說明，若納入古代中國政治體系演變的脈絡，將可獲得較全面的認識。錢穆強調朝廷與地域社會的互動，著重說明廣土眾民國家型態下大一統帝國穩定性的根源。後來，許倬云〈西漢政權與社會勢力的交互作用〉[62]闡述察舉制，定位在國家與地域社會間建立起「制度化的交往」關係，可以說是對錢穆論點的最佳解釋。

至於廣土眾民的中國，為何、如何走向士人政府的政治格局？錢穆表示：

> 西周時代已可說有統一政府，只是「封建制的統一」。秦始皇代表著中國史上第一個「郡縣制的統一政府」之開始。漢高祖代表著中國史上第一個「平民為天子的統一政府」之開始。漢武帝代表著中國史上第一個「文治的統一政府」即「士治」或「賢治」的統一政府之開始。[63]

錢穆以「君主來歷—統治型態—統治階級來歷」等指標，闡釋西周至漢武帝政治型態的變化，其中，最關鍵的轉折是「從封建到郡縣」的演變，重點不在郡縣制本身，而是郡縣制背後國制管理與組織分工的擴大。維繫組織與制度運作所需的官僚如何產生，成為當時政治體系的內在需求，郡縣制與官僚制的結合成為政治體系的重要課題。戰國以來，貴族階級逐漸退出統治舞臺，但秦至漢初，官僚制的構成與來源仍不穩定，秦室速亡開啟漢初君臣的反省，賈誼〈過秦論〉正是為此而發。〈過秦論〉諸篇論秦之興亡，但結論裡卻提出溝通上下的官僚制（公卿大夫士），期待朝廷與地域社會展開「對話」，以維持政治體系的穩定。賈誼此一構想開啟漢初朝向文治官僚制演變的端緒，至武帝朝終獲實現而制度化。因此，察舉制的登場，可視為因應戰國以來政治體系之內在需求的結果。漢武帝實施察舉，取代漢初以來功臣集團的權力再生產結構，以各郡國向朝廷呈貢人才的方式，展開朝廷與地域社會的對話，為皇帝制成立以來不穩定的政治體系注入穩定的要素，為漢代政權找到社會基礎。就這一點看

---

[61] 錢穆：《中國歷代政治得失》，頁4-5。
[62] 許倬云：〈西漢政權與社會勢力的交互作用〉，《求古編》（臺北：聯經出版社，1986）。
[63] 錢穆：《中國文化史導論》，頁94。

來，漢武帝堪稱古代帝國體制的完成者，奠定此後兩千年中國政治體系的基本架構。

透過〈過秦論〉，錢穆重視士人政治與文治政府等論點，是植基在漢初的「歷史意見」上。從政治體系穩定性的脈絡，檢討秦漢之際統治結構的變化，不是出於錢穆個人崇尚儒學的主觀認知，而是承襲了賈誼〈過秦論〉以來漢初政治體系的反省。錢穆強調秦朝依然保有過去貴族統治，劉邦肇漢，雖啟平民統治之端緒，但在統治階級的來源上，以軍功掌握權力的功臣、黃老無為政局下擴大社會權勢的商人與遊俠，都是當時檯面上的權勢者。相較於猶有貴族意味的功臣，還是奪取過去貴族權勢的商人和遊俠，[64]當時以儒學為宗的士人原未擁有政治與社會的影響力。漢武帝行察舉，建立「士人政府」。[65]無疑是劃時代意義的創舉，士人透過政治參與，逐漸掌握權勢，遂成為後來中國史的常態。錢穆表示：

> 這樣的政府，我們只能叫它做讀書人的政府，或稱士人政府。……中國歷史上此下的政府，既非貴族政府，也非軍人政府，又非商人政府，而是一個「崇尚文治的政府」，即士人政府。只許這些人跑上政治舞臺，政府即由他們組織，一切政府也都分配在他們手裡。[66]

行察舉建立朝廷與地域社會的溝通機制，提升了政治體系的穩定性，漢朝得以延續數百年。即使漢末政治體系崩解，仍在察舉制的遺骸中誕生了九品官人法。即使到了南北朝後期，出現強調能力的科舉制，尤以貢舉為名，基本上仍建立在廣土眾民國家型態下朝廷與地域社會互動的前提上。換言之，士人參與政治成為中國政治體系的特徵，不是來自儒學或士人自身的實力增長，而是來自廣土眾民國家型態下的統治需要而「被選擇」的結果。

士人與政治體系的聯繫與結合既不可分，自然不能孤立或片面理解士人性質。在「士與仕」課題上，錢穆作了如下表述：

> 中國是一個大一統的國家，從事政治事業是最尊榮的。……因此中國的讀書人，無有不樂於從政的。做官便譬如他底宗教。因為做官可以造福人群，可以發展他的抱負和理想。……不得已退居教授，或著書立說，依然希望他的學徒與讀者，將來得依信仰與抱負，實際在政治上展布。……這恐是中國社會上特有的一種觀念，配合於其政治、經濟各方面狀態而產生的一種極關重要的觀念。[67]（底線為筆者所加）

[64] 錢穆：《秦漢史》（臺北：東大圖書，1966），頁57。
[65] 錢穆：《國史大綱》，頁108-109。
[66] 錢穆：《中國歷代政治得失》，頁19。
[67] 錢穆：《中國文化史導論》，頁126-127。

在孔子淑世理想的教導下，作為儒學載體的士人面向世界，尋求學問與道德實踐，不是為了獨善其身，而是著重公義層次的實踐，這就是錢穆一再提到的「大群教」。[68]因此，「入仕」對士人具有結構上的吸引力，為了實踐世間的公義，士人像飛蛾般不斷飛向政治體系的光源，入仕成為士人生命的歸宿。

錢穆評論魏晉隋唐士族時，對士人性質作出完整的說明：

> 這一種士族門第，他的立場，並不站在古代血統傳襲的觀念上，亦不憑藉後世新起的軍人強力與商人富力來支持其地位，他們的特殊地位，乃由另一憑藉而完成。他們是憑藉在國家特定的法令制度上，在他們自身的教育上，換言之，是在他們的智力與道德之特別超詣上。[69]
>
> 他們（北方士族）聯合宗族，是推本於古代「孝」與「仁」的觀念而來；他們保衛鄉里，是推本於古代「義」與「忠」的觀念而來。原來東漢的「察舉制度」，最要的在採取宗族與地方的輿論。在宗族為「孝子」，」，在鄉里為「廉吏」，便有被察舉的資格。因此格外養成了當時士族重宗族重地方的觀念。但士人的終極目的，是在貢於王朝，獻身國家。[70]（底線為筆者所加）

這兩段文字包括「士人與國家」、「士人的道德實踐與地域社會」、「士人之學問」等三個層面。以下分論之：

（1）在「士人與國家」關係上，錢穆指出：士人（包括士族）的「特殊地位」，其憑藉是國家特定的法令制度，即國家的選士制，而士人的終極目的是「貢於王朝，獻身國家。」錢穆強調「士」與政治體系間不可分割的聯繫。

（2）在「士人的道德實踐與地域社會」方面，士人來自地域社會，以「鄉貢」的形式呈貢朝廷。因此，「士人與地域社會」的關係是成士的前提，而士人成士與其道德實踐有關。朱熹〈學校貢舉私議〉（南宋・淳熙2年）：

> 古者學校選舉之法，始於鄉黨而達於國都，教之以德行道藝，而興其賢者、能者。蓋其所以居之者無異處，所以官之者無異術，所以取之者無異路，是以士有定志而無外慕，蚤夜孜孜，唯懼德業之不脩，而不憂爵祿之未至。[71]（底線為筆者所加）

---

[68] 同上註，頁46-47。錢穆論古代宗教時，特別提出：中國宗教是一種渾全的「大群教」，而非個別的小我教。……由此發展引申，便成為將來儒、道兩家之「性善論」。「性是指的大群之「共通性」，不是指的小我之「個別性」儒學重視淑世與公義的探求，即由此而來。

[69] 同上註，頁128-129。

[70] 同上註，頁136。

[71] 朱熹：〈學校貢舉私議〉，《晦庵先生朱文公文集》，卷69（臺北：德富文教基金會點校本，允晨文化總經銷，2000），頁3355。

朱熹所論雖專在上古，事實上，也包括科舉制以前、以鄉論為前提的漢六朝選士之制。所謂「居之者無異處」、「唯懼德業之不脩」，都是指士人居鄉、與百姓生活在同一空間，透過日常生活的互動與道德實踐，他們的行為受到鄉里民眾肯定，在「以德舉人」的背景下，被推舉為代表鄉里、呈貢朝廷之士。在漢六朝選士制下，鄉里日常生活的「德行」是士人成士之前提，與孔子「德位兼備，然後君子」的理想相契合。

（3）在「士人之學問」課題上，錢穆指出：魏晉隋唐士族的出現與長期延續，原因雖有多端，但學問是其中不可缺的一部分。錢穆表示：

> 當時（漢代）雖非封建社會，爵位不世襲，而書本卻可世襲。雖不是世代簪纓卻是世代經學。……學問與書本，卻變成了一種變相的資本。……漢代選舉，是分郡限額的。每郡只有幾個額，於是卻永遠落在幾個家庭裡……。這便造成了將來之所謂世族門第，也便是世族門第必然帶有郡望之來歷了。[72]（底線為筆者所加）

「學問與書本成為變相的資本」這個論點十分重要，魏晉隋唐士族的研究成果至為豐碩，但在「士族的學問」課題上卻鮮見深入探討者。在這方面，錢穆有〈略論魏晉南北朝學術文化與當時門第之關係〉、〈讀文選〉二文，[73]都是探討這個課題的經典著作。又，錢穆的弟子嚴耕望先生曾比較經學、文學之知識性質不同，他引用（南唐）徐鍇〈陳氏書堂記〉：「稽同合異，別是與非者，地不如人；陶鈞氣質，漸潤心靈者，人不若地。」指出：前者乃經學所矜重，故覓師，後者乃習文之津途，故擇勝。明確揭出獲取功名所需之知識性質的差異。[74]從知識的性質與獲取的脈絡看，經學之學習仰賴師說以傳經業，加上當時書籍獲得不易，經學知識及其傳遞，對累世傳經之士族的形成，乃至士族日後的家學，形成內在的聯繫。其次，經學本是人生的學問，其範疇（包括經學的詮釋）涉及一切人倫日用，魏晉隋唐士族入仕為政，與其知識體系的內在關聯，如何從當時政治體系的需求，認識士族的學問內涵，也是目前士族研究較欠缺的部分。[75]

綜言之，著重闡釋古代中國政治體系的錢穆，重視士與仕不可分割，但也強調其道德實踐、學問在「成士」與「為士」過程的重要性。戰後學者或過於強調士族對國家的依附，或看重士族立足於社會的自律，或重視士族本於學問的道統之自主性，過

---

[72] 錢穆：《中國歷代政治得失》，頁36-37。

[73] 這兩篇文章都收入錢穆：《中國學術思想史論叢》（三）（臺北：東大圖書公司，1993）。

[74] 嚴耕望：〈唐人習業山林寺院之風尚〉，《嚴耕望史學論文選集》（北京：中華書局，2006）。

[75] 樓勁：《魏晉南北朝隋唐時期的知識階層》（蘭州：蘭州大學出版社，2017），關於魏晉隋唐士族的學問之意義，谷川道雄稍有論及，但大抵只籠統而言。這項課題的深入探討，將有助於我們認識魏晉士族何以能長期成為官僚主要來源的理由。

於執著其價值立場，以致盡成偏枯之論。相形之下，錢穆對士人政治與社會的整體觀察，無寧是較合理的看法。

（二）「獨厚」魏晉隋唐士族

學者注意到錢穆討論古代士人時，特別關注魏晉隋唐士族，這是一項很具意義的指摘，錢穆是在什麼脈絡下「獨厚」士族。如果從學術思想或文化的角度看，魏晉隋唐士族雖仍持守經學傳統，但在經學本身並無重大創見或進展。[76]相對地，兩宋士人在理學上的創新卻是顯而易見的，由此觀之，錢穆並不是在學術思想的層次肯定魏晉隋唐士族。那麼，錢穆為何獨厚士族？

筆者以為，錢穆依然是在他通史與整體史的眼光下提出這個看法，他著重的是政治體系下士人與地域社會的聯繫，即「士族團結鄉里，維繫地域社會」的立場出發，強調魏晉隋唐士族的積極性。錢穆不是孤立地揄揚士族，而是用來和宋代以社會相對照，意在闡述唐宋間的世變。

錢穆一再強調宋以後社會「平鋪散漫」，與魏晉隋唐士族團結地域社會，恰成顯明的對照。錢穆論及宋代以後社會平鋪散漫，曾有如下的說明：

> 到中唐以下，中國社會完全走上他文化理想的境界了。封建貴族澈底消失，工商資本勢力亦不能抬頭，社會整個的在平鋪狀態下，和協而均，內部再沒有小組織特殊勢力之存在，再沒有一個個小的戰鬥集團之存在，因而整個社會之組織力與戰鬥性亦隨之降落，這是宋以下中國國力趨嚮衰弱之第一因。[77]（底線為筆者所加）

錢穆指出宋代以降社會欠缺自我組織與團結，平鋪散漫，認為這是宋代以後「國力趨嚮衰弱」的主因。這段引文裡的「再沒有……」，就是以魏晉隋唐士族為模型而發。魏晉士族發揮地域社會的組織力，在政局動盪、高度軍事化的環境下，勉力維繫地域社會秩序。即使政治體系鬆弛、甚至瓦解，他們仍努力維繫華夏文化與秩序於不墜。錢穆以其通史的眼光，在政治體系的視野下，看重魏晉隋唐士族維繫社會的意義，對照宋代以後社會平鋪散漫，意在強調社會應存留制約國家權力、或者當國家統治失效時自我維繫社會的力量。宋代以後，「團結社會」的力量消失了，社會也就無力了。一旦政治體系失能，統治失效，再也沒有什麼力量能挽狂瀾於既倒。

正是從這個脈絡出發，錢穆關注唐宋世變下士人如何面對、因應此一變局。錢穆表示：

---

[76] 如所周知，魏晉隋唐士族在三禮之學、尤其是喪服禮，有重大的進展與成就。

[77] 錢穆：《中國文化史導論》，頁177。

中國新儒家，以書院自由講學為根據，一面代替宗教深入社會，一面主張清議上干政治。……那時的新儒家更有一番重要的新貢獻，則為對於「地方自治」之努力。唐以前的中國，貴族階級始終未獲完全消融，所謂地方事務，在中央政治力量所照顧不到處，則大體由貴族與門第的力量來支撐與領導。……宋後貴族豪家消失了，經濟上的大資本家並未產生，社會平鋪散漫，而文化益普及入。如是則地方行政事務似應更繁重，政治權力似應更伸張，但實際則不然。宋以後地方官廳的事務反而似乎更簡了，他們的政治權力反而似乎更縮了。這全是地方自治逐步進展的結果。[78]

秦漢時代的注意力，比較還偏在人生共通方面。一到隋唐以下，一般興趣，不免轉換到人的獨特方面去……（朝向）個性的獨特方向發展。[79]（底線為筆者所加）

這兩段文字更足以說明錢穆是從唐宋間世變的立場理解魏晉隋唐士族。唐宋世變改變了過去魏晉隋唐士族凝聚的社會，朝向宋代以降平鋪散漫的社會演進。這個變化是如何展開的？在這個秩序基調轉換的過程裡，士人本身發生什麼變化？他們如何自處？如何因應？錢穆敏銳地掌握到這個動向，他提出的「個性發展」與「地方自治」，皆與唐宋間士人的動向有關。

戰後學者頗受日本唐宋變革論的影響，但鮮少注意戰前中國學者的看法。瀏覽《中國文化史導論》，錢穆以近五分之二的篇幅，說明述唐宋以後中國社會文化、乃至文學藝術的變動，惜後人未能措意於此，遑論從錢穆揭示的現象深究唐宋間的世變。「唐宋變革」論源出日本內藤湖南，[80]民初傳入中國，當時中國學者如何看待「唐宋變革」論，這個課題迄今尚未得到梳理。據筆者有限的認識，無論是陳寅恪，還是錢穆，在唐宋變革課題上，都表現出與日本學者不同的關注。歸納錢穆論唐宋間的變動，焦點置於「平鋪散漫的社會」、「個性的獨特發展」與「地方自治的追求」上，卻是早年日本學界未曾提及的論點，須至戰後一段時日，始漸有論之者。如，「個性發展」說之於日本島田虔次[81]、美國狄百瑞「個人主義」[82]說。至於地方自治課題，更是晚近美國學者韓明士提出「宋代精英地方化」[83]論點後，才逐漸受到學者

[78] 同上註，頁191。

[79] 同上註，頁177。

[80] 關於日本學界提出的唐宋變革課題，參見張廣達：〈內藤湖南的唐宋變革說及其影響〉，《唐研究》2005年11卷；近年的討論與評述，參見柳立言：〈何謂「唐宋變革」〉，《中華文史論叢》2006年81期。

[81] 島田虔次著，甘萬萍譯：《中國近代思維的挫折》（南京：人民出版社，2010）。

[82] 狄百瑞以「個人主義」詮釋宋代士人心態，參見狄百瑞：《中國的自由傳統》（臺北：聯經出版社，1983），頁43以下。

[83] R. P. Hymes（韓明士）, Stateman and Gentleman : The Elite of Fu-Chou , Chiang-His , in Northern and Southern Sung（官宦與紳士：兩宋江西撫州的精英）(London: Cambridge university, 1986).

關注。至於社會平鋪散漫說，據筆者所知，只有日本的中國史研究會強調中國「缺乏社會中間團體」，視其為中國史的重要特徵。[84]事實上，早在1947年，錢穆就以相當大的篇幅闡述上述變化。

不過，受限於當時史學研究正在展開，錢穆未能從實證上說明唐宋間的世變如何發生。關於此，筆者根據目前的認識，提出兩個粗淺的看法，提供參考。

（1）生產力結構與社會變動

漢代以來以代田法為基礎的豪族大土地所有制，至西元8世紀，在工具（短轅犁、江東犁）與農法技術的變動下，代田法逐漸失去生產力的優勢，讓位給新工具、技術下的小經營農業體系，以及由此產生中小地主所有制。[85]從田連阡陌的豪族大土地所有到中小地主制，意味著擁有大量財富的人更少，而更多的人擁有比過去多的財富。中小地主不僅獲得經濟的富足，更從純粹的勞動中解放出來，成為「有閒階級」，[86]成為唐宋間消費文化、甚至生產文化的主體，也就是後世所謂「庶民文化興起」的根本動力。

換言之，中小地主制下的社會結構，成為唐宋間走向「平鋪」社會的動力，也是「庶民文化勃興」的根源。晚近以來，林文勛提出的「富民」論，宜置於這個脈絡思考其意義。[87]

（2）士人自省與面向鄉里

筆者從漢唐以來官僚制的動向，指出唐代以降「士人—鄉里」關係發生制度與現實的雙重斷裂，一方面使官僚制秩序走向「個體化」，個體化的官僚制成為錢穆所謂「個性發展」的制度基礎；[88]另一方面，與鄉里失去聯繫的士人，開始反省自身的處境，他們認識到國制變動下與鄉里關係的斷裂，士將無以為士，因而興起「面向鄉里」的動向。[89]士人「面向鄉里」表現在兩方面：1.在隋唐中央集權、個體化官僚制的國制變動背景下，作為一個地方官如何盡其職分，實踐士人富而教之的淑世理想，「官箴」書的書寫與流行或可為代表；2.如何「回到鄉里」，在地方社會內部展開社

---

[84] 關於中國缺乏中間社會團體，參見中村哲著、牟發松譯：〈中國前近代史理論的重構——序說〉，《魏晉南北朝隋唐史資料》1996年第1期。

[85] 關於唐宋間生產力結構的變動，論者甚眾，可參考西嶋定生著、韓昇譯：〈碾磑尋蹤——華北農業兩年三收制的產生〉，《日本學者研究中國史論著選譯》六朝隋唐卷（北京：中華書局，1993）；李伯重：《唐代江南農業的發展》（北京：北京大學出版社，2009）。

[86] 關於有閑階級及其文化上的作為，參見凡勃倫著、李風華譯：《有閑階級論》（北京：中國人民大學出版社，2017）。

[87] 林文勛、張錦鵬主編：《中國古代農商．富民社會研究》（北京：人民出版社，2016）。

[88] 關於隋唐之際個體化官僚制的成立及其意義，參見王德權：《為士之道》，頁53以下。

[89] 參見王德權：〈「為政之道」的探求〉，《為士之道》，頁334以下。

會參與，主要表現為兩宋士人擴大社會參與。[90]

尤有進者，錢穆重視士人與社會團結，指出宋代以後社會平鋪散漫，不只是個歷史課點，更是理解中國現代化道路上一個可能「欠缺的環節」。近年，日本中國史研究會學者們曾經提出：中國史上「中間社會團體之不存」。從近代以來西方民主政治的社會基礎看，「自願結社」構成市民社會的重要基石。晚近以來，中外學者頗熱衷將市民社會課題套用在明清的歷史場景，這類論述其實並未觀照中國本身的內在結構，忽略宋代以後、尤其是明清中國，並不存在「市民社會」這種中間社會團體結構，以致陷入前述趙汀陽「穿越時間空間的錯位」。[91]市民社會論源自西方近代化過程形成的「國家—社會」二元論，以市民社會詮析明清中國，是「不存在於中國史的歷史詮釋」，甚至是中國史研究的「假議題」。在這裡，不由得讓筆者想起錢穆「歷史意見」與「時代意見」的分辨，這就是一個例子。

六、結論

錢穆開授政治制度史課程十餘年，雖未撰成專著，但教學過程積累許多精深的見解。但民國時期，史學研究尚待展開，錢穆提出的觀點或被輕忽對待，有些看似泛論的觀點，讀者也未深究其意。經過半個多世紀後，當我們重新檢視錢穆的論述，赫然發現其中一些論點逐漸「被發現」，有待梳理。

錢穆本著通史與整體史立場，從宏觀的政治體系理解政治制度史，在「廣土眾民」國家型態的平臺下，探討政治體系的演變。由三代跨入文明門檻，中央共主勢力所進展，而有西周封建宗法之統一格局。再經春秋戰國變動，貴族勢力消退，進一步發展為郡縣制的統一。在郡縣一統的格局下，出於政治體系內部溝通上下之需求，而有士人政治的成立。無論主觀上是否喜歡錢穆，無論是否批評他保守與否，在制度史敘事上，有必要反問：自己能不能達到如此的高度與廣度展開論述？令人惋惜的是錢穆諸多精深的論點，就在批評他保守的過程裡被忽視了。即使何炳棣寫了著名的黃土農業研究、張光直道出古代中國跨入文明與國家門檻的奧祕，錢穆「廣土眾民」與何炳棣、張光直相互發明的論點，卻依然孤獨地躺在故紙堆中，乏人憑弔。錢穆觀點的「重新被發現」，也出現在「皇室」與「國家」的分辨上，同樣是數十年後，藉著尾形勇的討論，讓錢穆的先見之明重新被發現。又，學者雖注意到錢穆看重魏晉隋唐士

---

[90] 關於此，柳立言的研究值得參看。柳立言：〈從官箴看宋代的地方官〉，收入國際宋史研討會秘書處編，《國際宋史研究會論文集》（臺北：文化大學史學系，1988）。

[91] 西方近代的社會理論，無論左翼或右翼，都是立足於「國家—社會」二元論的立場，關於這一點，1980年代的學者已經展開有意識的批判，也包括日本學界。但在全球化的今日，無視於這種根本差異而產生理論套用的現象，大有所在。關於「國家—社會」二元論的討論，參見王德權：《為士之道》，頁8以下。關於市民階級的內涵及其運用上的問題，參見王紹光：〈關於「市民社會」的幾點思考〉，《二十一世紀》1991年第8期。

族一事，但未能將此事置於與宋以後社會平鋪散漫的對照中，也就未能發現此事不單攸關宋以降國運，更是中國在「缺少社會中間團體」的情況下政治體系運作逐漸失衡，這不只是個學術問題，更是思考未來中國政治體系現代化的重要課題。

筆者曾經引用南宋李延平的評論：「前輩議論麄而大，今日議論細而小。」[92]批評冷戰結構與史學專業化帶來的知識斷裂和碎化。如果易地而處，相信李延平也能體會筆者此刻內心的感慨。通史與整體史的視野塑造了錢穆的國史觀，當史學專業化帶來的知識碎片化，迷惑、困擾我們這個世代，藉著通史與整體史的敘事，重新發現民國學者曾經提出但被遺忘的觀點，有助於讓我們的歷史思考恢復些許清明。或許，錢穆的論述或論證方法不符合今日的史學規格，或許，錢穆的論述欠缺因果關係的嚴密論證，但是，錢穆史學的長鏡頭提供我們廣袤的視野，綿長的時序張大了我們知識的帷幕。即使我們在錢穆的論述裡看到的只是模糊的影像，甚至可能存在錯誤的論述，但我們可藉此回歸自身的史學傳統—尤其是民國學者的論述（無論新與舊、還是左與右），沿著前人的腳步，尋求「中國之所以為中國」的理由。最後，筆者借用朱光潛《談美》的感性陳述為喻，作為本文的結束：

> 悠悠的過去只是一片漆黑的天空，我們所以還能認識出來這漆黑的天空者，全賴思想家和藝術家所散佈的幾點星光。[93]

[92] 轉引自錢穆：《中國近三百年學術史》，上冊，頁5。

[93] 朱光潛：《談美》（臺北：小倉出版社，2014），頁22。

第二十五章　錢穆對周公攝政問題的史料運用與歷史解釋——從譯作《周公》談起

政治大學中國文學系
古育安

一、前言

錢穆（1895～1990）先生是當代最具代表性的史學家之一。早年治學以古文辭為主，其後由學術考證而轉入史學，再轉向通史、文化史而進入心性義理之學，1949年後致力於探討中國傳統歷史文化之未來出路。[1]錢先生著作等身，且多具影響力，其中《劉向歆父子年譜》一文匡正了清代以來今文經學家或受其影響的學者所提出諸多偏頗的疑古之說，震動學界，據錢先生的回憶，當時甚至導致北京各大學經學史停開的「盛況」，另外《先秦諸子繫年》、《中國近三百年學術史》、《國史大綱》等也都是大家熟知的學術巨作，其影響力至今不減。

學界關於錢穆先生學術的研究非常多，本文要談的問題是錢先生對「周公攝政」問題的研究，涉及經學與史學問題。在錢先生的著作中，可以看到許多談到周公思想、周公精神之類論述，然而關於周公史事的討論，除了《國史大綱》之外卻非常少見。錢先生有《周公》一書，摘譯自日本學者林泰輔先生的名著《周公と其時代》，另外他與弟子合著的通俗作品《黃帝》一書內容亦涉及周公史事，由於前者非錢先生自己的論述，後者主要撰寫者非錢先生，學者或以為未能完整反映錢先生的看法，而較少提及。本文認為，這兩部作品中仍可間接的看到一些錢先生的想法，因此嘗試從中找尋錢先生對周公攝政問題觀點的蛛絲馬跡，並且與《國史大綱》中的相關內容比較研究。以下先從譯作《周公》談起。

[1] 王汎森：〈錢穆與民國學風〉，《近代中國的史家與史學》（香港：三聯書店有限公司，2008），頁213。

二、譯作《周公》中周公攝政部分的翻譯問題

（一）錢穆先生翻譯《周公》一書的背景

《周公》一書摘譯自日本學者林泰輔（1854～1922）的《周公と其時代》，[2]林泰輔是日本明治、大正時期的著名漢學家，在經學上有相當豐富的研究成果，鐮田正先生指出林泰輔曾為文反駁白鳥庫吉的〈堯舜禹抹殺論〉四回及〈堯舜禹抹殺論に就て〉，這是與中國古代史及經學密切相關的問題，其後開始研究周公事跡，陸續發表多篇文章，並於大正四年刊行《周公と其時代》，當時王國維看過後曾說：「讀大著《周公及其時代》，深佩鑽研之深博，論斷之精，於考訂《周官》、《儀禮》二書之時代，尤卓識有徵，誠不朽之盛事。」[3]從林泰輔的研究來看，相信他對中國古史及傳統文化或許也懷有某種「溫情與敬意」。

王國維對林書的讚賞出於1915年回應林氏的對其〈洛誥解〉批評的〈與林浩卿博士論洛誥書〉中，周言先生認為錢穆先生後來翻譯了《周公及其時代》，「學界對林泰輔著作的重視應該與王國維的評價有關」。[4]錢先生曾憶及翻譯此書之事曰：

> 三師同事中，又有常州府中學堂同班同學郭瑞秋，江陰人，曾遊學日本。其寢室與余貼相接。書架上多日本書，有林泰輔《周公傳》，蟹江義丸《孔子研究》，余尤喜愛。因念梁任公言，自修日本文，不兩月即能讀日本書。余亦遂自修日本文。識其字母，略通其文法，不一月，即讀瑞秋架上此兩書。試譯《周公傳》一部分，後付商務印書館出版。及為《論語要略》，述孔子事蹟，亦多得益於瑞秋架上之蟹江義丸書。日本自明治維新，而漢學亦開新境界。中國自「新文化運動」起，古籍遂成國渣，疑古非孔，新義迭出，兩國相異在此。[5]

錢先生於1923年至1927年任教於無錫江蘇省立第三師範，[6]從這段文字中可以看出錢先生對此書的推崇，文中特別將新文化運動帶起的反傳統風潮與日本漢學的推陳出新對比，而錢先生也在這段期間接觸到古史辨運動，他提到：

---

[2] 錢穆：《錢賓四先生全集·周公》（臺北：聯經出版事業公司，1995），乙編，第26冊。本書於1931年由上海商務印書館出版。林泰輔：《周公と其時代》（東京：名著普及會，1988）。本書於1915年由大倉書店發行。關於日文部分的理解，寫作過程中曾向陳逸文教授請教，得到很大的幫助，特此致謝。

[3] 江上波夫編著、林慶彰譯：《近代日本漢學家·東洋學的譜系》（臺北：萬卷樓，2015），第1集，頁14-15。關於此書的評價，亦可參呂廟軍先生有〈日本漢學家林泰輔《周公及其時代》評介〉，《國學學刊》2009年第2期。

[4] 周言：《王國維與民國政治》（北京：九州出版社，2013），頁63。

[5] 錢穆：《錢賓四先生全集·八十憶雙親師友雜憶合刊》（臺北：聯經出版事業公司，1998），丙編，第51冊，頁133-134。

[6] 韓復智：《錢穆先生學術年譜》（臺北：國立編譯館，2005），頁161-162。

> 余在三師時，親訪之其家施家宕。同遊其附近之唐平湖，其時顧頡剛《古史辨》方問世，余手一冊，在湖上，與之勉暢論之。[7]

從錢先生對中國古史與傳統文化的態度來看，[8]或許錢先生看到此書還有些他鄉遇故知之感吧。

此外，錢先生對書中的內容也有正面的評價，於譯本「弁言」中指出：

> 日人林泰輔著《周公與其時代》一書，將關於周公及其時代之材料散見各書者，為之掇拾，求其一貫之事實。以《詩》、《書》為主，參以其他古籍，以考周公之行事，又繹其學術思想；更取《周官》、《儀禮》及《周易爻辭》，古來所稱周公之著作者，一一詳為比論，以辨其果出周公與否。書分三編：第一編為《周公之事蹟》，第二編為《周公之學術及思想》，第三編為《周公與周官儀禮周易爻辭之比較》。雖其辨訂時有未臻完密之嫌，未可遽為定論，亦專門的研究周公之一巨著也。其第一編《周公事蹟》，排比明備，尤為學人所需。課徒之暇，因為摘譯，以付梓人。間有異同之見，不復羼及。至於譯筆之疏，草促之譏，所不敢辭也。[9]

對林泰輔蒐集整理周公事蹟材料之詳備給予肯定，同時也提到對相關問題或有不同意見，但未放入譯作中，可見其對原作之尊重。

魏綵瑩博士曾認為：「由於內容經過錢穆選譯，且重新篇排章節，亦可視為錢穆個人的創作，且代表其所認同的觀點。」[10]錢先生的翻譯文字簡雅，內容準確，不過對原書的結構有所調整。原書分為三編，第一編有四章，第二編有四章，第三編有六章，最後有「附錄」收了兩篇文章，錢先生翻譯了第一編的二至四章與第二編第一

7　錢穆：《錢賓四先生全集．八十憶雙親師友雜憶合刊》，頁127。

8　關於錢先生對新文化運動的態度，他曾在《師友雜憶》及《講堂遺錄》談到任教於北大時對康有為、崔適、錢玄同等當時流行的今文經學系統「疑古辨偽」之說提出批判，對自己的《劉向歆父子年譜》刊出後讓當時北京各大學經學客停開之事頗為自豪。參錢穆：《錢賓四先生全集．八十憶雙親師友雜憶合刊》，頁163、167；《錢賓四先生全集．講堂遺錄》（臺北：聯經出版事業公司，1998），丙編，第52冊，頁265-268。另外，余英時先生也指出：「錢先生對於知識的態度，與中外一切現代史學家比，都毫不遜色。『五四』時人所最看重的一些精神，如懷疑、批判、分析之類，他無不一一具備。他自己便說道，他的疑古有時甚至還過於顧頡剛。但是他不承認懷疑本身即是最高價值。他強調：『疑』是不得已，是起於兩信不能決。一味懷疑則必然流於能破而不能立，而他的目的則是重建可信的歷史。許多人往往誤會他是澈底反對『五四』新文化運動的。事實上，他對於所謂『科學精神』是虛懷承受的，不過不能接受『科學主義』罷了。」參余英時：《猶記風吹水上鱗：錢穆與現代中國學術》（臺北：三民書局，1995），頁24。

9　《錢賓四先生全集．周公》，「弁言」，頁4-5。

10　魏綵瑩：〈引領世道的「新經學」——錢穆的《尚書》學析論〉，發表於中央研究院中國文哲研究所主辦：「『戰後臺灣經學研究』第一次學術研討會」（臺北：中央研究院中國文哲研究所，2015），頁17。

章，成為《周公》一書的一至四章。值得注意的是，錢先生將原書第三章「周公の活動時代」第二節「周公の攝位」（在《周公》為第二章第二節）中的一段內容移到第三節「周公の東征」（在《周公》為第二章第三節）的開頭，原因為何，此試做一推測，並由此進一步談錢先生關於周公攝政問題的觀點。

（二）從《周公》中周公攝政部分的翻譯問題看錢穆的觀點

錢穆先生將原書內容的順序做了調整，茲以表格說明如下：

		《周公と其時代》		《周公》
1	周公の攝位	武王既に崩ぜし後に於て、周公は專ら成王を相くることゝなりしが、……崔述も亦……遂誤以為攝正之年數耳豐鎬考信錄卷四（頁33-36）	周公之攝位	武王既崩，周公專相成王，……崔述亦云：……遂誤以為攝政之年數耳。（《豐鎬考信錄》卷四）（頁23-26）
2	周公の攝位	といひて、周公の政を攝せしは、成王の幼なるが為めにおらずして、塚宰攝政の常例なりとせり。……事情既に此の如くなれば、周公は或王と稱せしことおり。尚書大誥……王先謙孔傳參正の諸家是なり。（頁36-38）		
3	周公の攝位	この說によれば周公平時は王を稱せずして、天下の安危に係るが如き大事に臨めば、權に王と稱して之に代るなり。故に錢塘……況や周公の懿親を以文武の緒業を完成せんとす、その天子の位を踐むが如き豈深く怪しむに足らんや。（頁38-41）	周公之攝位	諸家是謂周公平時不稱王，臨大事，係天下安危，則權而稱王。故錢塘……況以周公之懿親，將以完成文、武之續業，其踐天子之位，豈足深怪哉！（頁26-27）[11]
4			周公之東征	此皆謂周公攝政，乃塚宰之常例。不為成王年幼而攝也。……據上而論，周公或可有稱王之事。《尚書·大誥》……王先謙（《孔傳參正》）。（頁28-30）

以上為原書「周公の攝位」一節內容大要，分成三部分，第一部分說明成王雖未達成年故不得不賴他人之輔翼，但周公之攝政或為塚宰攝政之常例，最後以崔述之論作結。第二部分承前周公攝政為塚宰攝政之常例，進一步整理《荀子》、《禮記》以

[11] 此部分錢先生的翻譯少了一段將周公攝政與清代的監國攝政王、太上皇比較的內容。參林泰輔：《周公と其時代》，頁40；錢穆：《錢賓四先生全集·周公》，頁27。

下關於「周公踐天子位」的材料，強調「周公或可有稱王之事」，並指出《尚書・大誥》「王若曰」鄭注曰：「王，周公也，周公居攝，命大事，則權稱王也。」後儒從之者眾。第三部分承前鄭注「權稱王」之說，對王肅「稱成王命，故稱王」一系說法尤其是劉逢祿之說提出反駁，以為周公當王業草創之際，其以非常之處置，正所謂權道，故周公「踐天子之位，豈足怪哉」。[12]

譯本將上表第二部分移到下一節開頭，在敘述邏輯上與原書有所不同。原書「周公の東征」一節開頭簡單總結前節後引《尚書・金縢》、《逸周書・皇門》說明周公攝政後流言四起，周公會群臣希望大家能團結，帶出三監之亂、召公不悅與周公東征等事。錢先生移過來的內容所引材料為明確指出周公踐天子之位者，如《荀子・儒效》之「武王崩，成王幼，周公屏成王而及武王，以屬天下，惡天下之倍周也。履天子之籍，聽天下之斷，偃然如固有之，而天下不稱貪焉」、《禮記・文王世子》之「成王幼，不能蒞阼，周公相，踐阼而治」及《淮南子・氾論》、《韓詩外傳》、《說苑・君道》、《說苑・尊賢》、《屍子》、《韓子・難二》中的相關內容，強調周公有稱王之事，不過如《尚書・大誥》「王若曰」鄭注所述，乃「權稱王也」。這樣的安排可以更有力的說明流言之起、三監之亂的動機，或許就是錢先生的目的，而將此部分獨立出來，也可以看出錢先生十分重視《荀子》、《禮記》等材料與鄭玄的解釋對理解周公攝政問題的價值。從讀者的角度來看，也會因此更注意這些材料。

進一步看，錢先生對這些材料的重視可能與《劉向歆父子年譜》中關於劉歆偽作《禮記・明堂位》的討論有關。錢先生回憶當年撰寫《劉向歆父子年譜》之事曾提到：

> 余在蘇中，函告頡剛，已卻中山大學聘。頡剛復書，促余第二約，為《燕京學報》撰文。余自在後宅，即讀康有為《新學偽經考》，而心疑，又因頡剛方主講康有為，乃特草《劉向歆父子年譜》一文與之。[13]

錢先生於1927年至1930年任教於蘇州中學，而1920年至1922年於後宅鎮泰伯市立第一初級小學校任校長，[14]當時已對《新學偽經考》的說法有所懷疑，可知錢先生很早就對康有為及相關今、古文家之說有一定程度的熟悉。

《新學偽經考》引《尚書大傳》「周公攝政，一年救亂……」之說認為周公僅攝政，無踐天子位，史載王莽居攝踐祚，群臣即以〈明堂位〉之「周公朝諸侯於明堂之位，天子負斧依南鄉而立」、「周公踐天子之位以治天下，六年，朝諸侯於明堂，制禮作樂，頒度量，而天下大服」等進言，實乃劉歆偽作〈明堂位〉「誣先聖以佐竄

---

[12] 呂廟軍先生曾摘要此節內容，以為林氏「立論平實，於平實中顯功力」，參〈日本漢學家林泰輔《周公及其時代》評介〉，《國學學刊》2009年第2期，頁85。

[13] 錢穆：《錢賓四先生全集・八十憶雙親師友雜憶合刊》，頁154。

[14] 韓復智：《錢穆先生學術年譜》，頁160-163。

逆」。錢先生則舉出《荀子・儒效》、《禮記・文王世子》、《淮南子・氾論》、《韓詩外傳》卷三、卷七、《說苑・君道》、《說苑・尊賢》、《屍子》、《韓子・難二》中皆有周公踐天子位之說，「豈盡歆之所偽」，又駁姚際恆、方望溪以〈明堂位〉為歆為王莽而偽，後者甚至以為《荀子》、《史記》中的相關說法亦為歆之增竄。[15]

值得注意的是《周公と其時代》在上引第二部分中舉了同樣的材料說明周公稱王，且上引第三部分中林氏駁劉逢祿「誣聖亂經，自孫卿始。……後世亂臣賊子，襲其跡而文其姦言，以竊天位」之說，認為以王莽篡漢比擬周公而疑周公稱王，如同據燕相子之篡國疑堯舜無禪讓之事，並不合理。[16]則《劉向歆父子年譜》此部分似受到《周公と其時代》的啟發。

事實上，錢先生於任教三中期間讀到《周公と其時代》（譯作1931年出版），其後於任教蘇中期間決定撰寫《劉向歆父子年譜》（於1930年刊出），翻譯前書的時間可能較早，也可能二者的寫作時間有重疊，不過《劉向歆父子年譜》的發想在其任小學校長時，早於讀到《周公と其時代》。據此我們推測錢先生很早就有駁《新學偽經考》的想法，他對先秦經典材料本就相當熟悉，而林氏針對今文學者劉逢祿之說僅從邏輯之不合理處反駁，錢先生的想法則更具說服力，很可能他在讀到《周公と其時代》時已經想到可以透過《荀子・儒效》、《禮記・文王世子》等古書證據反駁康、姚、方之說，因而特別將該部分獨立出來。

在經學領域中，不同立場的學者往往各執一批材料，以己所據者為是，對方所據為偽作、為誣聖，這是以經學立場決定歷史真相，然而錢先生並非完全以經學的角度理解這些材料，因此錢先生雖重視《荀子・儒效》等材料中的說法，卻不認為其內容必為信史，故曰：「夫〈明堂位〉不必為信史，亦不必出於莽、歆之偽造，姚、方混並為說，宜無當也。」[17]換句話說，從史料的角度來看，周公踐天子位的說法的出現不僅早於王莽篡漢，且於先秦已流傳甚廣，其作為史料，未必證明周公確有踐天子位之事，但可證前人對周公已有如此認識。至於前人的認識所據為何，可進一步討論，還需依據比《荀子・儒效》等更貼近周公時代、與周初政治關係更密切的史料，如《尚書》、《逸周書》中的部分內容。這也說明史料對於認識過去而言有層次之分，然而即便是關於周公攝政問題上更核心的史料，也很難出現鐵證，仍需對史料作歷史解釋，這就進入史學的層次了。錢先生對周公攝政問題有自己的史料選擇與歷史解釋，見於《國史大綱》中「周初之封建」一節。

---

15 錢穆：《錢賓四先生全集・兩漢經學今古文平議》，甲編，第8冊（臺北：聯經出版事業公司，1994），頁112-114。

16 林泰輔：《周公と其時代》，頁36-37、39；錢穆：《錢賓四先生全集・周公》，頁26-30。

17 錢穆：《錢賓四先生全集・兩漢經學今古文平議》，頁114。

三、《國史大綱》中關於周公攝政問題的史料運用與歷史解釋

《國史大綱》體現了錢穆先生的史學精神與史學見解，是1933年至1937年錢先生講授「中國通史」課的過程中不斷積累、凝鍊而成，於1939年完成，1940年出版，寫作精簡深刻而不易讀，錢先生在致嚴耕望先生的書信中曾對《國史大綱》的內容有簡要的敘述曰：

> 拙著側重上面政治，更重制度方面：下面社會，更重經濟方面：中間注重士人參政，於歷代選舉考試制度及時代士風，頗亦注意。[18]

余英時先生進一步指出：

> 《國史大綱》中的原始史料包羅萬象，並且經過了「整輯排比」、「參互搜討」等系統性的處理，以密切配合全書「三層結構」的構想。這樣的史料不但具有深度而且往往潛藏多重涵義，是值得讀者反覆玩味的。[19]

而余先生在較早的文章中也指出：

> 他多年在北大等校講授中國通史的過程中，讀遍了同時史學專家在一切重大關鍵問題上的研究文字，然後根據他自己的通史觀點而判定其異同取捨。有一次我們討論到西魏府兵制，他便向我說明他和陳寅恪的看法有何異同之處。他認為陳寅恪過分強調了宇文泰個人私心在府兵制成立上的作用，而他則寧可從胡漢勢力的消長上去著眼。他很推崇陳寅恪的貢獻，但認為專題考證的具體結論和通史所需要的綜合論斷未必能完全融合無間。我舉此一例，以見《國史大綱》並不易讀。因為錢先生寫通史時惜墨如金，語多涵蓄，其背後不僅是正史、九通之類的舊史料，而且也包含了整個民國時期的史學史。[20]

可見我們要讀《國史大綱》，還需要熟悉一段論述背後涉及的材料與說法，才能體會錢先生的史料運用與歷史解釋，進而理解他的觀點與學問。

錢先生對周公攝政問題的研究材料基本以傳世文獻為主，如前所述，在《周公》的「弁言」中錢先生特別稱許林泰輔對資料的蒐集與整理，並提到「周公事蹟」部分

---

[18] 錢穆：《錢賓四先生全集．素書樓餘瀋》，丙編，第53冊，（臺北：聯經出版事業公司，1998），頁391。

[19] 余英時：〈《國史大綱》發微——從內在結構到外在影響〉，《古今論衡》2016年第29期，頁9。

[20] 余英時：《猶記風吹水上鱗：錢穆與現代中國學術》，頁9-10。

「排比明備，尤為學人所需」，基本上討論相關問題所需材料大抵不出《周公》所引。後來錢先生與弟子姚漢源合著的《黃帝》一書中有「周公的故事」一章，內容框架沿襲《周公》，所用材料亦不出《周公》所引（詳後），亦可知錢先生對林書的推崇，因此以《周公》一書涉及的材料為參照基礎談錢先生對周公攝政問題的看法應該是可以接受的。[21]茲將《周公》中涉及武王之死到周公攝政此段期間的史料依序排列如下：

	內容	主要史料	相關史料
1	武王以天保未定，欲傳位給周公	《逸周書．度邑》	
2	周公未從，武王命周公立成王	《逸周書．武儆》	
3	武王有疾，周公欲以身代之，其後武王崩	《尚書．金縢》、《史記．封禪書》	《史記．周本紀》、《淮南子．要略》、《逸周書．明堂》、《竹書紀年》、《管子．小問》、《逸周書．明堂》
4	周公攝政	《尚書．大誥》（及鄭注）	《尚書．康誥》、《荀子．儒效》、《禮記．文王世子》、《淮南子．氾論》、《韓詩外傳》卷三、卷七、《說苑．君道》、《說苑．尊賢》、《屍子》、《韓子．難二》

錢先生寫作《國史大綱》對周公攝政問題有進一步的歷史解釋，對史料也有所取捨。

《國史大綱》為綱目體，先鋼後目，綱、目中還有小字夾注。「周公攝政」之事見於《國史大綱》第一編第三章「封建帝國之創興（西周興亡）」的第二節「周初之封建」，錢先生將周初封建分為二期，關於周公攝政之論述在第二期，內容如下：

> 武王克殷二年，天下未寧而崩。封禪書。又禮記文王世子云：「文王九十七而終，武王九十三而終。」武王崩於文王崩後五年，豈文王十齡生武王耶？此決不可信。大抵武王年壽並不甚高。此乃周初一個最嚴重的局面。不得已乃有周公之攝政。
>
> 若傳子，則成王尚幼，不足支此危局。若傳弟，先應及管叔，周公知管叔亦不足膺此重任。若傳賢，自屬周公，周書度邑：「武王謂周公曰：『乃今我兄弟相及。』」則武王固有意傳周公。然周公居中主政，嫌於自取，不得已乃奉孺子王而攝政。書大誥：「王若曰」，鄭玄云：「周公居攝，命大事則權稱

[21] 魏綵瑩博士曾引《周公》中的內容認為錢穆關於周公是否稱王的問題「主要是跟隨日本漢學家林泰輔（1854-1922）的看法」，參魏綵瑩：〈引領世道的「新經學」——錢穆的《尚書》學析論〉，頁20。我們同意錢先生在探討周公攝政問題時《周公》的內容應該是重要的研究基礎，不過若再與《國史大綱》中的相關論述作比較，對於理解錢先生的看法應該可以有進一步的認識。

王。」[22]

建構此段論述所據的史料包括《史記・封禪書》、《禮記・文王世子》、《逸周書・度邑》與《尚書・大誥》，其中〈文王世子〉的材料說明武王年壽不高，未見於《周公》，其他三條材料皆見於《周公》。錢先生用極為精簡的史料體現出歷史的情境與其中的人物，相較於《周公》省去了許多枝節，讓要傳達的訊息更為明確。

在史料的取捨上可以看出分為兩個層次，第一個層次是較能反映政治、制度之發展者，即被採用的〈封禪書〉、〈度邑〉、〈大誥〉，而上表中未被採用的是第二個層次的史料，即與反映政治、制度之發展無關者。

《史記・周本紀》談到周初天下未定有兩段敘述：

> 封商紂子祿父殷之餘民。武王為殷初定未集，乃使其弟管叔鮮、蔡叔度相祿父治殷。
>
> 武王病。天下未集，群公懼，穆卜，周公乃祓齋，自為質，欲代武王，武王有瘳。後而崩，太子誦代立，是為成王。成王少，周初定天下，周公恐諸侯畔周，公乃攝行政當國。[23]

《國史大綱》論周初之封建分為二期，第一期中天下未定的敘述為：「武王滅紂以後，並不能將殷人勢力徹底剷除，因此仍封紂子祿父於殷，同時則設立三監，以監督武庚之近旁。」[24]呼應上引第一段。第二期敘述天下未定卻不用〈周本紀〉，而用了〈封禪書〉之「武王克殷二年，天下未寧而崩」。事實上，上引第二段內容的史料背景包含了〈金縢〉、〈武儆〉，都是《周公》中引述的材料，錢先生捨棄有更多史料支持的敘述，我們認為應該是〈封禪書〉該句精準的帶出「周初一個最嚴重的局面」的敘述，並作為「不得已乃有周公之攝政」的前提。顯然錢先生要給讀者的「大綱」僅只於此。若要用最精簡的文字敘述周初史事，成王是否即位，在後文中已用「奉孺子王而攝政」交代，而周公代武王死的戲劇性內容與周公之心有關，但無涉於歷史發展，可以省去。至於上表中《淮南子・要略》以下是關於武王崩於何時的材料，屬於枝節，且說法或有同異，故不必列舉。

接下來對「不得已乃有周公之攝政」的補充，則用〈度邑〉、〈大誥〉的材料，前者著重在周公有資格繼位之「傳賢」、「兄弟相及」，後者著重在周公「攝政」而「權稱王」。上表中未被採用的《尚書・康誥》與〈大誥〉性質相同而所記事件發生的時間點較後，代表性不如〈大誥〉，《荀子・儒效》以下為戰國至漢代的材料，為後代追述，非第一手材料，皆不必列舉。

---

[22] 錢穆：《國史大綱》（臺北：臺灣商務，1994），頁40。本書於1940年由上海商務印書館出版。

[23] 司馬遷：《史記》（北京：中華書局，2012）。

[24] 錢穆：《國史大綱》，頁39。

進一步看，《國史大綱》在周公攝政的內容後繼續談到三監之亂曰：

> 管叔不了解周公之苦心，武庚乘機煽惑，三監轉聯殷同畔。此見當時王位繼承法尚未明定，管叔本非決不可立，疑周公奉成王而攝政，乃以排管叔而終謀自取之也。[25]

也沒有採用〈金縢〉之「王既喪，管叔及其群弟乃流言於國，曰：『公將不利於孺子。』」，〈金縢〉的內容是否可信，歷來有不少爭議，不過錢先生認為仍是史官所記，[26]應未否定其史料價值，但前後兩處可用〈金縢〉而未用，應該有所考量，此處或嫌「流言」之說過於具體瑣碎，無助於大處著眼，從小字注來看，談到管叔強調的仍是繼承權問題。

綜上可知，錢先生敘述周初第二次封建從武王崩開始，其後政治局勢之發展實繫於繼承權之爭。事實上，林泰輔引用〈度邑〉之文時已提到殷人兄終弟及，周承其後，在周初的局勢下武王欲傳位給周公也屬合理，同時也引用了江聲《尚書集注音疏》的說法，即「管叔生當武王、周公之間，習聞商王舊法兄弟相及。謂武王崩，成王幼，次當及己，今已為監於殷，而公居攝，疑公蓄異志而踊遣己，故有是流言爾」。[27]由此看來，錢先生引〈度邑〉強調「兄弟相及」及談管叔之小字注，皆不出林泰輔、江聲之說，然而錢先生雖有同樣的看法，卻將繼承權問題放在更大的脈絡中解釋。

首先，對「兄終弟及」強調的不是死的制度，而是「立賢」精神。在「周初之封建」一節開頭，錢先生花了不少文字反駁王國維的〈殷周制度論〉，提到：

> 王國維〈殷周制度論〉觀堂集林。謂：「殷人兄終弟及，周人父子相傳，封建制從父子相傳制來。」引說頗嫌看史事太鬆弛，不見力量，只把天下依著家庭的私關係隨宜分割，無當於周初建國之嚴重局勢。只是一種隔絕史實之空想而已。且殷人自庚丁後已五世傳子，殷本紀、三代世表、古今人表皆同。未知何故。亦可是五世單丁無兄弟，然亦可不傳弟而傳子。史文缺佚，已難詳論。惟史記殷本紀謂：「帝乙長子曰微子啟，啟母賤，不得嗣。少子辛母為正後，得嗣。」則其君位傳襲之法，已開問人先聲矣。至周初君位，頗有立賢之跡象，或以便於爭強而然。如太王捨太伯、虞仲而立王季，為第一次立賢。文王長子伯邑考，次子發，即武王。捨伯邑考而立武王，為第二次立賢。伯邑考果系先卒與否不可知。周人乃一種極長於實際政治上爭強之民族，大有捨長立賢之可能。[28]

---

25 同上註，頁41。

26 錢穆：〈西周書文體辨〉，《中國學術思想史論叢（一）》（臺北：東大圖書股份有限公司，中1990），頁154-155。

27 林泰輔：《周公と其時代》，頁31、44-45；錢穆：《錢賓四先生全集．周公》，頁22、32。

28 錢穆：《國史大綱》，頁39。

又提到：「武王封管、蔡而周公不預，以諸弟中周公最賢，武王引之助治國政，統籌大局，故不出封在外地。」[29]錢先生認為商周之際的周人本有立賢之實際作為，周公最賢而有機會繼位實屬合理。

更重要的是，上引文中指出立賢「或以便於爭強」，「周人乃一種極長於實際政治上爭強之民族，大有捨長立賢之可能」，則將繼承權問題聯繫到周人之「民族性」，此民族性正是在面對「周初建國之嚴重局勢」中展現。又於此節末曰：

> 周公攝政七年，而始歸政於成王，非成王至是始長，乃大局至是始定也。於是周人傳子之制亦因而確定。王氏謂因先有傳子之制而始封建，未窺周人政治上之偉大能力所在也。[30]

再次強調不同意王國維之說，其立基點正在於認為周人基業之奠定乃因從權立賢，而周民族善於爭強，故為了競爭而能選擇從權立賢，到天下大之定後才確立傳子之制。則周公攝政雖非繼位，仍是周人因應變局而以賢者治國的表現，亦可謂承襲周人善於「爭強」之民族性的表現。

綜上所述，錢先生對周公攝政問題的探討，是在「周初建國之嚴重局勢」的歷史脈絡中，從眾多史料中選擇可以反映政治、制度之發展者，其中周公平亂後完成第二次封建奠定周代基業是結果，其起因與推動力是周人立賢的精神與實踐，而成就這些的便是賢者周公。

錢先生的說法是否合理見仁見智，不過錢先生的史學觀念強調人在歷史中的作用，認為在自然地理環境與社會歷史環境之中的人能夠主宰、創造歷史，據此解釋歷史，[31]正是他的一家之言，而談到民族性的問題則體現了錢先生的時代關懷。《國史大綱》成於抗戰期間，其寫作宗旨與內容有濃厚的民族主義色彩，王汎森先生對其寫作背景有精要的說明：

> 抗戰以後，錢氏治學風格進入第三期，照他的說法，是「因遭時風之變」，轉向史學，故寫了《國史大綱》，接著更轉入心性義理及禪宗之學及文化史研究。……在抗戰時期，整個民族面臨生死存亡之關鍵，這個時候相當要緊的任務是說服全民族，何以這個民族的歷史文化有價值、有意義，應該為它的生死存亡而奮鬥。過度批判民族歷史文化的學術傾向，不能指示國家民族未來正面發展的史學，在現實上要讓位給反對的陣營，而錢穆的《國史大綱》正是在這

[29] 同上註，頁39。
[30] 同上註，頁45。
[31] 相關討論可參徐國利：《錢穆史學思想研究》（臺北：臺灣商務，2004），頁157-179。

種大環境之下應運而出。[32]

王晴佳先生也從學術面指出：

《國史大綱》的寫作，是他公開與胡適、傅斯年等人決裂的一個重要標誌。該書的出版，表明錢穆已經不再以「考史」為治學的主要手段，而是以伸揚中國文化、強調中國生生不息的歷史精神為己任。[33]

就「周初之封建」一節而言，錢先生注意周人在變動的時代中因「爭強」之民族性而成功，正是回應其所處時代的課題，在國家民族存亡之際提醒著讀者，中華民族應如周人，需要有堅韌的毅力、爭強的決心，才能渡過歷史的難關。[34]

四、《黃帝》中關於武王之死與周公攝政敘述

錢先生曾於1944年與弟子姚漢源合著《黃帝》一書，內容包括「周公的故事」，在「弁言」中錢先生提到：

昔人言：畫犬馬難，畫鬼神易。今之治古史，亦如畫鬼神：易於無憑，而難於近是。潘公展、印維廉兩先生創編《民族偉人故事集》，第一輯首黃帝，而附以堯、舜、禹、湯、文、武、周公，諉垂及余，推辭不獲，而方別欲有所撰造，因口述大耑，囑及門姚君筆達之。……此書之作，蓋不欲為無憑，其為近是與否，則以待當世博古君子，非余之私所當論也。[35]

文中提到畫「犬馬鬼神」之說或源自章太炎〈救學弊論〉，章氏曾指出五項「學弊」，其中：

---

32 王汎森：〈錢穆與民國學風〉，《近代中國的史家與史學》，頁240。

33 王晴佳：〈錢穆與科學史學之離合關係：1926-1950〉，《臺大歷史學報》2000年第26期，頁146。

34 附帶一提，葉龍先生整理錢先生在新亞書院講授中國通史的課堂筆記，其中關於周公攝政部分內容大體不出《國史大綱》而更為精簡，值得注意的是筆記中提到周初繼承制度及周公攝政問題，僅說「武王認為他有才幹；讓周公做，周公認為不可，仍主張讓成王做，因周公攝政代理」，沒有提到周人的「爭強」意識及兩周之際周人因局勢艱難的立賢精神，也沒有提到鄭注「權稱王」的解釋。不知是因為本來就沒講，還是記筆記時漏掉或略去。不過此部分多了一些周公之德與中西比較的內容，大概反映出課堂講述與專著性質的不同，則內容偏重自然也有差異。講義內容參葉龍：《錢穆講中國通史》（香港：香港商務印書館，2017），頁10。

35 錢穆：〈弁言〉，《黃帝》（北京：生活．讀書．新知三聯書店，2012），頁1-2。又在「重版附跋」中提到本書是「偕及門姚君合力共成之」。本書於1944年由重慶勝利出版社出版。

三曰詳遠古而略近代。夫義農以上，事不可知，若言燧人治火，有巢居橧，存而不論可也。《尚書》上起唐虞，下訖周世。然言其世次疏闊，年月較略，或不可以質言。是故孔子序〈甘誓〉以為啟事，墨子說〈甘誓〉以為禹事，伏生太史公說《金縢》風雷之變為周公薨後事，鄭康成說此為周公居東事。如此之類，雖閉門思之十年，猶不能決也，降及春秋，世次年月，始克彰著。而遷固以下因之，雖有異說，必不容絕經如此矣。好其多異說者，而惡其少異說者，是所謂好畫鬼魅，惡圖犬馬也。[36]

章先生所舉上古之事難知便以《尚書》之〈甘誓〉、〈金縢〉內容為例，而前引「弁言」說治古史如畫鬼神「易於無憑」，最後提到「此書之作，蓋不欲為無憑」，則錢先生所謂「口述大耑」內容為何，雖已不可考，不過所用的材料及敘述的內容應該不至於違背錢先生的觀點。

此書為通俗讀物，所引史料皆轉寫為白話文，其中「周公的故事」一章大體依據譯作《周公》的框架與材料撰寫，可知《周公》一書或為錢先生探討相關問題的重要參照基礎，不過錢先生在「弁言」中也提到林氏「辨訂時有未臻完密之嫌，未可遽為定論」及翻譯時「間有異同之見，不復羼及」，可惜這些異同之見具體內容為何，錢先生並未一一指出，留下了一些遺憾。我們只能透過有限的材料略作推測。

前文探討《國史大綱》周公攝政部分時已指出錢先生在材料的運用及解釋上有更深刻的見解，此則將《周公》、《黃帝》（第三章一節「武王之死和周公攝政」）二書周公攝政部分的敘述內容及依據作一對照，以明異同之跡：

	《周公》		《黃帝》		備註
	內容	史料	內容	敘述依據	
1			克商二年，武王有疾	《尚書．金縢》	《黃帝》以〈金縢〉武王有疾之事為整節敘事的開頭
2	武王以天保未定，欲傳位給周公	《逸周書．度邑》	（周公見武王）武王以天保未定，欲傳位給周公	《逸周書．度邑》	
3			（武王病重）周公欲以身代之	《尚書．金縢》	《黃帝》將〈金縢〉周公欲以身代王之禱移至〈度邑〉、〈武儆〉之間

[36] 章太炎：《章太炎全集》（上海：上海人民出版社，1982），第5冊，頁103。

	《周公》		《黃帝》		備註
	內容	史料	內容	敘述依據	
4	周公未從，武王命周公立成王	《逸周書．武儆》	周公未從，武王命周公立成王	《逸周書．武儆》	
5	武王有疾，周公欲以身代之	《尚書．金縢》			
6	其後武王崩	《史記．封禪書》等	武王崩，年壽不高	《禮記．文王世子》	《黃帝》用《國史大綱》所引材料
7	周公攝政	《尚書．大誥》（及鄭注）、《尚書．康誥》，《荀子．儒效》等	周公攝政的時代與制度背景	《國史大綱》頁39-40、《尚書．大誥》鄭注	《黃帝》用《國史大綱》周初立賢之說、周公不得已攝政之原因及周初之情勢等內容

《黃帝》的成書在《國史大綱》之後，從表中可知，其敘述內容與所用材料也包含了《國史大綱》中不見於《周公》者，此部分自然屬於錢先生的觀點。值得注意的是，《國史大綱》迴避了〈金縢〉的內容，《黃帝》則引述了〈金縢〉武王有疾周公欲以身代之之事及禱告內容，不僅篇幅較《周公》多，在敘事功能上也有很大的不同，《周公》將此事放在立成王（〈武儆〉）之後，《黃帝》則用以串聯〈度邑〉、〈武儆〉，在立成王之前。

《黃帝》是通俗讀物，寫作目的與《國史大綱》不同，該章標題是「周公的故事」，加入〈金縢〉中較為戲劇化且細節的敘述自然是合理的，而對〈金縢〉內容的理解則不同於林泰輔。又如此章第三節「周公居東」涉及〈金縢〉「我之弗辟」及「周公居東」，林氏從司馬遷「我之所以弗辟而攝行政」之解，並在綜論諸說後「從居東即東征之說」，[37]《黃帝》則從鄭玄「避謂避居東都，言我今不避孺子而去」之說，而將此句理解為「現在的情形不對，我要躲避一下」，以為「周公出居東方」。[38]對材料的理解也與林氏不同。

這些與林氏見解不同之處是否為錢先生「口述大耑」的內容很難確認，可能得到錢先生認可，也可能不是錢先生的意見但他尊重弟子的觀點，不過涉及〈金縢〉處多與林氏不同，或許可以推測錢先生對〈金縢〉內容的理解及史料意義與林氏確有不同，而間接體現於《黃帝》中。

---

37 林泰輔：《周公と其時代》，頁48-49、61；錢穆：《錢賓四先生全集．周公》，頁35-36、48。
38 錢穆：《黃帝》，頁111-112。

五、結語

本文探討錢穆先生對「周公攝政」問題的研究，所據材料以譯作《周公》、《國史大綱》及錢先生與弟子合作的《黃帝》中的相關內容為主，初步的看法如下。

首先，錢先生對林泰輔的《周公と其時代》十分讚賞，認為關於周公事蹟的部分整理詳細，值得參考，因而摘譯相關內容而成《周公》一書。然而原書「周公攝政」部分卻有一段列舉周公稱王的內容被獨立出來，在譯作中移到「周公東征」部分的開頭。何以如此不得而知，本文嘗試推測原因。其一，說明錢先生可能認為敘事上如此調整可以強調「周公東征」起因。其二，說明錢先生可能對提到周公稱王的文獻內容特別重視，值得注意的是這些文獻內容基本上與〈劉向歆年譜〉中證明《禮記・明堂位》非劉歆偽作者相同，而〈劉向歆年譜〉的寫作不早於錢先生讀到《周公と其時代》，但錢先生在更早之前已有意駁康有為的《新學偽經考》，因此可以推測錢先生很可能在翻譯《周公と其時代》時已經想到這些材料的意義，故特別將該部分獨立出來。

第二，錢先生對「周公攝政」問題的主要論述在《國史大綱》，相較於《周公》，《國史大綱》所用的史料更為精簡，以較能反映政治、制度之發展者為主，包括《史記・封禪書》、《逸周書・度邑》與《尚書・大誥》中的內容，另外還引用了《禮記・文王世子》說明武王年壽問題，該段內容不見於《周公》。而錢先生對「周公攝政」之事有進一步的歷史解釋，基本上認為周人基業之奠定乃因從權立賢，而周民族善於爭強，故為了競爭而能選擇從權立賢，天下大定之後才確立傳子之制。則周公攝政雖非繼位，仍是周人因應變局而以賢者治國的表現，亦可謂承襲周人善於「爭強」之民族性的表現，最後周公平亂完成第二次封建，奠定周代基業。則周初歷史之演變，既定於周公一人，同時亦體現周人之民族性。這樣的解釋呼應了錢先生強調人在歷史中的作用的史學觀念，而《國史大綱》成於抗戰時期，因此強調「民族性」的解釋也體現了錢先生的時代關懷。

最後，《黃帝》一書有「周公的故事」一章，其結構大體沿襲《周公》，其中「武王之死和周公攝政」一節與所用材料亦大體與《周公》相同，同時亦加入《國史大綱》中的內容。其與《周公》、《國史大綱》最大的不同在於《尚書・金縢》內容的使用，《國史大綱》基本不用〈金縢〉，而《黃帝》對〈金縢〉內容的理解多與《周公》不同，由於《黃帝》非錢先生親筆撰寫，但此書是在他的指導下完成，他應該也作了一定程度的審閱，因此雖不能認定其確為錢先生的觀點，應該還是可推測錢先生對〈金縢〉一篇的理解與林泰輔多有不同。

誠如余英時先生所說，「錢先生寫通史時惜墨如金，語多涵蓄，其背後不僅是正史、九通之類的舊史料，而且也包含了整個民國時期的史學史」，則《國史大綱》中蘊含錢先生深厚的史學與史識，還有待學者繼續探索。而本文認為《周公》、《黃帝》雖不能作為研究錢先生學術的直接材料，但亦能提供間接的幫助，本文僅就「周公攝政」部分進行初步的討論，事實上其他部分應該也有進一步研究的價值，希望透過本文的研究能讓學界多注意這兩部書。

第二十六章　為古史招魂：錢穆的夏商史研究

山東大學儒學高等研究院
陳嘉禮

一、前言

錢穆雖然主力學術思想和文化史研究，但他汗牛充棟的著作中，亦留下不少有關上古史的論述。這些論述與他其餘作品一樣，均形成了以儒學為本位的民族文化思想體系。有關上古史的作品中，《先秦諸子繫年》固然是殿堂之作，雖此書討論的時期為先秦上古，但解決的始終是思想史。本文主要以他在《國史大綱》中有關夏商史的部分和《黃帝》一書為本，[1]探討他對上古傳說和夏商史的態度，並分析他的夏商史研究。本文認為他的古史研究固然有缺乏之處，但他既非古史學的學者，不能過於苛求，更重要的是，錢穆的古史論述，實用以建構他的文化史觀，堅定地維護中華文化的立場出發。

二、錢穆對上古傳說的態度

錢穆《黃帝》一書講華夏文化的諸位創始人的事蹟，其實從中可窺錢穆對非信史的神話傳說的態度。《黃帝》一書並沒有收進《錢賓四先生全集》內，按此書〈弁言〉可知，此書是1944年潘公展等人請錢穆撰寫黃帝、堯、舜、禹、湯、文、武、周公的「故事集」，於是錢穆「口述大耑，囑及門姚君（按：即姚漢源）筆達之」，[2]故此此書實與「姚君合力共成之」，[3]

錢穆在《黃帝》一書中劈頭就說：「中國不但是一個國家民族的單位，而且是一個文化單位」，[4]表露出他對民族與文化的堅持。問題在於，如何理解此句的「國家民族」呢？在當代民族研究上，「民族國家」與「國家民族」顯然是兩個不同的觀

* 本文得到「山東大學基本科研業務費專項資金」及「山東大學青年學者未來計畫」資助。

[1] 本文引錢氏著作時，先引收錄在《錢賓四先生全集》（臺北：聯經出版事業有限公司，1988）（下稱《全集》）。未收錄在《全集》中的其餘著作，則引較權威版本。

[2] 錢穆：〈弁言〉，《黃帝》（北京：生活・讀書・新知三聯書店，2012），頁1。

[3] 錢穆：〈重版附跋〉，《黃帝》，頁1。

[4] 錢穆：《黃帝》，頁3。

念，前者指的是一個由單一民族來形成的國家，此國家具政治單一實體；後者是該國家由一種新的文化組合而成，並超越種族差異。[5]中國為一個由多民族組成的國家，各民族固然有自身的文化，錢穆此處指的是將民族與民族之間的文化組合成新的「中國」，這個「中國」是「文化中國」，已超越民族，故此，他說的「國家民族」，就是他一直堅守的「中華文化」。

在「五四」時期，中華民族的形成是當時學界討論的熱門課題，其中「西來說」更成學人追捧。錢穆在《黃帝》書中對此說大加批判：

> 近幾十年來講古史的有一個荒唐說法，總認為中國民族是從別處搬來的，有西來、東來等等說法。初期文明自然也是帶來的，西來說尤其普遍。其實這種離奇想法卻是來自西方，西洋的學者腦子裡潛伏著地球上除了西方人都是野蠻人的觀念。這些「野人」偶爾有一點文化當然是沐了他們的餘光。[6]

行文中錢穆用了「荒唐」、「離奇」來形容「西來說」，而「西來說」早已在學術上沒有市場，然而，錢穆以這類較主觀的詞語亦可見他對中華文化自身獨特特點的強烈維護。

《黃帝》一書，雖然只是簡單地講述黃帝、堯、舜、禹、湯、文、武、周公的事蹟，當中沒有嚴謹的考證文章，亦沒有醒目的觀點，但這不能說《黃帝》一說一無是處。事實上，錢穆是要以由堯、舜、禹到周公的「道統」，提醒國人文化傳統的重要。錢氏在書中的〈結語〉以上古傳統實為人類的兒時作比喻，指出兒時事情縱使記不清楚，但卻可影響一生，成為他潛在的精神。[7]錢氏此書，是1944年寫成，時值日本侵華之際，加上清季以降的積弱，錢穆以比喻認為百年在中華五千年中只是非常短促，就似是人們生病幾天而已。錢穆寫傳說人物，實要說明「道統」就是「文化的傳統」，他們是「傳統文化的代表人」。[8]

錢穆清楚地說明傳說人物就是文化的代表人，是故在《黃帝》一書中就以多角度來論述中國文化。錢穆講黃帝炎帝時，提到黃帝的活動範圍是「華」，而「華」又是夏朝的發源地；[9]又講黃帝在食衣住行和武器文字方面的發明，雖然這些的傳說完全經不起科學實證，但卻是中華民族「相信」的故事，而建構成民族的文化，錢穆亦曾言神農、黃帝的故事，是「最早而比較可信的」；[10]在講堯、舜、禹、湯時，講堯的政教、舜的孝順、禹的治水、湯的滅夏，凡此種種都是中國文化的初型，錢穆就總結

---

5 Louis L. Snyder, *The New Nationalism* (New York: Routledge, 2017), p. 58.

6 錢穆：《黃帝》，頁3。

7 同上註，頁145。

8 同上註，頁146。

9 同上註，頁10。

10 錢穆：《中國文化史導論》，收入《全集》，冊29，頁27。

道：「商朝晚期……終於確定了中國文化的大型。」[11]

錢穆在《黃帝》一書中講的傳說人物，純粹以古籍上的記載來論述，以今天的角度，個別記載顯然荒誕離奇，錢穆仍以此為本寫進書冊，無非強調這些傳說記載是維繫中華文化的重要元素，是國難當前的抗日時期，中華文化尚不能守住，還有什麼可守呢？近代以來，中國學界都強調一個或多個「起源」，延續、分化、揉合而成今天血緣或文化上的「中國人」或「中華民族」，但是在西方後現代主義思潮下，當代的民族與文化「傳統」只是國族主義下知識分子或精英階層群體建構的「想像社群」（imagined community），[12]此刻對「國族認同」或「國族」下的民族區分，都紛紛被建構起來，此一建構或可稱作「近代建構論」，[13]有趣的是，「近代建構論者」只是解構近代以來被建構的「歷史」與「國族」，他們對古代歷史毫無興趣。事實上，每個民族都強調其起源和始祖或一事重要的大事件，成為該民族的群體記憶。錢穆肯定這些傳說人物的記載，目的也是如此。

除了《黃帝》一書，錢穆亦曾撰〈唐虞禪讓說釋疑〉一文，指唐虞禪讓，是「古代王位選舉制度之粉飾的記載」，[14]在很多古代部落如烏桓、鮮卑、契丹、蒙古等均有之，又從《孟子》中考證孟子並不主張改世襲為禪讓。[15]錢穆亦有〈鯀的異聞〉一文，從《楚辭》等古籍論證鯀是因為見殺所以治水不成，而「非治水無功而見殺。」[16]

錢穆上古傳說人物或事跡的論著，均有令人值得注目之處。他認為商朝已定下中國文化的大型之論，的是確論。商史學者吉德煒（David N. Keightley）就強調殷商燦爛的文化，為日後周漢中國留下極大的遺產，[17]縱使錢、吉二人的研究方向完全相異，但肯定殷商文化的影響卻是相同。

至於鯀之被殛，古籍如《山海經》等也有載其原因，大抵不離政治立場分歧、治水失敗和不待帝命。[18]按《楚辭》，鯀被殛的確是與治水失敗無甚關係。〈天問〉敘鯀事不受其他記載影響，對鯀具同情的態度，甚至認為鯀治水實際是有功效的：

> 鯀何所營？禹何所成？康回馮怒，地何故以東南傾？九州安錯，川谷何汙？東

---

[11] 錢穆：《黃帝》，頁79。

[12] Eric Hobsbawm & Terence Ranger (ed.), *The Invention of Tradition* (Cambridge: Cambridge University Press, 1983)； Benedict Anderson, *Imagined Communities*. Rev edition (London: Verso, 1991).

[13] 王明珂：〈中國民族起源與形成〉，載氏著：《英雄祖先與弟兄民族：根基歷史的文本與情境》（臺北：允晨文化實業股份有限公司，2006），頁21。

[14] 錢穆：〈唐虞禪讓說釋疑〉，《中國學術思想史論叢（一）》，收入《全集》，冊18，頁117。

[15] 同上註，頁121。

[16] 錢穆：〈鯀的異聞〉，《中國學術思想史論叢（一）》，頁124。

[17] David Keightley, *The Ancestral Landscape: Time, Space, and Community in Late Shang China, ca. 1200-1045 B.C.* (Berkeley: Institute of East Asian Studies, University of California, Berkeley, 2000), p. 129.

[18] 朱熹：〈九章〉，《楚辭集注》，卷4第4，（上海：上海古籍出版社，2010），頁76。

流不溢，孰知其故？[19]

不過，屈原的描述始終改變不了後人對鯀、禹父子的形象。戴名世就有詩云：「治水殊途意向同，父遭殺戮子為雄。因堙疏鑿堤防便，功罪難容隻手蒙」，[20]鯀敗禹成的形象為中國文化留下深深的烙印。

三、錢穆對夏史的態度

錢穆相信夏朝的存在。他在《中國文化史導論》中提到，雖然尚未有考古材料出土證明夏朝在，但仍然「不妨相信古代確有一個夏王朝」，[21]他舉出的理由包括在《尚書》裡的〈召誥〉、〈多士〉、〈多方〉諸篇，都是西周追述以往的王朝傳統，是西周初年的古史系統，故此「宜可遵信」；[22]其次是在安陽殷墟出土的甲骨，記載商湯以前先王先公的名號，大致與《史記‧殷本紀》所載相同，而這些王公的年代正與夏朝同時，既知司馬遷對商代世系有根據，也可信他記載的夏世系也可有來歷。而他在《國史大綱》一書中更說「比較可靠的古史，姑從虞、夏起」，[23]可見他認為虞夏就是中國史的開端。

雖然錢穆對夏史存在的態度明確，但理由卻稍有可商之處。他自己提到《尚書》的古史系統，屬西周初年人們信奉的，也就是說夏史在西周初年應為「信史」，但這只能證明西周時期的夏史，而非夏時期的夏史。事實上，西周銅器豩公盨銘文言「天命禹敷土」，[24]明確指出了大禹整治水土，但這件銅器也只能是西周人們「相信」的大禹事蹟。而錢穆以商甲骨文可證〈殷本紀〉而推論《史記》記夏史也是可信，亦有問題。雖然我們知道司馬遷寫三代均用相同史料，但〈殷本紀〉可信不代表〈夏本紀〉也是可信，更何況無論是甲骨文或是殷墟出土也不是完全解決〈殷本紀〉或商代史的疑問，而此論〈夏本紀〉或夏朝存在值得商榷。

---

[19] 朱熹：〈天問〉，《楚辭集注》，卷3第3，頁56。有學者解讀此句時，認為是鯀一怒之下使大地東南傾斜，實際是鯀為大禹導江入海準備了地理條件，所以下文有「川谷何汙」、「東流不溢」之說，也回答了「鯀何所營，禹何所成」的提問。詳參江林昌：《楚辭與上古歷史文化研究——中國古代太陽循環文化揭祕》（濟南：齊魯書社，1998），頁250。

[20] 戴名世：〈父子治水〉，載氏著：《古史詩鍼》，收入氏著：《戴名世集》（北京：中華書局，1986），頁436。

[21] 錢穆：《中國文化史導論》，頁30。

[22] 同上註。

[23] 錢穆：《國史大綱》，收入《全集》，冊27，頁11。

[24] 對豩公盨已有多家（周鳳五、李學勤、李零、裘錫圭、朱鳳翰、饒宗頤）釋文。詳參周鳳五：〈豩公盨銘初探〉，載饒宗頤編：《華學》（北京：紫禁城出版社，2003），第6輯，頁7-14；李學勤：〈論豩公盨及其重要意義〉，《中國歷史文物》2002年第6期，頁4-13；李零：〈論豩公盨發現的意義〉，同上，頁35-45；裘錫圭：〈豩公盨銘文考釋〉，同上，頁13-27；朱鳳翰：〈豩公盨銘文初釋〉，同上，頁28-34。此釋文據饒宗頤：〈豩公盨與夏書佚篇《禹之總德》〉，載氏編：《華學》，第6輯，頁5。

四、錢穆對商史的態度

錢穆雖然不是甲骨學的學者，但與商史學者一樣，重視甲骨文的證據。他在討論商周關係上，據甲骨文中的「周侯」一詞，認定商周在政治上是有主屬關係，[25]認為如「後代中央共主與四方侯國之關係」，[26]事實上，商周關係已有多家研究，[27]他們多集中討論武丁時代殷周有無敵對關係一點上。在殷墟卜辭中，商人對各地各人有稱為方、侯、伯、田。在第一期卜辭中，有不少稱「周方」的例子，但稱「周侯」的其實只有一例，[28]商史學界亦普遍接受鍾柏生的結論認為商周關係長期存於時服時不服的關係。[29]不過，錢穆所說的「主屬關係」並非無道理，因為武丁征周之後同一直臣屬於殷，這與文獻上周文王稱西伯是一樣的。

錢穆在《國史大綱》中列舉七例，證殷周文化乃「一派相承」，分別兩者文字同出一源、束髮風俗、席地而坐、器具形制、兵器、用編簡之制、用貝為貨幣、貝字常見於甲骨文和銅器中。[30]當然，本文無法一一分析上列七類，但總的來說，商與周的文化屬於一系應無問題，但亦有顯著的區域特徵。考古學家李濟就以銅器為例，縱使商周某些銅器的功能是相似，但在結構上的差異卻特別顯著，他認為是周文化在武王伐紂以前存在，並與殷某些文化對立，而這種文化中便可能包括若干地方色彩的青銅器。[31]

五、錢穆夏商史撰寫原則

不難發現，錢穆主要在其《國史大綱》中詳述夏商史。他論夏史，介紹世系之後，即論「虞夏大事」，主要有禹與苗的戰爭、禹啟與有扈之戰和太康失國至少康復國之事，這些都是按傳統史書如《史記》的做法；至於商史，他的處理顯然有別於夏史。他引王國維的名篇〈殷卜辭所見先公先王考〉及〈續考〉，肯定甲骨文的史學價值和商史的真實存在，後又以文獻推測商人居地及其文化，最後論商周關係。錢穆這種寫殷商史的手法，跟主流的有明顯分別，蓋學界寫殷商史者，大抵熟悉甲骨文，並

---

[25] 錢穆：《中國文化史導論》，頁31。

[26] 錢穆：《國史大綱》，頁37。

[27] 如胡厚宣：〈殷代封建制度考〉，載氏著：《甲骨學商史論叢初集》（成都：齊魯大學，1944），頁24-25；陳夢家：《殷墟卜辭研究》（北京：中華書局，1956），頁291-293；島邦男：《殷墟卜辭綜類》（東京：汲古書院，1971），頁409-413。

[28] 張光直：《中國青銅時代》（香港：香港中文大學出版社，1982），頁60。

[29] 鍾柏生：《武丁卜辭中的方國地望考》（臺北：書恆出版社，1978），頁20。

[30] 錢穆：《國史大綱》，頁33-34。

[31] Li Chi, "The Tuan Fang Altar Set Reexamined," *Metropolitan Museum Journal*, 3 (1970), pp. 70-71.

以之反映殷商史，錢氏留於文獻考證層面，棄甲骨文而不用。

事實上，錢穆治古史都不善於用考古材料或出土之物。在他撰寫《國史大綱》或《黃帝》一書之前，中國已有多項標誌性的考古發現，如安特生（Johan Gunnar Andersson）在1918年發現的仰韶文化、1926年李濟發現山西西陰村遺址和1928年史語所的殷墟發掘。錢氏的著作除了點題式的交代外，就沒有深入探討亦沒有多加使用。時至今天，人不昔力，地不藏寶，考古材料如雨後春筍，上古史學者不能視考古材料於不顧，以錢穆撰史的時代，學界亦已著力以考古材料寫史。無論在甲骨學、金文和出土文書都有豐富成果，[32]在此不贅。

錢穆並非專治上古史，他著作中的局限固然不能過於苛求。同時期在學界如日中天的「疑古學派」思潮亦吸引錢穆參與辯論，他認為「上古神話為一事，歷史真相又為一事，絕不能以上古傳說多神話，遂並其真相不同。若上古之真相不顯白，則以下必有無從說之苦」，[33]又學者「認為傳說為偽造與說謊，此所以治古史多所窒礙也。」[34]故此，他基本不認同「疑古學派」的「層累說」。錢穆有關夏商史的著作都多用傳統典籍，蓋他認為傳統典籍有其演變過程、是可信的，「劉歆王莽一切說法皆有沿襲，並非無端偽造」，[35]「疑古學派」否定傳統典籍的真實性是不正確的。

錢穆站在傳統典籍為史料的角度上寫夏商史，與他極力維護中國傳統文化的本質立場相一致。「疑古學派」認為由漢人偽造的中國古史系統四個偶像自然得不到錢穆的認同，[36]錢穆視儒家為古學大宗，儒家經典為其中之精神，「舍此二者而後可以求古史之真相，我未見其有當也。」[37]無論如何，錢穆視這種極端疑古為否定傳統中國文化的真實性，故此，他的著作中都是要重新讓讀者認識中國文化。

六、結語——溫情敬意的古史

錢穆一生處於中國在西方文化衝擊下，由傳統到現代轉變的關鍵時期，他經歷鉅變，致力經世致用，以中華文化呈現民族主義，這種思想已有多家論述。而錢穆非專治夏商史，雖然他撰述夏商史時固然有不足之處，但無損他著作的殿堂性。他實事求

---

[32] 甲骨學如羅振玉於1914年出版《殷虛書契考釋》和1931年郭沫若出版的《甲骨文字研究》都是此時期甲骨學的重要著作；容庚的《金文編》於1925年出版，可視為殷周秦漢金文的代表作；出土文書如王國維於1912年出版名著《簡牘檢署考》，極具科學性地分析簡、牘等古文書文體及其發展史；1914年，他又與羅振玉出版《流沙墜簡》，視為中國簡帛學研究之始。

[33] 錢穆：〈評夏曾佑《中國古代史》〉，《圖書季刊》，第1卷，第2期，頁76。

[34] 錢穆：〈唐虞禪讓說釋疑〉，《中國學術思想史論叢（一）》，頁122。

[35] 錢穆：〈評顧頡剛五德終始說下的政治和歷史〉，載顧頡剛編：《古史辨》（上海：上海古籍出版社，1982），第5冊，頁630。

[36] 見顧頡剛：〈顧序〉，載羅根澤編：《古史辨》，第4冊，頁12-13。

[37] 錢穆：〈崔東壁遺書序〉，《中國學術思想史論叢（八）》，收入《全集》，冊22，頁434。

是地寫出其認為可信的歷史，當然有時代的局限，[38]資料的取材亦難免有缺少，但這些都是從今天治古史的角度來批評，難免「以今非古」，錢穆一以貫之地以溫情敬意的態度，將華夏民族的文化精神寫進他的古史論述當中，突顯夏商上古史在文化流傳中的重要性。

他的夏商史撰述，是為古史招魂，是為文化招魂。

[38] 余英時曾言錢穆「選擇的題目，跟他們對時代的樂觀、悲觀、希望、失望，以至跟他們在歷史上所看到的光明面和黑暗面，都有極完切的關係。」見余英時：〈史學、史家與時代〉，載氏著：《余英時文集：史學、史家與時代》（桂林：廣西師範大學出版社，2004），第1卷，頁93。

第二十七章　徘徊在儒者與學者之間：錢穆先生「非專制論」內涵及其方法論的反思

成功大學中文系
陳弘學

一、前言

錢穆先生（1895年～1990年）為當代文化巨擘、一代儒宗，著作遍及經學、歷史、思想、考據、文化評論、散文隨筆各領域。計自三十六歲（1930年）發表《劉向歆父子年譜》震驚學界，以中學教員身分應聘至燕京大學國文系。三十七歲（1931年）特聘為北大歷史系副教授，講授「秦漢史」、「中國近三百年學術史」等課程起，[1]至九十四歲（1988年）家中最後一次授課止，講學五十八年，其間親炙受業或輾轉受益學子不知凡幾，道德學問文章兼美，錢穆先生當之無愧。

儘管身前身後已獲極大聲望，錢穆先生學術之路卻非一路順遂，除幾經波折始獲選為中研院院士外，[2]學說方面有「歷史溫情主義」主張迭生爭議，其考察傳統政治制度運作模式提出的「中國傳統政體非專制論」（以下簡稱「非專制論」），更引發一連串論戰與批判。某個面向來看「非專制論」是「歷史溫情主義」的具體實踐；「歷史溫情主義」則為「非專制論」的價值根源，彼此互為表裡、虛實互襯，成為錢穆先生最具代表性但也最具爭議的學術論說。

錢穆先生乃近代學人最具儒者氣息代表人物之一，這種儒家身分自覺與文化承擔致使其不畏時賢批判，一生無改「非專制論」之說。論者可能以為這是錢穆先生為維護文化道統而做出的方便說，但是從錢穆先生反覆陳述與一生堅持，顯然「非專制論」不是權宜方便之言，乃錢穆先生認知的歷史事實，同時也是一個儒者的學術考察。本篇論文的寫作，旨在分析「非專制論」內涵及其爭點，並從學術方法論的層面反思此一研究進路正當性所在。

1　王恢：〈錢穆先生傳略〉，《書目季刊》1990年第24卷第2期，頁66。

2　翟志成：〈錢穆的院士之路〉，《中央研究院近代史研究所集刊》2019年第103期，頁96、104。

二、「非專制論」內涵及其批判

（一）「非專制論」主要論點

「非專制論」旨在反駁以梁啟超先生為主的維新派新史觀，據錢穆先生《師友雜憶》所記，這個觀點的提出最早可回溯至十八歲（1912年），時值西方思想傳入、政體法制轉換之際：

> 余幼孤失學，年十八，即為鄉村小學教師。每讀報章雜誌，及當時新著作，竊疑其譴責古人往事過偏過激。按之舊籍，知其不然。……又如謂中國自秦以下盡屬帝王專制，而余讀《四史》及《通鑑》，歷朝帝王儘有嘉言懿行，又豈「專制」二字所能概括。進而讀《通典》，《通考》，見各項傳統制度更多超於國人詬病之上者。[3]

至於「非專制論」具體論述主要可見1940年上海商務印書館出版之《國史大綱》、1952年香港自刊出版之《中國歷代政治得失》（1955年修改完畢）、1953年香港自刊出版之《國史新論》等著作中。從概念產生到成書出版間隔四十一年，核心觀念基本不變。

錢穆先生認為傳統政體可以運作如此之久，必然有其歷史合理性與分權機制的調控，蓋「談者好以專制政體為中國政治詬病，不知中國自秦以來，立國規模，廣土眾民，乃非一姓一家之力所能專制」，[4]因此政治制度不能毫無揀擇地全盤移植：

> 就歷史經驗論，任何一制度，絕不能有利而無弊。任何一制度，亦絕不能歷久而不變。歷史上一切已往制度俱如是，當前的現實制度，也何嘗不如是？我們若不著重本身人事，專求模仿別人制度，結果別人制度勢必追隨他們的人事而變，我們也還得追隨而變，那是何等的愚蠢。
>
> 太重視了制度，好像只要建立制度，一切人事自會隨制度而轉變。因此只想把外國現成制度，模仿鈔襲。甚至不惜摧殘人事來遷就制度。在「新文化運動」時期，一面高唱民主，一面痛斥舊傳統，舊文化。[5]

錢穆先生一方面同情革命派的用心，一方面也反對為革命目的而否定歷史真相，

---

[3] 錢穆：〈在臺定居〉，《師友雜憶》，收入《錢賓四先生全集》（臺北：聯經出版事業公司，1998），第51冊，頁381。

[4] 錢穆：〈引論（八）〉，《國史大綱》（臺北：臺灣商務印書館，1995），頁14。

[5] 錢穆：〈序〉，《中國歷代政治得失》，收入《錢賓四先生全集》，第31冊，頁7。

「晚清革命派，以民權憲法為推翻滿清政府之一種宣傳，固有效矣。若遂認此為中國歷史真相，謂自秦以來，中國惟有專制黑暗，若謂民無權，國無法者已二千年之久，則顯為不情不實之談。」[6]

1950年錢穆先生於香港《民主評論》發表了〈中國傳統政治〉一文，再次重申這樣的觀察。他指責那些堅決主張專制論的人，對於中國傳統政治制度與事蹟不肯細心研究，「他們必要替中國傳統政治裝上『專制』二字，正如必要為中國社會安上『封建』二字一般，這只是近代中國人的偏見與固執，絕不能說是中國以往歷史之真相。」[7]

如果不以「專制」形容君主制，則又該冠以什麼樣的名稱才能生動且精確地概括傳統政體特色呢？錢穆先生在〈中國政治與中國文化〉這篇文章中提出「士人政治」、「賢能政治」、「東方式的民主」、「中國式的民主」等概念：

> 今明白言之，中國傳統政治，實乃一種「士人政治」。換言之，亦可稱之「賢能政治」，固士人即比較屬於民眾中之賢能者。有帝王，乃表示其國家之統一；而政府則由士人組成，此即表示政府之民主；因政府既非貴族政權，又非軍人政權與富人政權，更非帝王一人所專制，則此種政治，自必名之為民主政治矣。若必謂其與西方民主政治不同，則姑謂之「東方式的民主」或「中國式的民主」，亦無不可。[8]

同樣觀點可見《中國歷代政治得失》一書，其中說道：像中國這樣大的一個國家，其政治主權不可能操之於一個人之手，掌控政權者必得採取集體式領導，是故「皇權」、「貴族政權」、「軍人政權」都不足以精準定義，唯有「士人政治」可以當之：

> 我們中國歷史從漢代起，就不能叫皇權，因皇帝一個人不可能掌握一個國家的大權。也不能說它是貴族政權，因自漢代起，已沒有顯然的貴族。說是軍人政權嗎？我們也看不出漢政府以下，是由軍人掌握的。說是資產階級的政權嗎？中國一向沒有資產階級。所以若說政權，則中國應該是一種士人政權，政府大權都掌握在士——讀書人手裡，從漢到明都如此。[9]

「士人政治」特點之一，即是下層社會的民意的體現與主權在民的權力歸屬。錢穆先生認為，假如西方民主國家政權可以宣稱他們是代表全民，中國歷史上的讀書人

---

6 錢穆：〈引論（八）〉，《國史大綱》，頁15。

7 錢穆：〈中國傳統政治〉，《國史新論》，收入《錢賓四先生全集》，第30冊，頁103。

8 錢穆：〈中國政治與中國文化〉，《世界局勢與中國文化》，收入《錢賓四先生全集》，第43冊，頁240。

9 錢穆：《中國歷代政治得失》，收入《錢賓四先生全集》，第31冊，頁157-158。

又何嘗不是代表全民？這些讀書人透過考試獲得官職，某種意義正體現了全民意志。也從這個面向來看，中國歷史上的政權早已開放，也因此中國人一向不討論政府主權應當歸屬何人。至於西方政府則因開放政權時間較晚，後來政權才會產生「主權是否應當該在民」的爭執。[10]

透過這樣的分析，《中國歷代政治得失》最後提出一個讓多數人難以接受的結論，即中國傳統政體重法治，西方選舉政體重人治。申言之：中國政治所以有「後不如前」的感覺，乃是因為中國政治一向偏重於法治，亦即重視制度；而西方近代政治則偏重於人治，亦即重視事實。原因在於西方政治因一切政制均決定於選舉，選舉出來的多數黨可決定一切事務，因此法制將隨多數意見而變動，因此說它重人、重事實。

相較之下在中國傳統政治中，一個制度往往歷經數百年不變，因此才說重法治，是一種制度化的表現。錢穆先生認為倘若不能把這些傳統積習束縛人的繁文瑣法解放開，重現人的主導性、主體性地位，則無論制度如何變更，政治終究難有表現，這點才是中國政治沒有起色的根源所在。

（二）幾個著名的批判

張君勱先生（1887年～1969年）為著名政治家、思想家，曾主導起草《中華民國憲法》並任聯合國憲章大會組委員。1946年代表中國簽署聯合國憲章，撰有《新儒家思想史》，《義理學十講綱要》，《儒家哲學之復興》等書。晚年寓居海外，因不滿錢穆先生有關中國傳統政治觀點，乃撰寫三十六篇文章批駁並集成《中國專制君主政治之評議──錢著〈中國傳統政治〉商榷》一書。書中嚴厲批判錢穆先生對於「專制」概念的曲解，所謂：

> 東方學者每好以博聞強記為事，而不樂受邏輯之嚴格規矩。此乃錢著之論傳統政治，所以對於主題之君主竟未著重，且對於何謂君主專制、何謂非君主專制，竟未細為盡分，而遽以宰相制、三省制等為君主非專制之論證也。不知宰相制即令存在，有時可對君主發生限制作用，然君主本質之為專制，初未變焉。既論傳統政治，不先明辨主題之君主之性質，乃以宰相等制充塞其間，此乃忽略主題之重要性，不合於邏輯方法者一也。[11]

其次是歷史文獻取樣的偏頗：

[10] 錢穆：《中國歷代政治得失》，收入《錢賓四先生全集》，第31冊，頁160。
[11] 張君勱：《中國專制君主政制之評議》（臺北：弘文館，1986），頁5。

錢著名為傳統政治，而傳統中之主要部分如君主，其附隨而起者，如立嗣，如后妃，如外戚，其相隨之使令者如宦官也等等所生之流弊，書中一字不提，可謂捨本逐末矣。[12]

最後則是保守不思進取的文化本位心態：

仲長統之所睹所聞，為先秦兩漢之世。然其論繼體之君主之耽溺，四夷之侵叛，國內之土崩瓦解，可謂在兩千餘年前，歷史之為何狀，早已燭照數計矣。奈何吾居於今日，猶不樂於追求西方民主國家如英國者自光榮革命迄於今日二百八十年間，所以有治無亂之故，而反甘自縛於存亡反覆運算，政亂周復之傳統。[13]

另一位儒學健將徐復觀先生（1904年～1982年），同樣對於「非專制論」主張感到坐立難安。徐復觀先生軍旅出身，官階至國軍少將。來臺後棄武從文，曾於東海大學、新亞書院等處任教。儘管兩人對於復興儒家思想之使命與志向相同，但對傳統政體的評價上卻有天壤之別的差異，徐復觀先生在〈良知的迷惘——錢穆先生的史學〉一文中道：

我和錢先生有相同之處，都是要把歷史中好的一面發掘出來。但錢先生所發掘的是二千年的專制並不是專制，因而我們應當安住於歷史傳統政制之中，不必妄想什麼民主。而我所發掘的卻是以各種方式反抗專制，緩和專制，在專制中注入若干開明因素，在專制下如何多保持一線民族生機的聖賢之心，隱逸之節，偉大史學家文學家面對人民的嗚咽呻吟，及志士仁人忠臣義士，在專制中所流的血與淚。因而認為在專制下的血河淚海，不激發出民主自由來，便永不會停止。[14]

相較張、徐二子都有政治實務經驗，另一位為著名政治學、社會學學者蕭公權先生（1897年～1981年）則與錢穆先生一樣純粹學者背景出身。1948年當選第一屆中央研究院院士，著有《政治多元論》，《中國政治思想史》，《中國鄉村》，《康有為思想研究》等書。

蕭公權先生在《民主與憲政》一書中批評錢穆先生對於「專制」概念的錯誤理解。其觀點認為要討論專制政體之前，必須要先解釋「專制」這個名稱包含的概念。

---

12 同前註，頁465。

13 張君勱：《中國專制君主政制之評議》，頁467。

14 徐復觀：〈良知的迷惘——錢穆先生的史學〉，收入《儒家政治思想與民主自由人權》（臺北：臺灣學生書局，1988），頁182。

「專制」一詞不見於中國的舊書（筆者按：《左傳》首先出現「晉大夫而專制其位」一詞，當然此「專制」與後來所指不同），乃是近代由英文Absolute, Autocratic或Despotic Government意譯而成。從文字理解，君主專制意指「一個執政者完全憑仗自己權勢去統治國家，絕對不受外力束縛的政體」，但事實上專制不可能如此澈底，歐洲君主政體發展為例，十七、十八世紀乃其發展高峰：

> 就事實說，歐洲最專制的君主並不是獨攬大權，毫無顧忌。他們也必須利用或憑仗臣屬來執行他們的意志。他們在登位的儀式中往往要鄭重宣誓表示願意遵守上帝的命令和國法的條文。只要在原則上君主的權力不受明確固定的限制，專制政體的主要條件便可成立。[15]

蕭公權先生批評錢穆先生誤解「專制」內涵，一個專制的政體不必要也不可能將權力完全收縮於一己之身。反過來說，當君主與臣下合作施展權力時也不能據此證明該政體並非專制。錢穆先生引用宰相、六部、士人政治等制度，都無本質上的證明效力，問題關鍵在於君主權力是否受到客觀性制度的約束與制裁。

錢穆先生得意弟子，一生也極感念師恩的余英時先生，則試圖做出折衷性說解：[16]

> 據我反覆推究的結果，我以為錢先生所強調的其實是說：儒家的終極政治理論與其說是助長君權，毋寧說是限制君權。基於儒家理論而建立的科學、諫議、封駁等制度都有透過「士」權以爭「民」權的涵義。……在這個意義上，他自然無法接受「封建」或「專制」那種過於簡化的論斷。[17]

這段文字意在調停外界對於「非專制論」的批判，但似乎更坐實了錢穆先生「非專制論」的不合時宜，因此做為心傳弟子的他也只能透過「翻覆推究」才能理解老師用心所在。至於余英時先生自己是否就同意：因為古代已有「宰相分權」、「科舉取士」、「士人政治」等設計，君主制度便能擺脫「專制」的定性呢？從余英時先生自己另一篇文章〈「君尊臣卑」下的君權與相權〉便知不然。

余英時先生在這篇文章中不僅大量使用「專制」一詞，更承認傳統君權雖受一些無形的、精神上的限制，但這些限制並不能發生決定性的作用，當皇帝非理性決心要採取某些非常行動時，天下其實沒有任何力量可以阻止得住他，「從歷史上看，有很多非理性的因素足以激動皇帝：上自誇大狂、猜忌狂，下至求長生、好奇珍，都可以

---

[15] 蕭公權：《憲政與民主》（臺北：聯經出版事業公司，1982），頁64。

[16] 劉媛媛認為金耀基、余英時、羅志田等學者對於錢穆先生說法抱持折衷的看法，見氏著：〈文化衛道的困境與理想：錢穆「傳統政治非專制論」考評〉（上海師範大學碩士論文，2010年），頁53。

[17] 余英時：〈錢穆與新儒家〉，收入《猶記風吹水上鱗——錢穆與現代中國學術》（臺北：三民書局，2015），頁52。

把全國人民捲入苦難之中」、「君權是獨占性最強烈的東西，除非萬不得已皇帝對於他使用不盡的權力絕不肯交給宰相，而寧可讓他的宮奴去分享」。[18]這些文句幾乎都在為張君勱、徐復觀、蕭公權先生的批判做註腳，[19]也體現了學術「吾愛吾師，無更愛真理」的精神。

三、方法論層次的考察與反思

（一）儒者或學者的觀察

錢穆先生乃現代學者中最具儒者風範的代表之一，夫人錢胡美琦女士曾有以下令人動容的描述：

> 賓四則常以「謹小慎微」為律己的箴言，並舉以告誡來學。他十分稱讚諸葛亮〈出師表〉中「先帝知臣謹慎，故臨崩寄臣以大事」兩語。又稱賞《三國志注》中，劉先主遺詔教子「勿以惡小而為之，勿以善小而不為」兩語。在素書樓的講堂上，我聽到他多次特舉此四句話，勸勉來學者。他曾說「宋儒講『內聖外王』，不先修身，怎麼能講治平？治平是要管理天下眾人的事，豈能不謹慎。」以我個人數十年來對賓四日常生活的觀察，從飲食起居到坐立行臥，從不見他放縱自己。遇到事情，他的考慮總是先公後私，先人後己。然而他也講過很欣賞「狂者氣象」。賓四多次提到韓愈〈伯夷頌〉一文，曾說「對此文深有體會，受益匪淺。」又說：「對該文中『特立獨行』、『豪傑之士』兩言，最有會心。」他朗誦〈伯夷頌〉中的句子「通道篤而自知明，舉世非之力行不惑，窮天地亙萬世而不顧，天下一人而已。」他那種無限神往的樣子，我至今仍難以忘懷。[20]

短短幾語，一代學人風範流露無遺，儒者氣象躍然紙上。但也因為這種學問、人格統一的生命境界，讓人不禁思考「非專制論」的提出究竟是一「儒者的觀察」？還是一「學者的觀察」？究其內涵，差異有二：

一，儒者對於自身之總體文化「先在」抱持一種「溫情敬意」與「同情理解」，不會輕易採取批評否定的態度。也因為這種溫情敬意，儒者在某些議題上、在所有可

---

[18] 余英時：《歷史與思想》（臺北：聯經出版事業公司，2014），頁67。

[19] 黃俊傑先生亦評價道：「雖然從對君權的限制這個角度來看，從兩漢以後，限制君權的辦法也有三種，一是宗教的限制，二是法律的限制，三是制度的限制。但是，宗教、法律和制度雖然束縛君主，使他們不能完全任意行為，而就二千年中大勢看來，它們的效力事實並不久遠重大，不足以搖動專制政體的根本。」見氏著：《東亞儒學視域中的徐復觀及其思想》（臺北：國立臺灣大學出版中心，2009），頁67。

[20] 錢胡美琦：〈代序：也談現代新儒家〉，收入韓復智編著：《錢穆先生學術年譜》（臺北：編譯館，2005），頁49。

能解釋中，會對歷史採取最善意的解釋。如孔子盛讚堯舜禹為聖王，但在韓非眼中，堯卻是拒諫專權、以殺止諫的君主；[21]至於堯舜禪讓只是舜禹奪權的一場政治秀罷了。[22]這並不是說儒家對於歷史沒有批判反思的能力，剛好相反，儒家對於多數歷史事件與人物經常採取嚴格的審視立場，故「仲尼之徒，無道桓文之事者」，[23]其對總體歷史文化的溫情敬意，正是這種現實批判力量的來源。

學者則無這些情感負擔與先在理解的要求，他們只是一個「觀看者」，不僅對於研究客體採取價值中立的態度，甚至為了學術嚴謹起見，在進行評價時，在所有可能的歷史詮釋選項中，學者將會採取理論上最有可能的解釋，而非意義上最善意的解釋。

二，除了溫情敬意外，自先秦儒家開始，儒者的歷史觀也負擔了現實改革任務，如孟子陳述孔子作《春秋》的用心：「世衰道微，邪說暴行有作，臣弒其君者有之，子弒其父者有之，孔子懼，作《春秋》。《春秋》，天子之事也。是故孔子曰：『知我者其惟《春秋》乎！罪我者其惟《春秋》乎！』聖王不作，諸侯放恣，處士橫議。」[24]在價值秩序失守的年代，孔子透過《春秋》以抑止暴行邪說，孟子自己則是建構出一套格式化的歷史模型，宣稱「五百年必有王者興，其間必有名世者。由周而來，七百有餘歲矣，以其數則過矣，以其時考之則可矣。夫天未欲平治天下也。如欲平治天下，當今之世，舍我其誰也？吾何為不豫哉！」[25]自覺承擔平治天下的責任。

學者的歷史研究則不必然具備上述的使命感，其研究動機或者出於智性上的好奇，或者出於主觀上的興趣。即使懷抱特定的研究目的，例如透過歷史研究而欲尋求避免戰爭之法，研究者自我承擔透過歷史改造社會的使命，但其心態仍然有別，此時歷史研究是乃是學者思考改善社會的手段。至於對儒者而言，歷史本身就是價值，堯舜禪讓不是用來制衡君權的手段，而是真實價值的表現。

從上述兩個標準來看，「非專制論」實是一個「儒者的觀察」而非「學者的觀察」。首先，「非專制論」源自錢穆先生對於傳統文化懷抱「必不可能如此腐朽」的信念。為了證明這個假設，錢穆先生憑藉其深厚學養，詳述古代宰相分權機制、士人政治造成階級流動並使民意得以抒發……。這些固然都是歷史面向的一種呈現，但不可否認錢穆先生採取了最善意解釋而非最合理解釋，也因此張君勱先生才會批評錢穆

---

[21] 《韓非子．外儲》記：「堯欲傳天下於舜，鯀諫曰：『不祥哉！孰以天下而傳之於匹夫乎？』堯不聽，舉兵而誅殺鯀於羽山之郊。共工又諫曰：『孰以天下而傳之於匹夫乎？』堯不聽，又舉兵而流共工於幽州之都。於是天下莫敢言無傳天下於舜。」見〔清〕王先慎集解：《韓非子集解》（北京：中華書局，1998），頁350。

[22] 《韓非子．說疑》記：「曰：『古之所謂聖君明王者，非長幼弱也及以次序也。以其搆黨與，聚巷族，偪上弒君而求其利也。』彼曰：『何知其然也？』因曰：『舜偪堯，禹偪舜，湯放桀，武王伐紂，此四王者，人臣弒其君者也，而天下譽之。」見〔清〕王先慎集解：《韓非子集解》，頁443。

[23] 〔清〕焦循正義：《孟子正義》（北京：中華書局，2017），頁84。

[24] 同前註，頁487。

[25] 同前註，頁333。

先生對於后妃，外戚種種制度流弊隻字不提，「可謂捨本逐末矣」。

再者，「非專制論」的提出正如孔孟之許堯舜，盛讚文武一樣，負擔政治改革的重責大任。「非專制論」旨在抵抗當時全盤西化的風潮，在錢穆先生看來「政治制度，必然得自根自生。縱使有些可以從國外移來，也必然先與其本國傳統，有一番融合媾通，才能真實發生相當的作用。否則無生命的政治，無配合的制度，決然無法長成。」[26]

也唯有理解儒者歷史觀的政治承擔，才能解釋何以同屬儒家陣營的張君勱、徐復觀先生，儘管二人通樣對於儒家思想保持高度的敬意與同情，但在這個議題上卻針鋒相對、絲毫不讓。原因在於雙方都有透過歷史詮釋改革當前政治的用心，差別只在張、徐二子否定過去體制，以求民主自由的建立；錢穆先生則欲調停中外，在溫和漸進中達成民主自由的建設。

（二）方法論層次的考察

「非專制論」如果是一種「儒者的觀察」，一個必然的懷疑是：這種價值先在、目的導向的研究方式是否為現代學術所接受？正如學者質疑的，「錢穆心中的歷史學是一門具有科學性的社會科學還是一種宗教神學？」[27]學術研究要求客觀方法的運用以及主觀情緒的排除，「儒者的觀察」則內蘊了歷史溫情主義並負擔現實政治改革任務，「學者的觀察」是否仍具學術正當性？對此問題筆者的答案是肯定的。理由如下：

一，在研究態度上，儒家治學理念與工夫論本身就與學術研究有著高度的重疊，儒家強調「修辭立其誠」（《周易．乾卦、文言》）、「毋意、毋必、毋固、毋我」（《論語．子罕》）、「毋自欺」（《大學》）、「君子於其所不知，蓋闕如也」（《論語．子路》）、「知之為知之，不知為不知」（《論語．為政》），凡此種種都與學術客觀求真的理念一致。也因此在許多議題上「儒者的觀察」不必然與「學者的觀察」互斥，反而可以深化研究議題的內容。

二，在研究方法上，儒家強調理性思辨的重要，孔子主張「舉一隅不以三隅反，則不復也」（《論語．述而》）；《孟子》強調「盡信《書》則不如無《書》」（《孟子．盡心下》）；《中庸》提出「博學、審問、慎思、明辨、篤行」五個為學步驟，其中「博學審問」乃以歸納法探求經驗之知；「慎思明辨」則以演繹法求理性之知，儒家治學方法與學術要求並無二致。

三，在研究正當性上：儒家基於政治論述考量，對於歷史現象或人物或採取最善意解釋，如孔、孟之盛讚堯舜；或採取最嚴格檢視，如朱熹批判漢唐。[28]這種歷史觀

---

[26] 錢穆：〈序〉，《中國歷代政治得失》，收入《錢賓四先生全集》，第31冊，頁7。

[27] 萬昌華：〈錢穆若干歷史觀點商榷〉，《文史哲》2005年第4期總第289期，頁118。

[28] 朱子於答陳同甫第六書中嘗言「千五百年之間，正坐如此，所以只是架漏牽補，過了時日，其間雖或不

預設了一定的現實批判目的與價值衡量標準，表面視之似乎有違學術研究的客觀性要求。但只要這種主觀立場並非出自外力的威脅利誘，則並非學術研究所必然禁止。

何謂外力的介入？如研究機構接受菸草公司委託，刻意淡化抽菸的危害；或學者為求學術表現而偽造實驗數據。這種「先在」的立場既是研究者人格的自我貶損，更將影響學術公信力，屬學術倫理大忌。但假如這種主觀預設乃研究者基於自覺之信念或良知所發，同時受到理性與道德的約束，**則不在禁止之列**。

今日學術訓練強調問題意識的建構，問題意識就是研究者主觀認知的表現。假如學術允許研究者採取一個觀看問題的視域，則儒者針對過往的歷史先在置入溫情敬意與同情理解，未必缺乏手段正當性，甚至是一種必要。

申言之，現代科學研究方法乃是繼承西方演繹、歸納法而來。演繹法源自理性主義，歸納法源自經驗主義，兩者各有優缺點。單純使用演繹法，則除數學之外我們幾乎很難建立如植物學、礦物學、醫學等外在知識。單純使用歸納法，然現象事物繁雜，假如沒有一種先在的理論預設，僅是單純被動歸納現象，多數事件的因果關係即難確認，抽象知識也難以建立。牛頓於是結合歸納與演繹，發展出支撐今天科學研究大廈的實驗法：

> 「實驗」（experiment）的拉丁字源是「嘗試」的意思，而那種試驗與測試的意義，正好精確傳達了實驗與單純觀察之間是如何的不同。當我從事一項實驗時，我心中已經有了某個理論或假設正在進行測試。試探性的概念，它會引導我們進行測試，並且讓我留意某些我認為重要的特殊層面。然而，當我心中並無任何理論來進行觀察時，我就沒有了指引而不曉得何者該注意，何者該忽略。[29]

舉例言之，今年玫瑰花不如去年般盛開，如果我們沒有任何預設，單純只想透過歸納法確定問題所在，這個實驗幾乎沒辦法被完成。原因在於溫度、濕度、周邊新開闢道路、太陽黑子活動等不同因素，都有可能是事件的原因。我們不可能有無限的時間一一檢驗所有變因項。為節省實驗成本，科學家能做的就是先假設「雨量」是影響結果的變因，反覆實驗直到這個因素被排除。

自然學科如此，人文學科更是這般。今日研究方法中有所謂「體系建構法」，研究者首先建構一個理論模型用以解釋取得的證據，假如可以吻合，我們就會「暫時」

無小康，而堯、舜、三王、周公、孔子所傳之道，未嘗一日得行於天地之間也。」見〔宋〕朱熹：〈答陳同甫〉，《晦庵先生朱文公文集》，收入《朱子全書》第21冊（上海：上海古籍出版社，2010），頁1583。

[29] 【美】羅伯特．保羅．沃爾夫（Robert Paul Wolff）著；郭實渝等譯：《哲學概論》（臺北：學富文化，2001），頁164。

相信這是一個合理且可能成立的論證。不同體系模型都各自解讀了證據，在沒有決定性的否定證據出現前，研究者將會暫時接受這個模型的有效性。

是否真的存在一種不帶預設立場與主觀信念的研究？答案是否定的。絕對的客觀其實並不存在，即使是最強調客觀性的史料學派，解讀史料或許可以做到態度中立，但是史料的主動蒐集或被動獲得，仍然帶有主觀性或偶然性。當然這不是說學術研究可以不論文獻內容而恣意詮釋，相對的客觀性及證據法則仍是支持學術研究的基礎，研究者「自覺」剔出情感與主觀的成見仍是研究者必要的素養。

綜上所述，錢穆先生「非專制論」固然帶有濃厚的儒家情懷，結論也不為學界主流認可，但在方法論上仍然可以成立且具正當性。原因在於「非專制論」乃是一個基於良知與文化自覺所生的假設，錢穆先生用其一生精力，透過對於政治制度史的考察佐證此說。儘管這些證據乃是採用最善意解釋而非最合理解釋，因此只能作為證成「非專制論」的必要條件而非充分條件，但是保留論述的多樣性正是學術的特色之一，如此不致造成學術思考的單一與價值的封閉。

此外，目前沒有任何資料證明「非專制論」乃錢穆先生受到當時政治勢力威脅利誘所發。許多人其實不滿錢穆先生的文化保守立場，但卻從來沒有人懷疑過錢穆先生的人格操守，[30]認為其來臺講授儒學乃為迎合國民黨政權。錢穆先生提出「非專制論」的目的也不在歌頌帝制或抵制民主法治浪潮，假「中國式特色民主」、「中國式特色制度」以逢迎專制獨裁之惡。更非藉此取媚當權者，與馮友蘭、郭沫若等人出賣人格，對於共產政權逢迎拍馬、曲意承歡的行為迥然不同。

錢穆先生真心認為制度的傳承必須透過溫和漸進式改革，以免美意反而產生惡果，就這一點而言錢穆先生真正做到「修辭立其誠」的要求，先生之人格光輝，此中愈加可見。儘管這個主張多數時候不被當時同輩學人以及後來學者接受，但是「君子和而不同」本就是民主開放社會的常態，容許詮釋的多元也是學術的重要精神，促使議論雙方對於自身所持的見解更加謹慎周延。

四、結語

「非專制論」乃錢穆先生一生堅持的理論，其動機源自於對於傳統歷史的溫情敬意，其論述立基於深厚的學術功柢，而其結論則不為多數學者乃至儒家知識分子所接受。如此結果不免讓人反思「儒者的觀察」是否可與「學者的觀察」並存？抑或具有本質性的衝突？

就筆者個人觀點而言，兩者在方法論上並無本質的矛盾，「儒者的觀察」有助儒家思想的體系化建構；「儒者的觀察」對於「道德心性」、「工夫修養」研究也有極

[30] 除李敖此偏激無行文人好做驚人之言，批評錢穆先生奉承蔣介石外，其他無論觀點如何針鋒相對，從未有人懷疑過錢穆先生講學的自主性及其治學的品格操守。

大的助益。當然在某些議題上也會產生重大的落差，「非專制論」就是一個具體的例子。此說是否正確？相關研究論文與評論甚多，本文不再多言，僅就方法論層次說明兩者的相容性。

也從方法論層次來看，「非專制論」的問題不在內蘊溫情敬意，而是錢穆先生沒有正面回應一個根本性的問題，即對「專制」一詞定義的確認。批評者指出「專制」並非指君王獨攬一切事務之謂，而是指君主本身是個無限體，不受客觀性制度的規範。「非專制論」如欲成立，就必須根據這個定義進行闡述，否則無論如何辨析宰相制度的良窳、士人政治的有無，都不能夠成為「非專制論」成立的絕對證據。錢穆先生的不辯，體現儒者的溫柔敦厚精神，正如他時常吟詠的〈伯夷頌〉：「通道篤而自知明，舉世非之力行不惑，窮天地亙萬世而不顧，天下一人而已」，唯就學術操作的程式而言，誠是一個不小的遺憾。「徘徊在儒者與學者之間」，或許就是錢穆先生「非專制論」立說的最佳寫照。

第二十八章　非黨派與黨派觀點之異：錢穆、戴季陶、陳伯達闡述孫中山的思想

香港樹仁大學歷史學系
區志堅

一、前言

一個思想或主義不斷延伸及開拓，有賴後人不斷研究，不斷詮釋，使昔日思想在當代不斷對話，因不同作者受不同時代氛圍及主觀策略的局限，影響了對詮釋的思想或主義的判準。其實近人對辛亥革命、孫中山（1866-1925）及三民主義的研究，也是在一個古今對話過程中，不斷的詮釋孫中山及三民主義，期間加入不少個人論述及建構的策略，反過來也推動了「孫學」的研究。尤以中山逝世後，不少學者均研究及重新闡釋中山倡導「三民主義」及「五權憲法」的要義，也有不少政黨藉研究以上兩個課題，以支持當下自己的觀念，詮釋三民主義成為時代的「熱點」，暫不討論各人詮釋三民主義觀點的正確與否，先注意時人觀點的特色及其意義。國共兩黨要員在孫氏死後進行詮釋中山思想的工作，如譽為「國民黨的重要理論家」之戴季陶（1891-1949），曾撰寫《孫文主義之哲學基礎》（以下簡稱《孫文哲學》），先後多次進行有關「三民主義」的演講，胡漢民（1879-1936）也著《三民主義者之使命》及《三民主義的連環性》；更不用說國民黨領袖蔣介石（1887-1975）也以繼承中山思想來建構自己的地位，曾掛名僱人撰寫多部闡釋總理遺教的著作，如《總理遺教六講》，《總裁對三民主義的詮釋》等書籍及文章；中國共產黨領袖毛澤東（1893-1976）也自稱按中山的三民主義，提出「舊三民主義」及「新三民主義」，左翼學者又嘗試運用階級革命論或唯物史觀研究中山思想，如陳伯達（1904-1989）《三民主義概論》（以下簡稱《概論》）、何幹之（1906-1969）《三民主義研究》、侯外廬（1903-1987）《三民主義與民主主義》等。[1]國共兩黨均藉研究及詮釋中山三民主義思想和

[1] 有關研究國共兩黨建構及闡述孫中山思想及形象，見何卓恩：《歷史學者對辛亥革命的研究與詮釋》，收入羅福惠、朱英主編：《辛亥的百年記憶與詮釋》（湖北：華中師範大學出版社，2011），第三卷，頁64-131；陳蘊茜：《崇拜與記憶：孫中山符號的建構與傳播》（南京：南京大學出版社，2009），頁4-7；潘光哲：〈「國父」形象的歷史形成：一個初步的考察〉，國父紀念館編：《第六屆孫中山與現代中國學術研討會論文集》（臺北：國史館，2003），頁183-198；研究國共兩黨藉闡述三民主義及

建構中山形象，使自己的觀點、理論取得合理及合法的地位。另一方面，沒有參加國共兩黨的知識分子，也研究孫中山思想，部分學者藉詮釋三民主義以批評國共兩黨，其中一位就是今天奉為「國學大師」的錢穆（1895-1990）。[2]錢氏在抗戰前撰寫的《國學概論》及戰時的重要史學著作《國史大綱》，均要求人們要深切認明及學習中山的三民主義，戰後的《中國歷代政治得失》也認為三民主義及五權憲法為治世的指導方向；又在1973年發表的〈民族自信心與尊孔〉一文中說：「從事政治工作的人，應該切切實實地來研究孫先生的『三民主義』，主要應從中國民族歷史文化中去了解，求發揮。從事學術工作的人，應該切切實實地來研究孔子，更應該從中國民族歷史文化中去求了解，求發揮」，以孫中山與孔子並舉。另外，戴季陶於1925年6月撰成《孫文哲學》，以「民治、民享、民用」及「中國民族文化新生命」概括中山思想，確定孫中山遺教為國民黨建國的「唯一淵源所在」，日後隨戴氏執掌全國考詮，其言論對全國考生自有影響，戴氏既代表國民黨及國民政府官方的言論，而《孫文哲學》一書出版後，曾引起廣泛討論，時人也稱戴氏依中山思想演生「民生哲學」（又稱為「民生史觀」）及「戴季陶主義」，錢穆在《國學概論》更認為「其於中山學說為透闢的發揮者，有戴季陶氏」，故談及早期國民黨及官方詮釋三民主義的觀點，必要注意戴氏《孫文哲學》一書。此外，被近人奉為「中國共產黨人最早一本研究三民主義的專著」為陳伯達著《概論》，此書成於1938，在毛澤東於1940年發表〈新民主主義論〉之前，陳氏一書可以視為早期中共研究三民主義及孫中山思想的專著。[3]因

辛亥革命的意義，以肯定所屬黨派的地位，見賀淵：《三民主義與中國政治》（北京：社會科學文獻出版，2002），頁135-150；宋進：《掔其瑰寶：抗戰時期中共與三民主義研究》（桂林：廣西師範大學出版社，1994）；陳建華：《「革命」的現代性——中國革命話語考論》（上海：上海古籍出版社，2000），頁60-151；陸寶千：〈中國國民黨對總理遺教解釋之確定〉，高純淑編：《中國國民黨黨史論文選集》（臺北：近代中國，1994），頁97-137；魯法芹：〈百年來民生主義研究回顧與思考〉，《孫中山研究》2010年第3輯，頁269-283；李金強：〈辛亥革命的研究〉，《六十年來的中國近代史研究》（臺北：中央研究院近代史研究所，1989），頁751-809；〈新正統派——「中共」以來辛亥革命研究之發展及其變化（上下）〉，《漢學研究通訊》1992年第11卷3-4期，頁198-203、299-303；Guy S. Alitto, "Some Reflections on the Historiography of the Chinese Republican Revolution"，呂芳上主編：《回眸世紀路——建國百年歷史講座》（臺北：國史館，2012），頁176-210；孫中山紀念館編：《大同道路》（南京：南京出版社，2010），頁81-289；山本秀夫：〈私の三民主義研究—戰前を中心にして—〉，《孫文研究》1996年第5期，頁21-33。

2 有關前人研究錢穆的情況，見區志堅：〈1949年以來中國大陸學者對錢穆的研究概況——從批判到奉為國學大師之歷程〉，《聯大歷史學刊》，創刊號（1998），頁22-50；關於錢穆的生平及學術，見：（一）陳勇：《國學宗師錢穆》（北京：北京大學出版社，2007）（二）Jerry Dennerline, *Qian Mu and the World of Seven Mansions*, N.Y.: Yale University Press, 1989（三）徐國利：《一代儒宗——錢穆傳》（武漢：湖北人民出版社，2011）；研究錢穆史學思想的專著，見徐國利：《錢穆史學思想研究》（臺北：臺灣商務印書館，2004）。筆者閱讀以上學人研究成果，獲益良多；又暫見王汎森及黃文斌已注意錢穆對孫中山研究，有關二氏的觀點，見氏：〈錢穆與民國學風〉，《近代中國的史家與史學》（香港：三聯書店（香港）有限公司，2008），頁253；黃文斌：〈論近代中國民族主義與錢穆的民族觀〉，《錢穆與中國學術思想》（吉隆坡：馬來亞大學中文系，2007），頁253-289。

3 見陳天錫：《戴季陶先生的生平》（臺北：臺灣商務印書館，1968），頁198-199；錢穆：《國學概論》（臺北：素書樓文教基金會，2001），（原刊1928），頁321；宋進：《掔其瑰寶：抗戰時期中共與三民

為本文以運用官方詮釋三民主義的專著為論述中心，而《孫文哲學》及《概論》既為國共兩黨詮釋三民主義觀點的著作；反之，胡漢民、汪精衛、蔣介石及毛澤東均有撰文研究孫中山，這些文章原刊時多為演講稿，及後才輯錄成「言論集」及「全集」內的文章，不為其時研究中山思想的專著，故只取戴氏及陳氏二書，為國共黨派詮釋孫中山意識形態的代表著作，而錢穆不是兩黨黨員，但早年也曾發表稱美中山的言論，看似與國民黨同調；若深入分析，錢氏是不同於戴、陳二氏論孫中山的觀點，錢氏以孫中山思想批評國共兩黨，故本文以錢氏的言論代表非黨派研究及詮釋中山思想；藉此表述黨派與非黨派詮釋三民主義的異同。

二、以中山思想詮釋及「指導」國共兩黨——錢穆表述中山思想[4]

研究錢穆詮釋三民主義的觀點，必要了解他對辛亥革命的看法。錢穆於1949年10月10日開辦新亞書院前身的亞洲文商學院，擇此天舉行開學典禮，自此至1957年（1958年新亞校慶日改為10月11日，1959年新亞校慶日為9月28日，與孔子誕同一天），新亞每年的校慶也在10月10日，錢穆認為面對1949年前後「共產黨在中國大陸之刻意摧殘本國文化」，只好效法歷朝易代之交，傳播及保存中國歷史文化繫於民間書院的責任，以國慶為校慶的目的是：「我們學校與國家命運是息息相關的，意義深長」，[5]但他在抗戰時撰寫的《國史大綱．五辛亥革命以後之政局》中，又認為：

> 中國辛亥革命，頗有一切推翻故常而陷於『假革命』之嫌。辛亥革命之易於成功，一部分由於以排滿為號召，此在我民族自身歷史中有生命、有淵源。至於民主共和之新政體，以理論言之，不與我先民以往政治理論及政制精神不靡合。[6]

另一方面，在《國史大綱．三民主義與抗戰建國》中，卻認為：

主義研究》（桂林：廣西師範大學出版社，1994），頁263。

4 有關錢穆推崇孫中山的言論及藉詮釋三民主義以批評國民黨及共產黨的觀點，見區志堅：〈新時代與舊傳統相配合：錢穆對孫中山評價〉，麥勁生、李金強編著：《共和維新：辛亥革命百年紀念論文集》（香港：香港城市大學出版社，2013），頁105-23。

5 錢穆：〈亞洲文商學院開學典禮講詞摘要〉（1949年10月10日）；〈新亞書院五年發展計畫草案節錄〉（1954）；〈慶祝新亞第九週年校慶講詞摘要——民國四十六年十月十一日〉（1957），《新亞遺鐸》，頁1-2、60、130-131；〈國慶與校慶〉（1958），頁162-163。

6 錢穆：《國史大綱〔修訂本〕》下冊，（原刊1939）（香港：商務印書館，1994），頁911-912。按：2010年北京商務印書館重刊的《國史大綱》與1994年出版的《國史大綱》版無異，依陳勇教授談及此版與今天上海圖書館所藏1939-40年刊本有異，筆者未能閱上海圖書館藏本，故暫時只用1994年刊《國史大綱》的版本，並言其書是成於抗戰年間，至於不同版本的《國史大綱》則尚待進一步探究。

在此艱鉅的過程中，始終領導國人以建國之進向者，厥為孫中山所唱導之三民主義。……然而辛亥革命、民國十七年之北伐，以及當前的對日抗戰，全由三民主義之領導而發動。將來三民主義之充實與光輝，必為中華民國建國完成之惟一路向。[7]

錢穆指辛亥革命是「假革命」，而認同中山的三民主義。錢氏在《國史大綱》中，比較三民主義與三、四十年代流行的共產主義主張階級鬥爭，全盤西化派及激烈批判傳統文化學者觀點的不同，為：1.三民主義是全部的政治革新，與同治、光緒以來只知軍備革命的不同；2.三民主義自始採取革命的態度，不與狹義的滿洲部族政權求妥協，不同於光緒的保皇黨的言論；3.三民主義雖對於民國建元後的政治、社會各項汙點、弱點，採取敵對態度，而對於中國的文化傳統、歷史教訓，則主張保持與發揚，此與主張全盤西化，文化革命甚有不同；4.三民主義對國內不主階級鬥爭，不主一階級獨擅政權，對國際主義，主張經常外交手續，走向世界和平，又與主張國內農、工產階級革命，國外參加第三國際世界革命不同；5.三民主義的革命過程，分為軍政、訓政、憲政三階段，主張以政治領導社會，此與偏激的急速主義，專求運用社會力量來做推翻政治工作者不同。

不少國民黨黨史家的觀點，往往把辛亥革命成果歸於同盟會及孫中山；然而，錢氏卻把辛亥革命結果與三民主義分開論述。

先看錢穆怎理了解辛亥革命的意義。辛亥革命使中華民族結束一個由「狹義部族政權」管治的命運，中國傳統文化得以復興，促成辛亥排滿的結果可以說是中國民族的「內部種族革命」；[8]然而辛亥後國人輸入歐美政制模式，倡民主共和，創國會，立憲法，組政黨均「於國內實情不合，因此不能真實運用」。換言之，若革命後的政制切合中國傳統文化，則辛亥一事不再是「假革命」，辛亥的結果既讓部族管治下，已暫時潛流的中國傳統文化，得以「復興」；又因漢人重掌政權，倡導「種族革命」是讓已因部族政權管治下使漢人士子已潛藏的氣節，得以「復興」。

辛亥革命既然「復興」這麼多的東西，錢氏又為何稱是「假革命」，這涉及錢氏解釋「革命」的意義。他在《四書釋義》中談及齊宣王問孟子「湯放桀，武王伐紂」是否弒其君一事，釋義為「此孟子論人民有革命之權利也」，「此孟子論人臣有變易君位之責任也」，為政者當注意發展國民生計、推動教育等仁政「與民同樂」，否則國民以暴君苛政可以背國叛君，為臣者可誅其人，革命取決於君主能否以正心誠意治天下，錢氏又稱孟子雖未具近世「平民革命」之說，其實已暗合其義。[9]看似錢穆是

---

7 錢穆：《國史大綱〔修訂本〕》下冊，頁913-914。

8 錢穆：《國史大綱》及《中國歷代政治得失》（臺北：三民書局，1974），稱滿洲政權為「狹義部族政權」。

9 錢穆：《四書釋義．孟子要略》（1978）（臺北：素書樓文教基金會．蘭臺出版社，2000），頁182-183。有關晚清討論革命的話語，見《「革命」的現代性：中國革命話語考論》，頁10-15。

肯定「革命」的意義。另外，他在《國史大綱》曾說：「革命要為萬不得已」，革命由社會推翻政府的方法，「其犧牲之大小與收效之多寡，適成反比」，又在〈傳統與現代〉一文中指出朝代變動不能沒有「因革損益」，但政權要取決於對中國傳統有多少的「因革」與「損益」，「因」者多，繼承傳統文化強，「損」者多，繼承傳統文化弱，外族建立政權的穩固，取決於對中國傳統有多少的「因革」與「損益」，若只是談「革命」，「革即有所損更多於所益。因與革之或當或不當，而得失高下定；又何得有革而無因」，錢穆是反對只注意「革」而沒有「因」，[10]在他詮釋《論語·為政篇第二》「殷因於夏禮，所損益可知也」一句，更說：「因，因襲義。損益猶言加減，乃變通義。歷史演進，必有承襲於前，亦必有所加減損益。觀其所加減損益，則所以為變通者可知」，禮為大群體歷年共守的制度、風俗及深入人心的內在，各朝雖曾改「禮」，只是適應各朝代因時而變，變之中仍存有不變者，就是已具中國傳統文化的「禮之意」，變只是按一時的需要，而錢氏在此章的釋義中，沒有談及「革」，可知他強調「因」多於「革」。[11]此外，錢穆比較湯武革命與堯舜禪讓的歷史價值時，卻認為「堯舜禪讓之意義價值，則尤在湯武革命之上」，而中山能在革命後，為求滿清退位，更讓位給袁世凱（1859-1916），孫氏又以革命黨人的在野身分致力為國家交通道路建設，這全是古代仁者及聖賢的表現，勝於只求改朝換代，致人民陷入戰火的革命活動，禪讓勝於革命，錢穆尤注意致力國家建設多於藉戰爭而興的革命。[12]錢氏多取上承傳統而來的「因」，也未敢輕取「革命」，特別未敢輕取「革命」一詞所代表的暴力及以急速方法救國的意義。

可見錢穆對「革命」持保留的態度，但在《國史大綱》中，也以「革命」一詞指稱商代夏、項羽抗秦的活動，並稱清中葉太平天國起事為「種族革命」，[13]而康、梁戊戌變法因仍要保皇，仍要保存狹義的部族政權，故「並不是革命」，只「成為辛亥革命之前驅」；獨辛亥一事才推動「晚清全部政治澈底改革之運動」及推翻部族政權，辛亥一事才為「革命」。

錢穆為什麼認為要澈底推翻滿清政權呢？錢穆早在1937年出版的《中國近三百年學術思想史》中，已說清室雖外尊程朱，實對知識分子施高壓及懷柔，厲行薙髮，開八股文，興文字獄，抑明末醞釀的東林士風，使「往昔宋元明以來書院講學之遺規盡墜」，[14]「只利用了元明以來做八股應舉的程朱招牌，他們絕不願學者認真效法程

---

[10] 錢穆：《國史大綱》，下冊，頁914；錢穆：〈傳統與現代〉〔無原刊年月〕，《晚學盲言》（臺北：素書樓文教基金會·蘭臺出版社，2001），頁930-933。

[11] 錢穆：《論語新解》（1986）（臺北：素書樓文教基金會·蘭臺出版社，2000），頁54。

[12] 錢穆：〈中山先生之三民主義與民族文化〉（1984），《中國學術思想史論叢（十）》（臺北：素書樓文教基金會·蘭臺出版社，2000），頁24。

[13] 錢穆：《國史大綱》，下冊，頁874。

[14] 錢穆：《中國近三百年學術史》，上冊（1937）（臺北：臺灣商務印書館，1987），頁19-21。章太炎認為滿洲對士人的壓迫，促使學者轉向考證學，梁啟超也持此說，有關晚清至民初學者探討考證學興起的問題，見黃克武：〈清代考證學的淵源——民初以來研究成果之評介〉，《近代中國史研究通訊》，頁139-

朱，來與組成他們的政權」，終使「漢人反動心理，殆亦消失淨盡」，知識分子不談時政，面對西方入侵，不知求變，此沿自「中國則因有二百年來滿洲部族政權之橫梗作病，使之雖欲急起直追而不可得」，導致「一時之失」的原因，在於沒有建立一個獨立於部族政權外的「士人政府」。[15]錢穆又在《中國歷代政治得失》一書中，清楚表述滿清政權在制度上的缺失，清政府只是「私政權」，「始終要袒護滿洲人，須滿洲人在後擁護，才能控制牢固，這便是這一政權之私心」，使漢族士氣更敗壞。既然清室部族統治這樣敗壞，只有推翻皇帝及其後的部族政權，才是救國的方向。[16]

太平天國起事及辛亥正是「回憶到民族的舊恨」，「揭舉出種族革命的旗號」，但太平天國「只圖激起革命，甚至對於傳統文化加以過分的蔑棄」，「一時或夠推翻滿清政權，而不能搖撼中國社會所固有的道德信仰以及風俗習慣。這是洪、楊失敗最主要的原因」，終致曾國藩平亂，國藩雖能保存傳統文化於不墜，卻因「民族大義，亦早已喪失」，「湘軍諸帥客託在異族政權的卵翼下來談民族文化之保存與發皇，豈異夢寐！」[17]不知民族文化的建立與政權的發展是不可分；其後自強運動及晚清改革只知保存清帝位及部族政權，不知「非澈底變法，不足自強」，這些改革雖以「中學為體，西學為用」，實際上「當時已屆學絕道喪之際，根本就拿不出所謂『中學』」，中國傳統學問及氣節已被滿洲部族政權所抑壓，雖有戊戌變法求全部澈底的改革，但仍奉清王室，只有推翻部族政權的辛亥事件，才算是「革命」，故辛亥就是代表了「由政治領導改進社會之希望已斷絕，不得不轉由社會領導來改進政治」及「社會民眾的力量」之發展；辛亥具有改朝換代「舊政權之解體」，結合民眾力量結束狹義部族政權，恢復滿人已抑去中國民族固有道德氣節及文化的要義，故錢氏評辛亥革命的意義時，便認為：

> 辛亥革命之易於成功，一部分以排滿為號召，此在我民族自身歷史中有生命，有淵源。[18]

辛亥的結果是：一，重拾被滿人抑壓，終致恢復的中國傳統道德節氣及文化；二，在政制上卻因革命後，主張採用西方式的民主共和，不循中國傳統文化思考問題，故辛亥革命仍未成功。革命後民主共和的思想是國人傳襲西方，西方尚不了解中

145。我們不能否定前賢對清史的誤解，但要注意前賢撰文的理念及思想，有關前人因排滿思想而導致對清史誤解，見王汎森：〈清末的歷史記憶與國家建構——以章太炎為例〉，《中國近代思想與學術的系譜》（臺北：聯經出版事業公司，2003），頁95-110。

15 錢穆：《國史大綱》，下冊，頁860。在此可見，錢穆對近代外力入侵的思考，多從傳統治亂興衰的循環觀作引申，內政不善致外患入侵，錢氏可能忽視了十九、二十世紀外力入侵，與列強帝國主義的擴張之關係。

16 錢穆：《中國歷代政治得失》，頁126-132。

17 同上註，頁132。

18 錢穆：《國史大綱》，下冊，頁912。

國國情，行西方式的國會及憲法，實與「國內實情不合」，終致不知「和衷共濟與舉國一致」；加之，中國傳統管治本由政府領導民眾，政府由士人組成，士子為經過知識教育的「民眾之上層」，又來自平民，自能對民行善政，一般民眾卻未經教育，自然不應操控政府，革命後倡「民眾指導政府，於是政府躲卸其責任，民意亦無法表現，而變成兩頭（政府及民眾）落空」，政黨黨綱既無分別，只是黨員自行組成政黨，黨員卻可以參與國會及制定憲法，黨員雖或有經過教育，只知「憑藉黨爭的美名，來公開無忌的爭權奪利」，與民眾公益自有距離，政府便不能行善政，政黨出現為革命後的產物，民主共和也是西方產物，二者均未盡善，流為「假革命」。

可見錢氏《國史大綱》曾說：「革命要為萬不得已」，革命為由社會推翻政府的方法，「其犧牲之大小與收效之多寡，適成反比」，[19]他雖未替真「革命」下一個清楚解說，只言「真革新」，要求由政府領導社會。我們可以這理解真「革命」就是「假革命」的相反意思，換言之，真「革命」就是注意中國「自身」問題，不「強效他人創制」，而「真革新」也是注意民族本身文化與歷史之生命與精神，要結合民族本身已有傳統文化的力量，不是斷裂傳統文化，因為「文化與歷史之特徵，曰『連綿』，曰『持續』」，「真革新」及真「革命」均要連綿及持續中國傳統文化，不可強效西方，可惜國人在革命後，雖已革去狹義部族政權，推翻舊政制，卻「誤認為中國自秦以來，即自有王室以來，一切政制習慣多是要不得。於是全棄我故常之傳統，以追效他邦政制之為我行所素不習者」，在政制上只有考試與詮選，為「中國政制上傳襲甚久之一種客觀用人標準，民國以來亦棄去不惜」，導致民治未達，政府機構已壞。僅次辛亥一事後，為「打倒孔家店」、「禮教吃人」及「全盤西化」的「文化革命」，三十年代更倡導以組織工、農的「社會革命」，以創建蘇維埃政府為目的，無論是法英美的國會或是建立共產社會，在錢氏看來也是「強他人創制」只知西化，不注意中國特殊的個性及文化，打倒孔家店更斷絕了具有「連綿及持續」特色的中國文化。[20]革命及革新也先要繼承中國傳統歷史文化的特色，才吸收新文化，而新文化不等如西化，辛亥結果完成了恢復中國民族的政權，可算是完成了一半的「革命」成果，另一半就是傳承中國傳統文化及善良制度的特點，並依此為改善政策的良方，而不是把輸入的西方思想，對中國政治及文化進行全盤改革。

可知錢氏表述中山的貢獻及三民主義的重要。中山不獨是推動排滿族革命，推翻帝制，復興中華民族政權，更「參照中西古今的制度，而想來創建一個新制度」。錢穆從中國傳統文化的角度闡釋三民主義，又不滿意部分人士把三民主義比附美國「民有、民治、民享」的觀點。[21]

錢穆認為中山倡三民主義就是結合「新傳統與舊時代」的成果。中山首以「民

[19] 錢穆：《國史大綱》，下冊，頁910。

[20] 錢穆：《中國歷代政治得失》，頁139。

[21] 如胡漢民便以三民主義比附西方傳入的「民有、民享、民治」，見氏：《三民主義的連環性》（重慶：中國文化服務社，1945），頁79-84。戴季陶也認為三民主義具有「民有、民享、民治」，詳見下文分析。

族」，次及「民權」，再及「民生」是有編排次序的，三民主義中的「民族主義」，因以德意二國民族受到摧殘，而以承中國大傳統，乃求民族與民族間的大同及共和，非如西方求民族間的相爭，求中國自由平等，非慕效西方侵略他國的情況。

中山的「民權主義」取法英、美、法，但西方是「三權分立」，中山則主增「五權」，就是增「考試」及「監察」兩權，均上承中國傳統，又以「權在民，而能在政」，以民眾有「權」要求政府，而民眾實「無」以參加政府，不同於西方民主政治重「多數選舉」。「民權」當由「民族」來，民族精神所以有深厚基礎，有賴少數知識分子保存及闡揚，故中山有「知難行易」的觀點，指出「不知不覺」而行易者屬多數，「後知後覺」已屬少數，而「先知先覺」則更少數中之尤少數；中山倡導的革命過程亦分三階段：一曰「軍政時期」，次曰「訓政時期」，最後始曰「憲政時期」；中山的理想憲政，就是由民族傳統文化精神而來，當稱為「民族憲政」，既非向外襲取，亦非多數能創。中山理想的國民代表，不僅被選舉者當先經考試，即操有選舉權者，亦必先經考試，被選人與選舉人也有限制，因中國人言道統、治統，必說：作之君，作之師，並不期望之於人人。中國人言政治，必是「選賢與能」，其選舉權則下不操於民眾，上不操於帝王政治領袖，知識分子為「民眾之上層」，中山「把民眾比作阿斗，把政府比作諸葛，叫人民把一切政權交給與政府，這是中國歷史傳統下選賢與能的政治之新修正」，「民」不是經學校教育的知識分子（士），士人既經教育，再經客觀科舉考試選出來，而考試又是開放全國，被選參政的知識分子又來自各地，自可反映各地方各「民」的意見，這種考試選賢，考試尤在選舉之上，自是中國傳統政治的特色，只有「賢乃能代表多數，領導群眾」，所以中山又說：「權在民而能在政」，士人組成的政府，其施政自以民生為依歸，但不是由民眾來作主，知識分子代表民間的意見，「權」仍在民，民也可藉士人政府施政的能力，考核政府行政得失與否，這就是「能在政」。所以中山提出的《五權憲法》，在西方的行政、立法、施法外，加「考試」、「監察」兩權，實「厥為中國傳統政制所寄」。

至於中山的「民生主義，亦非慕效西方專重經濟」，三民主義不抹煞個人，不抹煞經濟以外其他文化的各部門，因中國人言生活，不專為物質生活而在私人享受及培育文化精神，中山不獨注意人民生活，更因民未獲知識培育，故提出「知難行易」，求委政於已獲知識的士人。中山雖言「民生主義即共產主義」，但共產主義「根本來一個革命運動，並非政治理論與制度。共產主義非制度化，便絕不能穩定，絕不能長久」，共產主義不主張民主主義及民權主義，「與中山先生之三民主義又大異其趣」，故錢穆認為「三民主義則決非共產主義，而共產主義之部分精神乃亦可容納於三民主義中」，中國的出路只可以政治的制度化，新制度的出現不是墨守，也非抄襲，而是「要在自己歷史傳統上生根」培養出新的來；[22]若認為民生主義如美國的

---

[22] 錢穆：〈孫中山先生一一六年誕辰紀念辭〉，頁14-15；〈主義與制度〉，《世界局勢與中國文化》（1951），頁260-261；〈風氣與潮流〉，《晚學盲言》，上冊，頁665。

民享，這更是有如「判定是非之權威在國外，在此權威下，則一切言論行動各得自由」，只求輸入西方的自由，終敗壞中國社會道德倫理。

錢穆更認為1936年及1947年，國民政府公佈《中華民國憲法草案》，實不合孫中山《五權憲法》的原意及三民主義，故藉闡述三民主義，以批評國民黨一黨主政的不當。中國傳統政治的終極目標為民主政治，並產生「不忠不黨或超黨派之民主政治」，中國君子也「和而不黨」，中山早已提出革命黨為暫時設立的黨政，「孫中山先生所借導的國民黨，最先是一革命黨」，革命完成即「黨政完成，則革命事業終止，其時則革命黨功成身退，還政於民」，只是中山之後，黨員不了解「不能明朗地變成為一個普通的在朝黨，而仍夾在以往革命黨之氣味」，國民黨成為執政黨實不解中山先生的遺意：「今日國人之心目中，乃若五權憲法與一黨主政，其間並無甚大之出入。此在中山先生初意，絕不如是」，由是國府頒佈的「《五五憲章》亦尚未為真得五權憲法之精義」。[23]因為中山能提出超越黨派的觀點，又能以選賢任能結合中國傳統考選人才方法，提出考試及監察二權，與世界尚民主的潮流相呼應，如今國府標榜上承中山遺教，應重提中山的政治理念，希望國府要員注意實行中山的憲政思想，要明白中山「高瞻遠矚發蹤指示之大任」，以中山思想「指示」國府發展的方向。一再呼喚國民黨不要成為執政黨，國民黨應為在野黨，以監察政府。[24]

最後，錢穆藉讚美孫中山的觀點，也批評中國共產黨。錢穆在〈我們如何來慶祝雙十節〉一文中，指出「我們慶祝我們的國慶，同時該慶祝我們是一個中國人」，[25]中國自有傳統悠久的歷史文化，中國文化不獨對本身有價值，也對全世界人類有價值，尤值五十年代，中國已為中共控制，在錢氏看來這是「最大的災禍與困難」，故擇居香港以宣揚和平真理與人生大道，這也是中國人的責任，也是向世界人類擔負的責任，可惜其時中國已被中共控制，國民「忘了自己祖國的文化歷史傳統，昧失了自己祖國文化歷史傳統中所涵蘊的種種真理與種種力量」，中共奉「馬列主義與史太林爸爸之存在」，不依中國已有傳統文化，更破壞中國傳統文化，故「今天的中國共產黨，便絕不敢來慶祝雙十國慶，因雙十國慶，是中國人開始在創造新中國」，中共只是奉外來的「馬列主義」改革中國已有傳統，不重視中國傳統文化，也應廢祝雙十國慶。其後，錢氏在參與國慶的活動中，更說：「今天中國的大陸政權，並不是為尊重民意而推行共產主義，乃是為要推行共產主義而壓迫民意」，錢穆認為改革必是繼承中國傳統文化，再進行「損益」，而不是全盤輸入西方文化，中共主張馬列主義、唯

---

[23] 錢穆：〈中國傳統政治與五權憲法〉（1945），《政學私言》，頁16。有關49年前國民政府推行憲政的得失及時人對此事的批評，見桂宏誠：《中華民國立憲理論與1947年的憲政選擇》（臺北：秀威資訊科技股份有限公司，2008），頁240-262。

[24] 錢穆：〈中國傳統政治與五權憲法〉，《政學私言》（1945），頁16；〈革命與政黨〉，《歷史與文化論叢》（1951），頁115。有關研究孫中山五權憲法的思想，見趙春晨：〈孫中山「還政於民」思想探析〉，《孫中山研究》2009年第2輯，頁115。

[25] 錢穆：〈我們如何來慶祝雙十節〉（1952），《中國文化叢談》（臺北：素書樓文教基金會．蘭臺出版社，2000），頁328-329。

物史觀及階級鬥爭的言論，是屬於只是輸入西方文化，不求在中國傳統文化中進行「因革損益」，這樣「吸收外面另一傳統的新文化來改造自己」，只知文化革命及社會革命，終致「模仿別人不見效，總認是自己本身作梗，不斷把自己斲喪。斲喪愈深，模仿更低能。最近共產主義在中國之泛濫橫決，無所謂思想界。只有孫中山一人，不能不說由中國近五十年思想界之共業所促成。嚴格言之，近五十年來，中山先生的思想，實在能融會舊傳統，開創新局面」[26]，一再肯定孫中山因依中國傳統及歷史文化，進行改革，才是治國良方，但中共只是全盤輸入外來的馬列思想，只知「模仿別人」，不依中國傳統歷史文化改革中國，中共只知取消中華民國的國號，只知「使馬、列、史真成為人類此下一個神聖的新傳統，試問在那裡又如何能橫插進一位孫先生？這一神聖新傳統，則是中共政權用著全力，在幾年以內，不惜放開血手，無端殺害一千萬、兩千萬以上的無辜人民而把它在中國建立的」，中共政權慶祝孫中山誕辰，只是中共是「他們一向一貫的一種狠毒狡詐的隱謀與欺騙」，[27]既指出「孫先生決未主張過『階級鬥爭』與『無產階級專政』呀」，中共提倡觀點之不當，更說明「中共若果誠心在紀念孫先生，首先第一件，他們該重新回復中華民國的國號，以及國旗和國慶節等等，不要硬著頭皮，定要對國家民族做叛逆」，也要「細細來讀一遍孫先生的三民主義，看他老人家對民族、民權、民生各方面作過如何的解釋和主張」，希望中共依孫中山主張依中國傳統歷史文化進行改革，「中山先生承繼中國文化大傳統，為近代傑出一偉人，而決非宣揚西化者。吾國人紀念中山先生，此為首當明辨一大事」，[28]在錢氏看來自49年以來的中共，只是破壞中國傳統文化，故深切希望國人藉舉辦孫中山誕辰的紀念活動，以闡明「毛澤東以馬、思、列、史為師，一遵西方，鄙棄自我，乃有『文化革命』。中山先生之民族主義，則本源自我，作現代化之改進。有中國之『民族』，乃始有中國之『民權』與中國之『民生』。當知民權、民生兩生主義，均從民族主義來。生為中國人，中山先生之與毛，豈不易加別擇？」[29]

誠然，錢穆從中國傳統文化的「因革損益」之角度，稱揚中山及三民主義，而革命後因輸入西方思想及議會制度，導致社會動亂，故辛亥革命被視為「假革命」；更因國民黨在中山逝世後，實行一黨專政，實有違中山的三民主義之原意，故重拾三民主義以批評國民黨；另一方面，錢穆認為中共只知革命，階級鬥爭，輸入外國（西方）的馬列主義，破壞中國傳統文化，故重提三民主義的意義，以批評中共的不當。

---

[26] 錢穆：《中國思想史》（臺北：學生書局，1993）（原刊1951），頁282-283。

[27] 錢穆：〈紀念孫中山先生九十誕辰〉（1955），《中國學術思想史論叢》（十），頁4-5。

[28] 錢穆：〈中山先生之三民主義與民族文化〉（1984），《中國學術思想史論叢》（十），頁23-24。

[29] 錢穆：〈孫中山先生誕辰談中華文化復興〉（1984），《中國學術思想史論叢》（十），頁30-31。

三、以「民生哲學為中心」的三民主義
——戴季陶《孫文主義哲學的基礎》

戴季陶早於二十五歲時，隨中山在日本籌組中華革命黨，後為中山遺囑簽字證明人之一，終身追隨中山，歷任國民黨中央執行委員、中央常務委員、宣傳部部長及黃埔軍校政治部主任、大元師大本營法制委員會委員長。於中山死後，戴氏撰成〈中國國民黨全體黨員祭總理文〉、〈中國國民黨接受總理遺囑宣言〉及在考試院籌備處公開發表的〈紀念我們總理的意義講詞〉等文章，[30]代表國民黨及國民政府向外界宣告中山的歷史地位，可謂三四十年代黨國詮釋孫中山思想的代言人。戴氏更於中山死後，撰寫《孫文主義之哲學的基礎》一書，深信必須盡快把中山的三民主義確立為國民黨的「中心思想」，更認為三民主義與共產主義雖然目的相同，「哲學的基礎和實行的方法，完全不同」。從今天看來，戴氏在書中表述的「孫文哲學」，不是孫文一套系統的哲學，而是表述及詮釋孫文的民生思想。[31]

要了解戴氏表述三民主義的觀點，先看他對「革命」意義的看法。戴氏認為：

> 革命的意義，是利他的不是利己的。革命的動機，是由於一種利他的道德心，不是由於利己心。利己心的作用，是反革命的，不是革命的，因為利己的動機是個體的不是社會的。利己的動機一旦轉移到利人的上面，這就已經是利他而不是利己。[32]

在社會動亂中，若多思考有利整個國家群眾的利益為依歸，這才是真正的「革命」，而多思考整體群眾的利益就是仁愛的表現，「仁愛是革命道德的基礎，革命完全是為知仁而努力的」，人們有了一種淳化道德仁愛之心，便有堅強的意志實行「利他」的革命，中國古代自強不息的誠意，就是利他的表現，知行合一的目的，就是以仁愛為主，民生是歷史中心，仁愛是人類的生性，中山的革命及三民主義是「從仁愛道德律產生，並不是階級的道德律生出來，尤其不是從利益的道德律產生出來的」，只有中山才體諒全民利益，作出「利他」的革命，其中尤以農民及工人更是在各階層中生活甚為艱苦的一群，應多注意改善他們的生活，但最終目的不如共產黨只是注意農工及其他低下階層，而是整個社會各階層的「覺悟」，改善各階層的生活。革命要治人者、資本階級、地主階級的人覺悟了，才會為被治者階級、勞動階級、工人階

---

[30] 見戴季陶：《孫文主義之哲學基礎》（上海：中央改造委員會編出版供應社，1951）（據1925年上海民智書局版），頁1。以下簡稱《孫文哲學》。

[31] 戴季陶：《孫文哲學》，頁1。

[32] 同上註，頁31。

級、農民階級起來革命。

因此，戴氏指出三民主義就是「救國主義」。戴氏沒有替「主義」下一個清楚定義，只引用中山演說內容支持己見。戴氏認為：主義是一種思想，一種信仰，和一種力量，[33]由思想化而為信仰，更由信仰成為推動社會發展的力量，三民主義也是三民思想，三民主義也是救國思想，推動社會發展的力量。《孫文哲學》中指出「孫先生是三民主義的創造者，先生曾自己下三民主義的定義說：『三民主義就是救國主義』」，因為三民主義推進中國的國際地位平等，政治平等，經濟平等，使中國永久適存於世界，「三民主義就是救國主義，……在三民主義的講演裡面，開宗明義，就是說明這救國的道理。大家如果要研究三民主義的真義，第一就要看清楚三民主義的目的，是在救國。離開救國的熱誠，就沒有三民主義。若說到救世界的問題，本也是三民主義終結的目的」，因為中山認為提倡民族主義要先把中國人聯合起來，再把各國民族聯合「共同用公理打破強權，強權打破後，世界上沒有（分）野」，這樣才求世界主義；要達到救國目的，才能夠說到人群進化，世界大同。

戴氏主要認為三民主義的目的，全是在民生主義。在《孫文哲學》中，便說：「民生主義，實在是先生全目的所在。二十多年來，先生每次講演革命道理，必定是把民生主義作為最重要的論點，一切問題的中心」，民國建元後，中山在上海及松江等地，每次講演，都是「以全力宣傳民主主義」，戴氏在書中依中山說「我是為了實行民生主義而革命的，如果不要民生主義，就不是革命」一語，支持自己所言「我們就這一個意義上，也可以看得出民生主義，實在是三民主義的本體，三民主義並不是三個部分，就本體上看，只有一個民生主義，就方法上看，才有民族民權民生三個主義」。

細看得知，戴氏認為「民生」一詞有廣、狹二義，狹義為孫中山晚年在廣州所寫《三民主義》演講詞內《民生主義》部分，而廣義就是把「民生」定為一組概念，用戴氏的語言即是「人民的生活」，而「民生哲學」就是「為人民的生活，社會的生存，國民的生計，群眾的生命而革命」的學問，「三民主義的思想基礎是什麼？是民生哲學」。[34]

民生為何這麼重要？因為戴氏認為文化不是在虛無飄渺的空想，而是人類在發明及工作的能力，也是利用自然界的事物，給人類食、衣、住、行、育、樂的六樣享受，社會國家的組織就是把以上六樣享受，按人類老幼、男女、智愚、強弱的關係，應對當時的環境，安排適應，使百千萬億人，都得相當享受，這就是倫常，離開了食、衣、住、行、育、樂六樣享受，不會發生倫常，一切國家和社會的文化，都是以人類「生存為目的」，以共同生活的組織，為人類生存的手段，「人民的生活，社會

---

[33] 戴季陶：《孫文哲學》，頁28。

[34] 同上註，頁51。近人也視孫中山的三民主義為一種學說，如王爾敏：〈孫中山思想中的現代中國〉，《思想創造時代：孫中山與中華民國》（臺北：秀威資訊科技，2011），頁197-220；王汎森：〈觀念的勢力——辛亥革命的思想史意義〉，香港城市大學傑出講座演講，2011年6月22日，缺頁。

的生存，國民的生計，群眾的生命，便是文化的目的，所以離卻民生，沒有文化，離了民生，沒有道德」，[35]人民生活就是文化的表現，民生的好壞，涉及國民道德及社會一切秩序的建立，沒有道德及秩序，就沒有文化，故民生為一切社會致治，國家富強及構成一國民族文化的基礎。從歷史追溯，上古時代，為聖人的是最能發明工具和工作方法的人，發明用火的，發明構木為巢的，發明文字的，使一切文化成績傳久致遠，利益人類的人；堯、舜、文、武、周公都是以從事於國家制度和社會制度的整理而受人尊崇的，孔子也是把古代的文化，整理成為一種學術文化；更重要的是，孔子不是述而不作，而是「組織了一個民生的哲學，他這一個民生哲學的理論，就是二千數百年後，創造中華民國的孫中山先生所繼承的理論」[36]，因為中山如孔子一樣，深明民初的中國國內情況，農民及工人生活困苦，地位不振，經濟組織落後，「尤其是全世界農民工人中最苦的地位」，中山先生的革命是為救國，「尤其是為了他們的利益和幸福，才來革命救國的」，「不為了這四萬萬七千萬的最困苦的人民的生活，便沒有救國的意義，便沒有革命的意義」[37]，因為中山注意人民生活，才有排滿思想，在推翻滿族政權後，帝國主義仍控制中國，故要求獨立，以民生為基礎後，進一步發展民族主義，待民生安定後，國家富強，進一步發展民權主義。中山明白國家富強，必要以改善人民生活為依歸，故從現代世界的國家組織，社會組織的理論和恢復中國民族創造文化的能力，建立新國家及新社會，使「衰弱了幾千年的中國民族，方才由這國民革命的運動裡，生出一個新生命來」。[38]

戴季陶認為革命黨人不了解三民主義的真義。昔日，中山以先解決民生問題為要務，故倡導在國內廣建鐵路網，但戴氏認為「當時一般黨人，完全不明白民生主義的重要，而且許多的人，簡直可以說沒有為民生而革命的良心」；加上，黨人「智識淺薄的緣故」，不認識民族主義的真實意義及全世界民族問題，便以為倒了滿清政府，便「了結了民族革命的責任，這真是可惜可嘆極了」，就如民初孫中山指派負責黨務的宋教仁（1882-1913），卻把三民主義剔除在政綱上，排去同盟會的革命性，忘記了革命的真義，使當時全國國民對三民主義不了解；宋教仁使國民黨放棄了三民主義的革命性，及依重國民黨黨員的努力，轉向「與反革命的官僚妥協」，「革命黨的第一個罪人，實在是桃源漁父（宋教仁）」；很多黨人只是要民生主義的實際，而不願意要民生主義之名的人，「很忠實地確信三民主義，而又能夠有革命勇氣和能力的人，實在不多，並且很散漫的團體組織當中」；同時，戴氏認為在工業發展後，推動資本主義，致實業集中在私有財產下，少數有資產階級的人，操控分配的全權，結果產生社會病理，農民失去土地，工人失去原有的技能，使「所謂民有、民治、民享的政治原則，只適用於極少數的有產階級，這就是由經濟生活不平等而引起政治不平等

---

[35] 戴季陶：《孫文哲學》，頁40。

[36] 同上註，頁54。

[37] 同上註，頁53。

[38] 同上註，頁55。

的現象了」，晚清雖然未有一種資本家階級意識，但至建國二十多年後，中國新式工業興起，一部分資本家階級意識已形成，但中國仍然是「中山先生說：『大貧小貧』」，故中山先生提出改造中國經濟組織，增加中國的生產能力，防止由生產能力發達而生的社會病理，中山先生的實業計畫，就是要建立起內力充實的革命政府，由革命政府解決土地問題及資本問題，解決民生問題實為必要，但是資產階級內反對革命黨的三民主義的人，是不明白中山的美意；此外，在五四運動之後，多輸入西方文化，激烈批評孔子思想，在戴氏看來中國傳統文化及中國固有思想價值，就是代表中國國民自信力，如今只輸入西方文化，代表消失了中國國民的自信力，只有中山才是「不單不是反對孔子的人，並且他自己說：『他的思想是中國的正統思想，是直接繼承孔子的思想，來發揚光大的』」；還有，季陶面對共產思想的流播，高談主義，不求實用，「超過實際的需要，不合實際情形的過量宣傳的惡影響」，研究孫先生思想的人，多注意理論，忽視了中山的實際民生部分，不明白「中山先生說：要解決民生問題，是要用事實做基礎」，再一次闡述中山先生思想，多喚醒群眾注意民生的問題，多注意實際社會問題，少談主義更為重要。[39]

戴氏指出中山曾發表比較二十世紀初中國與美國社會民生的言論，得知民生主義的重要，也發現中國不能行共產思想之原因。中山已指出二十世紀初的美國，生產機關完備，國家能力強大，組織管理已很進步，在已有的基礎上變成社會化，「就能成一個新的共產組織」，但其時的中國，沒有新的產業組織，「我們去共什麼，共了起來，於國民經濟有什麼好處」，技術發展也很「幼稚」及「缺乏」，「拿什麼共產的條件」。

但戴氏更藉表揚三民主義，以批評共產黨「階級鬥爭為革命的唯一的手段」是不當的。戴氏認為民生主義，看似與共產主義很相近，但這兩個主義有相同的地方，也有不一樣的，季陶要辨識三民主義與共產主義異同，尤以其異更為重要。中山主張的民生主義的特色是：

> 一，民生主義在目的上，與共產主義完全相同，因為共產主義與民生主義解決的問題是相同的；
>
> 二，民生主義在性質上，與共產主義完全相同，因為共產主義與民生主義都是突破了國界，以全世界為實行主義的對象；
>
> 三，民生主義與共產主義在哲學基礎上，也有完全不同的地方，因共產主義是很單純的，只以馬克斯的唯物史觀為理論的基礎，而民生主義是以中國固有的倫理哲學和政治哲學的思想為基礎；同時，在研究範圍上，共產主義要解決的問題，是限於經濟生活的問題，而民生主義在育及樂的兩個部分，「已經超出經濟生活之外」，這也是孫中山講及養生送死的問題；

39 同上註，頁16-20。

四，民生主義與共產主義在實行方法上，完全不同，共產主義以無產階級的直接革命行動為實行方法，故主張用階級專政，打破階級；民生主義是以全國國民革命的形式，求政治上的建設工作，以國民的權力來達到實行的目的，故主張革命專政，以各階級的革命勢力，阻個別單一階級勢力的擴大，以求國家的權力，建設社會的共同經濟組織，而漸進消滅階級；

五，對於社會問題的態度，共產主義偏重批評及攻擊，把建設的主張，放在次要，甚至不顧及，只是要求攻倒資本主義，中山的民生主義，重點在建設社會，不是攻擊資本主義社會，針對產業落後的中國，提出經會及社會民生發展的解決方案，「所以，一個只是說現社會如何不好，一個是在極力要如何建設」，當然共產主義就是前者，而孫中山民生主義是後者，孫先生提倡的民生主義，是要在經濟生活平等上，「使人民的『衣、食、住、行、育、樂』六個生活的要求得到滿足」，滿足六個生活要求的前提條件，在心理上，「要改變人民的思想」，在物質上「要建設由國家計畫、組織、管理的重要生產機關物質的建設」，在目的上，「要把全世界造成民生主義的新社會，就是完全民有、民治、民享的社會」，最終的目的為不只是共產，「國家是人民所共有，政治是人民所共營，利益是人民所共用」，這也就是孫中山談及「人盡其才，地盡其利，物盡其用，貨暢其流」的意思。

戴氏認為在階級鬥爭之外，應有統一革命的原則，階級對立只是社會的「病態」，這情況不是各國一樣的，各國要依各國的傳統及社會情況，作出策略的改變。中國社會既不是很清楚的階級對立，才有革命的，中國「革命與反革命勢力的對立，是覺悟者與不覺悟者的對立，不是階級的對立」，喚醒全國國民的覺悟尤為重要，不是促起一個階級的覺悟，中山提出的「知難行易說」，就是針對中國國內政情。戴氏認為中國的革命，不是出於「被支配的階級，而大多數卻出於支配階級」，社會獲得知識的人，就是「革命覺悟人」，他們為多數「不能覺悟的人」去革命，故中山把世界的人分為三類，先知先覺者為革命的發明者，後知後覺者是宣傳者，不知不覺者是實行者，「革命為不知不覺的人的行益，如果先知先覺或後知後覺的人，要為自己的利益，都就不是革命，而是反革命」。革命的意義是「利他」的不是「利己」的，而「仁愛是革命道德的基礎」，革命家是為知、仁而努力，以完美的知識去陶融仁愛的感情，貫徹智仁勇的大德，永不退讓，「就是中國古代所說的誠意」，革命家一心不亂求知，既知之後，行所知，這就中山「知難行易說」的重點；與之不同，共產的唯物革命論，只是以「利己的個人主義」，「就是處處要以愛最受痛苦的農夫工人和沒有工作的失業者為目，要能夠愛他們才是仁愛，不能夠愛最大多數受痛苦的平民，就是不仁，不仁就是反革命」，共產黨員只是以暴力及階級衝突，照顧某一個階級的「仁愛」，不是照顧各階層的「仁愛」，既不是照顧各階層，故只可視為「反革命」，不是真「革命」；更重要的是，戴季陶肯定了中山認為革命是有階級的差別，先由部分「先知先覺」的群體求成全整體國家及各階層的利益，帶動「不知不覺」的群眾革命，但各階層也是以人類仁愛性為利他的革命，只要發現仁愛，各階層便拋棄階級性恢復各人的國民性，發現仁愛，使到「支配階級的人拋棄他自己特殊的階級地位，回到平民的場來」，自能體諒「平民」的境況，施政也能合於「平民」所求。

因為中山的三民主義與共產思想和馬克斯思想甚不相同，故季陶認為「馬克斯（筆者按：即馬克思，戴季陶以「馬克斯」指稱Karl Marx）的唯物史觀，能夠說明階級鬥爭的社會革命，不能說明各階級為革命而聯合的國民革命。中山先生的民生哲學，不但是可以說明各階級為革命而聯合的國民革命，並且把一切的革命歷史，都在這一個原則下面，解釋出來」。[40]

戴氏認為1917年俄國革命的成功，就是「不能證明共產主義的成功，實足以證明三民主義的成功」。因為共黨主張革命的政治勢力，完全以無產階級的人來掌權，不是無產階級的革命，待共產國家政權日漸鞏固後，共產思想日漸稀薄，共產政府只是把重要的產業管理，收歸國有，使產業為共產國家所控制，各階級反而沒有了絕對自由，及後，俄國政府又回到推動新的經濟政策，要求社會具備主要的生產條件，可知共產主義不只是一種理論，不是一種空想主義，這是相通於中山提出的實業興國計畫，二者均待實業興後，民生自然改善，社會便可安定，共產主義走向「共產」的社會，不是要求民生走向「共無，是要共富，不是要共貧」，待社會經濟振興，就可以證明中山談及「『事實是解決問題的方法』這一遺教，這是我們信奉三民主義，從事於國民革命的人，所負的重大責任」，而俄國經濟在革命後國內安寧，國際地位增進，經濟發展，就是證明「要有堅決的革命精神的列寧政府，才可以行之無害」，中山也要求建立一個強大的革命政府，行民生政策，故列寧推翻帝俄後成立的革命俄國政府，與中山建立強大的革命是相通的，俄國革命的成功，未來也可以證明中山民生主義的成功。[41]

在戴氏表述「民生主義」的概念下，也重提中山主張復興中國文化的觀點。季陶認為「（孫中山）先生是最熱烈的主張中國文化復興的人，先生認為中國古代的倫理哲學和政治哲學，是全世界文明史上最有價值的人類」，特別推崇中山認為「民生是歷史的中心，仁愛是民生的基礎」，[42]仁愛是中國傳統德行，所以「先生（孫中山）的國民革命是立腳在中國國民文化的復興上面，是中國國民創製力的復活」，[43]國民文化是中國傳統仁愛；更因為中山明白中國民族強大，沒有一種語言比中國語言文字使用的人多，故「中國人真是能夠振興起來，全東方的弱小民族，固然直接受中國的

[40] 同上註，頁40。

[41] 同上註，頁24-25。

[42] 同上註，頁26-27。

[43] 同上註，頁34。

援助不少」[44]，非洲及美洲的民族在中國民族的提攜下，也可以得到自由，故中山要求全人類解放必須要以中國固有的仁愛思想為道德基礎，把一切科學都建設在一種仁愛的道德基礎之上，然後才可以得到真正的和平，世界文明才有「進化」，因為一個道德文化是代表人類精神，「要把這一個道德文化的精神，恢復起來，以之救國，並且要把這來做統一全世界的基礎，才是完成一了中國人在全人類中的使命」[45]。不同國家有各自的固有傳統文化，但自鴉片戰爭後，已輸入西方文化，國人多視中國傳統文化為「保守」及「落後」，尤以五四運動後，更激烈地輸入西方文化，在此戴氏認為要恢復中國傳統禮教文化，才使社會大治，更因此引用中山也認同俄國革命的成功「這是東方文化的勝利，認為是受三民主義的教訓，而不認為三民主義的思想的基礎，是由西方文化而來」。中山思想、信仰及力量是愛中國人，把一個愛中國的心「推到極處，就是愛一切人類，由愛中國人的心，演伸救中國的行為，就是要把中國人從被壓迫的痛苦中救出來」，更把中國「從世界帝國主義的鐵鍊束縛之下，解放出來」。中山深明清末民初最受痛苦的群體，就是中國的農民、工人，而導致農民及工人受苦的原因，是軍國主義、資本主義及帝國主義的影響，中山早已認為「民生是歷史中心」[46]，由是戴季陶認為中山提出「民生主義」的觀點，是歸納人類生存的歷史文化之結果，並以民生哲學的倫理性為立論的基礎，而民生哲學倫理性，就是來自中國傳統文化及道德，只要把孔孟的仁德思想推廣，中國人恢復固有的民族精神，世界才可以安定和平「中國民族的振興和民族道德、國家道德的恢復，的確是全世界大同的基礎」[47]。反之，日本在東方強大，卻拋棄東方民族道德，完全學了歐洲帝國主義，滅了琉球及高麗，對於東方民族的團結反而是阻礙，「若日本能繼承以大事小的東方民族道德，把繼絕世，舉廢國，治亂持危的責任負起來，這三十年當中的東方情況，固然不同」[48]，而革命後的俄國，拋棄了帝國主義的國家目的，主張扶助弱小民族的獨立，由是成為了一個更強大的革命政府，此同於三民主義以拯救世界弱小民族為最終的目標。

故三民主義「不但不是亞洲主義，並且也不是大中國主義」，只是「『世界大同，人群進化』為終結的愛國者」，因為中山主張被迫壓民族的聯合，不限於亞洲，也包括世界的弱小民族，使全世界被壓迫的民族解放，求全世界被壓迫民族的同盟，而中國為亞洲人口中占最多的國家，故中國民族的獨立運動，就是全亞洲民族解放運動中最主要的工作。

正因為戴季陶認為孫中山三民主義，不是來自西方的，而是來自中國傳統道德文化的，所以戴氏認為「中山先生的思想，完全是中國的正統思想就是接近堯舜以至孔

---

[44] 同上註，頁34。
[45] 同上註，頁34。
[46] 同上註，頁35。
[47] 同上註，頁34。
[48] 同上註，頁35。

孟而中絕的仁義道德的思想」，中山絕對承認中國人有創造文化的能力，恢復中國傳統文化的創造力後，「才可以盡量的接受現代的歐洲文化，把歐洲文化供我的需要，完成中國國民和社會建設」；同時，中山倡導的國民革命「是聯合各階級的革命」，更重要是孫中山肯定「革命是為最受痛苦的平民而奮鬥」及「我的革命是為民生主義而革命」。三民主義已是重要的建國思想，三民主義中尤以民生哲學更為重要，故季陶一再呼喚「將來即使生出許多完全了解先生（孫中山）的思想的學者，如果有眼不看民生的疾苦，有耳不聽民生的疾苦，有口不為大多數受苦的人民呼號，有智識能力不為大多數受苦的人民效用，這就完全與過去二千年當中一切墜落了的儒者，絲毫沒有兩樣」，所以「國民革命下面的鬥士，決定非信奉民生哲學不可」。[49]

若比較戴氏與下文談及錢穆的觀點，可見因為戴氏肯定中國傳統文化價值，特別是中國孔孟仁愛觀點，又說孫中山上承中國傳統堯舜孔孟之道，期望中國文化復興是中國文化自信力的表現，並反對馬克斯及共產黨的唯物史觀及階級鬥爭的觀點。這些看法與錢穆認為中國傳統文化復興成為推動國民抗戰的動力，二者均同調，但錢穆卻認為辛亥革命是失敗的，只有三民主義才是成功的，錢、戴二氏在詮釋孫中山思想時，仍有分別。同時，錢穆以中山提出革命黨不是執政黨的觀點，也未為季陶所談及；此外，錢穆不認同時人以為中山三民主義是「民治，民享，民有」的觀點，錢氏以為此是時人把西方輸入的觀點指稱中山，而季陶則以「民治，民享，民有」的觀點指稱三民主義；進一步，可見錢穆是以傳統文化為主體，旁涉融合西方文化的角度詮釋三民主義，季陶則更以中國傳統孔孟仁愛之道為三民主義的基礎思想。

四、「聯俄、聯共、扶助工農」下的三民主義——陳伯達《三民主義概論》

陳伯達本名為陳聲訓，1934年左右開始用「伯達」的筆名，1927年加入中國共產黨，1936年發動「新啟蒙運動」，1937年往延安，在延安中共中央黨校、馬列學院教學，後為任中共中央宣傳部、軍委、中央祕書處、中央政治研究室等機構工作。伯達在抗戰時已發表有關三民主義的研究論文，如〈孫中山先生關於民族統一戰線思想〉及〈論共產主義者對三民主義關係的幾個問題〉等，在1938年12月成《三民主義概論》，此書初由中國文化書社刊行，列為中國文化叢書第三種。[50]

---

[49] 戴季陶：《孫文哲學》，頁40。因戴氏批評馬克斯及共產黨思想，引起共產思想學者瞿秋白、陳獨秀批評戴氏的民生哲學的觀點，此非本文論述的重點，有些對戴氏民生哲學的批評見瞿秋白：〈中國國民革命與戴季陶主義〉，陳獨秀：〈給戴季陶的一封信〉，二文收入《嚮導》雜誌社編：《反戴季陶的國民革命觀》1926年，頁1-8、25-28。

[50] 有關略述陳伯達生平及《三民主義概論》的內容，見《掔其瑰寶：抗戰時期中共與三民主義研究》（桂林：廣西師範大學出版社，1994），頁263-272；參葉永烈：《陳伯達其人》（長春：時代文藝出版社，1990），頁114-115。要注意的是陳伯達不是用「聯俄容共」，而是用「聯俄聯共」一詞指稱孫中山與共

陳氏肯定中共是「擁護」中山的三民主義。在《概論》中說：「中國共產黨（以下簡稱「中共」）人擁護三民主義，為三民主義革命事業而奮鬥，這是增大三民主義偉大的價值，而且正是保障三民主義的可能貫徹實現」；然而，三十年代，有不同的三民主義，如戴季陶的民生主義哲學，陳氏所奉的「我們是孫中山先生的基本革命口號底擁護者，是中國人民最好的革命傳統承繼者」，[51]既稱讚中山及三民主義的價值，更以共黨的身分「擁護」及「承繼」孫中山留下的「革命傳統」，這樣是否很近國民黨戴季陶的觀點？當然不如戴氏的民生主義哲學，而是一再指出「共產員無論在任何情形之下，一分鐘也不會停止其馬克思列寧主義天才學說的信徒」[52]及「我們共產黨員，在一定的歷史條件下，主張與國民黨及其他組織在共同綱領的基礎上，建立民族統一戰線，以便進行共同鬥爭去反對共同敵人；同時，我們共產黨員無論在任何情形之下，一分鐘也不允許喪失政治上和組織上的獨立性，一分鐘也不允許掩藏自己共產主義的面目和旗幟」[53]。換言之，伯達表述下的共黨一方面尊奉中山的三民主義，一方面堅守共產主義思想，但共黨在尊奉三民主義下，是不會放棄階級鬥爭及唯物史觀，就此可見伯達詮釋的三民主義與季陶詮釋的民生哲學，甚有不同。

伯達認為中山的三民主義是「服務於中國民族的鬥爭的思想」。陳氏認為三民主義的「真價值」，「首先就在於它是從中國民族問題向壓迫中國的人作鬥爭的過程中產生出來，而且是服務於中國民族的鬥爭的思想」；[54]也肯定三民主義「是我們民族中一部分的舊傳統思想的一種繼承」，這兩者是並存的。

伯達認為三民主義，不是一個概念，而是把三民主義視為「一種整個的思想」，中山的三民主義是朝向「革命方向」。他在《概論》中〈四、革命的三民主義〉中引用中山在《建國大綱》及《孫文學說》中寫「革命之三民主義」一詞，支持自己提出「革命的三民主義」的觀點，他認為：

> 革命三民主義是一種整個思想。三民主義的創始人——孫中山先生自己就是把三民主義當成「整個的」來看待的。……任何割裂三民主義革命完整性的企圖，結果都會使三民主義中的任何一個主義不能獲得最後的實現。但所謂三民主義的革命完整性，並不就是把三民主義中的各個主義混為一談。事實上，民族革命與反封建是相互關聯的，但是二者不就是一樣東西，不可混為一談。……但是如果另有一種意見，以為三民主義中的任何一個主義可以完全概括全部，那是割裂三民主義，那是削弱了三民主義的革命性，結果就會使三

產黨合作的構思。有關陳伯達在1949年的生平，見葉永烈：《陳伯達傳》上冊（香港：時代國際出版有限公司，2009），頁67-208；陳曉農編纂：《陳伯達最後口述回憶》（香港：星克爾出版有限公司，2006），頁1-61。

51 陳伯達：《三民主義概論》（重慶：中國文化書社，1938），頁154。（以下簡稱《概論》）

52 陳伯達：《概論》，頁155。

53 同上註，頁154。

54 同上註，頁1。

民主義的事業不能得到任何方面真正澈底的成就，那也是錯誤的。所以，具體地、靈活地運用革命的三民主義以及保衛和發展三民主義的革命完整性，這對於三民主義的理論與實際，都是不可分開的。[55]

伯達既認為不可斷裂三民主義內個別「民權」、「民族」及「民生」的觀點，不可單以其中一項概括整個三民主義，三民主義是具有「革命完整性」的體系；而且三民主義就是朝向「革命」發展，這就是賦予「三民主義」一種「革命」的元素，這個「三民主義」又是一個「事業」，也是一個「革命」的「事業」。這個「事業」有待後人繼承，充實及發展，若依伯達的觀點，這個繼承人及開拓者，就是中共。

先看，他認為中山三民主義是受中國傳統文化精神的影響。一，中國「舊時代」已有夷夏之防，中山把此種族思想轉化為民族主義思想，尤以元、清兩代漢族反對異族統治的鬥爭史蹟及思想，影響了中山提倡的民族主義；二，中國「古代」孟子主張民貴君輕的思想，「在三民主義中就被中山轉化為民權主義的思想」，引用中山在《民權主義演講》的言論，說明中山是企圖把中國過去哲人關於民權的「若干烏托邦的原始的見解」，實現為近代的政治制度；三，「古代」哲人的大同夢想，成為民生主義的觀點，所以「三民主義是和我們過去所發展的智慧有關的」。

但可以注意陳氏表述三民主義與中國傳統文化的價值時，喜以「古代」「舊時代」等詞語，指稱傳統文化，「舊」是相對於「新」；換言之，三民主義是否仍有不足？對的，陳氏認為「三民主義的思想，歸根到底，是近代半殖民地半封建的中國的歷史產物，是近代中國民族的矛盾和社會的矛盾的一種反映」。[56]同時，陳氏更表述中山「是不承認有不變的道德」，因為中山明白道德是社會歷史的產物，而社會歷史卻是變化的，中山也承認「道德的進化的」，對於「中國舊時代的暴君，舊時代的封建奴役者，對廣大勞苦的人民教『忠』教『孝』」古代皇王只是把這些道德當成奴隸服從主人的教條，來束縛人民對於奴役剝削的不滿和反抗，這些「封建的『道德』」，當然不是中山提倡保存的道德，中山「要保存的，是在於把這封建的服從個人和隸屬個人的道德改變為受從民族社會和隸屬民族社會的道德」，「新道德」是服務社會，服務大眾，「一切革命者和共產黨人是繼承這樣的道德」，「新道德」要建立在民族和社會的「革命實踐戰鬥上」。換言之，伯達稱揚中山受中國傳統文化影響的觀點，是不同於戴季陶倡導的中山仁愛學說，而是要求在「革命」中建設「新道德」，中山是多注意推動「新道德」。

伯達在《概論》中，多次強調相對於「舊」，就是「新」。「新」的道德及「新」的文化，均具有「革命」的特色，三民主義也具有「革命」的特色，而陳氏表述的三民主義也有著「革命」的意義。因為三民主義的革命內容相對於中國舊時代的

---

[55] 同上註。

[56] 同上註，頁3。

統治者之教條「正是一種革命」，中山已明顯地把自己所創造的三民主義「看成新思想，看成是反抗舊思想、舊教條的思想」，若把三民主義當成舊思想或舊教條，就曲解三民主義。「新」、「舊」思想的分別全在於中山已注意「革」去「舊思想」的「命」，及「反抗」「舊思想」。

三民主義就是革命實踐的成果。他在書中指出「中山先生對於自己民族革命思想的發展，沒有把它當成原則空談」，[57]而是總結歷史經驗，切合時勢，提出論點，不是高談主義的。伯達從歷史上溯，革命思想是從革命的「實踐中鍛鍊出來」，三民主義是經過近代中國「人民不斷流血的革命鬥爭和近代革命維新自譽者的革命實踐」，離開了革命的實踐而空談三民主義「就會掩蓋三民主義的革命生命」；中山提出「三民主義就是救國主義」，就是因為中山面對民族的黑暗和落後，處在危亡時刻，便要救國的實踐，必要從中山在清末民初的「救國的實踐」的行動中，了解「革命的三民主義」的意義；而且，三民主義又是「民族的和社會的矛盾的發展，隨著中國革命實踐的發展」之成果，正如中山在國民黨第一次代表大會中已說：「重新來解釋三民主義，重新來改組國民黨的全體」，也是依歷史發展，推動三民主義的革命生命，所以共黨也是使三民主義因時演進，增大革命的價值，「就必要繼承中山先生過去表現過的反獨斷（「反教條」）的精神，就必要應用馬克思列寧主義者之持有反獨斷（「反教條」）的辯證法之精神，不斷地隨時加以充實和發揮」。[58]

既然中山要求在實踐中，不斷改革三民主義的內容，而前人研究三民主義的「缺憾」就是沒有「真正根據科學的原則來處理三民主義」，故中共便按馬列主義的「科學」觀，有選擇地繼承中山的因時制宜、「反教條」及「獨斷」的思想，這個所謂「科學」及選擇的判準，是以馬列思想為基礎。經陳氏的表述後，因國民黨既奉三民主義指導及合法思想，中共一方面自言繼承三民主義，如今三民主義是正統的，則中共也是上承「正統」，那樣國民黨又何必要在孫中山逝世後排共，應如中山一樣聯俄聯共的構想，以聯合國共力量抗日；既然中山也承認三民主義不斷變更，這樣中共也是依中山遺言，充實三民主義的內容，當然去、取及承、傳的標準，自然是依馬列思想。

又為什麼說三民主義是「近代半殖民地半封建的中國的歷史產物」，這樣便涉及陳氏治鴉片戰爭後中國歷史的觀點。[59]伯達在〈二，三民主義的歷史根源〉一文，指出中國社會於1842年前，為中古社會，1842年鴉片戰後，列強入侵使中國淪為外國殖民地，但仍然保留中國傳統帝制思想及皇朝管治模式。鴉片戰爭後的中國為「中國中

57 同上註，頁46。

58 同上註，頁6。

59 這涉及1930年代，馬列史家及非馬列史家對中國歷史分期論戰問題，非本文所及，詳見王彥輝等編：《古史體系的建構與重塑——古史分期與社會形態理論研究》（開封：河南大學出版社，2010），頁1-25；王學典等編：《唯物史觀與倫理史觀的衝突——階級觀點問題研究》（開封：河南大學出版社，2010），頁20-36。

古式的封建社會初步向半殖民地的社會狀態轉化」，因為有「新」的社會模式，故「新的矛盾在中國社會中潛滋，醞釀和生長；而新的矛盾又和舊的矛盾交叉地發展起來」[60]，近代中國的矛盾就是：一、民族矛盾，資本主義壓迫民族，帝國主義壓迫民族；二、農民與地主的矛盾，中國農民與帝國主義者矛盾；三、中國資產者與帝國主義者、封建貴族、官僚、軍閥的矛盾；四、中國無產階級與帝國主義者、封建剝削者及資產者的矛盾。「上述這些矛盾，包括了中國民主革命的三大問題（按：陳伯達在正文概括為「民族、民權、民生」），三民主義恰是由上述的各種矛盾所引出和發展起來的」[61]，第一矛盾引起民族主義，由第一個、第二個、第三個和第四個的矛盾引出了民權主義，由第一個、第二個和第四個的矛盾引出了民生主義的問題，中山生活在一個既是帝國主義和無產階級革命的時代，又是在一個民主革命時代而提出的三民主義，以三民主義帶領中國走向民主革命的路向，「三民主義是中國民主革命的一般原則」，「中山先生三民主義之主張的確定，卻正是中國民族的社會的矛盾的展開以及中國人民自覺運動，革命運動進一步成長的反映」[62]。

三民主義只是完成了革命初步，仍有缺失，要待中共繼承及發揚。伯達認為三民主義「解決革命的問題和原則之方法卻缺乏和不夠」、「三民主義有些部分也還不明確」，「不能貫徹民權主義和民生主義」。[63]這就是民族主義只完成「反滿」，而對於反對帝國主義不明確，同盟會沒有深入社群，進行革命動員，「沒有在實際上把『反滿』的鬥爭和國內廣大人民自己利益的爭鬥深相結合起來」，導致辛亥後，革命統一戰線的目標分裂，而中山終在五四運動後，承認「列寧為革命中的聖人」，把革命的三民主義與聯俄、聯共、幫助工農，這三大政策「結合」，這樣才是解決革命問題：「革命的原則和革命的方法結合起來，由提出革命問題進到走向解決革命問題，三大政策成了三民主義之革命的靈魂」。因聯俄聯共，增加了三民主義的「嶄新的內容」，民族主義由辛亥前的反滿進到反對帝國主義，進到承認中國境內的民族自由平等和自由聯合，進到「國際主義」，與世界各民族的最後和平及平等的共處；民權主義進到主張實行普通選舉制，廢除以資產為標準的階級選舉，更承認直接民權，要求由人民代表機關統一立法權及行政權，不把各權統一在總統一個人身上；民生主義則由中山提倡的「平均地權」的原則，進到承認國家當給佃戶以土地，進到承認「耕者有其田」，進到承認「製定勞工法，以改良工人之生活」；他從共產及馬列思想以「四個口號」概括三民主義的內容：

> 第一，民族領土主權的獨立完整以及國內民族間的自由平等——這是民族主義；

[60] 陳伯達：《概論》，頁26。

[61] 同上註，頁27。

[62] 同上註，頁26。

[63] 同上註，頁29。

第二，統一的民主共和國——這是民權主義；

第三，耕者有其田到土地國有；

第四，工作八小時——這是民生主義。[64]

這就是伯達認為三民主義有「新」的內涵，切合時代的要求：

三民主義在這新時期之偉大的發展，而關於這些發展，中國共產黨人當時曾用了很大的力量去幫助了中山先生的。[65]

又說：

在這一時期中，在前度大革命發展的過程中，中國共產黨人最努力地、最誠懇地接受中山先生革命主義的精華，在實際上團結中國一切被壓迫的和被奴役的人民。……中國的馬克思列寧主義者，必須善於繼承中國前輩的革命學說，繼承中山先生的革命三民主義，並為革命三民主義未完成的事業奮鬥到底。[66]

又說：

中山先生在民生主義中表現了很大的民主主義的氣概，可以說，也正是由於承繼階級存在以及階級鬥爭這個事實而出發的。[67]

伯達的表述下，三民主義吸收了列寧思想，及在中共黨員的協助下，才更能切合時代的需要。今天的研究成果，已指出絕不能否認三民主義受到俄國十月革命及馬列思想的影響，但伯達忽視中國傳統思想及中山個人的反省能力。

細閱之下，伯達更想表達的是三民主義為國共的合作，提供了一個「統一陣線」的方向。他認為革命三民主義取得成果，就是三大政策的實踐，「革命的新方法，就恰是在於把中山先生這段革命的思想變成革命的實際政策，這革命的三大政策為：聯俄、聯共、扶助工農」。[68]從理念上而言，「中山先生平均地權的原則，與共產主義是可以相容的」；而現實上，中共在抗戰前發動的抗爭活動，均是「進行三民主義的革命工作，以求中山先生革命三民主義的實現」，「中國共產黨人把革命三民主義更往深處加以發展起來，中國共產黨人在工農代表會議革命運動中，實際上繼承中山先

---

64 同上註，頁105。

65 同上註，頁22。

66 同上註，頁23。

67 同上註，頁98。

68 同上註，頁110。

生革命三民主義的事業」，在《概論》一書撰成之前，中共的毛澤東及朱德等人於1933年發表停止內戰宣言，1936年發表共赴國難，一致抗日宣言，1937年西安事變後，國共合作抗日，及毛澤東發表了〈中國抗日民族統一戰線在目前階段的任務〉之後，伯達在此背景下，說明既然中共是繼承三民主義，經過抗日民族統一戰線在「新」的形式下「重新結合著中山先生的三民主義與三大政策」，抗日的事情是「歷史正在給三民主義革命事業充實著偉大的革命力量，歷史正在給三民主義充實著新的革命的，科學的和歷史的內容」；況且，「總理（孫中山）深知必能包括共產主義始為真正之三民主義，同時亦必能容納共產黨，始為真正之國民黨也。總理自信三民主義能相容共產主義，而絕不懼共產主義將蠶食三民主義」，[69]伯達多表揚中山三民主義的內容，既肯定中共的地位，也為抗戰時國共合作找到合理的依據。換言之，反對國共合作的國民黨黨員或其他人士，應放棄反對國共合作的觀點，奉三民主義為合法地位的國民黨員，更不應否定中共的地位及反對國共合作，因為中共是繼承、發揚及充實三民主義的，再一步，中共「是中國人民最好的革命傳統底承繼者」，[70]伯達口中雖未明言中共為唯一繼承革命三民主義，乃留待毛澤東於1940年在〈新民主主義論〉一文，才清楚及公開說明中共繼承孫中山三民主義，並開創一套「新三民主義」。[71]

五、結語

錢穆以中國傳統文化為主，吸收新文化的角度，及批評國共觀點詮釋中山思想，戴季陶從中國傳統文化的角度詮釋三民主義，陳伯達則從國共合作的觀點敘述中山思想，各人均由主觀敘述及策略，影響其詮釋《三民主義》及中山著作的觀點。錢氏既非國民黨及共產黨黨員，發言較不囿於黨派思想，從不同的角度詮釋三民主義及中山思想，並以此批判國共政策，但戴、陳二氏受到黨派觀念所影響，自不同於錢穆論述三民主義的觀點。[72]

---

[69] 同上註，頁123。

[70] 同上註，頁110。

[71] 毛澤東：〈新民主主義論〉（1940年1月），《毛澤東選集》二冊（北京：人民出版社，1964），頁655-704。

[72] 2011年不少學者呼喚泯去黨派觀點，研究和詮釋孫中山及其「三民主義」，對開拓「孫學」的課題，甚為重要，見王先明：〈社會—文化視野下的辛亥革命與『革命話語』研究——關於拓展辛亥革命研究的幾點思考〉，張磊、張蘋：〈鍥而不捨，深化拓展——關於孫中山研究的淺見〉，章開沅：〈百年銳於千載——辛亥百年反思〉，中國孫中山研究會、孫中山故居紀念館編：《孫中山·辛亥革命研究回顧與前瞻高峰論壇紀實》（北京：社會科學文獻出版社，2011），頁655-704、18-23、84-91、172。

第二十九章　試論錢穆的「華夷觀」

浙江大學歷史系
馬娟

1895年，中日甲午戰爭落下帷幕，清政府慘敗，被迫簽訂令朝廷上下深感屈辱的《馬關條約》。同年7月，錢穆出生於江蘇無錫七房橋一個普通的書香之家。

錢穆，字賓四，中國近代著名歷史學家、教育家、國學大師，1990年8月30日在臺灣與世長辭，享年95歲。錢穆先生一生筆耕不輟，著述等身，代表性著作有《國史大綱》，《中國近三百年學術史》，《中國史學名著》，《中國學術文化十九講》，《國史概論》，《中國文化史概論》，《中華文化十二講》，《八十憶雙親、師友雜記》等等。這些著作集中反映了錢穆先生的學術成就，無不體現著作者的學術思想與觀點，同時也是錢穆先生留給後世的一份寶貴的學術遺產。

關於錢穆先生的學術成就，筆者無力做評價，僅就閱讀《國史大綱》等史學著作來談談錢穆先生的「華夷觀」。

一、

錢穆先生出生之際正逢國家處於生死憂患之時，壯年又逢亂世，日寇大舉侵華。在這樣的歷史背景下，摧生他作為一位歷史學家的滿腔愛國之情，《國史大綱》就是在這種情況下寫就的。

《國史大綱》是在錢穆先生為北大大學生講授中國歷史講稿的基礎上撰寫的。關於其編寫體例，錢穆先生云，既要完備，又要簡要明當，並以系統觀點為標準來加以取捨。在講授這門課程時，錢先生力求每講標題「盡心」。在這樣的原則下，呈現在我們眼前的《國史大綱》共分八篇，四十六章，涵蓋了自上古三代至清代民國的完整歷史，而每章、每節的標題充滿新意，且不失活潑，風格與建國後出版的一些通史著作迥異。至於撰寫這部通史的目的，除了供當時學生補充筆記之外，還有兩條，一是使當時的中國人了解自已國家的歷史，包括政治、社會、文化、思想等內容；二是透過勾勒中國歷史中複雜難解的問題，為讀者提供參考。[1]這部通史出版後，在社會上產生了巨大的影響。

---

[1] 錢穆：〈引論〉，《國史大綱》（臺北：臺灣商務印書館，2019），頁8。

今人這樣評價《國史大綱》：「以30萬字完整地敘述了上自太古，下至民初的中華全史，而且文字敘述流暢、生動。錢穆透過自己的獨立思考和深入研究，提出了許多獨到的見解。如論述先秦民間自由講學興起和宋明社會自由講學再興起的演變，論春秋戰國大勢時所提出的文化同化論，以及秦漢相制與漢代文治政府的分別等等，皆多創見。」[2]錢先生高足嚴耕的評價更加切中要點：「此書多具創見，只觀其章節標題，點出每個時代之動態及其特徵，已見才思橫溢，迥非一般刻板僵化死氣沉沉者可比。尤極難能可貴者，往往能以數語，籠括一代大同。」[3]這一評價可謂高屋建瓴。

筆者以為，這部著作的突出之處還體現在以下幾點：

第一，善於總結和對比，如對中國歷史特點的概括：悠久、無間斷、詳密；[4]指出歷史是變化的，而這種變化就是歷史精神，是文化的變化[5]；對於春秋時期霸政特點的總結等。[6]透過對比，將中西歷史分別比作「詩」和「劇」；[7]對秦漢帝國與羅馬帝國的對比，指出二者的形成過程正好相反，並將羅馬帝國比喻為一盞「巨燈」，一燈滅，餘者皆滅；而漢帝國則是處處有燈，一燈滅也不至於影響餘下的燈；[8]這形象的比喻簡練地顯現出兩大帝國不同的形成過程，基本上反映出各自的特點，可謂極為精妙。

第二，善於吸收新成果，敢於提出自己的觀點。錢穆先生在寫作過程中吸收了當時新出的成果，特別是被他稱為「科學派」的考古發現，並利用考古發現否定「中國文化西來說」的提法。[9]對中國上古時代神話的看法，他認為近乎事實，與其他民族的神話不同。[10]還有關於竹林七賢的評價。傳統上一直將其看作是魏晉風度、魏晉名士的代表，但錢穆先生卻指出，他們在當時的放浪形骸，所謂的自然率真不過是缺乏社會、時代責任感的表現。[11]再如在討論南北經濟之轉移時，錢氏提出復興北方的口號，充分顯出其高瞻遠矚的歷史眼光。[12]

第三，善於創造新名詞。這一特點貫穿於整部著作，在此試舉兩例。如在討論春秋霸政時，提出各國之間文化的變化，使用了「文化先進諸國」和「文化後進諸國」，在對比前者對後者的影響後，錢氏的結論是：此為兩種類型衝突的「消解」。[13]另如，在論述三國時代離心勢力的發展時，使用「二重的君主觀念」來闡釋

---

[2] 楊明輝：《錢穆》（南京：江蘇人民出版社，2016），頁105。
[3] 嚴耕望《治史三書》（瀋陽：遼寧教育出版社，1998），頁229。
[4] 錢穆：〈引論〉，《國史大綱》，頁1。
[5] 同上註，頁12。
[6] 錢穆：《國史大綱》，頁65。
[7] 錢穆：〈引論〉，《國史大綱》，頁13。
[8] 同上註，頁14。
[9] 同上註，頁7。
[10] 同上註，頁9。
[11] 同上註，頁223-225。
[12] 同上註，頁769。
[13] 同上註，頁65。

當時的君臣關係。[14]這類例子俯拾皆是，不勝枚舉。透過這樣的用詞、概念的表述，將所述事物關係精準地呈獻出來，這些新名詞、新概念即使放到今天也絲毫不過時，顯示出頑強的學術生命力。

二、

中國歷來是一個多民族的國家。在整個中國歷史上，各民族不斷融合，少數民族與漢民族共同合作，共同書寫著中華民族的歷史。少數民族在中國歷史上多次建立政權，為中華民族歷史的多元化貢獻了自己的一份力量，也是構成中國歷史不可或缺的重要一環。

魏晉南北朝時期，北方民族南下，建立各自的政權，其中最顯著者莫過於鮮卑人統一北方而建立的北魏。錢穆先生肯定了十六國時期胡人政權對儒學的支援，從而使得儒學傳統得以傳承。他還指出，正是由於北朝時期胡人與漢人的共同合作，才有了隋唐的盛世。[15]但是，在錢氏看來，這種合作並非出於自願。他這樣說：「北方士族處異族統治之下，既不能澄清驅攘，只有隱忍合用，勉立功業以圖存全，故相尚為經術政務。」[16]他一方面將鮮卑人看作是異族，另一方面認為漢人與胡人的合作是一種無奈之舉。那麼，錢穆先生是如何看待中國歷史上的少數民族及其政權的呢？錢穆先生的高足余英時曾說：「《中國近三百年學術史》特『嚴夷夏之防』，正是因為這部書是在抗戰前夕寫成的。這是中國又面臨另一次『亡國』的危機。因此書中『招魂』的意識表現得十明顯。但『招魂』意識全幅呈露的絕大著作必推《國史大綱》為第一。」[17]有鑑於此，筆者主要基於《國史大綱》來討論錢穆先生的華夷觀。

在論述五胡政權時，錢穆先生這樣說：「諸胡雖染漢化，然蠻性驟難消除，往往而發。最顯見者曰淫酗，曰殘忍。」[18]這一點在討論魏晉南北朝宗教思想時被再次提及：「五胡雖染漢化，其淺演暴戾之性，驟難降伏，一旦錦衣玉食，大權在握，其臨境觸發，不能自控制者，最大有兩端：一曰好淫，二曰好殺。」[19]他甚至將漢人性奸也歸結為是由「異族壓迫」所致，外族統治代表的是「惡政治」，契丹、黨項均被視作「外寇」。[20]在這種表述的背後，傳遞的是錢氏對少數民族的認知觀以及他的華夷觀。

帶著這樣的認知觀，他指責唐朝統治者：「既不嚴種姓之防，又不能注意於國家

---

14 同上註，頁217。

15 同上註，頁280-282、307。

16 同上註，頁307。

17 余英時：《錢穆與現代中國學術》（桂林：廣西師範大學出版社，2006），頁23。

18 錢穆：《國史大綱》，頁262。

19 同上註，頁362。

20 同上註，頁639、759、760。

民族的文化教育，而徒養諸胡為爪牙，欲藉以為噬搏之用，則宜釀成此曠古未有之大禍矣。」[21]他認為唐代之所以爆發胡人發動的叛亂，其主因在於唐朝統治者不嚴華夷之防所致。他進一步指出：「唐代的中葉，一面好大喜功，無限止的開邊；一面又寬大為懷，全泯種姓之防；宜乎食此惡果。」[22]再次將安史之亂歸因於不設華夷之防。而且，他在討論征討安史之亂將領時，也十分看重他們的族別，云「惟郭子儀乃漢人。其他如李光弼，契丹人。僕固懷恩，鐵勒之僕骨族。渾釋之，渾族……」[23]這些表述都透露出一種濃濃的夷夏之防的情緒。

與對唐朝指責不同的是，錢氏對宋代嚴華夷之防持讚賞態度：「嚴華、夷之防，重文、武之別，裁抑王室貴族之奢淫，讓受教育、講道理的讀書人為社會之中堅，這是宋以下力反唐人弊病的新路徑。」[24]錢氏將宋代重申華夷之防稱作是「新路徑」，並且將宋代高唱華夷之防看作是「新思想、新精神」，稱之為「這是五胡北朝以來，直到唐人，不很看重的一件事。」[25]他把五代時期的社會狀況總結為五個方面，其中一方面即與此有關。他認為自石敬瑭將燕雲十六州割給遼朝起，至元順帝退回漠北，424年間這一片地區長期「受異族的統治」。嚴格一些來說，這些地區中的某些部分在安史之亂之後已不能直接接受中國傳統文化的沁潤，「如是則先後將及六百年之久」。[26]他所說的中國指的就是由漢人所建立的政權，可見他所謂的中國是狹義層面的中國，並未將少數民族政權囊括在內，再次體現出錢氏的華夷觀。

至於建立遼朝的契丹人，被錢氏稱為「北寇」。他將遼朝與北朝作了一番對比，得出的結論是遼朝比不上北朝。錢氏之所以對同是少數民族建立的北朝評價甚高，其基調是，北朝時期雖然是少數民族掌政，但漢文化還在發展，漢人是政權的參與者，而非附屬者。[27]然而在遼代，雖然契丹人也酌情吸收漢文化，但漢人已淪為遼朝的臣屬者，在文化與政治上均不占主導地位。由此可見，錢氏評價北朝和遼朝的標準是基於是以漢人為「主」，還是為「屬」，內裡反映的還是他的華夷觀，也反映出他的漢族本位主義思想。在這種思想觀念指導下，他對女真人建立的金朝的政治評價自然也不高，甚至認為是「退步」，並進一步指出，當時北方農村受害之因在於「種姓之別」、農耕與游牧文化之衝突，以及蒙古軍隊的殘殺。還認為金朝將國家負擔全部壓在漢族農民身上。[28]

綜上所述，《國史大綱》比較清晰地體現著錢穆先生的華夷觀，而從他的華夷觀中我們可以看到，他對少數民族及其所建立的政權是有一種偏見的。在他看來，少數

---

[21] 同上註，頁448。

[22] 同上註，頁451。

[23] 同上註，頁451。

[24] 同上註，頁492。

[25] 同上註，頁560。

[26] 同上註，頁502。

[27] 同上註，頁540、516。

[28] 同上註，頁760、765、764。

民族是野蠻、好淫、殘忍的代名詞，他們的政治、文化是倒退的，落後的。我們不禁要問，為什麼錢穆先生會有如此強烈的華夷觀？筆者認為這在基本上與他兒時所接受的教育和影響有關。

關於這一點，錢先生自己專門提到過。他自述在年幼之時，他的老師錢伯圭曾經問他是否知道「我們的皇帝不是中國人嗎？」錢先生說自己當時非常震驚，回家問詢父親。對此，他這樣說：「今天我們的皇帝是滿洲人，我們則是漢人，你看街上店鋪有滿漢云云字樣，即指此。余自幼即抱民族觀念，同情革命民主，亦由伯圭師啟之。」[29]錢先生的這段自述為我們理解他的華夷觀提供了重要的歷史背景。他在老師的啟發下，年幼之時已意識到「漢人」與「滿洲人」的不同，是分屬於兩個不同群體的民族，從而產生了民族觀念。我們說，一個人兒時所受教育和啟發通常很難改變，而且會伴隨一個人的成長，進而影響他的認知。錢先生自兒時受到的這種關於民族觀念和民族意識的啟發也自然影響到他的治學和研究。因此，他在論述中國人的民族觀念時這樣說：

> 中國人的民族觀念，其內裡常包含有極深厚的文化意義。能接受中國文化的，中國人常願一視同仁，胞與為懷。故說：「夷狄進於中國，則中國之。反過來說：「諸夏而夷狄，則夷狄之。」這是極端重視民族文化的表示。故曰：「聞以夏變夷，未聞變於夷。」既主放棄偏狹的、侵略的國家主義，而採取文化的、和平的世界主義，則自然可以有此態度。兩漢的對待匈奴、西羌諸族，招撫懷柔，引之入塞。南北朝時北方士族與諸胡合作，大率抱有此種思想。遼、金的割據，雖則他們亦都慕向漢化，然而那時中國北方社會的文化基礎，本已削弱，所以同化異族的能力，不夠深強。因此北朝對中國史上尚有貢獻，而遼、金則無。[30]

從這段論述來看，錢穆先生的華夷觀與傳統的華夷觀毫無二致，主張的還是傳統的「以夏變夷」，還是以漢化作為考量少數民族及其所建政權的標準。在此標準下，他判定北朝對中國歷史有貢獻。之所以有這樣的判斷是因為他認為北朝雖亦是胡族入主，但漢人勢力依然強勁，儒士依然擁有話語權，儒學傳統依然得到保持，強調的還是漢人儒士的作用。至於遼金時期，錢先生認為漢人已淪為附屬，漢文化的傳統已弱化，故無能力去「同化」契丹、女真這些文化上後進的民族，由這些文化後進的民族所建立的政權是不可能對中國歷史有所貢獻的。這種觀點今天看來無疑是有失偏頗的。

著名的遼金史研究專家陳述先生曾指出，將遼、金視為割據政權是不夠恰當

---

[29] 錢穆：《八十憶雙親、師友雜憶》（北京：生活．讀書．新知三聯出版社，1998），頁46。

[30] 錢穆：《國史大綱》，頁848-849。

的。[31]遼、宋、金時期雖有過關於正統的爭論，但後來達成共識，互稱南朝、北朝，即它們是互相承認的政權，並不存在誰割據一方的現象。另一方面，遼金時代的文化也並非一無是處。手工業、醫學、數學、天文、曆法、建築、繪畫、詩文方面也取得了很大成就。遼代雕版印刷的技術發展到很高水準，刻印的《大藏經》不僅工藝精，而且分精裝本和普及本，優於宋藏。[32]對於金代文化，元好問這樣說：「典章法度幾及漢、唐」，[33]充分體現出金人的文化自豪感。元人則謂：「而一代製作能自樹立唐、宋之間」；[34]清代著名學者阮元評價金代文學云：「故當大定以後，其文章雄健，直繼北宋諸賢。若滏水、滹南，其尤著者也。」[35]史學方面，金代湧現出一批傑出的史學家，如趙秉文、王若虛、元好問等人，他們對傳統華夷觀進行了批判，提出了少數民族與漢人一樣平等的史觀，從而突破了傳統史觀，體現出少數民族與漢人共創中國歷史的積極的史學觀念，成為當時史學界的新現象。事實上，只要深入研究即可發現，契丹人和女真人建立的遼、金是中國歷史上重要的一環，正是這一時期奠定並形成了包括少數民族在內的中華民族共同意識的基礎，這是遼金對於中國歷史的重大貢獻。更無須說遼金時期對東北邊疆地區的開發和經營了。

錢穆先生對統一北方的遼、金政權如是看待，那麼他如何看待和評價統一了南北的元朝呢？接下來筆者討論這個問題。

三、

元代之前，已有少數民族在北方建立過政權，但這些政權都只是局部統治，最多也不過是統一北方。元朝則是中國歷史上第一個由少數民族建立的大一統王朝。如上所述，遼、金政權在錢穆先生看來是異族統治，文化、政治上對中國歷史均無貢獻，反映出他對少數民族及其政權的一種認識與態度。這種認識和態度也同樣反映在他對蒙古人所建立的元朝上，主要體現在政治、經濟、文化三方面。筆者對此逐一進行剖析。

首先，對於元朝政權的看法，錢先生認為是自蒙古入主中國，「中國史開始第一次整個落於非傳統的異族政權的統治」。[36]據此可見，錢先生旗幟鮮明地將元代政權定性為「異族政權」。對於元朝的統治，他這樣說：「宋人不能自解救，而招致蒙古之入主，一切政制，為急劇之退轉，益與後中國以莫大之創傷。」[37]他明確指出：

---

[31] 陳述：〈遼金兩朝在祖國歷史上的地位〉，載《遼金史論集》第1輯（上海：上海古籍出版社，1987），頁2-3。

[32] 同上註，頁8。

[33] 【元】脫脫：〈元好問傳〉，《金史》，卷126（北京：中華書局，1975），頁2742。

[34] 【元】脫脫：〈文藝傳・序〉，《金史》卷125，頁2713。

[35] 【清】阮元：〈金文最・序〉，見【清】張金吾編：《金文最》（北京：中華書局，1990），頁1。

[36] 錢穆：《國史大綱》，頁631。

[37] 錢穆：〈引論〉，《國史大綱》，頁27。

「中國歷史上的政治黑暗，宜莫過於元代。若說中國真有一段政治專制黑暗時期，元代似可當之。」[38]

關於元代政治，錢先生的看法是這樣的：「因此其政治情態，乃與中國歷來傳統政治，判然絕異。第一最著者，為其政治上之顯分階級，一切地位不平等。元代依種類分四等。」[39]這裡所說的依種類分四等，無疑是指元代所謂的四等人制。這種制度一直以來是人們詬病元朝實行不平等民族制度的說辭，且一直被沿襲被接納，成為元代的一項制度。然而，事實果真如此嗎？在元代的文獻記載中，我們其實是找不到元廷頒佈這項被稱為制度的任何記載。元代疆域遼闊，境內民族眾多，如何統治這些具有不同文化背景的民族就成為擺在統治者面前的一道難題。在這種情況下，「各從本俗」的辦法應運而生。而這裡所說的「依種類分四等」實際上就是依據不同的文化背景，將帝國境內的臣民分為四種，是一種便於統治的權宜之計，而非一種制度。[40]當然，元朝是存在事實上的不平等，這是要指出的，但這不是劃分四種臣民的目的。之所以有四種人群，其終極目標在於統治不同地域、不同族群的政治需要。事實上，兩宋時期就有南、北人的區分，且雙方之間的界線十分明晰。如北宋就有「南人不相」的祖訓。所以元朝的這種區分並非首創，而是有先例可援。此外，錢先生還說：「他們的政治，始終不脫古代封建貴族、武裝移植的氣味。然而當時一般社會文化、經濟的水準，卻比春秋時代在貴族封建下的農民，高出百倍。蒙古人的倒退政治，到底不能成功，因此社會變亂百出。」[41]

錢氏認為中國歷史在秦之前屬於封建形態，秦統一後，變封建為郡縣，相比前代是一大進步。而到元代，實行分封制，這種分封制，在錢氏看來就是歷史的倒退。李治安先生深入研究過元代分封制，對這項制度提出了實事求是的辯證看法，正如其師楊志玖先生所言：「若從唐宋以來官僚制度的發展趨勢看，它是一種倒退，但與蒙古兀露絲分封舊制及前一種嵌合比較，它又具有一些進步色彩。」[42]錢穆先生只是站在漢文化傳統的立場來看待這一制度，不免會帶有片面性。除此之外，元朝實行的另一項制度——行省制也遭到他的批評：

> 創為行中書省，以便其分區宰割之私意。改為某處行中書省。軍國重事，無不領之。此由中央政府常派重臣鎮壓地方之上，實為一種變相之封建。而漢、唐

---

[38] 錢穆：《國史新論》（北京：生活．讀書．新知三聯出版社，2002），頁88。

[39] 《國史大綱》，頁638。

[40] 關於元代是否存在四等人制，中外學者進行了有益的探討，參見船田善之：〈色目人與元代制度、社會——重新探討蒙古、色目、漢人、南人劃分的位置〉，載《元史論叢》第九輯（廣州：中國廣播電視出版社，2004）；胡小鵬：〈元代「色目人」與二等人制〉，載《西北師大學報》2013年第6期；易黎、湯瑤：〈元朝真有四等人制度嗎〉，2016年「大象公會」公眾號；北大歷史學系學生會對張帆教授的訪談〈回應關於元代「四等人制」的相關問題〉，《蘭臺史話》2017年1月22日。

[41] 錢穆：《國史大綱》，頁662。

[42] 楊志玖：〈序〉，見李治安：《元代分封制度研究》（天津：古籍出版社，1992），頁5。

> 州郡地方政府之地位，渺不再得。此制大體上為明、清所承襲，於地方政事之推進，有莫大損害。自此遂只有中央臨制地方，而中央、地方共同推行國政之意義遂失。[43]

按上引錢穆先生之看法，他是將元代行省制度看作是蒙古統治者實行其「分區宰割」之私意，而非出於統治之需。而且，他對元朝未遵循漢、唐之州郡制度而深感失望，進而指出這項制度對地方政事帶來了一系列嚴重的後果：

> 明代流寇，之不能建平，亦有繫於地方分省制度之不當者。元人分省建置，盡廢唐宋分道之舊。合河南、河北為一而黃河之險失。合江南、江北為一而長江之險失。合湖南、湖北為一而洞庭之險失。合浙東、浙西為一而錢塘之險失。淮東、淮西、漢南、漢北，州縣錯隸，而淮、漢之險失。漢中隸秦，歸州隸楚，又合內江、外江為一，而蜀之險失。流賊之起，來無所堵，去無所偵。破一縣，一府震；破一府，一省震；破一省，各直省皆震。經略或至七鎮，總督、經理或至八省、七省、五省，又或總督以下並聽節制，地無常界，兵無常將，而藩鎮控制之宜盡失。元明二季，以及清代川、楚、粵之亂，皆坐此弊。又督、撫專任節制，與士兵不屬。且蒞軍者不得計餉，計餉者不得蒞軍。節制者不得操兵，操兵者不得節制。故元、明、清三代無藩鎮專制之憂，而不能禁亂民之平地突起以為禍。[44]

由是觀之，錢穆先生將明代不能平息的流寇問題的根源歸結於元代所實行的行省制度，認為正是元代實行行省制度而打破了中原王朝所倚峙的幾大傳統天險，破除了地域之間的壁壘，從而使得明代流寇得以一呼百應，能夠快速集結。我們說，元代行省制度承襲金代的行臺尚書省，這一制度最初是作為中央的臨時派出機構而存在的，以後逐漸固定下來，成為地方一級的最高行政機構，並被後來的明清兩代所繼承。元代行省制度是順應現實的疆域版圖而設置的，正是由於元代的大統一，前代所倚重的天險在此失去了存在的必要和基礎。元人所謂的「無此疆彼界，朔南名利之相往來。適千里者，如在戶庭；之萬里者，如出鄰家」，[45]一方面道出元代交通的便利性遠遠超過前代，另一方面也反映出行省制度實施所帶來的實際影響。因此，錢氏認為元代行省制度導致天險盡失，是明代流寇暢通無阻四處流竄的根本原因。再說，元代的行省制度至明代已發生變化，已不再是元朝行省制度的原樣，明末流寇實因明朝統治者腐敗無能所致，而不必將此責任推到前朝制度上。這是脫離元代的實際環境而以明代情況來批判前朝制度，實在是有失公允。另外，錢氏指責元代行省制度是廢唐宋分道

---

43 錢穆：《國史大綱》，頁640-641。

44 同上註，頁824-825。

45 【元】王禮：〈義塚記〉，《麟原集》卷6，四庫珍本，第1763冊，頁19。

之舊制，暗含元代不遵守唐宋傳統。這種指責其實是沒有道理的。唐代雖號稱盛世，但實際疆域版圖無法和元朝相比；至於北宋，北方一直在遼朝控制之下，而南宋只有半壁江山，更是無法和元代相比，況且時過境遷，歷史環境和時代均已不同於唐宋，在這種情況下，元朝如何遵守唐宋傳統？

事實上，行省制度是元朝在適應新的情況、新的條件下，實現廣褒疆域，民族眾多大帝國統治需要而獨創的一項新制度。正如李治安先生所指出的那樣：「實踐證明，最理想的中央與地方權力結構應該是，以中央集權為主，適當添入地方分權的若干內容。元行省制恰在相當程度上體現了這類新模式」，「顯而易見，元行省分寄式中央集權是秦漢以來郡縣制集權模式的較高級深化形態，它所體現的中央集權與地方分權的主輔結合，明顯優於單純的中央集權或單純的地方分權」。[46]如何看待元代的行省制度，他認為應採取歷史主義的態度。應將其置於古代和近代兩個截然不同的歷史環境中給予恰當的評——既要批判古制，又不必苛求古人。起於元朝的行省制，綿延至19世紀，在這漫長的歷史時期內，利弊相參，而利大於弊，合理性較多，應予基本肯定。[47]李治安先生長期致力於深入研究元代行省制度，提出了許多真知灼見，他對這項制度的評價無疑是中肯而又符合歷史實際的。而錢穆先生對行省制度的指責則從側面反映出他的華夷觀。

關於南北經濟文化轉移這個重大問題的研究，錢穆先生自己是很滿意的，而且他說這一點也為他的老師呂思勉所認可。對於這個問題，他的總的態度是，南北經濟文化之轉移的主因在於「人事」，而不必將此推至氣候變化或人種血統等「種種渺茫之臆測也」。[48]但是他在具體論述時卻這是這樣表述的：「關中、河北社會元氣，在外寇壓迫下，不斷降低」。[49]這是將黨項、契丹看作「外寇」，他們在西北、東北地區的統治是「惡政治」，是對這些地區的摧殘，從而造成了北方社會的衰弊。他認為這種衰弊是宋遼、宋夏對峙的結果，卻將責任完全推至少數民族政權上，對於北宋卻採取回護的態度。這顯然與他所說的「不必推至人種血統之臆測上」脫節。他在總結北方經濟衰敗的原因，其中一點是因為「元代政制之黑暗」。[50]對於元代經濟，錢穆先生沿襲了他的一貫批評作風。

我們先來看錢先生對於隋唐時期商業的論述：「隋、唐商業尤盛，而官吏以經商致巨富亦習見。自兩宋以下，此風似不揚。官吏兼務貨殖至巨富者始少，而富商大賈在政治、社會各方面活動勢力亦漸絀。」[51]這裡顯然忽略了元代的存在。我們知道，元代海外貿易不論在規模上，還是在廣度上都遠超南宋。元大都、泉州、杭州都是當

[46] 李治安：《元代行省制度》（北京：中華書局，2011），頁7。
[47] 同上註，頁2-3。
[48] 錢穆：《國史大綱》，頁754。
[49] 同上註，頁760。
[50] 同上註，頁766。
[51] 同上註，頁408-409。

時世界聞名的國際都市，吸引著大量的海外商人前去經商。域外史料中留下了許多關於這些大都市的經記載，勾起西方對東方的強烈嚮往。元代商人汪大淵幾次出海，撰寫了著名的《島夷志略》，所記海外諸國數量近百，比起南宋趙汝適《諸番志》所記國家多出近一半，這不僅反映出元人海外地理知識的擴大，而且也反映出元代海外貿易的廣度和深度都比前代有了空前的發展。至於說兩宋以後官商減少，富商大賈在政治、社會方面活動力量下降，這也不能反映元代的情況。事實上，元代官僚尤其是回回人亦官亦商的色彩非常濃厚。[52]最典型的莫過於太宗窩闊時期的奧都剌合蠻、世祖忽必烈時期的阿合馬，均為亦官亦官的代表，他們對當時政治的影響已為人所知，無須贅言。

再如關於市舶制度、市舶經濟的論述。錢穆先生謂唐始有市舶之稅，然彼時尚未成為國庫的主要收入。至宋，特別是南宋時，市舶貿易已成為朝廷特別倚重的經濟收入。之後直接論述明代情況，云明代海上交通日盛，再一次忽略了元代的市舶貿易。元代的市舶制度承自南宋，並在此基礎上進一步完善。尤其是市舶法則方面，唐宋時期雖然也制定過一些法則，但它的完善則是在元代。1293年，元廷制定23條市舶法則，後修訂為22條。這是在中國歷史上第一次規定了中外商舶從事海外貿易的細則。元代的市舶法則一方面加強了朝廷對海外貿易的管理，打擊不法貿易，同時也考慮到「便民性」。[53]由此可見，元代的海外貿易並不是可有可無的存在。錢氏之所以忽略元代在市舶貿易、市舶制度方面的歷史成就和貢獻，從根源上追溯，還是他的華夷觀的反應。

錢穆先生非常看重學術文化思想。撰有《中國近三百年學術史》，《中國文化史導論》，《中華文化十二講》等多部這方面的著作。與對元代政治、經濟的批評不同，錢先生對元代的學術持認可態度：

> 蒙古入主，政治形勢大變。其時學者，即傳統之所謂士，相率杜門不仕，而隱於民間，以講學為務。書院之盛，上凌宋，下躐明。宋以下，一千年來之書院林立，惟元最盛，莫與倫比。故元代之學術，經史文學，縱不能繼步兩宋，然較之明代，則未見遠遜。元代初期如黄東發、王厚齋、胡身之、馬端臨，皆不愧為曠世巨儒。中國歷史上亡國時代，惟元初學術最盛。明代開國，如劉基、宋濂之徒，亦皆培養於元代。論其規模，亦未遜漢、唐、宋諸代之開國，而抑若猶有過之。明代科舉之制，亦承襲於元，所定《四書大全》，《五經大全》，為科舉標準者，亦自元抄襲。故在元代，政治大變於上，社會固未隨之大變於天下。學術文化傳統依然如舊。[54]

---

[52] 楊志玖：《元代回族史稿》（天津：南開大學出版社，2003），頁91。

[53] 張國剛：《中西文化關係史》（北京：高等教育出版社，2006），頁237。

[54] 《國史新論》，頁256。

上引文字敘述包含著一種因果關係，即元代「異族」入主，導致政治發生變化，儒士歸隱，專務講學，於是書院興盛，帶來另一個後果就是元初學術的繁榮。但是，我們還要注意到，錢先生此處是將元代學術放在「亡國」這個語境下來考察的，云「中國歷史上亡國時代，惟元初學術最盛」。早在上世紀五十年代，錢先生曾說過：「平心而論，元朝清朝跑進中國，其實中國也還沒有亡天下。」[55]他的一個核心觀點是，元代政治大變，而社會未變，這是元代學術興盛的主要原因。但是這樣的說法是否可以成立？政治與社會關係密切，政治的變化必定帶動社會的變動，必然會影響到學術的發展。如果元代政治真如錢先生所言是「黑暗的」，怎麼會出現學術的繁榮？對此，錢先生謂之為「意外發展」：

> 那時（指元代－引者注）的知識分子，在此形勢下，卻獲得意外發展。詩人、戲曲、小說、藝術、字畫、園林堆造、醫藥、算術、曆法、工程、水利、機械製造，多方面地分途邁進。有些走進衙門做書記文案，有些從事田畝商販，改營生產。元代的中國社會實在走上了一變型。若蒙古政權能維持較久，中國或許會像西方般，能演成多角形的尖銳放射，或許能把宗教、文藝、政治、經濟，各作割裂分歧地進趨。幸而是，不到百年，蒙古政權崩潰，民族革命之洪濤，叫中國人重來恢復漢、唐衣冠。於是明代的書生，又回到唐、宋舊軌。[56]

一方面，錢先生承認元代在學術各方面所取得的成就，但另一方面，他僅將此歸結為「意外發展」。他說「幸而是」元朝國祚不久，之後中國人恢復了漢唐傳統，明代得以回歸原有的發展軌道。可見，錢先生對元代的學術實際上是非常勉強地承認。其最根本的原因還是在於他對元朝的消極認識，在於他的華夷觀。這還體現在他對元代科舉制度的批評上，認為其有四個弊病：時間短、次數少；科舉出身者不多；科場舞弊，失考試本意，亦無考試真相；分榜考試。[57]

筆者認為，上述四個方面，均是客觀存在的事實。有些確實是元代科舉的弊病，如前兩項，但是科場舞弊並非元代科舉獨有的現象。唐代這方面的問題已經非常嚴重，[58]宋代依然不能肅清這一弊病。[59]至於將分榜考試也列為元代科舉制度的弊病，則有失公允。我們知道，元代科舉考試分為兩榜，蒙古、色目人一榜，漢人、南人一

---

55 錢穆：《中國史學名著》（北京：生活．讀書．新知三聯出版社，2013），頁193。

56 錢穆：《國史新論》，頁164。

57 同上註，頁661。

58 參見吳在慶、劉心：〈唐代科場弊病略論——以中晚詔數次科場案為例〉，載《廈門大學學報》2006年第4期。

59 關於這方面，可參考John Chaffee, *The Thorny Gates of Learning un Sonh China: A Social History of Examination,* Cambridhe University Press, 1986;李弘祺：《宋朝官學教育與科舉》（臺北：聯經出版公司，1994）；張希清：《中國科舉制度通史．宋代卷》（上海：人民出版社，2015）。感謝廈門大學刁培俊教授提供這方面的資訊。

榜。之所以有分榜考試的作法，要放到元代多族群的文化背景下去考量。元代疆域空前，族群人數亦是超過前代。對於入主中原的蒙古人、來自西域的色目人來說，他們的文化傳統與漢文化相異，《四書》，《五經》於他們無異於「天書」，如果在科舉考試時讓他們與漢人（南人）同臺競技，蒙古人、色目人自然處於劣勢，那麼，這樣的考試對於他們而言，必然是不公平的。因此分榜考試就是平衡這種差異的最好選擇，也是元朝統治者適應實際情況而採取的一種考試辦法。事實上，不獨元朝如此，宋代科舉也存在南人、北人在名額方面的爭論。只不過在宋代沒有那麼多族群罷了。申萬里教授指出元朝科舉：「也培養了一批新的政治精英，給元朝中後期的政治舞臺增加了活力」，此外還推動了元朝多民族士人圈的發展與壯大，並對學術產生了重要影響。程朱理學的官方化即與元朝科舉密切相關。[60]

錢穆先生在講中國文化傳統演進的歷史進程時說：「倘若外面沒有蒙古人，沒有滿洲人，那麼宋以下中國人的生活，自然可以說安排得很有意味了。可惜那一番安恬的美夢，給蒙古滿洲陣陣暴風烈雨打破了，驚醒了。」[61]由此可見，錢先生雖然承認元代學術有大的發展，但實質上還是認為，蒙古的入主打斷了中國文化的傳統。

以上筆者從政治、經濟、文化方面討論了錢穆先生對元朝的認識和評價。從中可以清淅地看出，錢先生認為元朝的政治是黑暗的，元朝的統治是歷史的倒退；經濟方面也造成北方的衰敗；文化方面雖然承認取得的成就，卻指出這是「意外發展」的結果。總而言之，錢先生對元朝的評價是負面的、消極的。他的評價標準是以是否使用漢人（南人）為主。他對北朝評價之所以比較高，是因為彼時漢人依舊能夠占主導地位；而對元朝評價低，則是因為他認為漢人（南人）在元代是附屬。對此他這樣說：「蒙古人既看不起漢人、南人，因此也不能好好的任用漢人、南人，而只用了他們中間的壞劣分子。」[62]這種看法未免太過絕對。元朝統治帶有鮮明的二元模式，這種模式來自於遼代的「以國制治契丹，以漢制待漢人」，對於漠北祖宗肇基之地實行蒙古舊俗，對於漢地則行漢法，蒙古舊俗與漢法並行不悖。所以在元朝任官的漢人絕不在少數，如劉秉忠、竇默、趙璧、姚樞、王惲、趙孟頫、程矩夫、許衡等，都是當時著名的儒臣，難道他們都是「壞劣分子」？如此認識元朝，其最根本的原因在於，元朝是「異族」建立的政權，只要是少數民族統治中國，其政治必定是「惡政治」、「黑暗的」，是對中國傳統的反動。錢先生的老師呂思勉曾這樣說元代的政治：「蒙古人始終並沒有懂得中國政治的。——而且可以算始終並沒懂得政。他看了中國，只是他的殖民地」。[63]錢先生對元代政治的認識不能不說也受到其師的影響。因此，這種認識和評價是基於傳統的華夷之變而得出的。它深刻地反映出錢穆先生的這種沿襲於傳統的華夷觀，在這種觀念的指導下，他對元朝的評價就不難理解了。

60　申萬里：《元代科舉新探》（北京：人民出版社，2019），頁27-28。

61　錢穆：《國史新論》，頁368。

62　同上註，頁642-643。

63　呂思勉：《中國通史》，下冊（吉林：人民出版社，2013），頁466。

除此之外，筆者發現錢穆先生在講述元朝歷史部分存在著所用史料版本方面的問題。如所用《元史》為四庫本，還有使用二手資料的現象。[64]甚至還有某些史識錯誤，如謂別迭上奏悉空漢地為牧場，其言為太祖成吉思汗所接納，因耶律楚材諫而止之。其實這件事發生的時間是在太宗窩闊臺時期，並非太祖時期。另如關於色目人種類，書中云「三十餘族」。[65]這顯然是根據陶宗儀《輟耕錄》中的記載而來，其誤早已為錢大昕指出。錢穆先生在「書成自記」中明言，因書中內容大部分來自於平時所讀而積累的筆記摘錄，「頗多疏忽」，「大率未注出處，忘記篇卷」，加之當時處於日寇侵略之際，擔憂書稿被焚而加以出版，[66]故在資料使用方面存在這樣的問題也在所難免。但戰爭結束後的和平年代裡，本可以修改而彌補這樣的錯誤，然終是無果，殊為遺憾。事實上，關於錢穆先生使用史料方面的瑕疵現象，徐復觀曾有過這樣的評說：「從史學的基礎在於史料的立場來說，錢先生的史學著作，是不宜作一般讀者之用的。錢先生天資太高，個性太強，成見太深，而又喜標新好異，隨便使用新名詞，所以他對史料，很少有分析性的關聯性的把握，以追求歷史中的因果關係，解釋歷史現象的所以然；而常作直感的、片段的、望文生義地判定，更附益以略不相干的新名詞，濟之以流暢清新的文筆，這是很容易給後學以誤導的。」[67]筆者以為，這樣的評說無疑是中肯的。

四、

中國歷史上的華夷觀念由來已久，早在西周春秋時代已具雛形。[68]這一觀念隨著時間的推移日益完備，產生了深刻而又久遠的影響。作為一生為中華文化招魂的國學大師——錢穆先生亦秉持這一點。從他的著作中，我們不難發現他的華夷觀。無論是建立遼朝的契丹，西夏的黨項，抑或建立金、元的女真、蒙古，均被他視為「外寇」、「北寇」、「異族」、「胡塵」，他所謂的中國不包括這些少數民族，而僅指漢人建立的政權，因此體現出強烈的華夷之別的觀念。

筆者前面分析過錢穆先生華夷觀產生的背景，指出與其年幼之時所受教育與影響有關。除此之外，還與他在寫作《國史大綱》一書時所處的歷史環境有關。當時正是日本猖狂侵略中國之際，在這種背景下，他試圖透過撰寫著作來宣揚中國悠久而又高明的文化傳統，以激勵國人的愛國情懷。因此他特意專辟章節論述明末遺民抗清之活動，激發人們起來抗日。但這種華夷之別和中國與日本帝國主義侵略者之區別是完全不同的兩個概念，以中國歷史上傳統的華夷觀來對待中國與日本兩個國家是存在很大

[64] 錢穆：《國史大綱》，頁650、799、641、661。
[65] 同上註，頁638。
[66] 〈書成自記〉，《國史大綱》，頁4。
[67] 徐復觀：《徐復觀全集·論智識分子》（臺中：九州出版社，2014），頁391。
[68] 黃松筠：〈華夷理論演變與中華民族形成〉，載《社會科學戰線》2019年第9期。

問題的，其弊病在於將中國的少數民族排除在「中國人」的範疇之外，從而將當時中國的少數民族排斥於抗日力量之外，將全中國人的抗日變成了單純的漢族抗戰。

鴉片戰爭之後，中國一直處於內憂外患的境地，這種劣勢持續近一個世紀。中國領土遭到侵犯，國將不國。在這種背景下興起「邊疆輿地之學」，湧現出一批傑出的學者。他們學貫中西，開始突破傳統修史的窠臼，以新的方法和視角研究元代的歷史，韓儒林、翁獨健、邵循正等先生即是這方面的代表。正是他們的研究，加深了人們對元朝多民族統一歷史的認識。同樣的歷史背景，同樣的寄託愛國情懷，以韓儒林先生為代表的學者從元朝大一統、多民族的歷史角度研究元史，給予積極評價，在當時更能號召各民族投身於抗日事業中去。相形之下，錢穆先生依然抱著傳統的華夷觀，雖然亦是寄託愛國情懷，但無論如何也顯得與時代有所脫節，終究是格局小了些。

這種傳統的華夷觀在建國後的史學著作中或多或少、或隱或顯地依然存在，尤其是涉及到中國歷史上的少數民族的時候。著者不經意間就落入漢族本位的寫作立場，以「漢化」、「化胡」的角度去研究相關問題。這種傳統的寫作思路、寫作手法、寫作立場無形中將漢人與少數民族視作兩個不同的陣營，往往以漢人為主，少數民族為輔，而不是將其看作是與漢人平等的民族。

近年來，日本著名學者杉山正明的幾部關於中國歷史上少數民族的著作在國內比較走俏，如《疾弛的草原征服者》，《忽必烈的挑戰》等。這些著作從不同於漢人的視角、立場出發，重新講述了一個有關少數民族的故事，令人頗有耳目一新之感。但同時也反映出一個問題，即過分美化中國歷史上的這些少數民族，低估漢人的作用。這一點同過分強調華夷之別在性質上如出一轍，都是需要在治史、讀史過程中提高警惕的兩種傾向，過分強調任何一方的做法都是不足取的。

如何正確看待和評價中國歷史上的少數民族及其所建立的政權，特別是如何看待元朝的統治？這是極其重要的問題。它關乎到如何認識中華民族的整體性。對此，姚大力先生有非常精闢的闡釋：「從宋代以往的千年中，只有元和清這兩個少數民族王朝大規模地統一過中國國土，這並非出於偶然。他們在基本採納漢唐體制來治理漢族地區的同時，另有一套漢唐體制所不具備的對中國各民族地區實施國家治理的制度體系……元、清合『中國』與『塞外之一統』此二者為一體的國家建樞模式，其實就是從中華帝國的邊疆區域發展出來內亞邊疆帝國的國家建構模式。這一模式起始於遼，承襲於金，發展於元，成熟於清。」[69]

嚴耕望曾說：「論方面廣闊，述作宏富、且能深入為文者，我常推重呂思勉誠之先生、陳垣援庵先生、陳寅恪先生與錢穆賓四先生為前輩史學四大家，風格各異，而造詣均深。」[70]錢穆先生一生致力於弘揚中國文化，為國故招魂，並做出了巨大的貢

[69] 姚大力：〈怎樣看待蒙古帝國與元代中國的關係〉，載張志強主編：《重新講述蒙元史》（北京：生活·讀書·新知三聯出版社，2016），頁29。

[70] 嚴耕望：《治史三書》，頁219。

獻，產生了極大的影響。他自身深受中國傳統影響，加之出生時的歷史環境，幼年所受教育，以及壯年時期所經歷的外來戰爭等因素，因此不可避免地抱有華夷有別的觀念，強調「嚴夷夏之防」。在此觀念下，他將中國歷史上的少數民族視為「異族」，特別對蒙古人建立的元朝多有批評，視其為中國歷史上的「黑暗時期」。這種傳統的華夷觀在新形勢下來看，已然過時。這是錢穆先生的華夷觀帶給我們的新啟示。誠如姚大力先生所言：「以『華夏』為核心的中華文明，在接納其他民族的同時，也在不斷『胡化』的過程中，不斷重新書寫與凝聚自身的認同。」[71]中國是一個多族群的社會，各民族美美與共，各美其美應當是歷史發展的主流。

[71] 姚大力：〈將中國文明等同於漢文明的想法是極端有害的〉，見《東亞評論》2019年。

史地傳記類　PC0979　讀歷史132

重訪錢穆（上冊）

主　　編 / 李帆、黃兆強、區志堅
責任編輯 / 陳彥儒
圖文排版 / 蔡忠翰
封面設計 / 王嵩賀

發 行 人 / 宋政坤
法律顧問 / 毛國樑　律師
出版發行 / 秀威資訊科技股份有限公司
114台北市內湖區瑞光路76巷65號1樓
電話：+886-2-2796-3638　傳真：+886-2-2796-1377
http://www.showwe.com.tw
劃撥帳號 / 19563868　戶名：秀威資訊科技股份有限公司
讀者服務信箱：service@showwe.com.tw
展售門市 / 國家書店（松江門市）
104台北市中山區松江路209號1樓
電話：+886-2-2518-0207　傳真：+886-2-2518-0778
網路訂購 / 秀威網路書店：https://store.showwe.tw
國家網路書店：https://www.govbooks.com.tw

2021年6月　BOD一版
2021年9月　BOD二版
2021年11月　BOD三版
定價：660元

國家圖書館出版品預行編目

重訪錢穆/李帆, 黃兆強, 區志堅主編. -- 一版. --
臺北市 : 秀威資訊科技股份有限公司,
2021.06
冊； 公分. -- (史地傳記類)(讀歷史 ; 132)
BOD版
ISBN 978-986-326-905-2(上冊 : 平裝)

1.錢穆 2.學術思想 3.臺灣傳記

783.3886 110006238

讀者回函卡

感謝您購買本書，為提升服務品質，請填妥以下資料，將讀者回函卡直接寄回或傳真本公司，收到您的寶貴意見後，我們會收藏記錄及檢討，謝謝！如您需要了解本公司最新出版書目、購書優惠或企劃活動，歡迎您上網查詢或下載相關資料：http:// www.showwe.com.tw

您購買的書名：________________________________

出生日期：________年________月________日

學歷：□高中（含）以下　□大專　□研究所（含）以上

職業：□製造業　□金融業　□資訊業　□軍警　□傳播業　□自由業

□服務業　□公務員　□教職　□學生　□家管　□其它____

購書地點：□網路書店　□實體書店　□書展　□郵購　□贈閱　□其他

您從何得知本書的消息？

□網路書店　□實體書店　□網路搜尋　□電子報　□書訊　□雜誌

□傳播媒體　□親友推薦　□網站推薦　□部落格　□其他________

您對本書的評價：（請填代號　1.非常滿意　2.滿意　3.尚可　4.再改進）

封面設計____　版面編排____　內容____　文／譯筆____　價格____

讀完書後您覺得：

□很有收穫　□有收穫　□收穫不多　□沒收穫

對我們的建議：________________________________

____

____

____

請貼
郵票

11466
台北市內湖區瑞光路 76 巷 65 號 1 樓
秀威資訊科技股份有限公司 收
BOD 數位出版事業部

（請沿線對折寄回，謝謝！）

姓　　名：＿＿＿＿＿＿＿＿　年齡：＿＿＿＿　性別：□女　□男

郵遞區號：□□□□□

地　　址：＿＿＿＿＿＿＿＿＿＿＿＿＿＿＿＿

聯絡電話：(日)＿＿＿＿＿＿＿＿（夜）＿＿＿＿＿＿＿＿

E-mail：＿＿＿＿＿＿＿＿＿＿＿＿＿＿＿＿